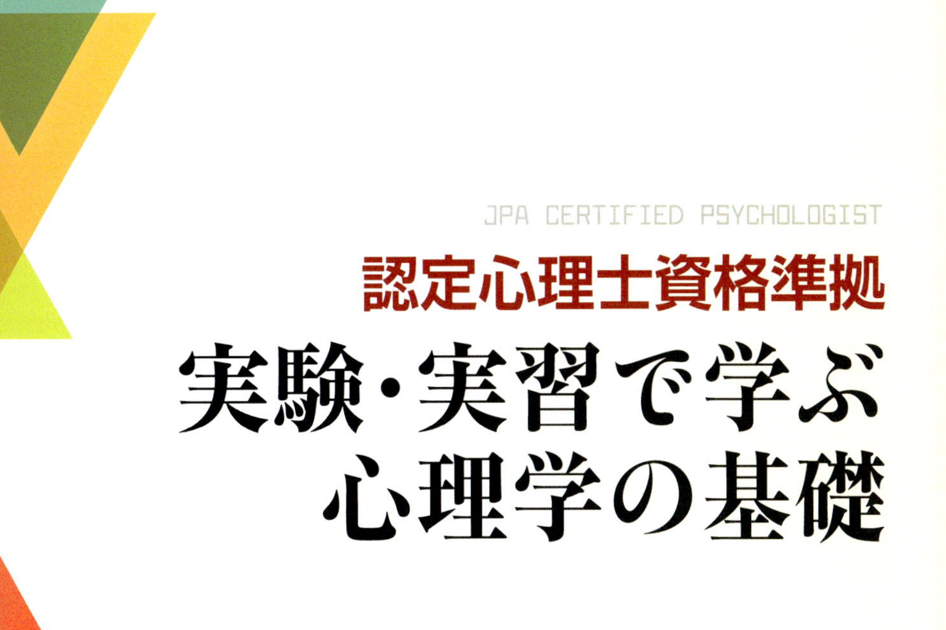

JPA CERTIFIED PSYCHOLOGIST

認定心理士資格準拠

実験・実習で学ぶ心理学の基礎

日本心理学会
認定心理士資格認定委員会［編］

金子書房

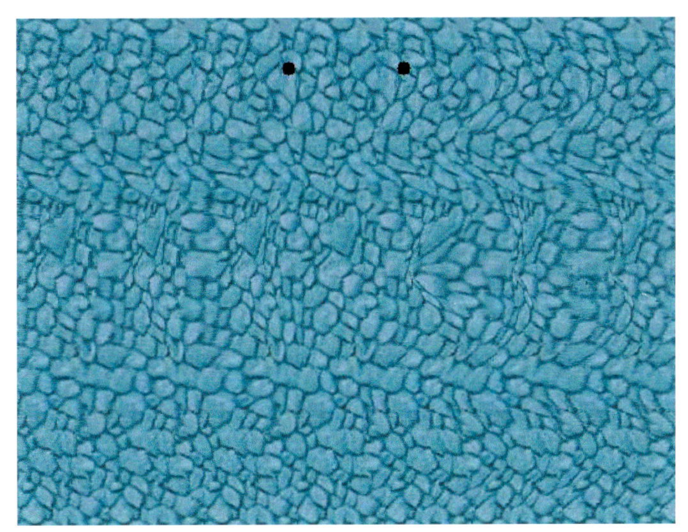

図3-3　オート・ステレオグラム（p.33）
（齋藤隆文先生のご好意により作成された）

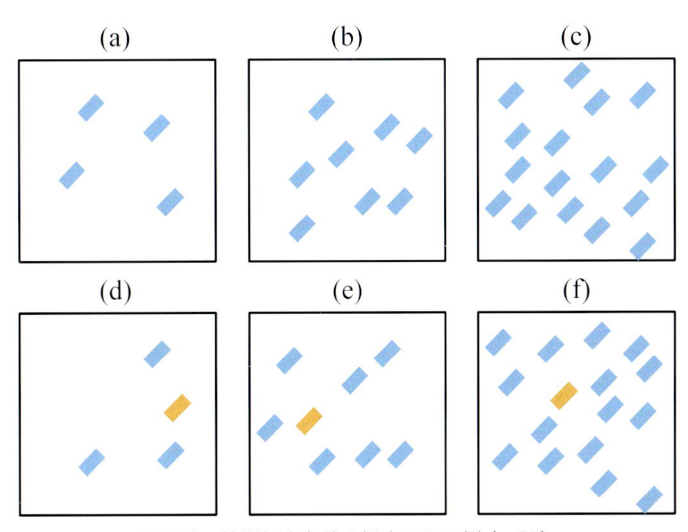

図5-2　特徴探索条件の探索画面の例（p.55）

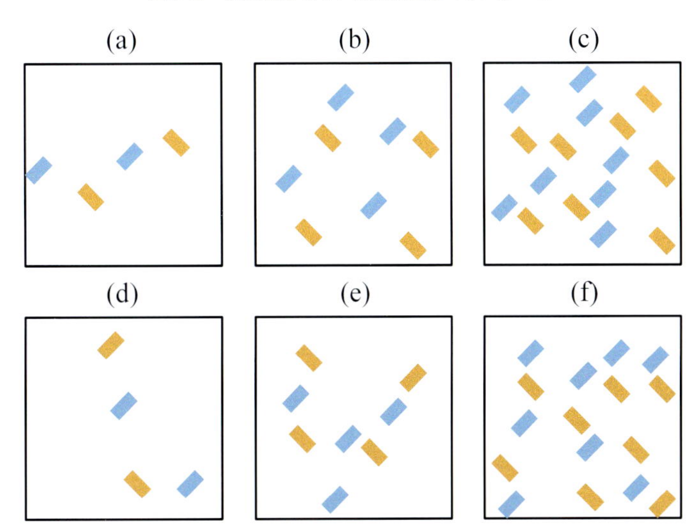

図5-3　結合探索条件の探索画面の例（p.55）

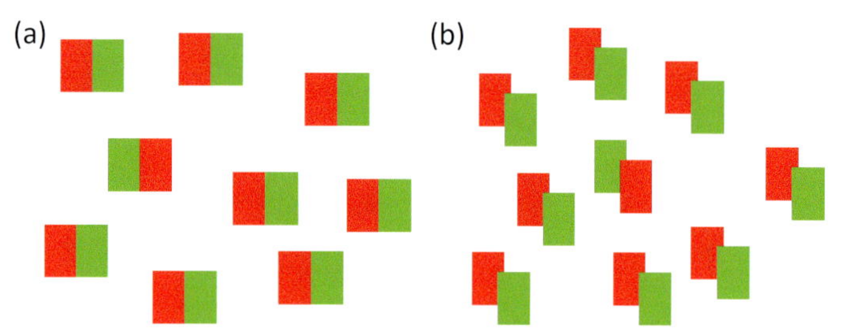

図5-8　赤と緑の短冊の位置関係が逆のものを探す（p.60）
（森田・岡田・熊田，2000より作成）

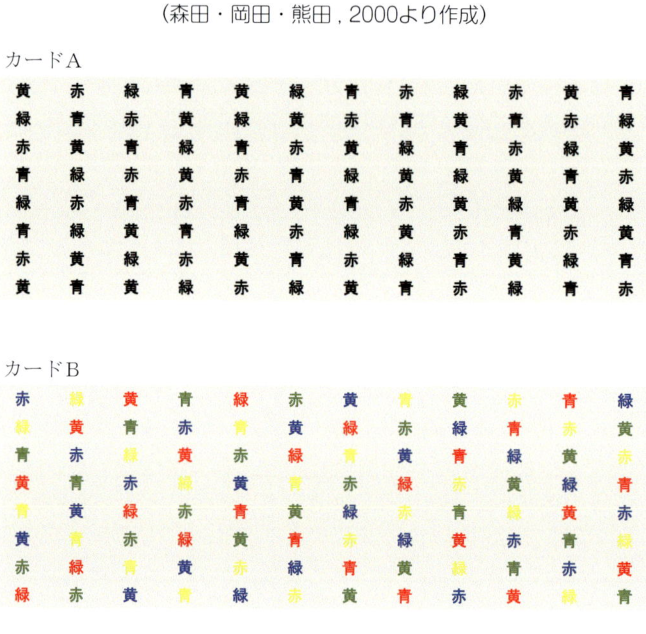

図12-1　ストループ・カラーワード・テストの練習用カード（p.124）

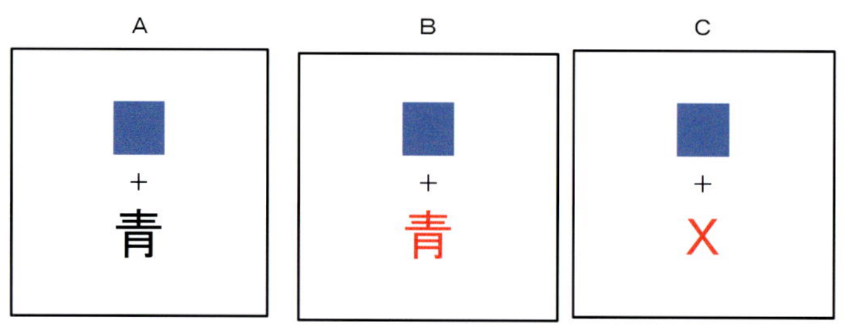

図12-3　ストループ・マッチング・テストの刺激例（p.128）

巻 頭 言

公益社団法人日本心理学会が認定する認定心理士は，1990年に創設され，2015年４月現在までの資格取得者の総数は46,000人に及んでいます。この資格は，取得者が特定の業務に従事することができることを認定するものではなく，取得者が大学レベルの心理学の課程をしっかりと履修したことを認定するものです。

この資格が創設された理由は，創設当時，実際には心理学の教育を行っているにもかかわらず，学科，専攻名，コース名などに「心理学」という言葉を含まない学科，専攻，コースが増えてきたという事情がありました。そうした学科，専攻，コースの卒業生が，「自分は心理学を学びました」と言える根拠が求められるようになったわけです。

この資格の特徴は，試験などで認定希望者の学力を確認するのではなく，大学で履修するべき分野，科目を設定し，認定希望者がどのような科目を履修してきたかに基づいて資格を認定することにあります。

このような形で認定される資格ですので，全体として要求される科目の選択，各科目の内容など，認定心理士のカリキュラムは大学における心理学教育の標準的なカリキュラムを提示するものになっています。実際，多くの大学で，認定心理士のカリキュラムに沿う形でカリキュラムを整備してきてくださっていますし，心理学の学科，コースなどを新設する際にご相談いただくこともしばしばあります。

認定するにあたってとりわけ重要なのは，各科目の具体的な内容です。その中でも問題になることが多い科目が，「基礎科目ｃ領域　心理学実験・実習」です。

そこで，標準的な内容を具体的に示す教科書を作ろうということになり，今回，本書を刊行する運びとなりました。少しばかり盛りだくさんですが，認定する側のイメージするコースのあり方はおわかりいただけると思いますし，教育場面での教科書としても有効なものだと思います。

今後，他の領域についてもこのような教科書を刊行していこうと考えています。この教科書を実際の教育場面で役立てていただき，「認定心理士」教科書の全体としてのあり方，また，具体的に今回刊行された心理学実験・実習の教科書の内容について，多くのご意見をお寄せいただければ幸いです。

公益社団法人日本心理学会　理事長　佐藤隆夫

はしがき

心理学分野の資格として代表的なものの１つに，日本心理学会で認定している認定心理士があります。認定心理士の資格の審査は，大学で修得した心理学関係科目の単位に基づいて行われ，学習した内容が一定の基準を満たす場合に資格が認定されます。

審査の対象となる科目には，ａからｉまで９つの区分がありますが，審査の際に最も頻繁に問題となるのが，「基礎科目ｃ領域　心理学実験・実習」です。簡単に言うと，このｃ領域では，「基本的と認められる心理学実験・実習をバランスよく行って，それぞれにレポートを課すような内容の科目」を想定しています。さらに乱暴に言えば，「実験・実習，ちゃんとやってるか？」ということが問われる領域です。そこで，審査委員からは，たとえば，以下のような問題点が指摘されます。

・実習の量（取り上げた題目の数）が足りないじゃないか！

・分野・方法が偏り過ぎているじゃないか（特に実験的方法を用いた題目がなかったり，少なかったりすることが問題になりやすい）！

・取り上げている題目が特殊すぎるじゃないか！

・レポートを書いていないじゃないか！

……などなど。

1990年に認定心理士の資格認定が始まってから，すでに四半世紀ほどが経過しましたが，実験・実習の科目をめぐる議論は容易に収束しません。こうした背景があって，日本心理学会から実験・実習に関して，資格基準に対応するスタンダードを提示するような教科書を作ろうということになりました。

このようなわけで，本書の第一のねらいとしては，認定心理士の資格基準への対応が念頭にあります。認定心理士の資格取得に関わる大学の教員の皆さま，また，資格取得を目指す学生の皆さまには，是非，本書の内容を参考にしていただきたいと思います。

本書の第二の――さらに大きな――ねらいは，資格への対応に限ることなく，心理学の基礎的な実験・実習全般において使いやすい教科書ないし参考書を提供することです。実験・実習の扱いをめぐって資格認定でしばしばもめるのは，実験・実習が，それだけ重要であり，かつ難しく大変である（学生にとっても教員にとっても）ことを反映していると思われます。類書がすでにいくつもあるところで，心理学を学習する際の中心的な柱である実験・実習の授業をさらにしっかりとサポートする教材を用意したいという願いをもって，本書は作られています。

本書は，実効性の高い教材を提供するために，具体的には，以下のような想定で作成されています。

・初学者（典型的には学部の２年生ないし３年生）を対象とする基礎的な実験・実習の授業（基礎実験・実習，初級実験・実習などと呼ばれる）で，教科書や参考書として使いやすい内容・構成とする。

・学科やカリキュラムの設計，学力水準が多様化している状況を念頭に，特別な予備知識を前提とせずに実習生が理解できるよう，平易でていねいな説明を行う。

・実験・実習の基本形はなるべくシンプルなものになるよう配慮し，一部を除き，１題目を90分授業２コマ程度で実施できる形にする（一部，１コマでも実施できるものもある）。

・題目は，多くの心理学者が「ああ，あれね」と言うであろう，おなじみのものを中心としつつ，古色蒼然としたものにならないよう，適宜，取り上げ方を工夫したり，新しい内容を加えたりする。

・多様な教育環境で実施できるように，原則として特別な機器を必要としないようにする。実験で用いる素材や実行用のパソコン・プログラムもなるべく提供する。

・推薦図書や発展的・応用的な内容も解説することで，高度な学習にも役立つようにする。

もちろん，以上のことがどの程度実現したかは，これからの評価を待つしかありません。本書を第１版と位置づけ，改善すべき点は改善して，よりよいものとしていきたいので，お気づきの点があれば，ご指摘いただけると幸いです。

多くの方に支えられて，本書の刊行にいたることができました。まず，注文の多い原稿作成プロセスに真摯にご対応くださった執筆者の先生方に深く感謝申し上げます。また，教科書作成の過程でご意見，ご助力をいただいた大学教員と学生の皆さま，誠にありがとうございました。特に組織的なものとして，それぞれの章について複数の教員による匿名のレビューを行い，複数の学生によるチェックを実施したことを記しておきます。そして，直接，間接に本書の作成に関わったすべての方に，心より厚くお礼を申し上げます。

2015年３月１日

公益社団法人日本心理学会認定心理士資格認定委員会
認定教科書作成小委員会　委員長　久野雅樹

目　次

第1部　実　験

付　録

本書の内容と使い方

1．全般的なこと

1.1　全体の構成

本書は心理学の基礎的な実験・実習の教科書であり，授業で取り上げるのが適当だと考えられる題目（ミュラーリヤー錯視，単語記憶の再生，質問紙法など）の教材を提供している。数としては，25の章と２つのコラムで，あわせて27の題目について説明していることになる。

27の題目は，実習で用いる研究手法に基づいて，「第１部　実験」と「第２部　調査，観察，テスト」の２つに大きく分けてある。「第１部　実験」では，前半は知覚，感覚，運動などの基礎過程，後半は認知や社会などの高次過程というように，おおよそ配列されている。基礎段階の実験・実習では，実験的な方法を習得することの重要性が高いと考えられることを反映して，本書全体としては，「第１部　実験」の割合が大きいが，「第２部　調査，観察，テスト」とあわせて，学習する研究手法について，なるべく多様でバランスのとれたものになるようにしている。

以上のメインの部分に先立って，本書の内容と授業ガイダンスに関する説明を行っている。また，題目以外に，実習に関する理解を深めるのに役立つと思われる事項（統計的な基礎知識や実験用プログラムの解説）をコラムとして加えた。さらに付録として，認定心理士に関する説明，シラバスの例を収録している。

1.2　教科書・参考書としての使い方

本書は特に予備知識がなくとも，内容がほぼ理解できるように，なるべく平易に説明している。授業中だけでなく，予習や復習にも利用して，教科書の内容について十分に理解を深めてほしい[1]。さらに，それぞれの章で推薦図書を挙げているし，発展的，応用的な実習についての説明もなるべく入れてあるので，授業で求められるミニマムの目標を超えた学習にも活用してほしい。

実習で実際に取り上げる題目は，通常，この教科書の一部分ということになるだろうが，それ以外も含めて，ひととおり全体を読むことも推奨する。心理学における基礎的な現象や方法について，具体的な知識を得ることができるだろう。ひとりで試してみることができる実験やテストも多いので，自学自習のための参考書としても役立つはずである。

1.3　サポートサイト

日本心理学会のサイトに，本書のサポートサイトを設けている。実験で用いる素材，実験を実行するためのパソコン・プログラム，記録表や集計表，参考文書などを提供しているので，参照してほしい。本書刊行後の情報もここに掲載する予定である。本文中でのサポートサイトに関する記述は，斜体文字で示した。

サポートサイト URL：https://www.psych.or.jp/textbook/

2．各章の基本的な構成

それぞれの章は，基本的に，「実習の前に」「実習」「解説」という３部構成になっている（表１）[2]。授業の中心である「実習」を事前・事後の説明ではさんでいるという形である。

2.1　パート１：実習の前に

取り上げるテーマ（現象や方法）の基礎的説明，関連する日常的な話題，研究の背景などについて説明しつつ，実習本体への導入をはかるための部分である。章によっては，予断をもたずに実習に参加してもらう

[1] 心理学の実験・実習の授業の進め方は，大学や学科，個々の科目などによってかなり幅があるし，１つの科目の中でも題目によって異なることもある。予習についてもそうで，十分な予習を求められるかもしれないし，予習せずに予備知識を持たない状態で実習に参加することを求められるかもしれない。こうした事前準備について，実習生は教員の指示に従ってほしい。

[2] 生理心理学の実習を扱った９章は例外である。測定対象と測定方法が多様なので，多くの実験例を示す形をとった。また，コラムで扱った２つの題目（コラム３とコラム７の動物に関わる実習）については，章とは異なる簡略化した構成になっている。

ために，説明は実習後にまわすというケースがあるかもしれない。

2.2 パート2：実習

ここでは，「目的，方法，結果，考察」の４点に関して，必要な情報を示した。この４点は，そのままレポートの骨格を構成するものである。

(1) 目　的

実習で実験や調査を行う目的について，数行で示している。これ以降の「方法，結果，考察」は，いずれも「目的」で示した問題に答えるためのステップである。

(2) 方　法

実験の授業であれば，まず「実験計画」と「実施形態」を説明している（実験以外であれば，実施形態から始まる）。実験計画を知ることで実験のしくみの把握が容易になるので，実習生は，実験計画というとらえ方になじんでほしい（コラム２を参照）。実施形態では，実験者と実験参加者の設定，個別に行うのか，集団で行うのか，人数の目安などを説明している。

(3) 結果の整理と分析

個人の結果の整理，全体での集計，作表・作図などについて説明している。まず，１つひとつの測定値や，１人ひとりの結果について，データの視覚化をまじえて，ていねいに吟味することが大切である（コラム１を参照）。検定を含む分析ができる場合は，検定なしの集計・分析の後に，分けて説明してある（実習では，この検定を含む分析を省略することもあるので，教員の指示に従う）。

(4) 考察のポイント

得られた結果から研究の結論を導くための基本的な観点をまとめている。

表１　各章の基本的な構成

パート１：実習の前に

パート２：実　習
- 1 目　的
- 2 方　法
  - 2.1　実験計画
  - 2.2　実施形態
  - 2.3　素材，装置など
  - 2.4　手続き
- 3 結果の整理と分析
- 4 考察のポイント

パート３：解　説
- 1 現象の説明
- 2 方法の説明
- 3 より深く学ぶために：推薦図書
- 4　補足（主に教員向けの解説）
  - 4.1 授業構成の目安
  - 4.2 関連する小実験，発展的な分析・実習など

引用文献

2.3 パート3：解　説

この部分は，基本的に事後解説の資料という想定である。実習で扱った現象や方法について説明を加え，推薦図書を紹介し，さらに授業構成のガイドや発展的な実習について補足している。

(1) 現象の説明

現象については，代表的な考え方を簡単にまとめている。ただし，これがそのまま実習の結果に対する考察や解釈になるわけではない。教科書以外の資料を調べれば，ほかの考え方やより深い説明を知ることができるだろうし，レポートをまとめる際には，得られた結果に即して，自分の頭でしっかりと考えることが第一に求められる。

(2) 方法の説明

研究技法や実験計画，素材，手続きの詳細などについての説明を必要に応じて行っている。実験計画や手続きは，授業の枠内での実施を想定して，本来の形と異なる方法を採用していることもあるので，それについて注意を喚起している章もある。

(3) より深く学ぶために：推薦図書

ここでは，手に取りやすく（比較的新しいもの，図書館で所蔵していることが多いもの，あまり高価でな

いもの），読みやすいものを中心に推薦図書を紹介している（一部の章では，有用なサイトも紹介している）。新書や文庫で読めるものも，なるべく挙げるようにしている。

⑷　補足（主に教員向けの解説）

「解説」の最後に，「補足（主に教員向けの解説）」を置いている。ここでは，授業の構成・実施に参考になると思われる情報を説明している。関連する小実験，発展的な分析や実験・実習についても紹介しているので，授業における活動を充実させたり，応用的な展開をしたりするのに用いてほしい。「主に教員向け」としたのは，授業運営に関する事柄を含み，実習に即したここまでの「事後説明」とは異なる側面を扱っているためであるが，もちろん実習生にとっても有用な内容を含んでいる。教員は，「方法」に示した「実験計画」「実施形態」と，この「補足」を読むことで，授業構成について，おおよそのイメージが持てると思われる。

2.4　引用文献について

初学者向けの教科書ということで，なるべく少数に限った。学術論文であれば，通常，挙げるべきものも省略しているケースが多い。しかし，それだけ重要度の高いものに絞って引用しているので，文献のリストについても，ひととおり目を通すようにしてほしい。

3．教員向けのガイド

3.1　実習の所要時間

それぞれの章は，なるべくコンパクトに実習が実施できるように構成してある。一部の章を除き，基本的には90分授業２コマでの実施を想定しているが，要領よくやれば１コマでの実施も可能な題目もあるし，２コマを基本としつつ，２コマを超えるような発展的な実習の説明を行っている題目もある。このように授業時間には長短さまざまな可能性があるので，適当な時間設定で実施してほしい。

授業時間をいろいろな活動にどう配分するかにも多様な判断がありうる。たとえば，整理・分析の作業をどの程度まで行うか，現象や方法の解説をどこまで深く行うか，実習生同士での議論をどうするか，実習生によるプレゼンテーションをどうするか，などの扱いには，いろいろな工夫ができるだろう。

3.2　授業における題目の選択

本書で27題目を設定しているのは，なるべく多くの選択肢を提供しようという趣旨である。授業で取り上げる題目は，本書に収録されていないものも含めて，それぞれの大学・学科などにおける事情に応じて，適宜，判断すればよい（通年で２コマ30回の授業を行うのであれば，全部実施するのも不可能とは言えないが）。「第１部　実験」と「第２部　調査，観察，テスト」という２つの区分や章の配列は，内容のバランスを考える際の手がかりになるだろう。

3.3　教科書・参考書としての使い方

テキストの難度としては，初学者であっても，基本的には「読めばわかる（少なくとも，だいたいは）」という想定で作成した。ただ，実習生の事前知識や理解力は多様だし，教育目標もさまざまなので，適宜，配布資料などで補ってほしい。

「実習の前に」「実習」「解説」という３部構成は，おおむね，この流れで授業を行うのが自然であると思われる。ただし実際の授業では，題目によって，あるいは授業形態によって，適当な進め方は変わることがありうる。たとえば，実習生に予備知識がまったくない状態で実験を始めたいというケースがあるかもしれない。また，授業時間中に内容を全部取り上げることが難しいこともあるだろう。

基本的には，基礎的な実験・実習の教科書だが，発展的・応用的な点にも触れているので，中級・上級の授業での参考書にも使える。また，講義形式の授業で使えるネタも多いので，そちらで利用するというというのもあるだろう。

3.4　統計的な検定について

検定を行うことは望ましいが，学習進度や授業形態（人数が少なすぎる，計算環境が提供できないなど）の理由で難しいこともあるので，適用の有無は教員の判断にまかされている。

3.5　認定心理士基準への対応

認定心理士の「基礎科目 c 領域　心理学実験・実習」では，最低 4 単位分について，「実験的方法で知覚，認知，社会など基本的な内容の課題を 4 つ以上含む計 6 課題以上」を行うことを求めている。ただし，これは資格審査上のミニマムなので，なるべくこれよりも多くの課題を取り上げてほしい。実習にあたっては，実習生がただ受動的な実験参加者を経験するだけでなく，実験者の立場もなるべく経験できるよう配慮することが望ましい。

また，基準では，各課題について「標準的レポート」を作成していることを求めている。この「標準的レポート」とは，「目的，方法，結果，考察を含むもの」であり，本書の「実習」の部分の骨格が，これに対応している。なお，認定心理士の概要と基準について，もう少し詳しい情報を付録に載せたので，そちらも参照してほしい。

心理学の実験・実習の授業を受けるにあたって

ここでは，心理学の実験・実習の初回の授業で行うガイダンスなどで扱うような基本的なことがらについて解説する。実習の事前ガイドとも言えるが，実習を経験する前にすべてを十分に理解するのは難しいので，随時，また，最後の授業でのまとめなどでもふりかえってほしい。

1．基本用語の確認

心理学の実験・実習の授業を受ける前提となる常識的な言葉について，まず確認しておこう。

① 実験者と実験参加者

実習では，実験者（experimenter，研究を実施する側）と実験参加者（participant，研究の対象となる側）の立場を実際に経験することが重要である。この実験者，実験参加者というのは，実験的方法を前提とした表現なので，より一般的には，研究実施者と研究対象者という表現が使える。さらに実験以外の方法のときに使われるものを含め，多くの用語がある（表1）。

ちなみに本書では，被験者という言葉は使っていない。これは，英語で subject ではなく，participant という語を使うことが多くなっているという動きに対応している。subject という語は「臣下」の意味もあり，従属関係のニュアンスを感じさせる。participant が使われるようになっているのは，subject のこうした印象を避け，実験を実施する側（実験者）と対象となる側との関係が対等であることを示すものである。

② 教示

研究を実施する際に，研究実施者が研究対象者に伝える指示のことを教示（instruction）と言う。口頭で説明する場合も，実際に口にする表現で書いた文書を用意するのが望ましい。

③ 内省（内観）

内省（introspection）とは，自分自身で内面に思いをめぐらして得られる報告や知見のことである。実験を行った後で，参加者に，どのように考えて取り組んでいたかをたずねることがよくある。これは内省報告を求める手続きである。内省は主観の排除が難しく，客観的な根拠としては不確かさがともなうが，重要な情報を含むこともある。

表1　研究を実施する側と研究対象となる側とを示す用語の例

研究方法	実施する側	対象となる側
実験	実験者	実験参加者，実験協力者
調査	調査者	調査対象者，調査協力者
観察	観察者	観察対象者
面接	面接者，	面接対象者，
（インタビュー）	インタビュアー	インタビュイー
検査	検査者，	受検者，被検査者，
（テスト）	テスター	テスティー
任意	研究実施者，	研究対象者，研究参加者，
	研究遂行者，	研究協力者，
	研究者	参加者，対象者，協力者

2．授業への参加について

実験・実習の授業は，心理学を専門的に学ぶ上での主要な柱であり，誠実に真摯に取り組むことが求められる。実験・実習の授業を受ける際の態度や心構えとして，以下のような点が重要である。

① 授業にきちんと出席する

実験・実習の授業では，遅刻や早退をせずに毎回出席することが大切である。きちんと出席することは授業全般で当然とも言えるが，実験・実習ではとりわけそうである。遅刻ほかは学習機会を失うことで，自分自身にとって不利益であるが，それだけでなく，他の実習生にも悪影響をおよぼすことに注意してほしい。態度には伝染性があるので，授業のムードを悪くしかねないし，ペアやグループで実習を行うケースも多いので，授業進行に直接的な支障をもたらすこともある。体調もできる範囲で整えておこう。寝不足や疲れで注意散漫だったりするのは，実験者としても参加者としても，望ましくない状況である。

② レポートをきちんと出す

レポート作成には計画的に取り組んで，提出期限をきちんと守ること。実習の記憶が薄れないうちにレポートを完成させよう。実験・実習の授業では多くのレポートを提出しなければならないので，1つ遅れてしまうと，それ以降のレポートの作成も大変になる。基礎的な実験・実習のレポートでは，長大な論文や際だった独創性を求めているわけではない。一定の時間の中で必要な作業を行い，標準的な文書にまとめることができる力を養ってほしい。

③ ロールプレイをしっかりと

心理学の実験・実習の授業において，実験などの課題を実施してデータを収集するプロセスは，基本的にロールプレイ（役割演技）である。実験者であれ参加者であれ，その役割を忠実に演じることが求められる。

実験者となった場合，実験環境を適切に設定し，参加者は実験について特に情報がないという前提で，正確に確実に説明しなければならない。教示は勝手に省略したり改変したりしてはいけない。その後の実施のプロセスも，落ち着いて着実に進める。

参加者になった場合であれば，実験について特に知らないというつもりで，実験者に対応し，課題に自然でまじめな態度で取り組む。「こう答えたら，このような結果が出るのではないか」といった深読みや，「（教示とは別に）こういう結果を出そう」といった偏った取り組み方はしない。また，教示を十分に理解せずに，あるいは，とにかく時間をやり過ごすような態度で，いいかげんに取り組んだりしてはいけない。

なお，実験部分では役割を素直にこなすことが求められるが，終わった後のふりかえりの段階では，角度を変え，距離をとって見直す作業も求められる。自分は実験者や参加者として適当にふるまえたと言えるだろうか，この実験の手続きに問題点はないだろうか，などの点を，しっかりと吟味する。

④ 記録は確実に

直接にデータとして利用する記録を正確に残すことは非常に大切である。これができていなければ，その先の作業が無意味になりかねない。ただし，データの記録だけでなく，実験者として，また参加者として気づいた点なども，ていねいに記録しておく。こうした記録は，実習についての理解を深め，質の高いレポートを書くのに役に立つ。本書の実習部分の説明で，内省報告などの記録を促す記述を入れるようにしているのも，こうしたねらいがある。実習専用のノートを用意するとよい。

⑤ 集団として学ぶ

実習では，個人として実験などを経験するにとどまらず，集団として活動するという経験に大きな価値がある。協力し合って作業することで準備や集計作業がはかどるし，さまざまな見方や考え方に触れることで理解が深まることも多い。他の人に意見を伝えたり説明したりすることがもたらす学習効果も高い。ディスカッションも積極的にするとよい。

3．倫理的な配慮

近年，学問および研究・教育活動において，倫理的な配慮が一層求められるようになっている。これはもちろん心理学に限らない一般的な動向である。データの捏造や分析結果の不正な加工，あるいは論文やレポートにおける剽窃（他者の文章を自分のものとして無断で引用・発表すること）が許されないのは言うまでもない。しかし，人間や動物を研究対象とする心理学では，一般的な倫理規範に加えて，領域特有の配慮も求められる。特に大切なのは，実験参加者の尊重と保護である。ここでは，基礎的な実習の範囲でも知っておいてほしい留意事項を２点に絞って示す。なお，心理学を研究する者に倫理面で求められることがらは，広範かつ高度なものである。日本心理学会の「倫理規程」，「倫理綱領および行動規範」や日本心理学会の『執筆・投稿の手びき 2015年改訂版』に付録として収められている「心理学研究」，“*Japanese Psychological Research*”「投稿論文倫理チェックリスト」など，専門家向けの文書がある[1]。これらの資料は，いずれも心理学の初学者に対して直接に適用されるものではない。しかし，初学者であっても，専門として学ぶからには，専門家におけるスタンダードの存在と，その概要について知っておくことも有用であろう。

① インフォームド・コンセント

通常の心理学の実験では，インフォームド・コンセント（informed consent，説明と同意）が原則として必要である。実験者は参加者に，実験内容や途中離脱の自由（参加者はいつでも自由に参加をとりやめることができる）について，事前に文書も用いて十分な説明を行い，参加者から承諾のサインを得ることで同意を確認する，というのが基本形である。質問紙調査では同意書までは求めないことが多いし，いわゆるネタバレを防ぐために十分な事前説明が困難で事後に手続きの追加が必要になるケースがあるなど，手続きに幅はあるものの，「説明と同意」に相当するステップが必要であるという基本は変わらない。参加者は実験に自由意思で参加しているのであり，個人の意思は尊重されなければならないという認識が前提となっている。

ただし，参加者の立場の実習生が，実験に参加しない，あるいは実験から途中離脱するというのは，特別の事情がない限り好ましくないので，インフォームド・コンセントを実習場面での実験にそのまま適用するのは現実的ではない。しかし，実験というのは，本来的にはインフォームド・コンセントが適用される状況なのだということは知っておくとよい。

なお，題目によっては，実習生以外に参加者を依頼することもありうる。そうした場合は，インフォームド・コンセントを実践する機会と考え，教員の指示にそって，きちんと行動しよう。

② プライバシーの保護と個人の尊重

心理学的な研究で得られる情報は，プライベートな内容を含むことが多いので，情報の扱いには十分な注意が必要である。得られた情報全般について，その管理に気をつけなければならないが，特に学籍番号，氏名，生年月日など，特定の個人を識別できる情報（個人情報）は秘密にしなければならない。一般に，得られた結果は，個人情報と切り離して，参加者番号などで識別する形をとる（匿名化する）ことが望ましい。得られた情報を保持している電子ファイルの扱いにも気をつけなければならない。不適切な例として，メールでの誤送信，関係者以外に公開された状態になっている，共用パソコンに保存したままになっている，などが挙げられる。記録用紙や質問紙などを廃棄する際には，シュレッダーにかけるなどの配慮が必要である。その辺に放置してあったり，ゴミ箱にそのまま廃棄されていたりするのはまずい。

プライバシーの厳格な保護以前の素朴な注意事項として，課題の結果について参加者個人を傷つける言動がないよう気をつけてほしい。性格や能力を測るテストの結果についてあれこれ言われたり，知覚や認知の実験の結果について，「Aさんはエラーが多い」「Bさんは反応が遅い」などと言われたりすると，発言者に悪気がなくても，言われた側は嫌な思いをすることがある。授業外でも，おしゃべりやSNSなども含め，不用意な発言をすることは慎みたい。

４．授業時間外の学習

授業時間外の学習で第一に重要なのは，レポートを自分の頭を使ってしっかりと書くことである。自身が

[1] 日本心理学会倫理委員会（編）（2011）．公益社団法人日本心理学会　倫理規程第３版　日本心理学会（http://www.psych.or.jp/publication/rinri_kitei.html）
日本心理学会機関誌等編集委員会（編）（2015）．執筆・投稿の手びき（2015年改訂版）　日本心理学会

実際に経験して，手元にデータや分析結果があるのだから，それに基づいた文書を作成しなければならない。基礎的な実験・実習でまず求められるのは，「調べ学習」ではない。ただし，授業での説明内容や配布資料，教科書について復習することは必須だし，これらで補えないような基本的な知識を他で確認する作業は必要である。またレポート作成には直結しないかもしれないが，関連文献類を読んで，理解や関心を広げたり深めたりするというのも好ましい学習活動である。

以下に，レポート作成を中心とした授業外学習で有用と思われるものをいくつか挙げておこう。

① 本を読んでみよう

まず，手持ちの本をチェックしてみよう。本書で扱っている内容は，対象とする現象も用いている方法も基礎的・基本的なものである。心理学の教科書や参考書でも，しばしば取り上げられているものなので，手持ちの教材を使って，すでに学んだことや，これから学ぶ（かもしれない）ことと関連づけることができると，学習効果が高まる。

また，それぞれの章では推薦図書を紹介しているので，それを探して読むとよい。推薦図書では，新書や文庫など安価で読みやすいものもなるべく挙げるようにしている。しっかり読めば，授業料としては格安である。さらに，そうした特定の本を求めるというのではなく，とにかく図書館なり書店なりに行ってみるのもお薦めである。大学の図書館で棚をながめると，関連する本が何冊も見つかるだろう。公立の図書館に行けば，大学の図書館とはずいぶん違う本の並びが目に入るだろうし，書店（新刊書，古本）の品揃えはまた大きく異なるはずである。ついでにネット書店のアマゾンをのぞくと，関連する本がいくらでも見つかる。そのような経験もまじえて，心理学の広さや深さについて，なんとなくわかってくるというのも大切なことである。

② 論文を読んでみよう

実習の元ネタにあたるような重要な論文が，図書館などで閲覧できるかもしれないし，授業で配布されるかもしれない。紙版のものがすぐに入手できなくとも，それぞれの章で元になったような論文は，多くの場合，ウェブ上で読むことができる。一般的なサーチエンジンでも，論文のタイトルと著者を入れれば，電子ファイルが見つかることが多い。タイトルや氏名について，文字の並び全体をそのままの状態で検索するには，半角のダブルクォーテーションマーク（二重引用符）で検索フレーズを囲む。たとえば，本書のタイトル「実験・実習で学ぶ心理学の基礎」という特定の並びで検索したければ，次のように検索窓に入力する。

“実験・実習で学ぶ心理学の基礎”

③ ウェブで調べてみよう

実験・実習に限らず，調べ物にはサーチエンジンが非常に役立つ。ただし，よく言われることだが，ウェブ上の情報は玉石混淆である。どのような人が，いつ，どのような機会に書いたものなのかは意識してほしいし，別の見方や説明がないかのチェックもしてほしい。また，レポート作成は，ウェブ上の文書からの「答え探し」ではない。そのような考え方では，実習の経験がもったいない。さらに，３．の倫理的な配慮でも述べたように，剽窃は許されない。いわゆるコピペは，剽窃になる危険性が高いことも肝に銘じておこう。ウェブは便利だけれども，こうした推奨しかねる使い方につながることも少なくない。この授業に限らず，時には「ウェブ断ち」をするというのも，学習効果をもつと考えられる。

５．レポートの書き方

実験・実習の授業のあとには，レポートをしっかり書くことが大切である。レポートを書くことで，授業内容の理解は確実に深まる。また，事実に基づいて整った文書を書く訓練は，文書作成力や論理的思考力，批判的思考力などを伸ばしてくれる。それは心理学にとどまらず，大学での学習を豊かにしてくれるだろうし，就職活動や社会人としての活動にも，大いにプラスとなるはずである。

心理学の実験・実習の授業におけるレポートの書き方は，授業によって形式，分量，内容などに幅がある。

以下では，初学者向きの基礎的な実習の授業において，目安となると思われる構成や一般的な注意事項について説明する。

より詳しい説明や技術的な事項については，次のようなものを参照して欲しい。1つめは初学者向けのものである。2つめと3つめでは，それぞれ日本心理学会，アメリカ心理学会で採用されている標準的な論文の書き方（スタイル）について知ることができる[2]。

アメリカ心理学会（APA）前田樹海・江藤裕之・田中建彦（訳）（2011）．APA 論文作成マニュアル　第2版　医学書院

フィンドレイ，B.　細江達郎・細越久美子（訳）（1996）．心理学実験・研究レポートの書き方――学生のための初歩から卒論まで――　北大路書房

日本心理学会機関誌等編集委員会（2015）．執筆・投稿の手びき（2015年改訂版）日本心理学会（https://www.psych.or.jp/publication/inst.html）

5.1　基本的な構成要素

(1)　一般的構成

基本的には，「目的，方法，結果，考察」の4つの部分を含む形で構成する。認定心理士の資格基準においても，「標準的レポート」の要件として，この「目的，方法，結果，考察」の4点セットを求めている。また，この4つは，各章の「実習」の部分で説明している項目と基本的に対応している。これらで構成される本体の後に，通常，文献リストがつく。さらに付録などを追加することもある。

この4点について，全体として，「ストーリーが一貫していること」「構成が整合的であること」が求められる。4つの要素は，以下のように，順次，前のものを受けて展開する。

- 目的→方法：このような目的を達成するために，このような方法を用いた
- 方法→結果：このような方法によって，このような結果が得られた
- 結果→考察：このような結果から，このような考察ができる（目的に対応する見解を示すことができる）

(2)　形式的事項

A4の用紙を使い，ホチキスでとめる（左上をとめることが多い）。表紙はつけることもつけないこともあるが，いずれにしても文書の冒頭に，題目，学籍番号・氏名，実施日，提出日などの基本事項を記す。パソコンで作成する場合，特に指示がなければ，1枚あたり，40字×36～40行程度で，余白をもって印字し，ページ番号を入れる（通常は，用紙の下部中央）。

(3)　目的，方法，結果，考察，文献リスト，付録

「目的，方法，結果，考察」の4点セットと，その後の部分の要素について順番に見ていく。

①　目的：何のための実験かを押さえる

実験には目的がある（以下，実験という設定で説明するが，調査，観察，テストでも同様である）。それをしっかり押さえていないと，レポートはぼんやりしたものになる。この目的を達成するプロセスとして，この後の「方法，結果，考察」が続くのであるから，その展開も意識しつつ，授業を振り返って，自分なりに文章としてまとめる。

本書の各章の記述では，「目的」の見出しで書かれている部分は，数行であるが，レポートでは，こうした直接的な目的に先立って，これまでの研究の流れ（先行研究）や一般的な話題（素朴な疑問や社会動向など）に言及しながら，研究の背景を書くことが多い。これは，この目的が出てくるのは，そもそもなぜかを

[2] アメリカ心理学会のスタイルは，心理学に限らず人文社会科学における代表的なスタイルであり，日本心理学会のスタイルも，ほぼそれに準拠する形をとっている。ただし，スタイルの慣習は，分野や組織によって，かなりの幅があるのが実状であるので，レポートも論文も指示されたスタイルにそって書かれていればよい。

示すためである[3]。

② 方法：実験を再現できるように書く

「方法」を書く際に最も重要なのは，「やったこと」が過不足なく伝わることである。書かれていることを読んで，心理学についての一定の素養がある人（たとえば，認定心理士の資格をもっている人）であれば，「わかりました」と言ってもらえる内容でなければならない。あるいは，そうした人に「このレポートに書いてある方法の通りにやってね」と言ったら，実施できるような文書であってほしい。これは，追試が可能なように書くということである。方法の記述には，頭の中の理解として，また再実行という形で，実験の内容が再現できることが求められる。

具体的には，以下のような項目について書く（具体的な項目は，実験，調査，観察，検査など，研究方法によって異なる点もあるし，個々の題目によって違ってくる点もある）。

・実験計画
・実験参加者
・実験で用いた素材，装置，器材など
・手続き

なお，方法の部分では，「やったこと」を書くので，基本的に「過去形」の文となる。本書の各章の説明では「する」の形で書かれているが，レポートでは「した」の形を用いる。

③ 結果：得られた事実を示す

実験のレポートは「報告」が基礎である。実験で得られた事実である結果について，客観的に記述することが大切である。本書や配付資料の説明を押さえ，自分なりにさまざまな分析を試みた上でまとめる。結果の部分も，「方法」と同様に「やったこと」を示すので，文章は基本的に過去形で書く。

図表は必要なものに限って，体裁も十分に工夫して載せる。図表に示されていることも，その中のポイントとなる部分は，必ず文章中に表現すること。たとえば，棒グラフで大小関係が示されていても，「見ればわかる」ではなく，その大小関係を文章にして記述する。検定を実施した場合は，それに関することも適切な書式で記す。

④ 考察：結果に基づいて目的に対応する論理的文章を書く

レポートは単なる記録ではない。結果に対してどのような解釈ができて，目的に対してどのような結論が導けるかを明示する。「考察」では，「感想」ではなく，「考えたこと」を書くことが必要であり，文章には論理性が求められる。考察は，本書の解説や授業での説明，また自分で調べたことがらも参照しながらまとめる。

⑤ 文献リスト：一定のルールに沿ってまとめる

本文中で引用したものは「引用文献」，引用はしていないがレポートをまとめる上で役に立った文献は「参考文献」と呼ぶことが多い。特に指示がなければ，両者は分けて示す。したがって，引用文献に挙がっているものは，必ず本文中で言及されていなければならない。引用の仕方は，本書の例を参考にするなり，５の最初に挙げた『執筆・投稿の手びき（2015年改訂版）』を参照するなりしてほしい。

文献リストは，文献ごとに「著者，年次，タイトル，出版元など」の４つの情報を，この順番で書き，全文献を著者のアルファベット順に並べるのが，心理学分野での基本形である。とりあえずは，本書の各章につけられている「引用文献」のようにすればよい[4]。

本書全体，または本書の章の１つを引用して，引用文献に示す場合の具体例を以下に示す。

[3] レポートや論文で冒頭の部分は，序論，問題などと呼ばれる。基礎的な題目の実験・実習では，こうした背景的な経緯の記述までは求められないことも多いことから，認定心理士の基準では，序論，問題という区分は示さず，目的という区分を必須のものとしている。

[本文中での文献引用の例]
「認定心理士の資格に準拠した実験・実習の教科書（日本心理学会, 2015）によれば，……」
「高島・椎名・藤井（2015）によれば，錯視は見間違いや幻覚とは別のものであり，……」

[本文のあとにつける文献リスト（引用文献）での書き方の例]
日本心理学会（編）（2015）．認定心理士資格準拠　実験・実習で学ぶ心理学の基礎　金子書房
高島　翠・藤井輝男・椎名　健（2015）．ミュラーリヤー錯視　日本心理学会（編）（2015）．認定心理士資格準拠　実験・実習で学ぶ心理学の基礎　金子書房　pp. 3－11.

⑥　付録：必要に応じて，素材や生データなどを示す

実際に用いた素材リストや結果の集計表などで，本文中での論述に直接には関係しないけれども必要なものは，付録として最後に載せる。

⑷　図表について[5]

図と表を分け，それぞれに通し番号と題名をつけて，本文中で必ず言及する。図の番号と題名は，「図の下側」につけ，表の番号と題名は，「表の上側」につけるのが一般的である。また，同じページに本文とともにレイアウトする場合は，表はページの上側，図はページの下側に配置するのが，心理学分野の論文では基本である（本書は教科書としての見やすさを優先して，この規範は採用していない）。

統計ソフトウェアで出力される図表は，そのままでは不必要な部分が多すぎたり，レポートに用いるには好ましくない形状であったりすることも多い。必要な部分に限り，適宜，レイアウトを修正して用いる。

5.2　レポートの文章について

実験・実習のレポートで求められるのは，正確で論理的な文章である。そうした文章を書くためのポイントを知っておこう。

①　分量を意識して書く

実験・実習のレポートでは，「過不足のない文書」が求められている。長ければよいわけではない。統計分析の大量のアウトプットをそのままレポートの一部とするのは不適当である。また，ダラダラと，とりとめのない文章は好ましくない。ただし，不足のないように，一定の量は必要である。

②　文章や文の構造，展開を意識する

大きくは，「目的→方法→結果→考察」という構造・展開がある。その下の区分にも，必要に応じて見出しをつける（実験計画，実験参加者，などもその例である）。さらに，１つひとつの段落をしっかり意識し，それが前後の段落と適切に接続しているかに気をつける。段落内の複数の文の前後関係についても，同様に適当でなければならない。本文は，箇条書きの形ではなく，文章の形で書くのが基本である。

③　文末表現に注意する

文章は「です・ます」体ではなく，「である」体で書く。また，すでに述べたように，方法と結果は基本的に過去形で書く。それ以外にも文末表現に注意することで，文章の質は改善される。たとえば，心理学の

---

[4] 本書の引用文献の書式は，日本心理学会が刊行する学術誌である「心理学研究」での規則に基本的によっているが，一般向けを意識して，やや異なる点がある。たとえば，日本心理学会では，著者名表示では姓と名を分けるが，本書では分けていない（１文字の姓や名がある場合は１文字空けている）。またウェブ上の情報については，引用文献ではなく本文中や脚注に記載する形をとっている。

ちなみにウェブ上の文献は，「心理学研究」での書式では，「著者名，年号，資料題名，サイト名，アップデート日，< URL >，（資料にアクセスした日）」である。たとえば，次のようになる。

日本心理学会（2010）．基礎科目ｃ領域（心理学実験・実習）の単位認定基準について　日本心理学会　2010年２月９日　http：//www.psych.or.jp/qualification/oshirase.html（2015年２月２日）

[5] 図表についても，さまざまなフォーマットがある。たとえば，表であれば，縦の罫線を入れないのが，心理学分野の学術文献のオーソドックスな書き方である。しかし，縦の罫線を入れた方が，むしろ自然なケースもある。本書も，この縦罫線の扱いをはじめ，図表の書式について十分な統一はとっていない。

実験・実習でのレポートは事実に基づく論理的・技術的な文書なので，「思う」「感じる」「のようだ」「であるらしい」といった文末は通常，不適切である。

④　適切な引用を行う

自分の頭で考えたことと他者の頭が考えたこととをきちんと分ける必要がある。本やウェブなどに書かれていたことを引用するときには，必ずソース（出典）を示し，本文の後の引用文献に示すこと。倫理的な配慮のところでも述べたが，レポートにおいて剽窃は許されない。

⑤　推敲をしっかりとする

パソコンで文書を作成していると，ある程度の分量が埋まることで，なんとなくできた気になってしまうことが多い。きちんとしたレポートとするために必ず推敲をすること。その際，音読してみることは効果的である。自然に読めないところは，自身の理解が不十分だったり，文が整っていなかったりすることが多い。また「他者の眼」で読んでみるのもよい。たとえば，先生だったらどう読むだろう，一緒に実習をした友人だったらどうだろうというように，「つっこみ」を入れながら（批判的に）読んでみよう。

もう1つ，非常に効果があるのは，他の人に読んでもらうことである。心理学を学ぶ友人や先輩が適当だろうが，心理学に詳しくない人だからこそ気づける点もある。逆に他の人のレポートを読むことも，お互いにとてもプラスになる（授業の一部として相互添削を実施しているケースもある）。

⑥　文章の書き方全般について意識的に学ぶ

こうした授業をよい機会ととらえて，文章力の向上を目指すとよい。一般向けのものでも，レポートや論文に限定したものでも，参考になる書籍が多数出版されているので，そうしたものを読んで自学することを薦める。

第1部

実　験

1章

ミュラーリヤー錯視

物理的な長さと見た目の長さ

◇実習の前に◇

1．錯視研究とミュラーリヤー錯視

1.1　錯覚と錯視

私たちは普段生活している世界をあるがままに見ているわけではない。たとえば，地平から昇ったばかりの月は天頂の月に比べてとても大きく見えるが，写真に撮影すると同じ大きさであることがわかる（天体の錯視）。このように，知覚された対象の性質や関係が対象の物理的な性質や関係と明らかに食い違う現象を錯覚（illusion）と言い，特に視覚的な錯覚を錯視（visual illusion）と言う。錯視の中でも図形の幾何学的な性質（長さや角度，方向など）の関係が物理的な関係と大きくずれて見える錯視を幾何学的錯視という。

錯視は，日常的で健全な現象である。まず，錯視は見間違いではない。見間違いであれば，じっくりと観察することで修正されるが，錯視は，それがどのような現象であるのか知っている人にも，そうでない人にも大なり小なり生じる現象である。また，幻覚も錯視とは別物である。幻覚（視覚に限れば幻視）は実際の対象が存在しないにもかかわらず，極度の疲労や脳の機能障害などによってもたらされる病的な症状である。

さらに錯視は，食い違いが生じる原因が知覚する人間の側にある現象に限る。たとえば，水の入ったグラスにストローをさすと誰にでもストローが折れ曲がって歪んで見えるが，この現象は，光の屈折という物理学的な理由で説明される。つまり，カメラで撮影しても歪んでおり，視覚情報の入り口である目（網膜）にも同じように歪んだ像が届いている。そのため，このような現象は錯視とは区別される。一方，冒頭で挙げた天体の錯視は，網膜において地平の月と天頂の月が同じ大きさであるにもかかわらず，知覚の結果として地平の月のほうが大きく見えるので，錯視として扱われる。

すなわち錯視とは，通常の視覚情報処理の結果として安定的にもたらされる現象であり，個人差はあるものの，万人が共通して体験する現象である。

1.2　錯視研究の意義

錯視が生じる仕組みを調べることは，私たちが環境や特定の対象をどのように見ているのかを明らかにするために役立つ。「見る」という活動は，普通に生活していると，当たり前すぎて意識しにくいものの，人間にとって最も基本的な心のはたらきの1つである。錯視は偶然に生じるのではなく，法則性をもったずれであることから，この「見る」というはたらきについて，深く理解する手がかりを提供してくれるのである。

錯視はさまざまな応用可能性をもっている。建築物や舞台装置で限りある空間をより広く見せたり，奥行きを深く見せたりするのに錯視が活かされているし，事故軽減につながる路面上のペイントも錯視現象を利用している。さらに，コンピュータを用いた画像加工技術の進歩を背景に，錯視を用いたアート作品がたくさん発表されている。こうした錯視の応用はいわば「いかに上手に視覚の特性を利用するか」という問題であり，錯視の基礎研究の進展と連動するものである。

1.3　ミュラーリヤー錯視とは

図1-1でａとｂの水平線部分（これを「主線」と呼ぶ）を見比べると，ａの主線の方が長く見える。しかしながら定規で測ると，ａとｂで主線の長さは同じであることがわかる。これはミュラーリヤー錯視と呼ばれる有名な幾何学的錯視で，1889年にドイツの開業医であり心理学者でも社会学者でもあったミュラーリヤー（Müller-Lyer, F. C.）によって報告された。ミュラーリヤー錯視とは，矢羽の付き方（矢羽と主線の成す角度や矢羽の長さ）によって主線が物理的な長さと違って見えるという現象である。矢羽と主線の成す角度（以下，矢羽の角度）が，図1-1のａのように鈍角の図形を「外向図形」，ｂのように鋭角の図形を「内向図形」と呼び，外向図形では内向図形よりも主線が長く見える。ミュラーリヤ

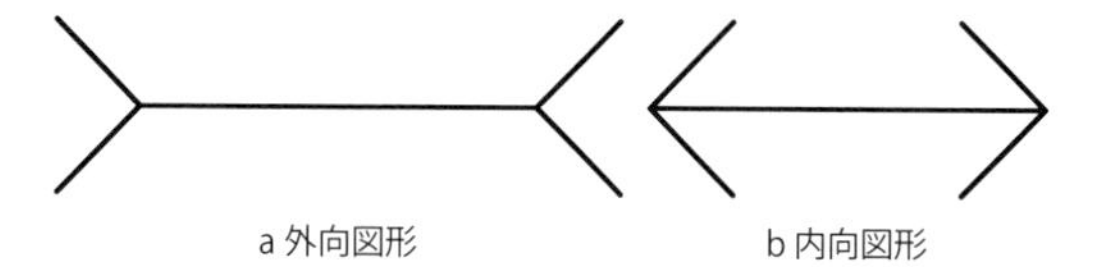

図1-1　ミュラーリヤー錯視の例

ー錯視は，数多くの錯視図形の中でも特に錯視量が大きく，さまざまなバリエーションが考察されている。

2．ミュラーリヤー錯視を調整法による実験で調べる

錯視の程度を知るためには，「物理的な長さ」と「知覚された長さ」がどれだけ異なるのか測定する必要がある。知覚された長さを調べるためには，ミュラーリヤー錯視図形における主線と同じ長さに見える線分を用意して，その線分の長さを測ればよい。この知覚的に同じ長さに見える線分の長さは，「主観的等価点（PSE: point of subjective equality）」と呼ばれる（等価点とは，長さなどの量を意味し，等価値とも言われる）。物理的な長さと主観的等価点との差が，「物理的な長さ」と「知覚された長さ」のずれの大きさ，すなわち錯視量と定義される。

これまでの研究から，ミュラーリヤー錯視に影響する主要な要因として矢羽の角度と長さの２つがあることがわかっている。本章ではこのうち矢羽の角度を取り上げ，「調整法（method of adjustment）」を用いた実験で，矢羽の角度を組織的に変化させ錯視量を測定する。

具体的な手続きとしては，図1-2に示すような装置を用い，矢羽の付いた錯視図形の主線と同じ長さに見えるように，実験参加者（知覚実験では観察者という表現を使うこともある）が矢羽のない水平線のみの主線の長さを変化させる。矢羽の付いた錯視図形を「標準刺激」と呼び，錯視量測定の補助に使われる水平線のみの図形を「比較刺激」と呼ぶ。調整法では，参加者自らが標準刺激の主線と同じ長さに見えるように比較刺激の主線の長さを変化させる（調整法については，「解説」の3.1で詳しく説明する）。

◇実　習◇

1．目　的

ミュラーリヤー錯視において矢羽の角度が錯視量に及ぼす影響について，調整法を用いて錯視量を測定することで検討する。

2．方　法

2.1　実験計画

矢羽の角度（30°，60°，90°，120°，150°）を独立変数（参加者内要因），錯視量を従属変数とする１要因５水準の実験である。各参加者について，５通りの矢羽の角度で調整法を用いて錯視量を測定する。

2.2　実施形態

２人ずつ組んで，実験者と参加者を交替して両方を経験する。日常生活で視力を矯正している参加者は，眼鏡やコンタクトを装着する（視力は日常生活に支障がない程度であればよい）。実験者のほかに記録者をおいて３人組で実験を行うことも可能である。参加者の人数の制約は特にないが，10人程度以上の参加者の実験結果があるとよい。

2.3　実験装置

*実験装置はサポートサイトからファイルをダウンロードして作成することができる。*これはA4用紙（ケント紙など）に印刷して折りたたむだけで作ることができる[1]（図1-2を参照）。

以下に装置の概要を示す。

・標準刺激：矢羽の角度が30°，60°，90°，120°，150°の５種類の錯視図形が描かれている。参加者が観察する面は，縦80mm，横180mmで，観察面の中央には錯視図形が描かれている。主線の長さは100mm，矢羽の長さは30mmである。標準刺激の裏側には実験実施時に装置の間違いを防ぐために，角度条件が記されている。５種類の標準刺激は，矢羽の角度以外はすべて同じ

[1] *サポートサイト上の実験装置は久野雅樹氏の提供による。*既成の装置が使えるが，作図するところから学生自らで行って装置を用意するのも実習としては意味がある。*自作する場合，解説文書がサポートサイトにあるので参考にしてほしい。*なお，実験装置は，パソコンでも比較的簡単に用意できる。その場合には，標準刺激と比較刺激を縦方向（上下）に配置してもよい。

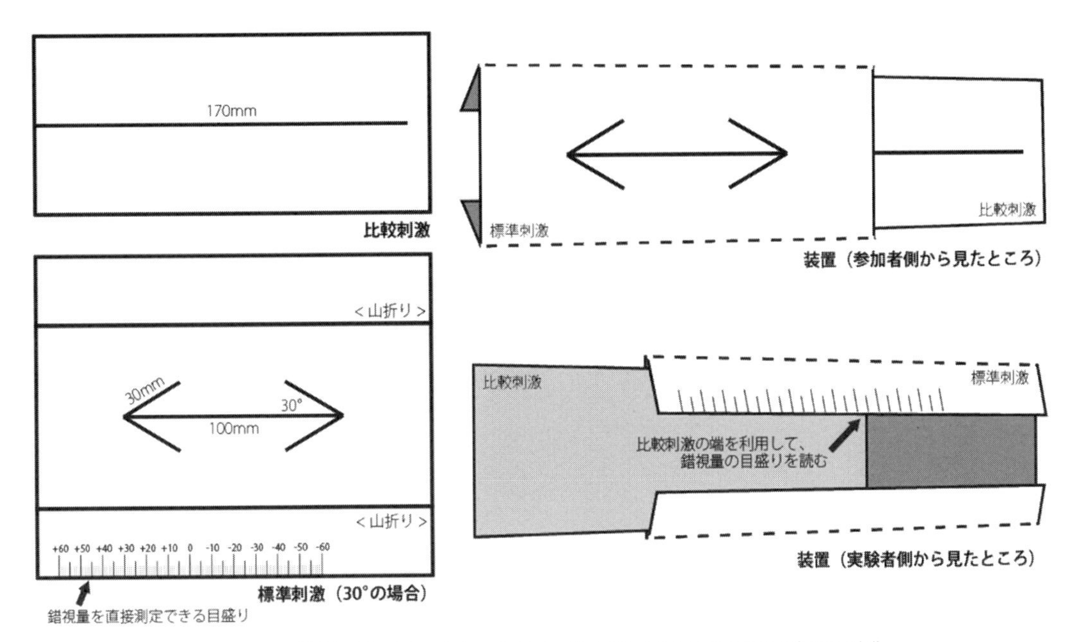

図1-2　錯視量測定用の装置の作り方（矢羽と主線の成す角度が30°の例）

になるように正確に作る。

- 比較刺激：矢羽のない主線のみの図形で，観察する面の大きさは標準刺激と同じである。比較刺激の主線は170mmで，主線の一方の端は用紙の端から始まる。主線の縦方向（上下）での位置は標準刺激と比較刺激で同じである。
- 標準刺激と比較刺激の組み合わせ：標準刺激の用紙を上下の部分を山折りにしてたたむ（インクの切れたボールペンなどで折れ線をしっかりつけてから折るとよい）。標準刺激の内側（裏面側）に比較刺激を挿入して，左右になめらかにスライドできることを確認する。

比較刺激を標準刺激の主線と同じ長さに見えるように，スライドさせて調整したときの比較刺激の主線の長さが主観的等価点となる。また，標準刺激の主線の長さは100mmで固定されているので，主観的等価点から100mmを引いた値が錯視量となる。標準刺激の裏側の下部には目盛が印刷されていて，比較刺激の端の位置の目盛を読み取ることで，この錯視量を1mm単位で測定できる。この目盛（＝錯視量）は，＋60mm（比較刺激の主線が160mm見えている状態）から，－60mm（比較刺激の主線が40mm見えている状態）まで印刷してある。

2.4　手続き

(1)　試行の構成と実施順序

参加者自らが，標準刺激の主線と同じ長さに見えるように，比較刺激の主線の長さを変化させる調整法を用いる。実験では，参加者への刺激の呈示に際して，調整法の手続きである上昇（ascending: A）系列と下降（descending: D）系列を設定する。上昇系列とは，比較刺激の主線が標準刺激よりも明らかに短く見える長さから徐々に長くして同じ長さに見えるように調整する系列であり，下降系列とは，比較刺激が標準刺激よりも明らかに長く見える長さから徐々に短くして同じ長さに見えるように調整する系列である。

標準刺激の5種類の角度と上昇・下降系列の組み合わせで，刺激の呈示パターンは計10種類となる。さらに，それぞれの呈示パターンについて2回以上測定することが望ましい。この回数（繰り返し）を2とすると，試行数は全体で20となる（以下，この設定で説明する）[2]。20試行全体で実施順序がランダムになるように，実施順序（1～20）を記した記録用紙をあらかじめ用意する（図1-3参照，*サポート*

[2] 試行の実施順序としては，標準刺激の種類ごとにまとめて行う方法もある（7章を参照）。実施が簡易になる一方で，それぞれの種類の中で先行試行の影響が生じやすくなる。また，5つの標準刺激（全部で5試行），あるいは5つの標準刺激と2つの系列の組み合わせ（全部で10試行）を1セットとして，その中でランダムな順序とする方法もある（2章を参照）。

サイトにファイルがある）。実施順序をランダムにする方法として，エクセルの乱数を利用する方法や，すべての試行を１枚ずつに書いたカードを用意してトランプのように切ってカードの順番を利用する方法などがある。

⑵　実施方法

実験者と参加者は，机をはさんで向かい合って座る。実験者は，あらかじめ決めておいた試行順序に合わせて実験装置をセットし，参加者に手渡す。実験装置を手渡す際，参加者から見て常に標準刺激が左側に来るようにする。観察距離は30cm 程度とする。観察にあたっては，実験装置の表面が参加者の視線に対して直角となる（装置を正面からまっすぐ見る）ように，また標準刺激と比較刺激の主線が傾かずに水平方向にそろった状態を保つように注意する。参加者は標準刺激と比較刺激とで主線の長さが同じに見えるように，比較刺激を左右に静かに動かして調整し，実験者に返す。実験者は装置裏面の目盛から錯視量を読み取り，記録して次の試行に進む。これを20試行繰り返す。

実験の終了後に，実験者は参加者に，実験について感じたことや気がついたこと（内省，内観）を確認し記録する。また，実験時に実験者として気づいたことも，同様に記録しておく。

⑶　教示

実験者は，実験に先立って実験の流れと注意事項を，「教示」として参加者に説明する必要がある。以下に教示の例をあげる。

「左側の図形の水平線の長さと右側の線が同じ長さに見えるように，右側の装置を左右にスライドさせて調整してください。図形を観察する際には，水平線の部分だけに注目するのではなく図形全体を観察し，自然な態度で，見えるままの長さを比較してください。また，実験装置を傾けたり，首を傾けたりすることがないようにして，観察距離と顔の向きをほぼ一定に保ってください。調整が終わりましたら，そのまま私に返してください。装置は明らかに短い状態で渡す場合もあれば，明らかに長い状態で渡す場合もあります。調整するときに行き過ぎたと思った場合は，後戻りしてもかまいません」

教示が済んだら，本番の前に実験装置の操作に慣れるために練習を行う（90°の標準刺激を使うとよい）。

⑷　実施にあたっての注意事項

実験者は，参加者が調整している間や，自身が錯視量を読み取って記録する際に，参加者にヒントを与えるような反応をしたりしないようにする。実験者は，参加者が課題に適切に取り組むように見守るが，実験に影響するようなフィードバックを与えてはならない。また，錯視量の記録用紙は参加者に見えないようにする（目隠しのついたてを置いたり，机の下で記録するなどの工夫をする）。

実験装置は，試行ごとに比較刺激の主線の最初の長さ（比較刺激の差し込み具合）を変えて手渡す。出発点が同じ状態から調整作業を行うと，当該試行での主線の見え方以外に，前回までの作業の記憶（見え方や左右に動かす腕の運動情報）が判断に影響するおそれがある。

３．結果の整理と分析

3.1　個人と全体での集計

個人の20試行の錯視量から，５種類の角度条件別に平均を算出して，図1-3の最下段の行に記入する。この平均は全員分の集計用紙（図1-4）にも記入する。さらに全参加者のデータから錯視量の平均と標準偏差を求め，図1-4の最下段の２行に記入する（*サポートサイトにファイルがある*）。

また，上昇系列と下降系列とで，錯視量の値に差がないかを調べるため，参加者ごとに角度条件別に各系列の平均（２系列×５角度で10）を求め，全参加者分の表を作る。

3.2　グラフの作成

図1-4で算出した平均を使って，矢羽の角度によって錯視量がどのように変化したのか，折れ線グラフで示す。グラフは，独立変数である角度条件（30°～150°）を横軸に，従属変数である錯視量（mm）を縦軸におく（図1-7が参考になる）。錯視量が0mm よりも大きくなれば，主線の長さが物理的な

記録用紙（単位mm）

実施日時　年　月　日　実施場所

実験者　　参加者　　（年齢：　歳　性別：男・女）

系列		実験条件（矢羽角度）									
		30°		60°		90°		120°		150°	
		試行順序	錯視量	試行順序	錯視量	試行順序	錯視量	試行順序	錯視量	試行順序	錯視量
上昇（A）		（　）		（　）		（　）		（　）		（　）	
上昇（A）		（　）		（　）		（　）		（　）		（　）	
下降（D）		（　）		（　）		（　）		（　）		（　）	
下降（D）		（　）		（　）		（　）		（　）		（　）	
平均	上昇										
	下降										
	全体										

＊事前にランダムになるように実施順序を決め，（）内に1～20の試行順序を記入する

図1-3　記録用紙の例

錯視量全体集計用紙(単位mm)

参加者	矢羽の角度				
	30°	60°	90°	120°	150°
1					
2					
3					
4					
平均					
標準偏差					

図1-4　全参加者のデータ集計用紙の例

100mm よりもより長く見えていたこと（過大視）を，錯視量が0mm よりも小さくなれば，主線の長さが物理的な100mm よりもより短く見えていたこと（過小視）を表す。余裕があれば，参加者ごとの折れ線グラフも描いてみるとよい（適当な人数分――たとえば5～10人分――を１枚に重ねて描く）。

上昇系列と下降系列の錯視量についても，同様にグラフを作成する（２つの系列を１枚のグラフに描く）。

3.3　統計的検定を含む分析

各参加者の角度別の平均錯視量をデータとし，全参加者の５条件での錯視量に差があるかどうか，分散分析（１要因５水準，参加者内要因）を行って調べる。帰無仮説は「５種類の角度条件で錯視量は等しい」である。分散分析で主効果が有意となった場合には，「５種類の角度条件間で比較したとき，少なくともどこかに差がある」ことになるので，多重比較を行って，どの角度とどの角度の間に差があるかを特定する。

また，上昇系列と下降系列とで，錯視量に差が見られないかについて，角度ごとに対応のある t 検定を行う。２つの系列の差については，ほかに，参加者ごとに角度の５条件を平均して１つの値にしてから対応のある t 検定を行う方法，「５角度×２系列」の２要因分散分析（要因はいずれも参加者内）を実施する方法（実験計画法による分析としては，これが標準的である）もある。

4．考察のポイント

4.1　錯視量と角度の関係

作成したグラフをもとに，矢羽の角度による錯視量の違いについて考えてみよう。特に外向図形（角度条件120°と150°）と内向図形（角度条件30°と60°）で，どのように錯視の現れ方が異なるのかが重要である。これらの矢羽の角度による錯視量の違いをもとに，ミュラーリヤー錯視に影響を与える要因として，矢羽の角度がどのように影響するのかまとめる。そして，ミュラーリヤー錯視が生じる仕組みについて考察してみよう。

4.2　角度以外の要因の影響

上昇系列と下降系列との間で錯視量に差は認められただろうか。認められた場合，それは何によると考えられるかを検討してみよう。また，錯視が生じないと考えられる90°の条件で，錯視量は０と見なせる値になっただろうか。そうでなかったとしたら，どのように解釈したらよいだろうか[3]。これらは本章の実験における主たる関心事ではないが，実験の仕組みを適切に理解するために確認しておくとよい。

◇解　説◇

1．ミュラーリヤー錯視は，なぜ生じるか

今日，ミュラーリヤー錯視に関する代表的な説明として，遠近法説と呼ばれるものがある。たとえば，遠近法を用いて絵画を描いた場合，同じ対象であっても，紙面上での大きさを変えて描くことで，対象までの奥行きが異なるように見える[4]。逆に，紙面上で同じ大きさで描かれていても，対象までの距離が異なって見えれば，対象の大きさや長さも異なって見える。このように遠近法説とは，紙面上では物理的に同じ大きさで描かれていても，対象までの距離が異なって知覚されるために対象の大きさも異なったものとして知覚されるというものである。

ミュラーリヤー錯視で説明するならば，図1-5に示したように，内向図形は箱や建物の角を外側から見たように手前に突き出して見え，一方で外向図形は部屋の隅を内側から見たように向こう側に引っ込んで見える。このような奥行き感の違いによって，

[3] 本章のような刺激を用いた場合の錯視量は，90°での錯視量との比較で解釈することもある。また，90°での錯視量が０であるかを確認するには，本来は「錯視量＝０」の検定を行う必要がある。これは１変数の t 検定だが，対応のある t 検定と等価である（「錯視量と０」という対応のある値の間で差があるかどうかを調べていることに相当する）。

[4] 厳密に言うと，本章の説明で用いている遠近法は狭義の遠近法で，透視図法，線遠近法などとも呼ばれるものである。水墨画などでは，遠くにあるものをかすませる空気遠近法という別の種類の遠近法が用いられている。

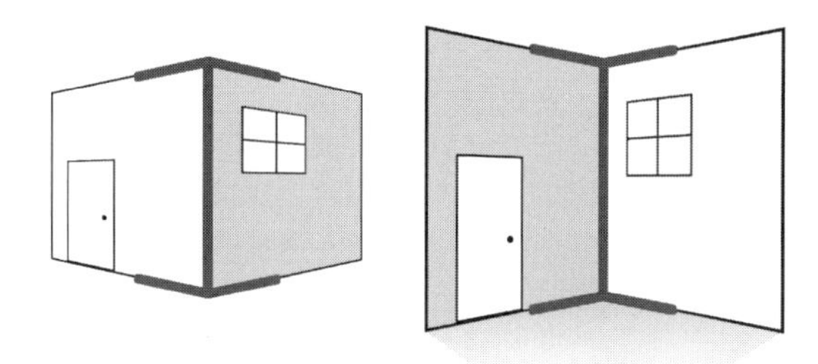

図1-5　ミュラーリヤー錯視における遠近法説

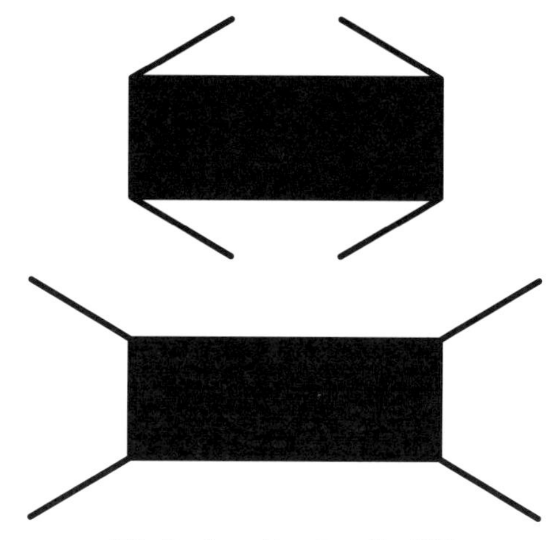

図1-6　ウェイト・マッサロ錯視

外向図形は遠くにあるように見えるために主線が拡大し，内向図形は近くにあるように見えるために主線が縮小して見えると解釈される。この遠近法説は適用範囲が広く，イギリスの心理学者グレゴリー（Gregory, R.）は，1960年代以降，ミュラーリヤー錯視を含む多くの幾何学的錯視をこの説で説明している（Gregory, 1998　近藤・中溝・三浦訳　2001）。

遠近法説には一定の説得力があるが，それでは説明できない現象もある。たとえば，1970年に報告されたウェイト・マッサロ錯視（Waite-Massaro illusion）は，ミュラーリヤー錯視の主線の幅を著しく太くした図形である（図1-6参照）。もし，外向図形が内向図形よりも遠くにあるように見えるために主線が長く見えるのであれば，外向図形の主線は内向図形よりも長く見えると同時に，主線の幅もより太く見えると予想される。しかしながら実際には，主線の幅は内向図形の方が外向図形よりも太く見える。

ミュラーリヤー錯視をはじめとした幾何学的錯視においては，遠近法説以外にも今日までに多くの説明が提唱されている。しなしながらいまだに定説はなく，単一の理論による説明は不可能であると考えられている。

2．ミュラーリヤー錯視における矢羽の角度と長さの影響

ミュラーリヤー錯視における錯視量には，矢羽の長さと角度が大きな影響を与えることが知られている。この点について日本で最初の組織的な錯視研究である城戸（1927）の実験結果を紹介しよう。

矢羽の角度の影響としては，図1-7のように，矢羽の角が鋭角（内向図形）のときには過小視が生じ，鈍角（外向図形）のときに過大視が生じる。しかし，

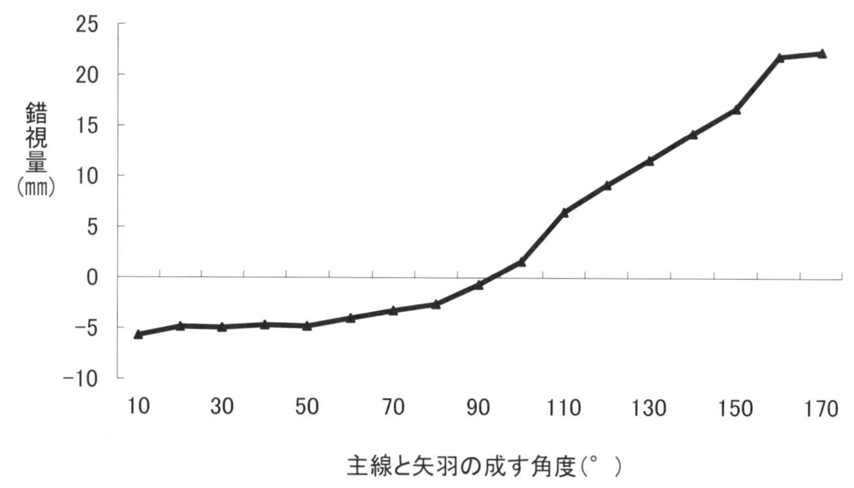

図1-7　矢羽の角度による錯視量の変化（城戸，1927より作成）
主線の長さは50mm，矢羽の長さは20mmの図形で測定

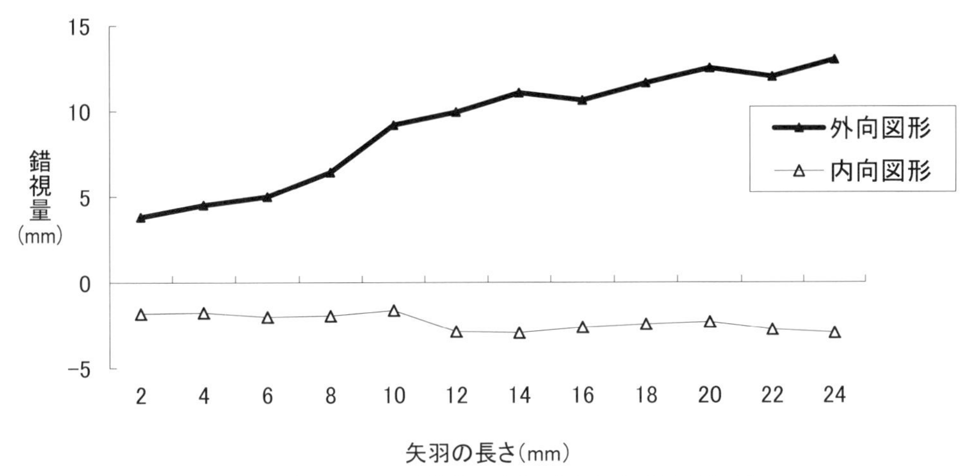

図1-8　矢羽の長さ（mm）による錯視量の変化（城戸，1927より作成）
主線は50mm，内向図形は矢羽の角度が45°，外向図形は135°の図形で測定

角度と錯視量の関係は単純な直線ではない。過小視の程度は角度によってあまり変わらず，過大視の程度は90°以降，ほぼ単調に大きくなっており，平均的には外向図形の過大視のほうが錯視量の絶対値が大きい。

矢羽の長さの影響としては，図1-8のように，矢羽の長さが長いほうが錯視量は大きい。ただし，ここでも内向図形と外向図形の違いがあり，外向図形のほうが平均的な錯視量が大きく，錯視量の増加傾向も外向図形のほうがはっきりしている。なお，この外向図形での錯視量増加傾向も，矢羽の長さをさらに伸ばしていくと反転して減少に転じ（山型の曲線になる），図1-9で示したような過小視に至る。

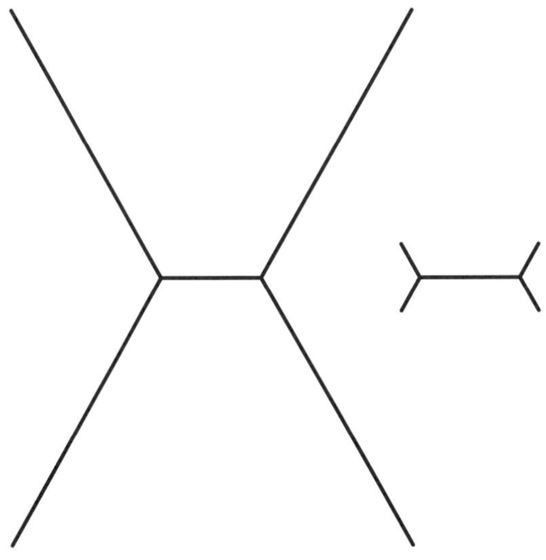

図1-9　ミュラーリヤー錯視における外向図形の矛盾

今回行った実験で得られた結果は，城戸の報告と同様のものだと言えるだろうか。錯視量の大きさ（城戸の実験は，本章の実験と主線の長さが異なるので主線に対するパーセントで表現するとよい）と，角度による錯視量の変化パターンについて確認して，レポートの考察で言及できるとよい。

3.　実習で用いた手続きについて

3.1　心理物理学的測定法の１つとしての調整法

本章の実習内容は，ごく一般的な言い方をすれば，物理的な刺激と心理的な経験のあり方との関係について体系化しようとするものである。こうした立場は心理物理学（または精神物理学）と呼ばれ，これに関わる実験手続きを心理物理学的測定法と総称する。

本章で用いた調整法もこの心理物理学的測定法の１つである。心理物理学的測定法の代表的な手法としては調整法，極限法，恒常法があり，感覚・知覚の研究において古くから利用されている。調整法では，参加者が自身で刺激における特定の属性の値（長さや角度など）を連続的に変化させ，その変化を観察しながら測定を行う[5]。特に等価判断を求める

[5] 刺激を変化させる作業は参加者が行うことが多いが，実験者が行うこともある。本章の実習の設定でも，実験者が参加者の眼前で比較刺激の長さを徐々に変化させていって，同じ長さに見えたところで参加者が合図するという方法をとることができる（宮谷・坂田（2009）では，この実験者調整法で錯視量を測定している）。

場合（比較刺激の長さや角度などを標準刺激と知覚的に同じように見えるまで変化させて主観的等価点を測定する場合）に利用される。

調整法は実施が簡単で短時間に行えるが，参加者の予想や作為の影響が生じやすいという問題がある。そのため参加者は，予測や期待が入らないように，無心な態度で実験に臨むことが求められる。調整法が適用できるのは，大きさや明るさ，音の高さなど，連続的に変化させられる刺激に限られる。また，刺激閾（「刺激が検出できる・できない」の境目）の測定には予備的な場合を除いて適さない。

調整法を用いる場合，上昇系列と下降系列とを設定することが一般的である。調整法において生じる代表的な誤差として，参加者の期待によって実際には主観的等価点に到達するよりも前にフライングして報告する誤差（期待の誤差）と，同じ反応を繰り返し続けることで実際には主観的等価点に到達しているのに報告が遅くなる誤差（慣れの誤差）がある。上昇・下降の２系列を用意するのは，こうした期待や慣れの誤差を減らすための工夫である。期待によるフライングや慣れによる遅滞があっても，下降系列と上昇系列の両方があれば，平均することで相殺できる。

3.2　剰余変数の相殺

本章の実験における第１の目的は，「ミュラーリヤー錯視におよぼす角度の影響」を調べることであり，そのために独立変数として角度を，従属変数として錯視量を設定した。本来ならば，独立変数のみが従属変数に影響を与える条件下で実験を行うことが望ましい。しかし，実際には独立変数以外にも従属変数に影響を与える可能性のある変数が存在する。このような実験の目的となる独立変数以外の変数を「剰余変数」と呼び，その影響を小さくするために実験手続きに工夫をほどこすことが必要となる。上昇・下降系列の設定も，剰余変数としての期待や慣れの影響を相殺して減らすために実験に組み込んだものである。

本章の実験では，上昇・下降の調整方向以外の剰余変数として，左右の刺激配置がある。本章の手続きでは，標準刺激が参加者から見て常に左側にくるように固定したが，本来ならば，標準刺激を右側に配置する条件を加えて，両刺激の位置関係による影響を相殺する必要がある。私たちの知覚世界では，空間位置によってその見えが異なる。一般的に水平方向よりも垂直方向が，下方より上方が過大視される傾向にあり，右空間と左空間でも見え方は異なる。このような左右の見えの基本的な違いのほかにも，参加者の利き目や左右の視力などによる見えの違いや，参加者の利き手やスライド方向による操作のしやすさの違いが錯視量測定に影響を与える可能性がある。こうしたことから，標準刺激と比較刺激の左右配置を剰余変数として組み込み，標準刺激が左側の条件と右側の条件を用意すると，より正確な測定結果が期待できる。

また，本章の実験で試行の実施順序をランダムにしているのも，実施順序が結果に影響を及ぼす可能性があるからである。実験が進行すると，実験者・参加者が慣れて測定精度がよくなることもありうるが，一方で，疲れたり飽きたりして精度が悪くなることもありうる。ある試行での応答は直近の試行に影響を受けるかもしれないし，実験の進行にともなって学習が生じて取り組み方が変わることがあるかもしれない。試行をランダムに並べることで，こうしたさまざまな可能性を剰余変数として軽減できるのである。

4．より深く学ぶために：推薦図書と推薦サイト

錯視については良書が多数ある。北岡（2010）は，錯視に関して全体的なことを知るのによい。基礎から応用まで錯視に関する広範な話題を整理したものとして，後藤・田中（2005）のハンドブックが有用である。ミュラーリヤー錯視についても，詳しいことが知りたい場合は，まず手にとってみるとよい。錯視にとどまらず広く錯覚現象を取り上げた読みやすい本として，一川（2012），杉原（2012），椎名（1995）もお薦めである。遠近法説で紹介したグレゴリーの著書（Gregory, 1998　近藤・中溝・三浦訳　2001）も，視覚心理学全般についての良書である。知覚の測定法に関しては，大山（2005, 2010）などが参考になる。

錯覚・錯視に関しては，以下のサイトに実例が豊富に紹介されている。

- NTT のイリュージョンフォーラム　http://www.brl.ntt.co.jp/IllusionForum/
- 北岡明佳の錯視のページ　http://www.ritsumei.ac.jp/~akitaoka/

5．補足（主に教員向けの解説）

5.1　授業構成の目安

５種類の角度条件でそれぞれ４回の測定を行う（全20試行）ということであれば，１人あたりの実験所要時間は20分程度である。実習生２名が１組で，相互に実験者，参加者の役割を果たして，２名分の結果でレポートを書くという形態であれば，準備を含めて１コマでの実施も可能である。ただし，集計対象とする参加者数は多い方がよいし，本章の内容は実習の初期に取り上げることが多いと思われるので，解説も含めて２コマ以上をあてるのが通常だろう。

実習にあたっては，４で紹介した推薦サイトなどを利用して錯視や錯覚現象への興味を促すのもよい。また，実験時間に余裕があれば，刺激の左右配置の要因を追加したり（試行数は倍になる），各条件での繰り返し数を増やしたりして，測定精度を上げるとよい。

5.2　発展的な実習

ミュラーリヤー錯視に限っても，実にさまざまな設定で実験が行われているので，まず後藤・田中（2005）を参照するとよい。オーソドックスな発展としては，角度の条件を増やしての実験，角度と矢羽の長さの２要因としての実験がある。また，空間配置が知覚に影響しうるという観点から，標準刺激と比較刺激を左右に並べるのではなく，実験装置を本章の設定から回転させて，両刺激を上下（主線が垂直），あるいは斜め（主線が45°）に配置して，錯視量の現れ方を調べるという実験が考えられる。

◆引用文献

後藤倬男・田中平八（編）（2005）．錯視の科学ハンドブック　東京大学出版会

Gregory, R. L.（1998）. *Eye and brain: The psychology of seeing*. 5th ed. New York: Oxford University Press.（グレゴリー, R. L. 近藤倫明・中溝幸夫・三浦佳世（訳）（2001）．脳と視覚――グレゴリーの視覚心理学――　ブレーン出版）

一川　誠（2012）．錯覚学――知覚の謎を解く――　集英社（集英社新書）

城戸幡太郎（1927）．知覚に於ける形態の表象と関係の判断――ミュラー・ライエル氏図形についての実験――　心理学研究，**2**, 262-282.

北岡明佳（2010）．錯視入門　朝倉書店

宮谷真人・坂田省吾（代表編集）（2009）．心理学基礎実習マニュアル　北大路書房

大山　正（2005）．精神物理学的測定法　大山　正・岩脇三良・宮埜壽夫　心理学研究法――データ収集・分析から論文作成まで――　サイエンス社　pp.125-138.

大山　正（2010）．知覚を測る　誠信書房

椎名　健（1995）．錯覚の心理学　講談社（講談社現代新書）

杉原厚吉（2012）．錯視図鑑　誠文堂新光社

コラム1

統計補習　データの基礎的な集計

多くの章の実習で，個人の結果を整理し，全員分のデータをとりまとめて，データからしかるべき情報を引き出すことが求められる。こうした集計・分析手続きの基礎的・体系的な知識や技能については，別の授業やテキストで学ぶことも多いであろう。ここでは，集計手続きについて，実習を行う上で知っておきたい基本的な部分を学んでおこう。実験計画と統計的検定について説明しているコラム２とあわせて読んでほしい。

１．母集団と標本

心理学の実験や調査において，ターゲットとなる現象や仮説は，かなり一般的な集団を対象全体として想定している。それこそ，人間一般，もう少し限定しても，成人一般がイメージされていることも少なくない。しかし，対象となるべき全員，すなわち母集団（population）からのデータ収集は，普通はできない。実際に行うのは，母集団のごく一部分を標本（サンプル，sample）として抽出して，実験や調査を実施し，得られたデータに統計的な処理をほどこして，母集団に関する議論を行うという作業である（図１[1]）。

標本は母集団を適切に代表するように抽出することが求められる。そして，標本の大きさ（サンプルサイズ，標本数，n または N と略記されることが多い）も適当であることが必要である。ただし，理想的な標本を得ることは容易ではないので，実験や調査を行う際は，標本の大きさや偏りを意識しつつ，得られた結果がどこまで一般化できるかを考える必要がある。本書を用いた実習では，授業の受講者（実習生）が実験参加者となることが多いと思われる。たとえば，「X大学で心理学を専攻する20歳前後の10人のデータ」から，どこまで一般的なことが言えるかは，改めて考えると難しい問題である[2]。

[1] ここでは参加者の集合として標本を説明しているが，統計的な分析においては，特定の条件で得られた個々の測定値の集合や，測定値を各参加者で平均したものの集合などもまた標本として扱われる。このコラムでも３の説明では，後者の意味で標本を用いている。コラム２の実験計画と統計的検定の説明でも同様である。ただし，標本を通して知りたいのは母集団の様子だという点は，図１の枠組みと同様である。

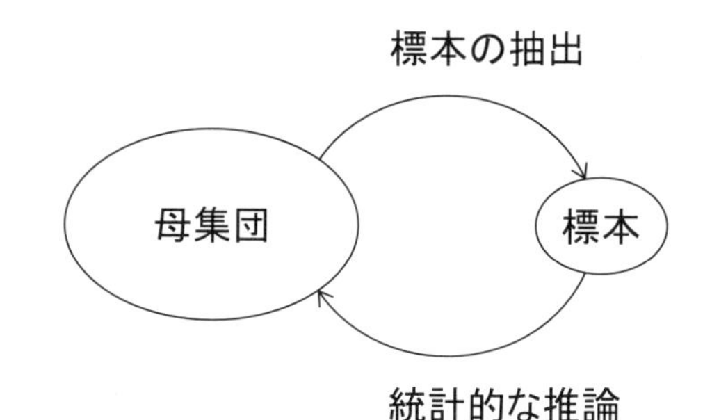

図１　母集団と標本の関係

２．データの分布を観察する

実習で得られたデータは，まず，１つひとつの値をていねいにながめてみよう。実習の説明にあるように，平均と標準偏差を求めるのは基本的なステップだが，それとあわせて，個々の測定値や１人ひとりの結果をよく観察することが大切である。このとき，目で数字をながめるだけでは，見落としがあったり，イメージがもてなかったりするから，データの全体が見やすくなるような表現を工夫するとよい。ここでは，一般的な方法を３つ紹介する。

(1)　度数分布表

度数分布表（frequency table）は，値や値の区分（階級）ごとに度数（頻度）を一覧できるようにしたものである。度数のほかに相対度数（全体の度数に占める割合，パーセント表示），累積度数（上から順に度数を足し合わせていく），累積相対度数も表示すると，理解の手がかりが増える。表１は，13

[2] この点について，あまり心配しすぎないでよい。本書で扱うような，心の仕組みやはたらきの基本的な部分は，大学や専攻や年齢によっては，それほど変わらないと考えられる一般性の高い部分である。

表1　度数分布表の例（語彙判断課題の反応時間）

階級(ms) 下端(以上)	上端(未満)	階級値(ms)	度数	相対度数 (%)	累積度数	累積相対度数 (%)
400	500	475	1	0.8	1	0.8
500	550	525	6	5.0	7	5.8
550	600	575	10	8.3	17	14.2
…	…	…	…	…	…	…
1550	1600	1575	1	0.8	120	100.0

章の連想プライミング効果の実験を行ったデータ（1人分）にもとづくものである。語彙判断課題（画面に呈示される文字列が単語であるか否かを判断する課題）を120回行い，反応時間をミリ秒（ms, 1000分の1秒）単位で記録したものが元になっている。作表にあたっては，50ミリ秒ごとに階級を設けてまとめたが，元の値のままで度数分布表を作ることもできる。度数分布表を見ると，どの階級や値にどのくらいの回答があったかを，度数を確認しながら調べることができる。

(2)　ヒストグラム

ヒストグラム（histogram）は，連続する階級，縦軸に度数をとって，分布を示したものである。図2のaは，連想プライミング実験のデータによるヒストグラムの例である。見た目が棒グラフに似ているが，連続して数字の順に並んでいる棒を好みで入れ替えることはできないし，棒の面積がそのまま相対度数になる（棒の幅はさまざまでよい）点で，棒グラフとは異なる。ヒストグラムを見ることで，データの真ん中や集中しているのはどのあたりで，散らばり具合はどうなっているかが視覚的にわかる。図2では右側の時間が長い側にすそが伸びていることがみてとれる。図2の場合，正規分布曲線も重ねて描いている。図2のbのように，条件別に描いてみると，条件間の差がとらえやすい。

(3)　箱ひげ図

箱ひげ図（box plot, box-and-whisker plot）の具体例を，同じく連想プライミングのデータで図3に示した。箱の中心は中央値で，データのすべての値を大きいものから順に並べたときの，ちょうど真ん中の位置である。箱の上端（上ヒンジ）は「全体の最大値と全体の中央値」の中央値，箱の下端（下ヒ

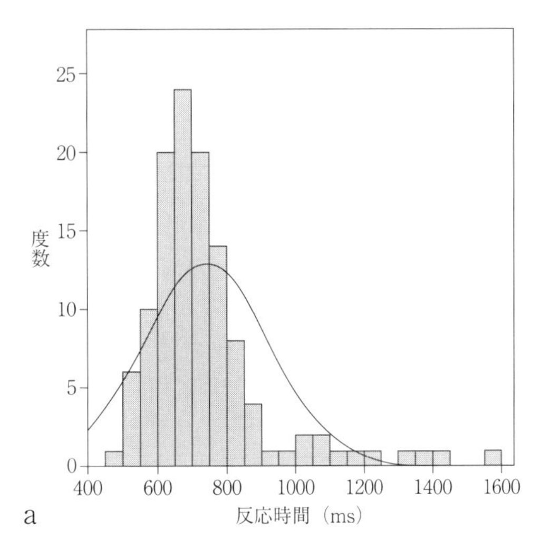

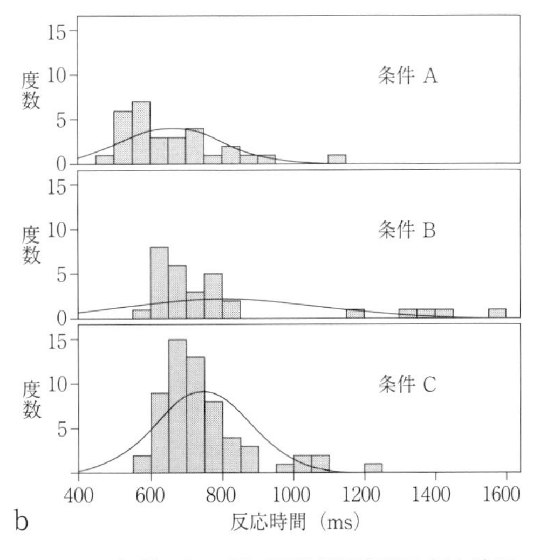

図2　ヒストグラムの例（語彙判断課題の反応時間，aは実験全体，bは条件別）

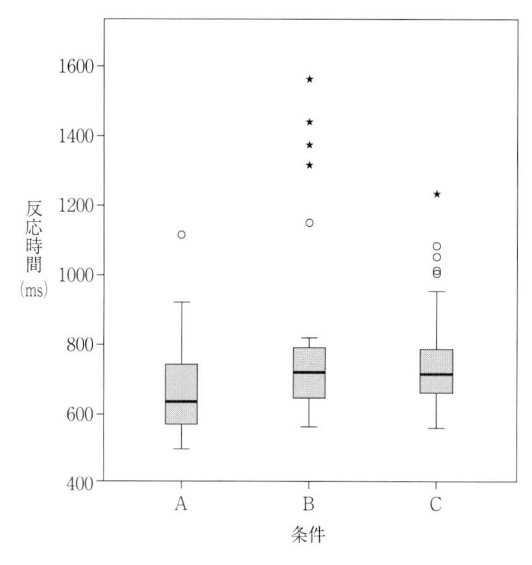

図３　箱ひげ図の例（語彙判断課題の反応時間）

ンジ）は「全体の最小値と全体の中央値」の中央値となる。したがって，箱の中に半分の度数が入ることになる。箱から上下に伸びるひげは，この箱の長さ（ヒンジ散布度）の1.5倍の長さまでの範囲で，中央値から最も遠いデータの位置を示す。ひげの外にあって別の記号で表示されている値は，分布上，外れ値（outlier，極端に大きかったり小さかったりする値）と見ることができる。箱ひげ図は，表示がコンパクトであり，特に複数の群の分布を並べて一覧するのに便利である。

３．代表値と散布度

代表値とは，データの分布の中心的な位置を示す数値のことで，平均，中央値，最頻値などがよく用いられる。一方，散布度は，分布のちらばりや広がりを示す数値のことで，分散，標準偏差，範囲などがよく用いられる。実習でも繰り返し求める平均と標準偏差を中心に，理解を確実なものにしよう。

3.1　平均，中央値，最頻値

単に平均（mean）といえば，算術平均のことであり，以下の式のように，得られた個々の値の和を求めて，標本の大きさ（n）で割るものである。

$$\text{平均} = \frac{\text{標本の個々の値の和}}{\text{標本の大きさ}}$$

平均は，論文中などでは，英語の頭文字をとって，しばしばMと略記される。平均は，標本を構成するすべての値を反映するようになっていて，代表値としては最もよく使われている。ただし，外れ値の影響を受けやすいことに注意が必要である。実習でも，平均を代表値の基本とするが，外れ値の影響を受けにくい代表値として，中央値と最頻値があることもおさえておこう。

中央値（メディアン，median）は，前節の箱ひげ図の説明ですでに触れたように，値の大きい順に並べたときに，中間に位置するものの値である（偶数個の場合は，中間に近い２つの値の平均）。

最頻値（モード，mode）は，度数分布で度数が最も多い値や区間のことである。連続量で階級を設けた場合は，その階級の中央値を最頻値とする。たとえば，表１や図２のａのような度数分布では，階級値675ms（650ms以上，700ms未満）の度数が一番多いので，これが最頻値となる。

語彙判断課題のデータについて，平均，中央値，最頻値を示すと，それぞれ737.6ms，696.5ms，675.0msとなる。平均が中央値よりも大きいのは，長い反応時間が平均を引き上げているためである。反応時間は，心理学で扱うデータの中で，しばしば分布に歪みが見られるものであることが知られている。分布の歪みが代表値に影響をおよぼす例として，一般によく知られているもとしては，年収の分布がある。年収の分布では，非常に金額の多い少数の人がいて，そのデータに引っ張られて平均が押し上げられる。しかし，一般的な実感としては，中央値や最頻値のほうが自然だとされている。

3.2　分散，標準偏差，範囲，

まず，分散（variance）の定義式を示すと，以下のとおりである[3]。

$$\text{分散} = \frac{\text{（標本の個々の値－平均）の２乗の和}}{\text{標本の大きさ}-1}$$

分子の「標本の個々の値－平均」の部分は，平均からの偏差と呼ばれるもので，その値が平均からどれだけ隔たっているかを示す。この平均からの偏差

[3] これは不偏分散と呼ばれるものの定義である。分散には，これとは別に標本分散と呼ばれるものがある。標本分散では，定義式の分母の部分が「標本の大きさ」となる（１をマイナスしない）。不偏分散は母集団の推定値として望ましい性質をもっていて，近年は，分散といえば不偏分散が使われることが多い。ソフトウェアでも，特に指定しない場合，たいてい不偏分散を出力するようになっている。

表2　尺度の水準

尺度名	内容	適用できる計算	具体例	量的・質的の区分
比尺度	目盛りが等間隔で，絶対的なゼロ点がある	加減乗除のいずれもできる	時間（年齢など），重さ（体重など），長さ（身長など）	量　的
間隔尺度	目盛りが等間隔であるが，絶対的なゼロ点はない	加算減算（足し算，引き算）ができる	標準学力テストの得点，知能指数，摂氏温度	
順序尺度	順序関係が一定であるが，目盛りが等間隔ではない	加減乗除はできない	質問紙での1～5などの段階による項目の評定値[a]，レースの着順	質　的
名義尺度	区分に意味があるが，区分に順序関係はない	加減乗除はできない	性別，学部，職業，背番号，電話番号	

a）１と２，２と３など，隣接する数字間の大きさがみな等しいとは言いにくい。しかし実際上は，間隔尺度で量的変数であるとみなして統計処理を行うことが多い（SD 法を取り上げている19章で，この点に触れている）。

を２乗したものの平均的な値が分散である。ただし，分散は２乗を含む計算を行っていることから，測定で用いた元の単位（cm，秒など）は使えない。

分散の平方根（ルート）を求めると，標準偏差（standard deviation）となる。標準偏差では，元の単位をそのまま使うことができる。標準偏差は，しばしば *SD* と略記される。論文やレポートで散布度として報告されるのは，この標準偏差が主なものである。データが正規分布に近い形であれば，平均±１標準偏差で約３分の２，平均±２で約95％，平均±2.5で99％のデータがカバーされる（23章の図23-2に，知能との関連で標準偏差と正規分布の関係が示されている）。

分布の広がりを示す非常に基本的な情報に範囲（range）がある。これは「最大値－最小値」である。この範囲は当然ながら，外れ値を直接に反映して大きく動きうる。それだけに，データの予備的チェックで最初に見てほしい指標でもある（特に入力ミスなどの誤りを見つけるのに役立つ）。また，箱ひげ図のところで出てきたヒンジ散布度も，名前の通りで，散布度の指標であり，中央値のような相対的な順位位置に基づいて求められるため，外れ値の影響は受けにくい[4]。

4．変数について

変数（variable）は，研究で注目する特性で，「変数」という名前が示すように，とりうる値が変化しうる。１章のミュラーリヤー錯視の実験では，主要な関心の対象となる変数は，矢羽と主線の成す角度と錯視量である。矢羽と主線の成す角度は，30°，60°，90°，120°，150°の５通りの値をとり，錯視量は見えた長さをものさしで測るので，連続的にさまざまな値をとる。取り得る値の性質によって，量的変数と質的変数というように区分されたり，実験の設定と分析において，独立変数，従属変数，剰余変数などとして扱われたりする（コラム２を参照）。

4.1　量的変数と質的変数

変数は，その値の性質にタイプがあり，それによって，適用できる計算の種類や統計技法が違ってくる。変数の性質に関する最も基本的な区分として，量的変数（quantitative variable）と質的変数（qualitative variable）がある。

量的変数は足し算や引き算を行うことができ，平均や標準偏差を計算することができる。本書の実習で使うもので言えば，長さ，反応時間，正答数，誤り数などは，量的変数である。１章の実習で錯視量の平均や標準偏差を求めているのは，錯視量が量的変数であるからできることである。「Ａ条件はＢ条件より，○ mm だけ錯視量が大きい」という形で差に関する議論ができるのも，錯視量が量的変数だからである。

一方，質的変数は，性別や学部，レースでの順位などが該当する。いずれも，足し算や引き算はできないし，平均や標準偏差を求めることもできない。なお，もともと量的に表現されるものを質的変数として扱うことがある。たとえば，矢羽と主線の成す角度を５通り設定するというのは，角度という量的な情報に基づいているけれども，実験としては，条件設定のための質的変数として扱っていることになる。

4　このコラムで説明したヒンジ散布度は，四分位範囲と呼ばれるものと同じである。ただし，ヒンジ散布度も四分位範囲も，細かい定義は複数あるので，ソフトウェアの出力は微妙に異なることがある。

4.2　尺度の水準

量的・質的という区分と関連して，心理学では，表2に示すような，比尺度（ratio scale），間隔尺度（interval scale），順序尺度（ordinal scale），名義尺度（nominal scale）の4つの区分が知られている。この4つの尺度では，表で上にいく（水準が上がる）にしたがって，性質が順次加わり，可能な計算が増える形になっている。また，量的変数を質的変数として扱うことができたのと同様，水準の高いものを低いものとして扱うことができる。量的変数と質的変数という区分と対応させると，間隔尺度か比尺度によるものは量的変数であり，名義尺度か順序尺度によるものは質的変数である。

コラム2

統計補習　実験計画と統計的検定

本書の実験的な方法を題目とする章（第1部）では，原則として実験計画（実験デザイン，experimental design）について説明する項目を入れている。また，結果の整理と分析について説明する際には，多くの場合，統計的検定（statistical test，単に検定とも）を含む分析を紹介している。これらの説明で使われている用語や考え方の概要について理解しておこう。実験計画の基本を知ると，実習の流れや分析・考察で押さえるべき点がわかりやすくなる。また，統計的検定については，実習で扱わないかもしれないが，キーワードを中心におおまかなところを知っておくと，やはり実習についての理解が深まるだろう。

具体例として，1章のミュラーリヤー錯視の実習から，実験計画と統計的検定の部分を示すと以下のようになる。

> **2.1　実験計画**
>
> 矢羽の角度（30°，60°，90°，120°，150°）を**独立変数**（**参加者内要因**），錯視量を**従属変数**とする**1要因5水準**の実験である。各参加者について，5通りの矢羽の角度で調整法を用いて錯視量を測定する。
>
> **3.3　統計的検定を含む分析**
>
> 各参加者の角度別の平均錯視量をデータとし，全参加者の5条件での錯視量に差があるかどうか，**分散分析**（1要因5水準，参加者内要因）を行って調べる。**帰無仮説**は「5種類の角度条件で錯視量は等しい」である。分散分析で**主効果**が有意となった場合には，「5種類の角度条件間で比較したとき，少なくともどこかに差がある」ことになるので，**多重比較**を行って，どの角度とどの角度の間に差があるかを特定する。
>
> また，上昇系列と下降系列とで，錯視量に差が見られないかについて，角度ごとに**対応のある** ***t*** **検定**を行う。2つの系列の差については，ほかに，参加者ごとに角度の5条件を平均して1つの値にしてから対応のある t 検定を行う方法，「5角度×2系列」の**2要因分散分析**（要因はいずれも参加者内）を実施する方法（実験計画法による分析としては，これが標準的である）もある。

文中で太字になっているところが，内容を理解する上で欠かせないキーワードである。このミュラーリヤー錯視の説明の流れにおおむね沿う形で，ポイントを見ていこう。

1．実験計画の基礎知識

1.1　独立変数と従属変数

実験で知りたいのは，通常，変数間の因果関係である。何が原因で，こうした結果（現象）が生じるのかを知りたいのである。このように複数の変数の間に「原因と結果」という関係が考えられるとき，原因側の変数のことを独立変数（independent variable）と呼び，結果側の変数のことを従属変数（dependent variable）と呼ぶ。独立変数は「予測したり説明したりする側」，従属変数は「予測されたり説明されたりする側」と言うこともできる。いずれにしても，変数間の関係には方向性がある（関係が非対称である）。これら2つの変数は，別の用語でも呼ばれるが，本書では独立変数と従属変数を基本的に用いている（表1）。

ミュラーリヤー錯視の実験では，「矢羽と主線の成す角度」という独立変数を5通りに変化させて，錯視量の大きさという従属変数にどう影響するかを調べる形になっている。この例に見られるように，独立変数を操作することで従属変数に生じる変化を調べ，それによって因果関係を推測しようとするのが実験の基本形である。

表1　独立変数と従属変数の関係

従属変数		独立変数
結果側	←	原因側
予測・説明される側	←	予測・説明する側
(ほかの呼び方)		
基準変数，応答変数		予測変数，説明変数

1.2　要因と水準

実験を行う際，実験者が系統的に変化させる内容のことを要因（因子，factor）と言う。ミュラーリヤー錯視の実験では，「矢羽の角度」がこれにあたる。要因とは，一般的な意味でも「物事や状態が生じるもと，原因」のことであり，実験の枠組みの中では原因側となる独立変数である。1章の実験では，「矢羽の角度」という1要因の効果について調べる設定である。本書で紹介している実験は，基本的に1要因の単純なものであるが，実際の研究では複数の要因を組み込んだ実験も行われる[1]。

要因は質的変数（名義尺度や順序尺度）であり，要因を構成する個々の区分や段階のことを水準（level）と呼ぶ。要因となる独立変数がとる値である。たとえば，ミュラーリヤー錯視の実験では，矢羽に設定した5通りの角度（30°，60°，90°，120°，150°）が水準である。条件（condition）や群（group）という語も，水準とほぼ同じ意味で使われる。要因と水準は，実習で用いる全体での集計表の構成に示される（図1）。

1.3　参加者内と参加者間

ある要因における各水準を同じ参加者に実施すると，その要因は参加者内（within-participant）要因となり，異なる参加者に実施すると参加者間（between-participant）要因となる。本書では，研究の対象となる個人を実験参加者，参加者などと表現しているのにあわせて，参加者内，参加者間と表現しているが，一般的には，被験者内，被験者間という表現が広く用いられている。

ミュラーリヤー錯視の実験では，各参加者が5通りの水準のすべてに回答するので，参加者内要因の実験となる（図2のa）。一方，不自然ではあるが，ミュラーリヤー錯視の実験を参加者間実験で実施すると，図2のbのようになる。一見して，参加者間要因とすると，同じ分量のデータを得るのに必要な参加者数が増えることがわかるだろう。参加者内要因で実験を実施すると，比較的少ない人数で効率的に実験を行うことが期待できる。しかし，各参加者の負担が重くなることがあったり，学習や疲労など，参加者の状態変化がデータに影響する可能性があったりする[2]。

2．統計的検定の基礎知識

実験で得られたデータは標本である。統計的検定

[1] 心理学分野の実験で独立変数として設定するのは，通常，3要因くらいまでが多い。しかし，結果に影響するかもしれない変数はほかにもさまざまあって，それらを剰余変数（extraneous variable）と呼ぶ。剰余変数については，1章の「解説」の4.3に具体的な説明がある。

[2] 「参加者内・参加者間」と関連した対比に，「対応のある・対応のない」がある（2.5を参照）。本書の実験では，その多くで参加者内要因を採用している。これは多様な参加者経験が得られるようにという趣旨に加えて，少人数でも適当な結果が得られやすいことにも配慮している。ただし，複数の要因を同一参加者に行う一連の流れには，さまざまな問題がありうるので，本来は参加者内要因での実験が望ましくないケースもあるし，参加者内要因を用いつつ，問題を低減する工夫をしているケースもある。

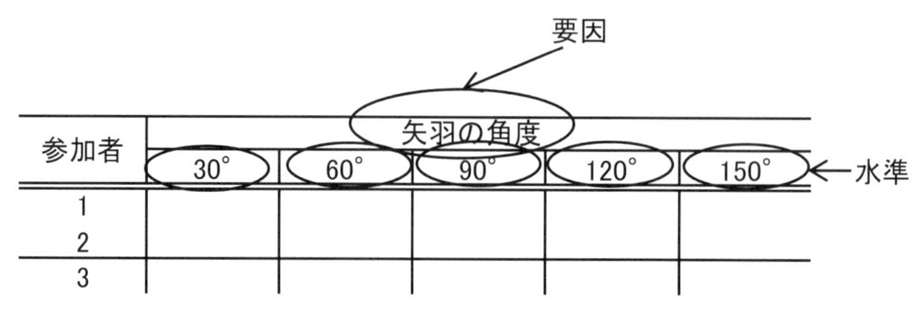

図1　実験における要因と水準（1章で取り上げたミュラーリヤー錯視の実験の場合）

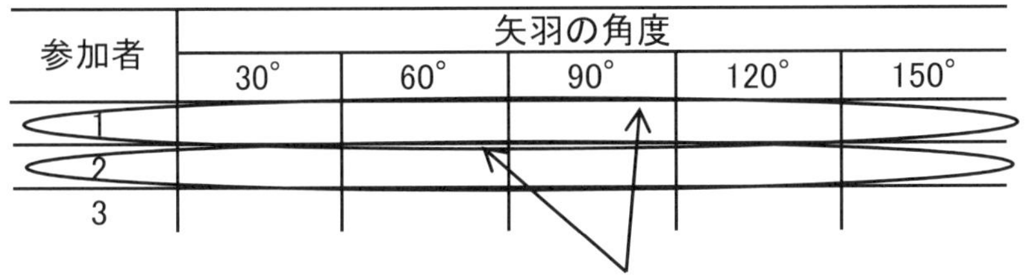

a 参加者内要因の実験　1人の参加者が5つの水準のすべてに回答する

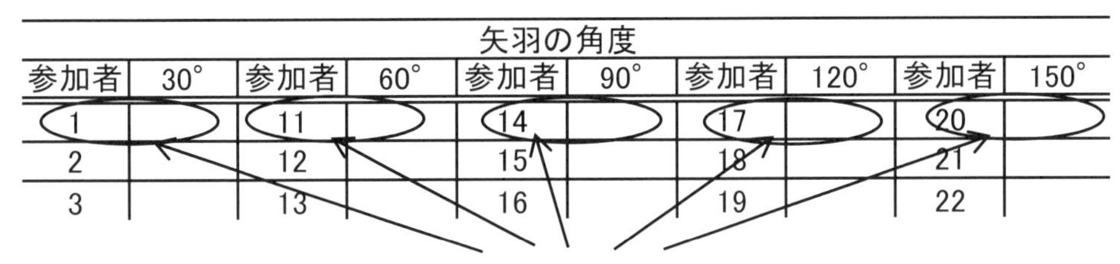

b 参加者間要因の実験　水準によって回答する参加者が異なる

図2　参加者内要因(a)と参加者間要因(b)

は，この標本に基づいて母集団に関する推測を行う技法である。統計的検定の基礎について，本書の多くの章で出てくる平均の差の検定を例に見ていこう。

2.1　平均の差の検定：t 検定と分散分析

複数の群の間で平均の差がないかを調べるための代表的な統計技法として，t 検定（t-test）と分散分析（analysis of variance，略して ANOVA）がある。

t 検定は1要因の2水準の間での平均の差を調べるのに用いられる。分散分析は，3水準以上での差の検定，あるいは複数の要因からなる実験での差の検定に用いられる（図3[3]）。

そこで，ミュラーリヤー錯視の実習では，次のように使い分けている。

①矢羽の角度の5水準（30°，60°，90°，120°，150°）の間で差を調べたい　→　1要因分散分析

②上昇系列と下降系列という2水準で差を調べたい　→　t 検定

③「矢羽の角度の5水準×上昇系列・下降系列の2水準」という2要因で分析したい　→　2要因分散分析

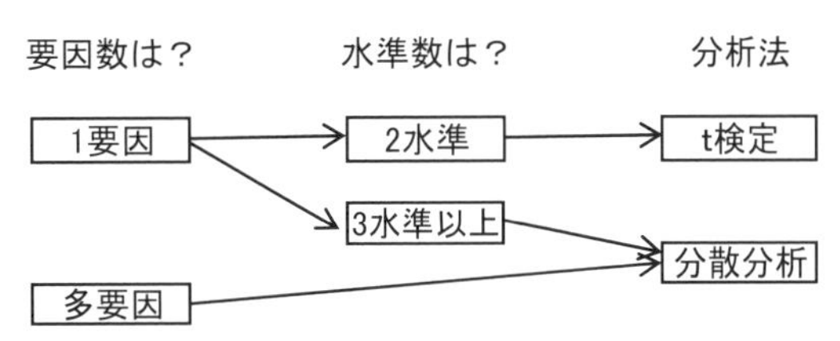

図3　平均の差を検定する手法の使い分け

2.2　帰無仮説と統計的検定のロジック

平均の差の最もシンプルなケースとして，2群の平均に差があると主張したいとき，集計表やグラフを見て，差がありそうだと思うというだけでは，主観的で説得力に欠ける。統計的検定では，「差がある」という状態について，「差がない（等しい）」という状態と対比する形で議論をする。つまり，「差がない」をまず仮定して，それを否定することで，「差がある」と主張しようとする。このとき，否定される側の主張を帰無仮説（null hypothesis）と呼ぶ[4]。検定を行う場合，普通は，否定されて「無かったこと」になってほしい仮説である。帰無仮説と対

[3] 分散分析を1要因2水準のデータに適用した場合，得られる結論は t 検定と同じである（判断に用いる数値である検定統計量が異なる）が，2群の平均の比較には慣習的に t 検定が用いられている。なお，分散は「ちらばりの指標」なのに，「平均の差」の分析に使えるのは，「平均の差」も「ちらばり（分散）の一部」であり，この「一部」が，どのくらいの大きさなのかを調べることで，「平均の差」の程度が評価できるという発想による。

[4] 2群の間で平均の差を調べるというとき，問題なのは，「母集団で差があるのか？」ということである。したがって，母平均，すなわち母集団の平均について扱っているので，帰無仮説を正しく言うと，「2つの母平均に差がない（2つの母平均は等しい）」である。

表2　有意確率（p 値）の論文やレポートでの表現

p 値	表中のマーク	文中での言い回し
$.10 \leqq p$	なし	有意でない
$.05 \leqq p < .10$	†	有意傾向である
$p < .05$	*	（5％水準で）有意である
$p < .01$	**	（1％水準で）有意である

＊はアスタリスク，†はダガーと読む。

になるのが，対立仮説（alternative hypothesis）であり，実験で主張したいのは，通常こちらである。この2つの仮説を対比して，「差がない（帰無仮説が真である）場合には，ごくまれにしか得られないくらいの大きさの差」であれば，「差がなくはなさそう」（帰無仮説を棄却する）だから，「差がある」（対立仮説を採択する）という判断を行う。

ここで，「ごくまれ」である程度のことを有意確率（significance probability）あるいは p 値（p-value）と呼び，有意確率を評価する基準として設けられたいくつかの区分を有意水準（significance level）と呼ぶ。有意というのは，「統計的に意味のある」ということである。論文やレポートでは，表2のような表現をよく使う。

以上のようなやや特殊な論理を使っているので，統計的検定を行うにあたっては，帰無仮説と対立仮説のセットで考えて，「何を否定（棄却）しようとしているか」を意識することが大切である。

2.3　統計的検定についての注意事項

統計的検定は非常に有効性の高い方法であるが，利用にあたって知っておいた方がよいことがある。

①統計的に有意な差と実質的な差は別物である：n が大きくなると有意になりやすい

平均の差の検定で有意になった場合，「差がなくはなさそうだ」という判断はできるが，「差が実質的に大きいか」に関する情報は得られない。有意確率が小さくなると判断の自信は強まるが，言えるのは，「差がゼロではないらしい」ということに限られる。分析にあたっては，有意性のみでなく，平均と標準偏差などをもとに，差の実質的な大きさを確認することが必要である。

一般に，標本の大きさ（n）が大きくなると，有意確率は小さくなりやすい（したがって，有意になりやすい）。逆に，有意にならなかった場合，単に n が足りなかっただけという可能性もある。実習の授業でも，予想に反して有意とならなかった場合，参加者の人数が少ないことが影響していることは，しばしばあると考えられる。

②有意水準5％は恣意的で慣習的なものである

5％が「有意である・ない」の判断基準として広く用いられているが，5％という値に数学的な根拠はなく恣意的な基準である。有意水準5％という設定は，慣習的，経験的なものであり，統一基準でコミュニケーションを行うための便宜的なものである。表2にあるように，.05以上，.10未満の p 値について「有意傾向」と表現することがあるのは，5％で単純に切りにくいので，グレーゾーンを設定しているとも言える。

③検定を何度も行うのは問題がある

帰無仮説を設定して，「帰無仮説が真だとすると，まれなデータである」というのが有意な結果の実態である。しかし，「まれ」とは言え，帰無仮説が真であっても確率的に生じる現象である。有意水準5％で考えるならば，20回に1回はまぐれ当たり（帰無仮説から言えば，むしろ「まぐれ外れ」）が生じるのである。5つの平均があって2つずつ比較した場合，10回検定作業を行うことになるので，全体としての有意水準は5％よりもずっと大きなものになってしまう[5]。次に説明する分散分析や多重比較の技法では，こうした検定の多重性の問題への対応が考慮されている。

[5] 5群をA，B，C，D，Eとすると，A-B，A-C，A-D，A-E，B-C，B-D，B-E，C-D，C-E，D-Eの10対で比較しなければならない。10回の t 検定を行ったとき有意水準を5％として，「少なくとも1回は帰無仮説を誤って棄却してしまう確率」は，$1 - .95^{10} \fallingdotseq .401$ となる。

2.4　分散分析における主効果と多重比較

2.1で述べたように，分散分析は，３水準以上の１要因実験や，複数要因を組み合わせた実験を分析するのに用いられる。主効果（main effect）とは，特定の要因について水準間で平均に差があることを示す結果のことである。主効果があるならば，その要因の水準によって従属変数の平均に差が見られることになる。主効果の帰無仮説は，「各水準の平均は等しい」であり，これが棄却されるとき，主効果があると判断する。

ミュラーリヤー錯視の実験での帰無仮説は，「５種類の角度条件で錯視量は等しい」であり，対立仮説は，「５種類の角度条件で錯視量は等しくない（条件間の少なくとも１つで錯視量に差がある）」である。帰無仮説が棄却された場合，差がどこかにあることはわかるけれども，どこにあるかはわからない。そこで事後処理として，差のあるところを特定する手続きが多重比較（multiple comparison）と呼ばれるものである。多重比較にはさまざまな手法があるが，本書の実習の範囲であれば，だいたいはTukey法と呼ばれるものを選択すればよいだろう。

2.5　「対応のある」と「対応のない」

本書の範囲では，基本的に，「対応のある（paired）＝参加者内」，「対応のない（unpaired）＝参加者間」という理解でよい[6]。対応のないことは，独立な（independent）とも呼ぶ。本書では，特に t 検定を適用する際に対応のある・ないを区別するというパターンで，しばしば使われている。たとえば，ミュラーリヤー錯視の実験でも，上昇系列と下降系列の２系列の間で，角度ごとに対応のある t 検定を行うことを求めている。上昇系列と下降系列は，それぞれ全参加者が回答しているので，これを要因ととらえた場合，参加者内の要因であり，対応のある要因である。

対応のあるデータと対応のないデータの例を，図４に簡単な模式図で示した。ある訓練プログラムの効果について検討するのに，事前テストと事後テストを行ったとでもイメージしてもらえればよい。各参加者がテストを両方受けていれば対応があることになるし，別々の参加者が受けていれば対応はないことになる。対応があるデータでは，参加者それぞれの得点が，事後テストで少しずつ高くなったと言えるが，対応がないデータでは，参加者が事前・事後で別々であり，全体としてテスト得点が上がったとは言えそうにない。対応がないデータでは個人差に隠れて見えにくくなっている効果が，対応のあるデータでは各個人の変化として見えるようになったのである[7]。このように対応のある形でデータを取得して分析することは，単に少ない人数で済むというだけでなく，要因の効果を検出しやすくする（検定力を高める）という点でもしばしば意味がある。

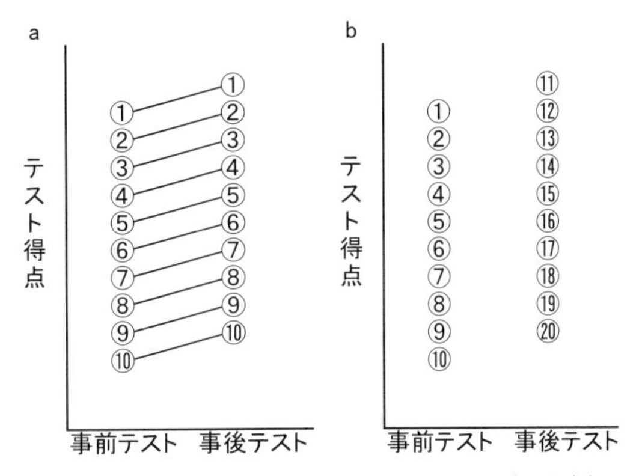

図４　対応のあるデータ(a)と対応のないデータ(b)
○の中の数字は参加者番号

2.6　２要因分散分析と交互作用

２要因分散分析では，各要因の単独の効果である主効果とは別に，交互作用（interaction）といって，複数の要因が組み合わさったときの効果に関する分析も行う。たとえば，５つの角度条件の中でも，ある特定の条件のみで上昇・下降の２系列での錯視量に差が見られた場合などは交互作用に該当である。

１章の説明では，上昇系列と下降系列について，まず，角度ごとに対応のある t 検定を行う手続きを挙げているが，これだと５回検定を行うことになり，

[6] 正確には，対応のあるのほうが参加者内よりも概念的に広い。水準間で参加者は異なる（参加者内ではない）けれども，異なる参加者の間に対応づけを行うケースがある。具体的には，親と子のように特定の対応関係を扱う場合があるし，異なる参加者を従属変数と相関をもつ変数で対応づける（マッチングと呼ばれる技法で，６章の「解説」の3.1で触れている）ことがある。

[7] 対応のある t 検定では，対応のある２つの測定値の間の差得点（図４の例で言えば，「事後テストの得点－事前テストの得点」）について，「差得点＝０」という帰無仮説を調べていることになる。なお，図ａに見られるような得点変化をもって，訓練プログラムの効果と結論できるとは限らない。まず問題となるのは，訓練しなくても，二度目のテスト得点は上がる（テスト自体が学習効果をもたらす）可能性があることである。

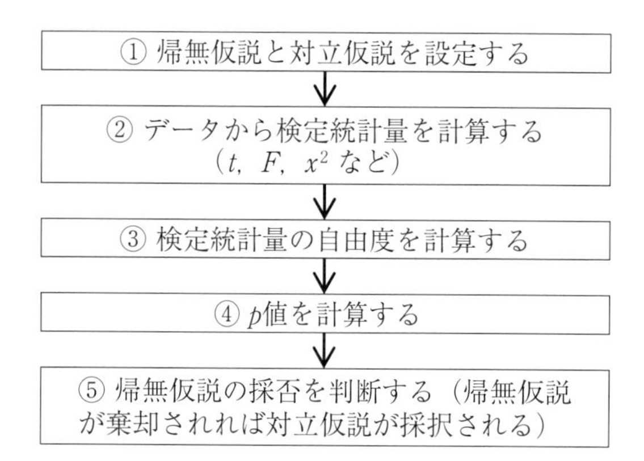

図5　統計的検定の流れ（②③④は，ソフトウェアが計算してくれる）

検定の多重性で難点がある。また，参加者ごとに角度の5条件を平均して1つの値にしてから対応のある検定を行う方法も紹介しているが，これだと，2要因の「組み合わせ効果」は調べることができない。そこで，検定の多重性もなく，組み合わせ効果（交互作用）の確認もできる2要因の分散分析が，標準的な方法として推奨されることになる。

2.7　統計的検定の流れとレポートにおける記述

検定は，標本であるデータから求められる検定統計量と呼ばれるものに基づいて行われる。t検定では，tがこの検定統計量であり，分散分析であれば，Fという検定統計量を用いる。この検定統計量を特徴づける重要な情報として，自由度と呼ばれるものがある。検定統計量と自由度から，有意確率が求められ，有意水準を判断することができる。検定の全体的な流れをまとめると図5のようになる。ソフトウェアを使えば，検定統計量，自由度（degree of freedom），有意確率などの基本的な情報はコンピュータが計算してくれる。ソフトウェアに正しく指示を出し，得られた出力を適切に読み取る力を養うことが重要である。

検定の結果を報告する際には，検定統計量の値と自由度，有意水準（有意確率）を示すのが基本である[8]。たとえば，次のようになる（論文やレポートでは，通常，有意確率の整数部分の0は省略する。また，挙げた例では，有意水準の区分を示しているが，有意確率そのものを書くことも増えている）。

・○○の要因の効果を確かめるために，1要因分散分析（参加者内要因）を行ったところ，主効果が有意であった（F（4，36）＝2.84，$p < .05$）。そこで，Tukey法を用いて多重比較を行ったところ，AとB，AとDの間にそれぞれ差があることが示された（$p < .05$）。（多重比較の結果については，有意水準のみですませることも多い。）

・○○に関するXとYの差を調べるため，対応のあるt検定を行ったところ，有意な差は見られなかった（$t(9) = 1.03$, $p > .10$）。（非有意であることを示すのに，*ns* あるいは，*n.s.* という表記も使われる。これは，not significant の略である。）

8　本書では説明していないが，有意かどうかのみでは，結果を評価するための材料が十分でないことから，近年は，効果量や信頼区間と呼ばれるものについても，表示することが増えている。

2章

大きさ知覚

人の見方はカメラとは違う

◇実習の前に◇

1．大きさの恒常性

人間の眼は，しばしばカメラにたとえられる。カメラのフィルムに当たるのが，眼球の奥にある網膜である。カメラのフィルムに似て，人間の場合，外界の光刺激はまず網膜に映る。しかし，人間は網膜に映った像をそのままの状態で認識するわけではない。網膜から視神経をたどり脳でさまざまな処理がほどこされることで，視覚という経験が成立する。この一連の過程は視覚系と呼ばれる精緻なシステムである。本章では，色，形，動きなど，多くの成分をもつ視覚情報の中から，「大きさ」を取り上げて，その知覚の仕組みについて考えてみたい。

大きさの知覚について，まず簡単な実演を紹介しよう。左手が右手の倍の距離になるように腕を伸ばして，左右の手を観察する（片目のほうがよい，図2-1）。このとき網膜に映る左手の像（網膜像）の大きさは右手の像の大きさの半分になっている。図2-1の右側の写真は目の位置から撮ったものだが，網膜像での手の大きさの関係は，この写真のようになる。しかし肉眼で見た印象として，写真のように左手が右手の半分に見えるようなことはなく，両手はあまり変わらない大きさに見えるだろう。写真に撮ったら人物や風景が小さく映っていて，がっかりした経験は誰しもあるだろう。これは，写真の像の大きさは，肉眼で見たときの大きさよりも，網膜像の大きさに似ていることから生じる。人間の視覚は，カメラの写真とは違うのである。

網膜像の性質について，もう少し正確に説明しよう。図2-2の(a)は，1m先と2m先にある客観的大きさが同じである正方形を見ている状況を示している。ここで網膜像に注目すると，距離が倍になれば，同じ大きさの正方形の網膜像の大きさは，図2-2の(b)のように各辺が半分になっている。もし私たちの視覚が網膜像のみに規定されるなら，遠くの正方形は近くの正方形に比べて半分の大きさに見えるはずである。しかし通常の環境ではそのようなことはなく，２つの正方形は同じような大きさに見えるだろう。距離が遠くても近くても同じ大きさに見えるということは，遠い距離では正方形を大きく，近い距離では正方形を小さく知覚しなければならないことを意

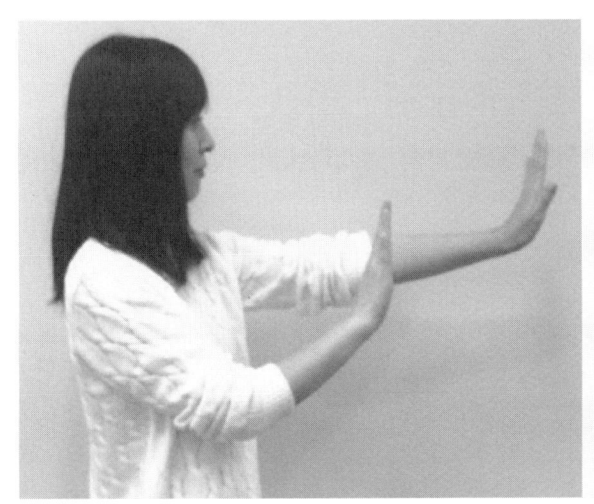

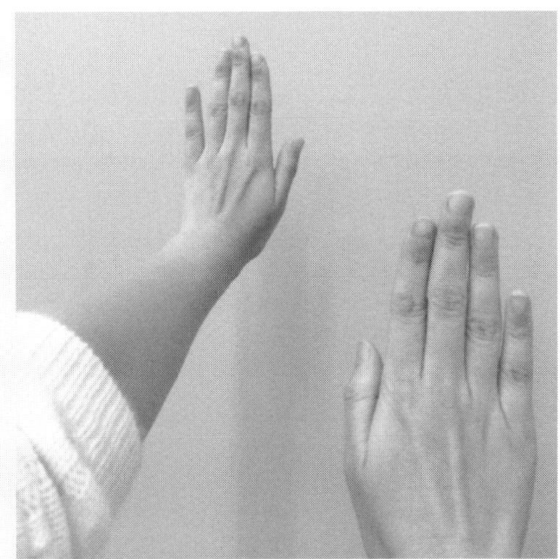

図2-1　腕を伸ばして左右の手を観察する

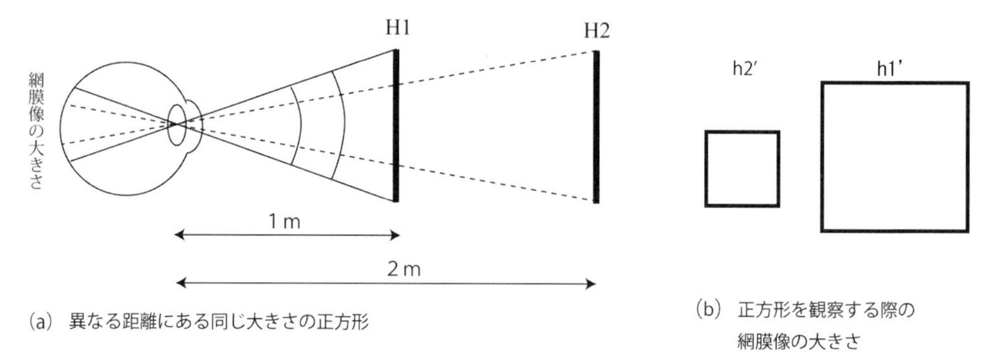

(a)　異なる距離にある同じ大きさの正方形

(b)　正方形を観察する際の網膜像の大きさ

図2-2　対象までの距離と網膜像の大きさ

味している。

このように人間の視覚系には，網膜像の大きさを距離に基づいて補正して，対象の実際の大きさに近づけて見るような仕組みが備わっている。これを大きさの恒常性（size constancy）と呼ぶ。大きさの恒常性は，客観的大きさが同じ場合，対象までの距離が変化しても，対象の大きさはあまり変化せず，ほぼ一定に見えるという現象である。

知覚における恒常性は，視覚に限っても，大きさ以外にさまざまなものがある。たとえば晴れた日でも曇った日でも，白い紙は白く黒い紙は黒く見えるのは，明るさの恒常性である。机の上の教科書をいろいろな方向から見れば網膜像の形は変化するものの，教科書は長方形に見え続ける。これは形の恒常性である。知覚の恒常性は，人間の視覚系には，網膜像の変化にもかかわらず，対象の元の基本的な姿にできるだけ近づけ，環境を安定して知覚する能力が備わっていることを示している。人間に恒常性を知覚する能力がなければ，自分を取り巻く環境を，変化の急激な歪んだ世界として知覚しなければならない。知覚の恒常性は，環境との関係において適応的なメカニズムである。

2．残像の大きさ知覚とエンメルトの法則

網膜像がもたらす知覚現象として，残像（afterimage）がある。残像は，対象（光刺激）を見た後，他に視線を移したりしたときに見える像のことである。これは網膜の一部の機能低下がもたらすもので，フラッシュ光やLEDライトのような強い光であれば短時間で生じ，それほど強くない刺激であれば，ある程度長い時間見つめた後に生じやすい。

同じものを見て生じる残像であっても，近くの面で見る残像は小さく，遠くの面で見る残像は大きく見える。ここで重要なことは，残像が生じている際の網膜像の大きさは一定であるということである。残像を映す面が近くても遠くても，網膜像の大きさは一定であるのに，残像の大きさは，残像を投影する面までの距離に従って変化する。この現象は，1881年に最初に報告したスイスの眼科医エンメルト（Emmert, E.）の名前にちなんで，エンメルトの法則（Emmert's law）と呼ばれている。エンメルトの法則は，大きさの恒常性と同様，大きさ知覚が距離の情報をふまえて成立していることを示す。

本章では，何通りかの距離で残像を観察することで，エンメルトの法則を検証する実験を行ない，「観察距離」と「見えの大きさ」の関係を調べる。実習を通して，「見る」という経験が成立する仕組みについて考えてみたい。

◇実　習◇

1．目　的

複数の距離にある投影面で単純な図形（円）の残像の大きさを観察し，残像の大きさ知覚と観察距離の関係について実験を行い，残像の大きさ知覚にエンメルトの法則が当てはまるかどうかを確かめる。

2．方　法

2.1　実験計画

投影面までの距離（観察距離：残像の元となる刺激の凝視距離の2倍，3倍，4倍）を独立変数（参加者内要因），残像の大きさを従属変数とする1要因3水準の実験である。各実験参加者について，3

つの投影面で調整法（2.4で説明）を用いて残像の大きさを測定する。

2.2 実施形態

２人ずつ組んで，実験者と参加者を交替して両方を経験する。日常生活で視力を矯正している参加者は，眼鏡やコンタクトを装着して行う。参加者の視力を記録しておくとよい。人数の制約は特にないが，10人程度以上だと，得られる結果の一般性について検討する上で望ましく，統計的検定を行ったり個人差を調べたりするのに適当である。

2.3 刺激と実験装置

凝視観察用の刺激として，図2-3に示したようにコンピュータのディスプレイ画面中央に凝視点（縦横5mm の十字）つきの直径3cm の円を描いたものを用意する。円は黒，背景と凝視点は白とする。描画には，マイクロソフト社の PowerPoint のように，呈示の際に全画面表示が可能なものを使う（余計な視覚手がかりのない単純な呈示画面にする）。この凝視観察用の刺激は，参加者の正面57cm の距離（目から画面まで）に，参加者の視線と直角になるように呈示する（この設定で刺激は視角で３°に相当することになる[1]）。

実験刺激を PowerPoint で作成する場合，ソフトウェアで指定したサイズと，スライドを全画面表示した際のサイズは通常，異なるので，全画面表示で確認の上，刺激を用意する。

残像の投影面として，A4判以上の大きさで直立する白色の平面を用意する。投影面としては，外面が白い箱や箱に白紙を貼ったものを用いるのが簡易である。投影面にも凝視点をつけておく。投影面は，残像が観察しやすい位置，たとえば，参加者の左45°に参加者の視線と直角になるように設置する。残像の投影面は，参加者の目の位置から114cm，171cm，228cm の距離とする。これらの距離は57cm（刺激凝視距離）の倍数（２倍，３倍，４倍）である[2]。

投影面は，参加者が１つの距離で観察した後に，実験者が別の観察距離に移動させる。このために，

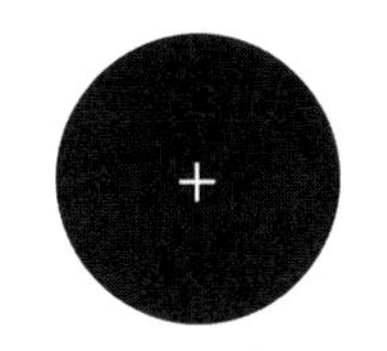

図2-3　観察刺激

机上や床面に投影面の設置位置を示す印をつけておくとよい。凝視観察用の刺激と投影面は，参加者の目の高さに合わせるようにする。コンピュータ画面および投影面の周辺は片付けて，なるべく余計なものが目に入らないようにする（大きさや距離について知る手がかりが単純な状態になるようにする）。装置の配置例を図2-4に示した。参加者ごとに目の高さが調整できて，ディスプレイと投影面の間でスムーズに体の位置を動かせるように，高さ調整のできる回転椅子を使うとよい。

そのほかにメジャー（コンベックスと呼ばれるスチールテープでロック機能があるものがよい）[3]と，計時装置（ストップウォッチまたは秒計時ができる時計など）も用意する。

2.4 手続き

参加者は，57cm の距離から観察刺激の凝視点を30秒間凝視する。観察は明るい室内で，両眼視で行う[4]。残像の大きさについては，「見えたままの主観的な大きさ（見えの大きさ）」を参加者に判断（回答）してもらう（「解説」の2.2を参照）。具体的な教示は次のようなものである。

「これから30秒間，目の前の円の中央にある十字マークを凝視してもらいます。30秒たったら，私（実験者）が合図しますから，すばやく投影面に眼を移して十字マークを見てください。すると投影面の上に残像が見えると思います。あなた（参加者）が見た残像の大きさを，このメジャーを使って示してください。このとき，観察距離，つまり投影面までの距離や網膜に映っている像について考えることなく，見えたままの残像の大きさを再生してください。再生する大きさは，残像の見かけの直径の長さ

[1] 57cm の距離から見た1cm は１°の視角に相当するので，3cm の刺激は視角で３°の大きさになる（視角については，「解説」の1.1を参照）。

[2] 説明で示した距離は絶対的なものではない。ディスプレイ画面の凝視距離や残像の観察距離を変更する場合には，観察距離が凝視距離の倍数となればよい。また観察距離の倍率を変更したり追加したりするという選択もある。たとえば，１倍や0.5倍，あるいは10倍を追加すると残像知覚の性質がより明確になるだろう。

[3] メジャー以外にも大きさを再現できる道具が使える（３章を参照）。

[4] 両眼視は単眼視と対置される用語である。両眼視では，左右の眼に映る像が少しずれていることによって，距離に関する手がかりが得られる（３章でこの現象を取り上げている）。

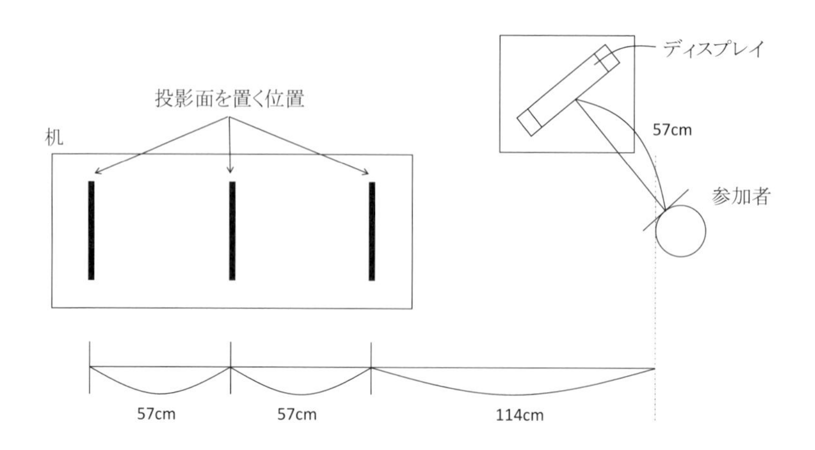

図2-4　実験装置の配置例（上から見たところ）

です。再生するときは，メジャーを目の高さから少し下げた位置で持って，その位置でメジャーを横方向に伸び縮みさせてください（必要があれば実演してみせる）[5]。メジャーは目盛りを見ないように気をつけてください。もし再生し終わる前に残像が見えなくなったら知らせてください。もう一度円を見てもらいます。好きなだけ伸び縮みをさせて納得いく長さになったら，目盛りが見えないようにして，私に戻してください。」

円刺激の凝視と特定の観察距離での残像観察とで1試行である。ランダムな順番に3つの観察距離（114cm，171cm，228cm）で残像の観察を行い，これを1セットとする（1セット＝3試行）。このセットを4回繰り返す。実験開始前に，表2-1の「順番」に各セットでランダムにした順番（1～3の数字）を記入しておく（*表2-1のファイルがサポートサイトにある*）。時間に余裕がある場合，各観察距離で10回程度繰り返すと，測定精度を高めることができる。

実験者は，メジャーの長さを残像の大きさよりも明らかに短くして，あるいは明らかに長くして参加者に渡す。参加者はメジャーを徐々に長く，あるいは短くして，自分の見えたままの残像の直径を再生する。このような方法を「調整法」(method of adjustment) と呼び，参加者がメジャーを徐々に長くする場合を上昇系列，徐々に短くする場合を下降系列と呼ぶ。上昇系列と下降系列は同じ試行数とし，その呈示順序はランダムとする。表2-1では“A”が上昇系列（ascending から），“D”が下降系列（descending から）を示す。

メジャーを参加者に渡す際，実験者は目盛りが見えないよう裏返しにして渡す。参加者は，それぞれの観察距離で残像の観察ができたら，目盛りを見ないように注意しながら，残像の見えの大きさをメジャーで再生し，実験者に渡す。この再生の際に参加者は納得のいくまでメジャーの長さの伸縮を繰り返してよい。メジャーでの再生にあたり，参加者は見えたままの円の大きさを再生することに十分に注意する。手や腕の筋運動感覚や記憶など，視覚以外の要因で判断しないように，参加者は事前に長さ再生の練習を十分に行う。再生の途中で残像が見えなくなった場合には，参加者は観察刺激の凝視を再び30秒間行う。

実験が終わったら，どのように考えて長さを再生したか（内省）を記録しておく。

---

[5] 厳密にはメジャーまでの距離も問題となりうるが，メジャーの長さの知覚にも恒常性がはたらくので影響は小さい。特定するのであれば，1章の錯視の実験と同様，30cm 程度でよい。一方，メジャーと残像を同一視線上に重ねて，大きさを直接に一致させるのは不適当である。絵を描くとき，鉛筆や指で対象の客観的な大小関係を調べることがあるが，それに相当する状況であり，見えの大きさの測定として問題がある。「解説」の2.2を参照。

表2-1　参加者１名分の記録用紙の例

参加者(番号:　　氏名:　　視力:　　)　実験者(　　)

		114cm			171cm			228cm		
		順番	系列	再生量	順番	系列	再生量	順番	系列	再生量
繰り返し（セット）	1		A			D			A	
	2		D			A			D	
	3		A			A			D	
	4		D			D			A	
上昇系列	平均									
下降系列	平均									
全　体	平均									
	標準偏差									

３．結果の整理と分析

3.1　個人と全体での集計

⑴　各観察距離での残像の見えの大きさ

参加者ごとに，それぞれの観察距離で，残像の見えの大きさ（再生量）について，平均と標準偏差を計算する（表2-1の下部にある「全体」に記入する）。その後，この平均をもとに，参加者全員の各観察距離における残像の大きさの平均と標準偏差を計算する。

⑵　上昇系列と下降系列での残像の見えの大きさ

参加者ごとに，それぞれの観察距離で，上昇系列と下降系列での残像の大きさについて，平均を計算する（表2-1の「上昇系列」「下降系列」の行に記入する）。その後，この平均をもとに，参加者全員の各観察距離の上昇系列と下降系列における残像の大きさの平均と標準偏差を計算する。

3.2　グラフの作成

観察距離を横軸に，残像の見えの大きさの平均を縦軸にして折れ線グラフを作成する。各参加者の結果もグラフにするとよい（５人くらいを１枚に収めると個人差が見やすい。参加者が少ない場合はこちらのグラフだけでもよい）。図2-6の例のように，エンメルトの法則による予測値（距離に比例して残像が大きくなる）も同時に示すとよい。観察距離114cm，171cm，228cmにおける予測値は，それぞれ6cm，9cm，12cmである（詳細は「解説」の1.2を参照）。また上昇系列，下降系列のグラフも作成するとよい。

3.3　統計的検定を含む分析

各参加者の３つの観察距離での再生量（平均）をデータとし，全参加者の再生量に差があるかどうか，分散分析（１要因３水準，参加者内要因）を行って調べる。帰無仮説は「３つの距離の再生量の平均は等しい」である。分散分析で主効果が有意となった場合には，「３つの間で比較したとき，少なくともどこかに差がある」ことになるので，多重比較を行って，どの間に差があるかを特定する[6]。

また，上昇系列と下降系列とで再生量に差が見られないかについて，観察距離ごとに対応のある t 検定を行う。帰無仮説は「上昇系列と下降系列とで再生量の平均は等しい」である。２つの系列の差について調べるには，「３距離×２系列」の２要因分散分析（要因はいずれも参加者内）を行う方法もある（実験計画法による分析としては，これが標準的である）。

４．考察のポイント

4.1　観察距離と残像の見えの大きさとの関係

結果に基づいて，観察距離と残像の見えの大きさとの関係がどのようなものであるかを考察する。エンメルトの法則が成立していると言えるかが，特に重要な点である。エンメルトの法則から予測される残像の大きさと，実際に観察された残像の大きさは，

[6] この方法は，エンメルトの法則の検証としては直接的なものではない（言えるのは３水準間における差の有無にとどまる）。ほかの方法をいくつか挙げておこう。観察距離ごとに予測値と実測値（実験で得られた値）の差を対応のある t 検定で調べることができる（ただし，「予測が当てはまる場合に有意差がない」ことになるので，人数が少ない場合には適さない）。参加者ごとに直線をあてはめて得られる直線の傾きを予測値の直線の傾きと比べてみる（３章を参照）。参加者全員で直線の傾きの信頼区間を求めて，予測値の直線の傾きと比べるという方法もある。

どのような関係になっただろうか。予測値と実測値のずれが大きい場合，測定法の問題点や，参加者一人ひとりの結果などをふまえて理由を考えてみよう。

4.2　上昇系列と下降系列

上昇系列と下降系列の再生量には違いはあっただろうか。上昇系列と下降系列を用意したのは，調整の方向が結果に及ぼす影響を取り除くためである。もし違いが認められたのであれば，どのような理由によるものかを考えてみよう（「解説」の2.1を参照）。

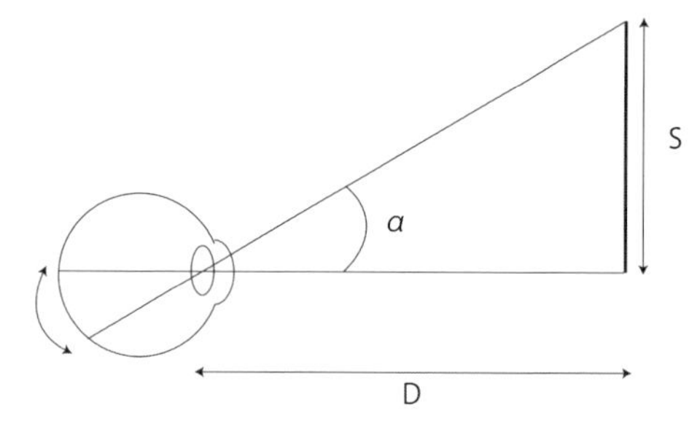

図2-5　対象の大きさ，距離，視角の幾何学的関係

◇解　説◇

1．大きさ知覚：エンメルトの法則と大きさの恒常性

1.1　網膜像の大きさと視角

図2-5に示すように，Dの距離にあるSの大きさの対象を観察すると，その像は網膜上に投影される。網膜像の大きさは，視角で表すことができる。視角は，対象の両端と目を結ぶ2直線の成す角（対象が眼に対して張る角）の大きさである。

図2-5のように，観察者の視線に対して直角に呈示された対象に対する視角（α）は，角度が小さいとき（たとえば10°以下），近似的に次の式で計算できる[7]。

$$\alpha = \frac{S}{D}\ （ラジアン，rad） \tag{1}$$

$$= 57.3 \times \frac{S}{D}\ （度，°） \tag{2}$$

角度の表現法には，日常的に使う機会の多い度数法のほかにラジアンを単位とした弧度法がある。単純に表現できて扱いやすいことから（(1)式がその例である），角度に関する理論式では弧度法を使うことが多い。一方，実験手続きなどを記述するときは，慣習的に度数法を使うことが多い。

図2-2の(a)を例として視角を計算してみよう。S1もS2も10cmの大きさ（高さ）とすると，1m（＝100cm）の距離にあるS1の視角は5.73°（＝0.1rad），2mの距離にあるS2の視角は2.87°（＝0.05rad）になる。このように視角（あるいは網膜像の大きさ）は，対象の距離に反比例して変化する。本章で行った実験の設定について視角を計算すると，3cmの円を57cmで凝視するときは約3°となる。

1.2　エンメルトの法則

エンメルトの法則は，眼からと投影面までの「見えの距離（d）」が増大（減少）するのに比例して，「残像の見えの大きさ（A）」が増大（減少）する現象である[8]。この法則は次の式で表現できる。

$$A = \alpha \times d \tag{3}$$

この式は，残像の大きさは，残像の視角と距離の積になることを示す。3cmの円刺激を凝視した実験の場合，視角（3/57rad）を3通りの観察距離114cm，171cm，228cmにかければよいから，予測値はそれぞれ6cm，9cm，12cmとなる。

図2-6に，参加者1名の実験結果の例を示す。このグラフの黒丸は実測値で，参加者がそれぞれの観察距離で，10回繰り返して再生を行った結果である。白丸は，(3)式に示したエンメルトの法則から予測される残像の大きさをプロットしたものである。予測値と実測値は，非常に近いものであることがわかる。

1.3　エンメルトの法則と大きさの恒常性の関係

エンメルトの法則は残像の大きさ知覚である。冒頭に紹介した大きさの恒常性は，実際の対象の大きさ知覚である。残像の大きさでも実際の対象の大きさ

---

[7] 1radは円の半径と等しい長さの円弧に対応する中心角の大きさである。1rad＝180/π°＝約57.3°という関係が成り立つ。(2)式は，$\tan\alpha = \frac{S}{D}$であれば厳密である。ラジアンは「弧と半径の長さの比」で，弧が小さい場合は，線分が半径と直交している状態に近い。このため，(2)式で近似できる。

[8] エンメルトの法則には，本章で紹介した以外の形式もある（東山，1994を参照）。本章の実験では，実験の簡便さを考慮して「客観的な距離（D）」に残像を投影していて，見えの距離は測定していない。見えの距離でも客観的な距離でも，残像の見えの大きさと視覚との理論的関係は同じ形式となる（A＝α×D）のため，今回はこの方法で行っている。

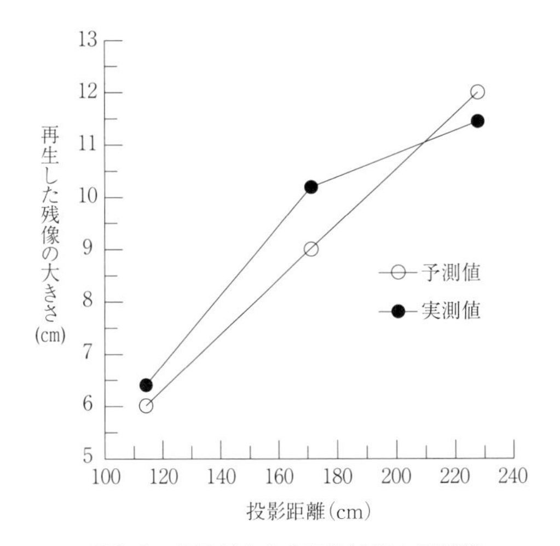

図2-6　参加者１名の実験結果と予測値

さでも，大きさ知覚は距離との関係が重要である。

「見えの大きさ」と「見えの距離」の関係について定式化したものに，大きさ－距離不変仮説（size-distance invariance hypothesis，不変仮説と略す）がある。不変仮説は，「仮説」と名付けられているが，大きさの恒常性を説明する代表的な考え方である。不変仮説は，視角（α rad）が一定の場合には，「見えの大きさ（s）」と「見えの距離（d）」の比は一定であるとする。もっとも単純な形式の不変仮説は次のように表せる。

$$\frac{s}{d} = \alpha \tag{4}$$

⑷式は，⑴式によく似ている。なぜなら不変仮説は，図2-5で示した対象の大きさ，距離，視角の幾何学的関係が，人間の視覚においても成立することを予測するからである。⑷式を変形すると，

$$s = \alpha \times d \tag{5}$$

⑸式のように，不変仮説によれば，大きさ知覚は距離をふまえて規定される。⑶式と⑸式を比べるとわかるように，エンメルトの法則と不変仮説は，見えの大きさ，見えの距離，視角について同じ予測をする。

さらに図から，両現象の関係を理解しよう。図2-7には，大きさの恒常性とエンメルトの法則における網膜像の大きさ（視角），見えの大きさ，距離の関係を示した。大きさの恒常性（実際の対象の大きさ知覚）は，図2-7（a）のように，距離とともに網膜像の大きさは減少するのにかかわらず，対象の大きさがほぼ一定に見える現象である。エンメルトの法則（残像の大きさ知覚）は，図2-7（b）のように，距離が変化しても網膜像の大きさが一定であり，距離とともに残像が大きく見える現象である。

本章では，残像の大きさとエンメルトの法則について検討した。この検討は大きさの恒常性に対する予測となりえる。もし残像の大きさで，エンメルトの法則からの予測が実測値に一致するのであれば，実際の大きさに対する大きさの恒常性も完全になることが予測できるのである。

2．実習で用いた手続きについて

2.1　測定法について：調整法

本章の実験では，心理物理学的測定法の１つである調整法を用いた（調整法については１章，３章も参照）。調整法では，参加者が刺激の特定の属性（本章の実験では，見えたままの大きさ）を調整して示すという自然な課題状況を採用している。調整作業は参加者が行うことが多いが，実験者が調整することもある（2.2でその例が出てくる）。準備や説明がしやすく，実験時間が比較的短くて済み，参加者の負担も少ないという長所がある。特に主観的等価点（PSE：point of subjective equality）の測定に適した方法である。本章の実験での課題は，各投影面上の残像の大きさを標準刺激として，標準刺激と主観的に等しいと感じられるように比較刺激（メジャー）の長さを調整するものであった。

調整法には短所もある。他の心理物理学的測定法に比べて，測定値にさまざまな要因が混入し，測定値が不確かなものになりやすい。今回の実験では参加者の要因として，どのくらいメジャーの長さを変化させたかといった筋運動感覚や記憶などの要因が判断に影響を及ぼす可能性がある。実験者の要因として，似通った出発点でメジャーを参加者に渡していれば，測定値に影響を及ぼす可能性がある。実験の結果で，大きさ再生に顕著な個人差が認められた場合や，上昇系列と下降系列とで再生値に大きな違いが認められた場合があれば，判断基準についての内省をていねいに検討してレポートに反映させるとよい。

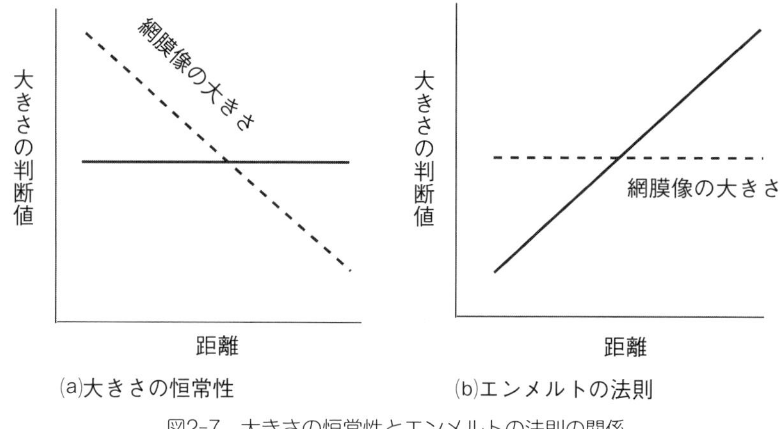

図2-7　大きさの恒常性とエンメルトの法則の関係

2.2　測定値に影響を及ぼす諸要因：教示と手続き

大きさ知覚の実験では，「見え」と「客観」という区別が重要である。「見えの大きさ」は，対象を自然に見た主観的な大きさのことであり，心理的な量を示す。「見かけの大きさ」「知覚された大きさ」などと表現することもある。「客観的な大きさ」は，客観的・科学的な手続きで得られる対象の大きさであり，対象自体の物理的属性である。「物理的な大きさ」と呼ぶこともある。

大きさ知覚は，どのような測定法を使用したとしても，教示に強く影響を受ける。実験で説明した「見え教示」は，大きさ知覚実験で最も頻繁に使用される教示であり，高い程度の大きさの恒常性が得られる。高い程度の大きさの恒常性とは，対象の客観的大きさ（物理的大きさ）によく似た，見えの大きさが得られることである。

大きさ知覚の実験で使用される教示には，見え教示のほかに，参加者に対象の実際の客観的大きさの判断を求める客観教示や，対象の投影的な大きさ判断を求める網膜教示がある。客観教示は，3 cm のものは現在見ている大きさや距離によらず，3 cm と答えることが求められる。網膜教示は，距離が2倍になれば2分の1の大きさを答えることが求められる。客観教示や網膜教示は，参加者が現在見ている大きさではない判断を求める教示である。このために，たとえば客観教示のもとで判断が行われるとき，参加者は客観的大きさを「当てたい」などの態度をとり，判断には参加者の期待や意図が含まれる。

残像の大きさ知覚実験では，教示以外の要因で，残像の「客観的大きさ」を測定したことになるので，注意が必要である。たとえば，投影面の残像に，実験者がメジャーを当てて伸縮させ，参加者に等しいと思うところで合図してもらう方法で残像の大きさを測定したとする。この方法は，残像に物差しを直接当てる測り方ともいえ，残像の客観的な大きさを測定したことになる。

もし今回の実験において参加者の判断が大きく逸脱する場合があったなら，上記のような判断傾向や測定手続きの問題点はなかったかどうかを実習生同士で話し合うとよい。

3．より深く学ぶために：推薦図書

大きさ知覚については知覚や視覚のテキストで多くの情報が得られる。大山（2000）と東山（1994）には，エンメルトの法則や大きさの恒常性に関する優れた解説がある。一般向けに知覚を広く扱ったものでは，講談社の「ブルーバックス」に読みやすいものがある（日本バーチャルリアリティ学会・VR心理学研究委員会，2006）。

なお本章で紹介した知覚理論と異なる立場に立つものとして，ギブソン（Gibson，J. J.）の理論がある。本章の説明では知覚対象自体の性質から理解しようとしているのに対して，ギブソンは知覚対象が置かれている背景環境の役割を強調する。背景は通常，地面であるので「大地説（ground theory）」と呼ばれるこの理論は，大きさ知覚を含む空間知覚において重要な考え方である。ギブソン自身の著作は翻訳でも読める（Gibson，1950　東山・竹澤・村上訳　2011;Gibson，1979　古崎・古崎・辻・村瀬訳

1985)。

4．補足（主に教員向けの解説）

4.1　授業構成の目安

3つの観察距離でそれぞれ4回の測定を行う（全12試行）ということであれば，1人あたりの実験所要時間は20分程度である。実習生2名が1組で，相互に実験者，参加者の役割を果たして，2名分の結果でレポートを書くという形態であれば，90分授業1コマでの実施も可能である。ただし，観察の繰り返し数はなるべく多い方がよく（各距離で10試行行うのであれば1人あたりの所要時間は，30～40分程度になる），集計対象とする参加者数も多い方がよいので，解説も含めて2コマ以上での実施が望ましい。

大きさ知覚には，距離の知覚が深く関連するので，奥行き知覚を扱う3章の内容や実演を織り込むのもよい。また，残像現象についての関心を高めるということでは，補色残像の実演を行うのも効果がある。実習で用いた方法で凝視画面の黒丸を赤丸にすると，投影面では補色である緑の残像が見える（個人差があり，知覚できないケースもある）。残像知覚の実演に使える素材は，ウェブを検索すると多数得られる。

なお，本章で示したような，網膜像の大きさ，客観的な距離，見えの大きさの3者の関係を調べるのであれば，残像でなく実際の対象で実験を行うこともできる。ただし，その場合，実験の仕組みが見えやすく，章の冒頭で示したような実演である程度，理解がすんだ気になってしまいかねない。実習で残像を用いることには，①観察経験として新奇性があって興味を引く，②網膜像への注目・理解を促すことができる，③網膜像の大きさを固定することができる，④大きさ知覚の適用範囲を広げることができる，といった長所がある。

4.2　発展的な実習

(1)　観察距離を広げる

本章の実験で設定した程度の観察距離だとエンメルトの法則はかなりよく当てはまるが，距離が大きくなると単純な比例関係からのずれが目立つようになる。スクリーンや壁面を使って，観察距離を10～20倍にした場合にどうなるかを調べてみる（20倍で予測通りだとして，再生量は60cm 程度になる）。

なお，よく晴れた日に，自分の影をしばらく見つめてから空を見上げると，空に大きな残像が映るのを見ることができる（影送りと呼ばれる）。これは客観的な観察距離が極端に遠いケースだが，その距離ほどに残像は大きくならない。これは，距離の知覚が客観的なものから大きく隔たっていることが関係している。

(2)　見えの距離を測定する

本章の実験では，客観的な距離と見えの大きさの間の関係を調べた。客観的な距離に加えて見えの距離についても測定すると，エンメルトの法則の実態について，より深く検討することができる。新たな装置を必要としない距離の測定法としては，マグニチュード推定法がある。この方法は，たとえば凝視観察用刺激を呈示したディスプレイまでの距離を，標準刺激とする。参加者は，この標準刺激に1の数を割り当て，残像までの見えの距離を，自由に具体的な数値で答えるという方法である。エンメルトの法則の式（(3)式）に当てはめるなら，標準刺激の物理的距離（教科書では57cm）をもとに，見えの距離の判断値を cm に換算すればよい。たとえば，参加者の見えの距離の判断が1.8であれば，換算値は102.6（57×1.8）となる。標準刺激に割り当てる数は10でも100でも，判断しやすい数であればよい。

(1)(2)については，中溝・光藤（2007）が参考になる。見えの距離が残像知覚に影響することを示す実演として，望遠鏡を通して残像を見るというのがある（残像が客観的な距離による予測値より小さく見える）。

◆引用文献

Gibson, J. J.（1950）. *The perception of the visual world*. Boston, MA: Houghton Mifflin.（ギブソン , J. J. 東山篤規・竹澤智美・村上嵩至（訳）（2011）. 視覚ワールドの知覚　新曜社）

Gibson, J. J.（1979）. *The ecological approach to visual perception*. Boston, MA: Houghton Mifflin.（ギブソン, J. J. 古崎　敬・古崎愛子・辻　敬一郎・村瀬　旻（訳）（1985）. 生態学的視覚論――ヒトの知覚世界を探る――　サイエンス社）

東山篤規（1994）．空間知覚　大山　正・今井省吾・和気典二（編）　新編　感覚・知覚心理学ハンドブック　誠信書房　pp.768-801.
中溝幸夫・光藤宏行（2007）．空間視　塩入　諭（編）　視覚系の中期・高次機能　朝倉書店　pp.158-182.
日本バーチャルリアリティ学会・VR心理学研究委員会（編）（2006）．　だまされる脳――バーチャルリアリティと知覚心理学入門――　講談社（ブルーバックス）
大山　正（2000）．視覚心理学への招待――見えの世界へのアプローチ――　サイエンス社

3章

奥行き知覚──ランダム・ドット・ステレオグラムによる両眼立体視

２次元情報をもとに３次元を見る仕組み

◇実習の前に◇

1．奥行き知覚と立体視

1.1　視覚系の機能としての奥行き定位

私たちが眼を開けて世界を観察するとき，そこにはさまざまな形や大きさをもった対象が，さまざまな方向，距離に奥行きをもって存在している。このような見え方は私たちにとっては「当たり前」のことである。ではなぜ人間はこのような世界を経験できるのだろうか。古代ギリシャ以来のこの問いに，今なお明確に答えることはできていないが，人間は対象の形状や方向，距離などのさまざまな視覚情報（手がかり）を眼の機能を通じて集め，それを脳において処理し，最終的な「見え」に変換していると考えられている。視覚研究では，このように視覚情報を見えに変換する一連の過程を視覚系と呼ぶ。

視覚系の機能を分類すると（図3-1参照），まず大きく二分できる。１つは対象の位置（方向や距離）を処理する機能（空間定位機能，対象が「どこ」にあるのかを認識する機能）であり，もう１つは対象の形や色などを処理する機能（パターン認識機能，対象が「何」であるかを認識する機能）である。ヒトとその祖先は環境に適応して生きていくために（たとえば，餌を取ったり，捕食者からうまく逃げたりするために），対象の方向や距離，あるいは形や色を正確に知る機能を発達させてきた。

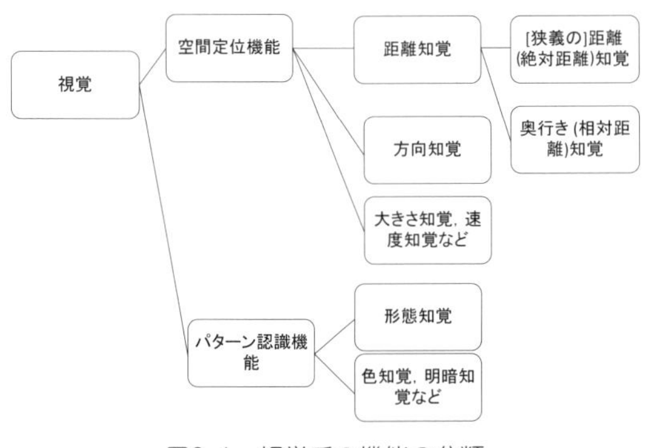

図3-1　視覚系の機能の分類

本章では，人間の視覚的な空間定位機能のうちの距離定位，その中でも特に「奥行き定位」の機能を扱う[1]。私たちは周囲を見回したとき，さまざまなものの遠近がおおよそわかる。こうした視覚的な奥行き知覚に役立つ手がかり（奥行き手がかり）にはさまざまなものがある。わかりやすい例をいくつか挙げれば，対象の相対的な大きさ（遠いものは小さく見える），重なり（遠いものはより近いものに隠れて部分的に見えないことがある），動き（遠いものはゆっくり動いて見える）などがある（詳しくは，大山，2000などを参照）。

本章では，代表的な奥行き手がかりの１つである「両眼網膜像差（binocular retinal disparity，以下，網膜像差と呼ぶ）」を取り上げる。網膜像差とは，対象を見るとき左右の眼（正確に言えば網膜）に映る像に生じるずれのことである。「両眼視差」または略して「視差」と呼ぶこともある。網膜像差がもたらす奥行き知覚は，「両眼立体視（binocular stereopsis）」と呼ばれる。

1.2　網膜像差がもたらす両眼立体視の実例

網膜像差によって奥行き感を生み，立体を浮かび上がらせる画像をステレオグラム（立体画，立体図）と呼ぶ。読者はランダム・ドット・ステレオグラム（random dot stereogram，以下，RDSと表記する）を知っているであろう。これは知覚研究者のユーレス（Julesz, B.）が1960年に発表して広く知られるようになったステレオグラムである。RDSには，図3-2のように２枚の図から立体像を見るもの，１枚の画像を裸眼で見るもの（口絵の図3-3参照，*オート・ステレオグラム，オートRDS，サポートサイトの資料に見方の説明がある*），１枚の画像を専用の装置（いわゆる「3Dメガネ」など）をつけ

[1] 知覚分野で「奥行き（depth）」といった場合，通常，「対象間の距離（相対距離）」を指す。本章の実習で扱うのも対象間の距離の知覚である。相対距離と対置される概念は，観察者からの絶対距離（観察距離）である。

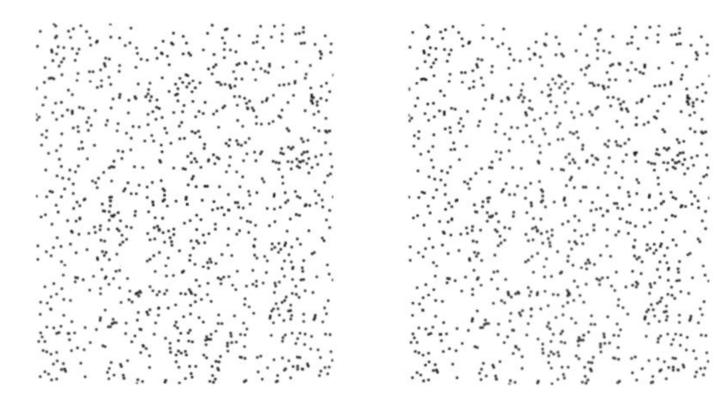

図3-2　ランダム・ドット・ステレオグラム（RDS）の例

て見るもの（本章の実習で用いるのはこのタイプ）などがある。

歴史的に言うと，ステレオグラムによって立体感が得られることを発見したのは，イギリスの発明家で物理学者のホイートストン（Wheatstone, C）である。彼は1838年に鏡を使ってステレオグラムを見る装置を開発した。それ以後，両眼立体視の研究と応用は大きく進み現在に至っている。日本でも幕末期に２枚の写真を組み合わせたステレオグラム（立体写真）が伝わり，明治時代に流行している（当時の立体写真がウェブ上でも見ることができるので検索してみるとよい）。現在，網膜像差による立体視は，3Dテレビや3D映画でも利用されており，２次元平面上の映像から生き生きとした３次元印象を得る技術の開発・普及が進んでいる。

2．網膜像差と両眼立体視の関係を調べる

2.1　奥行き知覚の手がかりとしての網膜像差[2]

網膜像差についてもう少し詳しく説明しよう。人間の左右の眼球は平均的な成人で約6cm離れている。このため奥行きのある外界の像は左右の眼に少し違った姿で映る。図3-4aは，奥行きの異なる２つの対象（NとF―nearとfarの頭文字）を両眼で観察しているところである[3]。遠い対象Fの場合，その像（四角形）は左眼と右眼の網膜の鼻側（内側）に映っている。一方，近い対象Nの場合，その像（円）は左眼と右眼の網膜の耳側（外側）に映っている。網膜像上では，左眼では左から「円，四角形」，右眼では左から「四角形，円」の順に対象が映っていて，左眼と右眼で網膜像の水平方向の配置が異なっている。この網膜像の水平方向のずれが網膜像差であり，奥行き知覚の手がかりの１つである。

2.2　ステレオグラムがもたらす網膜像差

３次元の対象が作り出す網膜像差は，直接その対象自体を観察しなくても作り出すことができる。たとえば，図3-4aのような奥行きをもった対象（NとF）を観察した場合に対象が作り出す網膜像差は，２枚１組の２次元画像（図3-4bのステレオグラム）で作れる。そして，適切な網膜像差をもたらす画像を何らかの方法で両眼に（右眼，左眼にうまくふりわけて）呈示できれば，３次元印象が作り出せる。

図3-4aは，実際の３次元場面の知覚状況（３次元情報を網膜に２次元の形で映す）を上から見て幾何学的に描いたものだが，一方で，図3-4bのステレオグラムを観察したときの網膜像から生じる立体視（２次元情報から３次元を構成する）を模式化したものにもなっている。

本章の実験では，ステレオグラムによって網膜像差を作り出し，それがもたらす立体視の性質を調べる。ステレオグラムを使うと，奥行き手がかりとしての網膜像差を純粋に操作することができるので，立体視の性質を実験的に調べるには好都合である（「解説」の3.3を参照）。

2.3　網膜像差と奥行きの幾何学的関係を人間は利用できるか

ここで，網膜像差と対象間の奥行きとの幾何学的関係について考えてみよう。網膜像差は角度で表現することが多い[4]。図3-4aでは，両眼に対してNがなす角度（δ_n）とFがなす角度（δ_f）の差（$\delta_n - \delta_f$）が網膜像差を示す。

図3-4aにおいて，Nの位置はそのままでFの位置を少し後ろにずらしたとしよう。このときδ_nの値は一定でδ_fの値が小さくなるので網膜像差

---

[2] *網膜像差の幾何学的表現に関して，サポートサイトの資料に説明がある。*

[3] 具体的なイメージをもつには，左右の手のそれぞれで小さな物体（たとえば，硬貨）をつまみ，一方の手は縮め，もう一方の手は伸ばして対象を観察してみるとよい（２章の図2-1のような姿勢をとる）。片目を閉じると，２つの対象の位置関係が変わるのがわかる（ただし，観察中に眼が向いている方向には個人差があるので，図のような左右対称のパターンにはなりにくい）。なお，硬貨の上下を少しずらすと重ならずに観察しやすい（図3-4bは上下にもずれていると想定して描いている）。

[4] 網膜像差は通常，度数法で表示し，単位として，度（°），分（′），秒（″）を用いる（1′＝1/60°＝60″）。見る対象や網膜像の大きさを示すのに，長さを使う場合と，角度（視角）を使う場合がある（視角については，２章の「解説」の1.2を参照）。

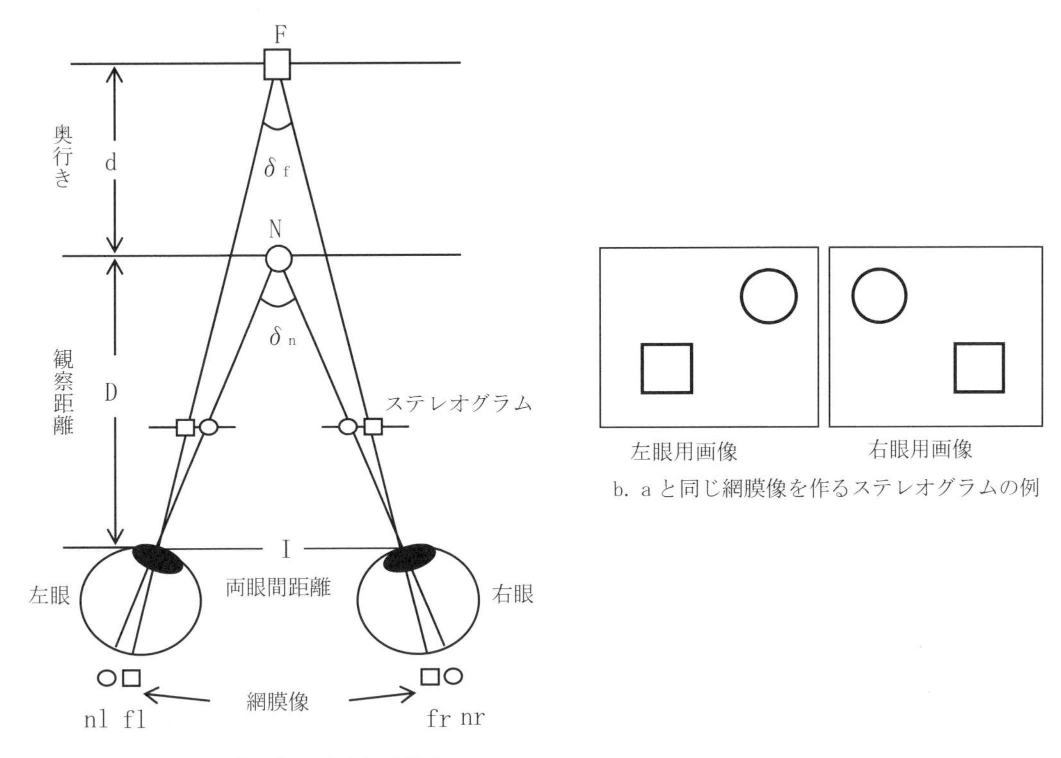

a. 奥行きをもった対象が作り出す網膜像差

b. aと同じ網膜像を作るステレオグラムの例

図3-4 網膜像差（a，上から見たところ）とステレオグラム(b)
対象間の奥行き（距離の差）が網膜像差を生む(a)。
網膜像差をもたらすステレオグラムが２枚の２次元画像で構成できる(b)。

$(\delta_n - \delta_f)$ は大きくなる。つまり，（２つの対象の一方までの観察距離を固定した状態で）対象間の奥行きが増加すると網膜像差が増加することになる。逆に，ＮはそのままでＦを少し前にずらして奥行きを縮めると，δ_n は一定で δ_f が大きくなり，網膜像差は小さくなる。これらのことからわかるように，網膜像差と対象間の奥行きとは幾何学的に明確な対応関係をもつ。

網膜像差と奥行きとの間のこうした関係は幾何学的なものであり，視覚系が実際にこのような幾何学に沿った動作をするかは，人間の見え方を測定してみなければわからない。そこで本章の実験では，視覚系が奥行き知覚の手がかりとして網膜像差を利用しているかどうかを，両眼立体視をとおして検討する。視覚系が網膜像差と奥行きとの間の幾何学的関係が利用できる場合，網膜像差が大きくなるにつれて見かけの奥行きは増加するはずである。

◇実　習◇

1. 目　的

網膜像差が異なるRDSを用いて見かけの奥行き量を測定し，網膜像差が奥行き知覚の手がかりとして有効であるかを検討する。もし有効であれば，人間の感じた奥行き量は網膜像差が大きくなるにともなって増加するはずである。

2. 方　法

2.1　実験計画

網膜像差の大きさ（ゼロ，小，中，大）を独立変数（参加者内要因），見かけの奥行き量を従属変数とする１要因４水準の実験である。各実験参加者について，４種類の異なる網膜像差をもたらすRDS

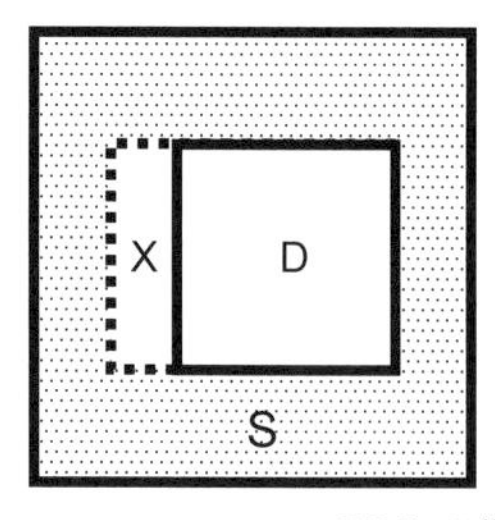

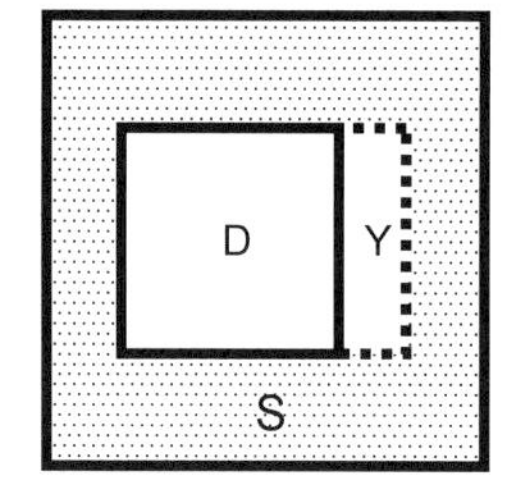

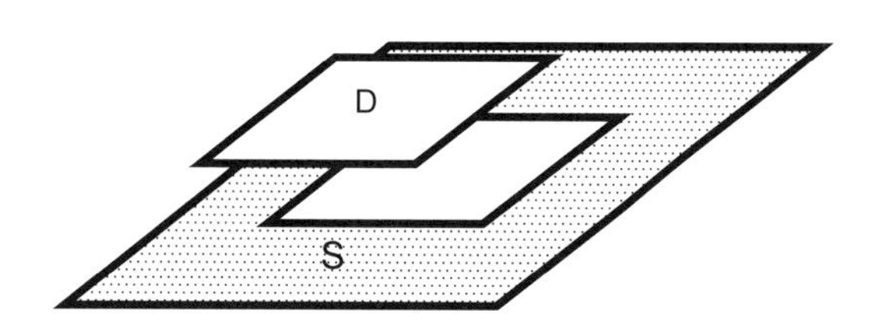

a　RDSの作り方の模式図　　b　RDSの見え方の模式図

図3-5　RDSの作り方(a)とRDSの見え方(b)（Bruce, Green, & Georgeson, 2003より作成）

a　RDSの作り方：ランダムに配置されたドットからなる四角形（同一のもの）を２枚用意する。左側の画像のDの領域に描かれたランダム・ドット・パターンと同じものを，右側の画像のDの領域に貼り付ける。この時，左側と右側のDの領域は場所が水平方向にずれている。つまり，２枚の画像ではSの領域には同じランダム・ドット・パターンが描かれ，Dの領域にも同じランダム・ドット・パターンが描かれる。XとYの領域にはそれぞれ異なるランダム・ドット・パターンが描かれている。

b　RDSの見え方：左右の２枚の画像を融合するとSの領域が背景となり，Dの領域が浮かんで見えたり，もしくは凹んで見えたりする（図は飛び出した場合の見え方を図式的に示している）。

を呈示し，調整法（「解説」の3.1で説明する）を用いて見かけの奥行き量の大きさを測定する。

2.2　実施形態

２人ずつ組んで実験者と実験参加者（知覚実験では観察者という表現を使うこともある）を交替して両方を経験する（「解説」の5.1で，４人単位での実施についても説明している）。日常生活で視力を矯正している参加者は，眼鏡やコンタクトを装着して行う（視力は日常生活に支障がない程度であればよい）。人数の制約は特にないが，一般性のある結果を得るには10人程度以上の参加者のデータをもとに分析を行うとよい。

実験で用いる「奥行き量の再生」という課題は慣れないとうまくできないので，本試行に先立って必ず練習を十分に行う。練習を十分に行っても奥行きを報告できないことがあるが，その場合，本試行に参加しない（参加しても全体の集計からは除く。「解説」の2.3を参照)。

2.3　刺激と装置

刺激として用いるRDSでは，４種類の大きさの網膜像差（ゼロ，小，中，大）が生じる（*サポートサイトに刺激ファイルと刺激に関する説明を記した資料がある*）[5]。

RDSはパソコンのディスプレイに呈示する（マイクロソフト社のPowerPointを使って全画面呈示する）。RDSはアナグリフ用フィルター眼鏡[6]を通して観察する。「右眼＝緑のフィルター」，「左眼＝赤のフィルター」の状態で観察すると背景から正方形が飛び出して見える（図3-5b)。参加者の眼からディスプレイまでの観察距離は100cmとする[7]。ディスプレイの高さは参加者の眼の高さと刺激の中央がほぼ一致する（視線が刺激と直交する）ようにすることが望ましい（高さが調整できる椅子を使うとよい)。パソコンのディスプレイのサイズ，刺激が実際に呈示されたときのサイズ（背景の正方形と飛び出して見える正方形，それぞれの１辺の長さ)，観察距離を確認して記録しておく。

そのほかに，奥行き量を再生して示す道具を用意する。再生作業に用いるのは15cm程度までを示せるものであればよい。ノギス（簡易なものでよい，100円ショップでも見かける)，デバイダー（コンパスの両端が針になっているもの)，コンパス，メジ

[5] 網膜像差の値と奥行き量の理論値は，ディスプレイ画面の大きさに依存する。*サポートサイトの資料に15インチ，17インチ，15インチワイドの場合の値を示している。*それ以外の場合は，資料に示した式を用いて計算する。

[6] 市販のものが使える（「3Dメガネ」「3Dグラス」などの名称で，数百円～数千円で販売されている)。原理（「解説」の４を参照）は簡単なので自作してもよい。アナグリフというのは，画像を立体的に呈示する方法の１つで，２種類の色画像（典型的には赤と緑のもの）を重ねて構成する（「解説」の3.2を参照)。

[7] 100cmという観察距離は便宜的なものである。ただし，網膜像差の値と奥行き量の理論値とが観察距離に依存するので，観察距離を別に設定する場合は，これらの値を再計算する必要がある。なお，頭部を固定しない場合，観察距離を厳密に一定に保つことはできないが，動きが数cm程度の範囲であれば，網膜像差と理論値に大きな影響はない。

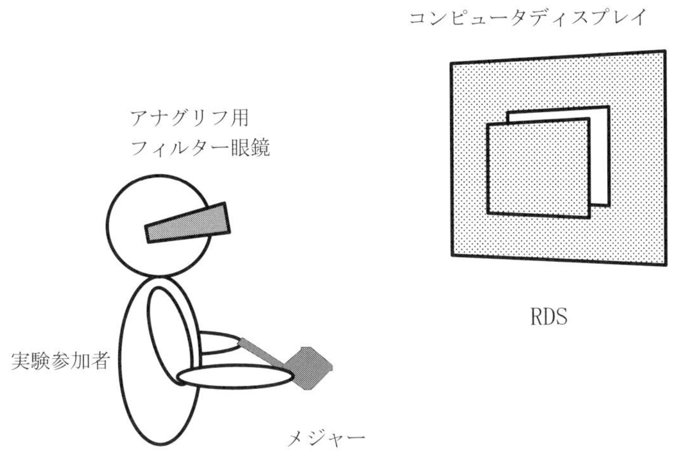

コンピュータディスプレイ

アナグリフ用
フィルター眼鏡

RDS

実験参加者

メジャー

図3-6　RDSの呈示と奥行き量の再生

表3-1　参加者1人分の記録用紙の例

試行	1	2	･･･	16
網膜像差	中	小		ゼロ
見かけの奥行き量(mm)				

ャー（スチールテープでロック機能があるもの―コンベックスと呼ばれるもの―がよい）などが使える。デバイダー，コンパスを用いる場合は，長さを測る定規（mm単位まで測れればよい）を別に用意する。再生作業は机上，または空中（胸の前）で行う。眼から作業を行う位置までの距離（観察距離）を実験全体で決め，記録しておく（30～50cm程度）[8]。

2.4　手続き

(1)　課題の実施法（試行の内容）

参加者はアナグリフ用フィルター眼鏡をかけ，パソコンのディスプレイのRDSを観察し，見かけの奥行き量を再生して報告する。

各試行で，まず実験者は参加者に再生用具を渡す。目盛りがある用具（ノギスやメジャー）の場合は，目盛りが見えないように渡す。渡す時点で再生用具の長さは，条件の長さと明らかに異なる（明らかに長いか明らかに短い）ようにする。

参加者は，ディスプレイを観察して，背景と中央の正方形の間の見かけの奥行き量（背景のドット・パターンと比較して，中央の正方形の領域がどの程度手前に飛び出して見えるか）を再生する。このとき参加者は机の上，または胸の前で，両手で道具を持ち，左右に引っ張ったり戻したりしながら，再生用具の長さと見かけの奥行き量を一致させる（図3-6）[9]。

参加者は調整作業を終えたら，再生用具を実験者に手渡す。実験者は再生された奥行き量（ノギス，メジャーであれば値が得られているし，デバイダー，コンパスであれば２点間の距離を定規で測る）を記録用紙に記入する。

(2)　実験全体の進め方

実験者は，まず練習として４種類のRDSをそれぞれ１回ずつランダムな順序で呈示して，奥行き量

[8] 再生用具の選択と眼から用具までの距離は，再生作業の仕方と関連する。机上で操作する場合は，ノギス，デバイダー，コンパスのような２点を示すものがよいようである。このとき用具までの距離はやや長くなる。一方，空中で操作する場合はメジャーのような帯状のものが使いやすい。この場合，用具までの距離は30cm程度でよい。なお，再生位置までの距離は，知覚の恒常性（２章を参照）によって，(「手元」という程度の範囲であれば）通常，結果への大きな影響はない。

[9] 再生作業は縦方向のほうが「奥行き」と一致するのだが，横方向のほうが用具の操作がしやすいようである。縦横の方向について，どちらでないといけないということはないが，実験としては統一したほうがよい。

表3-2　参加者1人分の集計用紙の例

試行回数	網膜像差			
	ゼロ	小(　′　)	中(　′　)	大(　′　)
1				
2				
3				
4				
平均				
標準偏差				

の再生を求める。練習は必要に応じて増やして課題に十分に慣れるようにする。本試行では4種類のRDSをそれぞれ4回ずつ，全16試行をランダムな順序で呈示する。実験に先立って，表3-1のような記録用紙にあらかじめ，各試行の条件を記入しておく。

実験の準備が整い，参加者が適切にディスプレイに向かったら，実験者はディスプレイに刺激を呈示して，参加者に次のような教示を行う。

「これからパソコンのディスプレイ上の実験刺激を観察してもらいますが，なるべく頭を動かさないように注意して観察してください。ドットで構成された背景の中央に，正方形の領域が見えると思います。背景と正方形の間に奥行きは見えますか。用具（ノギスやメジャーなどの具体的なものを伝える）を渡しますので，あなたが見えた通りの奥行きを再生してください（必要に応じて，用具の操作法を伝える)。再生作業は，机の上で（または胸の前で）横に変化させるようにして行ってください。また，刺激の中には奥行きが見えないものもありますので注意してください。では練習を始めます。」

練習試行が終了した後に，同様の方法で本試行を行う。実験者はmm単位で再生量を読み取って記録する。記録にあたっては，内容が参加者から見えないように，また再生量についてのフィードバックが生じることのないように注意する。

実験は通常，練習を含め1人15分前後で終わる。再生量のほかに，実験中や実験後に気づいたこと（参加者の内省を含む）を記録しておく。

3．結果の整理と分析

3.1　集計とグラフの作成

表3-2のような集計用紙を用いて，参加者ごとに，

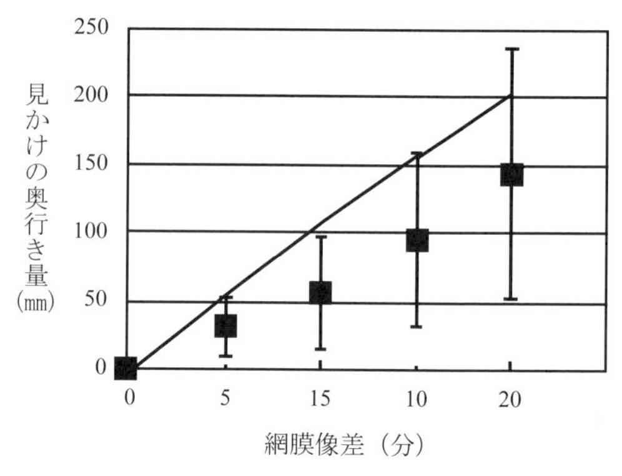

図3-7　見かけの奥行き量の例

参加者は12人で，黒い四角形は平均値，付加された垂線は標準偏差，右上がりの斜め直線は理論値を表している（観察距離は160cm）（Shimono, Tam, Stelmach, & Hildreth, 2002より作成）。

見かけの奥行き量を網膜像差条件別にまとめ，それぞれの条件で4試行の平均と標準偏差を計算する。集計用紙には，各条件の網膜像差も度数法で記入しておく（*ディスプレイの大きさによって異なり，サポートサイトの資料に示されているものが使える*）。

次に各参加者の平均の全員分を条件ごとにまとめ，平均と標準偏差を求める。

さらにこの結果から，横軸に網膜像差の大きさ，縦軸に見かけの奥行き量をとって，全員の平均を図3-7のようなグラフに描く。このとき実験結果（実測値）を幾何学的予測（理論値）と比較できるように，理論値（*サポートサイト参照*）も重ねて作図する。余裕があれば，参加者ごとの図も作成するとよい（複数の参加者を1枚の図に重ねて描くとよい)。

3.2　統計的検定を含む分析

(1)　網膜像差の要因の検討

見かけの奥行き量に網膜像差の要因が影響してい

るかどうかを調べるために，１要因の分散分析を行う。各参加者の条件別の奥行き量（平均）をデータとし，全参加者の４条件での奥行き量に差があるかどうか，分散分析（１要因４水準，参加者内要因）を行って調べる。帰無仮説は「４つの網膜像差条件で見かけの奥行き量は等しい」である。分散分析で主効果が有意となった場合には，「４つの条件間で比較したとき，少なくともどこかに差がある」ことになるので，多重比較を行って，どの条件間に差があるかを特定する。

(2) 幾何学的予測との比較

見かけの奥行き量（実測値）と幾何学的予測（理論値）とが一致するかを調べる。まず，参加者ごとに，見かけの奥行き量（平均値）の網膜像差への回帰直線の傾き（回帰係数）と切片（定数）を計算する[10]。次に各参加者の傾きと切片に基づいて全体の平均と標準偏差をそれぞれ計算する。また理論値にも回帰直線を当てはめ，傾きと切片を計算する。

検定ではまず，実測値に基づく回帰直線の傾きの平均と，理論値に基づく回帰直線の傾きとの間に有意な差があるかについて１標本の t 検定を行う[11]。帰無仮説は，「実測値に基づく傾きの平均＝理論値に基づく傾き」である。両者に有意な差があった場合，見かけの奥行き量は理論値より過小視，あるいは過大視されていることを意味する。検定は，直線の傾きに関するものが中心だが，切片に関しても実測値と理論値の間の差を調べるとよい（「網膜像差＝０」の場合の理論値は「奥行き＝０」であり切片も０になる）。

４．考察のポイント

4.1　見かけの奥行き量と網膜像差から予測される奥行き量との関係

実験で得られた見かけの奥行き量（実測値）と網膜像差から幾何学的に予測される奥行き量（理論値）との関係は，どのようになっているだろうか。まず網膜像差の変化にともなう見かけの奥行き量の変化を述べ，その結果の意味するところについて検討する。次いで実測値と理論値の比較についてまとめ，それに関して考察する。

実測値と理論値にずれが見られた場合には，その原因について考えてみよう。まず考えられることは，人間の視覚系が網膜像差手がかりを十分には利用できていないという可能性である。それに加えて，たとえば，手続きに問題はなかったか，奥行きが見えていない参加者がいないか，練習が不十分ではなかったか，などのデータを得る方法について見直してみよう。

[10]「奥行き量＝ａ＋ｂ・網膜像差」という式を作ることになる（ａが切片で，ｂが傾き）。５章では主観的に直線を引く方法も示している。
[11] 参加者全員で直線の傾きの信頼区間を求めて，予測値の直線の傾きと比べるという方法も使える。

◇解　説◇

１．両眼立体視はどうして起こるのか

1.1　両眼立体視をもたらす網膜像差

両眼立体視は，視覚系が左右網膜像を処理し脳内で外界の３次元世界を「再構築」した結果であると考えることができる。先に述べたように，横に並んだ両眼で奥行きをもった対象を観察したとき，左右の眼に映った像には網膜像差が生じる。本実験でみられるように，この網膜像差を操作すると見かけの奥行量は変化する。このことは私たちが対象の奥行きを判断するとき網膜像差手がかりを使うことを示している。２で述べるように，このとき視覚系は，図3-4aに示すような幾何学的関係を利用し，あたかも三角測量をしているかのように振る舞う。

両眼立体視の前提ないし必要条件として，眼の配置が挙げられる。ヒトの場合，顔の前面に両眼が並んでいることで，視野全体は広くない（約200°で後方はほとんど見えない）ものの，左右の網膜像の重なり部分が大きく（約120°），網膜像差の情報が豊かである。このような身体設計上の変化と連動する形で，ヒトとその祖先は，網膜像差を奥行き知覚にかなりの精度で反映させ，奥行きの再構築ができるように適応・進化したのである。

両眼立体視を進化させた種として，霊長類やネコ科の動物が知られている。前者は樹上生活への適応，後者は狩猟活動への適応として理解することができる。一方，ウシやウマのような地上で暮らす草食動物では眼が頭部の横側についているため，全体としての視野が広く，四方にまんべんなく注意を払えるという強みをもつが，網膜像の重なりは少なく，両眼立体視のための情報は乏しい。

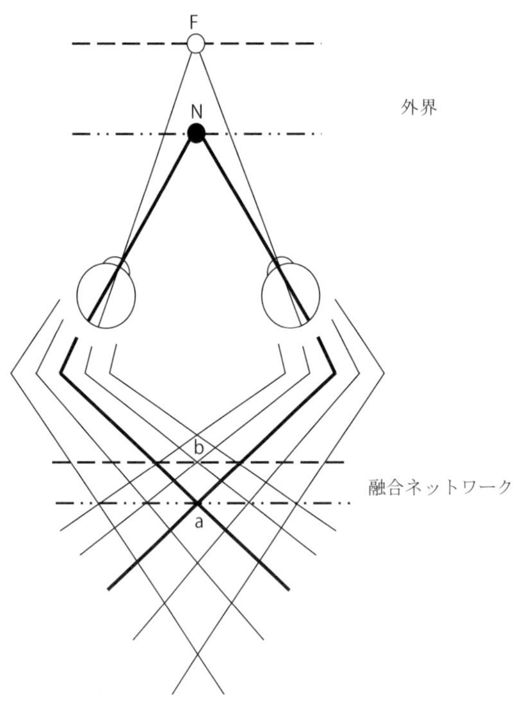

図3-8　融合ネットワークの概念図（中溝，2003より作成）

1.2　両眼立体視が生じるメカニズム

それでは両眼立体視では，どのようにして網膜像という２次元情報から３次元の再構築を行うのだろうか。ここでは素朴な説明として，「融合ネットワーク」という考え方を紹介しよう。融合とは，左右の網膜像をもとに対象が奥行きをもってひとまとまりに見える状態のことである。融合ネットワークでは，左右網膜像から入力された情報に基づき，脳内の仮想ネットワーク上の交点が活性化することで融合が生じると考える。図3-8で，外界の対象（N, F）の位置は融合ネットワークの交点（a, b）に対応しており，対象間の奥行きは交点間の距離として表現されている。これは眼の前方にある対象の位置関係を後方に折り返したような形になっている。「外界の距離関係と相似な形」を視覚系の内部にネットワークの形で表現することによって奥行きの認識が成立すると考えるのである。

しかしながら，そのようなネットワークの存在を想定したとき，難問の１つとして，「対応問題」と呼ばれるものがある。RDSのように多数のドットが左右両眼に呈示された場合，あるいはさまざまな対象が多数存在するような場合，ネットワークの多くの交点が同時に活性化する可能性がある。近年のさまざまな両眼立体視の理論は，これらの可能性の中からどのようにして外界の対象との「正しい」対応を選んでいるかを説明しようとしている（Howards & Rogers, 2012;　下條，1995）。

しかしながら，脳の中にこのように単純なネットワークがそのままの形で存在するとは考えにくい。そこで実際の脳の構造と機能に即した説明も試みられている。眼で見た視覚情報はまず大脳の後頭葉にある一次視覚野に届き，そこからさまざまに加工されて主観的な経験が生じる。そこで，一次視覚野に存在する網膜像差検出器（網膜像差が呈示されたときに反応する神経細胞）をはじめとする処理経路上の神経機構の特徴を考慮に入れたモデルも提案されている（Howards & Rogers, 2012）。

2．両眼立体視に影響を与える主な要因

2.1　網膜像差の大きさ

見かけの奥行き量は網膜像差の大きさに影響を受ける。本章の実験のような設定では，網膜像差と見かけの奥行き量は，前者の増大にともなって後者も増大するという単調な直線関係が得られる（図3-7）。こうした関係は網膜像差が比較的小さい場合にはっきり見られる。このとき両眼刺激は融合して，あたかも（奥行きをもった）１つの像のように感じられる（「単一視（single vision）」と呼ぶ）。

網膜像差が大きくなると，両眼刺激は融合せずに２つの像に見えるようになる（「複視（double vision）」と呼ぶ）。たとえば，図3-4bの場合，網膜像差が大きくなると，円（あるいは四角形）が融合しても四角形（あるいは円）は二重に見えるということが起こる。複視が生じても奥行き量は網膜像差の大きさとともにしばらく増加するが，その後だんだん減衰する。網膜像差がさらに大きくなると奥行き量の判断は困難になる。

2.2　観察距離

見かけの奥行き量と網膜像差の両方に関係する要因に観察距離がある。図3-4aを見ると，奥行き量（d）と網膜像差（$\delta_n-\delta_f$）が，対象（N）までの観察距離（D）と関係していることがわかる[12]。たとえば，奥行きを一定にしたまま，NとFを後ろにずらすと，両眼に対してNが成す角度（δ_n）と

[12] 付け加えれば，両眼間の距離(I)も関係しているが，この値は個人の中ではあまり変わらない。

Fがなす角度（δ_f）が減少し，網膜像差（$\delta_n - \delta_f$）も減少する。つまり同じ奥行きをもった対象でも観察距離が増加すると網膜像差が減少することになる。一方，奥行きを一定にしたまま，NとFを前にずらして観察距離が減少すれば，網膜像差は増加する。

このように，同一の奥行き量であっても観察距離によって網膜像差が変化するために，網膜像差から奥行き量を適切に判断するには，視覚系は観察距離の情報を利用する必要がある。このことから，同じ網膜像差をもったステレオグラムを異なる観察距離で見ると，見かけの奥行き量は異なると予測できる。実際，観察距離についての知覚手がかりが豊富な条件（たとえば，ステレオグラムを明るい条件で観察した場合）には，この予測が成立することが確かめられている（中溝・下野，2001）。

2.3　個人差

ステレオグラムを観察したとき，すべての人が奥行きを十分に感じるわけではない。練習不足による場合を別にして，斜視や弱視など眼の機能が低い人に両眼立体視が困難な人が比較的多くみられる（色覚異常は通常，問題にならない）。また，少数ながら眼の機能に特別な問題がなくても奥行き感が得られない人々も報告されている。このような人々は両眼立体視アノマリー（stereo-anomalous observer）と呼ばれる（相田・下野，2012）。ただし，両眼立体視アノマリーであっても，日常生活において奥行きがわからないわけではない。日常生活では網膜像差以外のさまざまな奥行き手がかりが使えるのである。

3．実験の手続きについて

3.1　測定法について

両眼立体視の特徴を測定する場合，見かけの奥行き量を測定したり，あるいは奥行き弁別能力を測定したりすることが多い。

見かけの奥行き量の測定には調整法とマグニチュード推定法が多く使われる。調整法では，呈示された網膜像差刺激（標準刺激）が作り出す見かけの奥行き量を，比較刺激の大きさ（距離）と一致するように調整させる（調整法については，1章，2章も参照）。本章の実習ではノギスやメジャーを使って奥行きを調整させ，主観的等価点（PSE：point of subjective equality）を求めている。奥行き量の測定には，参加者が見かけの奥行き量をcm単位やmm単位で，口頭で答えるマグニチュード推定法も使われる。

一方，奥行き弁別能力の測定には恒常法が使われることが多い。恒常法は人間の感度（識別する能力）を厳密に測定できるので，たとえば，図3-4aに示すような奥行きをもった2つの対象のうちどちらが手前にあるか（あるいは後ろにあるか）を判断する能力（立体視力）などを測定する場合に使われる。2つの対象で物理的な奥行き量の差の程度が異なる刺激を何種類か用意して，何度も前後の判断をさせることで，どの程度小さい奥行きの差まで弁別できるかが特定できる。

本章の実験では調整法を用い，見えたままの奥行きを再生するという理解しやすい課題を用いていることから，実験時間が比較的短く，参加者の負担は比較的少ない。ただし，調整はほぼすべて参加者に任せられているために，再生された奥行きが参加者の予想などの影響を受ける可能性もある。また，手を使って奥行き量を再生させているので，筋運動系が判断に影響する可能性もある。さらに本章の実験では，上昇系列と下降系列を特に設けなかったために，調整の開始点が結果に影響を及ぼす可能性もある。

なお，本章の手続きでは，遠方の奥行きを手元で再生することから，作業が間接的なものになっている。測定値のちらばりの一部は，この手続きにも影響を受けていると考えられる。より直接的な測定にするには，ディスプレイ画面上で見かけの奥行き量の再生作業を行うという方法が考えられる。実験刺激の下に水平線分を付け加え，その長さを参加者が調整するという方法である（*詳細はサポートサイトを参照*）。この方法を用いると，実験手続きが煩雑にはなるけれども，精度の改善が期待できる。

3.2　ステレオグラムの両眼分離呈示法

ステレオグラムを見るために本章の実習で使用した両眼分離呈示法は，アナグリフ方式と呼ばれるものである。この方法では，赤と緑（青，シアン）のフィルターを通して，白い背景の上にその2色で描かれた画像を観察する。この場合，赤フィルターを通して観察した赤画像は背景と区別できず輪郭は見えないが，緑画像はその輪郭が見える。同様に緑フィルターでは赤画像の輪郭が見え，緑画像は見えない。このために網膜像差刺激を作りだすことができる。この方法では，フィルターの色と画像の色が十分に一致していないと，右眼用の画像が左眼にも（あるいは左眼用の画像が右眼にも）見える可能性があるので注意が必要である。

別の両眼分離呈示法として鏡式実体鏡方式と呼ばれるものがある。これは鏡を使って右眼と左眼に別々に2次元刺激を呈示することで網膜像差を作る方法である。「実習の前に」の1.2で紹介したホイートストンはこの方法で両眼立体視が生じることを示した。

刺激の両眼分離呈示法にはアナグリフ方式，鏡式実体鏡方式のほかに，偏光フィルター方式，液晶シャッターメガネ方式（時分割方式），レンチキュラー方式などがある（これらの方式の説明はウェブで検索すると容易に得られる。書籍では，河合・盛川・太田・阿部（2010）などを参照）。

3.3　奥行き知覚研究におけるRDSの利用

線画や写真によるステレオグラムの場合，単眼でも対象の形状と左右でのずれ方がわかる。そのためにステレオグラムを観察するとき，形状が見かけの奥行きに影響する可能性を排除できない。一方，RDSの場合，呈示されるのは，不規則なドットであり，両眼で観察したときにのみ，網膜像差が生じる部分に奥行きが見える。そのために，他の奥行き手がかりを排除して純粋に網膜像差の効果を調べたいときには，RDSを使うことが多い。

4．より深く学ぶために：推薦図書と推薦サイト

立体視の研究内容は現象の記述から数理的なモデル構成まで多岐にわたっている。視覚や知覚のテキストには立体視，空間知覚などの章が通常あるので，まず手に取りやすいものを読んでみるとよい（たとえば，中溝・田谷，2008；大山，2000）。中溝（2003）は，立体視を含めて，人間に2つの眼があることにより生じるさまざまな現象（両眼視現象）を広く解説している。手作りの装置で観察できる現象も多数紹介されていて，体験的に理解を深めることができる。下條（1995）は，立体視研究の基礎となった考え方や両眼視現象を広い視点で興味深く解説している。また，神経生物学者のバリー（Barry, S. R.）は，立体視の概念を説明しながら，訓練によって48歳で立体視能力を回復した自身の手記を発表している（Barry, 2009　宇丹訳　2010）。

立体視に関してはウェブ上にも有用な資料が数多くある。たとえば，以下のサイトでは，アナグリフやオート・ステレオグラムの作り方についてわかりやすく説明している。

- http：//stereo.jpn.org/jpn/popup/popup.htm
- http：//www2.aimnet.ne.jp/nakahara/3dart/3art.html

5．補足（主に教員向けの解説）

5.1　授業構成の目安

1人あたりの実験時間は練習を含めて15分程度なので，2人を単位に同時に実習ができる場合，90分授業1コマでも実施できる。実習生が多いときは，4人1組（実験者1名，実験補助者1名，参加者2名）で，1台のディスプレイを同時に観察させるという方法も使える。この場合，参加者2名は横に並んで座り，それぞれの参加者の反応を実験者と実験補助者が記入するとよい。このときお互いの反応が見えないように参加者間についたてを置くなどの工夫をする。実習生が多く，全体でのとりまとめをするときは，2コマが必要だろう。一方，実習参加者が少ない場合は，4種類の網膜像差のそれぞれに対する試行を増やし（たとえば10回程度にし），各参加者の反応を分析の対象とするとよい。上昇系列と下降系列を設けるという工夫も考えられる。

2コマをあてる場合，*サポートサイトの資料を参照して詳しい解説を行ったり*，上述のサイトやユーチューブなどにあるアナグリフ方式を使った立体視のデモ動画を見たりするとよい。4で述べたように中溝（2003）にデモンストレーションに適した現象がいくつも紹介されているので，それを交えるのもよいだろう。

5.2　発展的な実習

(1)　観察距離が両眼立体視に及ぼす影響を調べる

2.2で述べたように，見かけの奥行き量には観察距離も影響する。もし視覚系が対象までの観察距離を考慮に入れて奥行きを計算しているとすると，同じ網膜像差でも観察距離によって異なる奥行きに見えるはずである（*同じ網膜像差を作り出すRDSと奥行き量の理論値についてはサポートサイトの資料を参照*）。

(2)　ステレオグラムの作成

上述のサイトなどのソフトを使うと，ステレオグラムは容易に作成できる。写真やイラストをさまざ

まに加工してみるのも，知覚現象への関心を高める　　のに有用だろう。

◆引用文献

相田紗織・下野孝一（2012）．立体視マノマリー研究小史　心理学評論，**55**, 264-283.

Barry, S. R.（2009）．*A scientist's journey into seeing three dimensions.* Massachusetts: Perseus Books Group.（バリー, S. 宇丹貴代実（訳）（2010）．視覚はよみがえる――三次元のクオリア――　筑摩書房）

Bruce, V., Green, P. R., & Georgeson, M. J.（2003）．*Visual perception-physiology, psychology and ecology.* New York: Psychology Press.

Howard, I. P., & Rogers, B.（2012）．*Stereoscopic vision.* Vol. II. *Perceiving in depth.* New York: Oxford University Press.

河合隆史・盛川浩志・太田啓路・阿部信明（2010）．3D 立体映像表現の基礎――基本原理から制作技術まで――　オーム社

中溝幸夫（2003）．視覚迷宮――両眼視が生み出すイリュージョン――　ブレーン出版

中溝幸夫・下野孝一（2001）．視覚系による絶対距離情報を用いた奥行のスケーリング *Vision,* **13**, 163-180.

中溝幸夫・田谷修一郎（2008）．3次元空間の知覚　菊地　正（編）感覚知覚心理学　朝倉書店　pp.93-114.

大山　正（2000）．視覚心理学への招待――見えの世界へのアプローチ――　サイエンス社

下條信輔（1995）．視覚の冒険――イリュージョンから認知科学へ――　産業図書

Shimono, K., Tam, W. J., Stelmach, L., & Hildreth, E.（2002）．Stereoillusory motion concomitant with lateral head movements. *Perception & Psychophysics,* **64**, 1218-1226.

4章

仮現運動

位置が変われば動きが見える？

◇実習の前に◇

1．仮現運動について

本章で取り上げる「仮現運動（apparent motion, apparent movement）」は，日常生活では映画・テレビの仕組みやアニメーションの運動表現技法と深く関わっている。映画やテレビの動画が，実は位置や形が少しずつ変化した静止画が次々と連続して出てきているものだということは知っていることだろう。仮現運動とは，実際には（物理的には）存在しない運動が見かけ上知覚される現象のことである（"apparent" は「見かけ上の」という意味）。パラパラマンガや字が動いて見える電光掲示板，踏切の警報灯なども仮現運動と関係する。仮現運動は，こうした身近なものである一方で，ゲシュタルト心理学という心理学の主要な学派の出発点にもなった重要な知覚現象である。

2．映画の仕組み

19世紀末に映画が発明されて以来，人類は実際には動いていないものに動きを見る装置を作ってきた。仮現運動に関連する実用例として，映画を見て自然な動きが感じられる仕組みを説明しよう。

初期の映画は，手回しで毎秒16ないし18枚の静止画を連続撮影し，それを同じペースでスクリーンに映し出すことで，実際の動きとほぼ変わらない滑らかな動きを表現していた。毎秒18枚もあれば，自然な動きは知覚されたのである。その頃の映画は無声映画であったが，やがてフィルムに音声信号も焼きつけるトーキー時代になると，音質確保のため，フィルムを毎秒1.5フィート（約46cm）送る必要が生じた。そのフィルムの長さを画像のコマ数に換算すると24コマ分であった。そのため，映画のコマ数は現在も用いられている毎秒24コマが一般的となった。

映画で実際の運動に劣らない動きを見るには，さらに2つの工夫が必要であった。まず，フィルムをただ滑らかに等速で動かしていたのでは，映像は流れてしまい撮影も映写もできない。1コマ分のフィルムを送っては静止させる動作を，毎秒24回繰り返す機械的仕組みが開発された。フィルムをすばやく送っている間は，撮影・映写されないようにシャッターで遮蔽し映像の流れを防いだ。もう1つは，毎秒24回シャッターで光を遮蔽すると，人間の目には点滅（フリッカー）が感じられるので，それを防ぐための工夫が必要であった。映写機に2枚羽根シャッターを取り付け，1枚の静止画が投写されている間に2回開閉する。このように同じ画像を遮蔽をはさみ2回呈示することで，点滅を毎秒48回とし，暗い映画館でなら人の目にちらつきを感じさせないようにした（暗いとちらつきを感じにくく――視覚の時間分解能が低く――なる）。

映画はこうした人間の知覚特性をふまえた工夫により成り立っている。テレビやパソコン，携帯端末などの画面も，静止画を連続呈示することで動画を実現している点で，基本原理は同じである（吉村・佐藤，2015では映画やアニメーションの動きについて，詳しく説明している）。

3．仮現運動とゲシュタルト心理学

こうした映画技法が考案されていた頃，静止図形の変化をとおして運動を知覚する心の働きに注目する心理学の学派が現れた。ウエルトハイマー（Wertheimer, M.）が，コフカ（Koffka, K.）とケーラー（Köhler, W.）の協力を得て1912年に発表した論文「運動の見え方についての実験的研究」に始まるゲシュタルト心理学である[1]。3人の若者（ウエルトハイマーは32歳，あとの2人は20代半ば）は，当時，ドイツのフランクフルト大学で研究に従事していた。この論文で扱われた運動現象こそ，本章で学ぶ仮現運動である。ゲシュタルト心理学の中心主張は，「全体は部分の総和とは異なる」というもので，

[1] 「ゲシュタルト（Gestalt）」はドイツ語で「形態」という意味で，ゲシュタルト心理学では，「部分の総和に還元できないような全体構造」という意味で用いられている。

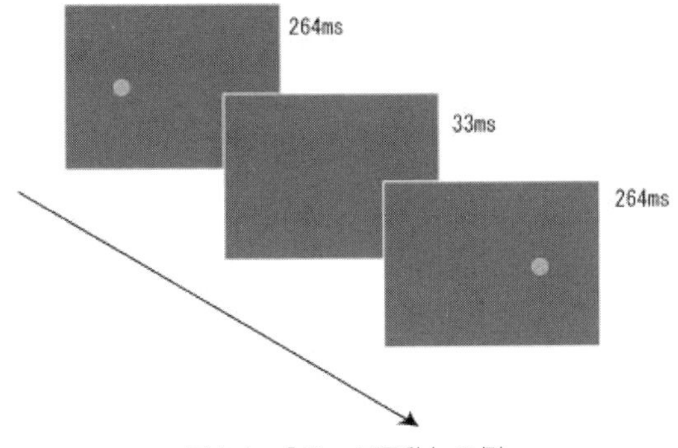

図4-1 「ベータ運動」の例

第１画面に呈示される左側にある丸は，第３画面で呈示される右側の丸に動くように知覚される。ただし，この３つの画面を１度だけ呈示したのでは一瞬で終わるので，どのように見えるかを十分に観察できない。そこで実行ファイルでは，３画面の次に33msの空白画面をはさむことで往復呈示し，現象をじっくり観察できるようにしている。msは，「ミリ秒（millisecond）＝1000分の１秒」のことである。

仮現運動はこの問題の検討にうってつけの現象だったのである。

図4-1を見てほしい。３枚の画面（静止画面）を矢印の順に素早く切り替えて呈示すると，左側に現れた丸が右に向かって動くように知覚される（*サポートサイトに実行ファイルがある*）[2]。しかし，運動を知覚させる３枚の画面（「部分」）をいくら精密に分析しても運動は捉えられない。図形が配置されている時間・空間関係，すなわち全体の「布置（configuration）」を見つめなければ，運動は捉えられない。「全体は部分の総和とは異なる」というゲシュタルト心理学のモットーが，仮現運動を通して研究されたのである。ウエルトハイマーの後継者たちにより，この見かけ上の運動現象は「ベータ運動」と名づけられた[3]。

[2] 図4-1の場合，第１画面と第３画面のみでも仮現運動は生じる。ただし，第２画面を挿入することで，図形呈示時間と時間間隔（inter-stimulus -intreval：ISI）が別々に操作できる。第２画面でブランクではないものを呈示することもある（本章の実習はこれに該当する）。なお，呈示時間は1msの桁まで示しているが，1msの違いに特に意味があるわけではない。本章のデモンストレーションと実験で用いるプログラムは33ms（約1/30秒）を単位とする呈示スケジュールにしている（簡便で汎用性のあるプログラムを提供するための設定である）。

[3] ベータ運動は広義の仮現運動の一部であり，仮現運動には，ほかにアルファ運動，ガンマ運動などがある。それぞれの名称は他と区別するためのもので特に意味はない（詳細は，大山，2000などを参照）。

4．仮現運動における「意味性」の役割

このような仮現運動において，３つの呈示画面の時間・空間関係が重要なのは確かである。しかし，それだけで見え方が機械的に決まるのではなく，動きが人間にとってもつ「意味性」が影響する。一般的に，知覚という心の働きは，対象の物理的性質から生理的・自動的に生じるもので意図や意味の関与は弱いと考えられがちだが，刺激の全体的「布置」がもたらす意味性が知覚内容を決定づける場合があることを，本章の実験をとおして考えたい（意味性については，「解説」で改めて説明する）。

本章の実験では，刺激呈示法として「競合運動法（competing motion technique）」を用いる。この方法では複数の知覚が生じる可能性のある刺激を示し，どのような動きの知覚が起こりやすいかを実験参加者（知覚実験では観察者という表現を使うこともある）に答えてもらう。手続きとしては，競合する２つの動き（左方向の動きと右方向の動き）の間で７段階の選択肢を用意して判断してもらう。これらの手続きの長所と短所を中心に方法論的問題についても考えてほしい。

◇実　習◇

1．目　的

主要な目的は，仮現運動の見え方において意味性が関与する可能性を吟味することである。加えて，実験で用いる手続きの特徴（長所・短所）も検討する。

2．方　法

2.1　実験計画

刺激（連続呈示される３画面）における意味性の要因（「縦棒条件」と「横棒条件」）を独立変数（参加者内要因），知覚される動きの方向を従属変数とする実験である。各参加者は，縦棒条件と横棒条件のそれぞれで刺激を１つ観察し，７段階評定尺度法（「左側への動きが非常に優勢」が１で，「右側への動きが非常に優勢」が７）で動きの方向を回答する。縦棒条件と横棒条件のそれぞれで，中立的な値（統制条件に相当する）である４（「どちらが優勢とも言えない」）と比較して差があるかを検討する。

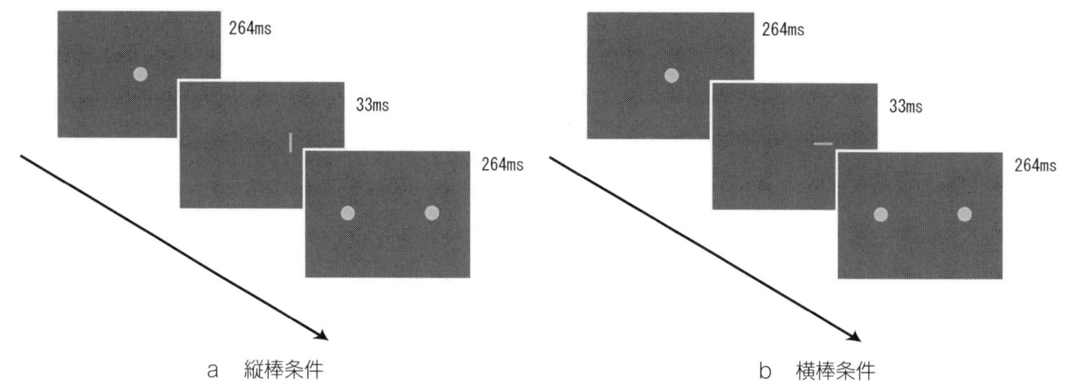

図4-2　実験で用いる2種類の刺激呈示条件

2.2　実施形態

本章の実験は，実験者と参加者がペアとなり交替してパソコンで実施する[4]。人数の制約は特にないが，結果の一般性という点からは10人程度以上が適当である。視覚に関する実験であるため，実験参加者の視力が正常であることが必要だが，呈示される刺激が大きくシンプルなので，矯正視力で0.6程度あれば十分である。

2.3　実験装置と刺激画像

刺激を呈示するための装置としてパソコンを用いる（Windows 7以降，またはMac OS X10.7以降）。ファイルは実行形式になっており，ダブルクリックするとAdobe Flash Playerで刺激が呈示される。

実験装置と刺激画像に関して，以下の点を計測して記録しておく（単位はいずれもcm）[5]。

① 観察距離（視距離＝眼から画面までの距離）

② ディスプレイ上の画面サイズ（フルスクリーンにして実行するとよい）

③ 刺激画像のレイアウト（図形のサイズ（丸の直径，縦棒，横棒は長さと太さ），図形間距離）

実験における刺激画像の呈示条件は，次の2種類とする。

① 縦棒条件　図4-2aのように，第1画面で中央に1つの丸を呈示し，第2画面では中央より右寄り位置に縦棒のみを短時間呈示する。第3画面では縦棒を消し，中央から同じ距離だけ離れた左右位置に第1画面と同じ大きさの丸を1つずつ呈示する。3つの画面それぞれの呈示時間は，図4-2aに示すとおりである。

② 横棒条件　図4-2bに示すように，縦棒条件との違いは，第2画面において中央から右よりに呈示される線分が，縦棒ではなく，長さと太さが同じ横棒という点のみである。

2.4　手続き

最初に回答用紙（*サポートサイトにある*）に参加者の年齢，性別，視力などを記録する。そののち，回答用紙を参加者に渡して，教示を行う。参加者は，図4-3に示すような7段階評定尺度によって回答する。

まず，縦棒条件に対する教示を次のように行う。

「画面中央に丸が1つ，そのあとすぐ，左右に2つの同じ大きさの丸が現れます。ただし，右には縦棒も呈示されますが，それについては注意を向ける必要はありません。画面は素早く切り替わり，最初の1つの丸があたかも動くように見えると思います。中央の1つの丸が左右どちらの丸に向かって動くように見えるかを答えてください。呈示は何度も繰り返されますので，リラックスして納得のいくまで観

---

[4] 個別実験が望ましいが，プロジェクターとスクリーンを用いての集団実験も可能である。集団実験の場合，教室内のどの席からスクリーンを見るかにより，観察距離も観察角度も異なるが，本実験で呈示する刺激の場合，極端に斜め方向から観察するのでなければ，観察距離や角度の影響は小さい。念のため，集団実施の場合には，各実験参加者の着席位置を記録しておくとよい。

[5] レポートでは図形のサイズと図形間距離とを視角（対象の両端と目を結んだ2直線の成す角の大きさ）に換算した値も示すのが望ましい。視角は観察距離に応じて変化する。観察距離を57cmにすると，画面上での1cmが視角1°に相当するため換算に便利である（視角の意味と計算方法は2章の「解説」の1.1に説明がある）。

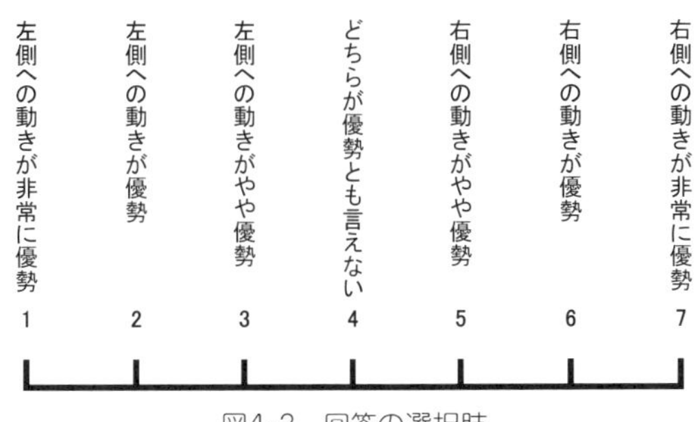

図4-3　回答の選択肢

表4-1　回答の集計表

参加者番号	縦棒条件	横棒条件
1		
2		
平均		
標準偏差		

察してください。観察中は，注視点が現れた位置（中央の丸が呈示される位置）を見続けるようにしてください。答え方は，回答用紙にあるように，『左側への動きが非常に優勢』から『右側への動きが非常に優勢』までの７段階から選ぶというものです。当てはまる数字に○をつけて答えてください。」

このような教示のあと，参加者が回答するまで刺激呈示を繰り返す（実行ファイルでは，１秒の間隔をおいて，同じ刺激系列が繰り返し呈示されるようになっている）。

縦棒条件の反応が終わったら，横棒条件に進む。教示は，「縦棒」のところを「横棒」に変える以外，縦棒条件と同じである。

両条件での回答が終了したのち，見え方についての内省報告を求め，その内容を記録する。内省報告では，実際のところどのように見えたかを具体的かつ詳細に書き記しておく。

3．結果の整理と分析

3.1　データの集計

全員の各条件における回答を，表4-1のようにまとめる。そして，２つの条件それぞれについて，全体の平均と標準偏差を求める。

3.2　統計的検定を含む分析

縦棒条件と横棒条件のそれぞれについて，平均が４（どちらが優勢とも言えない）よりも有意に大きいか小さいかを，t 検定（１標本の t 検定）で調べる。帰無仮説は「平均＝４」である。

4．考察のポイント

4.1　縦棒・横棒の介在が仮現運動に及ぼす影響について

縦棒や横棒の介在が仮現運動の生じやすさに影響を与えるなら，評定値の平均は４と異なることになる。予想される結果は，以下のとおりである。

①　縦棒条件＜４

②　横棒条件＞４

①の結果が得られれば，運動軌道上に介在する縦棒は仮現運動を妨害（抑制）したことになる。ただし，この結果だけでは，妨害効果は縦棒によると特定することはできない。縦棒に限らず，「何らかの介在物」が存在すれば妨害効果が生じるかもしれないからである。

一方，②の結果が得られれば，運動軌道上に介在する横棒は仮現運動を促進したことになる。ただし縦棒の場合と同様に，これだけでは，「何らかの介在物」があることで促進効果が生じたのかもしれない。

ここで，縦棒の結果と横棒の結果とを組み合わせると，介在物の形態の影響を特定することができる。縦棒で促進効果，横棒で妨害効果，つまり「縦棒条件＜４＜横棒条件」が得られれば，縦・横という対比的な形態がそれぞれの効果をもたらしたと推測できる。

得られた結果に基づいて縦棒と横棒の介在が仮現運動に及ぼす影響についてまとめ，その影響が生じる仕組みについて考察する。なお，全体としての結果と一致しない参加者もいるだろうが，それをどのように解釈したらよいかについても，内省報告などを参考にして考察するとよい。

4.2　用いた実験手続きについて

第１画面の１つの丸が第３画面の両方の丸に向かって分裂するように動くと知覚する参加者がいたかもしれない。「どちらが優勢とも言えない」という回答には，どちらにも動かないという知覚と両方に動いたという知覚があてはまる可能性があり，その内容にはあいまいさがある。実験終了後の内省報告による自由記述データを分析し，本章の実験において競合運動法や7段階評定法を用いたことが適切であったかどうかを中心に，用いた手続きの長所と短所を検討する。

◇解　説◇

1．運動知覚と意味性

1.1　仮現運動は意味性に影響される

仮現運動の現れ方に意味性が強く関与することを，ロック（Rock, 1975）という知覚心理学者は次のデモンストレーションをとおして示した。本章冒頭の図4-1の仮現運動に話を戻そう。3枚の画面を順に，264ms，33ms，264msのテンポで繰り返し呈示（3枚めの次に2枚めと同じブランク画面を33msはさむ）すると，丸は左右に往復運動するように知覚される（丸の仮現運動が生じる）。その時間・空間関係を保ったまま，1枚めと3枚めの画面に，図4-4のように黒い四角を加えると，図4-1で知覚されていた丸の仮現運動は知覚されにくくなる。あたかも左右それぞれの位置に常時存在している2つの丸（すなわち動かない丸）を，黒い四角が動いて交互に覆い隠すように知覚される。図4-4で「丸が見えたり見えなくなったりするのは，黒い四角により交互に遮蔽されるため」という合理的意味づけが可能で，もはや丸の動きが知覚される必要はなくなるのである。

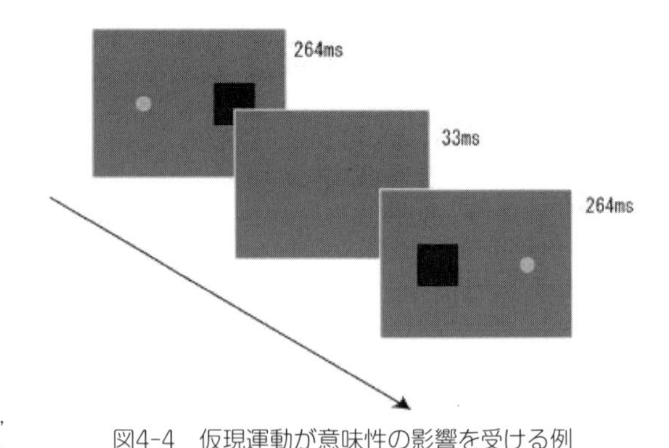

図4-4　仮現運動が意味性の影響を受ける例

丸だけであればその仮現運動がはっきりと知覚されるのに，四角が加わると，丸の運動は知覚されにくくなる。特に，繰り返し呈示される丸を目で追わず，左右どちらかの図形を注視し続けていると，丸の仮現運動は起こりにくい（Rock, 1975による）。

1.2　本章の実験における意味性：運動軌道上の介在物がもたらす効果

現実世界では，運動軌道をさえぎる物体があれば運動は妨害される。ボールを投げた先に壁があれば，ボールはその先へは進めない。本章の実験の縦棒条件は，丸の運動軌道に，いわば「壁」を置いたようなもので，仮現運動でも実際の運動と同じように妨害されるかどうかを調べる形になっている。

これまでにも，本章の実験と同様，運動軌道上に縦棒を介在させ，仮現運動がどのように変化するかを調べた研究がある（Kolers & Pomerantz, 1971，ただし，競合運動法ではなく，図4-2aでの左側の丸にあたる図形は示していない）。その結果，知覚されるのは，縦棒の手前または後ろ側を迂回する3次元的な仮現運動であった。このような迂回が容易に起こるのなら，本章の実験の縦棒条件でも縦棒側への仮現運動は妨害されない可能性もある。はたして，結果はどうだったろうか[6]。

同じく軌道上の介在物であっても，横棒の場合は，むしろ仮現運動が促進される可能性がある。横方向の形状が軌道を誘導する意味をもちうるからである。先行研究（Shepard & Zare, 1983）によれば，横棒条件で用いたような単純な直線で仮現運動に促進効果が生じる。直線による最短軌道だけでなく，円弧状の線分を介在させると，その曲線に沿った円弧状の迂回軌道も誘導できる。

そのほか科学的な研究とは別に，より複雑な形状の画像を軌道上に介在させることで臨場感をもった運動表現を生み出す技法が，アニメーション制作で長年用いられている。この技法は，はっきりとは見えにくい形で不定形の画像を介在させることが多いことから，「オバケ」と呼ばれている[7]。

このように，同じ図形（本章の実験では線分）が介在しても，それがどのような意味をもつかによって運動の妨害も促進も起こりうる。また妨害や促進の具体的な現われ方もさまざまありうる。ただし，そうした意味性は，観察者が自由に設定できるので

---

[6] 数値の上で妨害効果が示されなくても（4と答えても），通常，最短距離をとる運動軌道が，障害物により迂回が生じて曲線になるのであれば，それは意味性が影響していると言える。

[7] 千田・吉村（2007）は，近接性や誘導線の形をさまざまに変化させ，オバケと仮現運動の運動誘導力を比較した。この論文は，筆者のサイトで公開している（http://www.i.hosei.ac.jp/~yosimura/chida-yoshimura.pdf）。

はなく，基本的には刺激の布置に拘束される。仮現運動に関与する意味性は，一定の法則性のもとで影響を与えるのである。

1.3 実際運動の知覚と意味性

意味性は，仮現運動に限らず実際に生じている運動の知覚とも深く関与している。人間は視覚をとおして，形，大きさ，色，距離や方向といったさまざまな情報を得ているが，運動は意味との関係が他の知覚より格段に強い（吉村，2006）。運動する対象は，文字通り「動いて」いる。しかも必要に応じて，「待ったなし」で対応（逃げたり，近づいたり）しなければならない。刻々変化する膨大で複雑な情報とうまくつきあうためには，単純なボトムアップ的処理では間に合わない。適切な意味づけを踏まえつつ，ときには適当に手抜きをして処理することも必要になる。実際運動と仮現運動の知覚は，客観的な「運動そのもの」から情報が欠落した状態に基づいて認識を成立させている点で，本質的に類似した知覚と考えられる。

具体的な実験例を紹介しよう。人体に小さな光点をつけて暗闇の中を動く様子を撮影した動画を見ると，関節などごく少数の光点だけで，動き（歩いたり，走ったり，ダンスしたり）がよくわかる（Johansson, 1973）。これはバイオロジカル・モーションと呼ばれる現象で，「生物の動き」が観察者としての人間にとって特別な意味をもつことを示している。バイオロジカル・モーションでは，運動内容のみならず，性別や表情，感情などまでしばしばわかる。こうした社会的な意味がごく限られた運動手がかりから知覚できるのは驚くべきことだが，相手が何者で何をしているかがわかるのは，人間の生き残りに決定的な強みとなったはずである。

2．仮現運動の基礎

2.1 コルテの法則

ここで仮現運動を規定する意味性に先立つ主な要因について整理しておく。仮現運動の基本形に立ち戻り，図4-1の３枚の画面をこの順序で１度だけ呈示する場合を考えよう。それぞれの画面の呈示時間が短すぎると（たとえば３画面の呈示時間がすべて33ms），３枚の呈示は一瞬に終了し，２つの丸は，異なる位置で同時に呈示されたように見える（「同時時相」）。反対に，呈示時間が長すぎると（たとえば各画面の呈示時間500ms），丸は左位置に現れ消えてから，別の右位置に現れると知覚され（「継起時相」），やはり運動は知覚されない。運動が知覚されるには，適切な時間・空間関係で呈示されなければならない。

同時時相と継起時相の間にあって，運動が知覚されるのに最も適切な時相を「最適時相」と呼ぶ。最適時相は時間的に固定されるのではなく，次の３つの要因の関係に依存して変化する。

① 呈示時間（画面が呈示されている時間）[8]

② 図形間距離（図4-1では，２つの丸の間の距離）

③ 呈示強度（図4-1では，図（丸）と地（背景）のコントラスト）

コフカが指導したコルテ（Korte, A.）は，最適時相になるには，これら３つの間に次の関係があることを1915年に報告している。

法則１：①呈示時間が一定なら，②図形間距離が広がるにつれて③呈示強度を強めなければならない。

法則２：②図形間距離が一定なら，①呈示時間が遅くなるにつれて③呈示強度を強めなければならない。

法則３：③呈示強度が一定なら，②図形間距離が広がるにつれて①呈示時間を遅くしなければならない。

このコルテの法則は，のちに量的関数として定式化されたが[9]，実際には質的レベルで理解するのが適切である。本章で取り上げている「意味性」の要因も，この法則では扱えていない。仮現運動の現れ方は，物理的要因の量的関数で容易に記述できるほど機械的で単純ではない。

2.2 仮現運動が生じる仕組み

ここまでの説明は仮現運動の性質に関するもので，現象を記述するものだった。ここで仮現運動が生じる仕組みについて，脳機能の観点から簡単に触れておく。

眼で見た情報は，網膜から後頭葉にある第１次視覚野（V1）に送られ，距離や方向は上方（頭頂葉に向かう where 経路），形や色は下方（側頭葉に向

[8] ３画面の呈示時間では，特に「第１画面呈示時間＋第２画面呈示時間」の影響が大きいとされる。

[9] ３つの法則をまとめると，大枠としては次のような形の関数になる。
運動印象＝ｆ（図形間距離／（呈示時間・呈示強度））

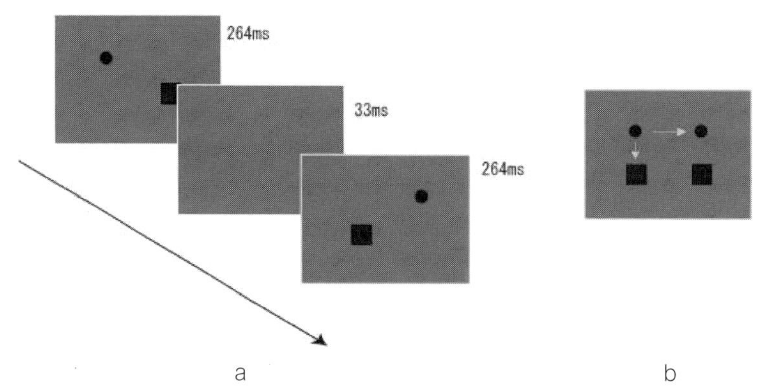

図4-5　競合運動法による仮現運動の評価の例

a図の第1画面で左上に呈示される丸は，第3画面で呈示される丸と四角のうち，どちらに動くと知覚されるだろうか。これは，b図に示されているように，近接性と類同性の競合運動事態である。近接要因が強いなら左上の丸は左下の四角に向かって動くと知覚され，類同要因が強いなら同じ形である右上の丸に向かって動くと知覚されるであろう。

かうwhat経路）というように分けて処理される。仮現運動の知覚は，通常の運動知覚と同様に，主に上方の空間知覚に関わる経路によっている。この経路には，運動に関する情報処理で特に重要な「MT野（middle temporal area，V5＝第5次視覚野とも呼ぶ）」がある。ただし，形状がもたらす意味性が仮現運動に影響することからわかるように，下方のパターン認識に関わる経路も関与すると考えられる。また，意味性が見え方に影響をおよぼすということは，刺激自体から知覚へと一方向に単純に処理が進む（ボトムアップ処理）のではなく，知識に基づく推論のような処理（トップダウン処理）が関与していると考えられる。

3．実験の手続きについて

3.1　競合運動法

1～3章の実験では「長さ」に関わる知覚を扱っているので，観察者（参加者）に長さを直接に示してもらう（標準刺激と同じになるように調整あるいは再生する）ことで測定できた。しかし，運動知覚のあり方を観察者が明確に示すことは容易でない。最も素朴な方法は観察した内容を詳細に言語化してもらうというものだが，この方法だと主観が入り込みやすく，統計的処理も難しい。たとえば，図4-1で「はっきりと右に動いた」という回答が得られても，その「はっきり」を，どう評価したらよいのかは判然としない。

運動知覚のあり方を相対化してとらえる仕組みとして，近年，本章の実験でも使用した競合運動法が用いられることが増えている。この方法では，複数の運動が競合する刺激場面を設定し，どの運動が知覚されやすいかを直接的に比較する（平田，1994）。したがって，ある運動がほかの運動よりも「相対的にはっきり」しているという主張が可能になる。

具体例で説明しよう。図4-5の刺激事態で，第1画面の丸は第3画面の丸に向かって動くように知覚されるのだろうか，それとも四角に向かって動くと知覚されるのだろうか。これは，ゲシュタルト心理学における群化の法則のうち，「近接の要因」と「類同の要因」を競合させる実験事態である[10]。もちろん，近接性や類同性の程度を変えれば動き方が違ってくるが，一般に仮現運動では，類同の要因より近接の要因が強く働く。すなわち，「より近くにある」という布置により，第1画面の丸は第3画面の四角の方に，第1画面の四角は第3画面の丸の方に動くと知覚される。

こうした競合運動法を用いて，本章の実験では意味性の働きを検討した。運動軌道上に置かれた縦棒は障害物としての意味をもつか，また横棒は運動を誘導する意味をもつか。この2つの設定のそれぞれ

[10] 群化とは視覚対象を構成する要素がまとまりをつくることである。この群化のあり方を規定する要因として，近接（近くにあるものがまとまりやすい），類同（形や色などの性質が類似したものがまとまりやすい）などがある。

に，介在物のない運動軌道を左側に並置することで競合運動法を適用したのである。

競合運動法は，さまざまな運動の直接比較ができるという長所をもつが，一方で，競合が生じる状況での仮現運動が，そうでない場合の仮現運動と同じと考えてよいかという問題がある。要素の組み合わせが変わることで布置は変化するので，それが運動の見え方に影響する可能性に留意する必要がある。

3.2　参加者の反応区分の設定

本章の実験では，参加者の反応として7段階評定尺度に対する回答を求めた。各参加者から量的な反応を得ることで，平均や標準偏差による集約を行うことができ，比較的少人数でも統計的検定が適用しやすくなる。厳密に言えば，回答の1～7の数字は順序尺度であり，足し算・引き算を行うこともできない。しかし，通常，間隔尺度と見なして平均を求めたり検定を行ったりしている。

仮現運動の評価に評定尺度法を用いるのであれば，段階数によらず知覚された内容を適切に反映する区分が設定されているかに気をつけなければならない。本章のような実験で，参加者が「左への動き」「右への動き」をそれぞれ，どの程度に分けて識別できるかは難しい問題である。段階はいくらでも増やせるわけではなく，通常，7段階程度までだろう。また「考察のポイント」でも触れたように，中間に位置する選択肢はあいまいさを含む可能性があるので，この区分の扱いには注意を要する。仮現運動におけるデータ収集には，このような難しさがあるので，数量的な反応のみでなく，内省報告もていねいに参照して，問題がないか検討してほしい。

回答の段階数を最少にすると2つになる。これは「二肢強制選択法」で，競合運動法における反応法として最も単純な形である。動きの程度は問わず，中間段階もないので，反応自体は明快である。関心があって比較したい見え方（競合する運動）が2つに絞り込める場合には実際的な手続きである。たとえば，図4-5では「近接による動き」と「類同による動き」を比較したいので，そのどちらが優勢かという二肢から選ぶ手続きをとることができる。本章の実験の場合も左と右の二肢のみで回答を求めるという手続きは使える。ただし，この二肢でカバーできていない知覚がありうることへの慎重さは欠かせないし，得られるデータが2値の質的なものなので，適用できる統計技法も限られる。

3.3　刺激配置の詳細を記述することの重要性

本章の実験の結果，たとえ「縦棒は仮現運動を妨害し，横棒は促進する」という結果が得られたとしても，それはこの実験で用いた刺激布置で行った場合に限られる。「縦棒は仮現運動を妨害し，横棒は促進する」という見解を安易に一般化することは避けなければならない。少し考えただけでも，介在する縦棒の幅が太くなれば「壁」としての妨害効果は大きくなる反面，太い横棒は促進効果を弱めることが想像できる。

したがって，心理学実験にあっては，用いた刺激の詳細を，「方法」の節で定性的レベルに留まることなく，定量的に明記しておくことが重要である。学生は，文献の「方法」欄を軽く読み流し結論だけを重視しがちだが，本章の実習を通して，その姿勢がいかに危険かを学んでほしい。*この点を実感するために，本章の実験で用いた縦棒・横棒の幅を太くした刺激で作成した運動刺激をサポートサイトに用意しておく。*

3.4　剰余変数について

本章の実験で知りたいのは，仮現運動における意味性の効果であったが，この主たる関心に対応する変数（縦棒・横棒の介在）以外にも実験結果に影響しうる変数（剰余変数）がある。本章で説明した手続きは，実習向きに簡易化したものになっていて，通常の実験であれば相殺する工夫を要する剰余変数が2つある。

1つは介在物の左右の配置である。本章の実験では，介在物としての線分は常に右側にあったが，刺激布置の中で，介在物を左に置いても右に置いても同じ効果をもつという保証はない。実験の厳密性という点では，左側に介在物を置いた条件も実施することが望ましい。

もう1つは2条件の実施順序である。全員が最初に縦棒条件，次に横棒条件を行う想定で説明したが，知覚経験の評価に実施順序が影響する可能性がある。本来であれば，2通りの順序を参加者の半分ずつに割り当てるのが望ましい。あるいは，各刺激を複数回呈示するものとして，その系列をランダムにするという手続きもある。

4．より深く学ぶために：推薦図書と推薦サイト

仮現運動は，運動を知覚する人間の心の働きを理

解する材料として，多くの知覚心理学のテキスト（たとえば，松田，1995; 大山，2000）で扱われているので，まず知覚心理学のテキストの「運動知覚」または「仮現運動」の章を参照してもらいたい。仮現運動についてさらに専門的なことを学ぶには，椎名（1969）や平田（1994）を参照してほしい。

運動現象は知覚心理学だけでなく，心理学のさまざまな分野で研究され，映画やテレビなどにも応用されている。吉村（2006）は，そうした広がりを概観することを目指したもので，仮現運動をはじめ，動きを捉えることが意味を捉えることと密接に関わることを論じている。また，大山・鷲見（2014）のテキストは，付属のDVDによりさまざまな運動現象を確かめながら，運動知覚について楽しく学ぶことができる。

運動現象を言葉や静止画で伝えるのは難しいが，ウェブ上にはデモンストレーション動画が多数ある。たとえば，知覚心理学者の北岡明佳による次のサイト（「運動視いろいろ」）では，「オバケ」を含めて多くの仮現運動の例を見ることができる。

http：//www.psy.ritsumei.ac.jp/～akitaoka/chikakumotion2006.html

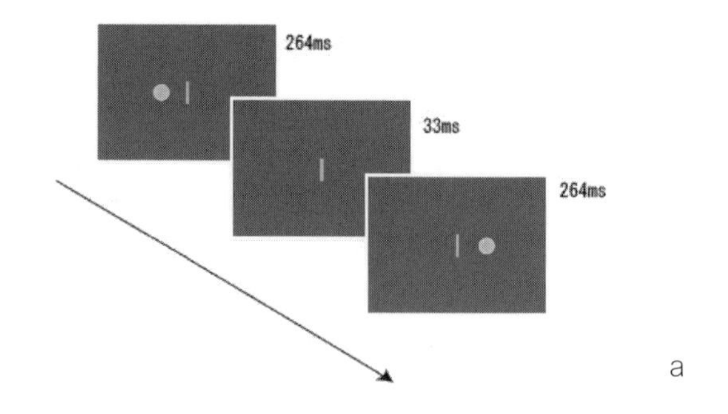

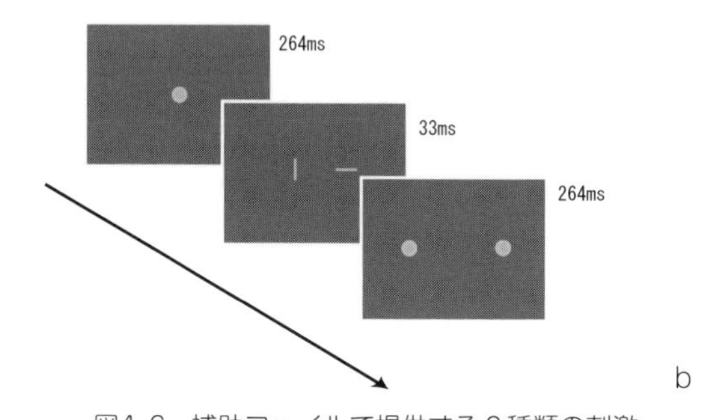

図4-6　補助ファイルで提供する２種類の刺激

ａ図は縦棒を介在させても競合する動きがない布置で，縦棒の手前または奥を迂回して三次元的は仮現運動が生じる。ｂ図は縦棒と横棒の直接競合事態。

５．補足（主に教員向けの解説）

5.1　授業構成の目安

単純な静止画の系列に動きを感じる仮現運動は，学生の興味を引きやすいテーマである。本章の実験は，縦棒条件と横棒条件の刺激を見て７段階で回答するだけの簡単なものなので，教示を含め10分程度で実施できる。実験に先立ち，そもそも仮現運動とはどのような見え方をするものかを図4-1のプログラムでデモンストレーションしておくとよい。データの集計も，表4-1のような簡単なものなので，大人数で実施しても短時間ですむ。90分１コマの授業時間内での実施も可能である。標準的には２コマをあてて，「解説」のトピック（特に図4-4と図4-5）をしっかりおさえ，次に示す補助的な実験をまじえて理解を深めるとよい。ウェブ上で公開されているさまざまな動画も有用である。

5.2　関連する小実験

⑴　競合運動法の検討

図4-6に示したような，*競合運動法でない呈示を行うもの（ａ図）と２条件での競合（縦棒条件を左に，横棒条件を右に置くｂ図）を設定したものがサポートサイトにある。*

⑵　条件の追加

実習と同様の刺激で介在物を左側に置いて呈示するもの（3.4で述べたように，本来はこれも実施することが望ましい）と，*介在物を左右のいずれにも置かずに呈示するもの*（単純に左右の丸への運動を競合させる状況で，実習での縦棒条件・横棒条件に対する統制条件に相当する）を用意した。

⑶　縦棒・横棒の太さの変更

3.3で述べたように，今回の実験で得られた結果は用いた刺激布置に限定される。結果の一般性について検討する手がかりとして，*介在する縦棒・横棒を太くした刺激によるプログラム*が利用できる。

⑷　自身で仮現運動の刺激を作成してみる

自分で仮現運動の刺激を作ってみるというのも，関心を高めるのに役立つ。刺激の作成・呈示にはパワーポイントが使える。パワーポイントの2010以降のバージョンでは，10ms単位の呈示制御ができる。ただし，制御の厳密性は保証されていないので，試作用，デモンストレーション用と考えてほしい。

◆引用文献

千田　明・吉村浩一（2007）．“オバケ”をめぐる知覚心理学的研究法の提案　アニメーション研究，**8**, 19-28.
平田　忠（1994）．仮現運動　大山　正・今井省吾・和気典二（編）新編　感覚・知覚心理学ハンドブック　誠信書房　pp.815-820.
Johansson, G.（1973）. Visual perception of biological motion and a model for its analysis. *Perception & Psychophysics*, **14**, 201-211.
Kolers, P.A., & Pomerantz, J. R.（1971）. Figure change in apparent motion. *Journal of Experimental Psychology*, **87**, 99-108.
松田隆夫（1995）．視知覚　培風館
大山　正（2000）．視覚心理学への招待――見えの世界へのアプローチ――　サイエンス社
大山　正・鷲見成正（2014）．見てわかる視覚心理学　新曜社
Rock, I.（1975）. *An introduction to perception*. New York: Macmillan.
Shepard, R. N., & Zare, S. L.（1983）. Path-guided apparent motion. *Science*, **220**, 632-634.
椎名　健（1969）．仮現運動　和田陽平・大山　正・今井省吾（編）感覚・知覚心理学ハンドブック　誠信書房　pp.648-654.
吉村浩一（2006）．運動現象のタキソノミー――心理学は“動き”をどう捉えてきたか――　ナカニシヤ出版
吉村浩一・佐藤壮平（2015）．映画やアニメーションに動きを見る仕組み――仮現運動説をめぐる心理学的検討――　法政大学文学部紀要，**69**，87-105.

5章

視覚探索——視覚的注意と特徴統合

一目で見つかるとき，なかなか見つからないとき

◇実習の前に◇

1．2種類の視覚探索：特徴探索と結合探索

めがねや消しゴムなど，ちょっとしたものを一生懸命探しているのに見つからず，「目の前にあるでしょう。もっと注意深く見なさい」などと言われたことはないだろうか。探し物をうまく見つけられるときと，なかなか見つけられないときがあるが，それはなぜだろうか。このような「目で見て特定のものを探す」ことを「視覚探索（visual search）」と呼ぶ。これが本章で取り上げるテーマである。

めがねや消しゴムを探すといった日常的な状況は複雑で扱いにくいので，扱う要因をしぼった単純な状況を設定することで実験してみよう。本章では，見つけようとしているターゲットと，周囲の妨害物（ターゲット以外のもの）との関係が見つけやすさにどのように影響するかに注目する。たとえば，図5-1(a)の灰色の星の中から灰色のハートを見つけ出すことは簡単だろう。また，(b)の黒い星やハートの中から灰色のハートを見つけ出すことも比較的簡単だと思うが，(c)の黒いハートや灰色の星の中から灰色のハートを見つけ出すことは，やや難しいのではないだろうか。

(a)や(b)において，一目でターゲットを見つけることができるのは，形や濃さなどといった単一の特徴がターゲットと妨害物で異なっているためで，このような探索を「特徴探索」と呼ぶ。これに対し，(c)のように，単一の特徴だけに注目したのではターゲットか妨害物かを判断できず，「ハートの形でしかも灰色」というように，複数の特徴を組み合わせた（結合した）ときに初めてターゲットと判断できるような探索を「結合探索」と呼ぶ[1]。本章では，特徴探索と結合探索の間で，探索の難しさがどのように違うのか，実験で明らかにしていく。

◇実　習◇

1．目　的

妨害物の中からターゲットを探す視覚探索実験を行い，ターゲットが単一の特徴で決まっているとき（特徴探索条件）と，特徴の結合関係で決まっているとき（結合探索条件）の間で，探索の難しさを比べる。

2．方　法

2.1　実験計画

探索条件（特徴探索と結合探索の２水準）と探索

[1] 「特徴探索」と「結合探索」は，それぞれ“feature search”，“conjunction search”の訳語である。いずれも周囲と異なる「特徴」を探索するもので，説明的に表現すれば，「単一特徴探索」「結合特徴探索」とも言える。

(a)

(b)

(c)

図5-1　灰色のハートを探す

する画面内のアイテム数（4，8，16個の３水準）を要因とする２要因の実験である。いずれも参加者内要因で，全ての実験参加者が同じ実験を行う。探索画面内のアイテム数を独立変数として変化させ，画面呈示から参加者がターゲットの有無を答えるまでにかかる時間（反応時間）を従属変数として計測する。

2.2 実施形態

標準的な形としては，２人ずつペアとなり，実験者と参加者を交替して両方を経験する。日常生活で視力を矯正している参加者は，めがねやコンタクトを装着して行う。探索する特徴としてオレンジ色と水色を設定するので，それを見分けることができることが必要である。人数の制約は特にないが，統計的検定を行うためには10人程度以上の参加者の実験結果が必要である。

2.3 装　置

パーソナルコンピュータ１台を用いて探索画面の呈示と，反応および反応時間の記録とを行う[2]。*サポートサイト上の実行プログラム（Windows 用）をダウンロードして用いるとよい。*

2.4 刺　激

サポートサイトに刺激画像があるので，自分たちで作成する必要はないが，どのような刺激であるかを理解するために，刺激の作成方法を説明する。

水色とオレンジ色の長方形（縦1cm，横0.5cm 程度）を次のように配置して探索画面を作成する。

⑴　特徴探索条件の探索画面

図5-2（口絵参照）に示すような６通りの探索画面をそれぞれ10枚ずつ，配置を適当に変えながら作成する。

図5-2(a)，(b)，(c)は，４個，８個，16個のアイテムからなる「ターゲットを含まない」探索画面の例である。水色の右斜め向き（垂直方向から45°右に回転）の長方形を４個，８個，または16個，適当な位置に配置している。図5-2(d)，(e)，(f)は，４個，８個，16個のアイテムから成る「ターゲットを含む」探索画面の例である。水色の右斜め向きの長方形を３個，７個，または15個と，オレンジ色の右斜め向きの長方形を１個，適当な位置に配置している。

⑵　結合探索条件の探索画面

図5-3（口絵参照）に示すような６通りの探索画面をそれぞれ10枚ずつ，配置を適当に変えながら作成する。

図5-3(a)，(b)，(c)は，４個，８個，16個のアイテムから成る「ターゲットを含まない」探索画面の例である。水色の右斜め向きの長方形とオレンジ色の左斜め向き（垂直方向から45°左に回転）の長方形を２個，４個，または８個ずつ，適当な位置に配置している。図5-3(d)，(e)，(f)は，４個，８個，16個のアイテムから成る「ターゲットを含む」探索画面の例である。水色の右斜め向きの長方形を２個，４個，または８個，オレンジ色の左斜め向きの長方形を１個，３個，または７個，オレンジ色の右斜め向きの長方形を１個，適当な位置に配置している。

2.5 手続き

２人一組となり，１人が実験者，もう１人が参加者となる。最初の参加者は，まず特徴探索条件の練習10試行と本番60試行を行い，続いて結合探索条件の練習10試行と本番60試行を行う。ここまでが終了したら，実験者と参加者を交替する。次の参加者は，まず結合探索条件の練習と本番を行い，続いて特徴探索条件の練習と本番を行う。このようにすると，実験条件の順序の影響を除去（カウンターバランス）することができる。

実験所要時間は，１ブロック（本番の60試行）にかかる時間が２，３分なので，２人がそれぞれ各条件につき１ブロックずつ実行すると，教示や練習を含めて全体で20分から30分程度となる。安定したデータを得るためには，２ブロック（本番が120試行）以上が望ましいが，以下の説明は，ミニマムの設定である１ブロックという想定で進める。

本番60試行では，「ターゲットを含まない」探索画面がアイテム数４個，８個，16個のそれぞれにつき10画面ずつ，「ターゲットを含む」探索画面がアイテム数４個，８個，16個のそれぞれにつき10画面ずつ，合計60画面がランダムな順番で呈示される。参加者がキーボードの“J”キーまたは“F”キーを押すと400ms（ミリ秒）後に試行が開始し，画面中央に小さなプラス記号（“+”）が現れる（1ms は1000分の１秒なので，400ms は0.4秒となる）。500ms，700ms，あるいは900ms 後に探索画面が呈

[2] コンピュータを用いることができない場合，紙に印刷した刺激とストップウォッチを用いて実験することもできる（実験者１名が刺激カードを参加者に見せ，実験補助者１名が反応時間をストップウォッチで測定し，反応とあわせて記録する）。ただし，煩雑で時間が長くかかる。*刺激および手続きに関する補足説明や注意点を記載したファイルがサポートサイトにあるので参照すること。*

示され，参加者が反応キーを押すと消える。400ms後には次の試行が始まり，プラス記号が現れる。探索画面呈示までの先行時間間隔がいつも同じであると呈示を予期して尚早反応（フライングのようなもの）を行ってしまうことがあるので，先行時間間隔をばらつかせている。

実験を始める前に，参加者が50cm程度の観察距離（眼から画面までの距離）で画面を正面から観察し，無理のない姿勢でキーボードのキーを押せるように環境を整える。

⑴　特徴探索条件のブロック

実験者は，特徴探索条件の実験プログラムを実行し，参加者に次のような教示を与える。

「画面中央に小さなプラス記号が出たらそこに視線を向けて準備してください。次の画面を見て，オレンジ色の右に傾いた長方形を探して，それがあるかないかを答えてもらいます。ある場合には右手人差し指で“J”のキーを，ない場合には左手人差し指で“F”のキーを押してください。キーを押すと，すぐに次が始まります。素早く押せるように最初からそれぞれのキーに右手人差し指，左手人差し指を軽くおいて準備しておいてください。反応はできるだけ素早く，かつ間違いのないようにお願いします。間違えてもやり直しはできません。」

続いて練習試行を行う。実験者は，「最初に10回ほど練習してみましょう。それでは“J”キーまたは“F”キーを押してください。最初の問題画面が出ます」と言って，参加者にプログラムをスタートさせる。10回ほど繰り返したところで，「そろそろ練習は終わりにします」と声をかけてEscキーを押してプログラムを中断する。

その後，実験者は再び実験プログラムを実行し，「それでは本番です。“J”キーまたは“F”キーを押して始めてください」と言って，参加者に再度スタートさせ，今度は最後まで続けさせる。

1回の探索画面の呈示と反応の組み合わせを1試行として，60試行を行うとプログラムは自動的に終了し，データが保存される（練習の分は途中で中断したので保存されない）。実験結果が記録されたデータファイル（“result ＊＊…＊＊.csv”）が，実験プログラムと同じフォルダ内にあることを確認し，実験条件と参加者がわかるようなファイル名（たとえば，“特徴01.csv”）に変更する。

⑵　結合探索条件のブロック

実験者は，結合探索条件の実験プログラムを実行し，上記と同様にしてデータを収集する。

実験が終わったら，参加者として気づいたこと（内省）をメモしておく。

本実習のような反応時間の計測においては，1試行でも何らかの失敗により異常に長い時間が記録されてしまうと，集計結果に大きな影響を及ぼす可能性がある。したがって，①そのような失敗がないように実験者，参加者ともに十分に実験に集中すること。また，②実験者は参加者の様子を注意深く観察し，明らかに実験に集中できていなかったり，周囲から妨害があったりした場合にはそのブロックを最初からやり直すなどの対応をとること。

3．結果の整理と分析

3.1　結果を表にまとめる

特徴探索条件の実験結果が記録されたデータファイルを参照して，表5-1と同様の表を作成し，空欄を埋めながら結果をまとめていく。データファイルの各行には，試行番号，アイテム数，ターゲットの有無（有れば1，無ければ0），反応（“J”を押したならば1，“F”を押したならば0），反応時間（単位はms）が記録されている。

最初に，アイテム数が4個でターゲット有りの画面を呈示した10試行をすべて拾い出し，その中から正答した試行の数を調べ，表5-1⒜に記入する。次に，これら正答した試行の反応時間の平均値を計算して，表5-1⒝に記入する。同様にして，アイテム数8個，16個の試行についてもそれぞれ正答試行数を調べ，正答試行の反応時間の平均値を計算し，表に記入する。ターゲット無しの試行についても同様にする。さらに，アイテム数4個，8個，16個の正答試行数を合計して合計欄に記入する。最後に，正答試行数を試行数（ターゲット有り，ターゲット無しそれぞれ30試行）で割り，ターゲット有りの場合とターゲット無しの場合の正答率（%）を計算する。結合探索条件についても同様の表を作成し完成させる。

全体のデータ整理では，表5-1と同様の表を作成し，それぞれの欄に，対応する全参加者の値の平均と標準偏差を記入する（標準偏差はかっこに入れる）。

表5-1　結果のまとめの表

(a)正答試行数(試行)

アイテム数	4個	8個	16個	合計	正答率(%)
ターゲット有り	9				
ターゲット無し	10				

(b)正答試行の反応時間の平均値(ms)

アイテム数	4個	8個	16個	切片	傾き(ms/個)
ターゲット有り	405				
ターゲット無し	420				

3.2　反応時間のグラフを描き，直線の傾きと切片を計算する

横軸をアイテム数，縦軸を反応時間としてグラフを描く。アイテム数は比率尺度である（0から始まり数字目盛りの間隔は一定である）ので，横軸上で4個，8個，16個の目盛りの間隔に注意する（3つを等間隔にすることがないようにする，図5-4参照）。直線をあてはめ，直線が縦軸と交わる点を調べるので，横軸が0から始まることにも注意してほしい。

特徴探索条件のターゲット有りの場合およびターゲット無しの場合の反応時間を示す点（グラフ1枚に6点）をプロットする。結合探索条件についても別にグラフを描く。互いに比較しやすいように2枚のグラフは縦軸の目盛りをそろえる。参加者1名（自分自身）の表によるものと，全参加者の平均値の表によるものをグラフ化するので，全部で4枚のグラフを描く。

4枚のグラフのそれぞれについて，ターゲット有りの場合の3点とターゲット無しの場合の3点にそれぞれ直線をあてはめる（線形近似する）ことにより，傾きと切片を計算する。傾きと切片は，厳密には最小2乗法という手続きにより求めるが[3]，ここでは，グラフ上の3点をよく見て，どれからも適度に近くなるように（一部の点が極端に遠くなることがないように）直線を定規で引いて求めればよい。この直線と縦軸の交点の値（ms）を切片とし，直線の傾き，すなわち直線上の任意の2点間の縦軸方向の差（ms）を横軸方向の差（個）で割った値（ms/個）を傾きとする。

3.3　統計的検定を含む分析

各参加者のターゲット有りのグラフにおける直線の傾きと切片に関して，特徴探索条件と結合探索条件の間で差が見られるか，対応のある t 検定を行う。また，特徴探索条件と結合探索条件のターゲット有りでの各参加者の正答率について，対応のある t 検定を行う。

次に，ターゲットの有無による差を調べるために，特徴探索条件と結合探索条件に分けた上で，ターゲット有り・無しでの各参加者の直線の傾きについて，対応のある t 検定を行う。直線の切片と正答率についても同様に検定を行う。

以上の検定については，「探索条件の種類×ターゲットの有無」の分散分析（2要因はいずれも参加者内要因）によって調べることができれば，さらに望ましい。

3.4　反応時間の性質について調べる

余裕があれば，本章の実験における主な指標である反応時間の分布について調べてみよう。最も単純な手続きとしては，参加者ごとに，正解した全試行のヒストグラムを描いてみるとよい。細かく見るのであれば，「探索条件×アイテム数×ターゲットの有無」で得られる12通りの区分を横軸，反応時間を縦軸として箱ひげ図を描いてみるとよい。または，横軸をアイテム数，縦軸を反応時間として，「探索条件×ターゲットの有無」の4通りの表示を区別して散布図を描くという方法もある。

4．考察のポイント

4.1　反応時間について

実験結果から，特徴探索条件と結合探索条件の間で，どちらの条件の探索が難しいと言えるかをまとめ，その難しさの差はなぜ生じるかを検討する。2条件間の探索の難しさについては，ターゲット有りの場合の直線を参照し，アイテム数ごとの反応時間（4個，8個，16個のそれぞれで），直線の傾き，切片の値を比較する。参加者としての内省も参考にするとよい。

[3] アイテム数で反応時間を説明する回帰直線（「反応時間＝傾き×反応時間＋切片」）を求めることになる。回帰分析は心理統計学の基本事項であり，エクセルやSPSSを使えば計算も比較的容易なので，計算で回帰直線を求めることができれば，データ処理上はその方が望ましい。

また，それぞれの条件について，ターゲット有りの場合の直線とターゲット無しの場合の直線を比較して，その違いをわかりやすくまとめ，違いが生じる仕組みについて検討する。

4.2　正答率について

反応時間と同様に，特徴探索条件と結合探索条件，ターゲット有りの場合とターゲット無しの場合とで比較し，反応時間の結果との関係について検討する。反応時間の結果と正答率の結果とでは，一致する，ないし整合的であると言えるだろうか。

4.3　データとしての反応時間の特徴について（オプション）

反応時間の分布には，どのような特徴があるだろうか。分布の全般的な特徴や個人差についてまとめ，それをもたらす要因について考えてみよう。

◇解　説◇

1．視覚的注意と視覚探索実験

1.1　視覚的注意

私たちは目に映っているものすべてを見ているわけではない。それでは何を見ているのだろうか。たまたま視線が向いているもの，今，興味をもって目を向けているもの，あるいは目立つので思わず目を向けたものを見ているのだろうか。こう考えると，視線の先にあるものを見ているような気がするが，実際には，視線を向けているにもかかわらずその先のものを見ていないこともある。たとえば，何度もそこを見たはずなのに，そこにあるめがねケースを見つけられなかったとか，友だちが「ほらそこ！」と指差している先を見ているのに，友だちに見えているものが自分には見えないなどの場合である。正確に言うと，私たちは視覚的注意（visial attention）を向けている対象を認知するが，視覚的注意を向けていない対象はたとえ視線を向けていても認知しないことがある。つまり，見ることには，視覚的注意が深く関与している。

視覚的注意とは，外的要因あるいは内的要因により，目に入ってくる情報の中から認知の対象を取捨選択する機能，あるいはその結果として生じる現象を言う。とても目立つものがあるので（外的要因により），それが何であるかを見て確かめる，あるいは興味があるので（内的要因により），どんなものであるかをよく見て分析するとき，視覚的注意が働いている。

1.2　並列探索と直列探索

それでは，目立つものとは，あるいは誰もがそこに注意を向けて見ることを促すような外的要因とは何か。本章の実験の特徴探索条件で，水色の妨害物の中に1個だけオレンジ色のターゲットが混じっていたとき，そのターゲットは目立って見えたのではないだろうか。それは，「色」が，私たちが視覚世界を知覚する際に基本となる要素であり，この基本要素が他と異なるものに視覚的注意が向きやすいように，私たちの視覚システムができているからである。そのため，水色の妨害物が多くなってもオレンジ色のターゲットは一目でポップアウトするように見つかり，アイテム数が増加しても探索にかかる時間がほとんど増加せず一定となる（グラフに描いた直線に傾きがない）という実験結果が得られる（図5-4(a)参照）。このような結果となる探索は並列探索と呼ばれ，「色」のように，並列探索をもたらす視覚的性質は単純特徴と呼ばれる。単純特徴には色のほかに「向き」，「大きさ」，「運動方向」などがある。これらはすべて，視覚の基本要素である。

一方，２種類の単純特徴，たとえば，「色」と「向き」の組み合わせでターゲットが決まっている場合，そのターゲットは目立たない。この場合，ターゲットを探すためには，意識して，すなわち内的要因により個々のアイテムに順番に注意を向けて「色」と「向き」を組み合わせ，ターゲットかどうかを識別しなくてはならない。そのための時間がアイテムごとに必要であるため，結合探索条件のグラフでは直線に傾きが生じる（図5-4(b)参照）。このような結果となる探索を直列探索と呼ぶ。直列探索では，ターゲットがないと判断するためには呈示されたすべてのアイテムに順番に注意を向けてターゲットでないことを確認しなくてはならない。これに対し，ターゲットがある場合には，ターゲットを発見したらその時点で探索を打ち切って答えるので，実際に探索するアイテム数は呈示されたアイテム数より少ない。その分反応時間が短く，グラフの傾きが小さい[4]。このように，視覚探索実験におけるアイテム数と反応時間の関係を描いた直線の傾きは，視覚的注意の働きに基づく直列探索を反映していると考えられる。

それでは，結合探索条件の反応時間のうち切片の

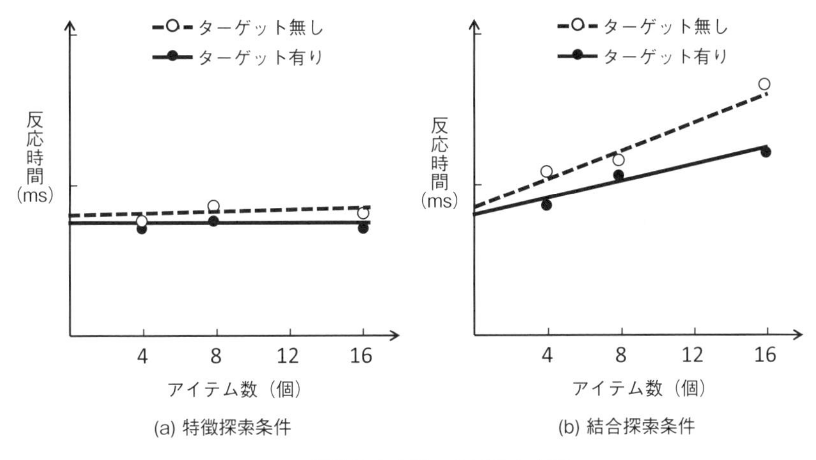

図5-4　視覚探索実験の典型的な結果

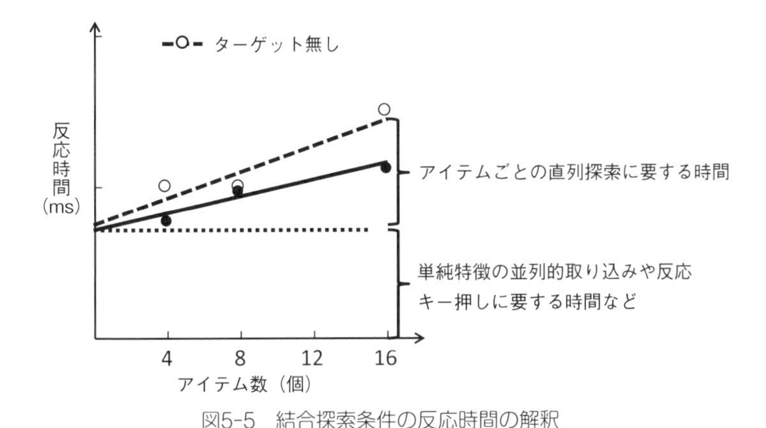

図5-5　結合探索条件の反応時間の解釈

部分は，どのような処理を反映しているのかというと，アイテムごとの直列探索以外の部分ということになる。具体的には，単純特徴を並列的に取り込むのにかかる時間や，指を動かして反応キーを押すのにかかる時間などを含むと考えられる（図5-5参照）。これらは，ターゲットの有無やアイテム数によらず，また特徴探索条件でも実行される共通の処理である。

[4] 直列探索におけるターゲット無しの試行では，参加者によってはすべてのアイテムがターゲットでないことを確認した後，すでに見たアイテムを再確認する傾向が見られる。そのため，反応時間に余分な時間が含まれる可能性がある。一方，ターゲット有りの試行では，ターゲットを発見した時点で探索を打ち切り，反応するため，余分な時間が含まれる可能性が低い。これらのことから，視覚探索実験の結果のうち，ターゲット有りの場合の結果を重視することが多い。ターゲット有りの場合，ターゲットを発見するまでに確認するアイテムの数は，さまざまな場合を平均すると，画面上のアイテム数の半分になると予測できるので，アイテムごとの処理時間は，ターゲット有りの場合のグラフの傾きの値の２倍と考えることができる。

2．特徴統合理論：スポットライトのようなものとしての注意

単純特徴および特徴の結合は，視覚的注意とどのように関係するのだろうか。ここでは視覚的注意に関する代表的な心理学的モデルである特徴統合理論による説明を紹介しよう（図5-6参照）。この理論は特徴探索と結合探索という区分の発見者であるトリーズマン（Treisman, A.）が1980年代に提唱したものである（Treisman & Gelade, 1980）。

私たちの視覚システムは，目に入る視野全体（「探索画面」）の中から，まず色や傾き，大きさ，運動などの単純特徴を同時に並列的にとらえ，それぞれ

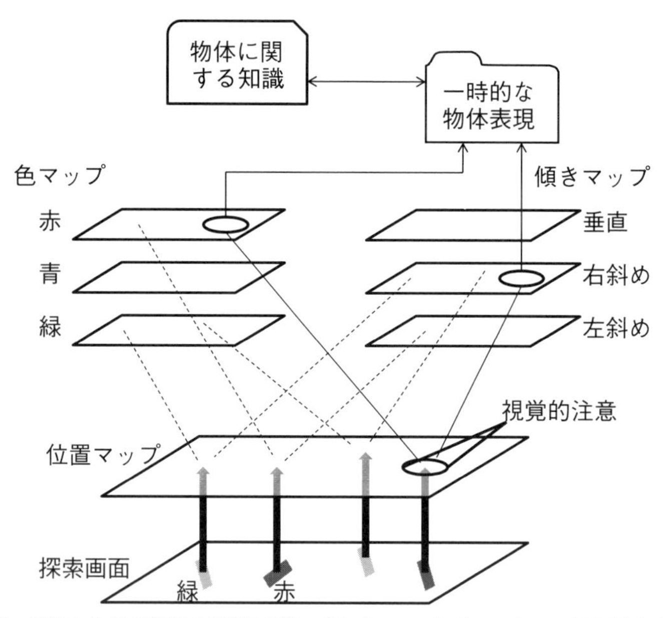

図5-6　特徴と物体の知覚の説明モデル（Treisman & Gormican, 1988より作成）

専用の地図のようなもの（「色マップ」，「傾きマップ」などの「特徴マップ」）に書きこむ。この特徴マップ上の情報は，そのままではただ赤いものがあるとか，左斜めのものがあるということを意味するにとどまるが，この段階で特徴探索に関わる判断はできることになる。

続いて視覚的注意の出番である。探索画面上のアイテムの位置関係を保持する「位置マップ」の特定の場所に視覚的注意が向けられると，各特徴マップからこの特定位置に関連するさまざまな特徴を読み出して統合することができる（たとえば，赤くて右斜め）。この段階で結合探索に関わる判断が可能になる。特徴を統合したもの（物体表現）は一時的に脳内に表現され，その物体に関する知識を記憶から引き出すこともできるようになる。

このように，特徴統合理論では，あたかも舞台上の１人の人物にスポットライトをあててその人物だけを浮き上がらせるように，注意のスポットライトを選ばれた１個の物体に向けることによりその物体のさまざまな特徴を統合することができると考える。本章の実験でも，結合探索条件において，参加者は１個１個の対象にスポットライトを向けて色と傾きを統合していたと考えられる。実験で調べたのはきわめて単純な状況だが，めがねや消しゴムといった複雑なものを認識できるのも，このような注意の働きにより知覚情報を構成するメカニズムに基づいていると考えられる。

3．さまざまな視覚探索実験の結果

本章で用いた視覚探索実験のパラダイム（基本的手法）を用いて，これまでにさまざまな「ターゲット―妨害物」の組み合わせに関して視覚探索実験が行われている。たとえば，図5-1(b)のように明るさが異なるものを探す実験や，小さな線分を妨害物として，その中からターゲットとして小さな曲線を探す実験などが行われ，並列探索になるという結果が得られている。

もう少し複雑な探索画面を用いた実験も行われている。図5-7(a)では，１個だけ他と異なる向きにおかれた直方体があるのを一目で見つけることができるが，実験でも並列探索となることが確かめられている。一方，同じような線画でも，図5-7(b)で他と異なるものを見つける探索実験では直列探索となる。これらの結果は，私たちがある種の線画から容易に立体感を知覚することができることに関係している。図5-8（口絵参照）は，赤と緑の短冊の位置関係が他と逆のものをターゲットとして探索する実験の探索画面であるが，この図の(a)と(b)の探索の難しさの違いも，３次元的な知覚に関係している（森田・岡田・熊田，2000）。

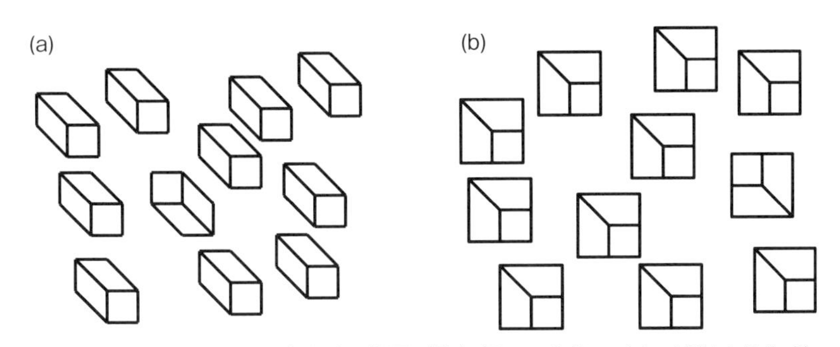

図5-7　3次元的な向きを知覚させる線画の探索（Enns & Rensink, 1991より作成）

ところで，本章では，特徴探索条件として水色の長方形の中からオレンジ色の長方形を探すという実験を行ったが，ターゲットと妨害物を入れ替えて，オレンジ色の長方形の中から水色の長方形を探す実験を行っても，結果はもちろん並列探索となる。ところが，先に述べたように線分の中から曲線を探す探索は並列探索であるが，曲線の中から線分を探す探索は直列探索となる。このように，ターゲットと妨害物を入れ替えると探索の性質が変わったり，その難しさが大きく異なったものになったりする現象を探索非対称性と言う。

探索非対称性を生じるターゲットと妨害物の組み合わせとしては，文字とそれを左右反転したものが知られている。たとえばアルファベットの“N”の中から左右反転したもの（“И”）を見つけ出す探索は並列探索だが，その逆，つまり“И”の中から正しい“N”を見つけ出す探索は直列探索となる（Wang, Cavanagh, & Green, 1994）。また，中国語を母語とする人々を対象として，「舌」という字の中からこれを左右反転したもの（「舌」）を見つける探索と，「舌」の中から正しい「舌」を見つける探索の実験を行った結果，偽文字「舌」を見つける探索は容易であったが，正しい「舌」を見つける探索は難しかった。ところが，英語を母国語とする人々を対象として同じ実験を行ったところ，そのような非対称性は見られなかった（Shen & Reingold, 2001）。

探索非対称性は，見慣れた正常なものの中に，見慣れない異質なものがあると視覚的注意が向きやすいという私たちの視覚的注意の特性を示している。*サポートサイトに「の」の字とその左右反転した「の」から成る探索画面や，正しい漢字とあり得ない漢字から成る探索画面などを用意したので，是非，本章で説明した手続きにならって実験してみてほしい。*

4．より深く学ぶために：推薦図書

視覚探索と特徴統合理論の関係について詳しく知りたい場合は，トリーズマンの解説（Treisman, 1986　高野訳　1987）がわかりやすい。視覚探索を含む視覚的注意全般について興味をもったら，熊田（2012）を読んでみるとよい。私たちがマジックにだまされるのはなぜかを考えながら，人間の注意の働きをわかりやすく面白く解き明かしていく。特徴統合理論以降の考え方も説明されている。視覚的注意を含む視覚全般に興味があるならば，横澤（2010）を挙げる。視覚全般にわたり，興味深い現象が満載されている。

5．補足（主に教員向けの解説）

5.1　授業構成の目安

本章で説明したように，サポートサイトのプログラムを使って２人一組で，各自が２条件について１ブロックずつ実験を行う場合，実験の所要時間は20分から30分程度である。グループの人数が10人程度であれば，結果のまとめを含めても90分授業１コマで実施できる。ただし，各条件１ブロックずつというのは最小限のデータを得るための実験デザインであるので，なるべく各条件２ブロック以上連続して行う方がよい。ブロック数を増やしても，実験に要する時間はさほど増えないが，データの集計を手作業で行う場合は，その所用時間が長くなることに注意してほしい。表計算ソフトを用いて集計すると，データ集計の作業時間が節約できる（ブロック数を増やしたときや，グループの人数が多いときは特にその効果が大きい）。人数やデザインにもよるが，２コマを当てると，次に紹介する実験をまじえたりしながら説明・議論をていねいに行い，余裕のある実習ができるだろう。

5.2　関連する小実験

視覚探索実験は，本章で説明した実験手続きを基本として，適当なターゲットと妨害物を考えて探索画面を作成することにより自由な発想で行うことができる。*その例として，3で触れたように，身近な素材であるひらがなや漢字を用いた探索実験のファイルをサポートサイトに用意したので，適宜利用してほしい。*

視覚的注意に関わる実験的課題としては，「変化検出課題」を経験してみるのもよい。この課題で観察されるのは「変化の見落とし」「変化盲」などと呼ばれる現象で，交互に示される2枚の写真の大きな違いに気づけなかったり，動画での大きな変化にうまく気づけなかったりする。"change blindness"でウェブ検索をすると，動画が多数見つかるので，それを利用することができる。

◆引用文献

Enns, J. T., & Rensink, R. A. (1991). Preattentive recovery of three-dimensional orientation from line drawings. *Psychological Review*, **98**, 335-351.

熊田孝恒（2012）．マジックにだまされるのはなぜか――「注意」の認知心理学――　化学同人

森田ひろみ・岡田有紀恵・熊田孝恒（2000）．形特徴から復元された奥行き関係や三次元形状と色特徴の結合探索　信学技報 HIP2000-38，31-36.

Shen, J., & Reingold, E. M. (2001). Visual search asymmetry: The influence of stimulus familiarity and low-level features. *Perception & Psychophysics*, **63**, 464-475.

Treisman, A. (1986). Features and objects in visual processing. *Scientific American*, **255**, 106-115.（トリーズマン，A. 高野陽太郎（訳）（1987）．特徴と対象の視覚情報処理　日経サイエンス，86-98.）

Treisman, A., & Gelade, G. (1980). A feature-integration theory of attention. *Cognitive Psychology*, **12**, 97-136.

Treisman, A., & Gormican, S. (1988). Feature analysis in early vision: Evidence from search asymmetries. *Psychological Review*, **95**, 15-48.

Wang, Q., Cavanagh, P., & Green, M. (1994). Familiarity and pop-out in visual search. *Perception & Psychophysics*, **56**, 495-500.

横澤一彦（2010）．視覚科学　勁草書房

6章

鏡映描写——練習法と学習のプロセス

練習を一気にやるか，間をおきながらやるか

◇実習の前に◇

1．知覚運動学習

日々の生活の中で，私たちはいろいろな運動や動作を，意識することなくなめらかに行っている。ものをつかむ，字や絵を書く，楽器を演奏する，ボールを投げる，自転車を運転するなど，例はいくらでも挙げることができる。運動は目から入ってくる視覚情報を利用していることが多い。たとえば，手でものをつかむという単純な動作であっても，目でものの位置を確認しながら，正確にその方向にちょうどよい長さだけ腕を伸ばす必要がある。聴覚や触覚など，視覚以外の知覚情報も運動の手がかりとなる。このような知覚と運動の密接な結びつきを知覚運動協応（perceptual-motor coordination）という。この結びつきが不十分だと，運動はぎくしゃくし，時間が長くかかったりエラーが多かったりして質の低いものになる。

運動や動作の成立には，学習や経験が関与している。楽器演奏やスポーツ技能などでは，ふだんの生活ではあまり行わない特殊な動作を新たに学習しなければならないこともある。その場合でも，練習を積めば，機敏で的確な動作が自然にできるようになる。こうした運動の習得過程を知覚運動学習（perceptual-motor learning），運動学習，技能学習などという。たとえば，キャッチボールでは，ボールの飛んでくる位置にグローブを適切に差し出す技能を学習する必要がある。

2．鏡映描写

知覚運動学習については，19世紀末にモールス信号を用いた通信技術の練習を対象として，本格的な研究が始まった。それ以降，実験向きの課題が各種工夫されている。課題としては，内容が明確で（実施しやすく，結果の記録・分析が行いやすい），参加者にとって新奇性があり（事前の学習経験を想定しないでよい），比較的短時間で学習の進行を調べることができるようなものが主に用いられる。

本章で取り上げる鏡映描写（mirror drawing, mirror tracing）も，そうした実験的な課題の代表的なもので，20世紀初頭以降，盛んに用いられている[1]。この課題では，図6-1のように描画する手元を隠した状態で図形を鏡に映す装置を使う。図形としては，図6-2のような星形がよく用いられる。鏡の中に映った像は（左右ではなく）上下が逆転している。この像だけを見ながら，2本の線の間から外れないようにルートを鉛筆でたどることは，意外とむずかしい[2]。しかし，練習を繰り返すうちに技能が向上する。すなわち，1周するのにかかる時間はだんだんと短くなり，2本の線の間から逸脱する回数も減少する。鏡映描写では，所要時間と逸脱数の変化を測定することにより，練習の反復による技能上達のプロセスを分析することができる。

3．練習における集中法と分散法

知覚運動学習の研究では，どのように練習を行えば目標とする技能を効率的に習得できるのかに関して詳しく検討されてきた。たとえば，練習時間の配分方法にはいろいろなものがある。一度に集中して行う場合と休憩をはさみながら分散させて行う場合を比べると，どちらの方がより学習が促進されるのだろうか。これは集中法（集中練習，集中学習）と分散法（分散練習，分散学習）の対比として盛んに研究されてきた問題である。本章の実習では，鏡映描写課題を用いて練習における集中・分散という時間密度の影響を検討する。

---

[1] 鏡映描写を用いた心理学的研究は，1898年の報告が初出で，1910年以降，盛んになった（Carmichaela, 1927）。

[2] 鏡映描写は，学習研究における古典的な実験課題であるが，生理心理学などの実験ではストレスを与える課題として用いられることがある（9章を参照）。

◇実　習◇

1．目　的

鏡の中の上下逆転した像を見ながら鉛筆で像をたどる鏡映描写の練習を集中法もしくは分散法で行い，練習の時間密度が学習の進行に及ぼす影響について検討する。

2．方　法

2.1　実験計画

練習の時間密度（集中法と分散法）を要因とする1要因2水準の実験である。練習法は参加者間要因であり，実験参加者は集中法と分散法のいずれかで鏡映描写の学習を行う。練習法が独立変数，鏡映描写の所要時間と誤り数とから計算される学習量が従属変数である。

2.2　実施形態

2人で組んで，実験者と参加者を交代して行う[3]。2人分のデータでも分析・考察を行うことができるが，一般性のある結果を得るには，20人程度以上のデータがあることが望ましい。

2.3　器　材

各組ごとに以下のものを用意する。

①　鏡映描写装置（図6-1）：手元が見えない状態で，鏡に映る像を見て描画を行う装置である。市販のものを使ってもよいし，図に示した例のように簡単に自作することもできる[4]。

②　描画用紙：1人あたり13枚（増減可，図6-2）2本線で描いた星形図形（突起が6つのもの，アステリスク）をB5の用紙に印刷したものである（*ファイルがサポートサイトにある*）。2本線の間の幅は3mm，1辺は（2本線の中心位置で）50mm，図形全体での描画距離は600mmである[5]。

③　ストップウォッチ

④　鉛筆：数本。筆圧がかなりかかるので，シャープペンシルは不適当である。鏡映描写装置および描画用紙と組み合わせて自然に描画できることを確

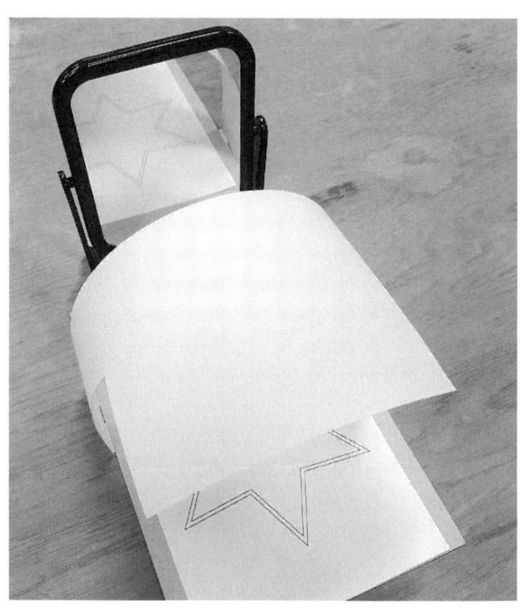

図6-1　鏡映描写装置の例

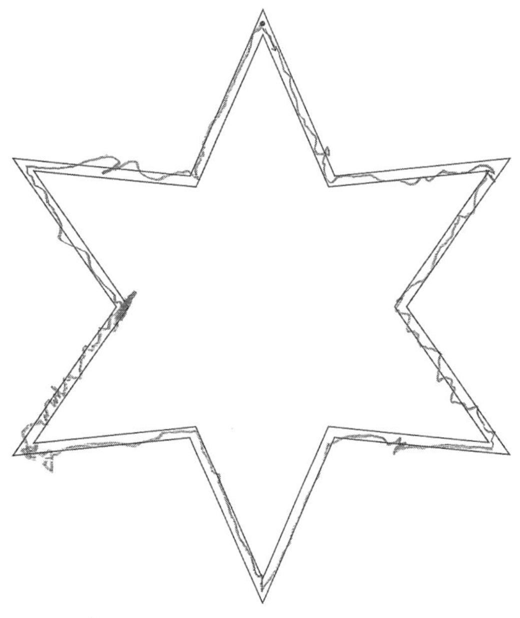

図6-2　描画図形の例（上端から出発して時計回りに描いた）

[3] 3人で1組として実験者2人の体制で行うと，実験の実施に余裕がもてる（ただし実習に要する時間は長くなる）。実験者が2人の場合，1人が教示・用紙取り替えを受け持ち，もう1人が計時・記録を担当する（実験者が2人いれば，誤り数も課題遂行中に記録できる）。

[4] 装置の形状にはさまざまなものがある（「鏡映描写」，“mirror drawing” などのキーワードで画像検索するとよい）。安価な市販品として，木下（1990）に収録されているものがある（分売で本体価格680円）。図6-2の場合，鏡は100円ショップで購入したもの，手をおおう部分はA3の工作用紙を横長に半分に切ってA4の厚紙にテープでとめたものである（描画時に手がひっかからないように，工作用紙の手前側面を切り取っている）。

表6-1　個人の結果の記録用紙（分散法の場合）

試行回数	1(準備)	時間	2	70[a]	3	70	4	70	5	70	6	70	7
所要時間(秒)		は		秒		秒		秒		秒		秒	
誤り数		適宜		652[b]		183		740		591		327	
		70	8	70	9	70	10	70	11	70	12	70	13
		秒		秒		秒		秒		秒		秒	
		749		271		856		539		914		458	

a　試行間隔（集中法ではこれが10秒となる）
b　３桁の数字は連続減算課題の最初の数（分散法のみ）

かめておく（長い鉛筆だと，手元を隠す部分にぶつかることがある）。

⑤　記録用紙（表6-1）：記録用紙であるとともに，実験の流れを示すものになっている。試行間隔に10秒と70秒の２通りがあり，70秒の試行間隔時には連続減算課題（たとえば，538から７ずつ引き算をしていく）を行うので，その最初の数（３桁）をあらかじめ記録用紙に記入しておく。

2.4　手続き

各参加者は，集中法と分散法のいずれかで課題を行う。準備試行[6]を１回行ったのち，本試行では12回，描画を繰り返す。描画は，全試行で星形図形の紙面上部から始めて時計回りに１周する。

実験者は鏡映描写装置の前に参加者を着席させ，装置の位置を調整する。用紙は黒丸を鏡側に置く。手を描画用紙に自然に置くことができて，鉛筆が自然に操作できる状態であることと，星形図形が参加者から直接見えず，鏡でのみ見える状態であることが必要である。

準備ができたら，参加者の利き手に鉛筆を持たせて，次の教示を与える。

「黒丸があるところがスタート位置です。そこから出発して，矢印方向に，星形の２本の線にはさまれたコースから外れないようにして，できるだけ速く鉛筆で１周してください。鉛筆の先はいつも紙面から離さないようにしてください。コースから外れたときは，すぐにコースに戻ってください」

ポイントは，「正確にかつ速く」ということである。参加者のなかには，誤りがないよう慎重になりすぎて所要時間に注意を向けない人がいたり，所要時間を重視しすぎて誤りに注意を払わない人がいたりする。正確さと速度のバランスがとれるよう適切な指示を与える。

実験者は，参加者に目を閉じてもらい，その状態で鉛筆をスタート位置に導く。その後，「目を開けてください，用意，始め」と合図し，試行を開始する。実験者はストップウォッチで所要時間を計測する。

コースを１周してスタート位置に戻った時点で計時を終え，「眼を閉じてください」と指示して，参加者の手を用紙から離す。以上で１試行である。

試行終了後，実験者は，所要時間を参加者に見えないように記録用紙に記録し[7]，描画用紙を新しいものに取り替えて，次の試行に備える。実験が始まると，あわただしくなるので，落ち着いてスムーズに進められるよう，実験者は実験開始に先立って，手続きの動作を何度か試して慣れておくこと。

第１試行は準備である。終了後，課題が適切に理解されていることが確認できたら，本試行に移る。本試行では以下の２種類の条件設定で試行（練習）を繰り返す（第２試行終了以降で実施法に違いがある）。

①　集中法：試行間隔は約10秒とする。約10秒というのは，「間をなるべくおかずに」ということである。

[5] 突起が５つないし６つの星形図形が広く用いられているが，それ以外の図形でもよい。自身で描くのであれば，線は２本でなく１本でもよい。１本線の場合，２mm以上離れたら誤りとするようにしたり，誤りの集計を省略したりする。木下（1990）では，14種類の不規則図形を用いている（図形が既知であることの影響を排除することをねらっている）。本章の星形図形は，不規則性以外の特徴（２本の線の間の幅，屈曲点の数，屈曲点間の距離）を木下（1990）と同様にしている（星形図形と不規則図形を組み合わせて使うことができる）。

[6] 「本試行に先立つ試行」を指して練習試行という表現を使うことが多いが，本試行の内容が「練習の反復」なので，それと紛れないように，ここでは準備試行という表現を用いた。

[7] 測定値として意味があるのは，せいぜい0.1秒の桁までだろうが，0.01秒単位で結果が得られる場合，無理に四捨五入などせずに，そのまま数値を記録すればよい。

表6-2　全参加者の結果の集計表（所要時間と誤り数のそれぞれについて表を作る）

学習法	参加者番号	準備	本試行												学習量
		1	2	3	4	5	6	7	8	9	10	11	12	13	2 − 13
集中法	101														
	102														
	⋮														
分散法	201														
	202														
	⋮														
集中法	平均														
	標準偏差														
分散法	平均														
	標準偏差														

②　分散法：試行間隔を約70秒とる。直前の試行が終わったら，眼を閉じた状態で，次のように伝えて，60秒間，連続減算課題を行う。

「手はそのまま楽な状態にして，○○○（３桁の数字）から７ずつ引き算をして，小さな声で言ってください」

60秒たったら，「計算を止めてください」と伝え，次の試行へと移行する（連続減算加算の前後に，指示と記録・準備の時間として，あわせて10秒程度を見込んでいる）。

実験終了後，参加者は，課題遂行時の取り組み方（方略）や気づいたことなどについてふりかえり，記録しておく（内省報告）。

３．結果の整理と分析

3.1　整理とグラフの作成

自分が参加者になった分について，誤り数を数えて，個人の結果の記録用紙（表6-1）に記入する。

表6-2に示すような集計表に，全員分のデータを転記する。集計表は所要時間と誤り数のそれぞれについて作成する。「学習量」として，本試行の最初と最後の差を求める（表6-2の右端の列）。

集中法と分散法で，試行ごとの平均と標準偏差を求める（表6-2の下部）。学習量についても，同様に条件別に平均と標準偏差を求める。

試行数を横軸に，成績（所要時間，誤り）を縦軸にとって，２条件の学習曲線を示す折れ線グラフを描く（図6-3，図6-4を参照）。グラフは所要時間と誤りについて，それぞれ別に作成してもよいし，左の縦軸を所要時間，右の縦軸を誤り数として１枚に描いてもよい。

3.2　統計的検定を含む分析

集中法と分散法とで学習量に差がないかを t 検定で調べる。帰無仮説は「２つの練習法で学習量の平均は等しい」である。

２つの練習法を割り当てた群で，参加者のもともとの技能水準が，ほぼ同等であると言えるかを確かめるために，第２試行の所要時間，誤り数の平均と分散に差がないかを調べておく。平均は t 検定，分散は t 検定の前段で行う等分散性の検定を適用する[8]。

４．考察のポイント

4.1　集中法と分散法について

鏡映描写において，集中法と分散法では，どちらが学習に効果的だと言えるだろうか。２つの練習法の学習量と学習曲線を比較し，なぜそのようになるのかについて考察する。なお，実験の結果は，鏡映描写について特定の練習スケジュールを設定して得られたものである。ほかの課題だったらどうか，練習間隔を変更したらどうかなども念頭に，一般化できる程度を念頭に置いて考察をまとめるとよい。

4.2　学習の進行について

鏡映描写において，学習はどのように進行すると考えられるだろうか。所要時間，誤り数の学習曲線に加えて，描線の様子や内省報告もていねいに調べるとよい。

[8] この検定では，「有意でない＝差があるとは言えない」という結果が出ることを期待している。ただし，「平均や分数に有意な差はない」という結果は，平均や分数が同等であることを積極的に示すわけではない（石井，2005を参照するとよい）。

◇解　説◇

1．知覚運動学習のプロセス

1.1　学習曲線と学習の3段階モデル

学習の進行過程を示すカーブを一般に学習曲線（learning curve）という。横軸に試行回数や練習時間などをとり，縦軸に正反応数，誤反応数，所要時間などを示すことが多い。正反応数は学習の進行とともに上昇する曲線になり，誤反応数や所要時間は，学習が進むにつれて下降曲線を描く。一般的には，学習の初期には曲線の勾配が急で，学習が進むにつれてしだいにゆるやかな曲線となる。鏡映描写においても，学習が最初の数試行で急速に進んだ後，ゆるやかになる学習曲線が，通常，観察される（図6-3，図6-4）。

知覚運動学習の過程については，初期，中期，後期の3段階を設定することが多い。ここではアメリカの心理学者フィッツ（Fitts, P. M.）らによる3段階モデルを紹介しよう（Fitts & Posner, 1967　関・野々村・常盤訳　1981）。初期は認知段階と呼ばれる。この段階で学習者は，課題について理解しようと努め，すでに身につけている知覚と運動のレパートリーを試行錯誤しつつ課題に適用する。後の段階では気にとめなくなるような知覚的手がかりや反応にも注意が向けられることが多い。出来不出来のばらつきが大きいが，全体としての伸びも大きい。中期の連合段階では，適切に選択したレパートリーを洗練させていくことで，誤りは減って処理は速くなり，課題処理のなめらかさが徐々に高まっていく。ゆっくりだが着実な上達が観察されることが多い。後期の自律段階では，特に意識せずとも自動的に安定して課題を遂行することができるようになる。成績の表面的な改善は頭打ちになるが，あまり処理を必要としないので，「ながら仕事」がこなせるようになるなど余裕がある状態になる。3段階全体として，意識・注意などの認知的資源を多く使う状態から，次第に認知的資源をあまり使わず無意識的に実行できる状態へと移行していく。

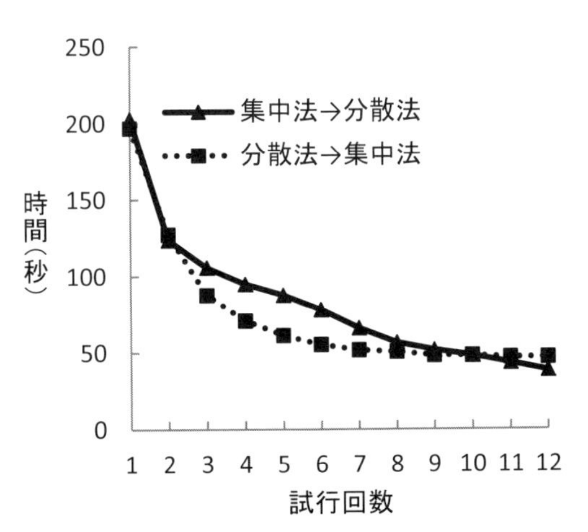

図6-3　集中法と分散法による鏡映描写の学習曲線の例（Tsao, 1950より作成）

前半・後半，6試行ずつで練習法を切り替えている

1.2　新たな技能の獲得と学習の転移

現在進行中の学習は，先行するさまざまな学習に依存するとともに，後続する学習に影響する。たとえば，軟式テニスの経験のある人は硬式テニスでも上達が早いだろうし，スペイン語を学んだ人はポルトガル語も学びやすいだろう。このように，先行する学習の経験が，後続する学習の成績に何らかの影響を及ぼすことを学習の転移（transfer）という。

転移には正の転移（positive transfer）と負の転移（negative transfer）がある。先行する学習が後の学習を促進するプラスの効果をもたらすのが正の転移である。逆に，事前の学習が後の学習を妨害するマイナス効果をもたらす場合を負の転移という。上述のテニスや外国語の例は正の転移だが，軟式テニスで身につけた癖がなかなか直らずに硬式テニスでの上達が滞ったり，スペイン語の発音や単語の知識がポルトガル語学習を細かいところで邪魔したりすることもありうる。これは負の転移である。

鏡映描写の学習においても，さまざまな転移が生じている。たとえば，筆記用具の基本的な操作は，鏡映描写時にも使い回しの効くものであり，主に正の転移をもたらすだろう。一方で，上下逆転した視野での知覚運動協応は，逆転のない通常場面や左右逆転場面（日常生活で鏡を見て動作する状況）で定着した技能から一定の負の転移を受けると考えられる。

鏡映描写でよく知られている転移現象として，両側性転移（bilateral transfer）がある。両側性転移とは，片方の手（あるいは足）による練習が，もう一方の手（あるいは足）による成績に影響を与える現象である。アメリカの心理学者アンダーウッド（Underwood, 1949）の実験では，非利き手で鏡映

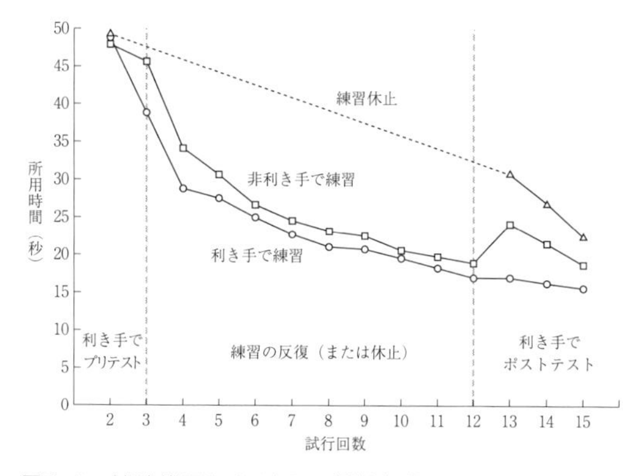

図6-4　鏡映描写における両側性転移を調べる実験の結果（Underwood, 1949　による）

第1試行（準備試行）は表示していない。第2試行（プリテスト）に基づいて3群の成績をマッチングしている。第4～12試行で練習を反復し，第13～15試行（ポストテスト）で転移について調べている。

描写の練習を行った場合でも，利き手の成績が改善されることが示されている（図6-4）。両側性転移が生じるということは，知覚運動学習において獲得されるものが，特定の身体部位のみに限られるのではなく，より一般性や汎用性がある形になっていることをうかがわせる。

2．練習形態が学習に及ぼす影響

2.1　集中法と分散法

集中法と分散法では，一般に分散法のほうが効果的である場合が多い。学習は直接に練習を繰り返している最中のみに生じるものではなく，練習休止中にも内容を整理したり調整したりするような形で進行する仕組みがあるとされる。また，練習休止中には，疲労や飽きといった，学習を阻害する要因の低減も生じていると考えられる。

学習における分散効果と関連する現象として，レミニセンス（reminiscence）がある。通常，学習から時間が経つと，学習内容に対するテストの成績は低下していく。しかし，学習直後よりも一定の時間が経ってからのほうが成績がよくなることがある。これがレミニセンスと呼ばれる現象で，分散法による練習がもたらす効果と共通する部分があると考えられている。

鏡映描写の場合も，集中法よりも分散法のほうが試行反復にともなう学習進行は速いことが多い。図6-3に示した例では，前半と後半のそれぞれで集中法よりも分散法のほうで学習が効率的に進んでいる。

なお，集中法と分散法は，単純に二分できるものではない。通常，練習時間と同程度以上の休止時間を置く場合を分散法と呼ぶが，練習時間も休止時間も長短さまざまに設定できるので，集中・分散という区分自体，便宜的なものであるし，練習の時間スケジュールの内容は多様である。形式上，分散法に区分できるものであっても，練習時間を細切れにしすぎると，一定の活動水準に至りにくくなり，学習にマイナスに働くこともある。休止時間も，10分，1時間，1日など，本章の実験での設定よりずっと長くすることができる。集中法と分散法を組み合わせて運用することもできる（図6-3は，その例である）。適切な練習・休止のスケジュールは，課題により個人により，また学習の進行状況によって変化しうるのだと考えられる。

2.2　その他の観点

ひと続きの運動技能を一度に全体としてまとめて練習したほうがよいのか，それとも小さな部分に分割して部分ごとに練習するほうがよいのか，という観点がある。前者を全習法，後者を分習法という。全習法の有効性が多くの課題で認められる一方で，部分ごとに分けやすい長く複雑な課題（楽曲やダンスなど）では，分習法の効果も認められることが多い。鏡映描写の場合部分に分けて練習する方法も考えられるが，通常は全習法で効率よく学習が進む。

さらに，練習状況の問題として，状況を1つに限定して練習したほうがよいのか，それともさまざまに異なる状況のなかで練習するほうがよいのか，という問題がある。鏡映描写であれば，同じ図形で練習したほうがよいのか，さまざまな形の図形で練習したほうがよいのか，一定方向で描画を繰り返すのがよいのか，方向も適宜変化させるのがよいのか，などは，この種の設定である。一般性をもった技能としての定着度ということで言えば，多様な状況で練習したほうが良好な成果が得られることが多い。

3．実験方法について

3.1　実験計画について

本書では全体としてなるべく，参加者内実験の形となるよう工夫しているが，本章の実験では例外的に「対応のない（独立した）参加者間実験」を採用している。複数の練習法の効果を比較したいとき，参加者内実験で調べる方法もあるが，適当な参加者数が用意できる場合は，参加者間実験を行うことが第1の選択肢となる（林，1973）。練習の効果は，実施順序や学習の転移に影響を受けると考えられることから，複数の練習法は，それぞれ別の参加者群で実施するのが自然である。ただし，対応のない参加者間実験は，対応のある参加者内実験と比較した場合，検出力（条件間に差があるときに，それを統計的に検出する力）が相対的に低く，参加者数が多く必要である。

本章のように参加者間実験で練習法の種類による2群を設定する場合，成績に影響しうる要因が群間でそろっていることが求められる。年齢や性別のような属性が成績に影響する可能性も考えられるが，運動技能の学習であれば，第1に考慮すべきは，もともとの技能水準である。もともとの成績が2群で違っていた場合，結果の解釈が難しくなる。

技能水準に限らず，2群の参加者の性質が偏らないようにする方法として，ある程度の人数の参加者を2群に無作為に割り当てるという手続きがある。もともとの鏡映描写技能について実際に同等と言えるかどうかは，最初のほうの試行（実習の分析では第2試行で比較している）で成績が同程度であるかを調べることで，事後的に確かめることができる。

本試行前の成績を参照して，2群の技能水準がそろうように参加者を振り分けることもしばしば行われる。具体的には，成績の高い順に並べて，順次対を作り，対ごとに1人ずつを無作為に2群に割り当てていけばよい。鏡映描写の場合，第1試行は成績の安定度が低い（著しく時間がかかる参加者が出やすい）ので，第2試行以降の1～数試行をプリテストと位置づけて，その成績で群分けするのが適当だろう。こうした参加者の割り当て方法はマッチングと呼ばれるもので，図6-4の実験では，第2試行をプリテストとしたマッチングを行っている。適切にマッチングが行える場合には，参加者間実験でも対応のあるデータとして分析することができる。

3.2　練習時間と休止時間の設定

今回のように「図形1周＝1試行」というように作業量を単位として実験すると（作業制限法），個々の試行で練習時間が変わる。初めのほうの試行では練習時間が長く，後になると短くなる。そこで練習時間を固定して（たとえば，30秒），その時間での描画距離や誤り数を指標とする方法もある（時間制限法）。

分散法で試行間の時間をどのように過ごすかには，多様な設定が考えられる。実験としては，学習と関わる心的活動をしない状況であることが基本となる。単に眼をつぶっているといった状況では，頭の中で練習するかもしれないので，何らかの別種の課題を用意することが多い。本章の実習では単純な計算を課したが，文章の音読やしりとりなどでもよい。

4．より深く学ぶために：推薦図書

学習心理学のテキストであれば，知覚運動学習や技能学習を扱っていることが多い。たとえば，山内・春木（2001）はビジュアルでわかりやすい。学習心理学は，認知心理学が普及する1980年代以前に特に盛んであったという経緯があるので，古い文献も手に取ってみるとよい。神宮（1993）は，技能について，認知心理学のスタンスからさまざまな心理学的話題を取り上げつつ論じている。知覚運動学習の基本的な実験技法については林（1973）がていねいである。

技能は，記憶の区分としては手続き的記憶の一種である（11章を参照）。言葉にすることが難しい手続き的記憶は，言語的な性質を多く持つ宣言的記憶と対比される区分である。記憶に関する文献で手続き的記憶について調べると，関連する知識が得られる（たとえば，Squire.& Kandel, 2008　小西・桐野監修　2013）。

図書館に行って参考書を探すときは，医学，脳科学，身体科学，運動・スポーツなどの書籍がおかれている棚（日本十進分類法では490～，780～）もながめてみるとよい。読みやすいものとして，リハビリやスポーツ指導を視野に入れた樋口（2013），学習に関する脳研究をまとめた久保田（2007）がある。また，知覚と運動という観点は，8章で取り上げているアフォーダンスという考え方とも深い関連をもつので，8章の推薦図書も有用である。

5．補足（主に教員向けの解説）

5.1　授業構成の目安

実験自体は，「準備試行1＋本試行12」で行った場合，1人あたり20～40分程度である。90分授業2コマ以上が必要である。時間的に可能であれば，準備試行，本試行の両方あるいは一方の数を増やすことも検討するとよい。5.2で示すような小実験を行ったり，5.3で示すようなオプションを追加したりすると，実習として充実したものになる。実習を簡易にするのであれば，誤り数の処理は省略できるし，練習法は1種類のみとして，学習曲線，描画内容，内省報告を中心に考察を行うようにする選択もあるだろう。

5.2　関連する小実験

(1)　反転文字の読み書き

鏡映描写装置では上下関係が（線対称の形で）逆転する。この装置を使ってさまざまなものを見たり書いたりする。文章を読むのはかなり難しい。上下以外の反転も試してみるとよい。普通の鏡に向けて映せば，左右反転させた表示もできるし，本を上下逆に持って読めば，上下左右が反転した状態になる。こうした反転文字の読みも，技能学習において研究されている課題である。反転文字は，ツールやサイトのサービスでパソコン画面上に表示することもできるので，ウェブで探してみるとよい。

視野が上下逆転した状態では文字を書くことも難しい。文字をなぞる，あるいは手本を見て書くという設定であれば，実習と似た形態になる。白紙に指示された文字を書くことにすると難しさが増す。

(2)　逆さめがね

いわゆる逆さめがねを体験してみるというのは，学生の興味を引く。逆さめがねには左右逆転，上下逆転，左右・上下逆転の3通りがある。行動観察のデモには左右逆転が向いている。希望者に逆さめがねをかけてもらった状態で，教員と少し距離をとって対面し，垂直に立てた鉛筆に手を伸ばす，握手しようとするなどの簡単な動作をしてもらえば，知覚運動協応の難しさがわかる。

(3)　くさびプリズム

くさびプリズム（ウェッジプリズム）を用いることで，左右方向の角度がずれて見える環境を用意することができる。たとえば，左に30°ずれて見える状態で，ダーツの的当てなりキャッチボールなりをする。「めがねなし5試行→めがねあり10試行→めがねなし5試行」というような設定で実演してみるとよい[9]。

すでにもっている技能を反映して，第1段階の「めがねなし」では，それなりにうまくできるだろう。第2段階でめがねをかけると，最初は下手なのに，繰り返すとある程度うまくできるようになる。ここまでは予想しやすい。この実験でインパクトが大きいのは，第3段階としてめがねを外したあとの運動遂行（パフォーマンス）である。まず，めがねをかけていたときと同じように運動してしまうので，的からずれて投げてしまう。しかし，数試行で最初のうまさに戻る。このように順応と脱順応のプロセスを見ることができる。

(4)　パソコンによる実験

マウスを用いて，ディスプレイ上で鏡映描写を行うソフトウェアがいくつかある。日本パーソナリティ心理学会のサイト（http://jspp.gr.jp/doc/pro00.html）で，中澤清氏によるフリーウェアが公開されている。パソコンを用いると，上下変換以外の変換表示をしたり（山上，2006），タイミングをずらして運動結果を表示したりすることもできる。

5.3　発展的な実習

(1)　オプションの追加

集中法と分散法の比較を中心としつつ，実験手続きに以下のようなオプションを追加することができる。

①図6-3に示した実験例のように，前半・後半で練習法を切り替える手続きにすると，集中法と分散法の効果についてより深く考察することができる。人数が多ければ（たとえば，40人程度），本章の設定に，前半・後半で切り替える条件を追加して，4条件の実験とするのもよいだろう。

②本章の設定で実施した後に，5～10分程度の間をおいて数試行を追加すると，レミニセンスが観察しやすい。レミニセンスということでは，前半と後半の間に5～10分程度の間をおくという設定も考えられる。

③同じく本章の設定での実施後に，非利き手による描写を数試行追加すると，両側性転移について考える手がかりが得られる。

④使用する手（利き手と非利き手），描画方向（方向が1つのみと2つ），描画図形の多様性（星形図形ばかりとさまざまな図形），所要時間のフィードバックの有無，二重課題の導入（暗算など），参加者属性（年齢，性別，利き手など）などの要因を追加することができる。

[9] 1枚のプリズム，またはプリズムめがねを使う。『心理学教育のための傑作工夫集』（Benjamin Jr., 2008　中澤・日本心理学会心理学教育研究会監訳　2010）では，アクティビティ18でくさびプリズムを用いた実験を紹介するとともに，プリズムの自作法も説明している。

⑵ 長期的な学習の効果

実習では，数十分程度で成立する比較的短時間での学習を扱った。これを何日も，あるいは何週間も続けるとどうなるかを調べてみる。一度あたりの試行数，長期的な間隔（毎日，隔日など），課題（描画方向は1つか2つか，1つの図形かさまざまな図形か，など）などについて，さまざまな設定が考えられる。

⑶ より複雑な課題での検討

言語，楽器，スポーツ，ゲームなどの複雑な技能を取り上げて，長期的に記録をとってみる。スマートホンのアプリなどを活用することで，記録を残す作業は行いやすくなっている。

5.4 別の設定による実験

⑴ 両側性転移を調べる

多くの基礎実習テキストで，図6-4のような実験が紹介されている（たとえば，木下，1990；心理学実験指導研究会，1985）。

⑵ 左右差を調べる

アメリカ国立科学財団とアメリカ心理学会が支援する心理学教育プログラムであるOPL（Online Psychology Laboratory）では，鏡映描写課題を用いて脳機能の左右差を考える実験を紹介している（http://opl.apa.org/Experiments/About/AboutMirrorDrawing.aspx）。右利き参加者の場合，空間機能において優位な右脳が支配する左手のほうが右手よりも描写時間が短いと想定している（これは実験結果として確実なものではないようである）。右と左で1回ずつ作業時間を調べて，対応のあるt検定を適用するとしているが，もともとの手先の器用さや技能水準と学習による変化とを考慮してデザインを拡張するとよい。たとえば，鏡映像の描写に通常の（正立像の）描写も加えて4条件にし，測定回数も5サイクル程度にするという設定が考えられる。

◆引用文献

Benjamin, Jr., L. T. (Ed.) (2008). *Favorite activities for the teaching of psychology*. Washington, DC: American Psychological Association.（ベンジャミン，Jr., L.T.（編）中澤　潤・日本心理学会心理学教育研究会（監訳）(2010). 心理学教育のための傑作工夫集――講義をおもしろくする67のアクティビティ――　北大路書房）

Carmichaela, L. (1927). The history of mirror drawing as a laboratory method. *Pedagogical Seminary and Journal of Genetic Psychology*, **34**, 90-91.

Fitts, P. M., & Posner, M. I. (1967). *Human performance*. Oxford, England: Brooks/Cole.（フィッツ，P.M. &ポスナー，M.I. 関　忠文・野々村　新・常盤　満（訳）(1981). 基礎心理学シリーズ3　作業と効率　福村出版）

林　保（1973）. 運動学習実験法　苧阪良二（編）心理学研究法3　実験Ⅱ　東京大学出版会　pp.209-226.

樋口貴広（2013）. 運動支援の心理学――知覚・認知を活かす――　三輪書店

石井秀宗（2005）. 統計分析のここが知りたい　文光堂

神宮英夫（1993）. スキルの認知心理学――行動のプログラムを考える――　川島書店

木下冨雄（編集代表）(1990). 教材心理学　第4版　ナカニシヤ出版

久保田　競（編著）(2007). ライブラリ脳の世紀　心のメカニズムを探る6　学習と脳――器用さを獲得する脳――　サイエンス社

心理学実験指導研究会（1985）. 実験とテスト――心理学の基礎――（実習編，解説編）培風館

Squire, L. R., & Kandel, E. R. (2008). *Memory: From mind to molecules*. 2nd ed. Greenwood Village, CO: Roberts & Co.（スクワイア，L., & カンデル，E. 小西史朗・桐野　豊（監修）(2013). 記憶のしくみ（上・下）講談社（ブルーバックス））

Tsao, J. C. (1950). Shifting of distribution of practice in mirror drawing. *Journal of Experimental Psychology*, **40**, 639-642.

Underwood, B. J. (1949). *Experimental psychology: An introduction*. East Norwalk, CT: Appleton-Century-Crofts.

山上　暁（2006）. 認知ゲーム実験⑴　鏡映描写　甲南女子大学研究紀要（人間科学編）**42**, 7-11.

山内光哉・春木　豊（編著）(2001). グラフィック学習心理学――行動と認知――　サイエンス社

7章

触2点閾

手は体の表にあらわれた脳

◇実習の前に◇

1. 手と脳の進化

ヒト（人間を生物の一種として見たとき，カタカナで「ヒト」と書く）は，約600万年前にチンパンジーとの共通祖先から分かれ，2足歩行という独自の道を進み始めた。2足歩行の結果，前足は歩行という束縛から解放され，手として進化していくことになった。図7-1に見るように，チンパンジーとヒトでは手の形がかなり違う。特に大きな変化は，ヒトの手では，親指とそのほかの指の対向機能が向上したことである（親指とそれ以外の指で，指の腹同士をくっつけることが当たり前にできるのはヒトだけである）。こうした構造と機能の変化とともに，ものを操作し道具を作る能力は高まり，次第に精緻な運動ができるようになった。お金や鍵を親指と人差し指でつまんだり，鉛筆で文字を書いたり，携帯電話を操作したり，という日常的な動作も，こうした手の進化に基づいている。

このような手の運動機能の向上と並行して，手の感覚精度も向上したと考えられる。私たちがものの様子を触って確かめるとき，通常，指先で触ってみる。これは指先の感度がすぐれているからにほかならない。本章では，こうした手の触覚機能がもつ精度について実験的に調べてみたい。

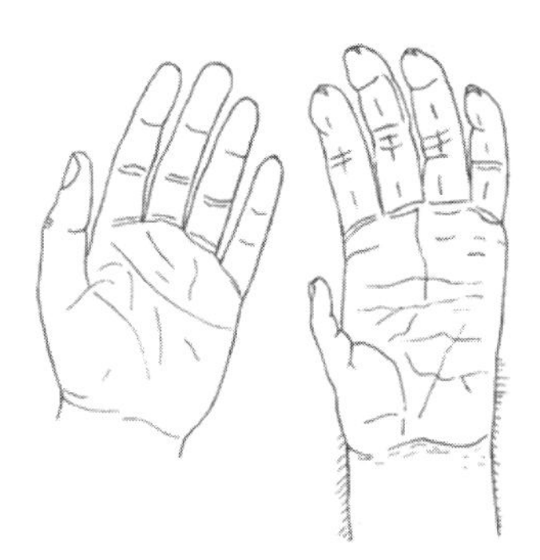

図7-1　ヒトの手とチンパンジーの手（Armstrong, 2011）

図7-2　ヒトの体性感覚野のホムンクルス

手の触覚について理解するにあたっては，脳という観点を意識してほしい。手の進化は脳の進化と連動したものであり，ヒトの脳の仕組みは，手のあり方と深く関わっている。図7-2は，ロンドン自然史博物館に展示されているホムンクルス（脳内の小人）の像を描いた図である。これはさまざまな身体部位から感覚（触覚などの体性感覚）を受け取る脳領域（これを体性感覚野と呼ぶ）の広さに対応させて身体をゆがめてあらわしたもので，脳内の身体地図を表現している。見ての通り，手が際だって大きく，脳の中で手の占めるウェイトは非常に大きい。ヒトにおける手と脳の深い関係から，「手は体の表にあらわれた脳」と見ることができる。

2．触覚分解能と触2点閾

感覚系は，自己の内外の情報を受容するために発達してきたシステムである。ヒトの主要な感覚システムは五感と呼ばれており，視覚，聴覚，味覚，嗅覚，皮膚感覚に分けられる。このうち皮膚感覚以外の感覚が，いずれも体の特定の位置に存在する特有の感覚器官（目，耳，舌，鼻）で受容されるのに対し，皮膚感覚は特有の感覚器官をもつことなく，全身の皮膚で受容される。しかし，これは皮膚が全身のどこでも同じ感度を示すことを意味するわけではない。皮膚感覚は，触覚，痛覚，温度感覚からなるが，特に触覚については，日常的な体験からもわかるように，その感度は皮膚の部位によって大幅に異なる。

触覚の感度は，その分解能（接近した2つのものを2つとして識別する能力）によって測ることができる。「接近」のあり方には「空間的」なものと「時間的」なものがあるが，前者について触覚の分解能を測定する代表的な指標として触2点閾（two-point threshold）がある。皮膚の2点を同時に刺激すると，2点間の距離が小さい間は1点と感じるが，距離が離れてくると2点と感じるようになる。この1点と感じる距離と2点と感じる距離の境界を触2点閾と言う。触2点閾は簡単に測定できるので，19世紀から繰り返し測定され，膨大なデータが集積されてきた。

本章の実習では，この触2点閾を手の3か所（指先，手掌＝手のひら，前腕＝腕の前方部分）で測定し，その大きさの違いを比較検討する。一見同じように見える皮膚でも，測定部位により触2点閾が大きく異なることが，実習を通じて体験できるだろう。そして，なぜこのような違いが生じるのかを，触覚受容器（皮膚の下に多数ある触覚を生み出す小さな組織。図7-6参照）の分布や脳機能との関連から考察する。また，測定は心理物理学的実験手法の一種である極限法（詳細は「解説」で説明する）によって行うが，心理物理学的実験手法に習熟することも本章の実習のねらいの1つである。

◇実　習◇

1．目　的

手の3か所の皮膚部位（指先，手掌，前腕）で触2点閾を測定し，その大きさを比較検討する。3か所で測定した触2点閾の大きさが互いに異なっているなら，なぜ異なっているか，その理由について考察する。

2．方　法

2.1　実験計画

皮膚部位（指先，手掌，前腕）を独立変数（参加者内要因），触2点閾の大きさを従属変数とする1要因3水準の実験である。各実験参加者について，3つの皮膚部位で，触2点閾を測定する。

2.2　実施形態

基本的に2人が組になり，互いに実験者，参加者（こうした感覚実験では「観察者」という表現をすることもある）の役割を務める。この2人分のデータでも考察を行うことができるが，多くの参加者（たとえば，10人程度以上）のデータをまとめることができたほうが，分析には望ましい。

2.3　装　置

スピアマン式触覚計（図7-3）を用いる。もし，スピアマン式触覚計の用意が難しければ，コンパス

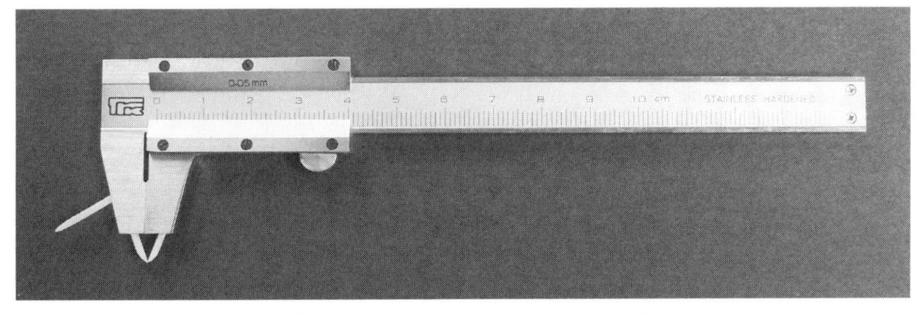

図7-3　スピアマン式触覚計（竹井機器工業）

やデバイダー（コンパスの両方が針になっている装置）を刺激呈示用に用いてもよい。コンパスやデバイダーなどを用いる場合は，針の先端で皮膚に痛みを感じることがないようにする。たとえば，針の先端部を丸めたり（やすりで削る），針の先端部にゴムなどの保護具をつけたり（セロハンテープを巻いてもよい），針を他の棒状のもので置き換えたり（針に楊枝を添えてテープで固定するなど）する。皮膚に痛みを感じるようだと，触２点閾がうまく測れない。

そのほかに，測定部位を決めるのに用いるメジャーと水性ボールペン，測定時に参加者がつけるアイマスク（なければ手ぬぐいなどで代用する），ストップウォッチか秒が計れる時計を用意する。また，触覚計をコンパスに替える場合は，mm単位で正確な測定ができるものさしも必要である。

2.4　触２点閾測定部位

触２点閾を測定する部位は，利き手の指先，手掌，前腕の３か所とする（図7-4）。

⑴　指先：指先の測定部位は，基本的に示指（人差し指）の末節（指先）とする。指先と末節・中節間のしわ（遠位指節間指屈曲しわ）の中点に水性ボールペンで印をつける。その印を通り，指の伸びる方向に沿って線を引き，刺激部位とする。

⑵　手掌：手掌の測定部位は，手掌中央部とする。中指の付け根と手根（手首）の中点に印をつけ，その印を通って中指方向から手根方向に線を引き，刺激部位とする。

⑶　前腕：前腕の測定部位は，前腕中央部とする。手根と肘部（ひじ）の中点に印をつけ，その印を通って手根方向から肘部方向に線を引き，刺激部位とする。

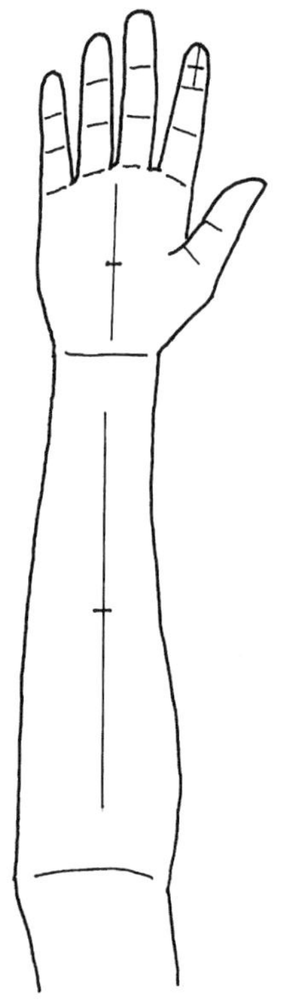

図7-4　触２点閾を測定する皮膚部位（指先，手掌，前腕）

2.5　手続き

参加者は椅子に腰掛け，アイマスクをつけて実験台（机）に手と前腕をのせる。その際，手掌側が上を向くように腕を実験台におく。

実験者は，スピアマン式触覚計を用い，２点が同時に皮膚に触れるように注意して皮膚を刺激する。その場合，印をつけた部分を中心として，線方向に沿って刺激する。参加者には，刺激が１点であったか，２点であったかを答えさせる。皮膚を刺激する時間は１回２秒，各刺激間の間隔は10秒以上とする。時間を確認しながらの作業となるが，計時自体はそれほど厳密なものでなくてもよいので，触覚計の操作（２点に同時に触れる）を落ち着いて確実に行うようにする。

測定は極限法で行う（極限法についての説明は「解説」で行う）。具体的には，明らかに１点と感じる点から開始し，徐々に刺激の間隔を広げて２点と答えた時点で刺激呈示を打ち切る「上昇系列」と，明らかに２点と感じる距離から開始し，徐々に刺激の間隔を狭くして１点と答えた時点で呈示を打ち切る「下降系列」を実施する。

また，指先，手掌，前腕で触２点閾の大きさはかなり異なることを考慮し，たとえば，指先では０～10mmの範囲，0.5mmステップ，手掌では，１～21mmの範囲，１mmステップ，前腕では８～48mmの範囲，２mmステップで測定を行う。もし，変化点がこの範囲外にあるようなら，測定開始点を適当に変える。また，表7-1に示すように，上昇系列についても下降系列についても（“A”，“D”が，それぞれ上昇系列と下降系列をあらわす），試行ごとに刺激開始点を変え，参加者が開始点を予測できないようにする。

実験を始める前に，実験者，参加者ともに実験事態に慣れる必要がある。そこでまず，練習を実施する。練習は，指先，手掌，前腕で数試行ずつ行う。練習では，まず参加者に次のような教示を与えて実験事態を理解させる。

「これから実験を開始します。この触覚計で皮膚を刺激します。刺激が１点であると感じたら“1”，２点であると感じたら“2”と答えてください。では，アイマスクをつけてください。まず，練習試行から開始します。」

実験者が器具操作に慣れ，参加者が答え方に慣れたら練習を終了し，本試行を開始する。刺激呈示部位は指，手掌，前腕の３か所，各皮膚部位の測定順序はランダムとする（あらかじめ部位の順序を決めて，部位ごとに４試行ずつ実施する）。いずれの皮膚部位についても，上昇系列，下降系列をともに２回以上ずつ実施するが，両系列の呈示順もランダムとする。各系列２回ずつであれば，参加者１人につき，各部位４試行，３部位全体で「３×４＝12試行」で，練習を含め所用時間は30分程度となる。

実験に際しては表7-1に示すような記録用紙を用意し（*サンプルがサポートサイトにある*），実験者は，実施順序（表の１行めに呈示順序，２行めに“A”か“D”を記入する）と開始位置をあらかじめ決めておき，得られた結果を記録する（参加者の回答は“1”か“2”なので，その数字を記入する）。

実験が終わったら，どのような基準で１点判断と２点判断を分けていたかの内省を記録しておくとよい。

表7-1　極限法による触２点閾測定結果の例

刺激皮膚部位：　手掌

2点間距離	1	2	3	4
(mm)	D	A	D	A
21				
20	2			
19	2			
18	2		2	
17	2		2	
16	2		2	
15	2		2	
14	2		2	
13	2		2	
12	1		2	
11		2	1	
10		1		2
9		1		1
8		1		1
7		1		1
6		1		1
5		1		1
4		1		1
3		1		1
2				1
1				
閾値 (mm)	12.5	10.5	11.5	9.5

３．結果の整理と分析

3.1　整理とグラフの作成

個人の結果整理の例を表7-1に示す。この表は，触２点閾を手掌で測定した結果である。一番下の行が閾値である。たとえば，第１試行（左から２列め）なら，参加者は２点間距離が13mmでは２点と答えたが，12mmでは１点と答えている。そこで，閾値は「(13＋12）÷２＝12.5mm」となる。この参加者の手掌における４つの閾値の平均を計算すると11.0mmとなる。指先，手掌，前腕のそれぞれについて閾値の平均を計算する。

また，上昇系列と下降系列とで，閾値の値に差が見られないかを調べるため，３か所の皮膚部位ごとに，各系列の平均（全部で６つ）を求める。

以上の個人ごとの集計値に基づいて，参加者全員分で，３か所の皮膚部位それぞれの閾値の平均と標準偏差を求めて，表にまとめる。さらに棒グラフを描くとよい。上昇系列と下降系列での閾値についても，３か所の皮膚部位それぞれについて，平均と標準偏差を表にまとめ，棒グラフを描く。

3.2　統計的検定を含む分析

各参加者の皮膚部位３か所の閾値（４試行の閾値の平均で得られた値）をデータとし，全参加者の３か所の閾値に差があるかどうか，分散分析（１要因３水準，参加者内要因）を行って調べる。帰無仮説は「３か所の閾値は等しい」である。分散分析で主効果が有意となった場合には，「３か所の間で比較（指先－手掌，指先－前腕，手掌－前腕）したとき，少なくともどこかに差がある」ことになるので，多重比較を行って，どの部位とどの部位の間に差があるかを特定する。

また，上昇系列と下降系列とで，閾値に差が見られないかについて，部位ごとに対応のある t 検定を行う。2つの系列の差については，ほかに，参加者ごとに3部位を平均して1つの値にしてから対応のある t 検定を行う方法，「3部位×2系列」の2要因分散分析（要因はいずれも参加者内）を実施する方法（実験計画法としては，これが標準的である）もある。

4．考察のポイント

4.1　触2点閾の皮膚部位による違いについて

指先，手掌，前腕の触2点閾には差が見られたであろうか。一般的な結果は，触2点閾の値が「指先＜手掌＜前腕」となるというものであるが，こうした結果が得られる仕組みについて考察してみよう。その際，「解説」を参考にして，皮膚下に分布している触覚受容器の分布状況や，大脳皮質における触覚情報処理に対応する部位の大きさについて関連づけられるとよい。また，実験結果が一般的な結果と一致しない場合は，一致しなかった理由について考察を行う。

4.2　触2点閾における個人差について

触2点閾に個人差はどの程度見られたであろうか。個人差をもたらす要因について考察してみよう。個人差の原因として考えられるのは，まず，4.1で検討した触2点閾を支えるメカニズムに関わる個人差であるが，それだけでは説明できない要因もある。たとえば，ウェーバー（Weber, E. H.,「解説」参照）は，「2点が互いに近づくと1点の印象が生じるが，その印象は一方の軸が他方の軸より長く完全な円ではない。2点がさらに近づくと完全な1点の印象が起こる」という意味のことを述べている（東山・宮岡・谷口・佐藤，2009）。本実験では，参加者に刺激が「1点」であるか「2点」であるか答えることを求めたが，参加者により，どの点で刺激を1点と答えるかその基準が異なっている可能性がある。実験後に判断基準の内省を得ておくと考察を深めることができる。

個人差については，まず上昇系列・下降系列の全部を平均して得られた3部位の触2点閾について調べることになるが，上昇系列と下降系列との間での違いのあり方（個人による違いの有無，程度）も考慮に入れることができる（これは次の実験手続きに関する考察とも関連する）。

4.3　実験手続きについて

実習で用いた極限法は簡単に測定できる方法であるが，測定誤差の入りやすい方法でもある。「解説」で述べるように，主な誤差には「期待の誤差」と「慣れの誤差」がある。実験結果には，こうした誤差が入る傾向が見られたであろうか。

◇解　説◇

1．触2点閾の身体部位による差

触2点閾をはじめて組織的に調べた人物は，ドイツの生理学者ウェーバーであった。彼は1834年にコンパス（ないし，それに類似の道具）を用いて人体各部の触2点閾を測定した。その結果，指先と舌先で触2点閾がきわめて小さくなること，上腕，背中，大腿などで触2点閾が非常に大きくなることを発見した。その後に触2点閾を測定した研究者たちも，ウェーバーと同じ傾向を見出している。

比較的最近の研究として，スチーブンスとチュー（Stevens, J. C. & Choo, K. K. 1996）のものを紹介しよう。スチーブンスらは，青年（18～28歳，平均23歳）と高齢者（65歳以上，平均74歳）について，身体各部の触2点閾を測定した（図7-5）。それによれば，青年も高齢者も指先の触2点閾は小さく，手掌，前腕と移動するにつれ触2点閾は大きくなった。また，上腕，腹，ふくらはぎなどでは，触2点閾はさらに大きかった。指先以外で触2点閾が小さい部分は舌と唇で，特に舌の触2点閾は全身でもっとも小さくなった。一方，青年と高齢者の触2点閾の大きさを比較すると，青年の触2点閾に比べ，高齢者の触2点閾が大きくなっていることがわかった。特に，足指については，高齢者の触2点閾は青年の触2点閾の4倍に達することが明らかとなった。青年でも高齢者でも皮膚部位の分解能の相対的な大小関係はほぼ同様であるが，高齢者では絶対的な敏感さが低下していることがわかる。高齢者の動作がぎこちなかったり転びやすかったりするのは，こうした皮膚感度の低下も関係していると考えられている。

2．触2点閾の仕組みを皮膚の構造と脳の構造から理解する

指先，手掌，前腕で測定した触2点閾の大きさは，通常，互いに大きく異なっている。では，なぜこのような違いが生じるのであろうか。それには，皮膚における触覚受容器の分布と大脳の触覚情報処理を

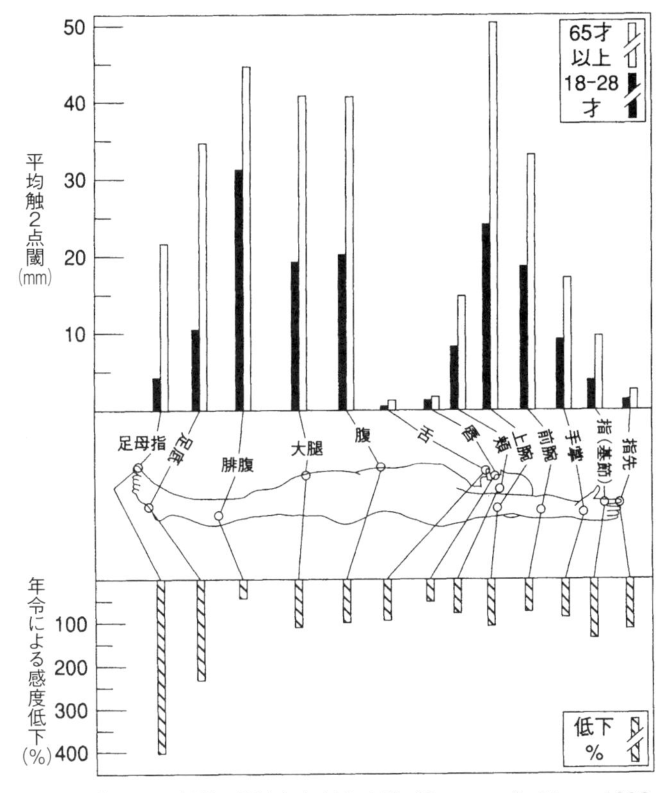

図7-5　体の13の部位で測定した触２点閾（Stevens & Choo, 1996より作成）

図上側の黒棒は青年（平均年齢23歳）の，白棒は高齢者（平均年齢74歳）の触２点閾である。いずれの集団においても，指先，唇，舌などの触２点閾が小さく，上腕，腹，ふくらはぎなどの触２点閾が大きくなる。図下側のハッチをつけた棒は，青年と高齢者の触２点閾の差をあらわす。すべての皮膚部位で高齢者の触２点閾のほうが大きくなるが，特に足指，足底部分で両者の差が大きくなっている。

受け持つ部分の面積とが深くかかわっている。

ヒトの皮膚は，外側から表皮，真皮，皮下組織の３層に分かれている（図7-6）。触覚情報を受容する触覚受容器は，表皮と真皮の境目から皮下組織にかけて分布する。皮膚感覚器には，カプセルのような特殊構造を持つタイプと，神経線維末端が細くなって（何本かに分かれて）終わる自由神経終末タイプがある（図7-6）。このうち，ヒトの通常の触覚に関与する触覚受容器はすべて特殊構造を持つタイプで，マイスナー小体，パチニ小体，メルケル触盤，ルフィニ終末の４種類である。ヒトの触覚体験は，基本的に，この特殊構造を持つ４種類の触覚受容器の応答の組み合わせとして決まる（自由神経終末タイプの受容器は，温かさや痛さを受け持っている）。

神経生理学では，機械受容器（機械的刺激の受容器の総称で触覚受容器を含む）とそこから伸びる神経線維をあわせたものを１つのまとまりと考え，これを機械受容単位と呼ぶ。皮膚の機械受容単位は，刺激に対する神経発射特性などに基づいて４種類に分類される。それらは，FA I（速順応 I 型単位），FA II（速順応 II 型単位），SA I（遅順応 I 型単位），SA II（遅順応 II 型単位）と呼ばれている。FA は “fast adapting”，SA は “slowly adapting” の略で，刺激に対する順応の速いものと遅いものがあることを示す。FA I にはマイスナー小体，FA II にはパチニ小体，SA I にはメルケル触盤，SA II にはルフ

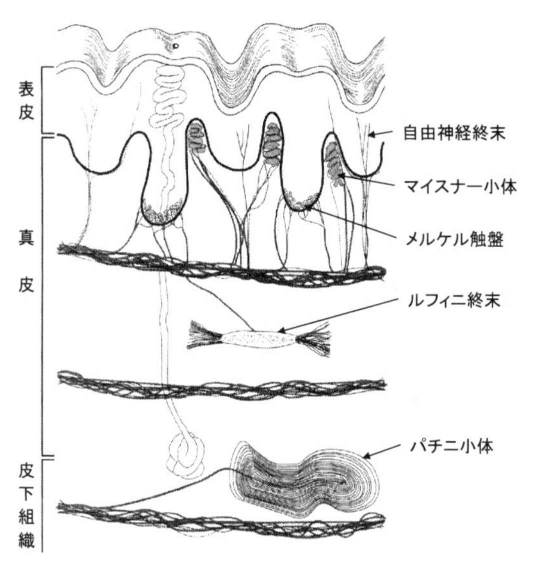

図7-6　ヒトの無毛部皮膚断面と皮膚感覚受容器
(Johnson, 2002より作成)

ヒトの皮膚は，表皮，真皮，皮下組織の３層からなる。皮膚感覚受容器は，表皮と真皮の境界から皮下組織にかけて存在する。特殊構造を持つ（すなわち自由神経終末以外の）受容器は，すべて触覚受容器である。有毛部皮膚の構造と皮膚感覚受容器は，無毛部皮膚とは若干異なる。なお，実習で扱った部位のうち，指先，手掌が無毛部である。

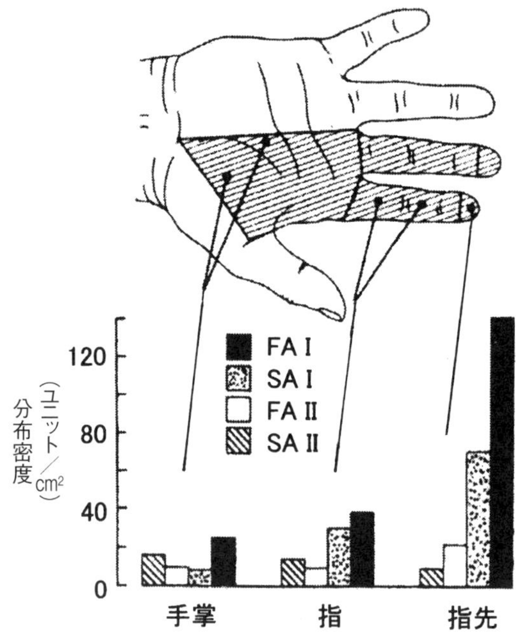

図7-7　手における皮膚機械受容単位の分布密度
(Johansson & Vallbo, 1983より作成)

皮膚機械受容単位密度は，一般的には指先で高く，指の基節から手掌にかけて低くなる。この傾向は，FA ⅠとSA Ⅰで顕著であり，FA ⅡとSA Ⅱの分布密度は，指先と手掌であまり変化しない。

ィニ終末が対応している。またⅠ型は主に皮膚の浅い位置にあり，Ⅱ型はそれより深い位置にある。

皮膚の機械受容単位は，部位によって分布密度（一定面積あたりの受容単位数）が異なる。それを，指と手掌について調べた結果を図7-7に示す。図を見るとわかるように，機械受容単位の密度は指先でもっとも高く，手掌では低くなる傾向がある。この傾向は，FA ⅠとSA Ⅰではっきりとみられ，特にFA Ⅰの指先での密度は140/cm^{2}に達する。これに対して，FA ⅡとSA Ⅱでは皮膚部位による密度差はあまり目立たない。これらのことから，指先と手掌では，４種類の機械受容単位のうちで浅いほうにあるFA ⅠとSA Ⅰが触２点閾の違いに関係していると考えられる。機械受容単位密度が細かく調べられているのは，今のところ手だけであるが，手以外の部分でも，そこでの分布密度が触２点閾と関係を持つはずである。

触覚情報は，皮膚の受容器から脊髄を経て脳に送られ，大脳皮質の体性感覚野において地図のように再現される。カナダの脳外科医ペンフィールド(Penfield, W.）らは，意識のある患者の大脳皮質を電気刺激して皮膚のどの部分に感覚が生じるかを報告してもらうことにより（脳に痛みの受容器はないので，痛みはない），体性感覚野の地図を作り上げた（図7-8)。この図は，大脳を左右の耳付近で上下に輪切りにしたときの右半球をあらわしており，体性感覚野のどの部分が体のどの部分に対応しているかが書き込まれている。また，図7-8の大脳皮質の周囲には，体性感覚野のサイズに応じて身体部位のサイズをデフォルメした小人（ホムンクルス）も（分割して）描かれている（図7-2の像は，これに基づいて作られたものである)。この小人は，手と唇が非常に大きく，体幹，腕，足などが小さくなっている。体性感覚野の地図における面積バランスは，皮膚機械受容単位の分布密度と深い関係があると考えられる。すなわち，機械受容単位分布密度が高い皮膚部位の体性感覚野での面積は広く，分布密度が低い皮膚部位の体性感覚野での面積は狭くなる傾向がある。

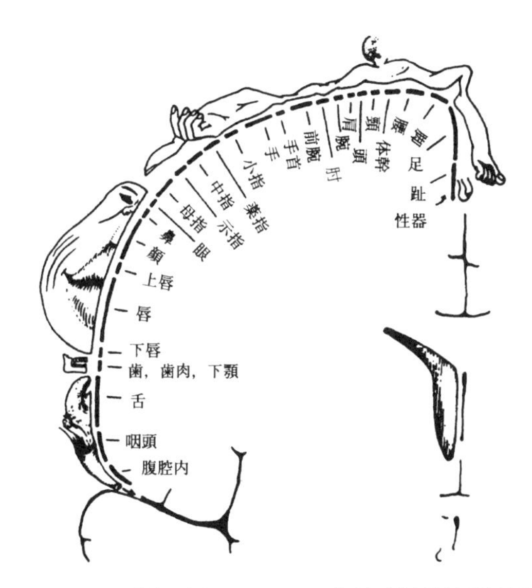

図7-8　大脳体性感覚野における体性感覚投射野地図（Penfield & Rasmussen, 1950 岩本・中原・西里訳 1986より作成）

この体性感覚投射野地図は，意識のある患者の大脳皮質体性感覚野を電気的に刺激したときに得られた，患者の報告をもとにして作成された。大脳では，手や口からの情報を処理する部分の面積が非常に広いことがわかる。

ここで，触２点閾の大きさが体性感覚野の地図のパターンとよく対応していることは明らかである。指，唇では，触２点閾は非常に小さく，体性感覚投射野の面積は広い。これに対し，上腕，体幹などでは触２点閾は大きく，体性感覚野での面積は狭くなる。実習でも，指先，手掌，前腕の間で触２点閾の値に差が出たことと思うが，この差は図7-8で示した体性感覚野地図のパターンと整合的である。

以上のことをまとめると，「触２点閾の小ささ（触覚の空間分解能の高さ）」と「皮膚の機械受容単位密度の高さ」と「脳の体性感覚野における面積の広さ」の３者は，深く関連しているということになる。

３．実習で用いた手続きについて：心理物理学的測定法の１つとしての極限法

極限法（method of limits）は，感覚閾の測定によく用いられる方法である。恒常法（この方法では上昇系列・下降系列を設けず，多段階の刺激をランダムな順序で多数回呈示する）に比べて精度は悪く，各種の誤差も入りやすいが，手軽に実施できる。閾値を短時間で推定できるので，極めて有用な方法と言える。

極限法では，絶対閾，弁別閾，主観的等価点などの測定が可能である。なお，絶対閾は「感覚を生じさせるのに必要な最小の刺激エネルギー量」，弁別閾は「弁別可能な変化を感覚に生じさせるのに必要な最小の刺激変化量」，主観的等価点は「標準刺激と主観的に等しいと判断される比較刺激の値」と定義される。

極限法では，実験者と参加者がはっきりと分かれている。刺激を変化させることや刺激の呈示は実験者が受けもち，参加者は呈示された刺激について応答する。この点で，刺激の操作を参加者主導で行う調整法（１章参照）とは異なっていて，手続きが明瞭である。極限法では，刺激を「小→大（上昇系列）」，「大→小（下降系列）」のように一方向に変化させて呈示し，参加者の応答を求める。参加者の応答法には，２件法と３件法がある。２件法では，「刺激がある，ない」という２通りの応答のみを認め，「わからない」といった応答を認めない。３件法では，たとえば，「比較刺激のほうが標準刺激より大きい，小さい」のほか，「同じ，わからない」という応答も認める。本章の実習は，「２点としての刺激がある，ない」の２件法による応答を採用したことになる。

極限法における閾の決め方について説明しよう。絶対閾を測定する場合は，刺激について「ある，ない」のように２件法で答える。たとえば，下降系列なら，明らかに刺激が「ある」という点から測定を開始し，刺激が「ない」という応答が出現した点で刺激呈示を打ち切る。そして，最後の「ある」反応と最初の「ない」反応の平均を絶対閾とする。本章の実習では，この方法で絶対閾を調べたことになる。

弁別閾や主観的等価点を測定する場合は，標準刺激に比べて比較刺激が「大きいか，同じか，小さいか」を答える（３件法による）。たとえば，上昇系列なら，標準刺激に比べ比較刺激が明らかに「小さい」という点から始め，比較刺激が「等しい」という点を通過して，比較刺激が「大きい」という応答が出現した点で刺激呈示を打ち切る。そして，最後の「小さい」反応と最初の「等しい」反応の平均を下閾，最後の「等しい」反応と最初の「大きい」反応の平均を上閾とする。このとき，弁別閾は「（上閾－下閾）÷２」として求められる。また，主観的

等価点は「(上閾＋下閾）÷２」として求められる。

極限法で測定したときの誤差の入り方は２通りある。１つは「期待の誤差」であり，もう１つは「慣れの誤差」である。期待の誤差では，刺激が一方向に呈示され続けていると，刺激が実際に閾値に到達するより前に参加者が応答の変化を報告してしまう。その結果，上昇系列では報告された閾値は本当の閾値より小さく，下降系列では本当の閾値より大きくなってしまう。慣れの誤差では，刺激に対し参加者が同じ反応を繰り返す結果，閾値に到達してからもその反応を続けてしまう。このとき，上昇系列では報告された閾値は本当の閾値より大きく，下降系列では小さくなってしまう。２通りの誤差のいずれについても，上昇系列と下降系列とで方向が反対なので，実験では２種類の系列の試行を同数ずつ行って相殺する。

4．より深く学ぶために：推薦図書

触覚について学ぶなら，東山他（2009）と，『心理学総合事典』（海保・楠見，2006）中の触覚についての解説を薦める。触覚研究はバーチャルリアリティなどと関連して応用研究の進展がめざましい。そのような方面について知りたければ，下条・前野・篠田・佐野（2010）などがある。また，触覚全般に関する入門書としては，山口（2006）が新書で読みやすい。極限法などの心理物理学的手法について学ぶなら，ゲシャイダー（Gescheider, 1997 宮岡監訳　2002, 2003）のテキストがよい。

5．補足（主に教員向けの解説）

5.1　授業構成の目安

２人が１組となり，参加者２人のデータでレポートをまとめるということであれば，90分授業１コマでも実施可能である。ただし，実習内容について詳しく解説する，多くの参加者のデータをまとめる，あるいは各参加者での測定の量を増やすなど，しっかりした実習とするには２コマ以上をあてるのが望ましい。測定回数は，体の場所ごとに４回（上昇系列と下降系列を２回ずつ）以上としたが，本格的なデータ収集ということでは，10回（上昇系列と下降系列を５回ずつ）程度測定するとよい。

触２点閾の測定部位については２か所（たとえば，指先と前腕）に絞るという選択もありうるし，別の場所（たとえば，手背＝手の甲や上腕）を加える余地もある。いずれにせよ，実習として設定しやすく考察に適した身体部位は手と腕であろう。

5.2　発展的な実習

本章の実習では，学生が参加者ということで，20歳前後の青年を主な参加者と想定して説明している。しかし，触２点閾は年齢とともに変化する。可能なら高齢者の触２点閾も測定し，青年の結果と比較してみよう。図7-5では，高齢者の触２点閾は青年より大きくなることが示されているが，これと同じような結果が得られるだろうか。また，なぜ高齢者の触２点閾が大きくなるのか考えてみよう。この加齢にともなって触覚分解能が低下する現象に関しては，岩村（2001）が参考になる。

◆引用文献

Armstrong, D. F. (2011). *Show of hands：A natural history of sign language.* Washington, D C: Gallaudet University Press.

Gescheider, G. A. (1997). *Psychophysics.* New Jersey: Lawrence Erlbaum Associates.（ゲシャイダー, G. A. 宮岡　徹（監訳）(2002, 2003). 心理物理学――方法・理論・応用――（上・下）北大路書房）

東山篤規・宮岡　徹・谷口俊治・佐藤愛子（2009）. 触覚と痛み　おうふう

岩村吉晃（2001）. タッチ　医学書院

Johansson, R. S., & Vallbo, Å. B. (1983). Tactile sensory coding in the glabrous skin of the human hand. *Trends in Neurosciences,* **6**, 27-32.

Johnson, K. (2002). Neural basis of haptic perception. In S. Yantis (Ed.), *Stevens' handbook of experimental psychology.* 3rd ed. *Vol. 1: Sensation and perception.* New York: John Wiley & Sons. pp.537-583.

海保博之・楠見　孝（監修）(2006). 心理学総合事典　朝倉書店

Penfield, W., & Rasmussen, T. (1950). *The cerebral cortex of man: A clinical study of localization of function.* New York: Macmillan.（ペンフィールド,W., & ラスミュッセン,T.　岩本隆茂・中原淳一・西里静彦（訳）(1986). 脳の機能と行動　福村出版）

下条　誠・前野隆司・篠田裕之・佐野明人（編）(2010). 触覚認識メカニズムと応用技術――触覚センサ・

触覚ディスプレイ―― サイエンス&テクノロジー
Stevens, J. C., & Choo, K. K. (1996). Spatial acuity of the body surface over the life span. *Somatosensory & Motor Research*, **13**, 153-166.
山口　創 (2006). 皮膚感覚の不思議　講談社（ブルーバックス）

8章

知覚と行為のアフォーダンス――「またぐ」と「くぐる」

身体というものさし

◇実習の前に◇

1．アフォーダンスとは何か：意味や価値は環境の側にある

本章の実験は，アフォーダンス（affordance）という考え方に基づくものである。アフォーダンスという言葉は，知覚心理学者であるジェームズ・ギブソン（Gibson, J. J.）が，「アフォード（afford，提供する，許容する）」という動詞をもとに作ったもので，普通の英和辞典には載っていない。アフォーダンスとは，環境が「提供する」行為者にとっての意味や価値を指す。もう少しかみくだいて言うと，私たちは環境の中にある情報そのものから，自分にとって意味や価値のあること，行為の機会や可能性を知ることができる，という主張である。ここで，知覚の主体である自分よりも，まず「意味や価値を提供する側」としての環境の役割を強調しているのが，ポイントである。

例をあげて説明しよう。ちょっと疲れて腰掛けたいのだが，椅子がない。あなたならどうするだろうか。室内であれば，机や，椅子の代わりになりそうな段差を見つけて座るだろう。大きめの箱や，階段などに座るかもしれない。屋外であれば，腰を下ろしても痛くなさそうな岩や，切り株が候補になるだろう。それらは，ふだんは「座るところ」ではないし，私たちが日々の学習によって「座るところ」と認識するようになったとも考えにくい。むしろ，座る場所を探索する中で「座ることが可能なところ」として知覚されると考えられる。言い換えると，どこに座れるかは，行為者があらかじめ知っていることではなく，環境が教えてくれる。これがアフォーダンスの考え方である。

もちろん，私たちがふだん座る椅子にも，アフォーダンスがある。椅子には「座ることが可能なところ」として，典型的な「それらしさ」がある。ほかにもまわりを見渡せば，ドアノブはつかんでひねる動作がしっくりする形になっているし，スイッチは指先で押してみる動作を促すような存在感がある。これらもアフォーダンスの具体例であり，アフォーダンスのアイディアは，道具や環境をどうデザインすると機能的なものになるか，という問題ともつながってくる。

アフォーダンスという概念は，知覚する主体よりも周囲の環境に注目するという点で，従来の知覚理論と大きく異なる見方に立っている。こうした方法論は生態心理学（ecological psychology），生態光学（ecological optics）などと呼ばれることがある。近年，日常的にもよく見かけるようになった「エコ」という言葉には，人間だけではなく，地球を含む環境や生態系のことをもっと考えようというメッセージが含まれている。生態心理学や生態光学もまた，環境や生態系の中の存在として人間とその心のありようを見直そうとしている。

2．身体と環境の関係を調べる：「またぐ」と「くぐる」の切り替え点はどこか

本章の実験では，アフォーダンスの考え方と研究法を学ぶために，身体と環境の関係を取り上げる。私たちの日常的な行為には，自分の身体をいわば「ものさし」として環境を測りながら（知覚しながら）なされていると見られるものが多くある。たとえば，人ごみの中で人と人とのすき間をすり抜けるとき，私たちは体を回転させたり回転させなかったりするが，「回転する・しない」の分かれ目は「肩幅の1.3倍」で，それよりも狭い幅であれば，体をひねって通り抜けることが知られている（Warren & Whang, 1987）。この例において，すき間の幅は，物理的に何cmといった無味乾燥で中立的な数値ではなく，肩幅との関係で測定され，体をひねるかどうかという意味をもたらす情報――すなわちアフォーダンス――になっている。

通常，意識することはないが，人間（あるいは動物全般）は，こうした身体を基準とした，行為と関

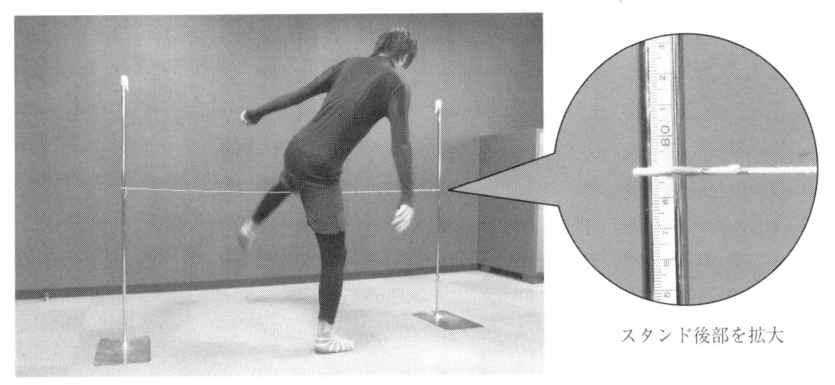

図8-1 「またぐ・くぐる」の実験を行う器具の例（高さ1.4m，幅２m）

連する測定の仕組みをたくさんもっている[1]。私たちは，肩幅だけでなく，身長や，腕や脚や指の長さ，あるいは身体部位の可動性や柔軟性といった自己の身体状況について把握していて，それを織り込んだ形で，外側にある環境に向き合っている。私たちの知覚や行為には，身体と環境の関係性として理解できる部分がある。

本章では，こうした身体に基礎をもつ環境認識のあり方を調べる具体的な対象として，「またぐ・くぐる」という行為をとりあげる。走り高跳びで使うような器具が置いてあって，横に渡されたバーの先に行こうとするときに「またぐ」のか，それとも「くぐる」のか（図8-1）。これをバーの高さをさまざまに変えて検討する。バーが低ければ「またぐ」し，高ければ「くぐる」ことになる。先に進もうとしている者にとって，障害物であるバーの状態は，行為の選択をもたらすアフォーダンスを提供する。ここで，バーの「低い－高い」は連続的なものだから，どこかに，「またぐ」と「くぐる」の二択判断が切り替わる高さ（臨界値，critical value[2]）があるはずである。それよりバーが低ければ「またぐ」，高ければ「くぐる」と判断するような高さである。本章の実験では，この臨界値となる高さについて，脚の長さとの関係を中心に調べる。身体的「ものさし」としての脚の長さは，「またぐ・くぐる」の判断および実際の行為とどのような関連をもっているのだろうか。

◇実　習◇[3]

1. 目　的

７m 先に走り高跳びのバーのようなものがあり，その高さがさまざまに設定されて，このバーを「またぐ」か，それとも「くぐる」かの判断を行うとき，この判断と脚の長さとがどのような関係になっているかを明らかにする。また，この判断と実際の行為との関係を調べ，判断の正確性を検討する。

2. 方　法

2.1　実験計画

実験計画法による実験ではないが，脚の長さが独立変数，「またぐ」か「くぐる」かの判断が従属変数であると見ることができ，両者の関係を調べるのが主な目標になる。

2.2　実施形態

本章の実験は，５～10人程度のグループに器具１台という設定で実施するとよい。人数が少ないと器具の準備と運用が大変かもしれない（これは使う器具にもよる）。人数が多いと時間が長くかかり，実験中にすることがない者が多くなる。基本的には全員が実験参加者となり，１人ずつ課題に取り組み，その間，参加者以外の者が適宜，実験者として実験を運営する。実験者は，教示，記録，バーの設定を

[1] 動物（人間を含む）において機能しているこうした測定の仕組みをエコメトリクス（ecometrics，生態学的測定法）と呼ぶことがある。

[2] この境界の値は一定の反応をもたらす限界値ということで閾値と言うこともできるが，通常，臨界値という用語を使う。

[3] 本章で紹介する実習内容は，後安美紀（元駿河台大学），原聰（駿河台大学）の両氏によって開発，改訂されてきたものをベースとしている。記して感謝の意を表したい。

するので，複数で行うとよい。グループの人数が多い場合は，参加者と実験者に役割を分けてもよい（たとえば，参加者を半分や，３分の２にする）。集計・分析も実験時のグループごとに行うことを基本的に想定しているが，参加者の人数は多い方が望ましいので，複数グループのデータをまとめるというやり方もあるだろう。

なお，実施にはある程度，広い空間（10m × 3 〜 5 m 程度，詳細は2.4で説明する）が必要である。

2.3 装　置

またいだり，くぐったりするためのバーとそれを支えるスタンドが必要である。走り高跳びの器具を利用するか，適当なものを使って似た構造のものを用意する。複数のグループに分かれて同時並行で実施する場合には，グループの数だけ器具が必要になる。器具が不足する場合には，グループを合併したり，グループによって実施日を変えたりするとよいだろう。

走り高跳びの器具を用いる場合，スタンドの目盛りが５cm 刻みであることがあるが，本実験では１cm 刻みで高さを設定する必要がある。目盛りが５cm 刻みの場合には，メジャーや定規を別途用意し，組み合わせて使う。１cm 刻みの目盛りをスタンドに油性ペンなどで追加しておく（直接あるいは布テープなどを貼ってその上に）と作業の効率化が図れる。新規に走り高跳びの器具を購入する場合には，目盛りが１cm きざみのものを注文するとよい。また，走り高跳びのバーは，長さが４m（練習用ではこれより短いものがある）で実施場所によっては窮屈かもしれず，直径も３cm とやや太い（特に気にするほどではないが）ので，バーについては，別に短く細いものを用意してもよい。

自作する場合，スタンドの高さは1.2m 程度以上，バーの長さは1.8m 程度以上あればよい。スタンドは，のぼり立てやマイクスタンド（ネット上で各種販売されている）を流用すると簡単に用意できる。図8-1に示したのは，のぼり立てを２つ使ったもので，棒の裏側にメジャーをテープで貼って高さの目盛りとしている。スタンドは，金属，プラスチック，木材などのパーツで作ってもよい。スタンドは，重いものでなくてよいが，安定性があって直立している必要がある。バーはたわまない丈夫なものであれば，細いほうが望ましい。図8-1の器具では，（普通の言葉としては「バー」のイメージから外れるかもしれないが）ゴムひもを使っている（両端はホチキスで留めて輪にしている）[4]。本章の実験のもととなった三嶋（1994）の実験では，バーとして1.5cm 角の角材を使っている。

器具については，場所の設定とあわせて，安全性が確保されるようにしてほしい。脚をバーに引っかけたり身体のバランスを崩したりしたときに，けがをしたり，まわりを損傷したりすることがないように気をつける。図8-1の器具の場合，ゴムひもに伸びる余裕をとっていれば，脚を引っかけても，それが原因で転んだり，スタンドを倒したりすることはまずない。

以上で説明した器具のほかに，メジャーを用意しておく。これは脚の長さの測定と器具の設置とに使う。

2.4 実験の準備

(1)　服装などについて

この実験は，動きやすい服装で実施することが望ましい。そのため，スカートや体にぴったりしたパンツは避けるようにする。運動用の服ならばベストである。靴を履くかどうかは，実験場所の状況によって判断する。屋内で靴を履かずにすむ場所であればそれが望ましいが，靴を履いたまま実施する場合には，動きやすい靴（ヒールのない靴，普通の運動靴がよい）を履くこと。

(2)　脚の長さの測定

実験では，脚の長さを基準として，さまざまな高さでまたぐかくぐるかを測定する。そのため，脚の長さを適切に測定できるかどうかが結果を左右するので，脚の長さの測定は慎重に行う必要がある。

この実験では，脚の長さを，「骨盤の出っぱりから床面までの高さ」とし，メジャーを用いて cm 単位で測定する（cm 未満は四捨五入して近い整数値に丸める）。骨盤の出っぱりは静止姿勢だとわかりにくいが，「脚を上げ下げするときに軸になる部分」と説明すると見つけやすい。靴を履いて実験を行う場合は，靴を履いた状態で測ること。測定値は記録・集計表（表8-1，*サポートサイトから入手できる*）に記入する。考察で使用するので，身長も cm 単位

[4] 図8-1の器具は，のぼり立て２つを通信販売で，メジャー２つとゴムひもを100円ショップで購入して，総額5,500円程度かかった。使い勝手（サイズがコンパクトでバーの高さ調整がしやすい）の点では，走り高跳びの器具より自作のもののほうがよいようである。

表8-1　記録・集計表の例（一部）

		倍率														
		0.50	0.55	0.60	0.65	0.70	0.75	0.80	0.85	0.90	0.95	1.00	1.05	1.10	1.15	1.20
参加者１	バー高さ															
身長　　　cm	呈示順															
足の長さ　cm	知覚	またぐ／くぐる	またぐ／くぐる	またぐ／くぐる	またぐ／くぐる	またぐ／くぐる	またぐ／くぐる	またぐ／くぐる	またぐ／くぐる	またぐ／くぐる	またぐ／くぐる	またぐ／くぐる	またぐ／くぐる	またぐ／くぐる	またぐ／くぐる	またぐ／くぐる
（男・女）	行為	またぐ／くぐる	またぐ／くぐる	またぐ／くぐる	またぐ／くぐる	またぐ／くぐる	またぐ／くぐる	またぐ／くぐる	またぐ／くぐる	またぐ／くぐる	またぐ／くぐる	またぐ／くぐる	またぐ／くぐる	またぐ／くぐる	またぐ／くぐる	またぐ／くぐる
参加者２	バー高さ															
身長　　　cm	呈示順															
足の長さ　cm	知覚	またぐ／くぐる	またぐ／くぐる	またぐ／くぐる	またぐ／くぐる	またぐ／くぐる	またぐ／くぐる	またぐ／くぐる	またぐ／くぐる	またぐ／くぐる	またぐ／くぐる	またぐ／くぐる	またぐ／くぐる	またぐ／くぐる	またぐ／くぐる	またぐ／くぐる
（男・女）	行為	またぐ／くぐる	またぐ／くぐる	またぐ／くぐる	またぐ／くぐる	またぐ／くぐる	またぐ／くぐる	またぐ／くぐる	またぐ／くぐる	またぐ／くぐる	またぐ／くぐる	またぐ／くぐる	またぐ／くぐる	またぐ／くぐる	またぐ／くぐる	またぐ／くぐる
参加者５	バー高さ															
身長　　　cm	呈示順															
足の長さ　cm	知覚	またぐ／くぐる	またぐ／くぐる	またぐ／くぐる	またぐ／くぐる	またぐ／くぐる	またぐ／くぐる	またぐ／くぐる	またぐ／くぐる	またぐ／くぐる	またぐ／くぐる	またぐ／くぐる	またぐ／くぐる	またぐ／くぐる	またぐ／くぐる	またぐ／くぐる
（男・女）	行為	またぐ／くぐる	またぐ／くぐる	またぐ／くぐる	またぐ／くぐる	またぐ／くぐる	またぐ／くぐる	またぐ／くぐる	またぐ／くぐる	またぐ／くぐる	またぐ／くぐる	またぐ／くぐる	またぐ／くぐる	またぐ／くぐる	またぐ／くぐる	またぐ／くぐる
「またぐ」回答の出現率	知覚															
	行為															
「くぐる」回答の出現率	知覚															
	行為															

で記入しておく。

(3)　実験手続きの確定

実験では，計測した脚の長さの0.50倍から1.20倍まで，0.05刻みで15通りに倍率を変化させて，バーの高さを設定し，「またぐ・くぐる」の判断を求める。実際の高さは一人ひとり違うので，実験がスムーズに実施できるように，事前にそれぞれの倍率に対応する高さ（cm 単位）を算出しておく。倍率で0.05刻みというのは，変化する高さでは３～６cm にあたる。算出には，倍率の換算表（章末の資料8-1参照）を用いる。表で自分の脚の長さを探すと，0.50～1.20倍にあたるバーの高さが算出されているので，各自でそのまま記録・集計表の「バー高さ」の欄に転記すればよい。換算表に数値がない場合には，各自で計算して求める。

なお，倍率の小さい部分では，測定が難しいことがある。走り高跳びのスタンドであれば，目盛りがあるのは，通常は50cm くらいからなので，それより低い位置については定規やメジャーを用いて測定する。ただ，あまり低い方まで測定しても結果にはほとんど反映されないため，40cm 未満は測定しなくてよいだろう。換算表（資料8-1）では，わかりやすいように40cm 未満には斜線を引いてある。

次に，測定がランダムに行われるように，記録・集計表の「呈示順」の欄にランダムに１から15までの数字を書いておく。実験時には，ここに書いた数字の順番どおりに実施する。

グループで共同して作業し，全員がここまでの情報を自分の記録・集計表に記入する。

(4)　実施場所の用意と器具の設置

実施場所として，器具を置いて，ある程度の距離をとって見ることができる空間が必要である。体育館が使えれば好都合だが，それ以外の適当な屋内のスペース（人があまり通らない廊下，教室など）でもよいし，屋外でもよい。課題としてバーの高さをどう認識するかを扱うので，バーの高さを推測させるような手がかりは少ないことが望ましい。器具の周辺はすっきりとした状態になるよう配慮する（あまり神経質にならなくてよい）。

図8-2のように，参加者が各試行の開始時に立つ位置（スタート位置）から７m 先にバーを設置する。スタート位置には，ガムテープなどで目印をつけておくとよい。スタート位置の後方に１m 程度の余裕がないと窮屈である。バーの向こう側にも２m 程度の余裕をとっておかないと，バランスを崩したときに危険である。また，バーの長さが，走り高跳び用であれば４m，自前であれば約２m なので，余裕をもってそれが収まるようにする。以上のことから，およそ10m × ３～５m が確保できる空間を必要とする。これは，普通の教室（50人程度用）であれば，だいたい確保できる。器具を設置したら，参加者が転んだり，スタンドが倒れたりしても，問題がないことを確認する。

７m というのは，平均的な成人男子の身長の４倍以上にあたる長さなので，かなりの距離感がある。７m という距離自体は絶対的なものではないので，

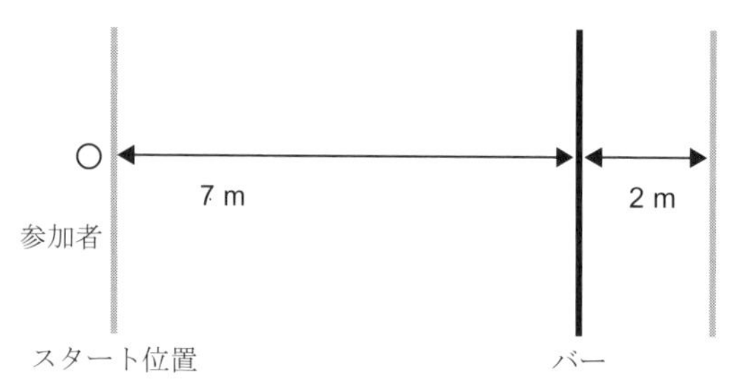

図8-2　実験器具の配置（上から見たところ）

もっと距離がとれるのであれば，そうした設定でやってもよい。アフォーダンス知覚の能力の高さをより強く示す実験になるだろう。一方，距離を縮めすぎるのは好ましくないが，状況によっては5m程度でもよいだろう。

2.5　手続き

まず参加者をスタート位置に立たせる。次に実施する高さにバーを設定する（高さは床面からバーの上端までとなる）。バーの高さを設定する間，参加者は後ろ向きになって（あるいは目をつぶって）バーを見ないようにする（バーの設定動作が高さを認識する手がかりになるおそれがある）。また，バーの設定が終わったら，実験者はバーの近辺から離れるのが望ましい（人が近くにいると高さの比較対象になりうる）。

その後，実験者は以下のように教示する。

「あなたはどうしてもバーの向こう側に行かなくてはなりません。あなたはバーのところに自然に歩いて行って，自分にとってごく自然にバーの向こうに行かなくてはなりません。無理してまたいだり，窮屈なのにくぐったりしてはいけません。バーをまたぎますか，それともくぐりますか。」

参加者は「自然な行為」という点を理解することが大切である。「高跳び」ではないし，またげる高さを競うものでもない。

続いて，スタート位置の時点で，参加者にまたぐかくぐるかを口頭で言わせる。これを「知覚時の判断」と呼ぶ。その後，実際にやってもらう。これを「行為時の判断」と呼ぶ。記録者は，記録・集計表

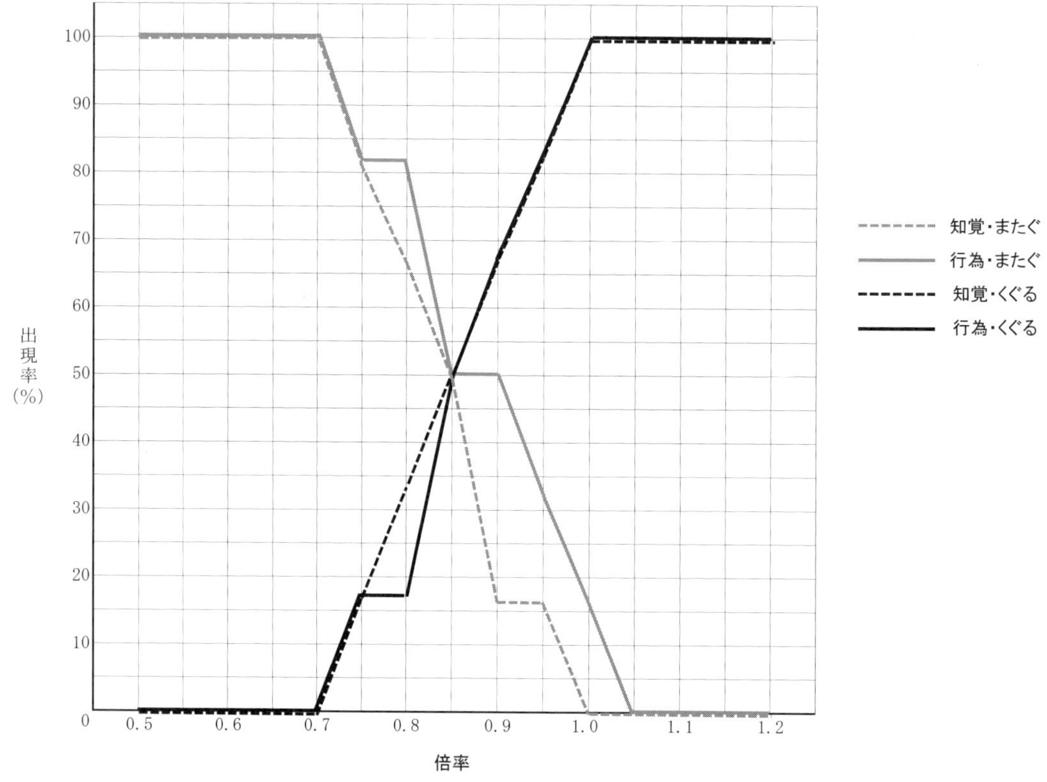

図8-3　「またぐ」と「くぐる」の判断出現率の例

に，それぞれの判断が「またぐ」なのか「くぐる」なのかを記入する（あてはまる方に○をつける）。なお，行為時の判断は，知覚時の判断と異なっていてもよい。

以上で1試行である。第2試行以後は，最初に「準備ができました。バーをまたぎますか，それともくぐりますか」と確認して進める。15通りの倍率それぞれについて1試行ずつで，1人あたり全部で15試行を実施する（40cm以下の記録を省略した場合，倍率数（＝試行数）は15より少なくなることがありうるが，その部分は「またぐ」と判断したと見なす）。

3．結果の整理と分析

3.1 「またぐ」と「くぐる」の出現率の算出

まず，グループ全員でデータを共有し，それをもとに知覚時，行為時それぞれについて，15通りの倍率ごとに「またぐ」と「くぐる」の出現率を算出する。当然のことながら，「またぐ」と「くぐる」は，いずれか一方のみとなるので，それぞれの倍率において両者の出現率の合計は常に100％である。

3.2 「またぐ」と「くぐる」の出現率の変化をグラフにして，臨界値を求める

次に，倍率を横軸，「またぐ」と「くぐる」の出現率を縦軸にして折れ線グラフを作成する（作例として図8-3を参照）。グラフには，知覚時と行為時のそれぞれについて，「またぐ」と「くぐる」の出現率をプロットしていく。そのため，図8-3のようにグラフには4本の折れ線が描かれることになる。

知覚時の「またぐ」と「くぐる」の2本の線が交わるところ（ここでそれぞれの出現率が50％になる）が，知覚時に「またぐ」と「くぐる」の判断が切り替わる臨界値である。具体的には，2本の線の交点から横軸に垂線をおろし，横軸の目盛りを読み取る（小数第2位まで）。同様に，行為時の「またぐ」と「くぐる」の2本の線が交わるところが，行為時に「またぐ」「くぐる」の判断が切り替わる臨界値であるので，やはりここから横軸に垂線をおろして読み取る。グラフは4本の線が錯綜しているので，目的と異なる交点を読み取ることがないように注意する。

なお，全体の臨界値は全員のデータをもとにしたグラフから求められるが，一人ひとりの参加者の臨界値は，判断が切り替わった倍率（2つの倍率の中間の値）を記録・集計表から求めればよい。一人ひとりの参加者の臨界値を求めておくと，個人差がどの程度あるのかも検討できる。ただし，「くぐる」と判断した高さよりも高い位置で「またぐ」と判断するなどして，判断に不整合性がある場合には，臨界値は確定しにくいので無理に求めなくてよい。

3.3 知覚時と行為時の判断のずれのチェック

知覚時には「またぐ」と判断したが，行為時には「くぐる」だった，あるいはその逆になった，といった判断のずれが生じることがある。あとで検討しやすいように，記録・集計表を見て，知覚時と行為時とでずれているところにマーク（「またぐ／くぐる」欄に○をつける，マーカーを引くなど）をしておく。そして，どうして判断のずれが生じたか，本人の内省を記録しておくとよい。

4．考察のポイント

4.1 全体の臨界値について

全体で「またぐ・くぐる」の判断が切り替わる臨界値（この倍率を特にπ値と呼ぶことがある）の値は，知覚時と行為時で，どの程度，一致したものになっただろうか。得られた結果から，知覚時の判断の正確さについて考察する。その際，臨界値のずれが，実際にはどれくらいの長さに当たるのかを，常に確認することが重要である。知覚時と行為時の臨界値が仮に0.05ずれていた場合，脚の長さが80cmならば，実際の長さでは4cmである。脚の長さが70cmならば，3.5cmになる。臨界値にずれがあるように見えても，7m手前から「またぐ」か「くぐる」かを数cmのずれで判断できるのだから，かなり正確であると解釈すべきだろう。比率として見ても，0.05のずれは，「ものさし」としての脚の長さ全体の5％の違いということだから，かなり正確に判断がなされていると言える。

4.2 個別の臨界値について

一人ひとりの臨界値を検討すると，個人差がどれくらいあるかがわかる。そこから，臨界値が脚の長さや身長と関係があるかどうか，男女で異なるかどうか，といった点が検討できる。

また，知覚時と行為時とで判断が異なったケースについては，判断が異なった理由を考察する。通常，それほど判断は異ならない。そのため，1つひとつのケースについて，どうして判断が異なったのかを考察するとよい。細かく見るのであれば，実験の段

階で，ビデオ撮影をしておくという方法もあるし，当人の内省も参考になるだろう。

4.3　実験手続きについて

本章で示した実験では，授業で実施しやすいように，やや簡便化した手続きを用いている。用いた実験の手続きには，どのような問題点があるか，また，それを改善するにはどのようにするとよいかを考察する。

4.4　アフォーダンスについて

本実験で用いた身体部位のサイズと行為との関連を調べる方法が適用できる別の行為を挙げてみよう（「またぐ・くぐる」のほかに，人と人の間をすれ違うときに回転するかどうか，という例をすでにあげている）。また，さまざまな行為を思い浮かべて（あるいは観察して），アフォーダンスの具体的な例をあげてみよう。

◇解　説◇

1．アフォーダンス理論について

従来の視覚理論では，網膜によって知覚された情報を脳が解釈し，その結果に基づいて脳が身体に指令を出して筋肉が運動する，という考え方をとっていた。このような見方からは，知覚はあくまでも人間の心の中で起こる過程で意味づけられるのであって，外界から知覚されるのは，それ自体は意味をもたない刺激だということになる。これに対して，ギブソンは，刺激を人間が解釈して意味や価値を与えるのではなく，環境の側に意味や価値があるとした。環境の中に実在する，行為者にとって価値ある情報を，行為者が探索し発見すると考えるのである。

このように，アフォーダンスの見方では，知覚と行為とをセットで扱う。これを「知覚と行為のカップリング」と呼ぶ。従来の視覚理論では，外界から知覚された刺激がどのように処理されるかを考えるだけで，そもそも「なんのために知覚するのか」という根本的な点については考えてこなかった。それに対して，アフォーダンス理論では，「行為のために知覚する」ことを強調する。私たちは無意味な刺激をただ受け身的に知覚しているのではなく，常に「どんな行為が可能か」ということをアクティブに知覚しているのであり，環境は行為の機会や可能性，すなわちアフォーダンスを提供しているのである。本章の「またぐ・くぐる」の実験でも，行為に結びつく「身体的ものさし」のあり方を調べることで，この知覚と行為のカップリングの問題を取り上げたことになる。

本章の実験で取り上げた環境と身体・行為の関係性は，人間以外の動物にも広く見られる。たとえば，餌を捕えようとするカエルは，前方のすき間が自身の頭部の幅の1.3倍以上（この臨界値は，先に述べた「肩幅」の例と同じ値である）になると飛び出す確率が急に高くなることが知られている（Ingle & Cook, 1977）。ここでも身体を「ものさし」として環境を測定していると言える。こうした事例は，とりもなおさず，知覚することと行為することとは別物ではないことを示す。何を知覚するかは行為との関連で決まってくるし，行為できるかどうかは知覚された結果によって決まってくるからである。

本章では，身体を基準として，どのように環境を知覚しているかを調べた。では，基準となる身体が変化したら，知覚は変化するのだろうか。このことについて，佐々木（1994）は，橋を渡れるかの知覚という例をあげている。体重50kgの人には渡れると知覚されるが，100kgの人には渡れないと知覚される橋があったとする。このとき，体重50kgの人が50kgの重りを身につけて擬似的に体重100kgになり，相応の経験を経れば，体重100kgの人が見ている世界が見えてくる（渡れないというアフォーダンスが知覚される）はずだとする。これを「またぐ・くぐる」の実験に当てはめるならば，特別な靴をはいて脚を長くして環境になじめば，「またぐ・くぐる」の判断も違ってくるだろう，というような話である（実際に試してみることもできるが，その場合は安全性に十分に気をつけてほしい）。アフォーダンス理論では，一定の刺激に対して一定の反応があるという固定的な見方はとらず，行為者のあり方が変化すれば環境のもつ情報の意味も変わりうると考える。このようなダイナミックな知覚観が，アフォーダンス理論の特徴だと言えるだろう。

アフォーダンス理論はギブソンによって1960年代に一応の完成を見たが，その後も新たな研究の展開が続き，特に1980年代以降，注目度が上がっている。アフォーダンスは，心理学だけにとどまらず，認知科学やその関連諸科学（哲学，人工知能学，ロボット工学，デザイン学など）における重要な概念になっている。

2．実習で用いた手続きについて

本章で用いた実験の手続きは，形式的には心理物理学的測定法の一種である恒常法（constant method）を用いていると言える。恒常法についての詳しい説明は省くが，この方法では，特性の変化系列上に適当な段階数の刺激を用意し，その刺激をランダムな順序で呈示するのが特徴である（1～3章で用いた調整法や7章で用いた極限法では，一定方向に参加者なり実験者なりが変化させる）。今回の実験では，バーの高さについて15段階の刺激を用意して，ランダムな順序で呈示したことになる。通常，恒常法では段階ごとに複数回の呈示を行うが，本実習では各段階1回ずつなので，個人の判断傾向を確実にとらえているかについて不十分である可能性がある。恒常法では，ランダム呈示のための手続きが繁雑で，通常，呈示回数も多くなるのは短所だが，判断に予想や慣れが入らない点が長所である。

一方，今回の臨界値を知るために，恒常法ではなく極限法を使うことも考えられる。実験者が，バーを明らかに高い位置からだんだんに下げていったり（下降系列），明らかに低い位置からだんだんに上げていったり（上昇系列）して，参加者に「またぐ・くぐる」の判断を求めるという手続きで，これを採用すると実験の実施は容易になる。ただし，7章の「解説」の3に説明があるように，予想・期待や慣れによる誤差が大きくなる。

3．より深く学ぶために：推薦図書

本章の実験は，三嶋（1994）をもとに，授業向きに構成したものである。背景理論や手続きについて，もう少し詳しいことが知りたければ，まずこの論文を読むとよい。アフォーダンス理論全般ということであれば，近年注目度があがっていることもあって，関連図書は多いが，平易な解説書としては，佐々木（1994, 1996）がよいだろう。アフォーダンス理論がどのようにして生まれたのか，どのような広がりを持つのかを理解するのに適している。もしアフォーダンスの考え方に関心をもったら，創案者のギブソンの著作（Gibson, 1979　古崎・古崎・辻・村瀬訳 1985）をぜひ手にとってみてほしい（レポート作成には直結しないかもしれないが）。

4．補足（主に教員向けの解説）

4.1　授業構成の目安

実験の1人あたりの所要時間は10分程度なので，1つの器具あたりの人数が5～8人程度であれば，解説と実験，集計をあわせて90分授業2コマで実施できる。10人程度で全員が参加者となると，もう少し時間がかかるかもしれない。人数が多い場合は，すでに述べたように，実験者と参加者を分けてもよい。授業をする教室とは別の場所で実験を行う必要がある場合には，移動時間の余裕を見ること。実験の所要時間や準備と片付けに要する時間は，使う器具にもよる。

時間的な余裕があれば，倍率ごとの測定回数を増やしたり，知覚時の判断と行為時の判断を（各倍率で連続して行うのではなく）別々に実施したりしてもよい。

アフォーダンス理論は独特の概念も多く，初学者にとってあまりやさしいとは言えないが，基礎実験の枠組みの中で実際に体を動かしながら学習を進められることは，本章の実習の長所であり，実習生も興味を持って取り組みやすい。知覚と行為を結びつけて考えるアフォーダンス理論の見方を体験的に理解できれば，本章の実習の意義はあったと言える。実験のセッティングについて細々とした説明を施したが，それに縛られすぎることなく，適宜工夫して実施してほしい。

4.2　関連する小実験

身体に依存した知覚を扱った実験例として，見えないところにあるひもの長さを推定するというものがある（三嶋, 2001）。参加者は手に持ったひもを，引っ張ったり，回したり，振ったりして長さを推定するのだが，どのような行為が出現するかは，ひもの材質や太さによって異なる。この実験は，長さの異なる数種類のひもを用意して，参加者に目をつぶったままひもを持たせれば容易に体験できる。認識の身体性についての理解を深めるためのデモンストレーションとして授業に取り入れるのもよい。デモンストレーションということでは，「実習の前に」で示した，すき間を抜けるときの体の回転と肩幅の関係というのも，やってみると実感がわくだろう。

「またぐ・くぐる」課題でも，重いものを身につけた（手や足や腹部に重りを装着する）状態で判断してみる，姿勢を変えて（椅子に座る等）判断して

資料8-1　バーの高さの換算表

脚の長さ	倍率														
	0.50	0.55	0.60	0.65	0.70	0.75	0.80	0.85	0.90	0.95	1.00	1.05	1.10	1.15	1.20
65	33	36	39	42	46	49	52	55	59	62	65	68	72	75	78
66	33	36	40	43	46	50	53	56	59	63	66	69	73	76	79
67	34	37	40	44	47	50	54	57	60	64	67	70	74	77	80
68	34	37	41	44	48	51	54	58	61	65	68	71	75	78	82
69	35	38	41	45	48	52	55	59	62	66	69	72	76	79	83
70	35	39	42	46	49	53	56	60	63	67	70	74	77	81	84
71	36	39	43	46	50	53	57	60	64	67	71	75	78	82	85
72	36	40	43	47	50	54	58	61	65	68	72	76	79	83	86
73	37	40	44	47	51	55	58	62	66	69	73	77	80	84	88
74	37	41	44	48	52	56	59	63	67	70	74	78	81	85	89
75	38	41	45	49	53	56	60	64	68	71	75	79	83	86	90
76	38	42	46	49	53	57	61	65	68	72	76	80	84	87	91
77	39	42	46	50	54	58	62	65	69	73	77	81	85	89	92
78	39	43	47	51	55	59	62	66	70	74	78	82	86	90	94
79	40	43	47	51	55	59	63	67	71	75	79	83	87	91	95
80	40	44	48	52	56	60	64	68	72	76	80	84	88	92	96
81	41	45	49	53	57	61	65	69	73	77	81	85	89	93	97
82	41	45	49	53	57	62	66	70	74	78	82	86	90	94	98
83	42	46	50	54	58	62	66	71	75	79	83	87	91	95	100
84	42	46	50	55	59	63	67	71	76	80	84	88	92	97	101
85	43	47	51	55	60	64	68	72	77	81	85	89	94	98	102
86	43	47	52	56	60	65	69	73	77	82	86	90	95	99	103
87	44	48	52	57	61	65	70	74	78	83	87	91	96	100	104
88	44	48	53	57	62	66	70	75	79	84	88	92	97	101	106
89	45	49	53	58	62	67	71	76	80	85	89	93	98	102	107
90	45	50	54	59	63	68	72	77	81	86	90	95	99	104	108
91	46	50	55	59	64	68	73	77	82	86	91	96	100	105	109
92	46	51	55	60	64	69	74	78	83	87	92	97	101	106	110
93	47	51	56	60	65	70	74	79	84	88	93	98	102	107	112
94	47	52	56	61	66	71	75	80	85	89	94	99	103	108	113
95	48	52	57	62	67	71	76	81	86	90	95	100	105	109	114
96	48	53	58	62	67	72	77	82	86	91	96	101	106	110	115
97	49	53	58	63	68	73	78	82	87	92	97	102	107	112	116
98	49	54	59	64	69	74	78	83	88	93	98	103	108	113	118
99	50	54	59	64	69	74	79	84	89	94	99	104	109	114	119
100	50	55	60	65	70	75	80	85	90	95	100	105	110	115	120
101	51	56	61	66	71	76	81	86	91	96	101	106	111	116	121
102	51	56	61	66	71	77	82	87	92	97	102	107	112	117	122
103	52	57	62	67	72	77	82	88	93	98	103	108	113	118	124
104	52	57	62	68	73	78	83	88	94	99	104	109	114	120	125
105	53	58	63	68	74	79	84	89	95	100	105	110	116	121	126

「脚の長さ×倍率」を四捨五入したもの（単位はcm）。
バーの高さが40cm未満の部分（斜線がかかっている）は通常実施しないでよい。

みるといった「変形版」を試みてもおもしろいかもしれない（極限法であれば短時間で体験できる）。臨界値は変わるかもしれないし，変わらないかもしれない。臨界値は変わらないが，判断における確信度が変わるということもありうる。こうして得られる認識の安定性や可変性に関するデータは，身体のあり方と認識の関連についてより深く考える材料になるだろう。

◆引用文献

Gibson, J. J.（1979）. *The ecological approach to visual perception.* Boston: Houghton Mifflin.（ギブソン，J. J. 古崎　敬・古崎愛子・辻　敬一郎・村瀬　旻（訳）（1985）. 生態学的視覚論――ヒトの知覚世界を探る――　サイエンス社）

Ingle, D., & Cook, J.（1977）. The effect of viewing distance upon size preference of frogs for prey. *Vision Research,* **17**, 1009-1019.

三嶋博之（1994）．“またぎ”と“くぐり”のアフォーダンス知覚　心理学研究，**64**, 469-475.
三嶋博之（2001）．形なきかたち――「複合不変項」の知覚：〈ひも〉の知覚を題材として――　佐々木正人・三嶋博之（編）　身体とシステム1　アフォーダンスと行為　金子書房　pp. 131-159.
佐々木正人（1994）．アフォーダンス――新しい認知の理論――　岩波書店（岩波科学ライブラリー）
佐々木正人（1996）．知性はどこに生まれるか――ダーウィンとアフォーダンス　講談社（講談社現代新書）
Warren, W. H., & Whang, S.（1987）．Visual guidance of walking through apertures: Body-scaled information for affordances. *Journal of Experimental Psychology: Human Perception and Performance*, **13**, 371-383.

9章

生理・神経分野の実習

汗やドキドキは心と関連している

1．はじめに

本章では，生理心理学あるいは精神生理学と呼ばれる分野の実習を取り上げる。認知神経科学，神経心理学，精神神経免疫学などとも関連の深い分野である。

生理・神経分野の心理学的研究では，心理機能と関連するさまざまな生体反応（生理的指標）を研究の対象とする。具体的には，情動やストレスと関連する自律神経系の反応や，高次精神活動と関連する中枢神経系の活動などである。そのため，生理・神経分野の実習では，学生がこれらの生体反応の測定・分析を体験し，心理機能と生理機能の関連について理解を深めることが主な目標となる。

この分野の実習は，教員の専門性と機器の環境とに依存するところが大きく，重要であるにもかかわらず，積極的に行われているとは言い難いのが実情である。そこで本章では，他章の多くと異なり，特定の１つの設定での実習を説明するのではなく，この分野の基礎知識に触れながら，大がかりな機器を使わずに実施可能な実習をいくつか例示的に紹介することにした。実際，生体反応を測定する機器は，研究向けの本格的なものとなると，高価で使用法も難しいものが多い。だが，本章で説明するように，初級実習で体験的に学ぶという趣旨に合う，低コストで容易に利用できる測定機器や測定法もあるので参考にしてほしい。

本章の趣旨は，まず，実習を担当する教員に，実習を構築し運営するための有用な情報を提供することである。そのため，本章では，実習の例示的な説明に加えて，実習の設計や実施に役立つヒントも適宜紹介することにした。さらに，学生にとっても，この分野の研究の様子を知り，卒論の研究などで実行可能なオプションについて知識を広げることができるような解説を目指した。教員も学生も，ぜひ，実習や研究を構築し運営するおもしろさを知り，実際に試してみてほしい。

2．自律神経反応の測定

自律神経系は，不随意筋（平滑筋，心筋など）や腺（汗腺，唾液腺など）などを支配している神経系である。心臓，肺，消化器系の臓器が，自分の意思とは無関係に活動するのは，自律神経系の支配による。

自律神経は，交感神経と副交感神経によって構成されている。交感神経は，生体が身を守るための闘争・逃走反応（fight/flight）を行うための神経系であり，状況認識や生体防御のための準備状態を作りだす。そのため，交感神経系の興奮により，心拍や血圧の増加，瞳孔の拡大，発汗，骨格筋への血流量の増大などが起こる。

一方，副交感神経は，生体が休息や睡眠を行うための神経系であり，消耗からの回復状態をもたらす。そのため，副交感神経系の興奮により，心拍や血圧の減少，瞳孔の縮小，消化活動の促進などが起こるのである。

このように，われわれの身体には数多くの自律神経反応が備わっている。その中で比較的計測が容易であり，心理状態との関連が盛んに研究されてきたものとしては，心拍や皮膚電気活動などの反応が挙げられる。そこで，以下では，それらの指標を用いた自律神経反応の簡単な実習を紹介する。

自律神経反応の実習は明瞭な結果が得られることが多いので，学生は実習を通じてこの分野の研究についてより深く学びたくなるであろう。したがって，レポートをまとめる上で参考となるような文献や資料を実習後に配布することが望ましい。

2.1　心拍数を指標とする自律神経反応の測定：ストレス時の心拍数の変化を調べる

心臓（heart）は，古今東西，心のありかとして広くイメージされてきた。「ドキドキする」，「胸が高鳴る」などの表現にもうかがえるように，心臓の鼓動は学生にとって日常的に意識する機会が多く，その様子が心理状態と関連をもつことも直感的に理解しやすい。また，自律神経反応としての心拍数

（脈拍，通常，１分あたりの拍動数）は自律神経反応の中でも比較的扱いやすいものであり，初学者向けの実習で取り上げるのに好適である。

⑴　心拍計を用いた測定

心拍数は，市販の心拍計（脈拍計）により容易に測定することができる。現在，赤外光などを用いて脈拍数を非侵襲的に測る腕時計タイプの心拍計が，数千円から１万円程度で市販されている[1]。実習予算での購入に際しては，その機種が１分間あたりの脈拍数を容易に測ることができるかどうかを最低限確認しておこう。また，心拍計がない場合は，後述するように適当な部位に指をあてて「脈をとる」方法により心拍数を測ることができる。

２～４名に１台の心拍計があれば，全員が実験者と実験参加者の両方を経験することができる。実験者役の学生は，データの測定と記録を受けもつ。教示と時間管理は，教員による説明をもとに実験者役の学生が行ってもよいし，教員の管理のもと集団で実施してもよい。ただし，進行のタイミングがそろっていたほうがいろいろな意味で無難であることが多い（たとえば，他のグループの状況がデータに影響することを避ける，手続きを守らない学生の発生を防ぐなど）。そこで，以下では，教員が教示と時間管理を行う集団実験を想定して説明する。

最初に教員は，心拍計の説明書に従って，脈拍数を測る方法を学生全員に説明する。次に，参加者役の学生は心拍計を装着する。実験中に利き手を使う作業を行う場合には，利き手とは反対の手に装着する。実験前に心拍計を用いた測定を練習するための時間を設ける。各グループが心拍計を使って参加者の脈拍を確実に測定できていることを十分に確認したら，実験を開始する。

⑵　実験の手続き

実験では，ベースライン条件とストレス条件における脈拍数の比較を行う。ベースライン条件で参加者は，リラックスすることを求められる。一方，ストレス条件では，ある数から一定の数を連続して暗算で引き算する減算課題（たとえば，999から７ずつ引いていく）などの，認知的負荷が比較的大きい認知課題を課すことで，ストレス事態により自律神経系の反応が起こる様子を参加者に経験してもらう。

各実験は，ベースライン条件（３分間），ストレス条件（３分間），ベースライン条件（３分間）の３段階で構成する[2]。実験中に詳しい教示を与えると，それ自体が自律神経系の反応を引き起こす可能性があるので，参加者がストレス条件で行う作業については，実験前にあらかじめ教示しておく。

教員は，参加者に対して，ベースライン条件の開始時に「リラックスしてください」，ストレス条件の開始時に「課題を始めてください」と指示する。実験者は，１分間ごとの脈拍データを記録する。心拍計が１分間あたりの脈拍数を記憶できるタイプなら，実験後にデータを再生して記録すればよい。一方，脈拍データを記憶できない場合は，各条件で１分間が経過するごとに教員が合図をして，実験者は合図されたらすぐに脈拍データを確認して用紙に記入する。このようにして，９分間の実験で９個の心拍データを収集する。

⑶　触診による測定

心拍計がない場合には，手関節の親指側を走行している動脈（橈骨（とうこつ）動脈）を使って脈拍数を測定すればよい[3]。こつをつかめば，数分の練習で実験者が参加者の脈拍を適切に測定することができるようになる。この場合も，実験前に練習時間を設定し，その間に実験者が参加者の手の橈骨動脈に，自分の手の人差し指，中指，薬指（第２，３，４指）の指先（指尖）を置き，脈を30秒間計測する練習を十分に行う（図9-1を参照）。このとき，自分の手の親指（第１指）を用いてはならない。なぜならば，自分の親指の血管の拍動を参加者の橈骨動脈の脈拍と混同する可能性があるからである。また，測定者の手が冷たいとそれ自体が参加者への刺激となるので，測定時には実験者の手をある程度暖めておかなければならない。

実験者が参加者の脈拍数を的確に測定できていることを確認したら，前述と同様の方法で実験を行う。触診で測定する場合，教員から実験者への指示は少

[1] 最近では，スマートフォンのアプリとして，心拍数を測定できるものも提供されるようになっている。どのような機器を用いるにせよ，その精度と使いやすさをあらかじめ確認しておく必要がある。

[2] この章で紹介する４種類の実験は，いずれも３段階からなる典型的な実験構成を用いている。各段階の持続時間が実験によって異なるのは，測定する生理反応の応答特性が異なるためである。だが，それらは多分に経験的なものであり，ある程度の伸縮も可能である。

[3] 『心理学教育のための傑作工夫集』（Benjamin Jr., 2008　中澤・日本心理学会心理学教育研究会監訳　2010）では，アクティビティ７とアクティビティ９で，触診で心拍数を測定する実習の具体的な例が紹介されている。

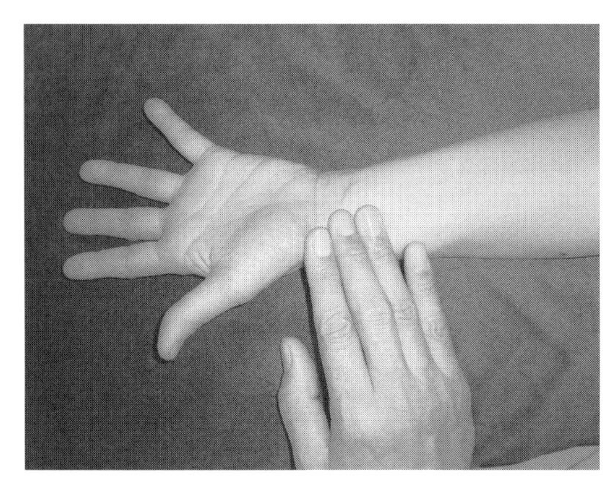

図9-1　手関節の親指側の動脈（橈骨動脈）を用いた脈拍数の測定

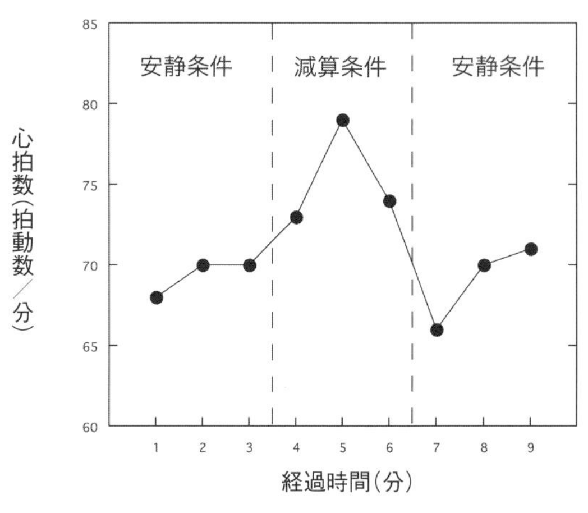

図9-2　ベースライン条件（安静条件），ストレス条件（減算条件），ベースライン条件（安静条件）を経験した１人の参加者の心拍数の推移

し複雑である。まず教員は，実験前に，実験者に，「測定始め」の合図から30秒の間脈拍を数え，「測定止め」の合図で用紙に脈拍数を記入するよう伝えておく。そして，実験中に各条件のそれぞれの１分間の後半の30秒間における脈拍を記録するようなタイミングになるように，「測定始め」と「測定止め」の合図を行う。計測した脈拍数は実験後に２倍して，１分間あたりの値に変換して使用すればよい。

⑷　実験のまとめと拡張

実験が終了したら，学生全員で心拍データの集計を行い，９分間（３条件×３分）の平均心拍数の推移をグラフにまとめる。図9-2に，ベースライン条件（３分間の閉眼安静），ストレス条件（３分間の減算課題），ベースライン条件（３分間の閉眼安静）を経験した１人の参加者の心拍数の推移を示す。心臓の鼓動が心の活動によっていとも簡単に変化してしまうという事実は，学生に強い印象を残すだろう。

実習時間に余裕がなければ，実習終了時に全データを入力するだけで推移を示すグラフがすぐにプロジェクターに呈示されるようなエクセルなどのファイルを教員があらかじめ作成しておくとよい。このような工夫により，実習時間の大半を心拍データの収集に費やすことが可能になる。

一方，時間に余裕がある場合には，実験条件にさらなる工夫をこらすことができる。たとえば，ベースライン条件の内容はそのままにして，ストレス条件の内容（たとえば，要求される暗算の困難さなど）を操作した実験を行ってもよい。また，身体的ストレス条件として冷水に手を入れる氷水条件を設定して，精神的ストレス条件の結果と比較することもできる（佐藤，2001）。さらに，精神的ストレス条件として，認知課題の難度（たとえば，減算課題の難しさなど）を変えて心拍数の変化を比較したり，ストレス・フィルム（手術や事故などの動画）を見せる条件や不快な出来事を思い出させる条件を設定したりしてもおもしろい。加えて，心拍の変動性やパワースペクトルなどの測定が可能な心拍測定機器（藤澤・柿木・山崎,1998）を用意することができれば，ストレスと心拍の変化の関係について，さらに踏み込んだ考察を学生に求めるようなハイレベルの実習を行うこともできる。

2.2　その他の自律神経反応の測定：皮膚電気活動により精神性発汗を調べる

⑴　皮膚電気活動測定の基礎

自律神経反応の実習では，血圧や呼吸数など，心拍数以外のさまざまな自律神経反応を対象とすることもできる。それらの中でも，皮膚電気活動（electrodermal activity：EDA）は，手掌（手のひら）や足底に取り付けた電極によって測定される電気活動であり，自律神経反応の研究で古くから用いられてきた。

われわれが日常経験する発汗の多くは，体温調節を担う発汗（温熱性発汗）である。それに加えて，「手に汗にぎる」という言葉からもわかるように，闘争・逃走などの精神状態と関連する発汗（精神性発汗）があることが知られている。手掌や足底はこの精神性発汗が明確に現れる部位であり，道具を握る，足底の摩擦を大きくする，皮膚を湿らせて外傷を防ぐなどの適応的な意味をもつとされている。

皮膚電気活動の測定法は，２つの電極間に微量の電流を流して抵抗を測る通電法と，電流を流すことなく２つの電極間の電位の変化を測る電位法の２種類に分けられる。前者の通電法は，皮膚を抵抗器と見立てて，その電気抵抗を測定することに相当する。この方法で測定される皮膚電気活動は，皮膚コンダクタンス変化（skin conductance change: SCC）と呼ばれている[4]。一方，後者の電位法は，皮膚を電池と見立てて，その電位差を測定することに相当する。この方法で測定される皮膚電気活動は，皮膚電位活動（skin potential activity: SPA）と呼ばれている。電位法で得られる電位変化の波形は比較的複雑で，それには発汗以外の要因が関与している可能性がある。そのため，自律神経反応の研究では，皮膚電位活動（SPA）よりも皮膚コンダクタンス変化（SCC）の方が頻繁に用いられてきている。そこで，ここでは，前者の皮膚コンダクタンス変化（SCC）を用いた実習を解説する。

皮膚コンダクタンス変化は，音刺激（たとえば，1kHz, 0.5秒の純音）などの呈示により急激に上昇し20～30秒程度で回復する一時的な変化（皮膚コンダクタンス反応：skin conductance response, SCR）と，刺激呈示にかかわらず起こる持続的でゆっくりとした変化（皮膚コンダクタンス水準：skin conductance level, SCL）に大別される。

皮膚コンダクタンス変化を研究目的で測定する場合は，精神生理学会の勧告回路と呼ばれるものを用いた皮膚電気活動測定ユニットと生体アンプを購入する必要がある。これらは，専用の測定装置として市販されているものもあるし，生理指標を多種類測定する機器（ポリグラフ）に組み込まれているものもある。

⑵　簡易な機器を用いた測定

しかし，学生実習の場合には，皮膚コンダクタンス変化を簡便に測定する機器が，バイオフィードバック装置などの名称で，数万円程度で市販されているので，それらを使用することもできる。また，こうした機器は，基本的な部品を組み合わせて自作することもできるので，電気に詳しい学生に組み立てを頼むという方法もある（菱谷，2009）。さらに，パソコンにつなぐ安価な嘘発見器キットを購入して使うこともできる（畑，2008）。このように，工夫次第で，低コストで複数台の機器を用意することは十分に可能である。

前述の心拍数実習の場合と同じように，ストレス条件が発汗に及ぼす効果を調べるのであれば，ベースライン条件（安静），ストレス条件（認知的負荷など），ベースライン条件（安静）の３段階（それぞれが３分間程度）を設定し，各条件における皮膚コンダクタンス水準（各条件内の決められた時点で測定されたコンダクタンスの平均値）を分析すればよい。

一方，音刺激などの呈示により，皮膚コンダクタンス反応と皮膚コンダクタンス水準の両方がどのように変化するのかを分析する場合，実習のデザインは少し複雑になる。典型的な実験設定（たとえば，畑，2008）では，ベースライン条件（安静，３分間），刺激呈示条件（音刺激を30～50秒のランダムな間隔で10回程度呈示し，合計で６分間程度），ベースライン条件（安静，３分間）の３段階を設定し，これら３つの段階の決められた時点（たとえば，ベースライン条件の開始時点から140秒，160秒，180秒が経過した時点，および，刺激呈示条件中の各刺激呈示の直前の時点）で測定したコンダクタンスを平均して，刺激呈示条件により引き起こされる皮膚コンダクタンス水準の緩やかな変化を分析する。さらに，刺激呈示条件内において，各刺激呈示後の30秒間に一過性で起こるコンダクタンスの急激な変化を１秒ごとに記録し，得られた皮膚コンダクタンス反応の波形（刺激呈示直前を含む31個の測定値）をすべての刺激で平均することにより，皮膚コンダクタンス反応の特徴（潜時，ピーク値，回復にかかる時間など）も分析する。

刺激呈示により引き起こされる皮膚コンダクタンス反応や皮膚コンダクタンス水準の変化は，どちらも個人差が大きいことが知られている。そのため，学生は，そのような個人差をもたらす心理学的な諸要因についてより深く学びたくなるに違いない。

2.3　発展的な実習

心拍や皮膚電気活動を用いた自律神経反応の実験実習が可能であることが確認できたら，実習の質をより高めていくために，さまざまなバリエーション

4　皮膚コンダクタンス変化における「コンダクタンス（伝導度）」とは，電流の伝導しやすさ（抵抗値Ωの逆数）のことであり，その値は発汗により大きくなる。

にチャレンジすることをお薦めする。たとえば，顕在性不安尺度（Manifest Anxiety Scale: MAS）や状態－特性不安検査（State-Trait Anxiety Inventory: STAI[5]）を用いて参加者の不安傾向をあらかじめ測定しておき，不安傾向と自律神経反応との関係を分析することもできる。心拍や皮膚コンダクタンス変化は，参加者の不安傾向に大きく左右されるので，学生は性格心理学と生理心理学のかかわりに興味を抱くかもしれない。あるいは，ストレス条件に代えて，漸進的弛緩法[6]などによるリラックス条件をベースライン条件と対比させれば，臨床心理学への興味を引き出すことにつながるだろう。さらに，アイオワ・ギャンブル課題[7]などにおいてリスクの高い選択肢を選ぶときの皮膚電気活動を分析するようなハイレベルの実習が実現できれば，心と脳と身体をめぐる最先端の研究テーマ（Damasio, 1994 田中訳　2010）に興味を誘うこともできるだろう。このように，毎年内容のレベルアップに挑戦することは，教員にとって実習を担当する醍醐味の１つである。

３．バイオマーカーの測定

3.1　さまざまなストレスマーカーと唾液アミラーゼ

バイオマーカー（biomarker）とは，生体内で起こる生物学的な変化を把握するための指標（マーカー）となる生化学物質のことである。たとえば，ガンなどの特定の疾患の発生や進行をその濃度に反映するような血液中のタンパク質は，その一例である。一方，生理心理学では，ストレスにより生体内で引き起こされる生物学的な変化を定量的にとらえるためのバイオマーカーをストレスマーカーと呼び，ストレス反応の程度や性質を評価するために広く用いてきた。

これまでの研究から，ストレス事態では，２種類の生体ストレス反応が生じることがわかっている。その１つは，交感神経－副腎髄質系（sympatho-adrenal medullary system: SAM system）と呼ばれる自律神経系のストレス反応であり，これにより，瞳孔の拡大，心拍数の上昇，血圧の上昇，手のひらなどの発汗，胃腸の血液量の減少などが引き起こされる。前節で紹介した自律神経反応の実験は，このストレス反応を見ていたことになる。もう１つは，視床下部－脳下垂体－副腎系（hypothalamic-pituitary-adrenal system: HPA system）と呼ばれる内分泌系のストレス反応であり，これにより，血糖値の上昇，血小板の凝集機能の増加，免疫力の低下などが引き起こされる。

近年の分子分析技術の進歩により，これらの２つの系における生物学的な変化を，血液，唾液，尿などに含まれるさまざまなストレスマーカーにより定量的にとらえることが可能になってきた。たとえば，副腎皮質ホルモンであるコルチゾール，副腎髄質ホルモンであるノルエピネフリン，生理的活性アミンであるセロトニン，生体防御を担う抗体である免疫グロブリンなどは，数多くの生理心理学的な研究において有用なストレスマーカーとして活躍してきた。だが，それらのストレスマーカーは，血液由来の場合が多く，通常の心理学実習で用いるのは難しい。というのも，血液採取は，参加者に苦痛と危険を与え（著しいものでないが，侵襲的である），医師の指導監督が必要であるからである。さらに，血液からストレスマーカーの値を得る手法にも，現状では，技術，費用，時間の面で大きな壁がある。

一方，コルチゾールや免疫グロブリンなどのストレスマーカーは，血液のほかに唾液からも採取することが可能であり，採取手続き自体は実習に比較的適している。だが，これらのストレスマーカーを検出するためには，遠心分離器や免疫学的測定キットなどの特殊な装置が必要となり，実習にこれらを用いることはあまり現実的ではない。

ところが，最近，唾液中に含まれるαアミラーゼ（以下，唾液アミラーゼと呼ぶ）と呼ばれる物質を

---

[5] ２つの尺度は，いずれも世界的に広く使われている不安尺度で，現在，日本語版としては，「MAS顕在性不安尺度」（三京房），「新版　STAI　状態—特性不安検査」（実務教育出版）が利用できる。

[6] 20世紀前半にアメリカの心理学者ジェイコブソン（Jacobson, E.）によって創始されたリラクゼーションの技法。身体の一部分（たとえば右腕の筋肉）から始めて，順次，身体の筋肉を弛緩させてゆく。「積極的休養法」とも呼ばれる。

[7] 参加者が４つのカードの山の１つを選んでカードをめくると，カードの裏に書かれた報酬か罰が適用されるギャンブル課題である。４つの山の中の２つは，報酬や罰の金額が大きく，かつ，全体的な期待値がマイナスとなり（リスクの大きい選択肢），残りの２つの山は，報酬や罰の金額が小さく，かつ，全体的な期待値がプラスとなる（リスクの小さい選択肢）。参加者は，選択を繰り返すにつれて，どれがリスキーで不利な選択肢であるかを次第に学習するが，参加者がどの選択肢がリスキーであるかをまだ自覚していない段階であっても，リスキーな選択肢を選ぶときには自律神経系の反応が見られるとされている。

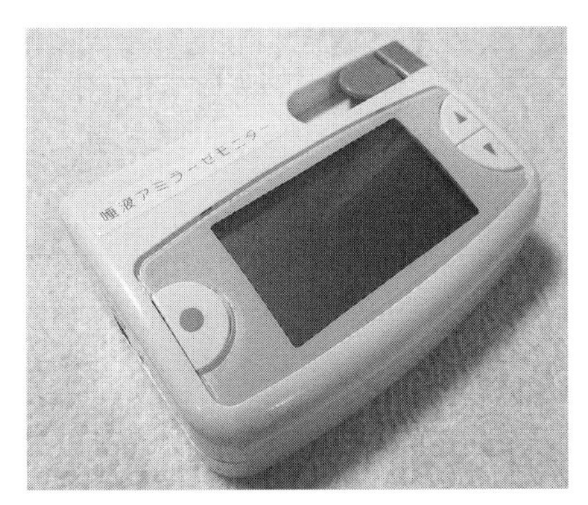

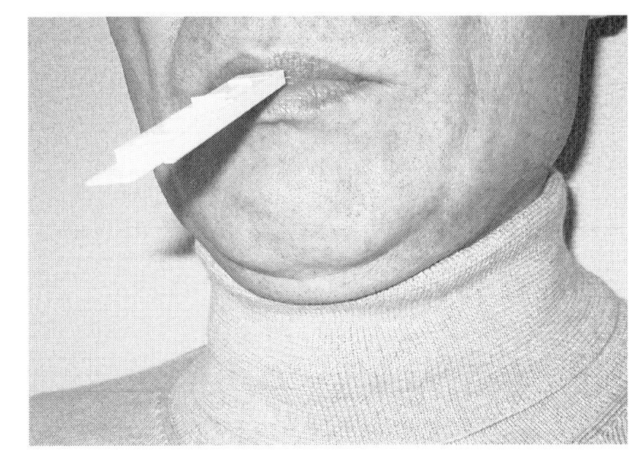

図9-3　唾液アミラーゼモニターの「本体（左）」と「唾液採取チップ（右）」

安価で簡便に測定する手法が開発され（山口，2007），人間工学，心理学，医学，看護学などの研究に急速に広まってきた。この手法を実習に生かさない手はない。そこで，以下では，唾液アミラーゼをストレスマーカーとして用いる実習を紹介しよう。

3.2　唾液アミラーゼ測定の原理と方法

⑴　唾液アミラーゼ測定の原理

唾液アミラーゼは，先に述べた交感神経－副腎髄質系（HPA 系）と視床下部－脳下垂体－副腎系（SAM 系）という２つの系の両方により分泌が促される。２つの系統のうちで，前者の交感神経系による反応は比較的迅速であり（闘争・逃走ではスピードが重要である），10分以内に最大値となり，原因となる事態がなくなれば20分ほどで平常に戻る。したがって，唾液アミラーゼの測定は，限られた実習時間内にストレス反応を学生に体験させるのに適したストレスマーカーである。

アミラーゼが消化酵素の一種である（実際，ジアスターゼという名称で消化剤としても広く用いられている）ことを考えると，唾液アミラーゼの活性化は，交感神経系の活性化により引き起こされる闘争・逃走反応とは矛盾するのではないか，と思われるかもしれない。しかし，唾液アミラーゼ自体に抗菌作用があることから，おそらく唾液アミラーゼの活性化もまた闘争・逃走反応に分類される自己防衛反応の一種であると考えられている。

アミラーゼは，デンプンなどの糖類を加水分解する。唾液でデンプンを変成させるという小学校理科の実験で調べているのは，まさにこの加水分解現象である。したがって，人から採取した唾液が特定の物質を加水分解する程度を調べれば，その唾液に含まれるアミラーゼの量を推定することができる。現在広く使われている測定装置では，アミラーゼにより加水分解される物質（これを基質という）として，クロモゲンという化学物質が使われている。この物質は，加水分解されると黄色に発色するという便利な性質を持っている。そのため，この物質が唾液アミラーゼの加水分解により黄色に変化した程度を分析すれば，唾液に含まれるアミラーゼの量を推定することができる。

⑵　唾液アミラーゼモニターによる測定

ここでは具体的な測定装置として，唾液アミラーゼモニターという機器（ニプロ製）を取り上げる（図9-3）。この装置は，唾液採取のための使い捨ての「唾液採取チップ」と，唾液アミラーゼ活性を測定するための「本体」からなっている。

この装置の使い方は，きわめてシンプルである。また，測定にかかる時間は非常に短く，唾液採取チップを口にくわえて唾液を採取するのにかかる時間が30秒間で，採取後に唾液採取チップを本体にセットして唾液アミラーゼの量を測定するのにかかる時間が１分間程度である。しかも，この機器は，本体が２万円程度，20回分の使い捨ての唾液採取チップが３千円以下で購入できる。数人で１台という見当で本体を用意すれば，多人数のクラスで集団形式の実習にも用いることができる。

測定時の留意事項として，まず，測定前の30分間は，飲食，喫煙などを避けてもらう。なぜならば，飲食などにより唾液アミラーゼ活性は急激に増大するからである。また，唾液アミラーゼの分泌量には日内変動があるので，日を越えて実習を行う場合には，同じ時間帯に測定を行う。さらに，不純物をあらかじめ洗い流すために，測定前（実験の５分以上前）に口を水ですすいでもらう。

3.3　唾液アミラーゼを用いたストレス反応の測定

ここでは，唾液アミラーゼを用いた簡単なストレスマーカーの実習を紹介する。使用する課題としては，音楽鑑賞や自律訓練法[8]などのように，ストレスマーカーをマイナスの方向に変化させる課題（リラックス条件）でもよい。だが，ストレスマーカーの変化をより明確に体感してもらうためには，クレペリンテスト（単純加算課題，17章参照），鏡映描写課題（６章参照）などのように認知負荷が大きく，ストレスマーカーをプラスの方向に大きく変化させる課題（ストレス条件）のほうが適している。

学生は数名で一組となり，一組に１台のストレスマーカー測定機器と，参加者の人数分（人数×３）の唾液採取チップを用意する。教員は，全体的な手続きの説明とストレス課題の説明を最初に行う。実験は，テスト前の安静条件を10分間，ストレス課題の条件を10分間，テスト後の安静条件を20分間とする。これらの時間設定は先述した交感神経の動作特性に対応するものになっている。これら３つの条件それぞれの終了直後に測定時間（たとえば３～５分）を設け，唾液を採取しアミラーゼ量を求めて記録する[9]。学生全員の実験が終わったら，全員分のデータを整理・分析する。

唾液アミラーゼの絶対量については個人差が大きい。そのため，実習で得られたデータに統計的検定を適用する場合，参加者内比較を行えば，有意差を検出しやすくなる。たとえば，各参加者の３つの条件における測定値を一組のデータとして，分散分析（参加者内要因で３水準）の手法を適用するとよい。

また，時間的余裕があれば，各条件の終わりに，気分プロフィール検査（Profile of Mood States: POMS[10]）やSTAIの状態不安（特定時点での不安）などの心理検査も行い，それらの結果と唾液アミラーゼ活性との相関なども分析するとよい。これにより，学生は心理検査の有効性もまた実感できることになる。実習後には，前述のHPA系とSAM系を詳しく説明した資料（藤澤他，1998 などを参照）を配布して学習を促すとよいだろう。

3.4　発展的な実習

学生の能動的な学習態度を引き出すためには，教員が決めた実習の手続きを学生に忠実に実行させるだけではなく，学生自身が実験を主体的に設計するタイプの実習が有効である。そのような実習を，ここでは「問題解決型実習」と呼ぶことにする。幸い，唾液アミラーゼモニターは，随時性，移動性，簡便性に優れており，いつでも，どこでも，簡単にストレスマーカーを測定することができるので，学生のオリジナリティを引き出す問題解決型実習に適した装置である。ただし，心理学実験についての高レベルの知識が要求されるので，初級実習の一部に組み込むのであれば，学期の最後の方に複数週にわたる形で配置するなどの工夫も必要であろう。

問題解決型実習では，学生を数名ずつのグループに分け，チームで活動を行う。教員は，実習の開始時に，情動とストレスについての実験テーマを学生に提示する。ここでは，「スピーチがストレスマーカーに及ぼす効果」のようなテーマを与える場合を例にとり説明する[11]。

まず，実習の開始時に，教員がテーマの意味，背景的知識，モデル実験などを説明する。次に，学生に対して，スピーチをストレス課題とする実験の具体的な手続き（実験条件，実施場所，教示など）をグループごとに設計することを求める。その後，グループ内で相談するための時間を設定し，各グループで実験の手続きが決まったら，学生は学内の適当な場所で，自分たちで設計した実験を実施する[12]。

[8] 20世紀前半にドイツの心理療法家シュルツ（Schultz, J.）が体系化した心理生理的治療法であり，リラクゼーションの技法としても広く普及している。「手足が重い」「手足が温かい」など，特定の身体部位に対する自己暗示を段階的に行う。

[9] 唾液採取後，本体での計測はすみやかに行う必要がある。時間経過によって唾液の水分が減り，アミラーゼ量が濃縮されるおそれがあるからである。したがって，１台の本体で同時に測定する参加者は少ないこと（できれば１人）が望ましい。また参加者が自身で測定も行う場合，測定値がその後の条件に影響する可能性が考えられる。そこで，ペアで実験者と参加者を交代して行ったり，参加者と実験者の役割分担を設けたり，といった工夫が考えられる。もっとも，実習では体験に重きをおくということで，あまり細かいことは言わずに，数人が順次，自分の結果を測定・記録するというのでも十分だろう。

[10] 「緊張」「抑うつ」「怒り」「活気」「疲労」「混乱」の６尺度からなる「日本語版POMS」（金子書房）が利用できる。

[11] このほかにも，「虚偽報告がストレスに及ぼす効果」，「吊り橋と石橋における生理的喚起の比較」など，さまざまなテーマが考えられるだろう。

[12] 通常の場所以外を実習に用いる場合，教員は学生に事故や人権侵害などの問題が生じないよう注意を促し，各グループにおける実験設定の安全性をあらかじめ確認する必要がある（25章参照）。

学生が実際に実験を設計しようとすればすぐにわかることだが，このような実験を行う上での最も大きな問題は，聴衆が存在しない安静条件と聴衆が存在するストレス条件の設定方法である。そのための工夫として，たとえば，あるグループは，学内で多くの学生が行き交う通路とそれに隣接する静かな教室を利用するという方法を思いつくかもしれない。つまり，静かな教室内でスピーチの前後の安静条件を過ごし，不特定多数の聴衆が行き交う通路でストレス条件を行うのである。そこから派生して，「参加者に要求するスピーチの内容を独立変数として操作しよう」，「ストレス条件の中でもアミラーゼ活性に影響する可能性のある数として，実際に通路を通過した人数や性別を記録しておこう」などのような発展的アイデアを思いつくグループも出てくるだろう。各グループが実験を終えたら，翌週には，実習のまとめとして，各グループの実習内容と得られた結果について発表を行う。それらの成果に対して教員や学生が的確なコメントや質問を行えば，実験実習の授業も「白熱教室」の仲間入りである。

4．中枢神経系の反応の測定

精神活動にともなう中枢神経系反応の測定もまた，学生の興味を高める上で有効な実習である。中枢神経系の反応を測定する機器の進歩はめざましく，低価格の脳機能イメージング機器が次々に登場している。実際，脳波計（electroencephalograph: EEG）や近赤外分光法（near-infrared spectroscopy: NIRS）などの測定機器は年々低価格化が進行している。そうはいっても，現時点では，予算がよほど潤沢でない限り，実習用に導入できるような機器は見当たらないというのが実情である。しかし，脳波の実習であれば，少しの努力により，現時点でもかなりの低コストで実習を行うことができる。

4.1　脳波測定の基礎

脳波とは，頭皮上に設置した電極（これを関係電極という）と耳たぶにとりつけた電極（これを基準電極という）から電位差を導出して，アンプなどで増幅したものであり，交流電源や参加者の体動によるノイズを除去した後に，電位の波状の変化として記録される。

関係電極は，国際１０－２０（テン・トエンティ）法により頭皮上に設置するのが一般的である。これは頭皮上の相対的な位置関係（部位間の10％または20％を基準にとることから10-20法と呼ばれる）を基準として電極を配置する方法であり，参加者の頭部の大きさにかかわらず，常に測定位置が特定可能となる。また，この方法で設置された電極の位置に対応する大脳皮質の解剖学的位置がほぼ解明されているという利点もある。

正常時の脳波は，周波数により，δ波（デルタ波，0.5～3.5Hz），θ波（シータ波，４～７Hz），α波（アルファ波，８～13Hz），β波（ベータ波，14～25Hz）などに分類される[13]。一般に，δ波は深い睡眠時，θ波は浅い睡眠時や注意集中時，α波は安静・リラックス時，β波は精神作業時に出現するといわれているが，精神活動との詳細な対応関係はまだ解明されていない。

本格的な脳波測定機器（脳波計や脳波測定機能をもつポリグラフなど）は高価格である。また，オーソドックスな脳波計測では，参加者には，十分に洗髪してもらう，ペースト（ジェル）を使って多数の電極を設置する，測定中はできるだけ不動の姿勢を取ってもらうなどの負担がかかる。さらに，ノイズの混入を低減するために，シールドルーム（外部の電磁波が遮断される部屋）を使わなければならない場合もある[14]。そのため，脳波研究者のいない大学や学科で脳波を扱う実習を行うことは，容易なことではない。

4.2　簡易脳波計による脳波測定：αブロッキングを調べる

幸い，簡易脳波計，脳波モニターなどと呼ばれる簡便な脳波測定機器が市販されており，そのいくつかは実習予算の範囲内で購入可能である。それらは，耳たぶに基準電極を設置し，頭髪のない前頭に電極を設置して，それらの間の電位の変化を測定し，高速フーリエ変換などにより構成要素となる周波数成分の中で相対的にパワーの強い周波数の脳波を表示しているだけのものがほとんどである。また，眼球運動や筋肉運動などによるノイズの影響が大きいものも多く，脳波を含む生体信号の大雑把な傾向を測定しているにすぎないとも考えられる。それでも，このような簡易脳波計があれば，αブロッキングなどの基本的な脳波現象を体験的に学ぶことができ

---

[13] Hz はヘルツと読む。周波数の単位で，１秒間に１周期（１サイクルの波）であれば１Hz である。α波であれば，１秒に８～13回の周期があることになる。

[14] ペーストが不要で扱いやすい電極を採用する機器や，ノイズに対する頑健性を高めた機器もあらわれている。

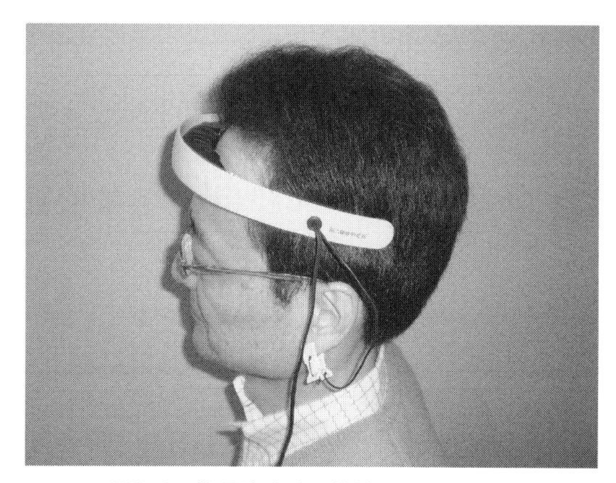

図9-4　簡易脳波計を装着している様子

る。以下では，簡易脳波計を用いた脳波実習について紹介する。

実習では数人に1台の簡易脳波計を用意し，実験者と参加者を交代しながら実験を行う。まず，実験者が，製品の説明書に従って，簡易脳波計を参加者に装着する（図9-4を参照）。特に電極を取り付ける位置や取り付ける方法については細かな指示があるので，細心の注意を払う。

実験では，ベースライン条件と認知課題条件の比較を行う。ベースライン条件では，実習生に目を閉じるように教示する。一方，認知課題条件では，心拍の実験で挙げた暗算による減算課題などのように，ある程度の認知的負荷を伴う精神作業を行ってもらう[15]。

実験の進め方は，基本的に自律神経系の実習と同様である。ベースライン条件（1分間），認知課題条件（1分間），ベースライン条件（1分間）の3段階で構成する。最初に，簡易脳波計の説明書に従って，脳波測定を1分間ずつ3回（計3分間）行うように設定する。また，実験中に教示を行うと脳波が変化するので，教員は，ベースライン条件で行う閉眼・安静，および，認知課題条件で行う作業について実験前に教示しておく。参加者に対して各条件の開始を知らせる合図を1分ごとに行う必要があるので，これについてもあらかじめ教示しておく。

正常時脳波は精神活動に対応して変化する。特に，閉眼安静時に優勢であるα波は，開眼，知覚刺激，精神活動などにより減衰することが知られている。これを，αブロッキング（α波阻止，alpha blocking），あるいはα波減衰（alpha attenuation）という。そこで，各条件においてα波が優勢であった時間を，簡易脳波計の出力結果から記録する。これにより，αブロッキング現象の出現を確認する。

実習時間に余裕があれば，これまで紹介した実習と同様に，認知課題条件の内容を変化させて，それらの結果を比較することもできる。さらに，さまざまな心理検査を実施しておき，性格傾向とアルファ波減衰の関係を分析するのも興味深い。脳波実習は，αブロッキングのような基礎的なものであっても学生にとってかなりインパクトがあり，脳機能と心理機能の関係について学生の学習意欲を高める効果は高い。

5．より深く学ぶために：推薦図書

生理・神経分野に関する基礎知識については，藤澤他（1998）が良書としてお薦めできる。堀・齊藤（1992,1995）では，この分野の著名な研究を多数，要領よく紹介している。宮谷・坂田代表編集（2009）は，ポリグラフや脳波計などのしかるべき機器を前提に，生理・神経分野の実習について解説している。生理・神経分野を健康心理学，発達心理学，社会心理学などの多様な分野に応用する試みについては，山崎・藤澤・柿木（1998）を参照してほしい。生体機能の測定全般についてのガイドとしては，加藤・大久保（2006）がある。

6．おわりに

生理・神経分野の実習に，実際の研究で用いられる本格的な測定機器を取り入れることは難しいのが現状である。だが，本章で紹介したように，少しの工夫により有効な実習を行うことは十分に可能である。また，この分野の技術開発は日進月歩であり，この分野の実習を取り巻く状況は改善されつつある。現時点でも，多人数の集団での実習が十分可能であり，実習生の数が少なければ，かなり高度な実習を行うこともできる。

実習に際しては，同じ大学の医療系や理工系の部門がもっている機器を利用させてもらうという選択

[15] 減算課題のほかに，本書のほかの章で扱っている課題を利用することもできる。たとえば，ストループテスト（12章，24章），ハノイの塔（15章）などである。ただし，精神作業に身体活動がともなわない課題のほうが実験条件の設定としては明快である。そこで，実施にあたっては，減算課題やストループテストであれば発声しない，ハノイの塔も実際の円盤操作はしないといった工夫をするとよい。

肢も，ぜひ，検討してほしい。最近，筆者は，ある実習科目において，自分の脳の断層画像を学内のMRI（magnetic resonance imaging，磁気共鳴映像法）で撮影し，得られた脳の輪郭情報から脳の３次元立体画像を作成する実習や，複雑な認知課題を遂行しているときの脳血流量の変化を近赤外分光法で測定する実習を行った。学生にとっては，自分の脳の３次元画像をパソコンの画面に表示し，その形状をマウスの操作によりさまざまな角度から眺めたり，認知課題遂行中の血流の変化を自分の脳画像の上に貼り付けたりするという，きわめて興味深い実習となった。この実習には相応の事前準備が必要であったが，認知神経科学に対する学生の興味を大幅に高めることができた。

心理学における実験実習の教育効果はきわめて高く，実習に携わる者が行う日々の努力は，次世代の心理学を支える主体の育成に直結している。関係教員には，たとえこの分野の専門家でなくとも，生理・神経分野の進歩を常にモニターし実習内容や実習環境の充実に努めていってほしいし，また，この分野の実習で有用な技術や工夫があれば公開してもらえるとありがたい。

◆引用文献

Benjamin, Jr., L. T.（Ed.）（2008）. *Favorite activities for the teaching of psychology*. Washington, DC: American Psychological Association.（ベンジャミン，Jr.. L.T.（編）中澤　潤・日本心理学会心理学教育研究会（監訳）（2010）. 心理学教育のための傑作工夫集――講義をおもしろくする67のアクティビティ――　北大路書房）
Damasio, A. R.（1994）. *Descartes' error*：*Emotion, reason, and the human brain*. New York: G.P. Putnam's Sons.（ダマシオ，A. R. 田中三彦訳（2010）. デカルトの誤り――情動，理性，人間の脳――　筑摩書房（2000年に講談社から邦訳が出版されているが，こちらのちくま学芸文庫版のほうが翻訳がよい））
藤澤　清・柿木昇治・山崎勝男（編）（1998）. 新生理心理学１　生理心理学の基礎　北大路書房
畑　敏道（2008）. “嘘発見器”電子キットによる皮膚電気活動の量的分析の試み　浜松医科大学紀要（一般教育），**22**, 35-41.
菱谷晋介（2009）. 皮膚コンダクタンス測定装置　菱谷晋介（編著）心理学を学ぶハード＆ソフト　ナカニシヤ出版　pp.69-86.
堀　忠雄・齊藤　勇（編）（1992）. 脳生理心理学重要研究集１　意識と行動　誠信書房
堀　忠雄・齊藤　勇（編）（1995）. 脳生理心理学重要研究集２　情報処理と行動　誠信書房
加藤象二郎・大久保堯夫（編著）（2006）. 初学者のための生体機能の測り方　第２版　日本出版サービス
宮谷真人・坂田省吾（代表編集）（2009）. 心理学基礎実習マニュアル　北大路書房
佐藤昭夫（監修）（2001）. 生理学実習 NAVI　医歯薬出版
山口昌樹（2007）. 唾液マーカーでストレスを測る　日本薬理学雑誌，**129**, 80-84.
山崎勝男・藤澤　清・柿木昇治（編）（1998）. 新生理心理学３　新しい生理心理学の展望　北大路書房

コラム3

スニッフィー（ソフトウェアを用いた仮想動物）による比較心理学の実習

1．反応形成を用いた動物実験

ヒトとヒト以外の動物は進化の中で共通の先祖から枝分かれした仲間である。動物（以下，ヒト以外の動物のことをこう表現する）の心を調べることで，ヒトの心が動物とどのように違うのか，あるいは，どれだけ「動物的」なのか知ることができるだろう。そして，ヒトの祖先がどのように今のような心を獲得してきたか理解できるかもしれない。

比較心理学（種間の比較が方法論の基礎にある）あるいは動物心理学などと呼ばれる分野では，言葉の通じない動物の心を調べるため，本来動物が自発的にはしない反応を獲得させ（反応形成（shaping）と呼ぶ），その反応を指標とする方法を採用することがある。たとえば，ラットのレバー押しやハトのキーつつきといった反応である。これらの反応の形成には，オペラント条件づけ（operant conditioning）の原理を使用する。オペラント条件づけとは，簡単に言えば，人間や動物の自発的な行動の後に報酬が与えられるとその行動が増加し，また罰が与えられるとその行動が減少するといった学習過程を指す。オペラント条件づけは，連合学習の一種である。オペラント条件づけでは，刺激（たとえばレバーの出現），自発反応（レバーを押す動作），反応の結果（食物報酬）の３事象の関係が学習されると言われている。

比較心理学の実習では，ラットのレバー押しやハトのキーつつきなどの反応形成を課題にすることが多い。しかし，生きている動物を使った実習が難しいケースも現実には多いだろう。そこで，簡易な代替案として，市販のソフトウェアを使う方法を紹介する。「ヴァーチャル・ラット」であるスニッフィーは，パソコン画面上の仮想のラットで，ユーザーが訓練してレバー押しを学習させることができる（Windows と Macintosh の両方に対応している）。本物の動物に触れることはできないが，強化スケジュールと反応パターンの関係について検討することができるなど，実験動物を使わずに動物実験の感覚を味わえることが大きな魅力である。

2．スニッフィーを使った実習

2.1　目的と概要

スニッフィーにレバー押しを学習させる訓練を通じて，オペラント条件づけについて理解を深めつつ，動物を使った心理実験への導入を図る。解説からレバー押しの完成まで90分授業２コマ程度の時間が見込まれる。初学者は通常，動物を使って行動実験する実感が持てないので，レバー押しの訓練を通じて動物実験のイメージをつかむことが第一目的である。

2.2　実習の準備

この実習はパソコンがあればできるので，複数の実習生が各々１台のパソコンを使って同時並行でスニッフィーの訓練を進めることができる。複数の実習生で１台を共有する形での実習も可能であるが，１人１台が用意できれば，それに越したことはない。教員が最初に解説し，訓練では教員やティーチングアシスタントが適宜巡回してサポートする。

パソコンの用意ができたら，スニッフィーの書籍（Alloway, Wilson, & Graham, 2012）に付属しているCD-ROMの実行ファイルを起動する。ソフトウェアのロゴが呈示されたあと，実験箱（オペラント箱）内の様子といくつかの窓が表示される（図１）。

メインの実験箱は動画画面になっていて，奥の壁

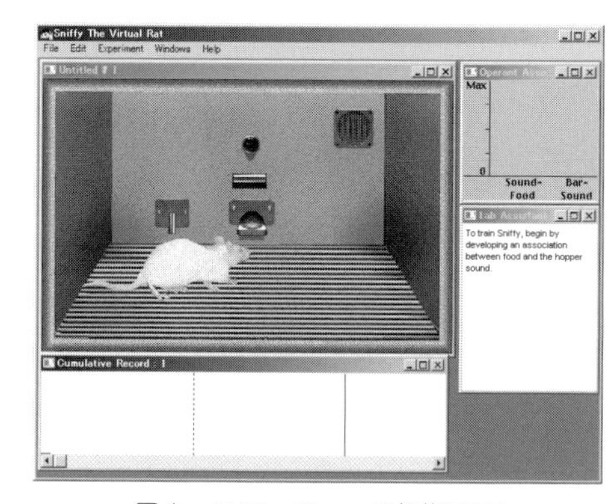

図１　スニッフィーの初期画面

の右上にスピーカー，左下に給水口，中央上にランプとその下にレバー，さらにその下に給餌口が見える。レバー押しの学習では，レバーと給餌口だけを用いる。

動画画面の右横にある“Operant Association”という窓は，スニッフィーが学習した連合（刺激間の連合や刺激—反応間の連合）の仮想データを表したもので，実験箱の下にある“Cumulative Record”という窓は，レバー押しのその時間までの合計反応数（累積反応数）を表している。*この2つの窓については，このコラムでは扱わず，サポートサイトで解説する*。右下の“Lab Assistant”窓には，実験を進める上で参考になるメッセージが示される。

2.3　訓練の基本原理

訓練を開始すると，すでにスニッフィーはオペラント箱内で歩いたり，壁に向かって後脚で立ったり，時々毛づくろいしたりしていて自由に動き回っているが，目標であるレバー押しを自発することはない。既存の行動レパートリーにある特定の行動からレバー押し反応に近い標的となる行動を段階的に自発させ，徐々にレバー押し反応にまでもっていく（逐次接近法と呼ぶ）。

この逐次接近法で重要なのは，強化と消去である。既存の行動レパートリーの中から，よりレバー押しに近い特定の行動が見られたとき，画面のレバーをクリックすると，「ポン」という音が鳴るとともに給餌口から餌が出てくる（強化する，という）。これを繰り返すと，その標的行動は次第に頻繁に見られるようになる。安定して標的行動が見られるようになれば，強化を止める（消去する，という）。標的行動の頻度は減るが，かわりにさまざまな行動が見られるようになる。これは最初の行動レパートリーに戻ったのではなく，レバーに関連した行動パターンがより多く含まれた行動レパートリーが形成されている。新しい行動レパートリーからレバー押し反応により近い行動を選び，新たな標的として強化する。このように強化，消去，標的行動の変更を繰り返し，すでに見られる行動からレバー押し反応へと近づけていく。

強化の際に重要なのは，標的となる行動が見られたら，即座に餌（強化子と呼ぶ）を呈示することにある（即時強化）。標的となる行動をしてから数秒も経ったのちに餌を与えても，餌を与えた直前の行動が強化されるだけである。また，いくら餌を与えてもスニッフィーがその餌に気づいて食べなければ強化したことにはならない。そこで，給餌装置（マガジン）の動作音を餌の合図として利用することで，標的行動をうまく即時強化できる。マガジン音が餌の合図となるようにするこの訓練は，マガジントレーニングと呼ばれ，反応形成の前に行われる。

2.4　予備訓練：マガジントレーニング

訓練はマガジントレーニングから開始する。最初，スニッフィーは，餌が出てきてもすぐには餌を食べようとはせずに辺りを動き回っているが，あるとき偶然に給餌口の餌を見つけて食べる。再びレバーをクリックすると餌が出てくるが，やはりすぐには餌に気づかず，しばらく経ってから餌を見つける。これを何度も繰り返して，マガジン音が鳴るとすぐに餌を見つけて食べるようになればマガジントレーニング成功と言える。

2.5　本訓練：レバー押しの訓練

マガジントレーニングができたら，いよいよレバー押しの訓練に移行する。いつ移行すべきかといったアドバイスは，右下の“Lab Assistant”窓にも表示される（*サポートサイト参照*）。

まず，スニッフィーの既存の行動レパートリーから最初の標的行動を選ぶ。標的行動は，レバー押し反応にできるだけ近い行動で，ある程度高い頻度で自発するような行動であるとよい。たとえば，レバーの方を向く行動が最初の標的行動として考えられる。標的行動を選択したら，その行動が見られたときに，レバーをクリックして標的行動を強化する。マガジン音が鳴ると餌が出てくるということをスニッフィーは学習しているので，うまく即時強化できるはずである。強化したら，またレバーとは違う方を向いたりするかもしれないが，再度レバーの方を向くまで強化するのをひたすら待つ。このようなやり方なので，いくらレバー押し反応に近いとはいえ，低い頻度でしか見られない行動（たとえば，レバーの近くで前脚を上げる，など）を最初の標的行動に設定すると標的行動が見られるまで長時間待たなければならず，なかなか訓練が進まないだろう。

ある程度まで標的行動が見られるようになったら，今よりもさらにレバー押しに近い反応を標的行動に設定しなおさなければならない。たとえば，レバーの方を向いている時間が長くなってきたと思ったら，レバーに近づく行動を標的とし，それもクリアすれば，レバー付近で顔を上に向ける行動，前脚を床か

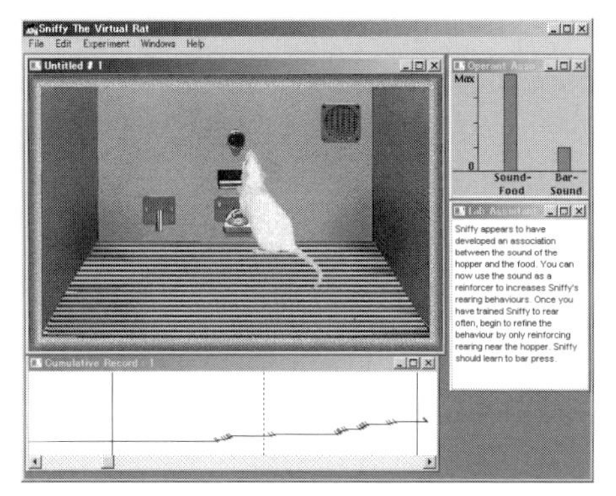

図2　自らレバーを押し，餌を獲得するスニッフィー

ら上げる行動といった標的行動を設定する。

新しい標的行動がなかなか生起しない場合は，前の標的行動に戻すが，簡単に戻すようなことはせず，新しい標的行動が見られるまでしばらく待つことも重要である。レバーの方を向いたまま顔や前脚を上げる行動を強化していると，そのうちレバーに前脚が当たって，偶然レバーが押されることがある（図2）。ここまできたら，最終的な標的行動を変えることはせず，スニッフィーがレバー押しを自発するまで同じ行動を強化するとよい。

レバー押し直前の標的行動を辛抱強く強化するようにすれば，最初はわずかにしか見られないレバー押しも，やがて間隔が徐々に短くなり頻繁に自発されるようになるだろう。ユーザーがクリックして標的行動を強化せずとも，休むことなくレバーを押しては餌を食べる行動を安定してとるようになれば，レバー押しの反応形成が完了したと言える。

2.6　レポートについて

2.1で述べたように，この実習の目的はオペラント条件づけを用いた動物実験への導入を図ることにあるので，訓練者の強化の基準が変化することにより，どのようにスニッフィーの行動が変化したか，なにか難しいことや工夫したことがあったかなどをまとめてレポートとする。

2.7　発展的な実習：強化スケジュール

どのような条件下で強化をするか，つまり，反応や時間と強化との関係規則を強化スケジュールという。たとえば，レバー押しごとに強化すると連続強化だが，反応の回数に従って20回ごとに強化する（強化後の19回のレバー押しは強化せず，20回目の反応で強化する）と，これは固定比率スケジュールと言われる。ほかにも固定間隔，変動比率，変動間隔といったスケジュールがある。

このソフトウェアでは，強化スケジュールを変更することができ，スケジュールごとに違う反応パターンをスニッフィーが見せるので，発展学習に利用できる。この実習には，解説も含めてさらに90分授業2コマ程度の時間が必要である。

3．本物の動物実験について

本物の生きたラットを用いた実験においては，オペラント箱にラットを入れる前に準備が必要になる。

まず，本物の動物の反応形成でも餌で強化するが，このとき被験体の動物が満腹であると学習効率がよくない。事前に体重を減らし，実験直前は空腹にしておく。ただし，過剰に体重を減らすことは，動物の健康を危険にさらしかねないので，厳重な配慮が必要である。

また，実験開始時に動物は，それまで経験したことのない実験箱に突然入れられる。マガジントレーニングの際も同様で，自然界では決して聞くことのない人工的な機械音が突然鳴る。このような状況下で，多くの本物の動物は，いかなる危険が生じても対応できるよう，微動だにせず身構えるような緊張状態になる（フリージング）。この緊張を解きほぐすには，その環境は安全で何も危険なことはないということを経験させ，慣れさせる以外にない。多少の時間を要するが，しばらく何も起こらなければ，それまで全く動こうとしなかった動物も次第に動き始めるようになる。こうした環境や刺激に対する慣れの過程を馴化と呼ぶ。馴化は特別な操作が必要なわけではなく，ひたすら辛抱強く待つことになる。

4．より深く学ぶために：推薦図書

反応形成や強化スケジュールについては，スニッフィーのソフトウェアの解説書（Alloway et al, 2012）に詳しい。また，反応形成を始め，オペラント条件づけを利用した研究法については，堀（2011），牛谷（2011）を参考にしてほしい。オペラント条件づけを含むより広い学習のことを学ぶには，実森・中島（2000）とメイザー（Mazur, 2006　磯・坂上・川合訳　2008）は定評がある。

動物を対象とする心理実験に関する一般向けの読みやすい書籍としては，藤田（2007）と渡辺（1995）

を手に取るとよい。前者は多くの動物種で行なった自身の実験を多数紹介している。後者はピカソとモネを見分けるハトをはじめとして，ハトを用いた実験が中心である。

◆引用文献

Alloway, T., Wilson, G., & Graham, J.（2012）. *Sniffy the virtual rat pro.* Version 3.0. Belmont, CA: Wadsworth.

藤田和生（2007）．動物たちのゆたかな心　京都大学学術出版会

堀　耕治（2011）．オペラント条件づけ　廣中直行（編）　心理学研究法３　学習・動機・情動　誠信書房　pp.41-67.

実森正子・中島定彦（2000）．学習の心理　サイエンス社

Mazur, J. E.（2006）. *Learning and behavior.* 6th ed. Upper Saddle River, NJ: Prentice Hall.（メイザー, J. E. 磯　博行・坂上貴之・川合伸幸（訳）（2008）．メイザーの学習と行動　日本語版第３版　二瓶社）

牛谷智一（2011）．知覚・認知の種間比較　山口真美・金沢　創（編）　心理学研究法４　発達　誠信書房　pp.223-249.

渡辺　茂（1995）．認知の起源をさぐる　岩波書店（岩波科学ライブラリー）

10章
単語記憶の再生

覚えたとおりに思い出すのか？

◇実習の前に◇

1．記憶の実験的研究

記憶というと何を思い浮かべるだろうか。試験にそなえて勉強して知識を覚えることや，あるいは同窓会で友人と話したりして過去の出来事を思い出すことかもしれない。こうした記憶は，何か物事を覚えること，忘れずにとどめておくこと，そしてそれを思い出すことの3つのプロセスから成り立っていると考えられている。このような一連のプロセスはそれぞれ，記銘，保持，想起と呼ばれる。記銘の際には，外部の環境の情報を，人間が処理できる形式で取り入れる。このような心的処理は符号化と呼ばれる。符号化を経た情報は，それが思い出されるまで保持される（情報を保持しておくことは貯蔵とも呼ばれる）。この保持されている情報は，何らかのきっかけや手がかりがあって検索されて想起される。

特定の記憶現象（たとえば，試験勉強で覚えた内容を思い出すこと）が，どのようにして生じたのかを明らかにするためには，記銘，保持，想起の3つのうちのどのプロセスがどのように働いたのかを調べる必要がある。試験勉強にしても昔の思い出にしても，日常場面での記憶経験の多くは長時間にわたる複雑な営みなので，そのプロセスをとらえるのは容易ではない。記憶の基礎的なメカニズムを明らかにするためには，もっと単純化した形の研究が必要である。そこで，実験参加者にあらかじめ何かを覚えて（記銘して）もらい，管理された保持期間を経て，それがどのようにして思い出される（想起される）のかを検討する実験的なアプローチが有効である。心理学における記憶研究は，こうした実験的な研究を核として，百年あまりを経てきたと言える。本章の実習では，実験的な記憶研究の古典的な例と，最近の例を取り上げる。

2．記憶における再生と再認

記憶の実験では，参加者に何らかの形で想起を求める必要がある。記憶の想起形態における最も基本的な区分として，再生（recall）と再認（recognition）がある。

再生とは，覚えている内容をそのまま再現する方法である。たとえば，「昨日の夕食のメニューは何でしたか？」と質問して思い出してもらうのは再生である。実験では，参加者に「覚えたものを思い出して（書いて，言って）ください」と求めるのが基本形で，これは自由再生と呼ばれる。手がかり再生と言って，手がかり（単語を覚えたのであれば，最初の文字・音や単語が属するカテゴリー—食べ物，鳥など—）を与える手続きもある。

再認では，覚えた内容そのものにあたる情報が与えられ，覚えたものか否かを適切に特定できるかを調べる。たとえば，「昨日の夕食のメニューはカレーですか？」と質問して，イエス・ノーで答えてもらうのは再認である。典型的な実験では，記銘内容にあったもの（旧項目）とそれ以外のもの（新項目）から成るリストを示して，各項目について記銘したものか否かの判断を求める。

記憶の心理学的実験で用いられる素材は多様である。その中で最も基本的なものの1つは単語リストの記憶である。本章の実習では単語リストを記銘してもらい，再生法を用いて記憶の特徴を調べる。私たちは，どの程度の量の単語を覚えることができるのだろうか。また，思い出した記憶はどの程度，正確なものであろうか。このような問題について，典型的な実験手続きを用いて検討する。

本章の実験は実際に単語を覚えてもらい，思い出してもらう。実験の仕組みについては，あらかじめ知らないことが望ましいので，（特に指示があった場合を除いて）次のページ以降の説明は，実験が終了するまで読まないこと。

◇実　習◇

1．目　的

視覚呈示した単語リストに対する自由再生を求める実験を行い，記憶の特徴について検討する。具体的な問題として，まず単語リストにおける位置と記憶成績の関係（系列位置効果）を調べる。さらに虚再生について検討するため，通常の単語リストとDRM手続きによる単語リストにおける記憶の正確さに関して調べる（虚再生とDRM手続きについては，「解説」の2を参照）。

2．方　法

2.1　実験計画

系列位置効果については，系列位置を要因（参加者内）とする，1要因5水準の実験である。単語リストは15語からなり，系列位置（呈示順序）によって最初から順にA，B，C，D，Eの3語ずつの5つの水準に分ける。独立変数は系列位置，従属変数は正再生数とする。

虚再生については，単語リストの種類を要因（参加者内）とする，1要因2水準の実験である。単語リストには，通常のリスト（以下，通常リスト）とDRM手続きによるリスト（以下，DRMリスト）の2種類があり，全参加者が「通常リスト→DRMリスト」の順序で，記銘・再生を行う。独立変数は単語リストの種類，従属変数は虚再生数である。

2.2　実施形態

教員が実験者となり，実習生全員を参加者とする集団式の実験で行う。全体で10人程度以上のデータがあることが望ましい。

2.3　装　置

集団式で実施するため，刺激の呈示にはパソコン，プロジェクター，スクリーンを用いる。実験実施プログラムはパワーポイントで作成したものが利用できる（*サポートサイトにファイルがあり，自動再生によって実施できる*）。

課題への回答にA4サイズの課題用紙を用いる（図10－1，*サポートサイトにある*）。実験では，リストごとに単純計算と再生を行う。すなわち，参加者は1つの単語リスト（15語）を記銘した後に，連続減算課題と再生課題を行う。課題用紙には，連続減算課題と再生課題を記入する欄が設けられている。

リスト	課題	回答
1	引き算	
	再生	
2	引き算	
	再生	
：	引き算	
	再生	

図10-1　課題回答用紙

連続減算課題で，参加者は，30秒の間，3桁の数から，3を引いた数の答えをできるだけたくさん，回答用紙の「引き算」の欄に記入する。たとえば，“358”が呈示された参加者は，“355”“352”“349”“346”のように答えから3を引いた数を次々と記入していく。

2.4　刺　激

DRMリストとして，宮地・山（2002）が作成した15語からなるリストから虚再生率の高いものを6つ用いる。DRMリストと単語の基本的な属性がそろうように，通常リストを6つ用意する。具体的には，DRMリストと通常リストとで，単語の使用頻度（天野・近藤，2000），種類（名詞，動詞，形容詞など），長さ（文字数と音数）がほぼそろうようにしてある。

2.5　手続き

通常リスト6つ，DRMリスト6つの順に，全部で12のリストで再生実験を行う。各リストでは，15語を1秒ずつ呈示し記銘を求め，30秒の遅延（単純減算課題を行う）の後，30秒の時間をとって自由再生をしてもらう。

実験者は，課題用紙を参加者に渡した後に，次のように教示を行う。

「この実験では2つのことを行ってもらいます。画面に呈示される単語を覚えることと，簡単な計算を行うことです。実験が始まると，画面中央に単語が1つずつ順番に呈示されます。それをできるだけたくさん覚えてください。

一続きで呈示される単語のことをリストと言いますが，1つのリストの単語の呈示がすべて終わると，画面に『計算』と出て，その横に3桁の数字が表示されます。数字が表示されたら，その数から3ずつ引き算をしていって，答えの数をできるだけたくさん書いてください。答えは，手元の用紙の『引き

表10-1　系列位置に関する個人の結果の集計表

リスト		正再生数												正再生率(%)					
		1	2	3	…	14	15	A	B	C	D	E	全体	A	B	C	D	E	全体
通常	1																		
	2																		
	⋮																		
	6																		
DRM	7																		
	8																		
	⋮																		
	12																		
平均	通常																		
	DRM																		
	全体																		

算』の欄に書きます。30秒たったら『計算止め』と言いますので，計算を止めてください。

続けて画面に『再生』と表示されますので，今度はできるだけたくさんの単語を思い出して，手元の用紙の『再生』の欄に書いてください。単語が呈示された順番のとおりに答える必要はありませんし，呈示された文字表記のとおりに書く必要はありません。漢字で出てきたものをひらがなやカタカナで書いてもかまいません。全部思い出せなくてもかまいませんから，覚えているものだけを書くようにして，無理に想像して書いたりはしないでください。30秒の時間が経過したら，『再生止め』と言います。この合図があったら，再生して書くのを止めて画面を見てください。次のリストの単語が呈示されます。

このようにして全部で12のリストについて，計算をしてもらったあと記憶テストを行います。リストの順番に手元の用紙に書き込んでいってください。」

参加者が実験内容を十分に理解したことを確かめたら，実験者は，「実験を開始します」と告げて，呈示を始める。12リストの呈示が終了したら，参加者は分析に先立って内省を記録しておく。

3．結果の整理と分析

3.1　再生内容の整理

再生内容チェック用紙（*サポートサイトにある*）を用いて，各自の再生内容を整理する。

通常リストとDRMリストの両方で，反応された単語を以下の区分に分ける。

①　正再生語：実際に呈示された単語（学習語）のうちで正しく再生された単語。

②　虚再生語：実際には呈示されなかったのに，誤って再生された単語。

②の虚再生語をさらに以下の２つに区分する。

③　ルアー語：実際には呈示されなかったものの，誤って再生されることが想定された単語（詳細は「解説」の２を参照）。

④　侵入語：③以外で，誤って再生された単語。

リストごとに，再生内容とチェック用紙を見比べて，正再生語とルアー語については，チェック用紙のあてはまる単語に丸をつける。それ以外（通常リストの虚再生語と，DRMリストの侵入語）については，チェック用紙の該当欄に単語を記入する。

3.2　個人の結果のまとめ

(1)　系列位置の集計

チェック用紙の丸を見ながら，リストごとに15の系列位置の単語再生の正誤状況（正再生数を記入するので，１か０となる）を一覧表の形にする（表10-1）。それに基づき，各リストの系列位置の５区分（３項目ずつA，B，C，D，Eとしている）と全体での正再生数と正再生率（%）を求める（表10-1で横方向に集計する）。さらに，２種類のリスト条件ごとと全リストとで，正再生数と正再生率の平均を求める（表10-1で縦方向に集計する）。15の系列位置については，正再生数の平均は，そのまま正再生率になる。

(2)　再生内容の集計

チェック用紙に基づいて，正再生語，虚再生語の数を求める。虚再生語は，ルアー語と侵入語の合計である。集計区分は，①リストごと，②２種類のリスト条件ごと，③全体である（表10-2）。

表10-2　再生内容に関する個人の結果の集計表

リスト		正再生数	虚再生数	ルアー語数	侵入語数
通常	1			＼	
	2			＼	
	⋮			＼	
	6			＼	
DRM	7				
	8				
	⋮				
	12				
平均	通常			＼	
	DRM				
	全体			＼	

3.3　グループ全体での集計

(1)　系列位置の集計

1～15の系列位置と，A～Eの区分について，全員分をまとめる。表10-1の「平均」部分に基づいて，通常リスト，DRMリスト，全体の３通りの区分で，全員での平均と標準偏差を求める。系列位置を横軸，正再生率を縦軸にとって，図10-2のような系列位置曲線のグラフを描く。余裕があれば，12のリストごとの集計もしてみるとよい。

(2)　再生内容の集計

表10-2の「平均」部分に基づいて，通常リスト，DRMリスト，全体の３通りの区分で，全員での平均と標準偏差を求める。余裕があれば，12のリストごとの集計もする。

3.4　統計的検定を含む分析

(1)　系列位置効果の検討

A～Eで正再生率に差が見られないかを，１要因５水準（参加者内要因）の分散分析で調べる。帰無仮説は，「５つの正再生率の平均は等しい」である。分散分析で主効果が見られた場合，多重比較を行って，どの対の間に差があるかを特定する[1]。以上の分析を，通常リスト，DRMリスト，全体で行う。リストの種類を要因に加えて，２×５の２要因分散分析を行ってもよい（本来は，この分析が望ましい）。

(2)　虚再生の検討

虚再生が，どの程度生じるかを調べる。中心的な関心は，DRMリストにおけるルアー語による虚再生である。そこで，以下のことを対応のある t 検定で調べる。帰無仮説は，いずれも「２つの数（または率）の平均は等しい」である。

①　虚再生の数に関する，通常リストとDRMリストとの差。

虚再生を観察するためのDRMリストを用いた場合，ルアー語と侵入語を合わせた虚再生がどの程度生じるかを，従来型の再生の誤り（通常リストの侵入語の虚再生）と比較して調べる。

虚再生数は，通常リストよりDRMリストの方が多くなると想定される。このような結果になった場合，DRMリストにおける，ルアー語の虚再生によるのか，それともルアー語以外（侵入語）の虚再生の増加によるのかを調べる必要がある。そのために，次の分析を行う。

②　侵入語の数に関する，通常リストとDRMリストの差。

侵入語は，２種類のリストのいずれでも数が少なく，リスト間の差はないだろうと想定される。虚再生が通常リストよりもDRMリストで多く（①の分析），さらにこの侵入語の虚再生で通常リストとDRMリストとの間に差がない場合，DRMリストの虚再生はルアー語の反応によるものであると推測することができる。

さらに，補助的に以下のものも調べるとよい。

③　DRMリストのルアー語数と侵入語数。

侵入語との比較でルアー語数が多いかどうか調べる。ルアー語数の方が侵入語数よりも多いと想定される。

④　通常リストとDRMリストの正再生数の差。

２種類のリストの基本的な覚えやすさについて調べる。通常リストとDRMリストとで差が見られないと想定される。

4．考察のポイント

4.1　系列位置効果について

系列位置によって再生成績の高低は見られただろうか。系列位置効果が見られたとしたら，それはどのような仕組みによるものであるかを考察する。系列位置効果は見られることが多いが，見られない場合，その理由を吟味する。

4.2　虚再生について

DRMリストは通常語リストよりも，ルアー語があることで虚再生率が高くなっていると言えるだろうか。またルアー語の虚再生は，リスト中央の単語

[1]　3つずつまとめたのは，リストと個人に固有の要因による成績の高低を緩和するための単純な手続きとして示したものである。検定適用の練習ということでは，さまざまなまとめ方や対比で試行錯誤してみるとよい。

の正再生や侵入語の虚再生と比較して，どの程度の多さであると言えるだろうか。ルアー語の虚再生を中心に，虚再生が生じる仕組みについて考察する。なお，ルアー語の虚再生が少ない結果になることがあるかもしれない。その場合，想定していない結果が得られた理由について，検討する。

4.3　素材差と個人差について（オプション）

正再生や虚再生はリストによる差や，個人による差が見られる可能性がある。こうしたリストの差や個人差をもたらす要因について考察する。

◇解　説◇

本章の実習では，記憶の実験的研究において古典的なテーマである系列位置効果の実験と，近年，DRM手続きによって研究が盛んになっている虚記憶の実験とを取り上げた。以下に2つの内容について，基礎的的なことを説明する。

1．系列位置効果

本章の実習のように記銘すべき項目をリスト形式で順番に呈示する記憶実験では，リスト中の項目の位置によって記憶成績に差が生じる。これは系列位置効果（serial position effect）と呼ばれる現象である。典型的な結果は，図10-2のようなもので，リストの最初のほうと最後のほうで成績が高く，中間部分は相対的に成績が低いというU字カーブを描く。リストの最初で成績がよいことを初頭効果（primacy effect），最後で成績がよいことを新近性効果（recency effect）と呼ぶ。系列位置効果は，本章の実習で用いたような言語素材に限らず，楽器音や絵画，写真などでも生じる一般的な記憶現象である。

系列位置効果が生じる理由として，初頭効果は長期記憶を，新近性効果は短期記憶を反映するものとする解釈が知られている。リストの最初のほうに示されたものは，リハーサル（繰り返し）が多く行われたり深く処理されたりすることで，長期記憶に定着しやすくなる。一方，リストの最後のほうに示されたものは，まだ短期記憶にあって利用しやすい状態にある。こうした2種類の記憶貯蔵に対応する形で，系列位置による成績差が生じると考えるのである。

新近性効果は，再生テストを遅延させることで低減ないし消失することが知られている。図10-2は，

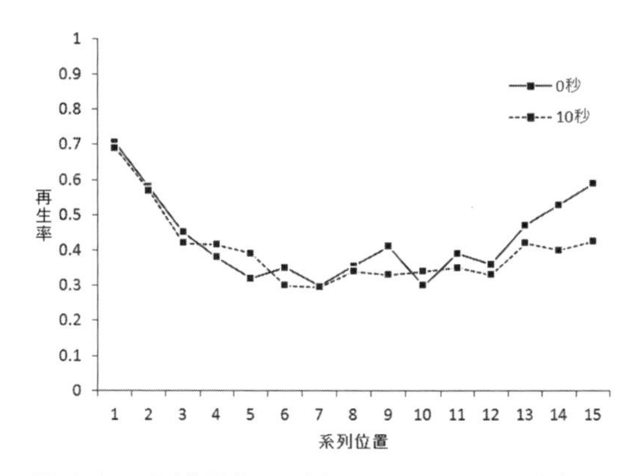

図10-2　系列位置効果の例：テストまでの遅延時間ごとの各系列位置の再生率（Glanzer & Cunitz, 1966 の実験2より作成）

単語リストの呈示が終わった直後に再生を開始した結果と，10秒間の遅延（妨害課題）の後に再生を開始した結果が示されている。本章の実習では，30秒の遅延をはさんで再生テストを行った。図10-2と比べて，どのような特徴を示す系列位置曲線が得られただろうか。

2．虚記憶とDRM手続き

2.1　虚記憶とは何か

私たちの記憶は現実世界のコピーではなく，「覚えようとしたままに思い出す」わけではない。まず，覚えようとしても覚えられないことがあるのは，日常生活でも試験でも，しばしば経験することであろう。実習でも，そもそも思い出せなかった項目があったのではないだろうか。このように「思い出せない」ことがあるだけならば，量的な能力不足と言ってもよいが，「間違って思い出してしまう」こともある。これは虚記憶（false memory）と呼ばれる現象であり，記憶における質的な特徴を示している。実習の集計で虚再生に区分されたものは，リストになかったにもかかわらず，「思い出してしまった」ものである。

虚記憶は時に深刻な問題を引き起こす。1990年代のアメリカでは，催眠や暗示を用いて過去の記憶を「回復」させるセラピーを受けた患者が，過去の虐待体験の記憶を思い出し，それに基づいて両親を法廷に訴える事例が頻発した。この問題については，ロフタス（Loftus, E. F.）を中心とする認知心理学者が，催眠や暗示によって実際に起きていない出来

事を想起しうること，すなわち虚記憶が生じうることを実験的に示している。

2.2 DRM手続きによる虚記憶の研究

虚記憶に関して，日常的な設定における研究が進められている一方で，単純な設定のもとに実験を行う手続きも開発されている。その代表が本章の実習で用いたDRM手続きと呼ばれるものである。この手続きでは，ある単語（ルアー語）と連想関係をもった単語からなるリスト（ルアー語自身はリストに含まない）を学習したのち，再生あるいは再認を求める。DRMというのは，この手続きを開発し，追試・拡張した３人の記憶研究者の頭文字を並べたもので（Deese, 1959；Roediger & McDermott, 1995），1990年代後半以降，この手続きを採用した研究が盛んに行われている。本章の実習では，12リストのうち後半の６リストがDRM手続きに沿ったリストになっており，虚再生について基本的な実験を行ったことになる。

DRM手続きについて理解するには，単語リストの実際を知るのが近道である。単語リストの例を表10-3に挙げた。これは虚記憶として「災害」が生じやすいと想定しているリストである。具体的には，連想に関する基礎調査である梅本（1969）を参照して，「災害」から連想されやすい単語を並べたものである。この「災害」こそが「ルアー語[2]」であり，呈示しないのに頭に浮かびやすいと考えられる単語である。

DRM手続きでは，このようにしてルアー語に関連した単語を含む形でリストが用意され，ルアー語がどれだけ誤って再生・再認されたかが主な観察対象になる。ルアー語以外の非呈示語の誤った反応はそれぞれ侵入（intrusion），誤警報（false alarm）と呼んで区別する。

DRM手続きによる虚記憶には，従来の単語リストを用いた記憶研究にはなかった顕著な特徴が２つある。１つは，DRM手続きにおいて，虚記憶が非常に高頻度で見られることである。多くの実験で，ルアー語の虚再生あるいは虚再認は，侵入あるいは誤警報よりも高い頻度で出現している。もう１つは，DRM手続きでは，参加者に虚記憶という意識がほとんどないことである。いわば「自信をもって間違う」状態を作れるのである。

[2] ルアーというのは，一般語としては，誘惑物，おとりといった意味で，釣りで使う擬餌鉤（ぎじばり）もルアーである。

表10-3　2DRM手続きで用いる「災害」をルアー語とした単語リストの例（宮部・山，2002より）

火事，台風，火災，遭う，事故，
水害，保険，運命，危険，不幸，
受ける，天災，困る，災難，災い

このように，虚記憶が高頻度でかつ強い主観的想起意識をともなって認められるのは，虚記憶という現象が，私達の記憶の本質的な働きを反映しているためと考えられる。虚記憶を減らそうとするさまざまな研究は，虚記憶が容易に減らせないことを明らかにしている。人間は，「虚記憶が生じるようにできている」のである。

2.3 虚記憶が生じる仕組み

虚記憶が生じる仕組みについては，今なお十分な解明には至っていないが，「覚えるとき」と，「思い出すとき」のそれぞれに原因があると考えられる。DRM手続きの設定に即して考えてみよう。

まず覚えるとき，私たちは，複数の単語を覚える際に，そのまま機械的に「丸覚え」するのは容易ではないので，何らかの意味づけや関連づけをしながら覚えようとすることが多い。その際，元々は「なかったもの」を虚記憶の種として作り出し，それを誤って覚えてしまうことがありうる。一方，思い出すときにも，ただ記憶から「引き出す」のではなく，思い出したものの確実性を高めるために，さまざまに整合性のチェックや再構成を行う。このプロセスでも，「なかったもの」を思い浮かべてしまうことがありうる。記銘にしても想起にしても，単純に「入れる」「出す」というものではなく，思考や推論といった高度な情報処理が関わる構成的な営みであることが，結果的に虚記憶をもたらすと考えられる。

2.4 活性化拡散と精緻化

虚記憶の生起に関連すると考えられる重要な概念として，活性化拡散と精緻化というものがある。

私たちの意味的知識はネットワークの形で構造化されており，意味的関連性が強い単語や概念はネットワークにおいて近くに位置するという考え方がある（13章を参照）。単語が呈示されると意味ネットワーク上で当該単語が活性化するだけでなく，近隣にある単語や概念に活性化が拡散する。DRM手続きでは，ルアー語の連想語が学習語として複数呈示される。したがって，ルアー語には複数の学習語から活性化が伝わり，強く活性化されることで「覚え間違い」が生じると考えられる。また想起時にも，学習語の活性化によってルアー語にも活性化がおよんで誤った再構成が生じることが「思い出し間違う」原因になると考えられる。

精緻化とは，呈示されている単語同士を関連づけて覚える体制化や，視覚的イメージを思い浮かべるイメージ化，あるいは語呂合わせなど，刺激を意味づける記憶の仕方を指す。精緻化は一般に記憶成績を向上させる。単語リストを覚える実験では，単語の意味的特徴を処理しながら覚えたほうが，物理的特徴（たとえば，文字の形や音）を処理しながら覚えるよりも，再生・再認成績は良い。しかし一方で精緻化は，虚記憶を増加させることを多くの研究が示している。ルアー語と学習語は連想という意味的特徴によって関連をもっており，学習語の精緻化はルアー語の連想を強めるためと考えられる。

虚記憶は時に社会問題を引き起こす厄介な間違いであり，人間の記憶の欠点としての側面ももつ。しかし，ここまで見てきたように，虚記憶は人間の記憶がもつ高度な仕組みを反映するものであり，適応的な性質をもつものと理解することができる。

3．より深く学ぶために：推薦図書

記憶の基礎については，心理学全般の教科書や認知心理学の教科書などでも取り上げられているので，まず手持ちのものを読んでみるとよい。記憶の心理学的研究全般について学ぶには，高野（1995），太田・多鹿（2000）を薦める。前者は基礎的な解説がていねいであり，後者は新しい話題を多く取り上げている。

記憶に関しては，一般向けの本にも読みやすく内容的にもすぐれたものが多い。シャクター（Shacter, D. L.）による『なぜ，「あれ」が思い出せなくなるのか』（Shacter, 2001　春日井訳　2002）は，日常的な記憶現象をまじえつつ，記憶のおもしろさ，不思議さを伝えてくれる。第5章ほかで，DRM 手続きの実験も取り上げて虚記憶についても論じている。池谷（2001）は記憶力という現実的な話題について，脳機能とからめながらわかりやすく説明している。シャクターの本は文庫，池谷の本は新書で読める。

本章で取り上げたDRM 手続きによる虚記憶について専門的な理解を得るには，鍋田・楠見（2009）による概説論文を参照するとよい。虚記憶について広く学ぶには，ギャロ（Gallo, D. A.）による『虚記憶』（Gallo, 2006　向居訳　2010）がある。

4．補足（主に教員向けの解説）

4.1　授業構成の目安

集団式で実験を行った場合，教示を含めて実験自体は20分程度で終わるので，自身のデータのみで考察するのであれば，90分授業1コマでの実施も可能である。系列位置効果と虚記憶の両方について，多人数の結果を集計するには，2コマが必要だろう。系列位置効果と虚記憶のいずれか一方に絞ることで，実習を軽量化するという選択肢もある。系列位置効果のみに絞るのであれば，遅延時間の要因（遅延無しの条件を設定する）を加えた実験にもできる。

実習の構成にあたっては，記憶に関わる他の実習との関係も念頭に置くとよい。本章の実験が，制御された素材による人工的な記憶を扱っているのに対し，11章では日常記憶，14章では意味記憶ないし知識の構造を取り上げている。

記憶に関しては，古典的な実習課題（対連合学習，無意味綴りの忘却曲線，記憶範囲など）がある一方で，身近なデモンストレーションにも豊富なバラエティがある。それらをうまく紹介したりしつつ，記憶研究への関心を高めるような実習にしてほしい。

4.2　発展的な実習

*再認法による虚記憶（虚再認）の実験について，プログラムや実施法の詳細に関するファイルをサポートサイトで提供している。*この実験では，虚再生の実習で用いたものとは別の15語から成る記銘リスト6つを素材としているので，再生と再認の両方を経験する実習にすることができる。手続きとしては，再認課題に加えて，確信度の評定も求めることで，主観的な想起経験についても検討できる。

◆引用文献

天野成昭・近藤公久（編著）（2000）．NTT データベースシリーズ　日本語の語彙特性7　頻度　三省堂
Deese, J. (1959). On the prediction of occurrence of particular verbal intrusions in immediate recall.

Journal of Experimental Psychology, **58**, 17-22.
Gallo, D. A. (2006). *Associative illusions of memory: False memory research in DRM and related tasks.* New York: Psychology Press.（ギャロ, D. A. 向居　暁（訳）(2010). 虚記憶　北大路書房）
Glanzer, M., & Cunitz, A. R. (1966). Two strorage mechanisms in free recall. *Journal of Verbal Learning and Verbal Behavior*, **5**, 352-360.
池谷裕二（2001）. 記憶力を強くする――最新脳科学が語る記憶のしくみと鍛え方――　講談社（ブルーバックス）
宮地弥生・山　祐嗣（2002）. 高い確率で虚記憶を生成するDRMパラダイムのための日本語リストの作成　基礎心理学研究　**21**, 21-26.
鍋田智広・楠見　孝（2009）. Deese-Roediger-McDermott（DRM）手続きを用いた虚偽記憶研究――虚偽記憶の発生過程と主観的想起経験――　心理学評論, **52**, 545-575.
太田信夫・多鹿秀継（編著）（2000）. 記憶研究の最前線　北大路書房
Roediger, H. L., III, & McDermott, K. B. (1995). Creating false memories: Remembering words not presented in lists. *Journal of Experimental Psychology: Learning, Memory, and Cognition*, **21**, 803-814.
Schacter, D. L. (2001). *The seven sins of memory: How the mind forgets and remembers.* Boston, MA: Houghton Mifflin.（シャクター, D. L. 春日井晶子（訳）(2002). なぜ,「あれ」が思い出せなくなるのか――記憶と脳の７つの謎――　日本経済新聞社（2004年に日経ビジネス人文庫として再刊されている））
高野陽太郎（編）（1995）. 認知心理学２　記憶　東京大学出版会.
梅本堯夫（1969）. 連想基準表――大学生1000人の自由連想による――　東京大学出版会

11章

日常記憶

日々生活するなかで蓄え，維持し，使う記憶

◇実習の前に◇

1．日常記憶とはどのような記憶か

今朝，起きてからこの教室に来るまでの出来事を思い出してみよう。

朝起きた。顔を洗った。服を着替えた。朝食をとった・・・。朝起きて「はて，私は誰だっただろう」と思った人もいないだろうし，「今日は何をする日かな」「ご飯はどうやって食べるんだっけ」と悩んだ人もいないだろう。家を出てからこの場所に向かうのに，道順が分からなかったり，降りる駅がわからなかったりした人もいないだろう。このような一連の活動は，特段努力せずとも実行できたのではないだろうか。

しかし，これらの活動は，実は，膨大な記憶に支えられている。自分は誰であるかを「知って」いるから，私は誰だったかとは悩まない（自分に関わる記憶を広く自伝的記憶という）。今日すべきことを知っているから，何をすればよいかで困ることはない（未来の予定に関する記憶を展望記憶という）。「箸を使う」というスキルをもっているから，難なく箸を使うことができる（こういった技能は図11-1に示される手続き的記憶の一部である）。このように日常生活で蓄え，思い出し，使われる記憶を総称して日常記憶（everyday memory）という。

日常記憶は，実験室的記憶と対比される概念である。心理学における記憶研究では，厳密な実験を目指して私たちの日常生活から隔たった素材を用いることが多かった。しかし，近年，日常的な記憶を調べることの重要性が認識されるようになり，日常記憶研究が盛んに行われるようになった。本章では，この日常記憶に関する実習を行う。

2．記憶の種類

記憶の分類にはさまざまな観点があるが，最も基本的なものとして，「長期記憶－短期記憶」という区分がある。これは保持時間によって記憶を分けたものである。覚える努力をしなければ短期記憶が15～30秒程度で失われるのに対し，長期記憶には永続性があり，生涯にわたり保持される記憶もある。

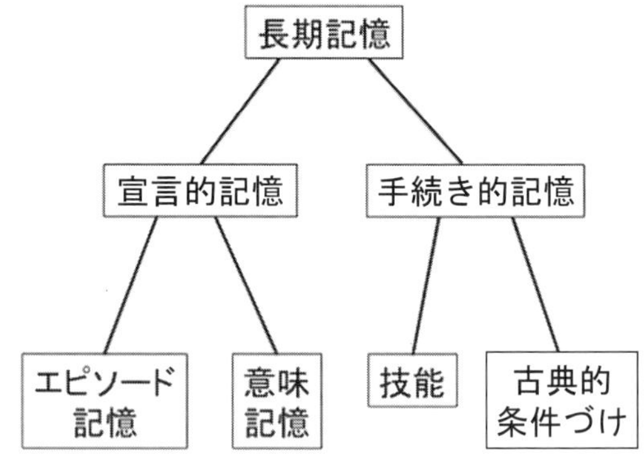

図11-1　長期記憶の分類（Squire, 1986より作成）

長期記憶の分類としては，神経心理学者のスクワイヤ（Squire, L. 1986）によるものがよく知られている。彼は事故や病気で記憶に障害が生じた患者の脳や，記憶課題に取り組んでいるときの脳の血流量などを調べ，図11-1のような分類を提案した。この分類によれば，長期にわたり蓄えられている記憶は，大きく「宣言的記憶」と「手続き的記憶」に分けられる。

宣言的記憶は「覚えている」「思い出せた」という感覚をもつことができる記憶であり，言葉やイメージで表すことができる。宣言的記憶はさらに，意味記憶（言葉の意味，年号，数式，学校で学ぶさまざまな知識など）と，エピソード記憶（昨日何があった，一昨日何があったという，体験や出来事の記憶。エピソードとは「出来事」のことである）に分けることができる。

これに対し手続き的記憶は，内容を言葉で説明するのが難しい。箸を使う技能は「箸を使う」ことによってその存在を確認できるが，使い方を言葉で表現するのは困難である。梅干しを見ただけで唾液が出るといった条件づけも，本人がそのプロセスをう

まく説明できるわけではない。

私たちの日常の活動は，こういった膨大な長期記憶に支えられている。私たちは長期記憶の助けを得ながら日々の活動を行い，そして，日々の活動のなかで，長期記憶を蓄え続けている。

3．思い出すことで知る，記憶の特徴

意味記憶，エピソード記憶，手続き的記憶は，思い出してみるとその違いが実感できる。

まずは意味記憶課題である。次の問いに答えてほしい（テストではないが，紙に答えを書いてみよう）。

・富士山の標高はいくらか。
・『奥の細道』の作者は誰か。
・日本の終戦記念日はいつか。

どうであっただろうか。答えを知っていれば，答えがわかるし，答えを知らなければ答えは出てこない（当たり前であるが）。意味記憶はいわゆる「知識」であり，必要に応じて引き出し，使うことのできる記憶である。

次はエピソード記憶である。

・昨日の晩ご飯のときのことを，できるだけ詳しく思い出しなさい（食べていない人は昼ご飯，朝ご飯のときのことでもよい）。

内容をありありと思い出すことができただろうか。どんな場所か，誰がいたか，食べたものの内容や，器はどうか。味や匂いはどうか。そのときの気分はどうだっただろうか。エピソード記憶は，特定の場所，時間に埋め込まれた「一度限りの出来事」の記憶であり，感覚・知覚情報や，そのときの感情なども含んでいる。

今度は手続き的記憶を思い出してみよう。

・友人へのプレゼントを，縦横高さ10cmの箱に入れた。これを紙で包んだところである。さて，これから箱にリボンをかけたい。箱をテーブルの上に置き，赤いリボンをもってきた。箱の下にリボンを敷き，右手の親指と人差し指でリボンの右端を，左手の親指と人差し指でリボンの左端を持った。さて，これからどうすればよいか。動作をせずに思い出して，それを書きなさい。

この課題はどうであっただろう。意味記憶課題やエピソード記憶課題のようには，言葉にしにくかったのではないだろうか。箱とリボンがあれば，すぐにでもやってみることのできる課題である。しかし，言葉にするのは難しい。

このように，思い出してみることで，私たちがどのような記憶をもっているかを知ることができる。本章では「思い出す」ことを通じ，日常記憶の性質についてさらに深く学んでいく。具体的には，高良（こうら）・箱田（2008）の研究をもとにお金のデザインを思い出す実験をしてみる。お金は私たちが毎日お世話になっている貴重なものである。外国のお金であればいざ知らず，十円玉と百円玉，千円札と五千円札を間違えて支払うようなことはないだろう。そこで，日々見慣れているお金について，私たちがどのような記憶（知識）をもっているかを調べてみることにする。ここで財布からお金を出してながめてみたりしては実験ができなくなるので，それは止めてほしい。

これ以降，実験は実習手続きに従って行い，「3．結果の整理と分析」は実験を終えるまで読まないこと。「3．結果の整理と分析」には実験で扱う課題の正解が示されているからである。

◇実　習◇

1．目　的

千円札の絵柄を再生する（思い出して描く）課題をとおして，日常記憶の特徴について検討する。紙幣の記憶の全体的特徴と，教示によって生じる記憶成績の差が主たる関心事である。

2．方　法

2.1　実験計画

2種類の異なる教示のもとに千円札について再生する，1要因2水準の実験である。教示の種類は参加者間要因であり，実験参加者はどちらかの条件（ここでは条件A，条件Bとしておく）に半数ごとに分かれる。独立変数は教示の種類，従属変数は千円札についてどの程度思い出せたかである。

2.2　実施形態

集団で行う。人数の制約はないが，教示の効果について安定した結果を得るには参加者が多い方がよい（たとえば，各条件に20人程度以上）。人数が少ない場合（たとえば，10人未満）の工夫については，「解説」の5.1を参照してほしい。

2.3　回答用紙

２種類の回答用紙を用意する（*サポートサイトにファイルがある*）。回答用紙には，まず教示が書いてあり，その下に千円札と同じ大きさの枠が，裏の分と表の分として２つ描かれている。回答用に鉛筆と消しゴムが必要である。

2.4　手続き

まず，参加者を２つの条件に分ける。性別，学年，学部などが一方の条件に偏らないようにする（条件Ａが女性のみ，条件Ｂが男性のみであったりすると，両者に差があっても，教示による差なのか，性別による差なのか判断できない）。

次に，教示Ａ，教示Ｂの回答用紙を，それぞれの条件の参加者に裏を向けて配布する。用紙に書かれている教示内容は重要なので，ほかの参加者に見えないように気をつける。

配布し終えたら，実験者（指導者）は用紙を表てにするように伝え，以下のように教示する。

「これから千円札の表と裏を，思い出して描いてもらいます。回答用紙に詳しい説明が書かれているので，その説明をまずしっかりと読んでください。（ここで少し時間をとる）。よろしいでしょうか。時間は15分くらいとりますから，自分のペースで落ち着いて取り組んでください。」

実験は，参加者のペースで行い，15分程度で様子を見て終了する。早く終了した人は，全員が終了するまで用紙を裏に向けて待機する。各自，再生課題が終わった時点で気がついたこと（内省）を記録しておくとよい。

注意：以下の説明は課題における正解に関わる内容を含むため，実習を終えるまでは読まないこと。

３．結果の整理と分析

3.1　個人の結果の整理

実際に千円札を取り出して照合してみたいところだが，紛失しては困るので実習時は控えたい。見本画像がウェブ上にあるので，それを参照するとよいだろう（たとえば，ウィキペディアでは，過去の紙幣もあわせて見ることができる）。整理と分析の作業は，詳細な画像がなくてもできる。

参加者は各自，個人の結果の整理用紙（表11－1，*サポートサイトにファイルがある*）を用い，自分の回答内容を数値化する。すなわち，①～⑫に示される12項目のそれぞれについて，その内容を再生（絵で描いたり言葉で書いたり）していれば“1”，再生していなければ“0”と記入する。集計を容易にするため，紙幣の表と裏は区別しない（表と裏を間違って再生していても，①～⑫の項目が再生されていれば，“1”とする）。その下に，⑪と⑫の少なくとも一方を再生しているか，⑪と⑫の両方を再生しているかについて，“1”か“0”で記入する。さらに，最下段に①～⑩の項目の合計（再生数）を記入する（⑪と⑫は対象外であることに注意する）。

表11-1　個人の再生内容の整理（項目は正答になりうるので示していない）

項目	再生の有無
① ○○○	1
② ××××	0
③ △△	1
⋮	⋮
⑫ □□□	0
⑪と⑫の少なくとも一方	1
⑪と⑫の両方	0
①～⑩の合計	7

3.2　全体での集計

表11-2のような集計用紙に，参加者ごとの結果を全員分，記入する。人数が多い場合は，表を適当に分割する（たとえば，条件Ａの表，条件Ｂの表，全体の表の３枚にする）。

12の項目それぞれについて，再生人数を条件別と全体とで求める。また，各項目の再生率（％）を算出する。なお，ここまでは２種類の条件の内容を伏せてきたが，それは集計表からわかるように，「条件Ａ＝ヒントなし」と「条件Ｂ＝ヒントあり」である[1]。

⑪と⑫が教示の種類と関わる重要な項目である（これらは千円札にないもので，再生していたら誤りである）。「⑪と⑫の少なくとも一方」を再生した人数と，「⑪と⑫の両方」を再生した人数を記入す

[1] 「ヒントなし」の教示は，「千円札の表と裏を，思い出して描いてください。絵のうまさは関係ありませんので，どこに何があるのか分かるように描くようにしてください。絵に自信がなければ，言葉で何であるか示してもかまいません。どちらが表でどちらが裏かは，わからなければそれでもかまいません。実物を見たり，声を出したりはしないでください。」である。「ヒントあり」は，この後に，「もし，鳥や建物があれば，それも落とさずに描いてください。」の１文が追加される。いずれも高良・箱田（2008）による。

表11-2　全体の集計用紙の例（101，102，…は条件Aの参加者番号，201，202，…は条件Bの参加者番号である。）

	参加者ごとの結果（1＝再生あり）						全体					
	条件A＝ヒントなし（N =　　）			条件B＝ヒントあり（N =　　）			再生人数			再生率（%，①～⑩では正再生率，⑪⑫では誤再生率）		
項目番号	101	102	…	201	202	……	ヒントなし	ヒントあり	全体	ヒントなし	ヒントあり	全体
①	1											
②	0											
③	1											
④	1											
⑤	1											
⑥	0											
⑦	0											
⑧	1											
⑨	0											
⑩	1											
⑪	0											
⑫	0											
⑪と⑫の少なくとも一方	0											
⑪と⑫の両方	0											
							平均			標準偏差		
①～⑩の合計（正再生数）	6											

る。これらについても再生率（%）を算出する。

①～⑩の合計（正再生数）について，条件別と全体とで，平均と標準偏差を算出する。

3.3　グラフの作成

縦軸に再生人数（%），横軸に再生内容（①～⑫の項目，⑪と⑫の少なくとも一方，⑪と⑫の両方）をとって棒グラフを描く（各再生内容について２つの条件を並べるかたちで棒グラフを作成し，１枚に収めるとよい）。

3.4　統計的検定を含む分析

教示の影響を確かめるために，「⑪と⑫の少なくとも一方」「⑪と⑫の両方」を再生した参加者の人数（比率）について，条件間で偏りがあるかどうか，カイ２乗検定を行う[2]。帰無仮説は，「条件間で偏りはない」である。それ以外に，２条件の間で，①～⑫の各項目の再生人数に差がないか（カイ２乗検定[3]），①～⑩の合計（正再生数）に差がないか（t 検定）も調べてみるとよい。

[2] フィッシャーの直接確率法も使える。この方法を使うと厳密な確率が得られる。また，カイ２乗検定では，期待度数が5以下のセル（集計表の頻度を示したマスのこと）がある場合，イェーツの修正と呼ばれる手続きをとることが推奨される。

[3] このように検定を繰り返して多数回行うと，いずれかに偶然に有意な結果が得られてしまう（帰無仮説が正しいのにそれを棄却してしまう）確率が，１回のみの場合よりも高くなることに注意が必要である。本来は，全体としての有意確率を調整するなどの手続きをとる。

4．考察のポイント

4.1　千円札の全体的な記憶について

参加者は，千円札に含まれる項目を，平均してどの程度正しく思い出すことができただろうか。正再生数（①～⑩の合計点）は，あなたの予想したような結果であっただろうか。条件によって，また個人によって差があっただろうか。

4.2　①～⑩の項目による想起の違いについて

①～⑩は千円札に含まれる内容である。これらの中で正再生率が高い項目はどれだろうか。また，正再生率が低い項目はどれだろうか。項目によって正再生率が異なる理由としてはどのようなことが考えられるだろうか。また，条件によって正再生率の差はあっただろうか。

4.3　⑪⑫の想起の違いについて

⑪と⑫はヒントと関連する項目であり，これは千円札にはない誤った内容である。この２つの項目の誤再生率（それぞれの再生，少なくとも一方の再生，両方の再生）について，条件によって差があっただろうか。差があったにせよ，なかったにせよ，得られた結果はどのように解釈したらよいだろうか。誤再生を誘導するような他のヒントを考えてみるのもよい。

なお，以上は，①～⑫の項目の正誤に関するものである。自分自身の結果を中心に，より詳細に，再生内容や再生プロセスについても検討するとよい。①～⑩が“1”であっても，正しさの程度には差があるかもしれない。また，⑪⑫以外の明らかな誤再生があるかもしれない。さらに，思い出せた項目の中にも，簡単に思い出せたもの，後になってようやく思い出せたもの，再生内容に自信のあるものやないものなど，さまざまな違いがあるだろう。

◇解　説◇

1．日常記憶について

伝統的な記憶研究では，参加者に無意味綴りのリスト（サセ，ホミ，オヌ，……）や数字の列を記憶してもらうことが多かった。材料のもつ意味に記憶が影響され，本来調べたいと思う現象（たとえば，経過時間が想起に及ぼす影響）が見られない，ということを恐れたためである。しかし，私たちは，一般には，自分にとって意味のないものは覚えないであろうし，意識せずに覚えたことでも，一定の意味あるかたちで意図をもって想起するのが普通である。もちろん，意図とは関係なく，ふと思い出される記憶もあるが，そうした記憶も無意味綴りや数字列ではないし，思い出し方も実験室的な記憶とは異なっている。

このような反省から，1970年代頃より，日常生活で見られる記憶現象や，個々人にとって意味のある材料を刺激とする研究が行われるようになった。その旗手となったのはアメリカの認知心理学者ナイサー（Neisser，U.）であり，彼が編集した『観察された記憶』には，そういった日常記憶を題材とした多くの研究が収録されている（Neisser, 1982　富田訳，1998,1989）。日常記憶研究においては，歌やメロディの記憶，詩や物語の記憶，日常生活での体験や出来事の記憶など，さまざまな身近な材料に関する記憶現象が検討され，その特徴が明らかにされてきた。

2．日常記憶の基本的な特性と本章の実習の背景

本実習は，高良・箱田（2008）が行った実験の一部をもとに授業向けに構成したものである。私たちが日々慣れ親しんでいる紙幣を材料とするこの研究は，2つの先行研究をベースとして，日常記憶の2つの基本的な特性を扱っている。

2.1　日常記憶の効率性――ニカーソンとアダムスの1セント硬貨実験

第一は，『観察された記憶』にも再録されたニカーソンとアダムス（Nickerson, & Adams, 1979）の研究である。彼らはアメリカの1セント硬貨を思い出してもらうことで「見慣れた事物の長期記憶」を調べた（「見慣れた事物の長期記憶」はまさにこの論文の題目である）。その結果，特徴の半分でも思い出せたのは20人中4人であった。彼らは，人は，日々接しているからといって事物を詳細に記憶しているわけではなく，むしろ，他から区別するのに必要な情報だけをもっている，と結論している。高良・箱田（2008）も同様の結果であった。日常記憶は，世界を写しとった写真やビデオのようなもの（記録）ではなく，日常的な活動の効率性を高めるような情報が中心的に保持されているといえるだろう。

2.2　日常記憶の変容性――ロフタスらが示した誤情報効果

第二は誤情報効果（misinformation effect）の研究であり，エリザベス・ロフタス（Loftus, E. F.）らによるものがよく知られている。誤情報効果とは，元の情報の後で（あるいは想起の前に）与えられる誤情報が，想起を誤った方向に導くことをいう。

1978年のロフタスらの論文（Loftus, Miller, & Burns, 1978）で報告された実験を紹介しよう。この実験では参加者に30枚のスライドを呈示し，そのうち17番目のスライド（これが問題となるスライドである）には，「一時停止」標識の前で停止している車が写っていた。その後，参加者には20の問が与えられる。そのなかで，1つの条件の参加者は，「車が『一時停止』標識で止まっているとき，他の車が通り過ぎましたか」と尋ねられた。別の条件の参加者は，「車が『徐行』標識で止まっているとき，他の車が通り過ぎましたか」と尋ねられた。後者には「徐行」という誤情報が含まれていることになる。最後に，参加者は実際に見たスライドと，改変したスライドを示され，最初に見たものを選ぶよう求められた。その結果，全員が一時停止標識のスライドを見たにもかかわらず，徐行標識の質問がなされた条件の参加者は，徐行標識が含まれるスライドを選ぶことが多かった。

高良・箱田（2008）は，（本章の実習と同じく）

千円札再生課題の教示に「もし，『鳥や建物』があれば，それも落とさずに描いてください」という誤情報を加えた条件を設定した（「鳥や建物」は千円札にない項目であり，誤ったヒントであった）。その結果，「鳥と建物」の両方を描いた人は，誤情報がない条件では３％であったのに対し，誤情報がある条件では14％であった（実験１）。鳥だけ，あるいは建物だけを描いたのであれば偶然という可能性もあるだろうが，両者を描いている場合は，偶然の度合いは低いと推測される。

誤情報効果は従来，エピソード記憶において検討されることが多かった（ロフタスらの実験もそうである）。しかし，高良・箱田（2008）は，紙幣の記憶のような意味記憶においても同様の効果が生じることを示した。誤情報効果は日常記憶のもう１つの特性，すなわち「変容しやすく再構成されやすい」（ここでは，もともと持っている記憶と，誤情報により再構成が行われた）という特性を示している点で重要である。

2.3　日常記憶とスキーマ

日常記憶を記述し，その特性を考える際に役立つ概念としてスキーマがある。スキーマとは，「枠組み」の知識のことである。「家」であれば，個別の家の形や構造はさまざまだが，「家」に屋根，壁，窓，入り口などがあることはほぼ共通している。この場合，屋根，壁，窓，入り口などは，家の「枠組み」（スキーマ）の要素として機能する。スキーマを構成する個々の要素に特定の値（屋根ならば，茅葺き屋根か瓦屋根か，など）を入れることで，特定の家が記述される。また，屋根や壁などについて特別な記述がなくとも，「家」と聞けば，そこには屋根，壁などの要素があることが推定される（これを初期設定，デフォルト値などという）。

バリエーションは多くても特定の構造，要素をもつ日常記憶は，スキーマという概念になじみやすい。紙幣にもスキーマがあり，デザインの枠組みはある程度決まっていると言えるだろう（どのような枠組みがありそうか，話し合ってみるとよい）。紙幣を効率的に見分けられるということは，紙幣スキーマの要素の中でも重要な点を適切に識別していることと関係していると考えられる。また，3.2で見るように，紙幣再生時の誤情報効果も，紙幣スキーマに整合的なイメージが推論によって作られるプロセスとして理解できる。

3．実験の手続きについて

3.1　測定法の多様性

同じ素材の日常記憶であっても，異なるアプローチをとることで，異なる知見がもたらされることがある。

本章の実習では千円札の表と裏にある情報を「描いてもらう」という方法をとった。この方法は，記憶の再生に当たる。ニカーソンらは，このほかに，①硬貨に記されている特徴（“ONE CENT”という文字や建物など８項目）のリストを示して描いてもらう（手がかり再生），②20項目の特徴（うち８つは実際にある特徴）を示し，それが硬貨にあるかどうかを判断してもらう（再認），③参加者に15種類の硬貨の図（特徴が省略・追加されていたり，配置が異なっていたりする）のいずれかを示し，本物の硬貨と同じかどうか判断し，異なるならばどこが異なるかを答えてもらう（これも再認の一種である），などの方法を用いている。さらに挙げれば，言語反応や反応時間などをとおして想起プロセスを調べるような方法も考えられる。

同じ対象を調べるのでも，複数の手続きを考え，詳細に観察することで，対象のさまざまな側面を明らかにすることができる。ニカーソンらも，再生や再認の成績は良くなくても，年号が欠けていることにはすぐに気がつくなど，参加者が特定の情報には敏感に反応することを示している。これらのことから，彼らは，再生はできなくとも，弁別するのに十分な情報はもっているという結論を導いている。

3.2　誤情報の設定について

本章の実習では千円札で誤再生を誘導する誤情報として「鳥と建物」を用いた。これらは，「もっともらしい誤情報」である。鳥については，2007年まで発行されていた旧千円札（表面に夏目漱石）にタンチョウヅルが，現在の一万円札に鳳凰が印刷されている。建物では，1986年まで発行されていた旧千円札（表面に伊藤博文）に日本銀行の建物が，現在の二千円札に守礼門が印刷されている（このほか紙幣ではないが，十円玉には平等院鳳凰堂が描かれている）。こうしたもっともらしい誤情報によって，記憶の混同が起こりうるというのは理解しやすい[4]。

では，「もっともらしくない誤情報」が呈示された場合どうなるだろうか。この点に関して，高良・箱田（2008）は，記憶の波及効果（spillover effect）を検討している。

彼らはヒントあり群（「鳥・建物」条件，もっともらしい誤情報条件），ヒントなし群（統制条件）に加え，誤りがあからさまであるような誤情報条件（「鳥・建物＋太陽・月」条件）を設けた（「もし，『鳥や建物』，『太陽や月』があれば，それも落とさずに描いてください」と教示する）。「太陽や月」というあからさまに誤りだとわかる情報が提示されると，一般には誤りが起きやすい鳥や建物についても参加者は慎重になり，誤りが低下するのではないかと考えたからである。実験1の結果はこの仮説を支持するものであった。

しかし，実験2において，教示を「もし，『鳥や建物』，『船や楽器』があれば・・・」と変化させてみたところ，波及効果は生じず，やはり「鳥や建物」が描かれた。「太陽や月」では「太陽も月もないし，鳥や建物も怪しい」という推論が働くのに対し，さらにあからさまな「船や楽器」では，「船や楽器は明らかにおかしいが，鳥や建物はありそうだ」という推論が働いたのかもしれない。こうした推論には，お金にはどのようなものが描かれていそうだというスキーマが関わっていそうである。

4．より深く学ぶために：推薦図書

直接に役立つ興味深い論文ということで，まず本章の実習のもとになった高良・箱田（2008）を読んでみるとよい（多くの大学では，http://ci.nii.ac.jp/naid/110006782193からアクセスできる）。ナイサーによる『観察された記憶』（Neisser, 1982　富田訳1998, 1989）もぜひ読んでほしい良書である。実習との関連では，ニカーソンらの論文と，ロフタスらの論文（本章で説明したものとは別のもの）が特に有用である。広く日常記憶，長期記憶について知るには，仲（2010）や井上・佐藤（2002）を読むとよい。

[4] ただし，もっともらしさは固定的なものではない。高良・箱田（2008）の論文では「新千円札」という表現が用いられている。夏目漱石の千円札が出て間もなく，その前の千円札の記憶が比較的強い時期に行われた研究だからである。当時と現在とでは，千円札の記憶も誤情報に感じるもっともらしさも変化していると推察される。こうした記憶にももっともらしさにも，世代の差や個人差があるだろう。

5．補足（主に教員向けの解説）

5.1　授業構成の目安

千円札に関する実験自体は15分程度で終了するので，90分授業1コマで行うことができる。2コマをあてる場合は，日常記憶に関する他の課題（「実習の前に」の3で述べたものや次で述べる小実験など）を行い，長期記憶の分類や日常記憶の性質についての理解を深めるようにするとよい。

本実習で用いる参加者間要因の実験ではカイ2乗検定を適用するので，人数が多くないと有意な結果は得られにくい。人数が少ない場合は1条件のみで実施するという選択肢もある。1条件のみであれば，「ヒントあり」条件の方が，誤情報効果を視野に入れることができて学べるものが多いだろう。また，人数が少ない場合は，複数の紙幣や硬貨で再生実験を行い，波及効果も経験してみるといった実習も考えられる。

一方，実習生の数が多いと，個人の結果を集計し，表11-2を作成するのが時間的に難しいことがある。その場合，集計する個人の結果は正再生数のみとし，個々の項目については挙手によって再生人数をカウントするようにしてもよい。

5.2　関連する小実験

日常記憶の分野には，学生の関心を引きやすい魅力的な実験課題が数多くある。その中から2つを紹介しよう。これらはメインの千円札課題への補足として簡易に実施することもできるし，メインの実験として本格的に実施することもできる。

(1)　自伝的記憶

自伝的記憶は，個別のエピソード記憶と，意味記憶の一種である自己に関する認識の枠組み（自己スキーマ）や自分の人生に関する枠組み的知識（ライフスクリプト[5]）からなると考えられている。自伝的記憶を思い出すという活動を行うことで，その理解を深めることができる。ここでは，「手がかり語法」によりレミニセンス・バンプ（想起のコブ）と呼ば

[5] ライフスクリプトとは，人生で起きることが予想される出来事の流れであり，たとえば誕生，幼稚園，就学，卒業，就職，結婚，出産，退職，などの要素からなると考えられる。ライフスクリプトは，現実の人生の平均値というよりも，人生とはこのようなものであろうという，理想化された人生の図式に関する知識だとされる。なおスクリプトとは，一般語としては台本のことであり，心理学用語としては出来事のスキーマのことである。

れる現象を調べる実験を紹介する。

「手がかり語法」とは，参加者に一連の手がかり語を示し，出来事の想起を求め，その出来事が起きた時期について回答を求めるという方法である（実例については，槙・仲（2006）などを参照してほしい）。実験者は参加者に，以下のような教示で手がかり語（たとえば「木」）を呈示し，出来事の想起を求める。一般の実験では調査票を用いるが，授業では手がかり語を読み上げてもよいだろう。

「これから手がかり語となる単語を読み上げます。生まれてから今このときまでの間で，その手がかり語に関して思い出す出来事はありますか。思い出したならば，手がかり語と，その出来事が起きた時期を記録してください。内容は必ずしも記録しなくてもかまいません。時期の記録にあたっては，平成○年，○年生の頃，○歳の頃など，どのようなかたちでも結構です。」

手がかり語としては，以下のようなものを使う（Rubin, Schrauf, Gulgoz, & Naka, 2007）。

木，飴，都市，医者，ドレス，馬，友人，健康，お金，川，窓，湖，愛，母，パーティ，植物，本，詩，山，紙，水，怒り，花，教会，埃（ほこり），海，病気，火，ワイン，など

20-30単語程度について時期を思い出してもらい，それをグラフにプロットする。グラフの縦軸は思い出された記憶の個数，横軸は自分の年齢である。年齢については，10歳未満，10代，……，のようにまとめることも多いが，大学生が小実験として行うのであれば，0歳から今の年齢まで1年ごとに示してもよいだろう。

一般に，2，3歳以下の記憶はごく少ない。（これを幼児期健忘という。2，3歳前の記憶は言語的に記銘されていないため言葉で思い出せない，そもそもエピソード記憶が成立していない，などの説明がなされている）。一方，最近の記憶はよく多く思い出される（これは新近性効果と呼ばれる）。これに加え，高齢者に同様の手続きで記憶の想起を求めると，10－30代の記憶が多く思い出されることが知られている。これがレミニセンス・バンプである（グラフにこぶができる）。

レミニセンス・バンプについては，文化社会的な説明（この時期は，卒業，就職，結婚など，人生において重要とされる出来事が多い），生物学的な説明（この時代は，生物学的にもっとも充実しており，堅牢な記憶がつくられやすい）などが提唱されている。参加者が20歳前後の大学生の場合は，レミニセンス・バンプは生じにくいかもしれないが，自伝的記憶の想起体験は，日常記憶の性質を理解する上で有用である。

⑵　目撃記憶

事件や事故の解明においては，目撃者による記憶が重要な証拠となる。しかし，目撃記憶が正確ではないこともよく知られている。これを体験することも日常記憶の特性（記憶は変容しやすく，再構成されやすい）を知る上で有用である。実験者は，あらかじめ1分程度の動画を用意する（YouTube などのもので十分である）。内容はどのようなものでもよいが，複数の人物が出てくるものや場面が変化するものだと効果が表れやすい。

実験者は，参加者を2人組にする（3人組があってもよい）。各ペア（またはトリオ）のうち1名を「目撃者」とし，残りを「聴取者」とする。動画の呈示は目撃者のみに行う。プロジェクターでスクリーンに音なしで映せば（音声を「消音（ミュート）」にする），課題状況が単純になり，また教室に全員いる状態でも実施できる。教示は次のようなものとする。

「『目撃者』役の人にはこれから1分程度の動画を見てもらいます。目撃者のみ目をあけて，スクリーンの動画をよく見てください。ノートはとらないでください。なお，音声はありません。『聴取役』の人は目を閉じて待っていてください。」

映像の呈示が終わったら，実験者は以下のようなことをする。これは参加者が特にリハーサルをしない状態を数分はさむことで，直近の記憶（短期記憶）の影響を低減させるためである。

・聴取者に，目撃者の記憶を聴取し記録するための用紙（白紙でよい）を配布する。
・黒板に次のような説明を書く。

①オープン質問：回答に制約のない質問。「何を見たか話してください」「それからどうなりましたか」「他には何がありましたか」など。

② WH 質問：「いつ」「どこで」「誰が」「何を」「どのように」「どうした」「なぜ」など。

③クローズド質問：「はい」か「いいえ」，あるいは選択肢を選ぶなど，回答に制約のあ

る質問。「Aでしたか」「Aですか，Bですか，それとも，それ以外ですか」など。

その上で，次のように教示する。

「それでは聴取者は，目撃者から今見た動画について内容を聞き出し，用紙に書いてください。聞き出す際はできるだけオープン質問を用い，必要であれば，最小限のWH質問を用いてください。クローズド質問はできるだけ行わず，『～ですね』などの誘導質問はしないように心がけてください。時間は10分とします。聴取者が2人いる場合は，前半後半で，時間を区切って聴取してください。」（本来は，聴取は最初から最後まで，一人の聴取者が一対一で行うのがよい。）

聴取が終わったら，参加者に感想を述べてもらう。聴取者には「オープン質問で聞けたか」「動画の内容はどの程度把握できたか」「わかりにくかったところがあるとすれば，それはどこか」など，目撃者には「どういうときに話しやすく感じたか」「どういうときに困難を感じたか」などを尋ねるとよい。

次に以下の教示を行い，元の映像を再度呈示する。

「それでは，先ほどの動画をもう一度呈示します。今度は全員で見てください。目撃者だった人は，自分がどれくらい覚えていたか，どの程度報告できたか確認しながら見てください。聴取役の人は，自分がどれくらい情報を得られたか，情報を得て自分の頭の中で描いたイメージは，元の映像とどの程度合っているか，または合っていないか，確認しながら見てください。」

呈示後に感想を求めると，聴取者からは「話を聞いてつくったイメージとは違う」，目撃者からは「見たばかりでも覚えてない」といった感想が得られることが多い。こうした感想を受けて，目撃証言の扱いには慎重であるべきこと，誘導とならないようにできるだけオープン質問を用いることの有用性などを説明する。司法場面での面接法については，仲（2011）などを参照のこと。アメリカの国立小児健康人間発達研究所が公開している聴取法（司法面接）のガイドラインも参考になる（http://nichd-protocol.com/the-nichd-protocol/，英語のサイトであるが，日本語の資料も提供している）。

◆引用文献

井上　毅・佐藤浩一（2002）．日常認知の心理学　北大路書房

高良加代子・箱田裕司（2008）．見慣れた日常物体の記憶における誤情報効果――新千円札の記憶による検討――電子情報通信学会技術研究報告，**107**（553），19-24.

Loftus, E. F., Miller, D. G., & Burns, H. J.（1978）. Semantic integration of verbal information into a visual memory. *Journal of Experimental Psychology: Human Learning and Memory*, **4**, 19-31.

槙　洋一・仲　真紀子（2006）．高齢者の自伝的記憶におけるバンプと記憶内容　心理学研究，**77**, 333-341.

仲　真紀子（2010）．認知心理学．ミネルヴァ書房

仲　真紀子（2011）．法と倫理の心理学――心理学の知識を裁判に活かす――目撃証言，記憶の回復，子どもの証言　培風館

Neisser, U.（Ed.）（1982）. *Memory observed：Remembering in natural contexts.* San Francisco: W. H. Freeman.（ナイサー，U. 富田達彦（訳）（1988, 1989）．観察された記憶――自然文脈での想起――（上・下）誠信書房）

Nickerson, R. S., & Adams, M. J.（1979）. Long-term memory for a common object. *Cognitive Psychology*, **11**, 287-307

Rubin, D. C., Schrauf, R. W., Gulgoz, S., & Naka, M.（2007）. Cross-cultural variability of component processes in autobiographical remembering: Japan, Turkey, and the United States. *Memory*, **15**, 536-547.

Squire, L. R.（1986）. Mechanisms of memory. *Science*, **232**（4758）, 1612-1619.

12章

ストループ効果

無視したくても無視できない

◇実習の前に◇

1．自動的な情報処理

あなたは友だちの部屋で探し物をしている。大事なコンサートのチケットが見当たらないから一緒に探してほしいと，涙ながらに頼まれたのだ。友だちの部屋には，机の上にも床の上にも，面白そうな本やマンガが散乱している。あなたは大切な友人のため，とにかくチケット探しに集中するのだと自分に言い聞かせる。ところが，マンガのタイトルは，無視しようと思ってもどんどん頭に入ってくる。本をかき分け，汗だくになってチケットを探していると，あるマンガの前で手が止まった。なんと，ずっと読みたかったマンガの最新刊ではないか。気がつけばすっかり日も暮れ，５冊以上のマンガを読んでしまっていた。その日は徹夜でチケット探しをすることになった……。

これはマンガのタイトルなど無視したいのに無視できず，取り組むべき作業に支障が出たという例である。私たちの目に映っている事物の中で，現時点の活動に直接関係するものは少ない。効率的に作業を行うためには，必要でない情報（上の例ではマンガのタイトルなど）は処理しないほうがよさそうだが，人間の認知システムは，目に入った事物をある程度自動的に処理してしまう仕組みを備えているようである。場合によっては，この自動的に処理された情報が，本来関係がないはずの現在遂行中の活動に影響を及ぼすこともありうる。本章では，複数の情報が関わるような課題状況を設定して，こうした自動的な情報処理が課題遂行に及ぼす影響を考えてみる。

2．ストループによる干渉効果の実験

次の行に書かれている漢字を，声に出して読み上げてみよう。

赤　　青　　緑

とても簡単に違いない。では，この漢字がその意味と違う色のインクで書かれていたらどうだろうか。赤と青と緑のペン（４色ボールペンでよい）を用意して，漢字が表す色と違う色のペンで，それぞれの漢字を紙に書いてみよう。「赤」は緑ペンで，「青」は赤ペンで，「緑」は青ペンでといった具合である。このように書いた漢字を，「インクの色を無視して」読み上げるのは，先ほどと同じくらい簡単だろうか。次に，「書かれている漢字の意味を無視して」インクの色を声に出して言って（呼称して）みよう。漢字を読み上げる場合と比べて，難しさは変わるだろうか。

漢字の意味する色とインクの色とが異なっている場合，もし指示された通り，現在の課題に関係ない情報を無視することができるならば，漢字を読み上げる課題も，インクの色を声に出して答える課題も，いずれも簡単なはずである。しかし，もし「無視するように」と言われたにもかかわらず，漢字の意味やインクの色についての処理が自動的に行われるならば，違う色についての処理が同時に行われることになるので，無視すべき情報の処理が邪魔して（これを干渉（interference）と呼ぶ），課題の遂行は難しくなるにちがいない。

アメリカの心理学者ストループ（Stroop, 1935）は，このような発想に基づく実験を報告している（ただし，もちろん用いたのは漢字ではなく，色を表す英単語である）。彼の実験と類似した方法で，漢字と色彩の処理の間で，実際に干渉効果が起こるのか調べてみよう。

◇実　習◇

1．目　的

色を意味する漢字の読み上げ課題において，漢字の意味と異なる印刷色がどのような影響を与えるかを検討する（実験１）。また，これと逆に，印刷色の呼称課題において，印刷色と異なる意味をもつ漢

字がどのような影響を与えるかを検討する（実験2）。

2．方　法

2.1　実験計画

参加者が行う課題（回答の仕方）によって「漢字読み上げ実験（実験1）」と「色名呼称実験（実験2）」とがあり，この2つの実験を一度にまとめて行う。課題が異なる2つの実験は，いずれも「呈示の種類（単独呈示か不一致呈示か）」を要因とする1要因2水準の実験である[1]。不一致呈示では，漢字の意味と印刷色が違っている。単独呈示ではこうした不一致はなく，黒で漢字を呈示する（漢字読み上げ課題の場合），あるいは四角形（色パッチ）で色を呈示する（色名呼称課題の場合）。各実験の呈示の種類は参加者内要因であり，全員が2つの実験で2つの条件を経験することになる。各実験で，2通りの呈示条件が独立変数，課題に対する反応時間が従属変数である。課題における誤りの数も補助的な従属変数として用いる。

2.2　実施形態

標準的な形としては，2人ずつ組み，交代で実験者と実験参加者の両方を経験する。人数の制約は特にないが，安定した結果を得るためには10人程度以上の参加者のデータがあるとよい。

参加者の色覚に異常がないことをあらかじめ確認しておく。過去に色覚検査を受けている場合は，自己申告でよいであろう[2]。色覚検査を行ったことがない場合には，2.3で説明するカードCの練習用カード（色のついた四角が描かれたカード）を見せ，色の呼称に問題がないことを確認する。日常生活で視力を矯正している参加者は，眼鏡やコンタクトを装着する（視力は日常生活に支障がない程度であればよい）。

漢字の読み上げを行うため，参加者は日本語を母語とする人，またはそれと同等の日本語力がある人に限る。日本語以外を母語とする人に対しては，その人の母語を用いて実験を行うとよい[3]。この場合には，言語ごとに整理・分析を行う。

2.3　実験材料

次のような3種類（4枚）のカードを用意する（練習用のカードは図12-1，口絵参照）。*サポートサイトのファイルが利用できるが*，実習生が自作するのが望ましい。

カードA：白地に赤・青・緑・黄の4つの漢字を各24個ずつ，横12×縦8の計96個，ランダムな順序に黒字で印刷する。各漢字は1行（横方向）に3回ずつ，1列（縦方向）に2回ずつ，横にも縦にも同じ漢字が並ばずに出現するようにする。

カードB：白地に赤・青・緑・黄の4つの漢字を各24個ずつ，横12×縦8の計96個，ランダムな順序に漢字が示す色とは異なる色で印刷する。「異なる色」は各漢字で3通りあるので，1行にこの3通りが出現するようにする（各印刷色は1行に3回ずつ出現することになる）。同じ漢字および同じ印刷色は各列に2回ずつとして横にも縦にも並ばないようにする。カードBは，漢字読み上げ用（カードB1）と色名呼称用（カードB2）の両方で用いるので，漢字・印刷色の配置が異なるものを2枚作る。

カードC：白地に赤・青・緑・黄の4つの四角形（色パッチ，内側は塗りつぶす）を各24個ずつ，横12×縦8の計96個，印刷する。四角形の大きさ・配置はカードAと同様となるようにする。

漢字の大きさとフォントは読みやすいものにする。たとえば，A4サイズ（横向き）に，20ポイント以上のゴシック体で印刷するとよい。4枚とも同じ紙とプリンターで印刷する（写真用の厚手の紙を使うと扱いやすい）。すべてのカードの見やすさ，読みやすさが同じになることが重要である。カード間で漢字の順序，色彩の順序はすべて異なるようにする。

上記3種類のカードそれぞれについて，課題説明および練習のためのカードを別途作成する（カードBについても1枚でよい）。これには，横12×縦2

---

[1] 4水準からなる1つの実験と考えることもできる。また「課題の種類（漢字読み上げか色名呼称か）」と「呈示の種類（単独呈示か不一致呈示か）」とを要因（いずれも参加者内要因）とする2要因×2水準の実験と見ることもできる。

[2] 2003年度から小学校での色覚検査が定期健康診断の必須項目から削除されたので，色覚検査の経験のない学生が多いと思われる。本章の課題では，ストループ課題における典型的な設定として白地に赤・青・緑・黄の4色を用いているが，それ以外の色彩を用いてもよい。たとえば，灰色の背景で，白，黒，明るめの青の3色を使えば，色覚異常者もそのほとんどが回答可能な課題になる。また，「解説」の2で示すように，ストループ課題にはさまざまなものがあるので，色彩を用いない課題を実施することもできる。井出野（2012）は，単語と線画を組み合わせたストループ課題を取り上げて実習を構成している。

[3] 色を示す漢字が読めるのであれば，漢字で実習を行い，区別して分析・考察を加えるという選択も考えられる。言語の定着度の影響を考える手がかりが得られるかもしれない。

の計24個の漢字または色パッチを印刷する。

さらに，４枚の正答用紙を用意する。いずれも正答は黒の漢字で示す。カードＡはそれ自体が正答用紙として使える。カードＢについては，漢字読み上げ用（カードB1）と色名呼称用（カードB2）のそれぞれに正答用紙が必要である。カードＣは色名を漢字で示す。正答はA4用紙１枚にまとめて印刷してもよい。

他に用いる器具は，カードを置く譜面台（書類スタンドでもよい）と参加者の座る椅子，測定装置としてストップウォッチと記録用紙，筆記用具，録音装置（IC レコーダーまたはテープレコーダー）[4]である。

2.4　条件の設定

２つの実験で，全部で４つの条件を設ける。

実験１：漢字読み上げ実験

① 漢字－単独条件：カードＡの漢字を読み上げる。

② 漢字－不一致条件：カードB1の漢字を読み上げる。

実験２：色名呼称実験

③ 色名－単独条件：カードＣの色名を呼称する。

④ 色名－不一致条件：カードB2の色名を呼称する。

条件の実施順序は，あらかじめ参加者ごとに決めておく。全員が「実験１→実験２」という順序で実施する場合，各実験での２条件の前後の割り当て方によって全部で４通りの実施順序がある[5]。

2.5　手続き

他のペアの声や様子が課題遂行の妨げにならないような場所で行う。同じ部屋で複数のペアが実施する場合は，適当な距離をとって他のペアが視野に入らないようにするなどの工夫をする。

参加者は，譜面台の前の椅子に着席する。あらかじめ決めてある条件順序に従って，以下の手続きで課題の説明，練習，本試行の順に行う。実験者は，参加者の斜め後方の位置で説明と観察・記録を行う。

４条件のうち，カードＡを使った漢字－単独条件を例に，具体的な手続きを示す。

まず，カードＡ用の練習用カードを譜面台に置き，問題なく漢字が読めるかどうか，参加者に確かめる。その後，参加者に対して，「用意，始め」の合図があったら，左上から１行ずつ，すべての行を右下まで「漢字をなるべく速く，かつ正確に，声に出して読み上げてください」と教示する。また，間違えた場合には，必ず言い直し，最後の漢字を読み上げた直後に，続けて「終わり」と言うようにと教示する。質問があるかどうか尋ね，参加者が課題を理解するまで，ていねいに説明する。その後，練習を行う。

参加者が，読み上げる順序を間違ったり，読み間違えたのに訂正せずにそのまま次に進んだりした場合には，再度手続きを確認する。また，時間をかけて慎重に読み上げた場合には，「なるべく速く，かつ正確に」読み上げるよう確認する。これらの例のように手続きの理解に問題があった場合は，もう一度同じ手続きで練習を行う。参加者が手続きを十分に理解したと判断した後，本試行用カードに取り替え，本試行に移る。本試行では，12文字８行の漢字が呈示されることを告げ，練習時と全く同じ手続きでこれら96個の漢字を読み上げるよう，教示する。

本試行で，実験者は，「用意，始め」を言い終えた直後からストップウォッチでの測定を始め，読み上げ終了（「終わり」の直前）とともに測定を止める（練習時の読み上げ時間は記録しなくてよい）。本試行での読み上げは録音して，これに基づいて，実験後，反応時間を測るとよい[6]。また，回答中は，正答用紙を参照して，間違えたにもかかわらず訂正しなかった箇所を記録する（正答用紙の該当部分に静かに横線を引く）。実験者は，参加者を動揺させたりすることがないよう，落ち着いた態度を保つ。

その他の条件における課題の教示は，次の通りである。

漢字－不一致条件（カードB1を呈示）：「漢字の印刷で使っている色は無視して，漢字をなるべく速

[4] 録音は必須ではないが，実験の確実性を高めるためには録音記録も利用したい。ビデオなどで録画してもよい。この実験では，回答時に戸惑いの表情や姿勢の乱れなど，言語以外に独特の行動がしばしば見られるので，映像記録があると，こうした行動に注目した分析もできる。

[5] ２つの実験の順序についてもバランスをとると（各実験を前半か後半に２条件を連続して実施する），全部で８通りになる。４条件すべてをランダムとすると全部で24通りの実施順序がある。

[6] 反応時間は課題遂行時に測定したものでもよいが，録音を利用して計時すると測定が確実なものになる。複数の実習生で反応時間を測定して平均を求めるようにするとさらによい。なお，ストップウォッチでは通常，0.01秒まで表示されるので，その数字をそのまま測定値として使えばよい（実質的に，0.01秒の桁までの測定精度はないが）。また，間違いについても，実験中に記録することができるが，録音を利用できると安心である。

表12-1　全体での集計表の例（各セルには当該条件の反応時間を秒数で記入する）

参加者番号	実施順序	①漢字－単独	②漢字－不一致	③色彩－単独	④色彩－不一致
1	①②③④				
2	①②④③				
⋮					
平均					
標準偏差					

く，かつ正確に，声に出して読み上げてください」

色名－単独条件（カードCを呈示）:「四角の色をなるべく速く，かつ正確に，声に出して言ってください」

色名－不一致条件（カードB2を呈示）:「漢字の示す色は無視して，印刷で使っている色をなるべく速く，かつ正確に，声に出して言ってください」

条件の間に30秒程度の間隔を置いて，４条件を順次実施する。

実験が終了したら，気がついたこと（内省）を記録しておく。

３．結果の整理と分析

3.1　整理とグラフの作成

まず，各条件の誤り数をカウントする。録音記録がある場合は，それに基づいて各条件における反応時間と間違ったところを確認する。

以下では，主たる結果として反応時間の整理・分析に関して説明する。補助的な結果として誤り数についても同様の処理をするとよい。

集計表に全員分の反応時間を記入し，条件ごとに反応時間の平均と標準偏差を求める（表12-1）。グラフは，実験ごとに２条件を並べ，棒グラフを描く（図12-2）。

参加者ごとの折れ線グラフを描いてみると，個人差が一覧できる（10人分程度を１枚に描くと見やすい）。

3.2　統計的検定を含む分析

各実験の２条件について，対応のある t 検定を行い，反応時間に差がないかを調べる[7]。帰無仮説は，「２条件の反応時間の平均は等しい」である。

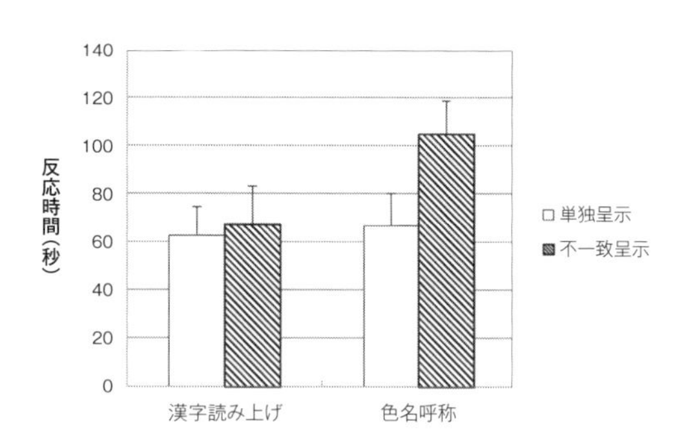

図12-2　実験結果のグラフ化の例（エラーバーは標準偏差）

４．考察のポイント

4.1　全体での条件差について

漢字読み上げでは，単独呈示と不一致呈示の間で反応時間に差が見られただろうか。色名呼称ではどうだろうか。以上の比較で差があるとしたら，その差はどのような仕組みでもたらされたと考えられるだろうか。主要な関心対象は，２つの実験（課題）それぞれの中での，２つの条件の差であるが，さらに広く，４条件の反応時間の大小についての検討を加えてもよい。

4.2　個人差について

参加者によって，条件ごとの反応時間の大小関係や全体的な反応時間が違っていると思われる。そうした個人差は何を反映していると考えられるだろうか。

◇解　説◇

１．ストループ効果

1.1　ストループ効果の一般的な結果

本章の実験は，意味と色彩がずれた組み合わせで

[7] １要因４水準の分散分析（参加者内要因）を行う方法もある。また，「課題の種類」と「呈示の種類」の２要因分散分析（いずれも参加者内要因）を適用する選択もある。

漢字を呈示（不一致呈示）したとき，漢字読み上げや色名呼称がどのような影響を受けるかを調べるものであった。実験は，漢字か色彩の一方のみを呈示する単独条件を統制条件とし，これと実験条件である不一致条件を比較する形になっている。

この実験で得られる一般的な結果は，まず，実験２の色名呼称において，漢字の意味を無視して印刷された色名を呼称する条件（色名－不一致条件）で，単独条件よりも反応時間が遅れる（干渉が生じる）というものである。この干渉現象がストループ効果と呼ばれるものである。これに対して，実験１の漢字読み上げで，印刷色を無視して漢字を読み上げる条件（漢字－不一致条件）では，単独条件と比べて反応時間の遅れは見られない，もしくは見られても非常に小さい。誤り反応についても同様の結果で，色名呼称課題での不一致条件で誤りが目立ち，それ以外の３条件での誤りはまれである。

1.2 ストループによる実験

ストループ効果は，ストループが英語で行った実験によって広く知られるようになった[8]。彼の1935年の論文では，red，blue，green，brown，purple の５つの単語・色彩で行った実験について報告している。この論文の実験１と実験２は，実習の実験１，実験２とほぼ同様のもので，100の単語もしくは色パッチをレイアウトした刺激を用いている。ただし，実験デザイン上，２つの実験を独立したものとして，別の参加者に実施している点で，実習での実験とは異なっている。したがって，本章の実験は，ストループの実験１と実験２をひとまとめにして，漢字での追試を試みたものと，おおよそ言うことができる。

ストループが実施したオリジナルの実験結果を見てみよう。単語読み上げを求める実験１では，単独条件（平均41.0秒）と比較したときの不一致条件（平均43.3秒）での遅延は，2.3秒（5.6%）とわずかである（条件間の差は有意ではない）。これに対して，色名呼称を求める実験２では，単独条件（63.3秒）に対する不一致条件（110.3秒）の遅延は実に47.0秒（74.3%）であり，非常に大きな干渉効果（ストループ効果）が得られている。さらに実験３では，８日間連続して色名呼称課題を実施し，反応時間は短縮するもののストループ効果は消えないことを示した。

[8] ストループ効果に相当する現象の心理学的研究は1883年頃までさかのぼれる（嶋田，1994）。

ストループの報告以降，さまざまな言語で，実験手続きの詳細に改変を加えながら，数多くの研究が蓄積されている。そして，単語（文字）・色彩間の干渉が，色名呼称課題で強く見られ（ストループ効果が生じ），単語読み上げ課題では（それほど）見られないことが繰り返し確認されている。

1.3 ストループ効果はなぜ起こるのか：反応競合説による説明

それでは，なぜ，色名呼称課題では一致しない単語（文字）が邪魔になり，単語読み上げ課題では一致しない色名が（それほど）邪魔にならないのだろうか。詳細なメカニズムについては，いまだにはっきりとした結論は得られていないが，日常生活において，文字と発音との関係が非常に強く，文字は見ただけで自動的に発音に関する処理が行われることが関係していると考えられている。

つまり，日本語が読める人が「赤」という漢字を見たときには，読み方（「あか」という音）についての処理が自動的に速く活性化される。これに対して，印刷色は，日常生活で常に呼称するものではないため，呼称（「あか」という音）についての処理は遅く，自動的には生じにくい。そのため，漢字の意味を無視して印刷色を呼称しようとする場合には，印刷色を発声しようとする時点で，既に（無視しようとした）漢字の読み方についての自動的処理がかなり進んでいて，色名の発声に関わる２つの神経活動が同時に生じ，干渉が生じると考えるのである。これに対して，印刷色を無視して漢字を読み上げる場合には，印刷色の名称の処理が進む前に漢字の発声が終わってしまうため，ほとんど干渉は起こらないと考えられる。

以上のことから，干渉による反応時間の遅れが生じるのは，漢字と一致しない印刷色を呼称する場合に限られる（または著しい），ということになる。この説は，ストループ効果は，色名の発声という反応の段階で干渉が生じることによって出現すると考えるため，反応競合説と呼ばれる。

2．ストループ・マッチング・テストと逆ストループ効果

2.1 ストループ・マッチング・テストにおける逆ストループ効果

ストループ効果における反応時間の遅れが発声段階での干渉で生じるのだとすると，反応に色名の発

声を使わなければ，結果は変わるのだろうか。

ストループ効果は，発声を用いず，図12-3（口絵）のような刺激を呈示して，四角形の印刷色と文字との同異判断を求める課題でも調べることができる。A，B，Cの刺激は，実習の3種類のカードと対応する。実習と同様にBが不一致条件である。四角形の色と漢字の意味する色が同じかどうか判断する条件（漢字の印刷色を無視する，実習の「漢字－不一致条件」に相当）と，四角形の色と漢字の印刷色が同じかどうか判断する条件（漢字の意味する色を無視する，実習の「色名－不一致条件」に相当）が設定できる。この2つの不一致条件それぞれの判断にかかる時間が，不一致のない条件での判断（A：黒色で書かれた漢字の意味する色と四角形の色の同異判断，C：Xと四角形の色の同異判断）からどれくらい遅れるかを調べるのである[9]。

本章の実習で用いた課題がストループ・カラーワード・テストとも呼ばれるのに対して，上で紹介した手続きはストループ・マッチング・テストと呼ばれる。ストループ・マッチング・テストを用いた実験でも干渉による反応時間の遅延は観察されるが，漢字の印刷色に基づいて判断する課題（実習の実験2）で遅延が顕著だったカラーワード・テストとは異なり，単語の意味に基づいて判断する課題（実習の実験1に対応するマッチング課題）で顕著な反応の遅延が見られる（図12-4）。これを逆ストループ効果という。

2.2　逆ストループ効果の反応競合説による説明

逆ストループ効果を反応競合説の考え方で説明してみよう。カラーワード・テストでは，漢字を見たときに発声に関わる処理が自動的に進み，この処理が，少し遅れて生じる印刷色の呼称（発声）の処理に干渉すると考えた。マッチング・テストを行うためには発声に関係する処理は必要ない。ではどうやって私たちはこの課題を行っているのだろうか。おそらく，上方の四角形と下方の文字の「色の見え」そのもの（視覚的表象）や「色の概念」（意味表象）を比較し，同異を判断してキー押し反応を行うのだろう。「色の概念」とは，「色の見え」（赤い印刷色の見えかた）や「色の名前」（「赤」という言葉）に共通する意味のこと（「赤」という意味）である。したがって，この色の概念が頭の中で活性化されるのは，「色の見え」や漢字の形が処理された後，ということになる。

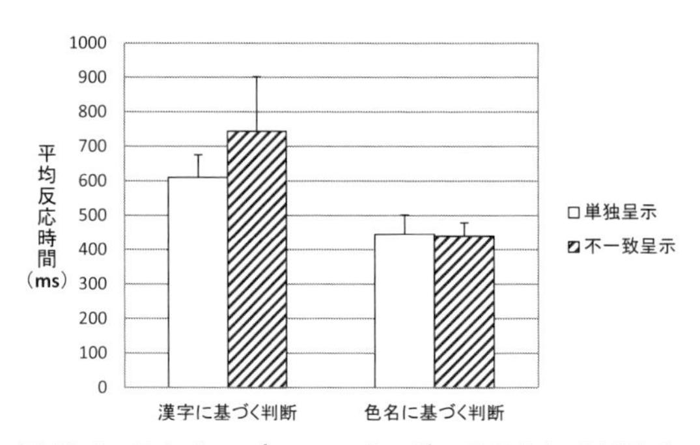

図12-4　ストループ・マッチング・テストにおける実験結果の例（1試行あたりの平均反応時間，10人のデータによる，エラーバーは標準偏差）

四角形と漢字が与えられたとき，「色の見え」に基づく比較と，「色の概念」（四角形の色と漢字の形から導かれた概念）との比較が並行して自動的に行われ，それぞれの比較に基づいて反応命令（「このボタンを押せ」）が出されると仮定しよう。「色の見え」が処理される方が「色の概念」の活性化よりも速いのだから，「色の見え」に基づく反応命令の方が，「色の概念」に基づく反応命令よりも速く出される。

この前提に立って，マッチング・テストの2つの課題が行われるときに頭の中で行われる処理を想像してみよう。四角形と文字の印刷色に基づいて同異判断を行う場合には，「色の見え」の比較に基づく反応命令を実行すればよい。このとき，「色の概念」の比較に基づく反応命令はまだ出ていないので，干渉は起こらない。これに対して，四角形の印刷色と文字（漢字）の意味する色に基づいて同異判断を行う場合には「色の概念」の比較に基づく反応命令を実行すればよいが，この命令が出されるときには既に「色の見え」の比較に基づく反応命令が出されている。そのため，本来実行すべき「色の概念」の比較に基づく反応命令が「色の見え」の比較に基づく反応命令に邪魔されて反応が遅れると考えられる。

ただし，マッチング・テストでの干渉は反応命令の実行段階ではなく，概念が活性化される段階で生じているとする説や，命令の実行段階と概念の活性

[9] パソコンでマッチング・テストを実施した場合，反応時間は試行ごとにミリ秒（ms，1000分の1秒）単位で得られる。反応時間の分析では，通常，正反応のみを対象にする。誤答率が高い場合（20%を超える場合など）は実験をやり直すか，誤答率の分析に重点を置くなど，分析に工夫をするとよい。

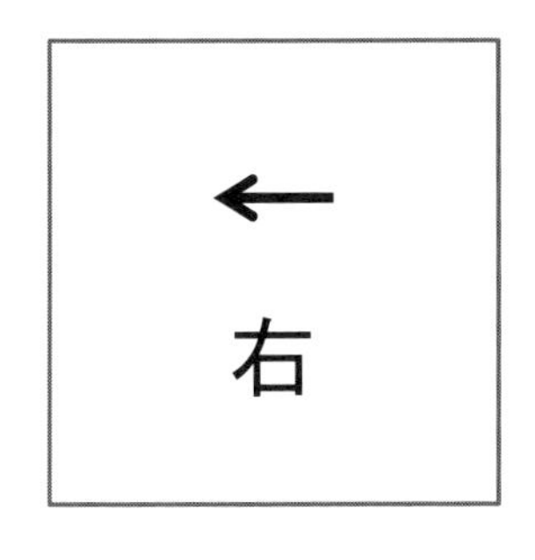

矢印を無視して漢字の示す方向を答える条件と漢字を無視して矢印の示す方向を答える条件を行い，矢印のみ，漢字のみを呈示する条件からの反応時間の遅れを調べる。

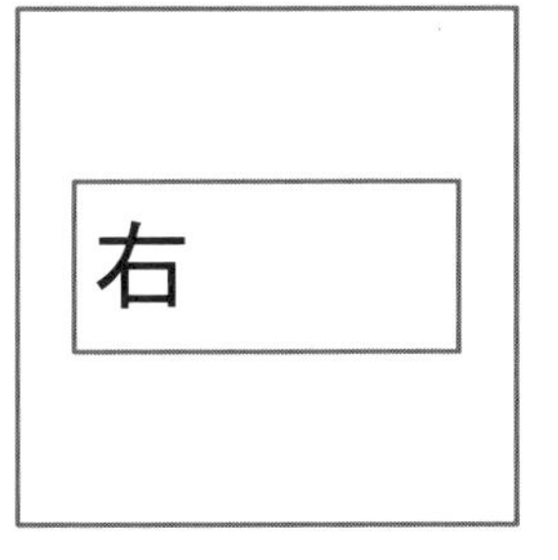

呈示位置を無視して漢字の示す方向を答える条件と漢字を無視して呈示位置を答える条件を行い，位置のみ（漢字の代わりにXが現れる），漢字のみを呈示する条件からの反応時間の遅れを調べる。

図12-5　左右位置に関するストループ課題の刺激例

化の両方の段階で生じているとして，反応競合説に批判的な考え方もある。

3．ストループ効果の拡張と応用

ストループ効果は，ストループの論文から約80年を経て，今なお基礎研究がさまざまな設定の実験で行われているとともに，応用的な展開も盛んである。

ストループ効果を調べる課題（ストループ課題，ストループテスト）では，言葉の意味なり印刷色なり，対象となる刺激のある側面（属性）にのみ選択的に注意を払わなくてはならない。したがって，注意のコントロールに問題がある場合には，課題の遂行が困難になる。このことを利用して，ストループ課題は，注意障害や前頭葉機能障害の検査として用いられることがある（24章参照）。九州大学の箱田裕司研究室では集団での実施が可能な同異判断型のストループ課題を開発し（新ストループ検査），臨床場面に応用している（松本・箱田・渡辺，2012）。

今日，ストループという用語が使われるのは，色彩と単語の意味の間の干渉のみではない。たとえば，図12-5では，方向・位置を示す言葉（左・右）と実際の方向・位置の間で干渉が生じる刺激設定になっている。ほかにも，大きさを示す言葉（大・小）と実際の大きさ，特定の対象を示す言葉（犬・猫）とそのイラスト，といった，対となる刺激が競合または矛盾する意味をもつような刺激を作成することができる。こうした刺激を用いて行う，呼称やマッチングの課題も，ストループ課題，あるいはストループ様課題という名称で呼ぶことがある。

また，対となる情報間での競合や干渉という枠組みを離れてストループという言葉が使われることもある。「情動ストループテスト」と呼ばれる課題では，不安を喚起する単語（危険，暴力など）をカラーで表示し，単語の意味を無視して単語の表示色を呼称する。これを中立語（温度，空気など）からなるリストでの色名呼称時間と比較すると，不安障害者や高不安者で大きな遅延が見られる（鵜木，1999）。

4．より深く学ぶために：推薦図書

ストループの原論文については，向後（1995）にわかりやすい紹介がある（原論文は http://psych-classics.yorku.ca/Stroop/ で読める）。心理学の歴史的変遷をふまえたストループ効果に関する解説として嶋田（1994）がある。本章で説明した反応競合説以外の多くの考え方が参照できる。また，ストループ効果については，ワーキングメモリや注意に関する書籍でしばしば取り上げられている（たとえば，苧阪，2002; 原田・篠原，2011）。

5．補足（主に教員向けの解説）

5.1　授業構成の目安

ストループ課題における干渉効果は，データを分析する以前に，参加者として色名呼称課題を行えば条件間の違いを実感できるほど顕著なものである。ストループ効果は，知識として分かっていても頑健に現れる現象であり，実習生同士で，実験者と参加者の役割を交代しながら実験を行うのに適した題目である。

刺激を含む器材一式をあらかじめ用意しておけば，90分授業１コマでも実行可能である。実験自体は，教示を含めて，１人あたり10分程度である。ただし，２コマをあてて，刺激作成（練習カードのみ，あるいは４枚のうちの１枚であっても）やさまざまなストループ課題の体験も組み込むとよい。

サポートサイトでは，ストループ・カラーワード・テストについても，パソコンによる簡易実験プログラムを提供している。実習の本体では紙とストップウォッチを用いた実験を行うほうが教育的だと思われるが，呈示制御と反応記録を厳密に行えることから，実際の研究ではパソコンによる実験を採用することが多いので，デモンストレーションとして経験してみるとよい。

ストループ効果は認知的研究のみでなく，臨床場面や社会心理学での応用も多いので，これらの例も引いて説明を行なうと，学生のさまざまな関心に応える授業となるとともに，心理学の領域間の関連について学生に考えさせる好材料となる。24章では，神経心理学的テストの１つとしてストループテストを用いているので，そちらと関連させて実習を行うことも考えられる。

5.2　発展的な実習

⑴　繰り返して実施する

1.2で述べたように，ストループの原論文の実験３は，８日間継続して色名呼称課題を実施している。そこまでではなくとも，複数回実施してみることで，学習・経験の観点を加味した考察ができる。学習ということでは，第２言語としての英語で実験を行ってみることもできる。

⑵　さまざまなストループ課題を考案・実施する

日本語には漢字，ひらがな，カタカナの３つの表記法がある。本章の実習では漢字表記を用いたが，ひらがなとカタカナを加えると，どのような結果が予想されるか，仮説を立てて実験を行う。ローマ字表記の日本語や英語で実験を行うこともできる。

ストループ課題またはストループ様課題について，学生グループごとに先行研究を探し追試を行う，あるいは，新たなストループ刺激を考案するといった実習も可能であろう。

⑶　ストループ・マッチング・テストと比較する

サポートサイトにあるマッチング・テストで実験を行い，カラーワード・テストの結果と比較し，反応競合説によって両実験の結果の説明が可能かどうか検討する。

◆引用文献

原田悦子・篠原一光（編）(2011)．注意と安全　北大路書房
井出野　尚 (2012)．ストループ効果　西本武彦（編著）　認知心理学ラボラトリー　弘文堂　pp.43-52.
向後千春 (1995)．視覚システムと言語システム間の干渉　行場次朗（編）　認知心理学重要研究集１　視覚認知　誠信書房　pp.183-185.
松本亜紀・箱田裕司・渡辺めぐみ (2012)．マッチング反応を用いて測定したストループ・逆ストループ干渉の発達変化　心理学研究　**83**, 337-346.
苧阪満里子 (2002)．ワーキングメモリ――脳のメモ帳――　新曜社
嶋田博行 (1994)．ストループ効果――認知心理学からのアプローチ――　培風館
Stroop, J. R. (1935). Studies of interference in serial verbal reactions. *Journal of Experimental Psychology*, **18**, 643-662.
鵜木惠子 (1999)．高不安者の脅威情報に対する処理バイアス――確認強迫の高低による比較――　性格心理学研究，**8**, 43-54.

13章 連想プライミング

意味のネットワークを調べる

◇実習の前に◇

1．記憶・知識と連想

Aさん：「あの人，何ていう女優さんだっけ，お茶のCMに出ている人。」
Bさん：「うーん，それだけじゃわからない。」
Aさん：「ええと，映画に主演した人だよ。ケータイ小説が原作の映画。」
Bさん：「何て映画？」
Aさん：「…それも思い出せない。ええとね，沖縄出身の人！」

このような会話をしたことは，誰でもあるのではないだろうか。Aさんの場合，この女優さんについての記憶や知識は「お茶のCM」や「ケータイ小説が原作の映画」「沖縄」などと結びついて，心の中にしまわれているようだ。

こうした記憶や知識における結びつきは連想（association）と呼ばれる。私たちの記憶や知識は，1つひとつの事柄が独立してたくわえられている（貯蔵されている）のではなく，多くの事柄が複雑に関連しあってネットワークのようなものを作っていると考えられる。心の中に辞書や百科事典のようなものがあって，その見出しや内容が相互につながり合っているようなものである。本章の実習では，私たちの知識がどのように貯蔵されていたり利用されていたりするのかを調べてみよう。

2．意味記憶と連想プライミング効果

2.1　意味記憶

カナダの認知心理学者タルヴィング（Tulving, E.）によれば，長期記憶は，その内容によってエピソード記憶と意味記憶に区分される[1]。

エピソード記憶とは，私たちが経験した何らかの出来事に関する記憶のことをいう。経験した内容そのものだけではなく，「いつ」「どこで」などの状況が付随している。たとえば，「昨日のお昼に，学食でカレーを食べた」記憶はエピソード記憶である。いわゆる「思い出」はエピソード記憶である。

一方，意味記憶とは，そのような状況が特定できない，「知識」となった記憶のことをいう。たとえば，私たちは，「カレーとはどのようなものか」について，「食べ物である」「辛い」などの知識をもっている。しかしその知識には，「いつ」「どこで」といった，その知識を獲得したときの状況は付随していない。

本章の実習では，後者の意味記憶がどのように貯蔵されており，どのように検索されているのかを調べる。

2.2　連想プライミング効果

意味記憶の貯蔵と検索に関して，よく取り上げられる現象の1つに，連想プライミング効果（associative priming effect）がある。

連想プライミング効果は，1970年代に発表されたメイヤー（Meyer, D.）とシュベインベルト（Schvaneveldt, R.）らの一連の研究で広く知られるようになった（たとえば，Meyer & Schvaneveldt, 1976）。彼らの実験では，画面に文字列を呈示し，それが単語であるか，それとも無意味な文字列（非単語）であるかを判断してもらう課題（語彙判断課題，lexical decision task，しばしばLDTと略記される）を課した。その結果，たとえば，「パン－バター」のように意味的に関連のある対で続けて呈示された場合のほうが，「医者－バター」のように意味的に関連のない対で呈示された場合よりも速く，「バター」という文字列が単語であると判断できたことを報告している。この現象を連想プライミング効果という。心理学分野で「プライミング」とは，2つの刺激を続けて呈示する場合に，先行する刺激の処理が後続する刺激の処理に影響する現象のこと

[1] もう少し厳密に言うと，この区分は，長期記憶の中でも宣言的記憶という，言語やイメージで表現できる事実に関する記憶におけるものである。長期記憶には宣言的記憶とは別に手続き的記憶がある。これらの記憶の具体例が11章の「実習の前に」で紹介されている。

である[2]。このとき，先行する刺激をプライム（またはプライム刺激）と呼ぶ。後続し，判断などの対象となる刺激をターゲット（またはターゲット刺激）と呼ぶ。「パン－バター」の例であれば，「パン」というプライムと「バター」というターゲットは，連想関係によって結びついている。そのため，先行して呈示される「パン」は，続けて呈示される「バター」の処理を促進し，連想関係によって結びついていない「医者－バター」が呈示された場合より，語彙判断が速く行われると解釈されている。

3．言語素材を用い，反応時間を測定する実験

本章では，連想プライミング効果という現象を通して意味記憶について調べる。さらに実験技法に関して，特に２つのことを学んでほしい。

１つは，心理学的データとしての反応時間（reaction time，RT と略記することも多い）の扱い方である。本章の実験では，プライムに続けて呈示されるターゲットに対して語彙判断を求め，その反応時間を測定する。反応時間は心理学の実験で頻繁に用いられる指標であるため，それを利用した実験手続きおよび結果の処理方法の基礎を身につける。

もう１つは，言語素材の扱い方である。本章の実習では，単語を素材として刺激を用意し，記憶や言語認知の基礎を調べる実験を行う。言語素材は，認知分野のみでなく，社会，臨床などさまざまな領域の心理学的研究で広く用いられる。本章では，言語素材を用いた実験の基本的な方法も学ぶ。

◇実　習◇

1．目　的

語彙判断課題を用いた連想プライミング効果を調べることで，私たちの意味記憶がどのように貯蔵され，検索されているのかを検討する。すなわち，プライムとターゲットが意味的に関連している場合と関連していない場合の反応時間の比較を通して，連想プライミング効果の生起について調べ，得られた反応時間の結果がどのように説明できるかを検討する。

2．方　法

2.1　実験計画

独立変数として，プライムとターゲットの意味的関連性という１要因を設定する。この要因は参加者内要因であり，実験参加者全員が次に示す２条件（水準）のいずれにも参加する。

①プライムとターゲットが意味的に関連している「関連あり」条件（練習試行の例：こたつ－みかん）。

②プライムとターゲットが意味的に関連していない「関連なし」条件（練習試行の例：あそび－てんし）。

ただし実験の際には，語彙判断課題が課題として成立するように，ターゲットが無意味な文字列である「非単語」条件の刺激も呈示する（練習試行の例：やけど－みきつ）。

従属変数は，主に語彙判断課題における反応時間であり，誤反応率を補助的に参照する。

2.2　実施形態

２人が１組となり，実験者と参加者を交代してパソコンによる実験を行うとよいだろう。実験自体は１人あたり10分程度で終わるので，３人で交代しながら行ってもよいし，集団で同時に実施することもできる。人数の制約は特にないが，10～20人程度のデータがあると，結果の安定性が高まる。

2.3　刺　激

参加者には，関連あり条件の刺激30対，関連なし条件の刺激30対，非単語条件の刺激60対，全120対をランダムな順番に呈示する。

*刺激はサポートサイトで提供しているので，新たに作成することなく実習を行えるが，*作成手続きの概要を以下に示しておく（図13-1）[3]。

①水野（2011）を参照して，連想関係にある日本語の単語対を60対用意する。連想の元になる単語がプライム，連想の結果となる単語がターゲットとなる。プライムもターゲットもひらがな表記で３文字となる単語である。この60対を30対ずつ２セット（セットA，セットB）に分ける。この２セットは同等なものになるようにする。この同等性を実現するのは厳密には難しいが，連想の強い順に60対を並べて，順番が奇数のものをセットA，偶数のものを

[2] 英語の priming は，一般的な語としては，「準備」「点火剤」「呼び水」などの意味をもつ。動詞の prime には，「前もって準備させる」という意味がある。

[3] 「解説」の3.2で説明を補っている。*またサポートサイトの文書に，もう少し詳しい説明がある。*

《関連あり・関連なし条件の刺激》　本文の①，②

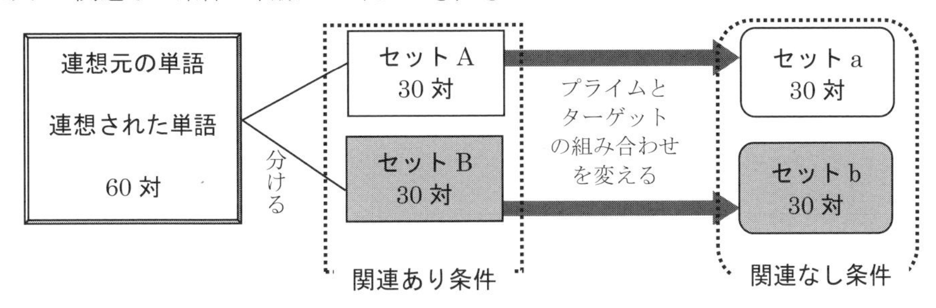

《非単語条件の刺激》　本文の③

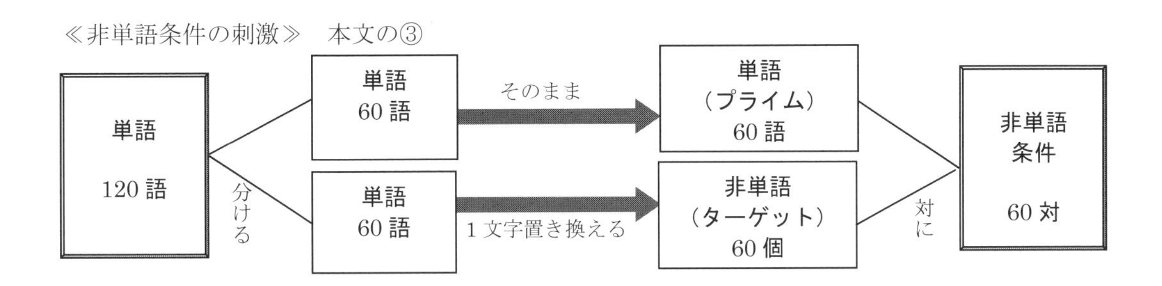

《リスト化》　本文の④

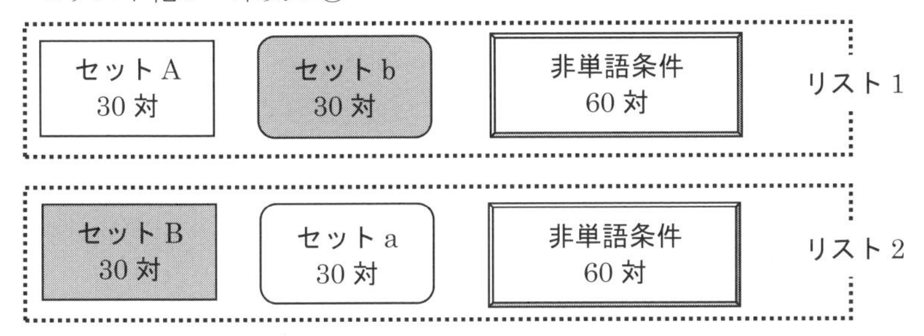

図13-1　刺激作成手続きの概要

セットBとする方法で，ほぼ達成できる。以上により関連あり条件の刺激が２セットできる。

②セットAとセットBのそれぞれでプライムとターゲットの対をランダムに組み替える。組み替え後に対となる単語間では連想関係がないことを確認する。これで得られるものをセットａ，セットｂとすることで，関連なし条件の刺激が２セットできる。

③非単語条件の刺激を用意する。まず①で選択した単語とは別の単語（ひらがな表記で３文字）を120語用意する。そのうち60語はプライムとする。残りの60語については，１文字を別の文字と置き換えて非単語を60個作成し，ターゲットとする（たとえば，「さいふ」の１文字を置き換えて「さいお」）。これらのプライムとターゲットを組み合わせて，60対の非単語条件の刺激とする。

④「セットＡ（関連あり条件），セットｂ（関連なし条件），非単語条件」の３者を組み合わせることで得られる刺激セットをリスト１とする。「セットＢ（関連あり条件），セットａ（関連なし条件），非単語条件」の３者を組み合わせた刺激セットをリスト２とする。実験では，参加者の半数にはリスト１を，残りの半数にはリスト２を呈示する。

⑤練習用に，関連あり条件，関連なし条件，非単語条件が含まれるリストを用意する。関連あり条件３試行，関連なし条件３試行，非単語条件６試行の計12試行とする。

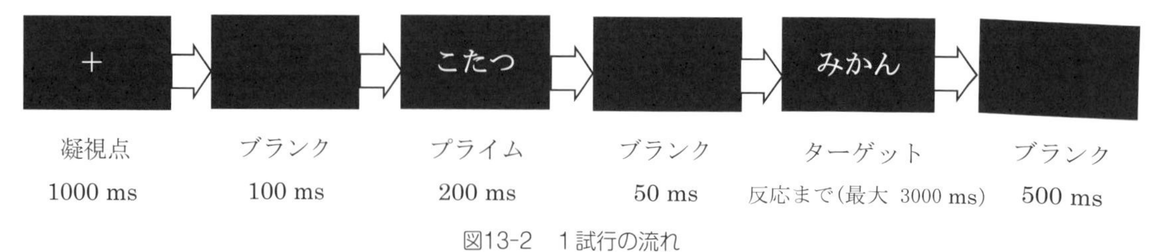

図13-2　1試行の流れ

2.4 装　置

刺激の呈示および反応の記録には，パソコン（OSはWindows）を用いる。*実験プログラムはサポートサイトから入手できる*[4]。

2.5 手続き

参加者は，先に呈示されるプライムに対しては注視するのみで何もせず，続いて呈示されるターゲットが単語であるか否かを判断する（語彙判断課題を行う)。ターゲットが呈示されてから語彙判断を行うまでの反応時間（ms単位；msはミリ秒，すなわち1000分の1秒のことである）と反応内容（押したキーで正誤がわかる）を記録する。

実験者は，実験に先立って実験プログラムを起動する。まず刺激についてリスト1とリスト2のいずれかを選ぶ画面が呈示されるので，適当な方を選ぶ(ペアで実施する場合には，1人をリスト1，もう1人をリスト2とするなどして，グループ内でリスト1とリスト2がほぼ同数になるようにする)。これ以降，練習開始から本番終了まで，基本的に画面の指示に従って進めればよい。

実験者は，参加者にパソコンの画面の前に座ってもらい，教示を行う。教示では，実験で行う課題に関して，以下の内容を伝える。

①この実験では，画面に出てくる文字列が単語であるかないかを答える課題を行う。

②課題ではキーを押して反応する。あらかじめ“←”と“→”のキーの上に右手の人差し指と中指を置き，反応時には，判断に応じていずれかのキーを押す。

③まず画面の中央に出てくる“+”を見る。

④その次に画面の中央に呈示される，ひらがな3文字の単語（プライム）を声を出さずにしっかり見る（注視する)。

⑤その後，画面の中央に呈示される，ひらがな3文字の文字列（ターゲット）が単語であるかないかを判断する。単語だと思ったら“←”のキーを，単語でないと思ったら“→”のキーを，できるだけ速く正確に押す。

参加者が課題を理解したところで，さらに以下の点を教示として参加者に伝える。

①参加者が「次は単語が出てくるのではないか」などと予想したりすると，結果がゆがんでしまう。自然な態度で行う。

②「速く正確に」反応することが大切である。できるだけ間違えないように課題を行うが，間違えたとしても気にせず，慎重になりすぎない。ただし，速さを重視しすぎて，フライングになるようなことはしない。

③判断するのは2番目に出てくる文字列に対してだけだが，1番目に出てくる単語も必ずしっかり見る（注視する)。

教示の後，練習を12試行行い，課題に慣れてもらう。練習では，1試行が終わるたびに停止し，反応に対する正誤が画面に表示される。練習が終わったら課題を十分に理解していることを確認して，本番を120試行行う[5]。本番の開始に先立って，本番では正誤のフィードバックはないこと，試行ごとの一時停止もなく連続して進むことを説明する。本番は，40試行ずつ3ブロックに分けて実施する（ブロックの間で一時停止するようになっている)。

練習と本番の1試行の流れは以下のとおりである(図13-2)。

①凝視点として“+”が1000ms呈示される。

---

[4] 実験プログラムは河原哲雄氏が作成したものである。コラム4に関連する解説がある。*またサポートサイトで実験実施マニュアルを提供しており，具体的な教示，実験プログラムの利用法，実験結果の出力ファイルなどについて説明しているので，参照してほしい。*

[5] 練習と本番は1つのプログラムで実行するようになっている。プログラムはエスケープキーを押すことで中止できるので，練習を再度行いたい場合は，この方法で最初からやり直せばよい。

②100msのブランクの後，プライムが200ms呈示される。

③50msのブランクの後，ターゲットが呈示される。参加者が反応するまで，呈示されたままである（最大3000ms）。

④500msのブランクの後，次の試行の凝視点の呈示が開始される。

実験終了後には，内省報告として実験者と参加者の立場から気がついた点を記録しておく。

3．結果の整理と分析

3.1　結果の整理とグラフの作成

サポートサイトの実験プログラムで得られる個人の結果は，csv形式のファイルで保存されているので，Excelなどで開いて集計するとよい（ファイル例がサポートサイト上にある）。まず個人ごとに，関連あり条件，関連なし条件，非単語条件における反応時間の平均と標準偏差を算出する。このとき，計算に加えるのは正反応の反応時間のみとする（誤反応だった試行は除く）。続いて，個人ごとに３条件について誤反応率（%）を算出する。

以上で得られた個人の平均反応時間および誤反応率に基づいて，参加者全員の反応時間と誤反応率について平均と標準偏差を算出する。さらに，参加者全員の反応時間のグラフを作成する（図13-3，グラフには非単語条件は加えないことが多い）。

3.2　統計的検定の実施

連想プライミング効果が生じていたかを確認するために，関連あり条件と関連なし条件の反応時間の平均に有意な差があるか，対応のある t 検定を行う。帰無仮説は，「２つの平均は等しい」である。また同様に，誤反応率の平均についても，２条件間で差がないか，対応のある t 検定を行う。

3.3　反応時間の性質について調べる（オプション）

余裕があれば，本章の実験における主な指標である反応時間の分布について調べてみよう。参加者ごとに（一部の参加者についてでもよい），３条件の正反応について，ヒストグラム（３条件分を１枚に重ねて描くとよい），箱ひげ図（条件を横軸，反応時間を縦軸とする），散布図（条件を横軸，反応時間を縦軸とする）などを描くとよい（コラム１に図の例がある）。個人間の比較ができるように，縦軸の目盛りを統一するとよい。

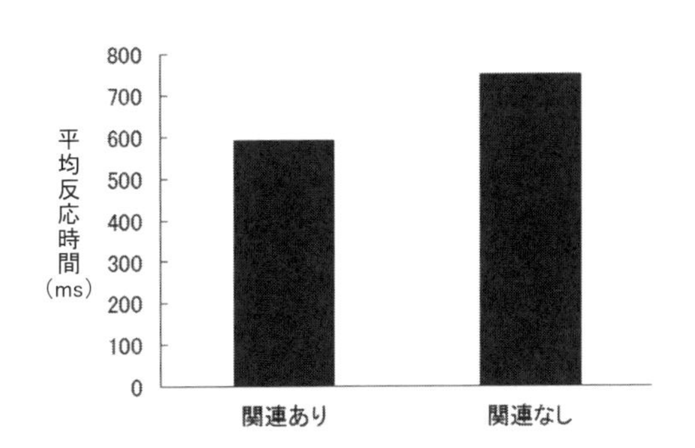

図13-3　語彙判断課題における平均反応時間

4．考察のポイント

4.1　反応時間による連想プライミング効果の検討

連想プライミング効果，すなわち，関連あり条件のほうが関連なし条件よりも反応が速いという現象は見られただろうか。連想プライミング効果が生じたにせよ，生じなかったにせよ，２条件の反応時間の関係がどのように説明できるかを考える。特に，活性化拡散モデル（「解説」の１を参照）の観点から考察を加えるとよい。

4.2　誤反応率の検討

２条件間で誤反応率に差は見られただろうか。差が認められた場合，なぜそのような結果が得られたかを考えてみよう。特に反応時間とどのような関係にあるかを考えるとよい。反応の速さと正確さの間で，速さを重視したために判断の正確さが低下した，あるいは正確さを重視したために反応が遅くなったかもしれない。このように関連する２つの要因の間で「取引（交換）」が生じる現象をトレードオフと言う。たとえば，関連あり条件と関連なし条件の反応時間に差がみられなかったが，関連なし条件で誤反応が多かった場合，反応の速さと正確さのトレードオフが起こっていた可能性がある。

4.3　データとしての反応時間の特徴について（オプション）

反応時間の分布には，どのような特徴があるだろうか。分布の全般的な特徴や個人差についてまとめ，それをもたらす要因について考えてみよう。

◇解　説◇

1．連想プライミング効果はなぜ生じるか

1.1　意味記憶における活性化拡散モデル

「実習の前に」で述べたとおり，意味記憶とは，知識となった記憶のことである。たとえば，「カレー」に関して「食べ物である」「辛い」といったことを知っている。こうした記憶があるからこそ，「夕食はカレーがいいな」などの言葉を発したり理解したりすることもできるのである。

この意味記憶の貯蔵と検索に関して多くの研究が蓄積され，そこで観察されるさまざまな現象を説明しようとして，いくつものアイディアが提案されている。その中で最もよく知られている有力なものとして，コリンズとロフタス（Collins & Loftus, 1975）が提案した活性化拡散モデル（spreading activation model）がある。このモデルの第1の特徴として，貯蔵されている概念の間の結びつきは，意味的な関連性が強いほど近接したものになる。たとえば，図13-4をみてほしい。「りんご」は，「梨」や「さくらんぼ」，「赤」のように，意味的な関連性の強い概念と近接している。しかし「車」のように，「りんご」と意味的な関連性の弱い概念は，離れていることがわかるだろう。

このモデルのもう1つの特徴は，「活性化が拡散する」と想定していることである。まず，ここでいう活性化とは，意味記憶の中のある概念が刺激され，その概念の使いやすさが高まることである。わかりやすいように，擬人化して説明しよう。図13-4のような意味記憶の中にあるたくさんの概念は，普段は眠っている状態である。しかし，たとえば目の前にりんごが出されると，「りんご」の概念が刺激されて目を覚ました状態になる。これが「活性化」である。

そして「活性化が拡散する」とは，その活性化が，ネットワークを通じて周りにも広がっていくということである。図13-4で言えば「りんご」と結びついている「梨」や「さくらんぼ」，「赤」へと活性化が広がる。先ほどの擬人化した説明で言えば，「りんご」がはっきりと目を覚ました状態になると，近くにある「梨」や「さくらんぼ」にも覚醒が広がり，目が覚めかけた状態になる。少し離れた「赤」は目が覚めかけたものの，まだ少し眠りの深い状態になっている。遠くにある「車」などはぐっすり眠ったままである。

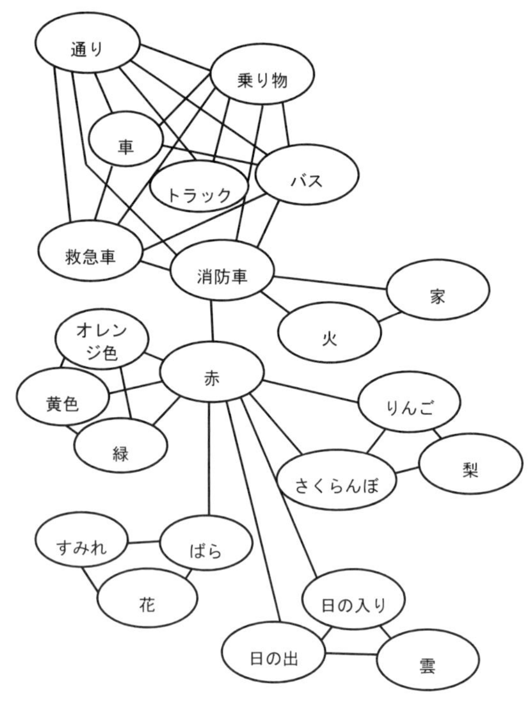

図13-4　意味記憶のネットワーク（Collins & Loftus, 1975 より作成）

1.2　活性化拡散モデルによる連想プライミング効果の説明

連想プライミング効果は，活性化拡散モデルによってうまく説明できる。「パン－バター」のような意味的に関連のある対が呈示される場合，「医者－バター」のような意味的に関連のない対が呈示される場合よりも速く「バター」だと判断ができたという実験で考えてみよう。

この実験で「パン」というプライムが呈示されると，「パン」の概念が活性化する。そのときネットワークを通じて，意味的に関連した「バター」にも活性化が拡散していく。そこで，「バター」が呈示されたときには，すでに「バター」の概念がある程度活性化しているために，「これは単語だ」とすばやく判断できる。先ほどの擬人化した説明で言えば，「パン」が目を覚ますと近くにある「バター」も目が覚めかけた状態になっている。そのため，「バター」がぐっすり眠っていた場合よりも早く起きるこ

とができるのである。

一方，「医者」というプライムが呈示されると，ネットワークを通じて，意味的に関連した「看護師」などにも活性化が拡散している。しかし通常は「バター」には活性化が拡散しない（擬人化した説明で言えば，まだ「バター」はぐっすり眠っている）。そのため，「バター」が呈示されたときには，全く活性化していないところを検索しなければならず，「単語だ」という判断が遅いのである。

「関連あり・なし」に２分するのでなく，関連性の程度を考えるならば，連想プライミング効果には，意味的な関連性の強弱が影響する。関連性が強いものは促進効果が大きいし，弱いものは促進効果が小さい。これは活性化拡散モデルと整合的な現象である。

また活性化拡散は自動的に生じると考えられている。本章の実習のようにプライムとターゲットの呈示間隔が250ms と短くても促進効果が観察されるのは，そのためである。一方，呈示間隔が長くなると（たとえば700ms 以上），次に何が呈示されるかを期待・予想するなどの意識的な制御過程が関与してきて，活性化拡散だけでは説明できない現象も観察されるようになる[6]。

2．プライミング効果のいろいろ

プライミング効果とは，先行するプライムの処理が後続のターゲットの処理に影響を及ぼす現象である。本章で取り上げたプライミング効果は，プライムとターゲットが連想関係にあるために生じる効果であることから，連想プライミング効果と呼ばれている。プライミング効果のさまざまな区分を，以下で簡単に紹介しよう。

2.1　意味プライミング効果と音韻プライミング効果

本章で取り上げたのは，プライムとターゲットの意味的連想関係の強さによって生じたプライミング効果であった。そこで，このようなプライミング効果は意味プライミング効果ともいう。

一方，連想は，意味的関連性以外によっても生じる。プライムとターゲットの音韻的関連性の強さによって生じるプライミング効果を音韻プライミング効果という。たとえば，井上（1991）は，「キンコ－インコ」，「ヒツギ－ヒツジ」のような音韻的関連性の強い対が呈示されたときに，ターゲットに対する語彙判断が速くなることを示している。音韻プライミング効果がみられることから，私たちの心の中では，意味的関連性だけでなく音韻的関連性によってもネットワークが形成されていることがわかる。

2.2　間接プライミング効果と直接プライミング効果

プライムとターゲットの異同という観点から，プライミング効果を区分することもできる。

2.1で述べた２つのプライミング効果は，いずれもプライムとターゲットが異なる（同じ刺激が繰り返し呈示されたわけではない）場合に生じたプライミング効果である。このようなプライミング効果を間接プライミング効果という。

一方，プライムとターゲットが同一である場合に生じるプライミング効果を直接プライミング効果という。同一の刺激を反復して呈示するため，反復プライミング効果と呼ぶこともある。たとえば，小松と太田（Komatsu & Ohta, 1984）は，プライムの単語（例：しんぶんし）を呈示し，時間をおいてから単語完成課題を行った。単語完成課題とは，文字列の中の空白を埋めて単語を完成させる課題である（例：し□ぶ□し）。この場合，プライムが単語完成課題の答えになっていると，その刺激をあらかじめ呈示されていたことに気づかない場合でも正答率が高くなる。これが直接プライミング効果である。小松と太田は，プライムの呈示から５週間後であっても，直接プライミング効果があったことを示している。この実験例からもうかがえるように，直接プライミング効果では，間接プライミング効果とは別の課題が用いられることが多く，時間的性質も大きく異なる。

3．実験方法について

3.1　課題について

本章の実験では，ターゲットに対する反応として語彙判断課題を用いた。これは，連想プライミング効果のみでなく，単語の記憶や認知について調べる

---

[6] プライムの呈示開始からターゲットの呈示開始までの時間をSOA（stimulus onset asynchrony）と呼ぶ。関連概念として，プライム呈示終了からターゲット呈示開始までの時間はISI（interstimulus interval）と呼ばれる。ここでの説明で重要な呈示間隔は，SOA である。SOA が長くなると（たとえば700ms 以上），ターゲットの処理に対する抑制現象が観察されることがある（たとえば，Neely, 1977）。。これについて詳しくは，岡（2005）などを参照してほしい。

ときに広く用いられている課題である。同種の目的でよく用いられるほかの代表的な課題として，音読課題（naming task）がある。これは画面に呈示された文字列（通常は単語）を，すばやく読み上げる課題で，語彙判断課題と同様，反応時間と誤反応率を指標として分析・考察を行う。

3.2　刺激の作成

連想プライミング効果の実験を実施するには，関連あり条件（対が連想関係にある）と関連なし条件（対が連想関係にない）を設定する必要がある。2つの条件の刺激は，関連の有無のみで異なり，それ以外では同等であることが求められる。

まず関連あり条件の用意は，通常，連想関係についての調査に基づいて行う。実験者自身がこの調査を行うこともあるが，連想に関する一般的な基礎調査（基準表と呼ばれるものが各種公表されている）を参照することが多い。本章の実験で参照したのは，水野（2011）で，そこでは漢字，ひらがな，カタカナの各100語（いずれも仮名表記をすると3文字になるもの）について，それぞれ300人強の大学生から連想語を得ている。本章の実験では，このうちひらがなの単語に対する連想を参照したことになる。

以上の説明からわかるように，本章の実験では，連想関係と表記文字，文字数に配慮して素材を用意していることになる。連想関係があることを確実にするだけでなく，課題への反応に影響する可能性のある要因を限定して，実験を単純なものにしているのである[7]。

さらに，関連あり条件と関連なし条件の間で，関連の有無以外をそろえる手続きとして，プライムもターゲットも同じ単語を2条件の両方で呈示するようにしている。最初に連想関係にある単語60対を用意して，2セットに振り分け，2つのリストを作成したのは，このための工夫である。プライムにせよターゲットにせよ，同じ単語が，リスト1では関連あり条件で使われ，リスト2では関連なし条件で使われる，あるいは逆に，リスト1では関連なし条件で使われ，リスト2では関連あり条件で使われるというように設定されているのである（どの単語も1人の中では，1度のみ出現する）。

3.3　反応時間の特徴と扱い方

本章の実験で用いた反応時間という指標は，心理学の実験で多用されるものであるが，その扱い方には注意が必要である。

まず，反応時間が何を反映しているのかを考えなければならない。語彙判断課題であれば，単語の知覚，判断，運動反応といった処理が関係している。これらが複合した結果である反応時間によって，知りたい情報が適切に得られるかどうか，吟味する必要がある。「実習」の4.2で述べたトレードオフが起こりうるというのも，反応時間が複合的な指標であることが関係している。

また，反応時間では，データの分布が釣り鐘状でない（正規分布から外れる）ことが多く，他の値から大きく隔たった値（外れ値）がしばしば観察される。参加者として実験に取り組んでいても，ちょっとフライングしてしまった，ふっと意識が飛んでいた，考え込んでしまった，などと自覚できる反応があったりするものである。

平均は外れ値に影響を受けやすいので，外れ値によって結果が変わってくることもありうる。外れ値への対応として，以下のような手続きをとることがある。

①通常の反応とは考えにくい時間を基準として設定し，そこから外れるものを分析から除外する（語彙判断課題で，たとえば，250ms 未満，2000ms 超）。

②個人の全反応時間の平均から，一定以上隔たっているものを除外する（たとえば，±3標準偏差以上）。

そのほかに，反応時間を対数変換と呼ばれる方法で変換（大きな値の影響力を小さくすることができる）してから集計作業を行う，各条件における個人の要約値として平均ではなく中央値を用いる，などの方法を採用することもある。これらの方法は機械的に適用してよいものではないが，練習として，実験で得られたデータについて適用してみて，結果にどのように影響するかを調べてみるとよい。

4．より深く学ぶために：推薦図書

本実習でとりあげたプライミング効果や意味記憶については，さまざまな先行研究が行われてきた。岡（1996）では，プライミング効果を中心に意味記

[7] そのほかにも，言語素材にはさまざまな性質があるので，必要に応じて，資料を参照したり自身で調査を行って情報を得たりする。既存の資料類について知るには，まず今井・高野（1996）を見てみるとよい。また，「心理学　基準表　言語」などのキーワードでウェブ検索を行うと，関連文献を整理したサイトや資料自体を公開しているサイトが見つかり，有用な情報が得られる。

憶に関する著名な実験を多数取り上げて，わかりやすい解説を加えている。意味記憶とプライミング効果に関する研究全般について概要を知るには，岡（2000，2005）がよい。言語理解について広く論じている阿部・桃内・金子・李（1994）では，単語認知の観点から連想とプライミング効果を解説している。また，『Mind Hacks』（Stafford & Webb, 2004 夏目訳 2005）には，本章で紹介した以外の現象も含めて，読者が自身で試してみることのできるさまざまなプライミング効果の例が載っている。

5．補足（主に教員向けの解説）

5.1 授業構成の目安

実験自体は1人あたり10分程度なので，本章の実習は，実験の用意ができていて要領よく実施すれば90分授業1コマでも行える。解説を詳しくしたり，集計する人数が増えたりすると，2コマ以上の内容となる。

5.2 発展的な実習

(1) 2度目の実験

本章の実習からの発展ということでは，2度目の実験を行ってみることができる。本章のような実験を同一参加者に繰り返すことは，本格的な研究では普通は行わないが，学習のための経験としては有用である。

実験プログラムでは，SOA を指定することができるので，SOA を長くして（たとえば，SOA を 750ms にする，このとき，呈示時間は700ms），再度，実験を行ってみることができる。この場合，関連あり条件と関連なし条件との間の反応時間の差が大きくなる可能性がある。SOA が250ms（呈示時間が200ms）の場合よりも，SOA が長くなったことによって，意識的な処理が加わり，関連なし条件においてプライムによる抑制が生じる可能性があるからである。実習生の人数が多ければ，初めからこの SOA の要因を参加者間要因として組み込んで計画することもできるだろう。

また，促進効果だけでなく抑制効果も視野に入れた実験を計画するのであれば，プライム・ターゲット間の関連性に，関連あり条件，関連なし条件のほかに中立条件を加えるという方法もある。中立条件では，プライムとして，“XXX”のような単純な無意味文字列を用いる。関連ありと関連なしの2条件間の比較に加えて，関連ありと中立条件，関連なしと中立条件の比較を行うことによって，促進効果だけでなく抑制効果も量的にとらえることのできる実験が行える。

この場合，関連あり条件と関連なし条件のそれぞれから10対ずつを中立条件に変更すればよい（変更を加えた素材ファイルを元のものと置き換えることで，実験を実行できる）。この組み換え作業は教員が行えばよいが，実習生も実験後でよいので素材構成の練習をしてみるとよい。

(2) 分析の追加

連想プライミング効果の大きさには，連想強度が影響すると考えられる。そこで，促進量と連想強度の関係について，ターゲット語を単位とした分析で調べてみることができる。まず，ターゲットとなる各単語について反応時間の促進量（関連なし条件での平均－関連あり条件での平均）を求める。次に水野（2011）を参照して，関連あり条件での連想強度を調べる（実習生が連想強度を7段階評定などで回答したものを平均してもよい）。促進量を縦軸，連想強度を横軸として散布図を描いてみる。プロットした点には，それぞれ単語をラベルとしてつけるとよい。連想強度は使用頻度と関連する（連想で得られる単語の使用頻度が高いほうが連想強度は高くなりやすい）ことも念頭において，連想プライミング効果と連想強度の関連について考察してみよう。

この分析は，参加者の人数が多いことが必要である（20人程度以上が望ましい）。10人程度の場合，本章の実験では2種類の刺激リストがあるので，同じ実験を再度行ってみることもできる。別のほうのリストを選ぶと関連あり条件，関連なし条件のプライム・ターゲット対は異なるものになる。同じ実験を別のリストで繰り返してデータを増やすとよい。

◆引用文献

阿部純一・桃内佳雄・金子康朗・李　光五（1994）．人間の言語情報処理――言語理解の認知科学――　サイエンス社

Collins, A. M., & Loftus, E. F. (1975). A spreading activation theory of semantic processing. *Psychological Review*, **82**, 407-428.

今井久登・高野陽太郎（1996）．記憶を探る　高野陽太郎（編）　認知心理学２　記憶　東京大学出版会　pp. 27-48.
井上　毅（1991）．意味記憶における語彙的表象と音韻的プライミング効果　心理学研究，**62**, 244-250.
Komatsu, S., & Ohta, N.（1984）．Priming effects in word-fragment completion for short-and long-term retention intervals. *Japanese Psychological Research*, **26**, 194-200.
Meyer, D. E., & Schvaneveldt, R. W.（1976）．Meaning, memory structure, and mental processes. *Science*, **192**, 27-33.
水野りか（編）（2011）．連想語頻度表――３モーラの漢字・ひらがな・カタカナ表記語――　ナカニシヤ出版
Neely, J. H.（1977）．Semantic priming and retrieval from lexical memory: Roles of inhibitionless spreading activation and limited-capacity attention. *Journal of Experimental Psychology: General*, **106**, 226-254.
岡　直樹（1996）．意味記憶　箱田裕司（編）　認知心理学重要研究集２　記憶認知　誠信書房　pp.45-88.
岡　直樹（2000）．意味記憶　太田信夫・多鹿秀継（編著）　記憶研究の最前線　北大路書房　pp.67-97.
岡　直樹（2005）．長期記憶　海保博之（編）　認知心理学　朝倉書店　pp.47-76.
Stafford, T., & Webb, M.（2004）．*Mind hacks*：*Tips & tools for using your brain*. Sebastopol, CA: O'Reilly Media.（スタッフォード，T., &　ウェッブ，M.　夏目　大（訳）（2005）．Mind Hacks――実験で知る脳と心のシステム――　オライリー・ジャパン）

コラム4

パーソナルコンピュータを用いた心理学実験

1．心理学実験とパーソナルコンピュータ

一口に心理学実験といっても，紙と鉛筆で行う質問紙実験から，フィールドでの介入実験までさまざまである。だが，実験室で行われる典型的な心理学実験では，おおむね以下のような処理を繰り返すことになるだろう。

①刺激を呈示する

②参加者が刺激に対して反応する

③参加者の反応を記録する

たとえば，13章の連想プライミング効果の実験であれば，次のような具合である。

①注視点（「＋」），ブランク（空白画面），プライム文字列，ブランク，ターゲット文字列を順にディスプレイに表示する（図13-2）。

②参加者は，ターゲット文字列が単語であるかどうかを判断してキーを押す。

③参加者が押したキーと反応時間を記録する。

このようにイベント（この場合は，ディスプレイの1画面にほぼ対応する）を順に並べたものを試行（trial，1回分のデータ取得に対応する）と呼ぶ。また，複数回の試行を並べたものをブロックと呼ぶ。実験プログラムの作成とは，実験仮説を検証できるように，イベント，試行，ブロックを適切に配置することである。

近年では，こうした心理学実験は，パーソナルコンピュータ（以下，パソコン）と各種のソフトウェアを用いて行うのが普通である。そのためには，まず実験を作成するソフトウェアを選択しなければならない。以下では，パソコンを用いた心理学実験をこれから学ぼうとしている初心者のために，参考になると思われる情報を紹介する。なじみのない用語が出てくるかもしれないが，とりあえず，そういう言葉があるのだなという程度で読み，必要に応じてウェブなどで調べればよい。

2．ソフトウェア選択のポイント

実験作成に用いるソフトウェアには，心理学実験専用のものと，汎用のプログラミング言語がある。選択のポイントは，価格や習得の容易さなどの要因のかねあいである。心理学実験の作成に用いられるソフトウェアは，驚くほどたくさんある。以下で紹介するのは，国内の心理学研究でよく使われており，日本語での解説にアクセスしやすいごく一部のものである[1]。

これでも多すぎて迷うということであれば，予算に余裕があるならSuperLabを，無料ですませたいならPsychoPyまたはHSPを薦める。もちろん，学科や研究室で既に使っているソフトウェアがあり，頼りになる教員や先輩がいる場合は，それを使うのが正解である。なお，パソコンを用いた心理学実験を解説した書籍やウェブサイトは多数あり，さまざまな心理学実験の実行ファイルや設定方法，ソースが掲載されている。心理学実験専用ソフトウェアの公式ウェブページにも，ベンダーやユーザーが作成したプログラムが公開されている。行う実験が決まっている場合は，類似した実験のサンプルを探し，アレンジして使うのが最も近道である。

3．代表的な心理学実験専用ソフトウェア

多くの場合有料で，かなり高額（数万円から十数万円）である。また，ソフトウェアをインストールしたパソコンでないと実験を実行できないものが多い。多くはメニュー形式で，刺激の配置や反応の取得方法などを指定することで，プログラムを書かずに実験プログラムを作成できる。専用のスクリプト言語でプログラムを書く場合でも，習得に要する時間は，汎用のプログラミング言語を学習する場合と比べて，ずっと少なくてすむ。

(1) SuperLab（Cedrus Software）

典型的な実験手続きであれば，初心者が取り組んだ場合でも，実験の実行までに要する時間はおそらく最も短い。Windowsなどでおなじみのメニュー

[1] ここで取り上げられなかった心理学実験作成プログラムや開発用言語，ライブラリなどについては，*サポートサイトでも一部を紹介する。*

形式で，イベント，試行，ブロックを作成し，配置（リンク）すれば実験の骨格ができあがる。ブロック内での試行の順序をランダマイズするのも，チェックボックスにチェックを入れるだけである。Mac版もある。短所は，やや高価なことである。

(2) E-Prime（Psychology Software Tools Inc.）

GUIの統合環境のみで作成可能である。専用スクリプト（Visual Basic風）によるプログラミングも可能であり，より柔軟な実験デザインが可能になる。公式サイトには実験スクリプトが多数登録されている。ボイスキーやマルチディスプレイへの対応が可能である。短所は，かなり高価なことである。

(3) PsychoPy（オープンソース）

BuilderとCoderからなる。Builderは，GUIの統合環境であり，呈示する刺激や反応取得などのコンポーネントを画面にマウスで配置することで実験を作成できる。コードコンポーネントにPython（習得しやすい汎用のスクリプト言語）のコードを記述することで，動的な刺激制御や条件分岐などの複雑な処理が可能になる。Coderは，Pythonで実験プログラムを記述する開発環境である。Mac版あり。無料だが，機能や対応するハードウェアの豊富さは有料ソフトにひけをとらない。

4．汎用プログラミング言語による心理学実験

典型的な実験手続きから外れた処理や手続きが必要な場合は，プログラムを書くことが必要になる。その場合，心理学実験と直接関係しないプログラミングの基礎知識（文法やライブラリの構成，APIなど）を学習しなくてはならない。ただし，既に習得済みのプログラミング言語がある場合は，いくつかのポイントを押さえれば，心理学実験のプログラミングそのものはごく簡単である。

4.1　典型的な心理学実験のプログラミングに必要な知識

*具体的な言語を用いたプログラミングの詳細については，サポートサイトのプログラム（HSPで作成した連想プライミング効果のプログラム）に譲る。*配列（呈示刺激や反応結果を格納する）の管理や，繰り返しや条件分岐といった基本文法は別として，心理学実験プログラミングで共通に必要になる知識として，以下の事項が挙げられる。逆にこれらの処理が理解できれば，典型的な心理学実験プログラムは書けるはずである。

①バッファを用いた画面制御（厳密なタイミングで画面の切り替えを行う）

②ミリ秒（ms，1000分の1秒）単位での時間制御と時間計測

③試行順序のランダマイズ

④反応データのファイル保存

画面制御や時間計測などについては，言語に組み込みの関数や手続きが用意されている場合もあるが，心理学実験に必要な精度がない場合もあるので注意すること。組み込みの関数や手続きがなくても，Windowsの場合，Win32 API，Direct XやOpenGLにアクセスする機能があれば問題ない。試行順序のランダマイズは，心理学実験プログラムを扱うたいていの書籍に解説がある。反応データのファイル保存は，CSV（カンマ区切り）形式テキストファイルの入出力ができれば十分である。

4.2　代表的な汎用プログラミング言語

(1) HSP（Onion Software）

ゲーム作成などに向いた軽量のスクリプト言語である。無料。コンパイルして独立の実行ファイルを作成できる。多数の解説書籍やウェブページがある。プログラミング言語としての汎用性は低いが，典型的な心理学実験には十分である。ゼロから新たなプログラミング言語を学習するのであれば，最も手軽でお薦めできる。たとえば，連想プライミング実験の1試行は，以下のような構成になっている。

```
repeat　試行数
；repeat　～　loopの間を「試行数」だけ繰り返す
mes“+”
；注視点の表示（“mes”は文字列を表示する命令）
wait 100
；1000ms待つ（10ms単位で待ち時間を指定する）
…
；ブランク画面の表示などを省略
mes プライム(cnt)
；プライム文字列（配列に保存）を表示
…
；“cnt”は現在のループ回数を表すシステム変数
mes ターゲット(cnt)
```

```
    ；ターゲット文字列（配列に保存）を表示
  …
    ；キー反応の取得や反応時間の記録を省略
  loop
```

実際には，サポートサイトのソースにあるように，バッファの利用などでもう少し複雑になるが，お手本からコピーして少しずつアレンジすれば，プログラミング初心者でも決して難しくない。

(2) Java, JavaScript, C++, Delphi

いずれも一般的なプログラム開発も可能な汎用のプログラミング言語である。オブジェクト指向の概念やライブラリの詳細など，心理学実験とは関係ない知識も学習しなくてはならず，習得はそれなりに大変である。それぞれ解説書籍あり。

(3) Visual Basic（Microsoft）

習得は比較的容易である。ただし，フォームやボタンなどの部品を配置し，処理を記述していくというプログラミングのスタイルは，たとえば，錯視やシミュレーションのデモで必要になるような対話的なインターフェースを構築するのには適しているが，典型的な実験プログラムを書くにはかえって煩雑である。独立の実行ファイルを作成できる。解説書籍あり。

4.3 汎用プログラミング言語＋心理学実験ライブラリ

心理学実験ライブラリ自体は，オープンソースで開発されており，無料で使用できる。実験に必要な機能は，プログラムのソースの中で呼び出して使用できる関数の形で提供されている。提供されている関数の中には，視覚刺激や音響刺激の生成ルーチンなども含まれており，自力でプログラムを書くよりも大幅に手間が省ける。それぞれのプログラミング言語の文法や書法について，ある程度は習熟する必要がある。数値解析ソフトウェア MATLAB の拡張パッケージである Psychophysics Toolbox（無料だが，MATLAB 本体が高価）や，C++のライブラリ Psychlops（国産で無料）などがある。

5. 参考になる図書とサイト

5.1 図書（2004年以降の Windows を用いた文献のみ。括弧内はソースが参照可能な実験例）

① 菱谷晋介（編著）（2009）．心理学を学ぶハード＆ソフト　ナカニシヤ出版

HSP（心的回転），Mac OS 上の Java（視覚探索，運動正弦波縞），Delphi（視覚的短期記憶）。

② 水野りか・松井孝雄（2014）．ブラウザでできる基礎・認知心理学実験演習　ナカニシヤ出版

JavaScript（各種の錯視，心的回転，部分報告法，虚記憶，ストループ効果，記憶スパン，処理水準，系列位置効果，意味記憶，プライミング，注意の瞬き，スタンバーグ課題）。

③ 北村英哉・坂本正浩（編）（2004）．パーソナル・コンピュータによる心理学実験入門――誰でもすぐにできるコンピュータ実験――　ナカニシヤ出版

SuperLab（ストループ効果），Inquist（閾下プライミング，潜在連合テスト），JavaScript（ウェブ質問紙），HSP（心的回転），Visual Basic（ミュラーリヤー錯視，態度の類似性と対人魅力），Delphi（内集団の多様性認知，組織における男性支配）。

④ 水野りか（2004）．Web を介してできる基礎・認知心理学実験演習　ナカニシヤ出版

Java（ポンゾ錯視，ミュラーリヤー錯視，ポッゲンドルフ錯視，感覚記憶容量，ストループ効果，短期記憶容量，言語記憶，処理水準，心的回転，意味記憶）。

⑤ 岡本安晴（2010）．大学生のための心理学 VC++プログラミング入門　勁草書房

Visual C++（選択反応時間，ミュラーリヤー錯視，ランダムドット運動知覚）。

⑥ 酒井浩二・森下正修・松本寛史（2007）．今すぐ体験！パソコンで認知心理学実験 ナカニシヤ出版

Visual Basic（視覚探索，注意の範囲，非注意図形の知覚，Glass パターンの知覚，運動知覚と注意，スリット視，文字の瞬時記憶，視覚的短期記憶，リーディングスパンテスト，画像認知と文脈，カテゴリ認知，顔認知の大脳半球差，顔表情からの感情理解），Excel（AHP による意思決定）。

⑦ 日本行動分析学会（監修）（2011）．はじめての行動分析学実験――Visual Basic でまなぶ実験プログラミング――　ナカニシヤ出版

Visual Basic（強化スケジュール，見本合わせ，選択行動）。

5.2　ソフトウェアの公式サイト *（公式サイト以外のウェブ情報についてはサポートサイトにリンクを掲載している）*

①　SuperLab（Cedrus Software）http://www.superlab.com/

②　E-Prime（Psychology Software Tools Inc）http://www.pstnet.com/index.cfm

③　PsychoPy（オープンソース）http://www.psychpy.org

④　Psychophysics Toolbox（オープンソース）http://psychtoolbox.org/

⑤　Psychlops（オープンソース）http://psychlops.sourceforge.jp/ja/

14章

空書（くうしょ）

なぜ漢字を思い出そうとするときに指先が動くのか？

◇実習の前に◇

1．空書とは何か：漢字を思い出してみる

まず簡単な漢字クイズをやってみよう。漢字はさまざまなパーツの組み合わせでできている。このパーツには点や線のように単純なものもあれば，部首のように複数の要素をまとめたものもある。図14-1を見てほしい。これは３つの漢字をパーツとして組み合わせて，１つの漢字を作るというクイズである（答えは「実習」の2.3にある）。

このような課題（本章の実習で用いるもので，「漢字合成課題」と呼ぶ）に答えようとするとき，多くの人が漢字の形をなぞるように指先を動かしていたはずである。この現象は佐々木正人によって「空書」という名前が与えられ，一連の研究が行われてきた（佐々木，1987）。しかし，多くの人にとっては初耳の話であろう。言われればそのような現象があることに気づくが，それはいわば空気のようなもので，普段それを意識することはない。漢字だけではない。英単語の綴りを思い出そうとするときにも，日本人はしばしば空書を行う。たとえば，「心理学」に対応する英単語の綴りを思い出して口にしてみてほしい。指先を動かしていないだろうか。

しかし，こうした空書現象が当たり前のものだと思ってはいけない。日本人や中国人の多くが漢字や英単語の綴りを思い浮かべようとするときに空書をする一方で，非漢字圏の人々は単語の綴りを思い出そうとするときに空書をほとんどしないとされている（佐々木，1984）。空書の生起が漢字文化圏に偏って見られることから，空書には漢字という書字システムが関係していると考えられる。ここで疑問が生じる。そもそも，なぜ漢字文化圏の人々は空書をするのだろう。空書をすると，何かプラスになることがあるのだろうか。それとも特にこれといった意味をもたないローカルな習慣に過ぎないのだろうか。

本章では，漢字の認知という高度に人間的で知的な活動に身体運動が関わるという興味深い現象である空書について，実験という手続きを踏まえて考えてみたい。

2．書きことばと身体運動

日本で高校卒業までに学ぶと想定されている漢字は，ざっと二千を超える。新聞や小説を不自由なく読むには，さらに多くの漢字が必要である。かたや英語のアルファベットはといえば，大文字小文字の別があるにしても基本的に文字の種類は26ですむ。表音文字である英語における少数の文字から構成される綴り（語）の体系と，漢字における膨大な文字（漢字は表語文字と呼ばれ，文字であるとともに語でもある）の体系とでは，覚え方や使い方に違いがあることだろう。

ここで日本人の漢字学習の情景を思い起こしてみると，伝統的かつ典型的な学習方法にドリル学習がある。漢字を繰り返し何度も書いて，「手に覚えさせる」方法である。反復が記憶の定着を促すのは自然なことに思えるが，特に手を使って「書く」という身体運動を何度も繰り返すことが漢字の記憶の助けとなるような，何らかの仕組みが脳にはあるのではないだろうか。

「心はどこにあるか」といえば，基本的に脳にあって，その脳のはたらきが心であるとする見方が，心理学に限らず現代においては標準的であろう。しかし脳の中だけで心のはたらきが完了するわけではない。空書という現象では，「漢字を思い出してくれ」と言われて，頭の中だけではすまずに指先を動かしているのである。指先を動かすことによって生じる何らかの仕組みが，脳のはたらきを助けている

例１：言 ＋ 刃 ＋ 心 ＝ ？

例２：口 ＋ 一 ＋ 人 ＝ ？

図14-1　漢字合成課題の例

のだろうか。ともすれば「頭（脳）でっかち」になりがちな心理学だが，身体に目を向けると見え方が違ってくるということもありそうである。

3.「日本ならでは」のユニークな現象から人間の心の仕組みについて考える

空書現象は欧米人から見るとユニークに見えるようだ。しかし，ユニークというなら，漢字という書字システムもまたそうである。アメリカの心理学者であるリンゼイとノーマン（Lindsay & Norman, 1977）は，『情報処理心理学入門』（中溝・箱田・近藤訳，1983）に寄せた「日本語版への序文」で，日本の書き言葉のユニークさを次のように指摘している。

「心理学の中には，日本でこそはじめて研究できる多くの問題があり，それは日本が独自の文化と言語をもっているからです。日本語は，音節アルファベットとしての2種の仮名文字と，直接的象徴語のコードである漢字を使っているので，読みと言語の心理学的過程に関するユニークな研究の場が存在するといえます。」

漢字における空書現象を取り上げる本章の実習は，「日本ならでは」の心理学的実験の例になっている。漢字にしても空書にしても，当事者にとって「空気のよう」だけれども実はユニークであるという題材を通して，人間の心理一般についての理解を深めてほしい。

◇実　習◇

1．目　的

空書が漢字の想起にどのような効果をもつかを検討する。特に，空書を行ったとき（「空書あり」条件）と行わなかったとき（「空書なし」条件）とで，漢字合成課題の成績に差が見られるかどうかを調べる。

2．方　法

2.1　実験計画

空書の有無を要因とする1要因2水準の実験である。空書の有無は参加者内要因であり，実験参加者は「空書あり」条件と「空書なし」条件の両方で，漢字合成課題に回答する。空書の有無を独立変数，漢字合成課題の正答数を従属変数とする。

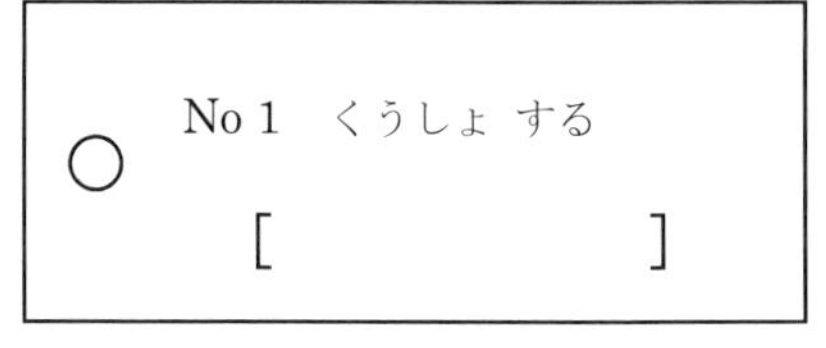

図14-2　回答用紙の例

2.2　実施形態

個別での実験も可能だが，以下ではプロジェクターなどで全員に一斉に呈示して回答する形態での実施を想定して説明する。人数の制約は特にないが，10～20人程度のデータがあると統計的検定を行ったり，文字ごとの正誤状況を検討したりするのに適当だろう。

2.3　課　題

*サポートサイトから漢字合成課題のリストをダウンロードして刺激材料として用いる。*全体は，練習用4課題，本番用32課題からなる。課題は，いずれも3つの構成パーツで1つの漢字を合成想起するように作られている（「言」「刃」「心」で「認」，「口」「一」「人」で「因」または「合」のように）。課題の半分ずつを2条件に割り当てるが，割り当てた2つの課題セットの間では難度他の特性がそろうようにしてある（「解説」の3.1を参照）。

漢字合成課題の回答用紙を，前後の回答が見えないように1試行に1枚ずつ用意する（1人あたり練習分4枚を含めて全部で36枚）。1枚の大きさは単語カード程度でよい（*サポートサイトから入手できる*，図14-2参照）。回答用紙には，試行番号，回答方法（空書の有無）が記入されている。表紙（氏名，参加者番号を書く）をつけて，全部の回答用紙を金属リングでとめる。

漢字合成課題の呈示用プログラム（Windows用）も，サポートサイトから入手できる。

2.4　手続き

全員が，参加者として「空書あり」と「空書なし」の2条件で，漢字合成課題に回答する。練習4試行，本番32試行である。これらは前半と後半の半分ずつ（それぞれ練習2試行と本番16試行）に分けられ，参加者の半分は「前半＝空書あり，後半＝空書なし」，残り半分は「前半＝空書なし，後半＝空書あり」で，課題に回答する。参加者を2つに分けて（連番をつけて奇数・偶数で分ける，など），この順序条件（前半空書か後半空書）への割り当てを行うことで，個々の課題での空書の有無をそろえることができ，実施順序の影響（学習や疲労などがありうる）が除去（カウンターバランス）できる。2つの課題セットの中での呈示順序はランダムとする。

呈示用プログラムをパソコンで実行し，プロジェクターでスクリーンに映すと簡便に実施できる。

「空書あり」条件では，机上の白紙（A4のコピー用紙を縦に置けばよい）に指先で漢字のパーツを書き，それを見ながら答えの漢字を思い浮かべる。「空書なし」条件では，白紙は同じ状態だが，手を机上に置いて動かさない状態で漢字を思い浮かべる。それぞれの試行が「空書あり」か「空書なし」かは，あらかじめ回答用紙にも記入されている（図14-2でひらがな表記にしているのは，漢字が目に触れるのを避けるため）。

各試行では，最初に注視点を３秒呈示し，３つのパーツを順次１秒ずつ，パーツ呈示の間の時間（Inter-Stimulus Interval; ISI）を１秒として呈示する。呈示が終わったら「ハイ」と合図し，わかった者は回答用紙に記入する。15秒の回答時間ののち，次の試行に移る。

実験に先立って以下のような教示を与える。授業の指導者あるいは学生の一人がこれを行う。

「これから漢字を使った認知実験を行います。漢字にはさまざまなパーツを組み合わせてできているものがたくさんあります。たとえば，「言（「言葉」の「こと」，「言語」の「げん」）」，「刃（「やいば」）」，「心（「こころ」）」の３つを組み合わせるとどんな漢字ができるでしょうか。（ここで少し時間をおく）。「認める」，あるいは「認識」の「認」ですね。漢字を思い出そうとするとき，指先を動かすことがよくあります。これは空書と呼ばれる現象です。今から行う漢字のクイズでは，このように指を動かす動作である空書をしながら考えてもらったり，あるいはそのようなことはせず，指を動かしたりはしないで考えてもらったりします。

今は口で漢字のパーツを言いましたが，これからはパーツをスクリーンに映します。そして，半分の回では，白い紙の上で漢字の形を指先で書くように動かして，それを見ながら考えてもらいます。これが「空書する」の条件です。残りの半分では，白い紙の上に手をそろえて置いた状態で考えてください。問題を考えているときは，手や指先は動かさないでください。これは「空書しない」の条件です。

「空書する」か「空書しない」かは，前半と後半とで入れ替わります。それぞれの回がどちらに当たるかは回答用紙にも書かれていますので，間違わないようにしてください。漢字のパーツを見せ終わったら，「ハイ」と言いますので，漢字が思い浮かんだら，その漢字の読み方[1]を回答用紙に書いてください。読みは音読みでも訓読みでも構いませんから，ひらがなかカタカナで書いてください。漢字が思い浮かばなかったら，何も書かないで結構です。パーツは筆順通りに出てくるとは限りませんので注意してください。書いた答えを直すときは，消しゴムは使わずに，回答欄のあいているところに書いてもらえれば結構です。「ハイ」と言った後，15秒たったら合図をしますから，スクリーンを見てください。次の問題に移ります。

では，まず前半の分について練習をやってみましょう。」

教示の後，実際に練習（２試行）を行い，回答の仕方を十分に理解したことを確認した後，本試行に移る。実験者は，各試行の開始時に「次は○です」と試行番号を告げて，参加者が確実にスクリーンを見るようにする。

前半が終了したら，改めて教示を行う。「後半に移ります。後半では「空書する」と「空書しない」が入れ替わります。」と告げた後，最初の教示の第２段落以降の回答方法について再度，説明する。後半も練習（２試行）ののち本試行を行う。

実験が終わったら，回答していて気づいたこと（内省）をメモしておく。

３．結果の整理と分析

3.1　整理とグラフの作成

課題リスト（これは呈示プログラムが画面に表示するとともにファイルに出力する）と照合して，答え合わせをして，参加者全員の試行ごとの正誤を表

[1] ここでは漢字の読み方を回答用紙に書くように指示しているが，「なぜ漢字そのものを書くのではないのか」と疑問をもたれる読者もいるかもしれない。実は，このような手続きにしたのは，筆者らが実施した予備実験において，漢字そのものを回答してもらった場合には，空書あり・なしの条件間の有意差が検出できなかったことによる。読者諸氏には，なぜ有意差が検出できなかったのか，その理由について考えてみられたい。

表14-1　結果を整理するための表（一部抜粋，斜線がかかっている部分は「空書あり」条件）

	試行番号	漢字（課題）	個々の試行に対する正誤						文字ごとの結果（左の数を横方向に合計）					
			前半空書群（n=□）			後半空書群（n=△）			正答数			正答率（%）		
			1	3	…	2	4	…	空書あり	空書なし	全体	空書あり	空書なし	全体
			氏名	氏名		氏名	氏名							
前半	1	認（言，刃，心）	1			0								
	2	因（口，一，人）	0			1								
	⋮	⋮												
	16	品（口，口，口）	1			0								
後半	17	森（木，木，木）	1			0								
	⋮	⋮												
	32	晶（日，日，日）	0			1								

		個人ごとの結果（上の数を縦方向に合計）						全体	
		1	3	…	2	4	…	平均	SD
正答数	空書あり（16試行中）	12			10				
	空書なし（16試行中）	7			8				
	全体　（32試行中）	19			18				
正答率（%）	空書あり（16試行中）	75			63				
	空書なし（16試行中）	44			50				
	全体　（32試行中）	59			56				

にまとめる（表14-1の上の表の左部分。*表のファイルのサンプルがサポートサイトにある*）。正答を1，誤答を0として表に記入するとよい。そして，内省を報告し合い，どのように課題に取り組んだか，それぞれの漢字の難しさなどについて話し合う。

全体のデータ整理では，まず参加者ごとに各条件における正答数と正答率を求める（表14-1で縦方向に合計し，下の表にその数を記入し，正答率を求める）。それに基づいて正答数と正答率の全体での平均と標準偏差を求める（下の表の左部分の数字を横方向に集計する）。さらに条件間の正答数の状況をグラフ（棒グラフか箱ひげ図）で示す。

また，32の課題それぞれについて，各条件と全体における正答数と正答率を求める（表14-1の上の表で横方向に合計し，右側にその数を記入し，正答率を求める）。正答率の高い順に並べた表を別に作ると結果が見やすくなる。

3.2　統計的検定を含む分析

「空書あり」条件と「空書なし」条件との間で，全員の正答数の平均に差があるかどうかについて検定（対応のある t 検定）を行う。帰無仮説は，「2つの条件で平均は等しい」である。

4．考察のポイント

4.1　全体での条件差（空書の効果）について

漢字合成課題の成績に空書の有無による差は見られたと言えるだろうか。見られたにしても，見られなかったにしても，その結果はどのように解釈・説明することができるだろうか。

4.2　成績の個人差について

参加者によって，全体の正答率や，条件ごとの正答率が違っていると思われるが，そうした個人差は何を反映していると考えられるか。

4.3　課題による成績の差について

個々の課題によって，全体の正答率や，条件ごとの正答率が違っているだろうが，そうした差はどのように説明できるだろうか。

◇解　説◇

1．空書と認知における身体性

1.1　空書研究の展開

本章で取り上げている空書という現象の解明は，日本発の重要な心理学的研究成果の1つである。空書現象の研究により佐々木正人は，2009年，日本認知心理学会の「独創賞」第5回受賞者となっている。

佐々木・渡辺（1983）は，本章の実験でも使ったような漢字合成課題（彼らは漢字字形素統合課題と呼んでいる）を用いて，空書が日本人成人に広く観察されることを確認し，さらに，空書によって課題の成績が大きく改善することを示した（本章の実験は，この実験の一部を変形したものになっている)。

その後，佐々木（1984）は，空書行動の発達的な変化を調べ，小学校中学年で半分以上の子どもに空書が出現することを示した。さらに，佐々木・渡辺（1984）では比較文化的な研究を展開した。そこでは中国語話者（台湾人）でも，その多くに空書が見られ，空書が漢字合成課題の成績を改善することを示した。一方，アルファベット文化圏の人々は英単語完成課題（“co_ni_ion”のように一部を虫食いにした綴りから英単語を答える。この場合，gとtで埋めると答えになる）で空書をすることが少なく，かつ空書による成績改善効果が見られないことを示した。日本人や中国人は，英単語完成課題でもその多くが空書を行っている。

このように，一連の空書研究は，成人での現象確認，認知課題での効果を検証する研究，子どもから成人に至る発達経過の研究，日本以外を視野に入れた比較文化的研究，と知見を拡張・一般化する形で進んだ。

上述のように，空書という行動レパートリーの獲得は，漢字学習と深く関わっており，アルファベット言語圏ではあまり見られないとされている。しかしアルファベット言語を母語とする者において，空書が不要で無意味というわけではない。たとえば，近年，英語圏でディスレクシア（読字障害[2]）に対する理解が進んでいるが，あるタイプのディスレクシアに対する治療的はたらきかけの1つとして，複数の感覚を組み合わせての指導が有用であるとされ，その代表例として空書の利用が奨励されている（読みやすいものとして，NHK「病の起源」取材班，2009がある)。これほど明示的ではなくとも，書き言葉を学ぶ初期段階では，実際には空書を用いていることがしばしばあるようだ。また，欧米の語彙学習では，口頭での発音をていねいに繰り返して行うことが多いが，書字認知における身体性という観点からとらえると，唇や舌，のどなどの発声器官の運動が，空書の場合に手の運動がになうものと類似した効果をもたらしているのかもしれない。

1.2　空書はなぜ生じるのだろうか

空書が生じる仕組みに関する議論は，まだ十分に決着がついていないが，有力な説明が2つある（松尾，2004)。

1つは学習・想起一貫説である。学習する際に書いて身につけたので，それを学習後の維持・想起にも用いるという考え方で，「学んだように思い出す」とする説明である。学習するときは，狭い意味の対象（たとえば，文字の形自体）を学ぶだけではなく，関連するさまざまなもの（たとえば，筆順を含む筆記具の動かし方）もあわせて身につける。学習時の活動のあり方が学習成果を維持し運用する手がかりになりうるのである。

もう1つは運動成分認知促進説である。脳のイメージ操作能力には限界があり，その限界を補う機能を運動がになうとするものである。漢字という複雑な形態の表現を思い出すのに，脳だけでは間に合わないところで，猫の手ならぬ，自身の手を借りることで脳の活動が補強されると考えるのである。これに関連して，空書を行った場合に活動する脳の部位の特定も進んでいる。

この2つの考え方は，どちらか一方のみが正しいというものではない。前者は，認知の発達・環境的ななりたちに着眼したものであり，後者は，脳・身体が連動する局所的なメカニズムを意識したものであると言える。実態としては，前者の学習に基づいて後者のメカニズムが形成されているという面があると思われる。

1.3　身体性への注目と空書

空書研究に見られる身体性への注目は，心理学の歴史的な展開という点からも重要である。今日の心理学の中心的部分にある認知的アプローチは，心を情報の表現とその処理という観点から理解しようとするものである。1950年代の半ばに始まるとされ，心を，当時，最新技術として注目を集めていたコンピュータにたとえる見方（「心はコンピュータのようなものだ」）を採用していた。しかし，1つの計算作業を直列的に進めていく古典的な計算機と人間の心とは明らかに違う。神経細胞が作る脳の中のネットワークはさまざまなパーツが同時並行的に，脳の外の要素と一緒になって動作しているのである。認知研究でも，1980年代以降，情報処理の並列分散性や社会性，さらに身体性や環境の重要性を強調するようになっている。空書の研究は，こうした新しい世代の動向をよく示すものである。

[2] 全般的な知的能力には問題がないのに読み書きに著しい困難を示す障害で，綴りの仕組みが複雑な英語では出現しやすく，英語圏の全児童の10～15％程度に見られるとされる。

2．情報技術の進歩と漢字

漢字に関わるテクノロジーの進展はめざましい。漢字を機械で扱うことが容易になり，パソコンや携帯電話において，日本語は「書くもの」から「打つもの」へと移行しつつある。それに対応するように，2010年に常用漢字[3]の見直しがあり，それまで高校卒業程度までで「読み書きできる」ものと想定されていたのが，文字によっては「書けなくてもよい」とされた。もっとも，たとえば今回の改訂で追加された字のひとつである「鬱」という字は，書ける人は少ないが，多くの人が読めるから，現状追認とも言える。

さてそれでは，これから日本人は漢字とどのようにつきあっていったらよいのだろうか。たとえば，次のような問いについて考えてみよう（これらは，心理学的なアイディアと方法が役立つ問いである）。

- 「書けなくてよい」というのは，どの程度までだろうか。たとえば，小学校で学ぶものと定められている教育漢字は1,006であるが，これも書けなくてよいのだろうか。
- 「（少なくとも一部について）書けなくてよい」というのを認めるとして，漢字はどのように学ぶとよいのだろうか。伝統的な「書いて覚える」という学び方については，どのように位置づけたらよいのだろうか。
- 使われる漢字の種類は増える傾向にある（機械が変換してくれるから）が，どこまで増やしていいのだろうか（常用漢字は2010年の改訂で2,136字になったが，「諸橋大漢和」として知られる大修館書店の『大漢和辞典』には５万以上の漢字が取り上げられている）。
- 文章中の漢字の割合も増える傾向にあるが，漢字はどの程度使うと読みやすいのだろうか。

こうした問題は，日本人の漢字が，これまでのような身体運動と密着した状態ではなくなりつつあることと関連させて考える必要がある。機械任せで一日のうちに一回もペンを持たなかったという日も増えている中で，漢字記憶のあり方自体，変化しつつあるのだろうし，本章で取り上げた空書現象も，今後，漢字が手に覚えさせ，手で記すものでなくなるのにつれて，弱くなっていくのかもしれない。

3．実験方法について

3.1　課題について

実験で用いた課題は，もととなった佐々木・渡辺（1983）にならって，教育漢字のうちで３つの漢字パーツから構成されるものである。漢字合成課題は，各自で用意することができる（*サポートサイトの刺激ファイル—これは単純なテキストファイルである—を書き換えれば，呈示プログラムはそのまま使える*）が，その場合，課題の正答率に影響しうる性質について押さえておく必要がある。

本章の実験では，呈示が前半か後半かで２つの課題セットを使うことになり，課題セット間で漢字合成課題の難度が同程度である必要がある。*サポートサイトに用意した課題は，それぞれの難度に加えて，漢字の画数，具体性，象徴性，熟知性（北尾・八田・石田・馬場・近藤，1977），視覚的複雑性（賀集・石原・井上・斎藤・前田，1979），出現頻度（国立国語研究所の「現代日本語書き言葉均衡コーパス」に基づく）について，２つの課題セットの特性が同等になるようにしてある。*

この実験で適切な結果を得るためのポイントとして，課題難度のコントロールがある。やさしくてできすぎたり，難しくてできなすぎたりするのは好ましくない。条件差を検出するには，２条件あわせて，全体で５割くらいの正答率になるのが望ましいと考えられる[4]。

3.2　実験計画について

本章の実習のもととなった佐々木・渡辺（1983）では，参加者間実験とし，12試行で実験を行っている。本章の実習では，人数が多くなくても結果が安定するように，また，各参加者が２条件の両方を経

---

[3] 一般的な社会生活における日本語表記で目安となる漢字。2010年の改訂の詳細については，文化庁のサイトで文書（http://www.bunka.go.jp/bunkashingikai/soukai/pdf/kaitei_kanji_toushin.pdf）が公開されている。文化庁のサイトには，ほかにも言語施策に関わる基礎資料が多数掲載されており，それを見ると日本語には進行中のさまざまな問題があり，それらが私たちの日常生活と深く関わっていることがよくわかる。

[4] 難度調整法の１つとして，呈示時間や回答時間を長くする，あるいは短くするというのがある。関連して，ひとりずつ行う形式で実施し，回答所要時間（反応時間）をデータに追加するという工夫もありうる。正誤を指標とする方法は単純でわかりやすいが，２値データで情報量が少ない。パソコンで呈示して，答えがわかったらキーで反応するというのでもよいし，録画してストップウォッチで計るというのでもよい。反応時間を記録するのであれば，回答時間の上限はやや長めでもよいだろう。

験できるようにという趣旨で，参加者内実験とし，試行数も各条件16ずつとやや多めにした。人数が多ければ（たとえば20名以上），前半部分について参加者間計画とみなしての分析も試してみるとよい。

また，集団実施で全員に同じ順序で課題を呈示するのは，実施と分析の簡便性のためである。実験としては，複数の呈示順序（個人ごとに別々であればベスト）で実施できれば，特定の順序位置であること（学習や疲労や，特定の前後関係など）が課題回答にもたらす影響を除外できるので，そのほうが望ましい。

3.3　内省について

実習では，漢字合成課題が終わった後で内省を行うよう求めているが，それをある程度整ったものにするのであれば，佐々木・渡辺（1983）の質問項目が参考になる。彼らは以下の８つの項目（表記は一部改めている）に「非常にそうであった〜全く違う」の７件法で回答を求めている。

①順に示された漢字の要素をおぼえていることは容易でしたか？
②また，その要素は頭の中にはっきりと浮かびましたか？
③頭に浮かんだ要素の大きさを変えたり，位置を移動したり，重ねたりすることはスムーズにできましたか？
④また，そのとき，そのような動き全体は，はっきりと頭の中に浮かんで見えましたか？
⑤各要素が１つの漢字にまとまって浮かぶ瞬間は突然でしたか？
⑥組み合わせを考えているとき，心の中で何かつぶやきましたか？
⑦１つの漢字に組み合わさり，すでに見えているのに，その字を何と読んでよいかわからないと感ずる瞬間はありましたか？
⑧手指を動かすことは思い出すことの妨害だと感じましたか？

4．より深く学ぶために：推薦図書

本章で取り上げた空書および認識における身体性については，まず佐々木（1987）を読んでほしい。『からだ――認識の原点――』という題名に著者のメッセージがよくあらわれている。「脳ゆえの認識」と考える常識の転換を促す挑発的なタイトルである。なお，この本は2008年に「解題」などを追加した新装版が出ていて，当初の研究時点から時を隔てての佐々木による空書現象についての見方も簡単に示されている。また，論文だが，本章の実習のもとになった佐々木・渡辺（1983）は，入手しやすく（ウェブ上で公開されている），理解しやすい。空書という現象を研究の枠に収めて，検証していくプロセスがよくわかる。

漢字の不思議さ，おもしろさを取り上げた本は多数あるが，全般的なことを知るための好著として高島（2001）を挙げる。新書で読みやすい。たとえば，日本の漢字は，音読みと訓読みという仕組みをもつという点で非常にユニークだが，それについて歴史的事情を含めてうまく説明している。漢字の認知に関する心理学的研究では，海保・野村（1983）が基本的な文献である。実験を工夫する際の基礎知識も得られる。

5．補足（主に教員向けの解説）

5.1　授業構成の目安

空書の実験自体は，本章の手続きであれば，教示を含めて20分程度で終わるので，90分授業１コマで実施することもできるが，２コマ以上で実施し，説明・議論の時間を十分に確保することを推奨する。

5.2　空書のデモンストレーションについて

実際の授業では，最初に空書のデモンストレーションがうまくできると，その先の話の展開がスムーズになる。指導者が複数の学生を前に出して，適当な間をとりながら口頭で漢字合成課題をやると空書があらわれやすいようだ。回答者が複数いると，そのうちの誰かが空書をする可能性が高まるし，一部での空書が他に伝染するようなことがある。前に出た学生相互でなく，見ている側の学生の空書からの伝染と見えるようなケースもある。指導者は腕を組んだり拳を握りしめたりせず，自然な姿で説明をするのが基本である。

全体に向かって漢字合成課題を行い，その様子を録画し，再生して観察するというのも，説得的である。漢字の伝言ゲームを録画して再生するという手続きでも，さまざまなしぐさを観察しつつ，空書を指摘しやすい。

5.3　実験で用いる課題について

空書の有無の効果を見るのに，漢字合成課題以外に，「解説」の1.1で触れた英単語完成課題（住吉，1996参照），漢字画数カウント課題（漢字の画数を一定の時間内に答える；芳賀，2009参照）などが使える。

また，本章での実験では，空書の有無を強制したが，より自然な状況での実験として，空書に関して特に指示しない状況で空書の出現の有無を観察するという方法もある。空書の出現の有無は漢字合成課題の難度と関連する（難しいほど出現しやすい）と考えられる。集団では実施できないが，個人の回答プロセスを録画し，それを再生して，複数の観察者によって空書の出現状況を記録するという方法をとるとよい。

5.4　関連する小実験

文字と身体，運動という本章のテーマに関わる小実験をいくつか紹介しよう。いずれも5分程度でデモンストレーションとしての目的は達成できる。

⑴　急速反復書字課題

同じ文字を速く正確に書いてみよう。これは小中学校でよく行われるドリル学習を再現するような手続きである。たとえば，「類」，「ぬ」，「あ」のような字を取り上げ，それぞれ20回ずつ書いてみる。「速くかつ正確に」というのが大切である。

この実験を通して，2つの現象を経験することができる。1つはアクション・スリップである。スリップというのは失敗のことで，この場合，動きの中のしくじりであり，書き損ない（書字スリップ）である。そんな間違いは1つもなかった人もいるだろうが，多くの人が変なものを書いてしまったはずである。もう1つは意味飽和である。何度も同じ刺激を経験していると，変な気がしてくる。それは疲れや飽きとは違う現象で，「意味が壊れる」ような奇妙な印象をともなう。こうした現象をゲシュタルト崩壊（ゲシュタルトとはまとまりをもった構造のこと，4章を参照）という概念で表現することもある。

いずれの現象でも，単純な反復は，通常ではない独特の状態をもたらす。人の認識は，適切な変化の中で機能するのを基本形としているのである。この課題について，より詳しくは仁平（1990）を参照してほしい。

⑵　耳なし芳一課題

全身にお経を書いたという「耳なし芳一」の物語のような実験である。ペアになって，一方が他方の腕，手のひら，手の甲，額あたりに簡単な文字を，指や割箸やボールペンのキャップで書き，他方がそれを読んでみる。どのくらい読めるだろうか。これはまず触覚識別の細かさ（分解能，7章で扱う触2点閾と関係する）と関連があり，からだの場所によって違うし，個人差もある。

ただし，識別の細かさとは別の現象として，文字の左右が反転する部位があることが知られている。“b”と“d”，“p”と“q”というような左右対称の文字を書いてみる（筆順でわからないように，「縦棒→丸」というように同じ順序で書く）。そうすると，額や手のひら（特に前方に向けたときのそれ）では，左右が逆転して鏡に映ったような文字として感じられるのである。これは，前方に向けた自分の手のひらに自分で書いてみても，多くの場合，実感できる。文字の左右反転ということで追加すると，机に向かって普通に座って，机の下面に紙をあてて，下から適当な文字を普通に書くと，結果的に左右反転した鏡映文字が書けてしまう。

以上のような現象は，佐々木（1987）で紹介されているが，人のからだの触覚機能や運動機能が独特の空間構造感覚に基づいていることを教えてくれる。

⑶　心的回転課題

字が傾いていたり，上下逆さまになっていたりしても，読むことができる。このとき，脳はどのような処理をしているのだろうか。正しい文字と，左右反転した鏡映文字を用意して，それを通常の位置（正立状態）からさまざまな角度に回転させて呈示し，正しい文字か否かを判断させ，反応時間を調べると，回転角度と反応時間に規則的な関係が見られることが知られている。この心的回転の実験は，いくつかのウェブ上のサイト（サポートサイトではない）でも経験できるし，本書では取り上げなかったが，心理学実験演習の題目としてもしばしば採用されている。心的回転課題の簡便な手続きとしては，紙にさまざまな回転角度の文字を多数プリントし，一定時間の正答数を調べるというものもあり，これを個人の空間操作能力についての指標として，本章の実験結果と組み合わせることもできる。

◆引用文献

芳賀康朗（2009）．漢字画数カウント課題における「空書」行動の分析　こころとことば，8, 75-83.
海保博之・野村幸正（1983）．漢字情報処理の心理学　教育出版

賀集　寛・石原岩太郎・井上道雄・斎藤洋典・前田泰宏（1979）．漢字の視覚的複雑性　関西学院大学人文論究，**29**（１），103-121.
北尾倫彦・八田武志・石田雅人・馬場園陽一・近藤淑子（1977）．教育漢字881字の具体性，象形性，および熟知性　心理学研究，**48**, 105-111.
Lindsay, P. H., & Norman, D. A. (1977). *Human information Processing: An introduction to psychology* 2nd ed. New York: Acadmic Press.（リンゼイ，P. H.・ノーマン，D. A. 中溝幸夫・箱田裕司・近藤倫明（訳）（1983）．情報処理心理学入門Ⅰ　感覚と知覚　サイエンス社）
松尾香弥子（2004）．空書の脳内メカニズム――運動による文字処理過程の神経的負荷低減の仕組み――　風間書房
NHK「病の起源」取材班（2009）．NHK スペシャル病の起源（２）　読字障害／糖尿病／アレルギー　日本放送出版協会
仁平義明（1990）．からだと意図が乖離するとき――スリップの心理学的理論――　佐伯　胖・佐々木正人（編）　アクティブ・マインド――人間は動きのなかで考える　東京大学出版会　pp.55-86.
佐々木正人（1984）．空書行動の発達――その出現年齢と機能の分化――　教育心理学研究，**32**, 34-43.
佐々木正人（1987）．からだ――認識の原点――　東京大学出版会
佐々木正人・渡辺　章（1983）．空書行動の出現と機能――表象の運動感覚的な成分について――　教育心理学研究，**32**, 182-190.
佐々木正人・渡辺　章（1984）．空書行動の文化的起源――漢字圏・非漢字圏との比較――　教育心理学研究，**32**, 182-190.
住吉チカ（1996）．英単語想起にみられる空書行動　教育心理学研究，**44**, 75-84.
高島俊男（2001）．漢字と日本人　文藝春秋（文春新書）

15章

思考過程のプロトコル分析

心の内側を実況中継する

◇実習の前に◇

1．プロトコル分析とは何か

考え事をしている人をながめていたら，「あー，わかったぞ」とつぶやいたとする。あるいは首をひねって「あれ，おかしいなあ」と言ったとする。具体的に何をどう考えているのかまではわからないにしても，その心の状態の一端は口にした言葉から想像できる。

では，こうした言葉をもっと細かく体系的に採集し記録することができたらどうだろう。たとえば，数学の文章題を解くとき，その最初から最後まで，考えている内容を「実況中継」してもらうことができれば，その人の思考の過程がずいぶんとわかるのではないだろうか。プロトコル分析（protocol analysis）でやろうとするのは，簡単に言えばこのようなことである。

心理学におけるプロトコル分析とは，人が思考する（問題を解いたり，文章を理解したりする）場面における認知処理過程を，その時々の内的状態を示す記録（これをプロトコルと呼ぶ[1]）に基づいて分析する研究法である[2]。この内的状態は主に言語で記述され，それを得るための最も典型的な手法が発話思考法（think-aloud method）と呼ばれるもので，実験参加者は「今考えていることをできるだけ声に出して説明しながら課題を解いてください。」といった教示を受け，思考の時系列に沿ってその内観（内省，introspection）を言語化していく。プロトコル分析と，そこで典型的に用いられる発話思考法を1つにして発話プロトコル法と言うこともある。

図15-1には，発話思考のごく単純な例として，「28×34」という2桁の数同士のかけ算を暗算で解くときのプロセスを言葉にしたものを2つ示した。これ以外の解き方もあるし（「2桁のかけ算」でウェブを検索してみてほしい），途中で間違って正解にたどりつかないこともある。最後の答えだけではわからない思考過程の実態が，発話記録を参照することでかなり明確になる。

本章の実習では，プロトコル分析の手法を実験者，

[1] 古代ギリシャ語に由来するプロトコルという語（もともと「巻物の最初のページ」というほどの意味）は，近代以降，公式の外交記録文書（議定書）や外交儀礼などを意味するようになった。近年は，実験プロトコル，治療プロトコル，通信プロトコルなど，さまざまな領域で使われている。いずれも，一連のプロセスを詳細に記述するものであり，他者が理解できる公共性が求められるものである。

[2] ここで言う思考は広義のもので，その認知処理過程には，知的なものだけでなく情動的なものも含みうる。

図15-1　「28×34」を暗算でどう解くか？

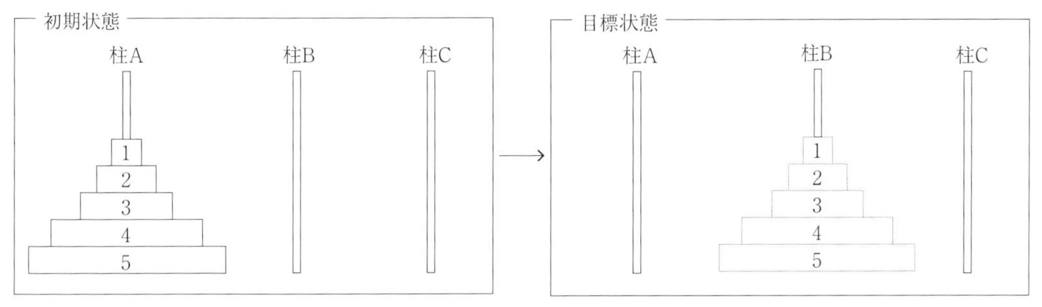

図15-2　ハノイの塔の例
柱Aにある５枚の円盤を，小さいものの上に大きいものが来ないように１枚ずつ動かしながら，柱Bに移動する

実験参加者の双方の立場で経験し，その基本的な手続きを理解し，内的状態のプロセスを適切に言語化し，まとめるための方法論と，そうした方法論のもつ有用性と限界について考える。

2．問題解決という研究対象

本章ではプロトコル分析を適用する対象として問題解決（problem solving）を取り上げる。問題解決は，人間の生活において非常に広範に観察される心理活動である。学校の授業で数学や英語の問題を解くのは典型的な問題解決であるし，囲碁，将棋，トランプなどのゲームも問題解決である。仕事で文書を作るのも，自宅で料理を作るのも，就職や結婚をどうするか決めるのもそうである。生きること，すなわち問題解決の連続である。ただし，これでは漠然としていて，どのように研究すればよいのかわからない。

心理学では，問題解決を「生活体（人，動物，人工知能など）が，ある目標に到達しようとしているが，そのような試みがただちには成功せず，一定のプロセスの後，目標に到達すること」とする。キーワードは，「目標（goal）」と「プロセス」である。ただ漠然と問題解決について考えるのではなく，「目標」とそこに至る「プロセス」に分割して考えることで，科学的な手続きに乗せようとするのである。

ここから問題解決研究の最初のステップは次のようなことになる。第１に，問題は特定の目標を持っていると考え，その目標を明確にすることが求められる。第２に，その目標に至るには何らかのプロセスがあると考え，それを明確にしていくことを目指す。このような目標やプロセスを含む問題の構造を明らかにすることを，状態空間分析（state space analysis）と呼ぶ。

目標とプロセスが明確に表現できるような問題を良定義（よく定義された：well-defined）問題と呼ぶ。たとえば，オセロや将棋では，指し手（プロセス）が明確であり，勝った状態（目標）も明確である。一方，人生いかにして生きるべきかなどと問われても，容易には答えられない。小説や絵画の創作といった芸術活動の場合も，目標やプロセスを明示的に表現するのは難しい。このような問題を悪定義（よく定義されていない：ill-defined）問題と呼ぶ。この世に存在する問題の多くは悪定義のものであり，実際，悪定義問題の解決過程も研究されている。しかし，悪定義問題を扱うのは通常，容易ではないので，本章では，良定義問題の中でも比較的単純な課題である「ハノイの塔（Tower of Hanoi）」を具体例として取り上げて，問題解決というテーマについて理解を深めていく[3]。

3．ハノイの塔について

ハノイの塔は図15-2のようなものである。３本の柱（ペグ）がA，B，Cと横に並んでいる。また適当な数（図では５）の異なる大きさの円盤（ディスク，リング）がある。これらの円盤は，Aという柱にもっとも大きいもの（これを５と呼ぶことにす

[3] 以下，ハノイの塔を発話思考法で解くという設定で実習を説明するが，「解説」の４でも述べるように，実習で採用する課題とデータ収集手続きについては，さまざまな選択がありうる。また，学習目標として，プロトコル分析という手法と問題解決研究という領域のそれぞれへの重みの置き方にも幅がある。本章の記述は，両者のバランスをとりつつも，プロトコル分析という手法の学習に重点をおくものになっている。

る）を一番下にして，小さくなる順に5つ（小さくなる順に4～1と呼ぶ）重ねて置いてある（この状態を問題解決の用語で「初期状態」と呼ぶ）。

目標はBの柱にもっとも少ない指し手で移すことである。ただし，最終的に移した結果は，最初の状態と同様に，大きい円盤を下にして，小さくなる順に5つ重ねられた状態にする（この状態を「目標状態」と呼ぶ）。初期状態から目標状態へと至る指し手が問題解決のプロセスを構成することになる。

円盤を動かす指し手は，次の3つの条件を満たさねばならない。

①一度に1つの円盤しか動かせない。

②その円盤より小さな円盤の上に置いてはならない。

③A，B，C以外の場所に置くことはできない。

これがハノイの塔であり，典型的な良定義問題である。ハノイの塔の円盤数はいくつでもよいが，本章の実習では5枚を標準とした。これより少ないと，瞬時に解決してしまい，適切なプロトコルが生成できないケースが生じがちである。円盤が5枚あると，考え込んだり失敗したりする場面が生まれやすく，問題解決過程を検討するのに情報量の多いプロトコルが得やすい。円盤数は時間や難度を考慮して増減の幅があるので，適宜判断してほしい。

なお，「ハノイの塔」の「ハノイ」は，現在，ベトナムの首都であるハノイのことである。その地の寺院にある3本の塔を舞台に64枚の円盤を神が動かしていて，その移動作業が終わるとき，世界が終わるとの伝説があるという（ただし，この「伝説」は，パズルを考案した数学者の創作とされる）。

◇実　習◇

1．目　的

良定義問題であるハノイの塔について，発話思考法により問題解決過程のプロトコルを作成し，このプロトコルをもとに思考過程の特徴について検討する。さらに，思考過程の研究法としてのプロトコル分析の有用性と問題点について考える。

2．方　法

2.1　実施形態

本実習はペアを単位として行う。一方が実験者[4]，もう一方が参加者になり，交替して両方を経験する（3人の組ができてしまうようなら，その中で3通りの実験者・参加者の組み合わせを作ればよい）。他者の発話や動きが思考を妨げたり，歪めたりする可能性があるので，他のペアの声が聞こえたり，動きが視野に入ったりしないような場所で行う。授業としては2人から実施できるが，多様なプロトコルを参照して検討するには，ある程度の人数（たとえば，10人程度）のグループで行ったほうがよい。

2.2　器　材

ハノイの塔は各種販売されている。ネット上でも安価で購入できるし，百円ショップで見かけることもある。自作する場合は，柱は省略して，A～Cの場所を決めておくというのでもよい。厚紙でやや大きめ（たとえば，直径12cm，10cm，8cm，6cm，4cm）に作ると扱いやすい。円盤に1～5の番号を記入しておくと，発話時の表現や記録がしやすくなる。パソコン画面上で実行できるものもあるが，実習は手で円盤を操作するほうが行いやすい。

この実験では，2.4で述べるように，その場で発話内容をレポート用紙に筆記する方法を基本とするが，ビデオやICレコーダーなどを準備して記録を残すと，結果を整理する段階でチェックするのに役立つ。

2.3　手続き

実験者は，まずハノイの塔のルールについて説明する。この説明は，「実習の前に」の3の説明をもとに，各自で文章にまとめ直したものを用意して行う。

ハノイの塔について説明した後，発話思考法について，次のように教示する。

「問題を解決していく際に，頭に浮かんだ事柄すべてを私（実験者）に話すようにしてください。考えている間に，どんな指し手で進めるべきかを悩むかもしれません。あるいは逆にあまり考えずに試行

[4] 本章の実習内容は，実験計画法によるものではなく，独立変数・従属変数の設定もないが，人工的な課題と手続きを設定して観察，記録する研究形態であることから実験と呼ぶのが自然であろう。発話思考を用いた研究は，典型的な観察法（ありのままを観察する「自然観察法」）ではないが，実態としては観察法に近い側面をもつ。

錯誤的な指し手で進めることがあるかもしれません。急に指し手を思いつくことがあるかもしれません。それらの頭に浮かんだ事柄すべてをできるかぎり声にして，私（実験者）に報告するようにしてください。なお，一手一手のそれぞれについて考えていることを知りたいので，解いている途中で考えていることを聞くことがあります。そのときは，その手を指すのにどう考えていたかをそのまま答えてください。無理にこしらえたり，つじつまをあわせたりする必要はありません。」

ハノイの塔を解き始める前に，参加者に発話思考法のウォーミングアップ（練習）をしてもらう。たとえば，図15-1で示したような「28×34」といった２桁のかけ算を，発話思考法を用いて声に出しながら暗算で解いてもらう，という練習をすると，よりスムーズに実験ができるようになるとされる（Ericsson & Simon, 1993）。数独のようなパズルを発話しながらやるというのもよいだろう。緊張をほぐして，実験者と参加者が協力しあえるような関係，雰囲気を作ることも実験の前提条件である。

実験が始まると，参加者の問題解決にともなう思考過程が発話されていくので，その発話をできるかぎり詳細に実験者は記録する。記録はレポート用紙を使えばよいだろう。用紙の左側に指し手（どの円盤をどこに移したか，たとえば，１の円盤を柱Ｃに移したのであれば，「１→Ｃ」とする）を書き，右側に発話内容を書く。表15-1のプロトコルのように，指し手および発話を記録する際に，円盤は１～５の数字，柱はＡ，Ｂ，Ｃを使うようにすると，内容が簡潔で明確なものになる。発話以外に気づいた点（参加者の思考状態や動作・表情などについて）があったら，それも発話と区別できるようにして書いておく。解き終わったら，指し手に通し番号をつける。

表15-1に示した実際のプロトコルの例（一部抜粋）はレポートに載せるために形式を整えたもので，実験中の記録は，かなり雑然としたものになることが多い。

もし，実験者に発話内容がよくわからなかったり，参加者が思考の最中には話しにくかったりするようであれば，１つの指し手の直後（円盤を置いたとき）に，参加者にどのように考えてその手を採用したのかを聞いてもよいことにする。

ペアの間で交替して，２人ともハノイの塔を解き終えたら，このパズルの解き方について，全体的な内省を報告しあったり，個々の発話を見直して情報を補ったりする（ただし，つじつまあわせで歪めることは避ける）。指導者をまじえて，グループ全体でディスカッションするのもよい。

表15-1　ハノイの塔のプロトコルの例（大学生の実験レポートから抜粋，*全文はサポートサイト参照*）

手数	指し手	発話
1	1→C	何となく
2	2→B	Cには置けないため
3	1→B	3はB, Cに動かせないため
4	3→C	Bには動かせないので
5	1→C	とりあえず, 4を動かすため
6	1→A	Bの2を3の上に置きたいので
7	2→C	それしかできないので
8	1→C	4をBに動かしたいので
（中略）		
61	3→A	何となく
62	1→B	3の上に順に置きたいので
63	2→A	順に置くため
64	1→A	4をBに置くため
65	4→B	
66	1→B	3の上をどかすために
67	2→C	1を上にのせるため
68	1→C	4の上を空けるため
69	3→B	
70	1→A	2をBに置くため
71	2→B	
72	1→B	

2.4　記録に関する注意事項

⑴　記録内容について

記録する際，どこまで細かくするかで迷うことがあるが，通常，個別のケースを詳しく見ることが求められるので，「なるべく細かく逐語的に記録する」のが原則である。実際の研究では，目的によって記録する発話を限ったり簡略化したりすることもあるが，実習ではなるべく細かく逐語的に記録する。

具体的には，以下のようなものも記録する。

①　言い間違いや言い直し：言語表現上，不適切だったり不完全だったりするものについても，参加

者の言葉をそのまま記録する。実験者側で整った形に修正してしまったりしない。

②　情動性のある発話：思考状況を直接に反映するものばかりではなく，情動状況（不安や緊張など）を反映する発話が出てくることがある。たとえば，「わけわかんねえなあ」とか「もうだめだよ」といった発話には，情動的な要素がかなり含まれている。

③　内容がよくわからない発話：「ええと……」「うーん」「おお！」とか「あれ？」といった，内容がよくわからない短い発話もしばしばある。

④　発話以外の身振りや表情：発話以外で，首をひねっていたり，円盤を動かすときにためらいが見られたりといった事柄。

詳細な記録を作った上で，レポートに載せるものを用意したり，他と対比したりする際に，必要に応じて，表現の修正や補充・省略，説明の補足をしたりする。

⑵　発話思考中に行う実験者からの質問について

本章の手続きは，発話思考法といっても，完全に参加者のペースにまかせたものではなく，ある指し手を選択した時点で実験者が割り込んで質問することを明示的に認め，実験者と参加者が協力しつつプロトコルを記録していく方法である。これは比較的短い時間で良質のプロトコルを得るための工夫である。しかしこの方法だと，実験者が割り込んだ際に，理由を後付けする回想が入り，実際の思考過程から変質した発話が生じる可能性がある。また，質問に誘導されて思考が歪曲されることがありうるし，流れが中断されることで自然な問題解決から遠ざかるおそれもある（問題に取り組む時間も長くなる）。

これらの問題がなるべく生じないように，実験者，参加者ともに気をつける。参加者の発話が十分であれば質問は少なくてすむので，教示や練習をとおして発話思考の準備をしっかり行う。また，実験者からの質問は，誘導的でない中立的なものを，多すぎないように行うものとし，質問しても指し手の理由が出てこない場合は，無理に答えさせずに切り上げて，次の指し手に移って発話思考を続けてもらう。

質問の具体例は以下のようなものである（実験者からの質問も記録しておくとよい）。

①指し手に発話がともなっていないときに発話を促す：「今どのように考えていたのですか」「今の手はどう考えて指したのですか」。後半になって処理過程が自動化すると発話が出なくなることがある。

②内容に乏しい発話に追加・補充を促す：「とりあえず」や「何となく」に対して「もう少し言葉にしてみてください」と言う。

③行動を言語化しただけの発話に説明を促す：「1をCに動かす」に対して「どうしてですか」と言う。

3．結果の整理

3.1　状態空間分析

問題解決について研究する際には，まず取り上げる問題自体について理解を深める必要がある。そのために状態空間分析を行って，目標やプロセスを含む問題の構造を調べる。問題の初期状態と目標状態，および指し手に対する制約については，すでに示したとおりである。それに基づいて状態空間全体を表現する図（これを状態空間ダイアグラムと呼ぶ）を描く。

ただし円盤5枚だとかなり複雑になるので，円盤3枚という条件で考えてみる。図15-3に最初の数手の「状態」を示した。各「状態」は3つに区切られていて，左から順に柱A，B，Cを示し，数字は円盤を示す。線で結ばれている「状態」の間は相互に1手で移行できる。円盤3枚の場合は，全部で27の「状態」があるので，そのすべての指し手を描いてみよう。この図が完成すると，円盤3枚ならば7手で解けることがわかる（もう少し一般的に言うと，27の「状態」のどこからどこへでも，7手以内でたどり着ける）。

次に，円盤5枚の場合の「模範解答」を各自で記述してみよう。「解説」の1に示すように，最善の指し手を続ければ31手で目標に到達するはずである。その最短経路について，グループでの話し合いや指導者の説明もふまえて理解し，図に示す（状態空間ダイアグラムで31の「状態」を示す）。自分でも改めて何度か試してみて，スムーズに解けるようにするとよい。その上で，実際に得られた指し手についても，図にまとめて，回り道になっている部分（最善でない指し手）を検討してみよう。

3.2　プロトコルの整理

参加者が問題解決のプロセスを，行動（指し手）と思考（発話内容）とにわけて並列的に記述し，表15-1のようなものにまとめる。表15-1に示したものが模範というわけでは必ずしもないが，このような

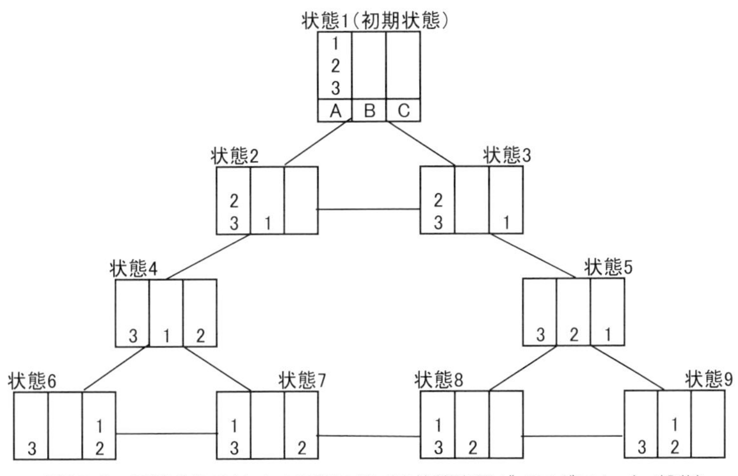

図15-3　円盤３枚のハノイの塔における状態空間ダイアグラム（一部分）

第三者に了解可能な形に整える。レポートに載せるプロトコルは，見やすいようにレイアウトも工夫してほしい。了解可能性を高めるために，行動に関する情報を補ったり（ある指し手で一度手にした円盤を戻して別の円盤に変えた，など），注釈を添えたり（終了後の内省時のコメントを記す，など）する必要が生じるかもしれない。ビデオやICレコーダの記録を参照して，解決過程についての情報を補強することもできる。

4．考察のポイント

4.1　思考過程の特徴について

(1)　プロトコルからわかるハノイの塔の解決における思考過程のパターン

プロトコルをもとにして，参加者の思考過程をどのように特徴づけることができるかを考える。その際，ペアやグループでプロトコルを共有するなどして，複数のプロトコルをもとに考察するとよい。理想的な指し方がすぐに思いついて，最短ルートで目標にたどりつくというケースはまずない。指し手の選択は，なんらかの失敗や勘違いを含むし，どこかで方針転換が生じることもよくある。そうした不十分さや変化を視野に入れて，個々の参加者の解決パターンや方略（strategy，解き方）をまとめる。その上で，「人はハノイの塔のような課題をこのように解くのではないか」に関する「仮説」を示せるとよい。

(2)　ハノイの塔問題の一般性について

良定義問題であるハノイの塔で得られる知見が，私たちの問題解決全般の中で，どのような位置づけのものであるのか，どの程度の一般性をもつものであるのかを考察する。

4.2　プロトコル分析について

根本において内観法の一種であると言えるプロトコル分析は，認知機能の理解にどのような有用性をもつだろうか。また，どのような問題点，限界をもつだろうか。さらに，そうした問題点や限界について，どのような対処が可能であろうか。自分が実験者，参加者となった経験に基づきつつ，多面的に考察する。今回実施した手続きでのプロトコル分析と，プロトコル分析全般について議論できるとよい。

◇解　説◇

1．ハノイの塔について

ハノイの塔で最短の手数は，円盤の数をｎとすると，2^n-1である。円盤が５枚の場合，最短では，$2^5-1=31$の指し手で目標状態に達する。表15-1の例では指し手に失敗があり，手数が72に及んでいる（最初の指し手を「何となく」Ｃにしたのがまず失敗である）。ただし，失敗した指し手にも通常，意味があって，表15-1の例でも，試行錯誤しているうちに解決法を発見していっているさまがうかがえる。５手目の「とりあえず」や61手目の「何となく」の内容について参加者に内観して述べてもらえれば，さらによいプロトコルができたかもしれない(実際に何も考えずにやったかもしれないが)。

ハノイの塔は，円盤の数が増えるに従って，急速に必要な手数が増える。2^n-1という式からもわかるように，1枚増えると，最短の指し手数はほぼ倍になっていく[5]。今回の実験は円盤5枚で実施してみたが，6枚，7枚でも試してみると，この課題に対する理解が深まる。枚数が増えて必要な手数が急増すると，漫然と取り組んで解けるものではなくなり，方略を明確に自覚することが必要になってくる。

このハノイの塔は，論理的には，「再帰的（recursive)」と呼ばれる方法を適用すればきれいに解ける。この考え方は次のようなものである。

最も単純な「2枚版」ならば，次のステップで解ける。

①1をAからCへ移動する。

②2をAからBへ移動する。

③1をCからBへ移動する。

ここで，「n枚版」（nは3以上）は，nと「それ以外（n－1～1）」という「2つの部分のセット」として考えることができ，「2枚版」と同様な考え方で3つのステップで解くことができる。

①「それ以外」をAからCへ移動する。

②nをAからBへ移動する。

③「それ以外」をCからBへ移動する。

上の「それ以外（n－1～1）」の移動もまた，「n－1」と「それ以外（n－2～1）」という「2つの部分のセット」に分ければ同じ3ステップで解ける。これを繰り返していくと，最後は「2枚版」そのものとなる。このように入れ子になっている構造をたどる（これを再帰的な処理と呼ぶ）ことで，論理的には何枚あっても同様に解くことができる。この解法は，プログラミング言語では数行で書けてしまうくらい単純である。

しかし，論理的に単純なこの解き方は，人間にとっては認知的な負荷が大きく，そのまま実行するのは容易ではない。実際，上の説明を読んで頭ではわかった気になっても，円盤10枚の問題を理想的な手順ですぐに解けるようには普通はならない。

認知的な負荷が比較的小さい解法として，次のようなものがある。

①1（一番小さい円盤）とそれ以外の円盤を交互に移動する。

②1は常に，円盤の数が奇数の場合，「左回り（反時計回り，B→C→A→B)」，円盤の数が偶数の場合，「右回り（時計回り，C→B→A→C)」に移動する。

この解法を試してみて（この方法で，指し手は常に1つに決まる)，人間にとって，この解き方が上記の再帰による方法よりはるかに「やさしい」理由について考えてみるとよい。これで「解ける」けれども，指し手の観察だけでは，どのように「考えて」解いているのかはわからないことも実感できるだろう。

2．プロトコル分析について

2.1　心の内側を知る技法としてのプロトコル分析

プロトコル分析は，「心の内側」をいかに外在化するか，という議論に関わるので，心理学の根本的な問題に通じるところがある。この教科書で取り上げている実験の多くでは，反応内容（正誤，再生内容など）や反応時間といった行動指標を用いている。しかし，そうした指標は心の仕組みやはたらきからすれば間接的なもので，何を反映しているかはあいまいだし，心の仕組みやはたらきそのものについては，やはりよくわからないことが多い。

この「わからない部分」に迫る手がかりとして，「内観による当人の説明」には，やはり一定の有用性が認められる。ヴント（Wundt, W.）やティチェナー（Tichener, E.）の内観法，フロイト（Freud, S.）の自由連想法を例に挙げるまでもなく，内観は心理学研究において古くから重要な役割を果たしてきており，それらがプロトコル分析の起源にはある。

プロトコル分析は，内観の手法をデータ取得法と整理法の観点から整備して，科学的な根拠としての適切性を高めたものだと言える。その中でも特に発話思考法は，「その時々（オンライン)」の内的状況を，短期記憶ないしワーキングメモリの内容に基づいて表出してもらうもので，内観ではあるが，事後のもの（回想）ではなく，思考過程について推論するための良質な材料を提供してくれる。

心理学で20世紀後半以降，有力となっている認知

[5] 「実習の前に」の3で紹介した「伝説」のとおりに円盤が64枚だと，最短手数で1844京（京は兆の1万倍）を超える。この手数だと1回の指し手に1秒としても，約5,845億年を要することになるから，世界はそう簡単には終わらないですみそうである。

的なアプローチでは，それまで主流だった行動主義と対照的に「心の内側」のメカニズムとそこで生じるプロセスを関心の主要な対象とする。発話思考法を中心とするプロトコル分析は，そうした認知的なアプローチを支える重要な方法となっている。

2.2 限界を理解しつつプロトコル分析を生かす

発話思考法は，思考の際の内的過程に関して，他の手法では得られない有用なデータを提供してくれるが，思考過程をすべて言語化することは直感的にも不可能だと思わざるをえない。単なる「作文」にすぎないという批判は，徹底的行動主義（radical behaviorism）を中心に根強い。

エリクソン（Ericsson, K. A.）とサイモン（Simon, H. A.）は，プロトコル分析の発展の節目となる書物において，プロトコル分析の大きな問題点として次のような点を指摘している（Ericsson & Simon, 1993）。

①言語報告することが，対象となっている心理的過程に影響を与えてしまう場合がある。

②言語報告は不完全である場合がある。

③言語報告は，当該の心的過程にとっては，副次的なもの，無関係なものである場合がある。

一方で，エリクソンとサイモンは，この3点の限界を認めつつも，次のような配慮をすることで，問題は克服できるとしている。

①実験参加者が発話思考法に習熟する。

②実験者もその結果をうのみにしない。

③工学的に有用な情報として活かす。

いずれもシンプルで有益な指摘である。①は実習時の工夫とも関係する。成人が日常的に発話思考をすることはそもそもありえない。思考過程を話すことに慣れてもらうウォーミングアップが役に立つ。さらに適用の前提として，実験者と参加者の間でラポール（打ちとけて楽に話ができる関係）を形成し，参加者にリラックスしてもらうことが必須である（もちろん，これは「なれあい」ではない）。②と③は利用の仕方に関わる。限界や制約を了解した上で，他の情報と組み合わせて，慎重に，しかし積極的に活かしていくことが求められる。

プロトコル分析のみに頼ることは通常，好ましくない。やや乱暴なたとえだが，犯罪捜査でも「自白のみでは証拠として不十分」であり，「物証」や「複数の材料の整合性」を求めるのは基本である。物証ですむのであればそれを使えばよいし，複数の根拠を総合することで判断の確実度が上がる。プロトコル分析を使う場合にも，行動データと併用することで，説得力を高めることができるし，プロトコル分析から仮説を生成し，それを検証する新たな実験を計画するというような探索的な使い方は有効性が高い。

2.3 発話思考法以外のデータ収集法

プロトコル分析における発話データの収集には，発話思考法のほかに対話法や事後報告法なども用いる。対話法は，参加者が複数いて，参加者同士が対話しているのを実験者が記録していく方法である。発話思考にともなう人為的な部分が減って自然な発話の収集が期待できる。対話のメンバーに実験者が加わることもある。教室での教師と児童生徒のやりとりを記録するのは自然場面での対話法と言える。事後報告法は，活動終了後に参加者にプロセスの説明を求めるものである。犯罪の調書作成に似たような手続きと言えるが，活動時点での発話ではないので，後付けの説明が（無意識的にであれ）入りやすい。

2.4 プロトコル分析の利用の広がり

本章では，プロトコル分析を狭義にとらえて認知研究の文脈で説明してきたが，広義には心理臨床の面接場面での発話や対話の分析もプロトコル分析に含められるし，教育の実践研究（授業場面での教師－生徒間のやりとりなど），フィールド研究，コミュニケーション研究などでの，言語を中心とした記録の分析をプロトコル分析の一種とする研究者もいる。またプロトコル分析は，より複雑で多様性のある手法である「質的分析」の一部として位置づけることもできる。さらに，機械（情報機器や電化製品など）やソフトウェアを開発する際に，使い勝手を改善するために，素人にその機械をあれこれ発話させつつ操作させ，そのプロセスを記録し，改善点を顕在化する資料を得るというのはよくやることで，これもプロトコル分析の活用と言える。このように，プロトコル分析は，心理学的手法の中でも基本性，汎用性の高いもので，心理学以外の領域を含めて，応用・実践場面での適用範囲が極めて広い。

3．より深く学ぶために：推薦図書

プロトコル分析全般については，海保・原田（1993）が日本語で書かれた基本的な文献である。プロトコル分析の長所・短所に関する議論や技術的なガイドに加えて，プロトコル分析の具体例も豊富に示されている。プロトコル分析を含む心理学における言語データ全般の扱いについては，吉村（1998）が参考になる。問題解決についてはやや古いが，安西（1985）とカーニー（Kahney, 1986　認知科学研究会訳　1989）の２冊がよくまとまっていて読みやすく，ハノイの塔や「中国の茶会問題」など，この種の研究でよく用いられる課題が紹介されている。なお，紙幅の関係上，*本文で述べられなかった点を補う資料がサポートサイトにある。*

４．補足（主に教員向けの解説）

4.1　授業構成の目安

多くの大学生は，円盤が５枚のハノイの塔を10〜20分程度で解けるようである。ただし，その思考過程を実験者に伝えて，それを実験者が記述するには，要領よく行ってもその何倍かの時間がかかる。質の高いプロトコル記述を意識して実習を行うには，90分授業２コマが必要である。問題解決に関する解説，プロトコル分析の方法論についての議論をしっかり行うのであれば，もう少し時間がほしい。

授業の最後に，グループやクラス全体でプロトコルを見せ合って，ディスカッションをするとよい。教員が適宜コメントをしたほうが（人数が多い場合――たとえば，10人以上――は特に），スムーズだろう。実験者と参加者のペアの中ではわかったつもりでいても，第三者からみると意味不明な発話も多い。プロトコルの質の高低については，実習生の間でおおむね評価が一致するようである。手書きで記録したものは乱雑な状態であることが多いので，パソコンで文書化して，翌週にディスカッションを行うとよい。

4.2　課題の設定と実験手続きについて

ペアを組んで，交替して実験者と参加者を務める場合，後で参加者となるほうが，相手の解き方を観察したことに影響される可能性がある。これが実習で問題となることは，経験上，あまりないが，念のため，「実験者はナイーブな状態で記録に徹して，課題の解き方を考えたりはしない」よう指示するとよい。この点に関する別の選択肢としては，ペアのそれぞれで異なる課題を解くというのも考えられる。

脚注３で述べたように，本章の実習については，課題設定と授業目標（プロトコル分析と問題解決への重みの置き方）に幅がありうる。パズル課題が不得意な参加者は，円盤５枚のハノイの塔では難しく，何も考えが浮かばず，試行錯誤的にしか円盤を動かせないこともあるので，その場合，円盤数を少なくしたり，別の課題を用いたりする。また授業の趣旨によっては，プロトコル分析の応用的側面に重みをおいて，4.3で示す臨床心理学的な課題や，製品の使い方のモニターのような課題を用いたほうが，学習効果が大きいかもしれない。一方で，問題解決に重みを置き，プロトコルを多数集めて，検定を含むような計量的分析を行う実習も考えられる。

発話思考法は参加者の言語運用力に強く依存する方法なので，日本語を母語としない参加者がいる場合，手続きに工夫が必要である。思考過程を習熟度が十分でない外国語（第２言語）での発話はきわめて難しく，本来なら簡単に解けるはずのパズルが解けなくなることも珍しくない。外国語副作用と言って，外国語を使って思考する際には，言語使用に知的資源が向けられて，思考能力そのものが低下する現象が生じうるのである（高野，2002）。こうしたときは，課題の難度を下げる（ハノイの塔ならば円盤の数を減らす）ほかに，ペアの母語をそろえて，その母語で発話思考と記録を行うといった配慮をする。便宜的な方法としては，母語による発話思考を録画し，それを本人が見て日本語でプロトコルを作成するという手続きも考えられる。

4.3　発展的な実習

ハノイの塔を用いた本章のような実習に加えて，あるいは，それに代えてさまざまな課題，手続きの選択肢がありうる。

(1)　より本格的な発話思考法の実施

質問による割り込みを極力控えて，ビデオやICレコーダーによる記録を参照してプロトコルを作る方法を試みる。この手続きの場合は，発話思考に慣れるウォーミングアップを特にていねいに行う必要がある。音声・映像記録を文字にするにはかなりの時間（たとえば，記録時間の５倍から10倍）を要するが，「文字起こし」を（その大変さも含めて）経験することは心理学研究の基礎訓練として大切なことである。また，ビデオなどで記録するとしても，問題解決中のメモと観察は欠かせない。

(2)　異種同型問題での実施

ハノイの塔の実習後，異種同型問題，つまり表面上は異なって見えるが構造的には同じ問題（たとえば，中国の茶会問題）を実施する（課題概要は，安西（1985）やカーニー（Kahney, 1986　認知科学研究会訳　1989）を参照）。２つの課題を解いて，両者のプロトコルの関係を比較検討する。異種同型問題に人が非常に気づきにくいことは，これまでしばしば指摘されているが，それを確認することにもつながるだろう。

(3)　悪定義問題での実施

悪定義問題でプロトコルを作成してみる。たとえば，心理療法で使われる箱庭を作るという課題は悪定義問題だが，「指し手」に相当するもの（アイテムの選択と操作）が比較的わかりやすい。25章で取り上げる描画法（樹木画など）を課題として使うと，投影法の仕組みの理解にもつながる。いずれも完成までの正味の所要時間は，通常10～20分程度ですむ。箱庭や樹木画を課題とする場合は，発話思考法も使えるが，録画映像を見ながら事後報告してもらう（あるいは発話思考を事後説明で補う）形をとったほうが実施しやすいようである。ハノイの塔のような良定義問題と両方実施するのであれば，２つを比較することで，問題解決についての理解が深まるだろう。両方実施する場合も，プロトコル作成は良定義問題に限り，問題解決の例として悪定義問題を経験してみるという実施法も考えられる。

◆引用文献

安西祐一郎（1985）．問題解決の心理学　中央公論社（中公新書）

Ericsson, K. A., & Simon, H. A.（1993）. *Protocol analysis: Verbal reports as data.* Revised ed. Cambridge, Mass: MIT Press.

Kahney, H.（1986）. *Problem solving : A cognitive approach.* Milton Keynes: Open University Press.（カーニー, H.　認知科学研究会（訳）（1989）．問題解決　海文堂）

海保博之・原田悦子（編）（1993）．プロトコル分析入門　新曜社

高野陽太郎（2002）．外国語を使うとき――思考力の一時的な低下――　海保博之・柏崎秀子（編）　日本語教育のための心理学　新曜社　pp.15-28.

吉村浩一　（1998）．心の言葉――心理学の言語・会話データ――　培風館

16章

顔面フィードバック

体から心へのルート

◇実習の前に◇

1．心と体の関係

私たちの生活を振り返ってみると「気になる人のことを考えると何も手につかない」とか「ついカッとなって大きな声を出してしまった」というように，心の働きが人の振る舞いを決めているように思えることがよくある。このように心と体とを分けて，心が体のありようを決めるという考え方はとても古くからある。歴史をさかのぼれば，古代ギリシャの哲学者プラトンが身体に宿る心（霊魂）の働きを論じたし，近世では17世紀にデカルトが心身を別のものだと考える二元論を唱えている。

古代ギリシャから続く西洋哲学の影響を色濃く受けている現代の心理学でも，心と体を分けて考える立場は引き継がれ，多くの場合，心が体の振る舞いを決めるという見方がなされてきた。確かに，心配なことがあると食事も喉を通らないし，緊張すると身体がガチガチになって歩き方さえぎこちなくなってしまう。こう考えると，心が原因で体が結果になるという見方はもっともらしく感じられる。

しかし，「心から体」という因果関係だけでよいのだろうか。仮に「心から体」という方向の影響があるとしても，逆の方向はないのだろうか。つまり，体が原因で心が結果になるという関係はないのだろうか。

2．体から心への影響を調べる

それでは，体から心への影響があるかどうかを調べるためにはどうすればよいだろうか。基本的な枠組みとして考えられるのは，実験参加者の身体状態を操作し，その操作にともなう心理状態の変化を調べるという方法である。たとえば，さまざまな飲食物や薬物を摂取することによって，あるいは運動や作業によって生じる心理状態の変化を測定するという手続きが考えられる（生理心理学分野をテーマとしている9章では，このような方法による実験例を紹介している）。

本章では，身体に対する操作として，「口でペンをくわえる」という行為を取り上げ，その行為によって，主観的な体験が影響を受けるかを調べる。

本章の実験では，実際に体の状態を操作する。実験の仕組みについては，あらかじめ知らないことが望ましいので，（特に指示があった場合を除いて）次のページ以降の説明は，実験が終了するまで読まないこと。

◇実　習◇

1．目　的

フェルトペンのくわえ方が，漫画を読んだときに感じるおもしろさに影響するか否かを検討する。

2．方　法

2.1　実験計画

フェルトペンのくわえ方（唇保持条件，歯保持条件）を独立変数とする参加者内1要因2水準の実験である。従属変数は4コマ漫画のおもしろさの10段階評定値である。

2.2　実施形態

個別での実験も可能だが，個別に行うメリットはあまりないので，本章では集団での実施を想定して説明する（教示は教員が行うとよい）。集団で実施する場合には，ペンをくわえた顔を見合わせないような環境で行う（参加者全員が適当な間隔をおいて着席し，同じ方を向いて実施するなど）。全員，同じ課題（8点の漫画に対する評定課題）で同じ順序（「唇保持条件→歯保持条件」）で実施する。人数の制約は特にないが，安定した結果を得るには20名程度の参加者がいることが望ましい。

2.3　材料

参加者1人につき以下のものを用意する。

①フェルトペン１本
②アルコール消毒綿１片
③ティッシュペーパー１枚
④課題冊子（A4サイズ，*サポートサイトから入手できる*）

2.4で示す教示を記した表紙と，漫画評定課題の用紙８枚を綴じて冊子を作成する。参加者は全員が同じ冊子で実験に取り組む（課題用紙には１～８の番号が付けられている）。

漫画評定課題は独自に作成した４コマ漫画８点（２条件で４点ずつ用いる）を用いる[1]。漫画を読んだときに感じたおもしろさを評定するための尺度（０．まったくおもしろくない～９．非常におもしろい）が用紙の下部に印刷されている。

2.4 手続き

参加者は集団で，フェルトペンの唇保持条件と歯保持条件の２条件で一連の課題を行う。全員が，唇保持条件を先に歯保持条件を後にという順序で行う。実験全体の流れについて図16-1に示した。

⑴ 表面的な目的の教示

まず，実験者は次のように教示し，参加者に実験のねらいを伝える。

「手が不自由な人は，口でペンをくわえて文字を書いたり，息を吹きかける装置を使って電話のダイヤルを操作したりすることがあります。このように身体的なハンディキャップを持つ人は，通常とは異なる体の使い方をすることがあります。こうした体の使い方によって認知の働きや体験の仕方が独特のものに変わることがあるかもしれません。

こうした可能性を踏まえて，この実験では，心と体の協調関係を明らかにすることを目的にしています。特に，通常手で行うことを口で行うことによって，課題を行う際のものごとの感じ方がどのように変化するかを見ていきます。

今回の実習では，参加者にフェルトペンを口にくわえてもらい，そのくわえ方によって課題を行う際のものごとの感じ方に違いがあるかを調べます。今回の実験で扱えるのは，ごく単純な内容ですが，これはより複雑な実験のための予備実験になっています。具体的には，フェルトペンを口にくわえながら漫画を読んで，漫画のおもしろさをフェルトペンで回答してもらいます。この課題には読んだり書いたりという，体に不自由のある人が日々の生活の中で経験するような一般的な心的活動に関するものが含まれています。」

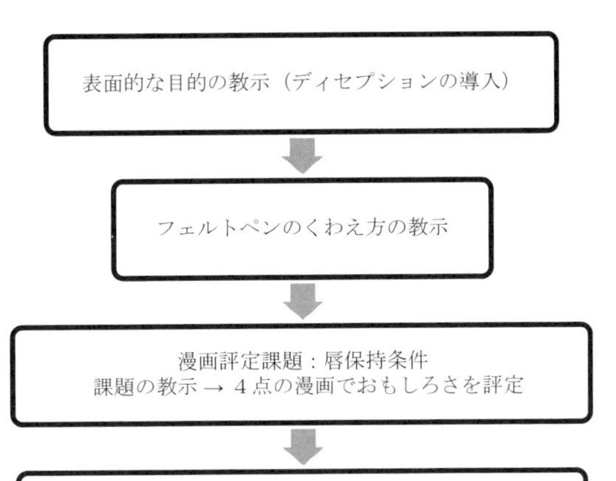

図16-1 実験進行の流れ（全参加者が同じ漫画・条件で進める）

⑵ フェルトペンのくわえ方の教示

以上の教示の後，漫画評定課題に移る。漫画評定課題では，フェルトペンをくわえて，漫画のおもしろさについて評定する。

漫画評定課題ではペン先と反対側にさしたキャップ部分をくわえるため，実験者は，課題を始めるにあたって，参加者にフェルトペンのキャップをアルコール消毒綿で拭くように伝える。

漫画評定課題には「唇保持条件」と「歯保持条件」があり，「唇保持条件での漫画評定課題４点→歯保持条件での漫画評定課題４点」の順に実施する。実験者は，２つの条件の開始時に口頭と実演で課題の回答法を説明する。回答法ではフェルトペンのくわえ方が重要になるため，注意して教示を行う。以下に示すように口頭で説明するとともに，実験者自身が実際に動作を行う。

①唇保持条件：歯がペンに当たらないように気をつけながら，ペンが落ちないよう唇を突き出してく

[1] サポートサイトで提供している漫画は，この教科書用に作成したものである。これ以外の漫画素材を用いてもよいし，素材で用いた漫画について議論したり，適当な漫画素材の候補を探したりするのを，実習での活動に加えることもできる。

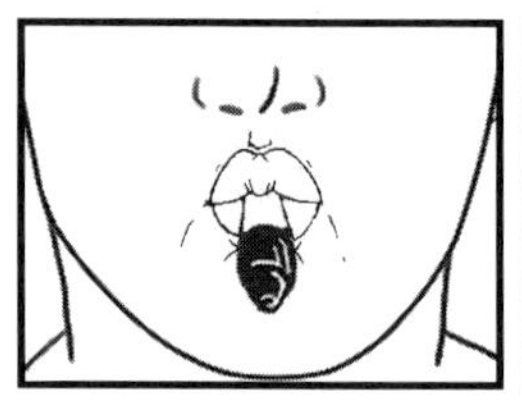
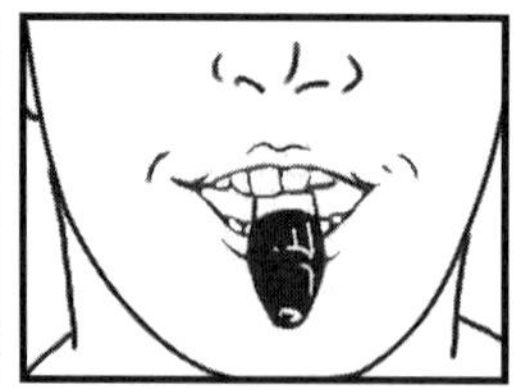

図16-2　フェルトペンの「唇保持条件」（左）と「歯保持条件」（右）

表16-1　全体での集計表の例

参加者番号	唇保持条件(先)					歯保持条件(後)				
	1	2	3	4	平均	5	6	7	8	平均
1										
2										
⋮										
全体　平均										
標準偏差										

わえる（図16-2左）。唇を歯に当てるようにしてはいけない。

②歯保持条件：唇がペンに当たらないように気をつけながら，ペンが落ちないよう前歯でくわえる（図16-2右）。

⑶　漫画評定課題の教示

漫画評定課題では，唇保持条件でくわえ方を教示し，実際に参加者が正しくくわえていることを確認したら，４点の漫画それぞれについておもしろさの評定を求める。課題に先立って，以下の教示を行う。

「これからフェルトペンをくわえた状態で，漫画を読んでもらい，２つの質問に答えてもらいます。説明が全部終わるまで，質問には答えないでください。

冊子を１枚めくって，１つめの漫画を見てください。漫画の下の方に，この漫画のおもしろさについて答える部分があります。０から９までの10段階で答えるようになっていますから，漫画をひととおり読んだ後で，あてはまるところに丸をつけます。数字が大きいほど，『漫画がおもしろい』ということになります。

課題内容について，理解できたでしょうか。全員が同じペースで，漫画を１つずつ読んで，２つの質問に答えます。様子を見て進めますので，あわてず落ち着いて取り組んでください。」

⑷　漫画評定課題の実施

課題回答法についての教示が終了したら，漫画１点ごとに，実験者の指示に従って全員が同じペースで課題に取り組む。実験者は様子を見ながら，正しいペンのくわえ方で，自然に評定作業が行えるように，落ち着いて実験を進める。

唇保持条件が終了したら，歯保持条件でも同様に教示ののち，４点の漫画のそれぞれについておもしろさの評定を行う。

漫画評定課題が終わったら，内省報告として，実験をとおして感じたことや疑問に思ったことを，表紙の裏面に自由に記述してもらい，参加者が実験内容や実験状況をどのように捉えていたのかを記録する。

⑸　実験の真の目的の説明

その後，実験者は，この実験の真の目的が，表情を操作することが４コマ漫画を読んだときに感じるおもしろさの体験に影響するかどうかを調べることであったことを参加者に説明する（ディブリーフィング，「解説」の2.2を参照）。その上で，データを利用してもよいかどうかを決める自由が参加者自身にあることを説明し，データ利用の同意を求める。

3．結果の整理と分析

3.1　結果の整理とグラフの作成

各参加者の結果（各漫画のおもしろさの評定値）を全員分の集計表に記入する（表16-1）。記入に際しては，実施順序に注意して，記入するところを間違わないようにする。各参加者について，２条件（唇保持条件，歯保持条件）それぞれで，４点の漫画の平均（小数第１位まで）を求めて表に記入する。必須ではないが，自由記述の内容も一覧表の形にして，参加者ごとに評定値と対応が取れるようにするとよい。

全参加者の評定値に基づき，８点の漫画それぞれと，２条件それぞれについて，全体での平均と標準偏差を求める（表16-1の下部）。さらに，条件を横軸，評定価の平均を縦軸にとって棒グラフに描く。

3.2　検定を含む分析

おもしろさの評定について，唇保持条件の平均と歯保持条件の平均との間に差がないかを調べるため，４点の漫画の参加者ごとの平均に基づき対応のある t 検定を行う。帰無仮説は，「２つの条件の平均は等しい」である。

4．考察のポイント

4.1　表情によって漫画のおもしろさに差は見られるか

この実験での仮説は，「おもしろさを感じる際に通常現れる表情と一致する歯保持条件では，一致しない唇保持条件に比べ，4コマ漫画のおもしろさを高く評定する」というものであった。おもしろさの評定は，条件間でどうなっただろうか。そして，その結果はどのように説明できるであろうか。

4.2　実験の手続きについて

この実験では，特定の表情（口をすぼめた悲しい顔と口角が上がった楽しい顔）が自然に現れるように工夫している。このような手続きの工夫は，実験結果にどのように影響しているだろうか。内省も参考にしながら，実験前に（本当の目的とは別の）表向きの目的の教示が行われたこと（ディセプション，「解説」の2.2を参照）と，実験後に真の目的が説明されたこと（ディブリーフィング）に触れながら考察するとよい。

◇解　説◇

1．心身システムと顔面フィードバック

1.1　顔面フィードバック仮説を調べる

本章の実験では，「体から心」への影響の具体例として，「表情から感情」への影響を調べた[2]。表情が感情に影響するというのは，本章の実験の設定に即して言えば，「おもしろいと感じているときの表情をするからおもしろいと感じるようになる」ということである。こうした表情から感情への影響経路があるとする考え方は，顔面フィードバック仮説（facial feedback hypothesis，表情フィードバック仮説とも訳される）と呼ばれる。

本章の実験では，参加者の表情を気づかれないように操作し，主観的な感情の体験が変わるかどうかを調べるという方法をとった。「気づかれないように」表情を操作するため，通常手で行う動作を口で行うことの影響を検討するという表向きの目的を説明して，表情筋を操作した。ペンをくわえ続けるために口をすぼめる唇保持条件の表情筋は，人が悲しさを覚えるときに使われるものに近い。一方，唇をつけないようにするために口角を上げる歯保持条件の表情筋は，人がおもしろさを感じるときのものと類似している。この実験での仮説は，おもしろさを感じる際に通常現れる表情と一致する歯保持条件では，それとは一致しない唇保持条件に比べ，4コマ漫画のおもしろさを高く評定するというものである。

1.2　顔面フィードバック仮説の史的展開

顔面フィードバック仮説の歴史は古くにさかのぼることができる。進化論で知られるダーウィン（Darwin, C.）は，1872年の著書『人及び動物の表情について』で，表情を誇張したり抑制したりすると感情の強度を変えることができることを指摘している。

また，心理学分野での顔面フィードバック仮説についての祖ともいえるアメリカの心理学者ジェームズ（James, W.）は，1884年の論文で，生理的・身体的な変化こそが感情をもたらすのだと主張した。「悲しいから泣くのではない。泣くから悲しいのだ。」という表現がよく知られている。このアイディアは，同時期に同様の説を唱えたデンマークの生理学者ランゲ（Lange, C.）の名とあわせて，ジェームズ＝ランゲ説と呼ばれている。この説は，神経系の中枢・末梢のうちで，後者に感情の起源があると主張することから，感情の末梢説と呼ばれることもある。その後，ジェームズらを批判して，感情の成立には視床を中心とする中枢神経の役割が大きいとする主張もなされた。これは感情の中枢説，あるいは提唱者の名前をとってキャノン＝バード説と呼ばれるものである。だが，このころは表情操作と感情変化の対応を直接的に調べる実証的な研究は行われていなかったので，十分な検証にはいたらなかった。また，ジェームズ＝ランゲ説も，表情の要因に特化した議論ではなかった。

感情の生起メカニズムに関する研究は，その後，さまざまに工夫された実証的な研究をふまえて，新たな展開が進んだ。その結果，1960年代以降，身体情報の中でも特に顔面の動きについて，それが感情に影響するという考え方が提案され，顔面フィードバック仮説という表現も定着した。この説を主張す

[2] 心理学における感情の定義はさまざまであり，今日なお収束していない。英語では，いくつかの関連用語があるが，感情に対応する語として，emotion がまず挙げられる。一方，この emotion は，狭義には情動と訳され，生理的な興奮状態の関与が想定される短期的で強い感情を指す。本章で扱う心理経験は，この情動に属するものと言えるが，一般になじみやすい感情という語を用いている。

る代表的な研究者として，トムキンス（Tomkins, S.），エクマン（Ekman, P.）らがいる。また，顔面変化が感情生起を導くメカニズムとして，ザイアンス（Zajonc, R. B.）は，顔面血管の変化がもたらす脳血流や呼吸の変化を挙げている（感情導出の血管理論）。

感情フィードバック説におけるフィードバックの位置づけや仕組みを具体的にどのように考えるかには，複数の立場がある。ただし，今日，特定の表情がなければ特定の感情はないとする強い主張は，支持されておらず，表情は感情の生起に重要な要因の1つとして関わるとする考え方が一般的である。そこで，顔面以外の身体情報（姿勢や内臓の状況）のフィードバックが感情に及ぼす影響も，改めて検討されている。また，顔面フィードバック説は，「末梢→中枢」のルートを強調する考え方であるが，「中枢→末梢」のルートを否定するわけでは必ずしもない。2つのルートが，それぞれに影響し合って機能するというアイディアは現実的なものであり，末梢説と中枢説は相互に排他的というわけではない。

2．実験の手続きについて

2.1　顔面の操作

顔面フィードバックに関する初期の研究では，筋電位計を使って筋肉の状態を確かめながら特定の感情（たとえば，楽しさ）に対応した表情（たとえば，笑顔）を作らせるという手続きを取っている（Laird, 1974）。こうすることで感情に言及することなく再現した参加者の表情が，主観的に報告された感情体験に影響することを確かめている。しかしながら，外から直接に指示を与えて表情を操作すると，指示を参加者が解釈しそれに影響される可能性がある。つまり，表情操作が，身体的フィードバック以外に，参加者が抱く期待や動機づけにも影響してしまうかもしれない点で問題が残る。

この問題を解消しているのが，ドイツの心理学者シュトラック（Strack, F.）らの研究である（Strack, Martin, & Stepper, 1988）。彼らは，表情自体への指示を与えるのではなく，特定の表情（口をすぼめた悲しい顔と口角が上がった楽しい顔）が自然に現れる状況を作り，この場合にも，楽しい顔をしたときのほうが悲しい顔をしたときよりも，4コマ漫画のおもしろさが高くなり，表情が感情に影響することを示している。実験手続きを工夫して，自然な表情の効果を調べたシュトラックらの研究は，顔面フィードバックの効果を実証するものとしてよく知られている。本章の実験は，彼らの実験1を，初級実習向きに改変・簡略化したものになっている。

2.2　ディセプションとディブリーフィング

本章の実験では，表情操作を自然なものとするために，実験のねらいに関する教示内容に虚偽が含まれている。ウソをついて，それらしく見せたということである。これはディセプション（deception, だまし）と呼ばれるもので，自然な状況での自然な反応を引き出すための手続きである。シュトラックらの実験では，本題の漫画評定課題に先立って，フェルトペンで線引き作業を行うなど，さらに念入りにディセプションを折り込んでいる。

ディセプションは，倫理的な問題をはらむ手続きなので，使用には慎重な態度が求められる。また，ディセプションを含む実験を行った場合は，ディブリーフィング（debriefing）[3]といって，実験後に参加者に対して十分に説明し，参加者からの質問にも答えて，実験への了解を得る手続きが必須である。了解が得られないデータは研究に用いてはならない。ディブリーフィングによって，参加者を実験前の平常状態に戻すとともに，ディセプションがねらいどおりに働いたかどうかをチェックする手がかりも得られる。

2.3　漫画刺激について

実験で用いる漫画刺激を用意する場合，あらかじめ2セットの間でおもしろさの程度が均一になるように選んでおく必要がある。その際，おもしろさの程度がほどよく，天井効果や床効果が生じないようにする点にも注意したい。従来，ユーモア刺激がもつ論理構造に不調和と不調和解決という2種類があることが指摘されている（野村・丸野, 2008）。それぞれ，期待やスキーマから逸脱したおかしさ（変な感じ）だけによるものとおかしさに何らかの解決が見られるものである。2つの構造では，保守主義などのパーソナリティ傾向によって好まれ方が異なるため，両者に偏りがないよう注意する必要がある。また，ユーモア刺激に含まれる性的な内容や攻撃的な内容については，性差が見られることがあるので，その点も念頭に置いて刺激を選定する必要がある。

---

[3] debriefには，一般語としては，「仕事や活動について情報を得るために後で感想を聞くこと。フィードバックを得ること」という意味がある。

なお，サポートサイトから入手できる課題冊子の漫画については，予備調査の結果に基づいて２セットの間でおもしろさの程度をそろえている。

2.4 評定について

シュトラックらの実験１では，漫画のおもしろさの評定のほかに，通常でない形でフェルトペンを保持して課題を遂行することの難しさについても評定を求めている[4]。課題遂行の難しさを調べるようにしたのは，まず，最初の教示をもっともらしく感じさせ，ディセプションを入念なものにするという意味がある。それに加えて，課題が難しいことでおもしろさが変化する可能性（集中できなくておもしろさを感じにくくなる，など）をチェックするためでもある。評定された遂行の難しさの程度に条件間の差が見られなければ，おもしろさに関する結果が作業の難しさという要因によるものではないと解釈できる。

2.5 実験計画について

⑴ 条件の順序について

本章では，２つの条件の順序を固定して説明した。顔面フィードバックの効果は，急速に生じて持続時間は短いものだとされるので，顔面フィードバック自体による順序効果（先行する表情が，後続条件時に与える効果）は，操作の効果（後続条件時の表情による顔面フィードバック効果）に比較して十分に小さいと考えられる。

しかしながら，実験状況への慣れなど，ほかの要因が順序にともなって影響する可能性は排除できない。そこで，実習に際して授業時間やTAなどのスタッフに余裕がある場合には，参加者を半数ずつに分け２条件のうちどちらを先にするか（つまり，「唇保持条件→歯保持条件」の順と「歯保持条件→唇保持条件」の順）を割り当てる方法を取ることが望ましい。

なお，シュトラックらの実験では，表情条件の割り当ては参加者間としている。２つの表情を参加者間要因とした場合，個人差の影響が大きくなるので，人数が少ないと有意な結果は得にくくなるが，順序効果について考慮する必要はなくなる。実習でも，多くの参加者が得られるのであれば（シュトラックらの実験１では，全部で92人の参加者を３条件に割り当てている），参加者間要因の実験を行う選択が考えられる。

⑵ 統制条件について

シュトラックらの実験１では，実習の実験で設定した２条件の他に，普段使わない側の手でペンを持つ条件を設け，これを統制条件としている。表情変化がともなわないこの条件でのおもしろさは，歯保持条件よりも低く，唇保持条件よりも高いことが予想され，実際，この予想にあう結果を得ている。

3．より深く学ぶために：推薦図書

本章で取り上げた顔および感情は，いずれも近年，関心が高まっている領域であり，多くの書籍が刊行されている。吉川・益谷・中村（1993）は，顔に関する心理学的研究について多様な観点から論じたもので，特に６章と７章で顔面フィードバック仮説を取り上げている。表情研究の第一人者であるエクマンによる『顔は口ほどに嘘をつく』（Ekman, 2003 菅訳 2006）では，表情と感情の関係を詳しく論じている。特に自身の感情を認識するためのエクササイズとして紹介されている表情操作法は，顔面フィードバックの実践例になっている。

感情の心理学的研究を学ぶには，大平（2010）が読みやすい。感情理論との関わりで顔面フィードバックを理解することができる。エヴァンズ（Evans, D.）の『一冊でわかる：感情』も幅広い話題を要領よく解説している（Evans, 2003 遠藤訳 2005）。顔面フィードバックに関わることがらにも触れており，訳者による文献案内が充実している。

4．補足（おもに教員向けの解説）

4.1 授業構成の目安

実験の所要時間は30分程度であり，90分授業１コマでの実施も可能であるが，少々忙しいので，集計作業や解説に時間をとり，4.2に紹介する小実験などを盛り込んで，２コマを当てるとよいだろう。

本章で示した実験手続きでは，ディセプションを明確に含んでいる。明確なディセプションは本書の他の実習ではないので，技法を学ぶという観点からも，ディセプションを取り入れるというのは意味の

[4] シュトラックの実験１では，漫画評定課題の前に，ランダムに配置された数字を線で結ぶ課題と，ランダムに配置された母音・子音から母音のみに下線を引く課題を行なっていて，この２つの課題について遂行難度を評定している。主たる関心の対象である漫画評定課題の前に，この段階を設けることで，作業遂行難度についての情報を得ているとともに，課題状況のもっともらしさを高めている。

あることだろう[5]。一方，ディセプションを特に使わないということであれば，日本人にとってくわえるという動作にあまり違和感がない割り箸を使うという方法も自然である（割り箸を使って，ディセプションを工夫するという選択も考えられる）。ペンや割り箸などで表情を操作するには，上唇と鼻の間で保持する，横方向に歯でくわえるなどの方法もある。

4.2　関連する小実験

(1)「笑ってはいけない」実験

楽しい映画を見る際に，笑顔の表出をしないよう求めた参加者と自然に反応するよう求めた参加者におもしろさを回答させる実験では，自然に反応するよう教示された参加者の方がおもしろさを感じやすいことが示されている（Bush, Barr, McHugo, & Lanzetta, 1989)。この実験は，手続きや教示も簡便であり，集団状況で実施することができるため，（実験室での実習でない）通常の授業の中でも行いやすく，顔面フィードバックについての理解に役立つ。ただし，集団状況では反応抑制を教示通りに確実なものにすることが難しく，他者の笑い声などから影響を受ける可能性がある点について学生の注意を促す必要がある。

(2)　姿勢による気分誘導

気が滅入ると肩が下がり，うつむきがちな姿勢になる。だが，逆に姿勢を操作することによって，気分が変化することも知られている。背中の形（2水準：背中を伸ばす，背中を丸める）と顔の向き（3水準：上方，正面，下方）を操作した参加者内2要因計画の実験では，背中を丸めて下方向に顔を向ける姿勢を取った場合，もっともネガティブな気分になることが示されている（鈴木・春木，1992)。

これらの実験もまた手続きや教示が簡単で，集団状況で実施することができ，これらは身体から気分へのフィードバックを実感し理解するために有益であろう。ただし，集団で実施する場合には，周囲からの影響を受ける可能性があること，順序効果が生じる可能性があることなどについて学生の注意を促す必要がある。また，ネガティブ感情が生じることが予想されるため，実験後に気分を回復する介入をあらかじめ準備していたほうがよいだろう。ユーモア体験は，ネガティブ感情を打ち消し，回復するまでの時間を短縮する効果があると指摘されているため（Fredrickson, Mancuso, Branigan, & Tugade, 2000)，気分回復のためにコントや漫才などのユーモアを喚起する刺激を呈示することが有効である。

[5] 実験としては，ディセプションが十分機能しない参加者が出る可能性がある。ジェームズ＝ランゲ説は心理学の入門的講義の定番であるし，一般向けの文章やテレビ番組などで顔面フィードバックに触れているのを見かけることもある。たとえば，神経科学者の池谷裕二は，中学1年生用の国語科教科書（教育出版）で書きおろした「笑顔という魔法」という文章で，シュトラックらの実験を紹介している。日本心理学会の心理学ミュージアムでも，菅村玄二がジェームズ＝ランゲ説を論じる中でシュトラックらの実験を取り上げている（http://psychmuseum.jp/showroom/laugh.html)。こうした事情から，実験の仕組みについて実習生が予備知識をもっていても不思議はなく，ディセプションがうまく働かないケースは生じうるが，ディセプションの手続きを経験的に学ぶことは，実習としては有意味であろう。

◆引用文献

Bush, L. K., Barr, C. L., McHugo, G. J., & Lanzetta, J. T. (1989). The effects of facial control and facial mimicry on subjective reactions to comedy routines. *Motivation and Emotion*, **13**, 31-52.

Ekman, P. (2003). *Emotions revealed: Understanding faces and feelings.* London: Weidenfeld & Nicolson.（エクマン，P. 菅　靖彦（訳）(2006)．顔は口ほどに嘘をつく　河出書房新社）

Evans, D. (2003). *Emotion: A very short introduction.* Oxford: Oxford University Press.（エヴァンズ，D. 遠藤利彦（訳）(2005)．一冊でわかる　感情　岩波書店）

Fredrickson, B. L., Mancuso, R. A., Branigan, C., & Tugade, M. M. (2000). The undoing effect of positive emotions. *Motivation and Emotion*, **24**, 237-258.

Laird, J. D. (1974). Self-attribution of emotion: The effects of expressive behavior on the quality of emotional experience. *Journal of Personality and Social Psychology*, **29**, 475-486.

野村亮太・丸野俊一 (2008)．ユーモア生成理論の展望――動的理解精緻化理論の提案――　心理学評論，**51**, 500-525.

大平英樹（編）(2010)．感情心理学・入門　有斐閣（有斐閣アルマ）

Strack, F., Martin, L. L., & Stepper, S. (1988). Inhibiting and facilitating condition of human smile: A non-obtrusive test of the facial feedback hypothesis. *Journal of Personality and Social Psychology*, **54**, 768-777.

鈴木晶夫・春木　豊（1992）．躯幹と顔面の角度が意識性に及ぼす影響　心理学研究，**62**, 378-382.
吉川左紀子・益谷　真・中村　真（編）（1993）．顔と心——顔の心理学入門——　サイエンス社

17章 社会的促進

人がいるところで作業をするとどうなるのか？

◇実習の前に◇

1．他者の存在がもたらす影響

私たちの日頃の行動は，個人の特性（性格や能力など）によってある程度予測できると考えられる。たとえば，駅のホームに制服姿の生徒がうずくまっていたとする。もしかすると電車を待っている間に気分が悪くなったのかもしれない。このようなとき，共感性が高い人はその生徒に声をかけやすいだろう。なぜなら，共感性が高いと他の人が困っている姿を見たときに助けてあげたいという動機を強く感じやすいからである。

しかし，人の行動はこのような個人の特性だけで決まるわけではない。その場の状況（環境）によっても私たちの行動は大きく左右される。同じような場面に居合わせても，そこに自分１人しかいない状況と周囲に自分以外の他者（たとえば傍観者）がいる状況では，後者の方が援助行動は起こりにくくなる。これは，自分がやらなくても他の人が助けてくれるに違いないと思う責任の分散などが生じるためである。つまり，自分以外の他者がその場に存在することによって，私たちの援助行動は１人のときとは異なったパターンを取ると考えられる。こうした援助行動以外でも，他者がそばに存在することで，私たちの行動が変わることはたくさんあるだろう。

また，他者の存在は，自分自身のために１人で行っている作業にも影響を及ぼすかもしれない。たとえば，学校の課題でアンケート調査を行い，そこで得た数値を表計算ソフトに入力しなければいけなくなったとする。これらの作業は全て自分１人で行わなければならない。このようなとき，自分１人しかいない個室で作業を行う場合と，周りに他者がいる共用スペースで作業を行う場合とでは，作業能率や作業中の心理状態などに何か違いが生じてくるのだろうか。それとも，特に大きな違いは見られないのだろうか。

2．他者の存在が個人の作業能率に与える影響を調べる

アメリカの心理学者ゴードン・オールポート（Allport, 1954）は，社会心理学という学問を，「個人の思想，感情，行動が，現実の，想像上の，あるいは暗黙裡の他者の存在によってどのように影響されるかを理解し，説明する学問」と定義している。社会心理学のその後の方向性を決めたと言われるこの定義からもわかるように，私たちが他者の存在から受ける影響の解明は，社会心理学にとって最も基本的で中心的な課題となっている。そこで本章では，「自分のそばに他者が存在する（ただし，自分と他者の間に直接的なコミュニケーションはない）」というも最もシンプルな状況を設定し，そのような状況が個人で行う作業能率に及ぼす影響を実験により検討する。

◇実　習◇

1．目　的

本実験では，「部屋の中に自分１人しかいない状況（他者なし状況）」と，「自分のそばに他者が存在する状況（他者あり状況）」という２種類の状況下で，実験参加者に同じ内容の１人用課題を行ってもらう。そして，同じ課題であっても，周囲の状況が異なることで作業能率は違うのか（あるいは同じなのか）を検討する。また，課題を遂行しているときの参加者の心理状態（気持ち）に違いが見られるかどうかについてもあわせて検討する。

2．方　法

2.1　実験計画

独立変数を「実験状況の違い（他者なし状況・他者あり状況）」とする，１要因２水準の実験計画である。本実験では，すべての参加者が「他者なし状況」と「他者あり状況」の２種類を経験するため，

図17-1 加算課題用紙の例

参加者内計画になる。従属変数としては，参加者の作業能率に関する指標（課題の遂行量，正答数，誤答数）を用いる。また，参加者の課題遂行中の心理状態（４つの質問項目に対する５段階の回答）を付加的な従属変数とする。

2.2 実施形態

実験は，「他者なし状況」と「他者あり状況」の実施順序（どちらを先に実施するか）によって，大きく２つのグループ（ＡグループとＢグループ）に分かれて行い，最後の集計は全員で行う。学生は最終的に２種類の実験状況で参加者を経験するが，全員が同時に課題に取り組むわけではなく，参加者役にあたっていないときは交代で実験者の役割を担う。

「他者あり状況」では複数の参加者が同時に作業に取り組む必要があり，それ以外に実験者役を務める学生が１人必要になる。このことから，１つのグループは，「他者あり状況」で参加者・実験者を交代しながら課題を２回以上行うことになり，グループの最少人数は２人ずつ２回行った場合の４人となる。したがって実験全体の最少人数は，各グループ４人ずつ（ＡグループとＢグループで合計８人）になる[1]。ただし，参加者が少ないと偶然誤差（実験中に生じた偶発的な出来事が原因で生じる誤差）の影響が大きくなり，明確な傾向が読み取りにくくなるため，各グループ10人（合計20人）程度以上の参加者がいることが望ましい。

各グループに含まれる人数が多い場合は，各グループの下に４～８人程度の小グループを作り，同時並行で実験を進めるとよい。

2.3 実験器具

⑴ 実験課題

参加者が実験中に行う課題を用意する。今回の実験では，誰にとってもなじみのある作業内容で，遂行の量および遂行の質（正誤）が明確に測定できる「加算課題」を用いる。課題用紙として，内田クレペリン精神検査[2]の検査用紙が利用できる。自作する場合は，A4サイズの紙を横置きにし，３～９までの数字を横に40字程度並べたものを24行分用意する（図17-1，*サンプルはサポートサイトから入手できる*）。そして，１～４行目を「練習ブロック」，５～14行目を「前半ブロック」，15～24行目を「後半ブロック」とし，ブロックごとに別の紙に印刷する（１人分が３枚になる）。数字が小さくて見にくい場合は，B4またはA3サイズに拡大する。各ブロックの課題の難度を統制する（同程度にする）ために，数字の並び順は乱数表などを使ってランダム（無作為）にする。また，課題を実施する際に必要な，机と椅子，筆記用具（HBの鉛筆），ストップウォッチも用意しておく。

⑵ 振り返りシート

参加者が課題遂行中に感じた心理状態などを内省報告する「振り返りシート」を用意する（図17-2，*サポートサイトから入手できる*）。このシートでは，４つの質問項目（①緊張してドキドキした，②頑張ろうと思った，③他の人から見られている気がした，

[1] 「他者あり状況」で指導者が教示を行うようにする，２グループに分けずに２つの状況を経験するスケジュールを組むなどの工夫で，８人未満での実習も可能である。

[2] 内田クレペリン精神検査は，ドイツの精神医学者クレペリン（Kraepelin, E.）の連続加算作業の実験結果をもとに，内田勇三郎が完成させた性格検査であり，幼児から成人まで幅広い対象に適用可能である。単純な加算作業を連続して行わせ，その作業量および作業曲線（作業量や作業内容の変化）を検討することで，一般的な性格や行動特徴，職業適性などについての診断を行う。検査は，間に５分の休憩をはさんだ，前半15分，後半15分の加算作業からなる。詳しくは，日本・精神技術研究所（1973）を参照。検査用紙は，日本・精神技術研究所のウェブサイト（http://www.nsgk.co.jp/sv/kensa/kraepelin/）から購入可能である。なお，この検査用紙では，難度がばらつかないように基準を設けて数字を配列している（たとえば，同じ数字や同じ数字対は続かないようにしている）。したがって，ランダムな数字列ではないが，加算課題としての適切性は高い。

振り返りシート　（前半ブロック　・　後半ブロック）

グループ（ A ・ B ）　ID番号（　　　　　　）

1．以下の問いを読み，課題中の自分の気持ちに最も近いところに１つだけ○を付けてください。

	全くあてはまらない	ややあてはまらない	どちらともいえない	ややあてはまる	非常にあてはまる
①緊張してドキドキした　・・・・・・・・	1	2	3	4	5
②頑張ろうと思った　・・・・・・・・・・	1	2	3	4	5
③他の人から見られている気がした　・・	1	2	3	4	5
④課題が難しかった　・・・・・・・・・・	1	2	3	4	5

2．その他，課題遂行中に感じたことを，以下の欄に自由に書いてください。
（課題を遂行しているときの気持ちや頭に思い浮かんだこと，周囲の様子など）

図17-2　振り返りシートの例

④課題が難しかった）に対して，５段階の選択肢（「1．全くあてはまらない」～「5．非常にあてはまる」）で答える。さらに，課題を遂行しているときに感じたことや，周囲の様子などについて自由に記述できる欄がある。

2.4　手続き

(1)　グループ分けと課題の実施順序

最初に学生を２つのグループにランダムに分ける（たとえば，学籍番号順に並べて連番のID番号を付け，ID番号が奇数の者をＡグループ，偶数の者をＢグループとする）。どちらのグループに属する学生も，参加者として加算課題を２回経験するが，Ａグループの学生は課題の前半ブロックを「他者なし状況」，後半ブロックを「他者あり状況」で行う。逆にＢグループの学生は，前半ブロックを「他者あり状況」，後半ブロックを「他者なし状況」で行う。

２通りの実施順序を設けるのは，後半ブロックの方が前半ブロックより慣れのため遂行量が多くなる（あるいは，疲労のため遂行量が減る）というキャリーオーバー効果を相殺した上で，２つの状況をより厳密に比較するためである。同じ参加者に同種の課題を複数回実施する場合には，このような効果の存在を常に考慮に入れながら実験を行う必要がある。

(2)　状況設定の確認

本実験では，加算課題を２つの異なる状況（「他者なし状況」と「他者あり状況」）で行うことで，「状況の違い」が作業能率に及ぼす影響を検討する。そのため，各状況の設定はできるだけ厳密に行う必要がある。

「他者なし状況」は，部屋の中に参加者が１人だけ存在する状況である。このとき参加者は，１人で机の前に座って課題に取り組む（図17-3）。実験用の個室が用意できない場合は，他の参加者の姿が視界に入らないように，３～４メートル以上の距離を取って横方向に着席させる，あるいは背中合わせに着席させるなどの工夫をする（参加者の間についたてを置けるとさらによい）。

「他者あり状況」は，部屋の中に参加者が複数名いる状況である。ここでは２～４人程度の参加者がお互いの姿がよく見える近接した位置に座り，一斉に課題に取り組む（図17-4）。このとき各参加者は，自分のそばに座っている他の参加者が自分と同じ課題に取り組んでいることを知っているが，お互いの回答をのぞきあったり，課題中に会話を交わしたりすることはできない（学期末テストや入試のときと同じ状況）。「他者あり状況」において同時に作業を

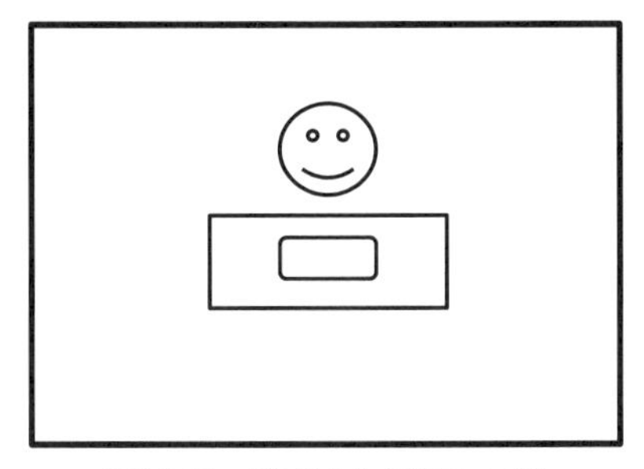

図17-3 「他者なし状況」の例

図17-4 「他者あり状況」の例

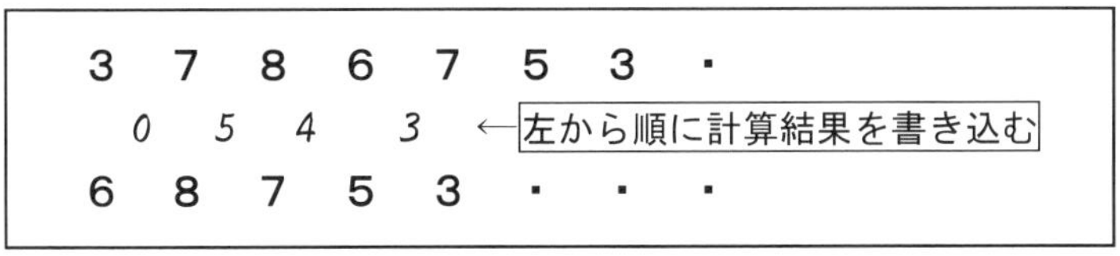

3 7 8 6 7 5 3 ・
0 5 4 3 ←左から順に計算結果を書き込む
6 8 7 5 3 ・ ・ ・

図17-5 実験課題の回答例

行う参加者の人数は一定であることが望ましいが，難しい場合は多少ばらついてもよい。

参加者の人数を除き，2つの状況はできるだけ同じ条件に揃えられている必要がある。たとえば，一方の状況がもう一方の状況より騒がしかったり，著しく不快な環境であったり，実験者の人数や教示内容に差があったりしてはならない。「他者なし状況」でも「他者あり状況」でも，1人の実験者があらかじめ決められた教示を参加者に与える。実験者はどちらの状況でも参加者と同じ部屋の中にいるが，参加者が課題を行っている間は参加者の方に視線を向けず，視界に入らない場所で静かに作業の終了を待つ。実験者と参加者以外の人は，実験中は部屋の中には入らず，別室や廊下などで待機する。

(3) 課題の実施方法

実験者は，参加者を所定の場所に着席させ（Aグループは「他者なし状況」，Bグループは「他者あり状況」)，課題の説明を行う。どちらの状況でも課題および実験者の説明内容は変わらない。練習ブロックの用紙を配り，用紙の上部に印刷された図17-5のような実例を示しながら，「課題用紙には，1桁の数字が何行分も横に並べられています。『はじめ』と合図をしたら，第1行目の左端から右端に向けて隣り合った数字を順番に足していき，合計が2桁になったものは1の位の数字を，1桁のものはそのままの数字を，足し算をした数字の間に書き込んでください」と告げる。そして，「その行の計算がすべて完了したら次の行の左端に移り，実験者より『やめ』という合図があるまでそのまま計算を進めてください。また，間違った数字を書き込んだ場合は，直さずにそのまま続けてください」と指示する。

課題についての説明が終了したところで，「できるだけ速く，正確に行ってください」と教示して，練習ブロックを40秒間行う（時間はストップウォッチを使用して正確に測る)。そして，参加者が課題のやり方について理解したことを確認した上で，練習用紙を回収し，本番の前半ブロックの課題用紙を配って3分間実施する。

そのあと，振り返りシート（前半ブロック用）を参加者に渡し，課題を遂行しているときの自分の気持ちを回答するように求める。課題用紙と振り返りシートは実験者が回収し管理する（封筒などに入れておく)。2つのグループの学生全員が参加者として前半ブロックを終えたところで，後半ブロックに進む。

後半ブロックでは2つのグループで状況を交代し（Aグループは「他者あり状況」，Bグループは「他者なし状況」)，実験者は参加者を所定の席に座らせる。課題のやり方について確認した後，本番の後半ブロックを3分間実施する。課題終了後，振り返りシート（後半ブロック用）を渡し記入を求める。前半同様，課題用紙と振り返りシートは実験者が回収し管理する。2つのグループの学生全員が参加者として後半ブロックを終えたところで，実験は終了と

表17-1　個人集計用紙の例

グループ（ A・B ） ID番号（　　　） 性別（男・女） 年齢（　　）歳							
実験状況	遂行量	正答数	誤等数	質問①	質問②	質問③	質問④
他者なし							
他者あり							

表17-2　全体集計用紙の例

他者なし状況								
グループ	ID番号	遂行量	正答数	誤答数	質問①	質問②	質問③	質問④
A	1							
⋮	⋮							
B	n							
平均								
標準偏差								

他者あり状況								
グループ	ID番号	遂行量	正答数	誤答数	質問①	質問②	質問③	質問④
A	1							
⋮	⋮							

なる。

3．結果の整理と分析

3.1　整理とグラフの作成

各参加者は，２つのブロックがすべて終了した後で，自分の記入済みの課題用紙と振り返りシートを実験者から受け取る。その後，本番課題における計算結果の正誤を確認し，正答には○，誤答には×を付ける。そして，○の総数を「正答数」，×の総数を「誤答数」，○と×の総数を「遂行量」とし，個人集計用紙（表17-1，*サポートサイトから入手可能*）に記入する。また，振り返りシートの①～④の項目の数値についてもあわせて記入する（○を付けた選択肢の数字をそのまま転記する）。Aグループでは前半ブロックが「他者なし状況」，後半ブロックが「他者あり状況」，Bグループでは前半ブロックが「他者あり状況」，後半ブロックが「他者なし状況」にそれぞれ対応する点に注意する。

続いて，全体集計用紙（表17-2，*サポートサイトから入手可能*）に個人集計用紙の結果をすべて転記し，状況（他者なし・他者あり）別に全参加者の平均と標準偏差を算出する。

全体での集計結果をもとに，遂行量，正答数，誤答数，質問①～④の各得点について，「他者なし状況」と「他者あり状況」の平均の違いが把握できるような棒グラフを作成する。

3.2　統計的検定を含む分析

実験状況の違い（他者なし・他者あり）を独立変数に，遂行量，正答数，誤答数，質問①～④の各得点をそれぞれ従属変数にして，対応のある t 検定を行う。帰無仮説はいずれも，「２つの状況の平均は等しい」である。

4．考察のポイント

4.1　他者の有無が課題遂行の量と質に及ぼす影響

課題遂行の「量」に関する指標である遂行量と，課題遂行の「質」に関する指標である正答数と誤答数について，「他者なし状況」と「他者あり状況」で違いが見られたかを確認する。そして，違いが見られた理由（あるいは見られなかった理由）について，自分なりに考える。

理由を考えるとき，振り返りシートのデータ（質問①～④の結果や，自由記述の内容）を参考にするとよい。たとえば，「他者あり状況」に比べて「他者なし状況」では課題の遂行量が少なく，「質問②：頑張ろうと思った」の平均が低かったとする。この場合，周りに人がいない「他者なし状況」では真剣に課題に取り組む気が起きず，その結果，課題の遂行量が減ったのではないかという推測が成り立つかもしれない。そして，そこからさらに，「他者なし状況」で真剣に取り組む気が起きなかった理由について考察を深めることもできるだろう。このように，質問①～④の得点や，自由記述の内容をよく吟味して，実験で得られた課題遂行の結果を整合的に説明できる解釈を自分なりに考えてほしい。また，次の「解説」で，動因理論という考え方に基づいて結果を解釈する方法を説明しているので，レポートをまとめる際はそれをふまえたものにできるとよい。

◇解　説◇

1．他者が存在することの意味：社会的動物としての人間

社会心理学では，人の気持ちや行動は，個人の特性とその場の状況（環境）の相互作用によって決まると考えられている。そのため，個人の特性に加え，その場の状況が私たちの行動に及ぼす影響を解明することは重要な研究課題となっている。私たちの行動に影響を与える状況は多種多様であり，天気が良いと人生に対する満足感が高まったり，気温が高くなると他者に対して攻撃的になったりするなど，周りの自然環境の影響も大きい。

しかし，人の気持ちや行動を考える上で，周りの対人環境（他者の存在）は特に大きな影響力をもっている。人は，他の同種の個体と協力して大規模な群れ（社会）を形成し，その中で暮らす社会的動物である。そのため，社会の中で生きることは人にとって本質的な問題であり，社会を構成している同種の個体（他者）のことを常に意識せざるをえない。私たちにとって，同種の個体（他者）は特別な存在であり，そのような他者が存在する状況では，自分１人のときとは異なる心理状態や行動が生じやすい。

そこで以下では，自分の周りに他者が存在することで，私たちの行動にどのような影響が生じるのか，そしてそれはなぜなのかという問題について，関連する研究結果を参考にしながら考えてみたい。

2．他者がそばにいると何が起こるか：社会的促進という現象

今回の実験を行う前に，あなたは，「他者なし状況」と「他者あり状況」で，作業能率に違いが出ると予測しただろうか。また，違いが出るとすれば，どちらの状況で作業能率がより高くなると考えただろうか。

社会心理学の分野でこれまでに行われてきた研究では，自分１人で行うときよりも周囲に誰かがいるときの方が，個人で行う作業の能率が上がるという現象が数多く報告されている。そのため，表計算ソフトに機械的にデータを入力するような場合には，そばに人がいる共用スペースなどで行うほうが，自室に籠って１人で行うよりも，作業が早く終わるかもしれない。このように，そばに他者が存在することによって個人の遂行量が増加する現象を，フロイド・オールポート（Allport, 1924[3]）は「社会的促進（social facilitation）」と名づけた。

この社会的促進に関する研究は非常に古くから行われており，社会心理学の最初の実験としてしばしば紹介されるトリプレット（Triplett, 1898）の研究にまでさかのぼることができる。トリプレットは，自転車競技の記録を調べる中で，１人で走るより，並走する競争相手やペースメーカーがいるときの方が選手の成績がよいという現象に気づき，この問題についてさらに検討するために１つの実験を考案した。まず，トリプレットは，釣り竿とリールを２つ

[3] 「実習の前に」の社会心理学の定義で出てきたゴードン・オールポートの兄で，実験社会心理学の父とされる。ゴードン・オールポートはパーソナリティおよび態度の研究で著名である。

組み合わせた器具を用意し，自分だけでリールに釣り糸を巻き取る状況と，自分のそばで他者が同じ作業をしているところで，自分も並行して糸を巻き取る状況を設定した。そして，２つの状況間で糸の巻き取りのスピードを比較した結果，他者がそばにいたときの方がリールに巻き取るスピードが速くなることが示された。この実験の状況を本章の実験に対応させるなら，自分だけで釣り糸を巻き取る状況が「他者なし状況」，他者が同じ作業をしているところで釣り糸を巻き取る状況が「他者あり状況」に相当するだろう。

このトリプレットの実験以降も，社会的促進に関する研究は数多く行われてきたが，そばに他者が存在するときの個人の遂行量と，自分１人のときの個人の遂行量を比較することによって，他者の存在が個人に及ぼす影響を検討するという基本スタイルはそのままの形で継承されている。また，今回実施した実験のように，他者がそばで同一の課題を並行して行っている状況（共行為状況）だけでなく，単なる傍観者として存在している状況（観察者状況）においても，同じく社会的促進が見られることが，その後の研究により明らかにされている。

ちなみに，自分のそばに他者が存在することで社会的促進がみられるという現象は，人以外の動物でもしばしば報告されており，その点も興味深い。たとえば，イヌ，ニワトリ，ネズミ，アルマジロ，カエルなどは，自分と同種の個体がそばで餌を食べているときの方がより多くの餌を食べる（Gilovich, Keltner, & Nisbett, 2011）。同様に，他の個体がそばで同じ作業をしているときの方がアリは大きな巣穴を作り，ハエはたくさん羽づくろいする。自分のそばに自分と同種の個体（他者）がいるという状況は，多くの動物にとって特別な意味をもっている。

３．「社会的促進」が起こるとき，起こらないとき：動因理論による説明

社会的促進は，人に限らずさまざまな動物においても生じる，非常に普遍的な現象である。しかし，この分野の研究が盛んになるにつれ，１人で作業を行ったときより，そばに他者が存在するときの方がむしろ遂行が低くなるという「社会的抑制（social inhibition）」という現象もしばしば報告されるようになった。このように結果が一貫しないことから，社会的促進に関する研究は1930年代後半頃より一時期下火になる。

しかし，1965年に，ザイアンス（Zajonc, 1965）が，ハル（Hull, C. L.）とその弟子スペンス（Spence, K. W.）によって提案された学習理論を援用することで，促進と抑制という相反する現象が生じるメカニズムを体系的に説明したことから，再びこの分野に注目が集まった。

ザイアンスが援用したハル—スペンスの学習理論は，個人の「生理的喚起（心拍数，呼吸数，血圧の上昇など）」や「動因（やる気の源となる欲求）」の水準が高まるほど，日頃の反応傾向がより強調される結果になるというものである。この説によると，喚起水準や動因水準が高まると，単純な課題や慣れている課題では，普段優勢な反応である「正反応（適切な反応）」が増えることが予想される。一方，同様に喚起水準や動因水準が高まっても，複雑な課題や慣れていない課題では，普段現れやすい「誤反応（不適切な反応）」が増えることになる。このような基礎的知見をふまえ，ザイアンスは，自分のそばに他者が存在すると，それだけで個人の喚起水準および動因水準は上昇し，その結果，単純な課題や慣れている課題では正反応が増えて「社会的促進」が生じ，複雑な課題や慣れていない課題では誤反応が増えて「社会的抑制」が生じるとした（図17-6）。

このザイアンスによる説明を，身近な事柄に当てはめて考えてみよう。たとえば，スマートフォンなどのモバイル機器を使って文字を打つことに慣れているＡさんに，講義の感想をその場で打ってメールで送ってほしいと頼んだとする。この場合，Ａさんは，ほとんど間違えることなく作業を行える状態にある。そのため，１人だけで感想を打つよりも，同じように感想を打っている人が周りにいるときの方が，喚起水準が上昇する分，作業は速く正確に進むと予想される。これが社会的促進である。一方，スマートフォンを買ったばかりのＢさんや，新しい機種に変更したばかりのＣさんに，講義の感想をその場で打ってメールで送ってほしいと頼んだとする。この場合，ＢさんやＣさんは，元々間違いを犯しやすい状態にある。そのような状態にあるときに，周囲に人がいると，喚起水準が上昇する分，１人のときよりさらに間違いが増えて時間がかかると予想される。これが社会的抑制である。つまり，その課題に対する個人の習熟度が，社会的促進が生じるか，社会的抑制が生じるかを決めるポイントだと言える。

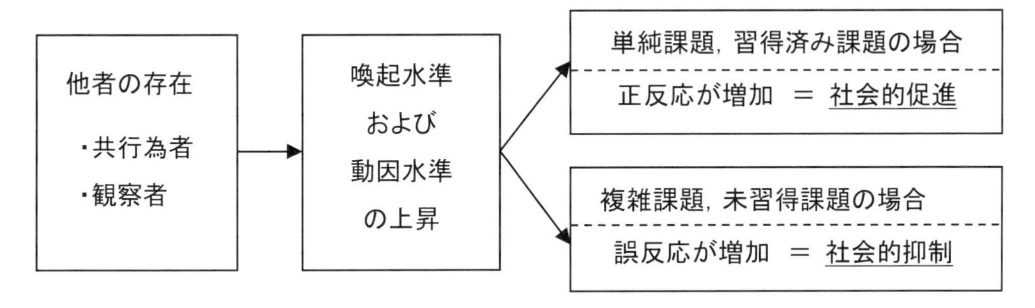

図17-6　ザイアンスの動因理論の概略

このザイアンスによる説明は，動因理論と呼ばれ，多くの研究によってその妥当性が支持されている。たとえば，単純な迷路課題（選択肢が２つ）を行っている状況では，同じ課題を行っている他者がそばにいるときの方が，他者がそばにいないときより誤答数が少なく，複雑な迷路課題（選択肢が４つ）を行っている状況では，逆に，他者がそばにいるときの方が他者がそばにいないときより誤答数が多かった（Hunt & Hillery, 1973）。

このような促進・抑制現象は，私たちが日常生活の中で行っている，より一般的な作業においても見られることがわかっている。たとえば，衣服の着脱を課題に用いた実験では，自分がいつも履いている靴の着脱（慣れている単純課題）は，そばに他者がいるときの方が，１人のときよりも迅速に実行できるが，初めて渡された衣服の着脱（慣れていない複雑課題）では，そばに他者がいるときの方が，１人のときより着替えるのに時間がかかった（Markus, 1978）。また，ビリヤード場で行われた実験では，もともとビリヤードが上手な人（課題に慣れている人）は，そばで他者が見ているときの方が，見ていないときよりも成績が良く，もともと下手な人（課題に慣れていない人）は，その逆だった（Michaels, Blommel, Brocato, Linkous, & Rowe, 1982）。

なお，動因理論によるこのような説明は，人以外の動物（たとえば，ゴキブリ）の行動にも適用できる。単純な迷路課題の場合，ゴキブリは，そばに他のゴキブリがいる（あるいは，透明な囲みの外から他のゴキブリがこちらを見ている）ときのほうが早く出口にたどり着けるが，複雑な迷路課題の場合は，１匹だけで挑戦したときのほうが，短時間のうちに出口までたどり着くことができた（Zajonc, Heingartner, & Herman, 1969）。

４．今回の実験結果を動因理論に基づいて解釈する

本章では，実験課題に「単純課題」（１桁の数字を足し合わせる加算作業）を用いている。そのため，動因理論に基づけば，社会的促進が見られると予測される。しかし，振り返りシートの「質問④：課題が難しかった」に対して，４か５の選択肢を選んでいる参加者は，この課題を「複雑課題」として捉えている可能性がある。そのため，その参加者のデータは除いた上で結果を再整理することが望ましい。

その上で，今回の実験において，動因理論からの予測と一致した結果が得られたかを確認してみよう。動因理論では，他者がそばにいると喚起水準および動因水準の上昇が生じ，その結果，単純課題では社会的促進が起こると仮定している。そのため，今回の実験では，「他者なし状況」よりも「他者あり状況」において作業能率がよく，喚起水準や動因水準も高くなると予測される。作業能率については，実験課題の遂行量，正反応，誤反応を，喚起水準については，振り返りシートの「質問①：緊張してドキドキした」の得点を，動因水準については，「質問②：頑張ろうと思った」の得点を，「他者なし状況」と「他者あり状況」でそれぞれ比較してみるとよい。そして，今回の実験で，動因理論からの予測と一致した結果が見られたか，見られなかった場合はどのような原因が考えられるかについて，振り返りシートの自由記述の内容なども参考にしながら改めて考察を行う。ただし，人は，自分の身体に生じている生理的な変化や，自分の心の動きを明確に意識できていない場合も多いので，解釈を行う際にはその点

を考慮する。

なお，振り返りシートの「質問③：他の人から見られている気がした」は，自分の行動が他者から注目され，評価されているのではないかという「評価懸念」に関連した項目である。これまでの研究から，「他者あり状況」では，「他者なし状況」に比べて評価懸念を感じやすく，その結果，個人の喚起水準や動因水準がより一層高まることが示されている。そのため，質問③についても，「他者あり状況」の方が「他者なし状況」より得点が高いかどうかを調べ，考察に生かすとよい。

5．より深く学ぶために：推薦図書

社会的促進および抑制の研究は，社会心理学の概論書の中でもしばしば取り上げられる代表的なトピックだが，より詳しく学びたい場合は，末永・安藤・大島（1981）のレビュー（これまでの研究を総覧して論評したもの）が参考になる。また，社会的促進の研究を含む対人的影響の研究を幅広くまとめたものとしては，今井（2006，2010）などが非常にわかりやすくお薦めである。なお，釘原（2013）は，グループ内で共同して１つの課題を行う場合に生じる「社会的手抜き」という現象と比較しながら，本章で紹介した社会的促進という現象を解説しており，人が他者から受ける影響をより多面的にとらえようとしたときの助けとなる。

6．補足（主に教員向けの解説）

6.1　授業構成の目安

本章の実験部分は４～５人程度の小グループで行えば60分程度で終了するため，社会的促進現象の体験を主目的とする場合は，90分授業１コマでも実施可能である。ただし，動因理論について解説を行い，それを踏まえた上で考察を行うことを求める場合は，２コマ必要になる。

実習では，学生が実験のスケジュールと状況設定をしっかり理解して実験を行うことが大切である。教員は，実験を行う前に，実験のスケジュールと注意事項を記した用紙（*サンプルがサポートサイトにある*）を学生全員に配布し，課題の実施順序および実験者の役割をよく確認させてほしい。

なお，本章では，社会的促進現象に関する学生の理解を深めるために，学生が，「他者なし状況」と「他者あり状況」の両方を経験できる参加者内計画の実験を紹介した。しかし，学生の総数が30～40人以上いて，実験時間を短縮したい場合には，学生を「他者なし状況」と「他者あり状況」のどちらか一方のみにランダムに割り当てる参加者間計画での実施も考えられる。

6.2　発展的な実習

時間と場所に余裕がある場合は，単純課題に加えて複雑課題も実施し，単純課題では社会的促進，複雑課題では社会的抑制が見られるかどうかを検討してもよい。複雑課題には，現在の単純課題をより難しくしたものを用いる（たとえば，文字を数字に変換してから加算課題を行わせるなど。*サポートサイトにサンプルがある*）。２つの要因（実験状況の違い，課題の複雑さの違い）を参加者内要因にするか参加者間要因にするかでいくつかの選択肢が考えられるが，一方のみを参加者間要因にする場合は，課題の複雑さの違いの方を選ぶとよい。本章の単純課題の結果に，別の参加者で行った複雑課題の結果が追加される形になる。

さらに，日常的な場面で自然に生じる社会的促進現象を観察するという自習課題を課すことも考えられる（たとえば，図書館で本を読むときのペースが，そばに他者が座っているときとそうでないときで異なるかについて記録をとるなど）。

◆引用文献

Allport, F. H.（1924）. *Social psychology*. Boston: Houghton Miilin.
Allport, G. W.（1954）. The historical background of modern social psychology. In G. Lindzey（Ed.）, *Handbook of social psychology*. Vol.1. Cambridge, Mass: Addison-Wesley. pp. 3-56.
Gilovich, T., Keltner, D., & Nisbett, R. E.（2011）. *Social psychology*. 2nd ed. New York: W. W. Norton.
Hunt, P. J., & Hillery, J. M.（1973）. Social facilitation in a coactions setting: An examination of the effects over learning trials. *Journal of Experimental Social Psychology*, **9**, 563-571.
今井芳昭（2006）．依頼と説得の心理学　サイエンス社
今井芳昭（2010）．影響力――その効果と威力――　光文社（光文社新書）
釘原直樹（2013）．人はなぜ集団になると怠けるのか――「社会的手抜き」の心理学――　中央公論新社

（中公新書）
Markus, H.（1978）. The effect of mere presence on social facilitation: An unobtrusive test. *Journal of Experimental Social Psychology*, **14**, 389-397.
Micheals, J. W., Blommel, J. M., Brocato, R. M., Linkous, R. A., & Rowe, J. S.（1982）. Social facilitation and inhibition in a natural setting. *Replications in Social Psychology*, **2**, 21-24.
日本・精神技術研究所（編）（1973）．内田クレペリン精神検査・基礎テキスト　日本・精神技術研究所
末永俊郎・安藤清志・大島　尚（1981）．社会的促進の研究——歴史・現状・展望——　心理学評論，**24**, 423-457.
Triplett, N.（1898）. The dynamogenic factors in pacemaking and competition. *American Journal of Psychology*, **9**, 507-533.
Zajonc, R. B.（1965）. Social facilitation. *Science*, **149**, 269-274.
Zajonc, R. B., Heingartner, A., & Herman, E. M.（1969）. Social enhancement and impairment of performance in the cockroach. *Journal of Personality and Social Psychology*, **13**, 83-92.

第2部

調査，観察，テスト

18章

質問紙法の基礎

心を測るものさしを作る

◇実習の前に◇

1．質問紙によって心を測る

「心理学はおもしろいですか？」「心理学はむずかしいですか？」「心理学の勉強を１週間に何時間していますか？」—心のうちで思っていることや普段の行動について知りたければ，「本人に直接質問して回答を得る」というのは，シンプルでわかりやすい手続きである。

人間の心理状態や行動傾向を調べるための技法の１つである質問紙法（questionnaire method）は，こうした質問・回答の手続きに一定の形式を与えて洗練させたものである。質問紙法はいわゆるアンケートのようなもので，回答者は質問に対して，あらかじめ設定された選択肢から答えたり，文章（自由記述）で答えたりする。

質問紙法の中でも典型的なものは，人間の心理に関わることを多数の短文（質問）に対する回答を用いて測定するものである。たとえば，図18-1に示したような形式（評定尺度法）で質問に対して回答（評定）してもらうことで，回答者の心理的特徴に関する情報が得られる。質問紙を構成する１つひとつの質問は項目と呼ばれる。

質問紙は本書のほかの章の実習でも用いられている。22章では質問紙法のパーソナリティテストを取り上げているし，24章の神経心理学的テストの一部も質問紙法による。これらのテスト（検査）では，多数の質問への回答を総合することで，パーソナリティや行動傾向のような特性（構成概念）を数値化する。このようなテスト類は質問紙法の代表的なものだが，ほかにもさまざまな心の特性に焦点を当てた質問紙が作られ，調査や実験を支える道具として用いられている。

本章では，人間の心に関わることをできるだけ正確に測定するための「ものさし」としての尺度（scale）を作成する手続きを中心に，質問紙法の基礎を学ぶ。正確に測定するには，測定値が安定していて（信頼性があって），測りたいものが測れてい

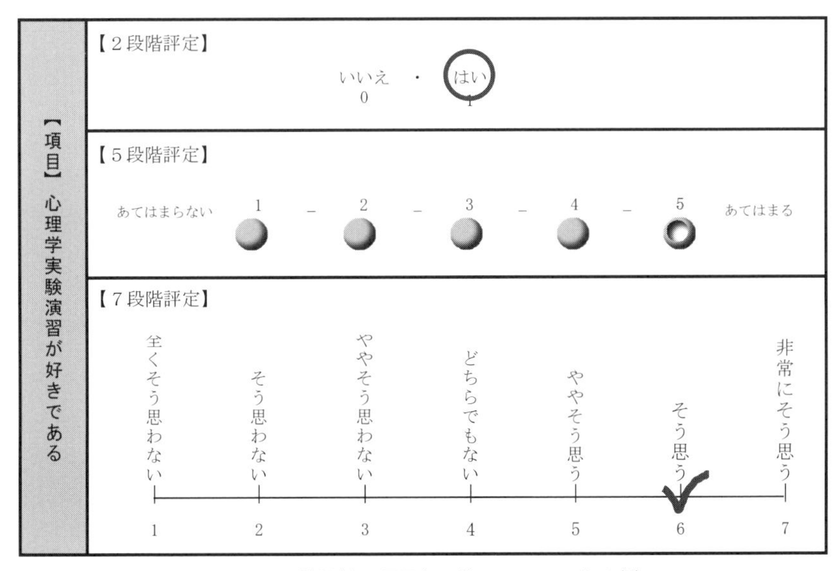

図18-1　質問紙の項目と回答フォーマットの例

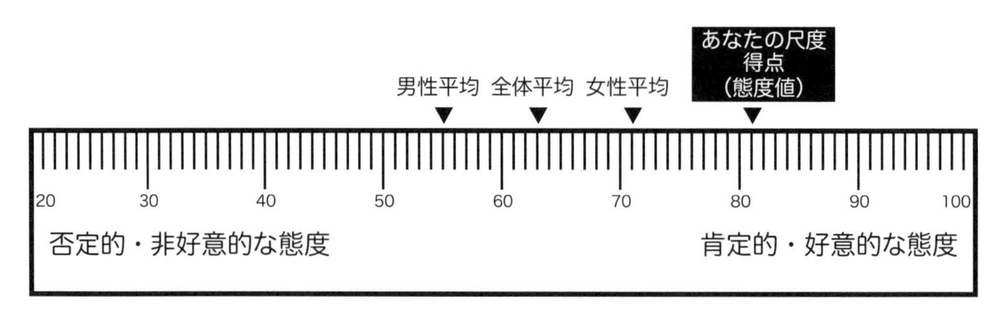

「日常生活における環境保護活動」についての態度尺度の例（仮想例，５段階評定20項目の場合）

図18-2　心を測るものさしのイメージ

る（妥当性がある）ことが必要である。本章の学習を通して，この信頼性と妥当性について，十分に理解することが求められる（コラム６を参照）。

2．測定対象としての態度

実習で作成する質問紙の測定対象は，心理学的な内容で適当に設定できれば自由に考えてよいのだが，これ以降，具体的な設定として，社会的な事柄や出来事に対する態度を測る尺度（態度尺度）の作成を例として説明する。これは，本節と次節で説明するように，態度の測定が質問紙法の仕組みとなじみやすいためである。

心理学用語としての態度（attitude）とは，さまざまな対象（人やもの，事柄など）に対して個人がもつ一般的な評価（見解，感情，価値観など）のことをいう[1]。たとえば，「学生結婚」や「民主主義」，「環境問題」などの事柄について私たちはそれぞれ個人的な評価をもっている。このような心の持ち方を態度という。態度は，状況によらずある程度一貫して人間の行動を規定すると考えられるので，態度を理解することは重要かつ有用である。

態度という語は，日常的な用法（「態度がよい」「しっかりした態度」など）では，動作や顔の表情，礼儀作法や言葉づかいなど，通常，外に表れた行動を意味するが，心理学用語としての態度は基本的に心の内面の状態を指すことに注意してほしい。外的な行動を規定する要因として，内的な態度を想定するのである。したがって，態度は基本的に外から見えない。この態度という目に見えないものを数値として可視化する道具として，質問紙は有効性が高い。

心理学では，内面的なものである態度を言葉で表現したものを「意見」と呼ぶ。「学生同士で結婚することに好感がもてない」，「成人した学生が結婚するかどうかは当人たちで決めればよい」というのは意見である。態度の質問紙では，この意見を質問項目として多数用意し，それらへの回答（「そう思う」「そう思わない」など）を通して，態度を測定しようとする[2]。回答は尺度全体として合計されて，回答者の「プラス（肯定的・好意的）－マイナス（否定的・非好意的）」の相対的な位置づけが可能になる[3]。

3．心理尺度における１次元性

本章では，特定の社会的事柄に対する態度を測定する１次元性の高い尺度（１次元的尺度）を作成する。測定内容が１次元であれば，図18-2のように，個人や集団の位置を，１本の直線的なものさしの上の値の大小として表現することができる。１次元性（unidimensionality）とは，尺度を構成する各質問項目がそれぞれ類似性をもっていて，まとまっている程度のことである。内的整合性，内部一貫性，等

[1] 態度の対象は，狭義には（あるいは典型的には）社会的な現象であるが，広義には物理的な現象・性質全般も含めるので，「社会的態度」と説明的に述べることがある（本章で扱う態度は社会的態度である）。また態度はパーソナリティと重なる部分があるが，態度においては特定の対象を想定する点が特徴的である。

[2] 態度尺度では基本的には，「内的な意見」を質問項目とするのだが，行動について尋ねる質問を用いることもある。行動から逆算して態度を推測しうるという考え方はありうるし，そもそも行動を態度に含める立場もある。

[3] このような程度をたずねる多数の質問への回答を合計することで尺度得点を求める方法を，開発者の名前にちなんでリッカート法（Likert scaling，評定加算法）と呼ぶことがある。

質性などと呼ばれることもあり，信頼性（測定結果が安定していること）の重要な部分を構成する。

本章で測定しようとする態度は，対象に対する「プラス（肯定的・好意的）－マイナス（否定的・非好意的）」という観点をとることで，1次元的な把握になじみやすい。「学生結婚」や「民主主義」に対する肯定度・否定度のようなものが想定できるのである。ここで重要なのは，態度のプラス・マイナスを自然に反映する（態度の目盛りとなるような）意見項目を多数集めることであり，そのような意見項目が十分に用意できるように態度の対象（テーマ）を設定することである。

たとえば，テーマが「ダイエット」という事柄だと内容が多面的であり，1次元的な態度尺度を構成するのは難しい。ダイエットには，医師の指示による病気治療のためのものもあれば，健常者の美容痩身のみを目的とした食事制限もあって，想定する対象によって態度が一貫しない可能性が高い。これは複数の次元が混在した状態であり，このまま1次元を想定した尺度作成をすると，「何を測定したいのか」があいまいで，不適切な尺度（信頼性や妥当性が低い尺度）になってしまう。そこで，「美容痩身を目的としたダイエット」などのように，ダイエットという社会的事柄のどの部分に対する態度を調べるかを明確にしなければならない。

質問紙を用いた実際の研究においては，複数の次元を扱うことが多い。たとえば，パーソナリティについて，今日，5次元（5因子）の構造を想定する議論が有力であり，それを測定する質問紙がいくつも作られている（22章参照）。しかし，そうした多次元の測定においても，各次元については1次元的になるように構成されている。本章では，多次元的尺度を含む尺度作成の基礎を学ぶために，1次元的尺度を1つ作る。

◇実　習◇

1．目　的

本実習では，1次元性をもった態度尺度を作成・実施し，得られた結果に関して考察を行う。以上を通して，心理尺度を用いた質問紙法の基礎を学習する。

2．方　法

2.1　実施形態

適当なサイズ（多すぎず少なすぎずの人数として7,8名程度が目安）のグループで実施する。グループのメンバーは，態度尺度を作成・実施する調査者であると同時に，自らも調査協力者として作成した態度尺度に回答する。グループごとに実習の進行係（1名）と記録係（2名程度）を決めると作業が進めやすい。

スケジュールとしては，「2.5　調査票の作成」までが実習の前半，「3．結果の整理と分析」が後半となる。「2.6　調査の実施」は，前半と後半の間の実習時間外に全員で分担して実施すると効率的である。

2.2　テーマの設定

まずグループごとに測定対象とするテーマを決める。テーマは，教員から与えられるかもしれないし，自分たちで決めるものであるかもしれない。後者で態度を測定する場合，どのような社会的事柄に対する態度を測定するか話し合う。設定するテーマは，実習生全員がある程度の知識と関心をもっている身近な事柄がよい。社会的な事柄といっても広範囲であるので，表18-1にあるような大きな分野をまず選び，次に，その分野から具体的なテーマを決めるようにすると進めやすいかもしれない（表18-1は例示なので，これに縛られることなく，自由にアイディアを出し合うとよい）。

テーマは，「態度の個人差」について調べられるように，さまざまな「意見」がありうるものを選ぶ。また調査対象者（性別や年齢層など）を具体的に想定して，実習生以外の調査協力者にとっても適切で回答可能なテーマを選択するようにする。

最終的にテーマは，調べたい内容に応じて適度に絞り込んだものにする。具体的には，「結婚」→「学生結婚」，「ダイエット」→「美容痩身を目的としたダイエット」，「環境問題」→「日常生活における環境保護活動」，「携帯電話使用」→「電車内での携帯電話使用」，「オリンピック」→「東京で2020年に開催されるオリンピック」といった具合である。抽象的で範囲が広すぎるテーマ（たとえば，「人生」，「恋愛」，「戦争」）や，逆に限定されすぎるテーマ（たとえば，「海洋汚染から珊瑚礁を守る環境保護活動」，「心理学実験実習の授業中におけるスマートフ

表18-1　社会的事柄の分野とテーマの例

分野	テーマ（具体的な社会的事柄）
政治	民主主義，裁判員制度，死刑，個人情報・秘密保護法，公共事業，領土問題，核武装
経済	市場原理，消費税増税，奨学金，クレジットカード，格差社会，クールジャパン戦略
社会	マスコミ，環境問題，ノーベル賞，飲酒運転，セクハラ，同性愛，いじめ，ゆとり教育
医療・健康	健康保険，がん告知，美容整形，マスク着用，潔癖性，生活習慣（飲酒・喫煙・運動）
芸術・スポーツ	美術・音楽，映画・文学・TV，世界遺産，伝統芸能・笑い，オリンピック，プロスポーツ
道徳・人生	結婚・離婚，友情，宗教，借金，ユニセフ，公共の場での飲食・喫煙・化粧・携帯電話使用
科学・生命倫理	宇宙旅行，ロボット・人工知能，原子力発電，動物実験，代理母，クローン人間，尊厳死
衣	ファッション，化粧，宝飾，ブランド志向，髪型，衣装（卒業式・成人式・結婚式）
食	料理，グルメ，食料自給率，ダイエット，食の安全（偽装・添加物・農薬・遺伝子組換）
住	都会・田舎暮らし，親との同居，シェアハウス，近所づきあい，街の緑化，海外移住
趣味・暮らし	旅行，ネットショッピング，歩きスマホ，SNS・ゲーム・アニメ，アルバイト，ギャンブル

表18-2　意見項目の選定の例（佐古・平田・Gifford, 2003より作成）

No.	肯定的/好意的な意見項目	選定結果
1	自然とふれあうのが好きだ	○
2	環境問題は国や国際機関の取り組みで解決できる	× 「日常生活における」というテーマにあわない
3	環境のために使われるのなら，消費税増税に賛成する	○
4	大学生が環境ボランティアに参加するのは，意味のないことではない ↓ 大学生が環境ボランティアに参加するのは，意味のあることだ	《修正ポイント》 二重否定文を通常の否定・肯定文に修正した例。 これにより，回答者が項目内容を読み間違えるのを防ぐことができる。
5	フェアトレード商品を応援したい ↓ 発展途上国に不利にならない公正な貿易（フェアトレード）による商品を応援したい	《修正ポイント》 専門用語や外来語を平易な言葉に修正した例。 これにより，回答者は内容を正しく理解した上で回答することができる。
:	:	:
18	野菜や果物のハウス栽培は，省エネルギーのために控えるべきだ	○
19	ゴミの減量を心掛けるなど，環境保護を意識した生活をするべきだ	○
20	大量生産・大量消費（廃棄）の生活は，もう時代遅れだ	○

No.	否定的/非好意的な意見	選定結果
1	環境保護団体は信用できない	○
2	環境保護活動を，法律で義務づけられるのは嫌だ	○
3	環境を害している会社の製品だとわかっていても，商品やブランドが好きならば購入する	○
4	電気・ガス・水を節約するつもりはない ↓ 地球環境を守るために，水使用の節約をするつもりはない	《修正ポイント》 ダブルバーレル質問を1つの内容にし，修飾を加えた例。 これにより，環境保護を目的とした節水だけに意味を限定した項目にすることができる。
5	自然環境の保護よりも経済的利益を優先する人もいる ↓ 自然環境の保護よりも経済的利益を優先してよいと思う	《修正ポイント》 一般的事実を個人的意見の項目に修正した例。 これにより，回答者はその意見に対する賛成/肯定・反対/否定の程度を回答することができる。
:	:	:
18	地球が温暖化しているかどうかはわからない	× 「日常生活における環境保護活動」とは隔たりのある内容である
19	環境保護活動に熱心な人と関わりたくない	○
20	環境に悪影響があっても，便利で快適な生活を続けたい	○

ォンの利用」）は，次の段階で適当な数・内容の項目が収集できないことがあるので注意する。

以下では，「日常生活における環境保護活動」を例として説明する。「日常生活における」と限定しているのは，国家や企業といったレベルではなく，身近で個人的な範囲を扱うという趣旨である。

2.3　項目の収集

具体的な項目を作成するため，テーマに関する「意見（態度を示す言語表現）」を全員で出し合う。自分自身の本当の意見でも，自分はそうは思わないがそのような考え方もあるだろうという意見でもよい（○○さんだったらどう思うだろう，といった想像をたくさん試してみるとよい）。「理論的な意見」と「感情的な意見」，「一般的な意見」と「個別的な意見」，「強い意見」と「弱い意見」などのように，対象のとらえ方を意識すると，項目のバラエティが広がる。新聞，テレビ，ウェブ，雑誌，書籍などからもテーマに関する情報収集を行う。

最初に各自で項目を用意する時間をとったのち，グループ全体で検討する。記録係は意見項目をホワイトボード，画用紙，プロジェクタなどを適宜用いて，実習生全員が見えるように書き出す。意見項目は，テーマに対して「肯定的・好意的な意見」と「否定的・非好意的な意見」に分類して，各20項目，合計40項目程度を収集する（表18-2参照）。

「肯定的・好意的な意見」と「否定的・非好意的な意見」とで，項目数がどちらかに偏った場合は，「賛成」を「反対」に，「好き」を「嫌い」に，「禁止（廃止）すべきだ」を「許可（推進）すべきだ」にするなど表現を逆にして項目数のバランスを調整する。テーマに対して，他の項目群と逆の方向の意味をもつ項目を「逆転項目」と呼ぶ（逆転項目については，3.1で詳しく説明する）。

内容がほとんど同じ項目がある場合は，理由を述べて話し合い，どの項目を採用するかを決める。「○○は重要である」，「○○は重要ではない」など意味は逆でも同じ内容の項目はどちらかを削除する。全く同じではないが内容が近すぎる項目が複数ある場合は，良いところを組み合わせて１つの項目にまとめてもよい。

意見項目を検討する際，原文は消去せず，赤字で加筆する，取り消し線で残した上で加筆する，など修正過程を保存するとよい。検討の結果，元の意見項目のほうが適切であればもとに戻すことができる。テーマ設定時と同様，個々の項目も調査対象者にとって適切で回答可能なものになるようにする。一般に最終的に採用できる項目数が多いほど尺度の信頼性が高くなるし，態度の内容について十分にカバーすることで尺度の妥当性が高くなる。そこで，この段階で良質な項目をできるだけ多く準備することが重要である。

2.4　項目の選択

候補に残った項目は，内容を再度，吟味し，表現を確認・改善して，適当なものを選定する（表18-2参照）。

内容については，以下の点を確かめる。

①項目がテーマと適切に対応している。

②調査対象者に適切である。

③回答が適当に散らばる（全員が同意または不同意せざるを得ない一般的事実を述べた文ではない）。

さらに質問紙では，ワーディング（言い回し）が非常に重要なので，以下の点に注意して表現の細部（語の選択や表記法を含む）まで十分に検討する。質問紙の項目は，わかりやすく紛らわしさがないものであることが必要である。

①構造が単純な短文（１つの文）である。

②難しい語（専門語や外来語に注意）や表現を含まない。

③多義的表現（２通り以上の意味に解釈できる表現）を含まない。

④二重否定文（例：勝利を願わないチームはない，生まれつき善人でない人はいない，など）でない。

⑤ダブルバーレル質問（二重質問，１つの項目に２つ以上の論点を含む）でない。

（たとえば，「環境税[1]や消費税[2]などの増税には反対だ」，「災害避難は自己責任[1]だが高齢者を優先すべきだ[2]」など，２つ以上の意見を含む項目は，「前者[1]には反対だが，後者[2]には賛成」などの場合に適切に回答できない）

⑥誘導的な尋ね方でない。

全項目について１つずつ，上記の基準をクリアしているかをグループの全員で話し合って確認し，採用する意見項目を決定する。この段階では，肯定・否定の意見項目から各15項目程度，合計30項目程度が残せるとよい。この段階で，項目数が少ないようであれば，新しい項目を収集・検討して追加することが望ましい。

2.5　調査票の作成

調査実施のため，フェイスシートと態度尺度からなる調査票を作成する。フェイスシートは，回答者に調査の説明を行い，個人属性などを記入してもらうための用紙（表紙）である。インフォームド・コンセント（説明に基づく同意）のための情報も必要に応じて記載する。全体として，回答者が自分自身のありのままの考え方，感じ方を自由に回答できるよう配慮する。

⑴　フェイスシートの作成（図18-3参照）

①　調査タイトル：調査にタイトルをつけ，文字サイズは大きくして記す。タイトルの表現がもつニュアンスが，回答に影響を与える場合があるので注意する。特に回答者が本当の態度ではなく「社会的望ましさ（一般常識とされる表向きの価値観）」に引きずられた回答をしてしまわないようにする。調査者である実習生は，回答の正誤を判定する必要はなく，ありのままを客観的・中立的に調べる測定者であることを意識するとよい。

a）適当な調査タイトルの例

「×××についての調査（ご協力のお願い）」

「×××に関する態度調査」

b）不適当な調査タイトルの例

「環境問題」についての調査
（ご協力のお願い）

20XX年X月
××大学××学部××学科
心理学実習 第Ⅰ班

わたしたちは，××学科の演習授業「心理学実習」の課題として，日常生活における「環境問題」についての意識調査を実施しています。
調査はすべて無記名式で，結果は一括して統計処理されるため，個別の回答が分析・公表されることは一切ありません。調査結果を研究目的以外に使用することはなく，調査票は，実習後に実習生が責任をもって廃棄します。
質問項目は全35項目，所要時間は20分程度です。ご協力をお願い致します。

（あなた自身について，当てはまる番号に○印をつけてください）

性　　別　：1．男　　2．女
年　　齢　：1．19歳以下　　2．20歳～29歳　　3．30歳～39歳
　　　　　：4．40歳～49歳　　5．50歳～59歳　　6．60歳以上
職　　業　：1．学生　　2．社会人
居住地域　：1．市街地　　2．住宅街
　　　　　　3．農村・山村　　4．工業地帯
居住形態　：1．一人暮らし　　2．自宅（家族と同居）
　　　　　　3．寮　　4．その他（　　　）

→つぎの頁にお進みください。

図18-3　フェイスシート の例

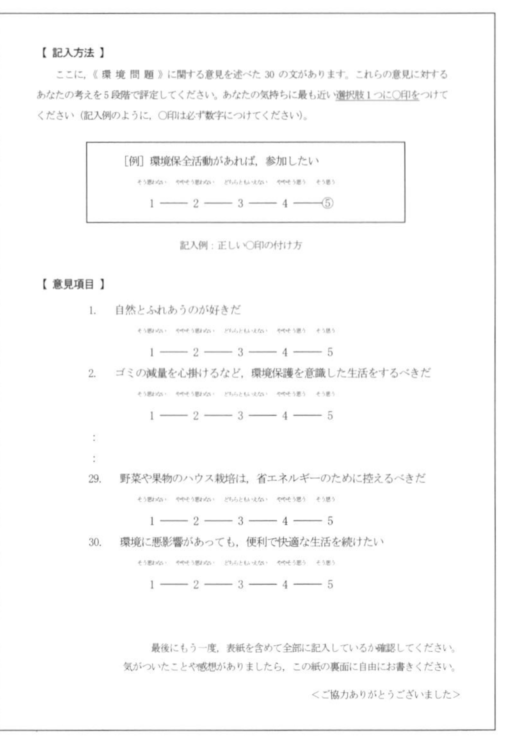

【 記入方法 】
ここに，《 環 境 問 題 》に関する意見を述べた 30 の文があります。これらの意見に対するあなたの考えを5段階で評定してください。あなたの気持ちに最も近い選択肢1つに○印をつけてください（記入例のように，○印は必ず数字につけてください）。

［例］環境保全活動があれば，参加したい
そう思わない　ややそう思わない　どちらともいえない　ややそう思う　そう思う
1 —— 2 —— 3 —— 4 ——⑤

記入例：正しい○印の付け方

【 意見項目 】
1.　自然とふれあうのが好きだ
そう思わない　ややそう思わない　どちらともいえない　ややそう思う　そう思う
1 —— 2 —— 3 —— 4 —— 5
2.　ゴミの減量を心掛けるなど，環境保護を意識した生活をするべきだ
そう思わない　ややそう思わない　どちらともいえない　ややそう思う　そう思う
1 —— 2 —— 3 —— 4 —— 5
：
：
29.　野菜や果物のハウス栽培は，省エネルギーのために控えるべきだ
そう思わない　ややそう思わない　どちらともいえない　ややそう思う　そう思う
1 —— 2 —— 3 —— 4 —— 5
30.　環境に悪影響があっても，便利で快適な生活を続けたい
そう思わない　ややそう思わない　どちらともいえない　ややそう思う　そう思う
1 —— 2 —— 3 —— 4 —— 5

最後にもう一度，表紙を含めて全部に記入しているか確認してください。
気がついたことや感想がありましたら，この紙の裏面に自由にお書きください。

＜ご協力ありがとうございました＞

図18-4　態度尺度のレイアウト例

「×××に対する差別・偏見を測定する態度尺度」
「あなたの×××への依存度調査」

② 調査の依頼：次の項目を参考に，調査の内容を説明して依頼する文章を作成する。倫理的観点から，これらの内容について必ず回答前に説明して同意を得る。

a）調査者の情報（所属，授業名，問い合せ先，など）
b）調査内容
c）調査目的（たとえば，心理学実験実習のため，心理学研究のため，など）
d）集計方法（記名・無記名，個人情報の保護，分析方法，結果の開示，謝礼の有無，など）
e）所要時間（項目数や回答時間の目安，たとえば，全35項目で所要時間は10分程度，など）

このような事前説明を行って同意を得るプロセス（インフォームド・コンセント）を設けることで，回答者は，調査が協力したくない内容である，全項目に回答する時間がない，などの場合，この段階で調査協力を断ることができる。

③ 回答者の個人属性：回答者の所属，学年，性別などの個人属性を尋ねる項目を設ける。また，出身地，家族・兄弟姉妹構成，趣味，部活動，アルバイト，生活様式，居住形態，資格，進路（職業）など，テーマとなる態度の個人差と関連がありそうな質問項目を用意する。回答は，選択肢数が2つ（男・女，成年・未成年，県内・県外，ある・ない，など）だと分析が簡易であるが，3つ以上でもよい。

回答は，該当項目に必ず1つ○印をつける強制選択式とする。記名式でも無記名式でもよいが，無記名式の場合は，回答者に説明の上，評定用紙に回答者が特定できる識別番号をつけておくと記入もれなどがあった場合に対応できる。記名・無記名に関わらず個人情報への配慮が必要だが，記名式の場合は特に気をつける。

(2) 態度尺度のレイアウト（図18-4）

① 意見項目：選定基準を満たして採用された意見項目で構成される態度尺度をレイアウトする。意見項目は，それぞれが否定的な項目なのか肯定的な

項目なのかが回答者にわからないようにランダムな順序で配置する。肯定・否定の区別は分析のときに必要になるので，別途記録しておく。

② 教示文：「ここに，×××に関する意見を述べた30項目の文章があります。これらを読んで，あなたの考え方に近い選択肢を必ず１つ選んで○印をつけてください。数字の中間や余白に○印をつけた場合は無効回答となります」のように記述する。できれば，実施時に口頭でも読み上げる。「正しい○印のつけ方」の見本を記載するとよい。

③ 回答方式：５段階（５件法，たとえば，当てはまる，やや当てはまる，どちらともいえない，やや当てはまらない，当てはまらない），７段階（７件法，例えば，非常に賛成，賛成，やや賛成，どちらともいえない，やや反対，反対，非常に反対）などとする。ここでは広く使われている５段階とする。評定段階は，数が多くなるにつれて評定判断の難度が高くなるため，通常，７段階以内とする。

④ 尺度本体ではないが，尺度のあと（調査票の末尾）に，調査に関して気づいたことや感想を自由に記してもらうスペースを用意するとよい。

2.6 調査の実施

作成した調査票を用いて調査を実施する。

心理尺度を作成する際，回答者数は質問項目数の５～10倍程度が望ましいとされるが，この実習では100名程度（最少で30名程度）の回答が得られればよいだろう。

実習生自身が回答者となるだけでなく，分担して実習生以外のデータを収集できるとよい。テーマの内容やフェイスシートに設けた項目を参考に，性別や年齢など回答者の個人属性が偏らないように配慮する。

３．結果の整理と分析

3.1 回答の数値化

実施回収した調査票には連番をつける。回答態度に明らかに問題があるケース（全部３で回答，１・２・３・４・５・４・３・２・１……などと回答）があれば除く。結果を集計するため，回答を数値（得点）に置き換えて，集計表（表18-3）に記入する。パソコンの表計算ソフトを利用すると，結果を整理しやすい。集計表は，列（縦方向）を属性と意見項目（Q1～30），行（横方向）を回答者（#1～）とする。

本章の実習では５段階で回答を求めたので，５段階の選択肢にそれぞれに「そう思う＝５」「ややそう思う＝４」「どちらともいえない＝３」「ややそう思わない＝２」「そう思わない＝１」というように数値を割り当てる。

数値化にあたっては逆転項目の処理に注意する必要がある。「肯定的・好意的な項目」と「否定的・非好意的な項目」では態度の方向が反対になっている。たとえば，「環境保全活動があれば参加したい」に対して「環境保全活動があっても参加したくない」は，反対の意味をもつ逆転項目であり，後者の「そう思う」は前者の「そう思わない」に相当する。そこで，「否定的・非好意的」な項目（逆転項目）については，「そう思う＝１」「ややそう思う＝２」「どちらともいえない＝３」「ややそう思わない＝４」「そう思わない＝５」のように数値の大小を逆に割り当てる。

3.2 項目の得点分布の算出

各項目について，得点の平均（＝得点合計÷回答者人数），標準偏差，度数分布を求めて一覧表にする（表18-4）。一部の選択肢に極端に偏っている項目については，尺度から削除したほうがよい可能性がある。

3.3 個人の尺度得点の算出

逆転項目の処理を行ったデータを用いて（3.2で必要があれば，一部の項目を除いて），回答者１人ひとりの尺度得点（態度値）を算出する。各回答者が選んだ選択肢の（逆転項目処理後の）数値を全項目分そのまま合計したものが個人の尺度得点となる（表18-3の右端）。

尺度得点の高い回答者はテーマに対して肯定的・好意的な態度をもち，尺度得点の低い回答者は否定的・非好意的な態度をもっていることを意味する。５段階評定30項目の態度尺度であれば，尺度得点は，最も否定的な30（＝数値１×30項目）から，最も肯定的な150（＝数値５×30項目）のあいだに収まる。

3.4 項目分析：G-P 分析

項目分析は，各項目が尺度の一部分として適切なものであるかを統計的に検討する手続きである。この手続きにより，態度尺度の１次元性に関して調べることができる。ここでは項目分析のうち初歩的なものとして，G－P分析（good-poor analysis，上位－下位分析）を行う。

G-P 分析では，尺度得点の高低（上位－下位）

表18-3　態度尺度の個人の結果を整理するための表の例

ID/Q	性別	年齢	運転免許	居住地域	居住形態	Q1	Q2	Q3 (R)	Q4	Q5 (R)	Q6	Q7	Q8	Q9 (R)	Q10	…	Q24	Q25 (R)	Q26	Q27	Q28	Q29	Q30 (R)	態度値
#1	1	2	1	3	2	4	5	5	4	4	4	5	5	5	3	…	5	5	4	3	5	4	5	110
#2	1	2	1	4	2	1	1	2	1	3	2	1	1	1	2	…	1	2	1	1	3	1	2	48
#3	2	1	1	2	2	3	3	2	1	3	2	2	3	4	2	…	2	3	3	2	1	4	3	72
:	:	:	:	:	:	:	:	:	:	:	:	:	:	:	:	…	:	:	:	:	:	:	:	:
#99	2	3	2	3	1	5	5	3	5	4	5	5	3	3	4	…	3	5	5	5	4	3	3	124
#100	1	1	1	1	3	1	1	2	1	2	2	2	1	2	2	…	2	2	3	3	2	1	1	55

(R)：逆転項目，数値（仮想例）は逆転項目の処理後のもの

表18-4　項目ごとの回答分布の表の例

	平均	*SD*	度数分布（人）				
			そう思わない	ややそう思わない	どちらともいえない	ややそう思う	そう思う
Q1	2.8	1.5	26	27	9	21	17
Q2	3.7	1.2	1	2	23	67	7
Q3 (R)	4.1	1.5	0	0	14	58	28
:	:	:					
Q29	3.6	1.2	4	6	30	45	15
Q30 (R)	3.9	1.4	3	4	23	44	26

(R)：逆転項目，数値は仮想例

が項目得点の高低と整合的であるかどうかを調べる。「尺度得点が高い回答者の項目得点の平均」が「尺度得点が低い回答者の項目得点の平均」よりも明らかに高ければ，項目得点と尺度得点とがうまく対応していることになる。このように項目と尺度の測定内容が対応している程度を識別力（弁別力）と呼ぶ。識別力の高い項目は，尺度得点の高低（尺度が扱う特性上の個人差）を適切に識別してくれる望ましい項目である。G-P 分析では尺度得点の両端である上位群と下位群を取り出して両者の識別具合を調べる形になっている。

具体的には，以下の手続きで分析する。

①尺度得点の高い回答者25～27％を上位群，低い回答者25～27％を下位群とする。

②各項目について，上位群と下位群それぞれの尺度得点の平均と標準偏差を算出する。

③各項目について，２群の平均値の差（＝上位群の平均－下位群の平均）を算出する。

④２群の平均の差が，プラスだが小さい，あるいはゼロやマイナスの値となった項目は，尺度得点に対して識別力が低い（または不適当）と判断して削除の候補とする。「小さい差」というのは，５段階評定の場合は経験的に1.0以下が目安となるが，基準値の1.0は上下させることもある（「解説」の2.1を参照）。

⑤全項目について，上位群と下位群の平均と標準偏差，平均の差，採否の結果を表にまとめる（表18-5）。

⑥統計的検定を含む分析について，上位群と下位群の平均の差を統計的検定によって調べる場合は，④の基準の代わりに，上位群と下位群の平均の差について t 検定を行い，差が有意になったものを採用するという方法が使える。表18-5に列を追加して結果（t 値と，有意確率または有意水準）を記す。

3.5　尺度得点の基礎統計量の算出

項目分析が終わったら，項目分析で採用された項目のみを用いて，回答者１人ひとりの尺度得点を算出し直し，全体の平均と標準偏差を求める。ヒストグラムを描いてみるのもよい。

3.6　個人属性と尺度得点の関係

(1)　尺度得点の再計算と属性間の比較

フェイスシートで尋ねた回答者の個人属性によって，尺度得点に差があるかを検討する。性別（男

表18-5　G－P分析の表の例

	意　見　項　目	平均	*SD*	上位群(25人)		下位群(25人)		平均値の差(＝上位群−下位群)	採用/削除
				平均	*SD*	平均	*SD*		
Q1	自然とふれあうのが好きだ	2.8	1.5	3.0	1.7	2.1	1.4	0.9	×
Q2	ゴミの減量を心掛けるなど，環境保護を意識した生活をするべきだ	3.7	1.2	4.5	1.3	2.2	1.2	2.3	○
Q3	環境保護活動を，法律で義務づけられるのは嫌だ (R)	4.1	1.5	4.6	1.4	3.9	1.5	0.7	×
:	:	:	:	:	:	:	:	:	:
Q29	野菜や果物のハウス栽培は，省エネルギーのために控えるべきだ	3.6	1.2	4.8	0.7	1.2	0.6	3.6	○
Q30	環境に悪影響があっても，便利で快適な生活を続けたい (R)	3.9	1.4	4.4	1.5	3.0	1.3	1.4	○

(R)：逆転項目，数値（仮想例）は逆転項目の処理後のもの

性・女性)，年齢（成年・未成年）など，個人属性ごとに群を作り，各群の平均と標準偏差を求める。棒グラフや箱ひげ図を描くのもよい。

(2)　統計的検定を含む分析

2群の比較であれば t 検定を行う。3群以上の比較であれば分散分析を行い，属性によって平均に有意な差が認められた場合，多重比較を行い，どの群間に平均の差があるか特定する。

4．考察のポイント

本実習では，態度尺度の作成を通して，態度を測定する尺度の基本的な仕組み（一次元性，信頼性，妥当性）を理解することが重要である。「解説」も参照して基本を理解した上で，結果の検討を行うこと。

4.1　尺度の評価─項目の採否を中心に

削除する判断をした項目は，何らかの問題をもった項目である。項目の内容や言語表現（ワーディング）に注意して，各項目の不適切な点を考察する。たとえば，表18-5で，「自然とふれあうのが好きだ」が削除対象になっているのは，この項目が「日常生活における環境保護活動」というテーマに対して直接的でなく，いわば「ピンぼけ」の意見だったことによると考えられる。

一方，分析の結果，採用された項目に関しても，なぜ望ましい結果が得られたかを検討する。考察に先立って，項目を上位群と下位群の平均の差の大きさ順に並べ換えた表を作ると，採用・削除された項目の特徴が比較しやすい。

さらに，削除した項目が改善できないか，実施時には挙げられなかったが適当だと考えられる項目はないか，検討する。

4.2　尺度得点の分布と個人属性の影響

まず，全体の尺度得点の分布が適当なものだと言えるかを確かめる。また，個人属性とテーマに対する態度の間には，予想したような関連（平均の差の有無，差の程度）が見出せただろうか（あるいは，予想に反して関連はなかっただろうか）。これらの結果について考察を加える。

4.3　調査の全体的評価

テーマ設定，教示内容，調査票のレイアウト，調査協力者の設定と実施状況などについて，適切であったかどうか，改善の余地はないか，を考察する。調査票の末尾に自由記述欄を設けていた場合は，そこに書かれていたことも参考になるかもしれない。質問紙法の長所・短所についても検討できるとよい。

◇解　説◇

1．質問紙法の特徴

質問紙法は多くの長所をもっている。低コストで多様なデータを得ることができるというのは大きな強みである。

回答が比較的短時間で可能な上，実施形態の自由度が高く，多人数に同時に実施することができるし，郵送やインターネットによって回答を求めることもできる。得られる内容についても，態度やパーソナリティのような内面的なものから，個人属性や行動のような外面的なものまで幅広い情報をバランスよく収集できる。研究実施者の存在が与える影響が弱く，回答者を匿名にもできることから，個別的なことについても率直な回答が得やすい。本章で扱ったような評定尺度法であれば，数値的・統計的な分析も適用しやすい。

一方で，短所も多い。まず，回答状況を十分に統制することができなかったり（個別に依頼する場合，特にそうである），回答状況について細かい情報が得られなかったりする。また，回答は質問に対して内観に基づく自己報告を行うというものなので，回答が回答者の言語能力や自己認識力に影響されるし，回答が回答者による意識的，無意識的な歪曲を受けることもありうる。したがって，すべての人に実施できるわけではないし，本心や深層心理が十分にわかることも期待しにくい。さらに，回答率が低かったり，回答者が偏ったりして，データとしての適切性に問題が生じることもある。

以上のように質問紙法には，さまざまな長所，短所があることを理解した上で，有効に用いることが重要である。なお，長所にしても，「よい質問紙」を使うことが前提である。本章の実習の教訓の1つは，そもそも「よい質問紙」を作ることは難しいということである。「よい質問紙」を作るには，しかるべき技術と手間が必要である。実習に組み込んでいないことを1つ追加すると，「よい質問紙」を作るため，実際の研究では関連する先行研究を十分に調べることが必須である。「よき先例」（と「悪しき先例」）に学ぶことは欠かせない。

2．項目分析と一次元的尺度の作成

尺度作成に関して，実習では項目得点の分布確認とG-P分析について簡単に説明したが，他の手続きも含めて分析法の補足をする。可能であれば，こうした手続きを加えて，レポートをまとめることができるとよい[4]。

2.1　G-P分析と項目数・項目内容

実習では，項目分析のG-P分析で，尺度得点の高低群の平均差を「小さい」と判断する基準を「1.0」以下としたが，この基準値を「1.1」，「1.2」とより厳しく設定することで尺度の信頼性（1次元性）を高めることができる。しかし，基準を厳しくすると，採用できる項目数が少なくなりすぎたり，内容が類似した意見項目のみになってしまったりすることがある。基準値「1.0」で適切な数やバラエティの項目が確保できない場合は，「0.9」，「0.8」とゆるくする方向で調整する。

尺度の信頼性を高めるためには，項目の数を増やすことと項目の類似性（項目得点の相関）を高めることが有効である。項目を増やそうとすると識別力の低い項目も採用することになりがちだし，項目の類似性を高めようとすると項目数が少なくなりがちである。そこで実際には，「ほどほどに類似した項目を多めに採用する」ことで，適当な信頼性を達成することを目指す。

ほどほどに類似した項目を多めに採用するのは，妥当性という観点からも重要である。相関の高い項目であれば少数であっても数値上は信頼性が高い尺度が作れる[5]。しかし，テーマ（測定したい構成概念）の内容を十分に反映する妥当性の高い尺度にするためには，ある程度，幅広い内容の項目が必要であり，そうすると内容上の理由から項目数は多めに必要になるし，項目間の類似性・相関は弱まることになる。

実習では，ある程度幅広い内容を含みつつ信頼性の高い尺度を構成する調整過程を味わってもらいたい。特定対象についての1次元的な態度尺度であれ

[4] ここで説明する手続き以外にもさまざまな技法がある。1次元性を検証するために，主成分分析を用いて，第1主成分の寄与率が十分大きいかを確かめることは有用である。因子分析を適用して，複数の因子（次元）によって解釈する可能性を吟味するという方法もしばしば採られる。

[5] 繁桝・森・柳井（1999）では，「分散の等しい2つの項目で，その項目間の相関係数が2/3であれば，α係数が.8になる」という例を挙げて，尺度作成に内部一貫性（1次元性）と内容の広がりの両方が必要なことを説明している。

ば良質の項目が10前後採用できればよいだろう。なお，項目数が多すぎると健常な成人でも回答精度が低下する。10程度であれば，通常は問題とならないが，他の内容とあわせて質問紙を構成する場合には，実際の調査を想定して，回答者の負担にならない程度の項目数に絞り込む必要がある。

2.2　項目間の相関の観察

ほどほどに類似した項目を多めに採用するという目標を達成するために，素朴で基本的な手続きは項目得点の相関係数行列を観察することである。相関が高すぎたり（たとえば.7以上），見られなかったり（0に近かったりマイナスだったり）する項目対については，どうしてそうなっているのかを検討し，場合によっては一方を削除する判断をする。本来，項目の相関係数行列は項目分析の最初にチェックしておくことが望ましい。

2.3　I-T 分析

実習では項目分析に G-P 分析を用いたが，項目得点と尺度得点の相関係数を用いて各項目の識別力を検証することもできる。これは I-T 分析（item-total analysis，項目－全体得点分析）と呼ばれる手法で，項目得点の高低が全体としての尺度得点の高低と関連していることを直接的に確かめる。

たとえば，項目 Q1の識別力を調べる場合は，回答者全員で Q1の項目得点と尺度得点との相関係数を算出する。項目の識別力は，相関係数が0に近いほど低く，1に近いほど高い。相関係数がマイナス（負の相関）の場合は，作成者の意図と回答者の理解が逆転した項目である。尺度得点には当該項目の数値も含まれるので，「尺度得点－ Q1の項目得点」のようにして，当該項目の分を除いた値を用いて相関を求めると，分析としては適切性が高まる。

3．信頼性と妥当性の指標

3.1　信頼性について

尺度の信頼性（内的整合性）の指標として広く用いられているものに α 係数（クロンバックの α）がある。実習で作成した尺度の信頼性を検証する場合は，項目分析で採用された項目のみを用いて，α 係数を算出する。1に近いほど信頼性が高いことになり，態度尺度の場合，α 係数が0.8以上であれば，尺度に一定の信頼性があると判断できる。

当初の項目すべて（たとえば，30項目）を用いて算出した場合よりも，最終版（たとえば，10項目）で α 係数が上昇していれば項目の取捨が効果を挙げたことになる。α 係数は項目の取捨にも使用できる。当該項目を入れたときと入れないときで尺度得点の α 係数を比較することで，α 係数を高めるのに寄与する項目かどうかがわかる。ただし，2.1で述べたように，信頼性を上げる項目がよい項目というわけでは必ずしもないので，項目の採否は総合的に判断する必要がある。

尺度の信頼性については，内的整合性によるものとは別に，複数回実施したときに同じような結果が得られるかどうかを調べるというものがある（再検査信頼性）。1週間から1か月程度の間隔をおいて2度実施して2度の尺度得点の相関係数を求めると信頼性係数になる。本章の実習では再検査信頼性は扱わなかったが，本格的な尺度作成時には，これも確認することが望ましい。

3.2　妥当性について

ここまでの説明は尺度の信頼性が中心だったが，尺度において最も重要なのは妥当性があること，すなわち「測りたいものを測っている」ことである。この妥当性の検証は定型的な手続きで片付くわけではなく，多面的に検討して根拠を提示することになる。

まず「測りたいもの＝構成概念」は何か，が明確であることが必要である。心理尺度は「○○尺度」というように簡略に表現されることが多いが，その内容について具体的で明確な定義を考えておかなければならない。先行研究を調べたり，項目の準備作業を進めたり，データに基づいて分析したりという研究のプロセスの中で，見直しが迫られることはよくあるが，そのときどきで構成概念の定義を明示的にもっていることが大切である。今回の態度尺度であれば，具体的なテーマと調査対象者（回答者）を設定した時点でほぼできているとも言えるが，そのテーマと対象者の設定自体が適切なものかをあらかじめ十分に吟味しておく必要があるし，分析・考察に際しても，念頭においておく必要がある。

また，定義をさらに詳細にしたようなものとして，要素や下位領域を明示することも望ましい。態度尺度であれば，プラス・マイナスの評価といっても，論理的なものもあるし感情的なものもある。また，特定の対象といっても，それをさらに場合分けすることもできるだろう（たとえば，「美容痩身を目的としたダイエット」という測定対象も，食事や運動といった方法の観点，成長期や成人といった対象者の観点などで場合分けができる)。以上のような手続きは内容的妥当性に関わるもので，テーマの内容を十分に反映する適度なバラエティをもった項目群の用意と採用に役立つ。

「ほどほどに類似した項目を多めに採用する」という2.1，2.2で説明した手続きは，内容的妥当性を確認するためにも役立つものになっている。ただし，2.1で述べたように，項目の内容的なバラエティを確保することによって内的整合性としての信頼性は低下することがありうる。信頼性は妥当性の前提ないし必要条件だとされるが，単純に高ければよいということではなく，「適当な水準の信頼性」をもつことが妥当性にとって必要なのである。

妥当性の向上・検証には，以上のような基本的な手続きに加えて，構成概念が適切な情報を反映していることを，他の測定値との関連で調べることが有用である。本章の態度の例で言えば，①属性による尺度得点の高低が差の大きさも含めて想定されるようなものか，②尺度得点と行動や他尺度との関係が理論的に適当と考えられるものか，③尺度得点と社会的望ましさとの関係は適当と理解できるものか，などが挙げられる[6]。

4．より深く学ぶために：推薦図書

心理尺度の仕組みに関する入門書としては池田（1992）がわかりやすい。実践的なものでは小塩・西口（2007）や鎌原・大野木・宮下・中澤（1998）が使いやすい。項目分析については，野口（1985）の学力テストを例にした説明が身近で理解しやすい。信頼性と妥当性については，繁桝他（1999），平井（2006），南風原（2012）を参照してほしい。村上（2006）は，心理尺度の現状とその本質的な問題点について理解を深めるのに役立つ。各種テストを含む心理尺度の作成法や活用法については，教育測定や教育工学の分野の書籍にも有用なものが多くあるので，図書館で心理学と深い関連をもつこれらの分野の棚も調べてみるとよい。

実際の心理尺度を集めて解説した書籍を手に取るのもよい。サイエンス社から6冊刊行されている『心理測定尺度集』のシリーズ（本章で扱った態度との関連が強いのは，第2集（吉田，2001）である）や『心理尺度ファイル』（堀・山本・松井，1994）などがある。

[6] これらは狭義の構成概念妥当性である。内容的妥当性や信頼性も広義の構成概念妥当性の一部を構成する。

5．補足（主に教員向けの解説）

5.1　授業構成の目安

質問紙の作成と分析を行うのに，90分授業で3～4コマが目安になる。実習生以外の回答データを得るために，複数週に分けて授業を行うとよい。尺度のテーマや項目については，あらかじめ説明して，候補を考えてくるよう求めると，実習の密度が高まる。授業時も，テーマや項目を考えるのに，百科事典，辞書，新聞・雑誌，インターネット検索が可能なパソコンなどが身近にあると情報収集に役立つ。

本章の実習では，尺度作成時にグループでの議論が非常に重要であり，分析においても試行錯誤の部分が多いので，議論や分析のプロセスに教員やTAが適切に介入できるようにしてほしい。また分析については，実習生による初歩的な分析とは別に，α係数の算出や因子分析などを含む通常の分析を教員が行って解説を加えると，より充実した内容になる。

実習では，既存の尺度を同時に実施すると学習が深まる。既存の尺度の「できのよさ」（時に不備な点）と対照することで，尺度作りの難しさやこつが体験的に学べる。また，妥当性について考える材料も得られる。

作成作業を簡略化し（既存の尺度に項目をいくつか追加するという形をとる，テーマと項目の一部を教員が用意する，など），実習生の回答のみで分析する（クラスの規模がある程度大きいことが望ましい）といったやり方であれば，連続する2コマでの実施も可能であろう。

なお，作成する心理尺度は態度尺度に限らないが，態度尺度以外で学生がテーマを考える場合，本章の説明では具体的なイメージをもちにくいだろうから，適当な例を参照できるもの（4で挙げた文献など）を教員の側で用意するとよい。

5.2　発展的な実習

⑴　他の測定値との関係を調べる

他の尺度と整合的な関係があることは妥当性の根拠となる。既存の類似した尺度を同時に実施して，適度に類似した結果が得られるか検討することができるとよい（同一の概念を測定しているのでなければ，測定結果が類似しすぎていないことが望ましいこともある）。また，複数グループで別々の尺度を作る場合には，それらを同時に実施して，相互の関係を調べるというのもよいだろう。22章の質問紙法のパーソナリティテストとの関係を調べるという選択もある。特に「新性格検査」に含まれる「虚構性尺度」の得点と作成した尺度得点の関係は，態度尺度の妥当性に関する材料を提供してくれる。

(2) 複数次元の質問紙を作成する

本章では1次元の尺度を作ったが，その先の実習（あるいはそれに代わる実習）として，複数次元からなる尺度を扱うという選択がある。その場合，尺度作成の研究は大量にあるので，そうした研究の追試を中心として実習を構成する（報告されている妥当性検証手続きもなるべく組み込んで），というのも実習の設計としては有力である。

◆引用文献

南風原朝和（2012）．尺度の作成・使用と妥当性の検討　教育心理学年報，**51**, 213-217.
平井洋子（2006）．測定の妥当性からみた尺度構成――得点の解釈を保証できますか――　吉田寿夫（編）心理学研究法の新しいかたち　誠信書房　pp.21-49.
堀　洋道・山本真理子・松井　豊（編）（1994）．心理尺度ファイル――人間と社会を測る――　垣内出版
池田　央（1992）．テストの科学　日本文化科学社
鎌原雅彦・大野木裕明・宮下一博・中澤　潤（1998）．心理学マニュアル　質問紙法　北大路書房
村上宣寛（2006）．心理尺度のつくり方　北大路書房
野口裕之（1985）．テストをテストする――項目分析――　海保博之（編著）心理・教育データの解析法10講　基礎編　福村出版　pp.67-83.
小塩真司・西口利文（編）（2007）．質問紙調査の手順　ナカニシヤ出版
佐古順彦・平田乃美・Gifford, R.（2003）．環境問題に対する態度の測定――EAIの日本語版の検討――　環境教育，**11**(2)，3-14.
繁桝算男・森　敏昭・柳井晴夫（編著）（1999）．Q & A で知る統計データ解析――DOs and DON'Ts――サイエンス社
吉田富二雄（編）（2001）．心理測定尺度集Ⅱ　人間と社会のつながりをとらえる〈対人関係・価値観〉　サイエンス社

コラム5

統計補習　2変数の関連——相関係数とクロス集計表

第2部の調査や観察，心理テストを扱う章では，複数の変数の間の関連を見るような分析が必要になることがある。コラム6で説明する信頼性や妥当性の評価も，多くの場合，複数の変数間の関係に基づいて行われる。2つの量的変数間の関連の指標の中で代表的なものとして相関係数があり，2変数間の関係を視覚的に表現するものとして散布図がある。質的変数間の関係を整理・分析するには，クロス集計表が用いられる。これらに関する基本的な事項について学び，多くの相関関係を整理する技法として，いくつかの章で言及されている因子分析についても簡単に知っておこう。

1．相関係数

1.1　相関係数とは

相関係数（correlation coefficient）は，2つの変数の関連の強さを示す指標である。−1から1までの値をとり，絶対値で1に近いほど関連が強いことを，0に近いほど関連が弱いことを示す。

相関係数には複数の種類があるが，単に相関係数といった場合，通常，ピアソンの積率相関係数をさす。ピアソンの積率相関係数を求めるには，2つの変数が量的変数（間隔尺度か比尺度）であることが必要である[1]。相関係数は，通常，rと表記される。心理学分野の論文では，小数点以下第2位か第3位までを，$r = .326$のように，整数部分の0は省略して示すことが多い。

2つの量的変数を縦軸と横軸にとって，変数間の関係を点の散らばりで示したものを散布図（scatter plot）と呼ぶ。図1に相関係数と散布図の対応例を示した。正の相関では点の広がりは右上がりとなり，相関係数が1のとき直線となる。負の相関であれば，右下がりとなる。散布図を見て相関があると感じられるのは，絶対値で.3程度からである。相関係数にもとづいて相関関係の強さを言語で表現する際，心理学分野では慣習的に，おおむね表1のようにする。ただし，これはゆるやかな目安であり，数値のとらえ方は扱う対象によっても変わる。

1.2　相関係数についての注意事項

相関係数の利用に当たっては，以下のような点に注意が必要である。

(1)　相関関係があっても因果関係があるとは限らない点に注意

2つの変数の間に相関があったとしても，それが示すのは，2変数間に共変関係があることまでであり，変数間に因果関係があるとは限らない。独立変数と従属変数の場合，変数間に方向性や非対称性があったが（コラム2を参照），相関係数にそうしたものはなく，方向性のない対称の関係である。

(2)　曲線的な関係に注意

相関係数で扱う関連は直線的なものであり，U字型や逆U字型のような，曲線的な関連は相関係数では適切に扱えない（曲線的な関連については，相関比と呼ばれるものが使える）。

(3)　外れ値に注意

外れ値の影響を受けやすい。これについては，外れ値を除去したり，変数の値に対して適当な変換をほどこしたり，順序相関係数と呼ばれるものを用いたりすることが必要になる。

(4)　切断効果，天井効果，床効果に注意

測定の対象（標本）が偏っていたり，尺度がカバーする目盛りの範囲が適切でなかったりするために，本来あるはずの相関が見られないことがある。たとえば，大学入試の成績と大学入学後の成績の相関は，不合格者の入学後のデータがないことから，弱いものになる場合が多い（切断効果，あるいは選抜効果）。また，能力テストで，ほぼ全員が満点近い状態だったり，ほぼ全員が零点近い状態だったりした場合，能力の個人差がうまく検出できず，他の変数との相関は不確かなものになる（天井効果，床効果）。

(5)　擬似相関に注意

[1] 実際上は，質問紙でよく用いられる1〜5などの段階で回答を得る項目の得点のような，厳密に言えば順序尺度である変数にも用いられている。

表１　相関係数の言語的な表現の例

①	$0.0 \leqq \lvert r \rvert < 0.2$	ほとんど相関がない
②	$0.2 \leqq \lvert r \rvert < 0.4$	弱い（やや）相関がある
③	$0.4 \leqq \lvert r \rvert < 0.7$	中程度の（比較的強い）相関がある
④	$0.7 \leqq \lvert r \rvert \leqq 1.0$	強い（高い）相関がある

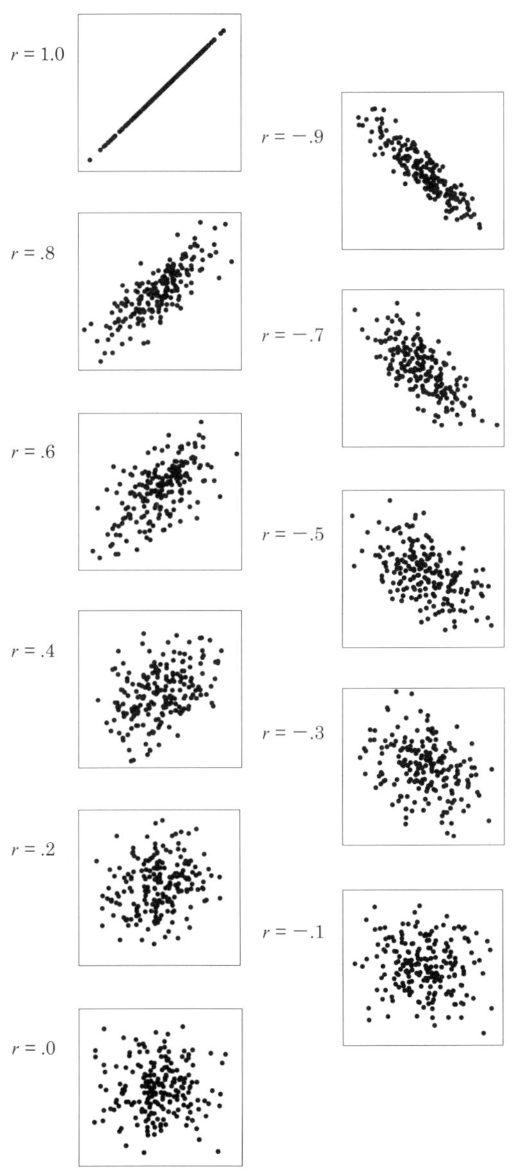

図１　相関係数と散布図の対応例

第３の変数によって，見かけ上，相関があるような結果（擬似相関）が得られることがある。たとえば，小学校で６学年の子ども全員を対象に，計算テストの得点と立ち幅跳びの跳躍距離をデータとして相関係数を求めると，高い値が出る。これは，学年（年齢）という第３の変数が，計算力と跳躍力の両方と関連をもつためにもたらされる見かけ上の現象である。学年ごとに相関を求めたり，計算手続きで学年の影響を除外したり（偏相関係数というものを求める）することで，相関はほぼ消える。これは，(1)で述べた相関関係が因果関係ではない例になっている。

(6)　統計的有意性は相関の強さを示さないことに注意

標本の大きさ（n）が大きくなると，統計的に有意になりやすい。相関係数の検定における帰無仮説は，「母集団の相関係数＝０」なので，統計的に有意であるとなった場合，「０ではなさそうだ」とは言えても，相関係数の大きさに関する情報はない[2]。nが大きくなると，０に近い相関係数でも有意になるが，心理学分野では，0.2より小さいような相関係数には，実質的な意味はほぼないことが多い（表１では，0.2未満の相関を，「ほとんど相関がない」と表現している）。

２．クロス集計表

複数の質的データ（名義尺度，順序尺度）の関係を調べるためには，クロス集計表（クロス表，cross table）がよく用いられる。連関表あるいは分割表（contingency table）とも呼ぶ。本書での例と

[2] 相関係数の有意性検定は，無相関検定と呼ばれる（検定統計量としては，tを用いる）。情報を補うためには，信頼区間を併用するとよい。たとえば，n＝50でr＝－.60の場合の95％信頼区間は，－.75≦r≦－.40である。論文では，「r＝－.60（95％CI：－.75～－.40）」のように記述する。

表2　クロス集計表の例

席の位置	席の状況		
	着席	空席	全体
角	27	13	40
角以外	6	14	20
全体	33	27	60

しては，20章では，テーブルの椅子の着席状況を観察する実習で，集計した結果をまとめるのに用いている（表２に，20章の表20-1と同じ結果を別のフォーマットのクロス表で示した）。

表の上側の見出し部分を「表頭」，左側の見出し部分を「表側」と呼ぶ。２変数の区分を組み合わせてできる１つひとつのマス目のことをセル（cell，小部屋の意味）と呼び，度数（頻度）を記入する。横方向を行（line），縦方向を列（column）と呼ぶ。右端に各行の合計，最下段に各列の合計がそれぞれ示されているが，これを周辺度数と呼ぶ。検定には，通常，カイ２乗検定と呼ばれるものを用いる。

４．因子分析

因子分析（factor analysis）は，多数の質問項目から成る質問紙や，各種の心理テスト（パーソナリティテスト，知能検査など）で，多くの変数（質問項目や下位テスト）を分類するのに使うことができる。多くの変数の相関関係にもとづいて，変数を分類して得られるまとまりのことを因子と呼ぶ。因子分析は，多変量解析と呼ばれる統計技法の１つで，心理学分野で特に頻繁に用いられている。

一般的な意味で，「因子」とは「なんらかの結果をもたらす原因」のことである。本書の実験を用いた章で「要因」と呼んでいるものも，英語では factor であり，因子という語も使われる。実験における要因（因子）が独立変数として従属変数を説明する役割を果たすのと同様に，因子分析でも，因子が原因として背後にあり，それが測定変数を説明すると想定している。ただし，実験の要因が実験者側で設定するものであるのに対して，因子分析の因子はデータから推測するものである。よって，因子分析は，結果（測定変数）から原因を逆算するような手続きと言うことができる。

心理学で因子分析が広く使われているのは，パーソナリティ，能力，態度といった，直接とらえることの難しい構成概念を扱っていることと関連している。たとえば，本書でも取り上げている以下のような問いは，因子分析が適用される典型的な例である。

・SD 法で使われる「好きな－嫌いな」「明るい－暗い」「にぎやかな－さびしい」などの形容語のリストは，どのような枠組みになっているのだろうか。
・パーソナリティを表現するさまざまな言葉は，大きくいくつにまとめられるのだろうか。
・知能は，１つの大きなまとまりとして見ることができるのだろうか，それとも，複数の要素の組合せとしてみるのが適当なのだろうか。

コラム6

統計補習　心理尺度における信頼性と妥当性

心理学の研究では，性格，知能，態度などを測定して数値化する手続きがしばしば用いられる。こうした測定において重要な概念に信頼性（reliability）と妥当性（validity）がある。信頼性は，「測定によって得られた値が，どの程度，安定しているか」を示すものであり，妥当性は，「測定によって得たい情報が，どの程度，得られているか」を示すものである。

心理測定での信頼性と妥当性について解説する前に，身長の測定を例に考えてみよう。1人の大学生の身長を続けて二度測ったとして，168.3cm，174.9cm となったらおかしい。信頼性のある測定であれば，二度とも171.4cm というように安定した値が得られるはずである。一方，妥当性では，ねらった情報を得ていることが重要なので，身長というのであれば，直立時の頭頂から地面までの長さの情報が得られていることが必要である。安定した値であっても顔の幅や体重の値で替えるわけにはいかない。

身長のように外部から直接に測ることができる対象では，測定内容と測定にともなう誤差が通常明確なので，信頼性や妥当性について議論することはあまりない。しかし，心理学では，多くの場合，直接に測ることができない構成概念を扱うので，測定によって得られる情報の信頼性と妥当性は自明のものではなく，さまざまな手続きを適用して確かめることが必要になる。信頼性と妥当性の検討は，実験，観察，調査，テスト（検査）など，心理学的測定全般で求められるものだが，特に調査用の質問紙や各種のテストを開発する際に課題となることが多い。以下では，質問紙とテスト（あわせて心理尺度，あるいは単に尺度と呼ぶ）を想定して信頼性と妥当性について説明する。標準化や実施・運用などを含む心理尺度に関するより広範なガイドラインについては，日本テスト学会（2007）を参照するとよい。

1．信頼性

1.1　2つの代表的な信頼性

⑴　再検査信頼性

信頼性を確かめる1つの方法は再検査法である。心理尺度を対象集団に二度実施して，同じような得点が得られるかを調べるものである。二度の測定での相関係数が信頼性係数になる。相関係数なので1に近いほど信頼性が高いことを示す。二度目の測定は，1週間から1か月程度の間隔をおいて実施することが多い。「測定値の安定性としての信頼性」を調べるごく自然な手続きであるが，1回めの測定が2回めに影響する可能性がある（特に知能や学力などの能力の測定で問題が大きい）。また，測定間隔の長短も信頼性係数の高低に影響する。

⑵　内的整合性による信頼性

別の方法として，「内的整合性（内部一貫性）」という観点から心理尺度の信頼性を評価するものがある。代表的な指標としてクロンバックの α 係数がある。α 係数は0から1までの値をとり，1に近いほど信頼性が高い。内的整合性のある心理尺度では，尺度を構成する項目（個々の質問や問題）が，相互に適度に似通っていて（適度に高い相関をもち），ある程度代替可能なものになっている。情報の重なりをもつ似た項目で繰り返し測ることになり，項目の値を合計して得られる尺度得点は安定性をもつ。

α 係数は一度の測定で信頼性を評価できることもあって多用されている。ただし，この係数は項目数が増えると大きくなることに気をつける必要がある。また，α 係数は，項目間の類似性が高いと大きくなるので，尺度の項目内容が狭い部分に限定されている場合に大きくなることにも注意が必要である。極端なケースを挙げると，1つの尺度を同じ項目2つで作り，各回答者が2項目に同じ答えをしたならば，α 係数は1になってしまう。一方，測定したい内容全体からバランスよく項目を用意して尺度を作ると，α 係数は小さくなってしまうこともある。

1.2　まとめ

再検査信頼性係数と α 係数が，心理尺度の開発においては信頼性の指標として広く用いられている。

異なる観点による信頼性係数なので，なるべく両方を示せるとよい。そのほかの信頼性を調べる方法として平行テスト法がある。この方法では，複数の版の尺度を実施したり，１つの尺度を２分割したり（折半法）する手続きがあるが，実際に報告されることは多くない。

２．妥当性

2.1　３つの代表的な妥当性

心理学の教科書などで従来，よく取り上げられているものとして，以下の３つの妥当性がある。

⑴　基準関連妥当性

妥当性の検証については，まず直接的な外的基準との関連を調べるという方法がある。たとえば，特定の医学的診断を基準として心理尺度を構成するというのは，この妥当性を用いたものである。知能検査の成績と学力，入学試験の成績と入学後の成績との関連を調べるというのも基準関連妥当性の例として挙げられる。心理尺度の実施と外的基準情報の取得が同時である場合は併存的妥当性，心理尺度の実施から時を隔てて外的基準情報が得られる場合は予測的妥当性と呼ぶことがある。

⑵　内容的妥当性

心理尺度の内容に関する主観的判断に基づく検討も，測定における妥当性の手がかりを提供してくれる。本書で取り上げるような質問紙やテストを作成する際に，内容構成に関して専門家や関係者をはじめとしてさまざまな人の意見をもらうことは有用である。個々の項目が測りたい内容に対応しているか，全体として適当なバラエティがあって内容全体をカバーしているか，難度や表現は適当か，などについてチェックすることができる。内容的妥当性は，日本で行われている多くの試験（資格試験や検定，入学試験，学力試験など）における妥当性の主な根拠となっている。

⑶　構成概念妥当性

構成概念妥当性とは，ある測定値が，ほかのさまざまな情報と整合的な関係をもつことによって確認される妥当性である。たとえば，ある心理尺度が，類似した内容を扱った別の心理尺度と高い相関をもち，類似しないはずの内容を扱った心理尺度とは相関をもたないというのであれば，整合的な関係が確認できたと言える。類似すべき関係が見出せることを収束的妥当性，類似すべきでない結果が見出せることを弁別的妥当性と呼ぶ。因子分析を通して，質問紙を構成する項目群がねらったように分類されるというのも，構成概念の整合性が確認されたという点で構成概念妥当性を示す材料となる（因子妥当性と呼ばれる）。ほかにも，さまざまな仮説や予測との関係で構成概念の妥当性が検討できる（たとえば，年齢別や男女別で予想された差が出る，治療的介入の前後で予想された変化が出る，など）。

2.2　まとめ

妥当性については，従来，上記の基準関連妥当性，内容的妥当性，構成概念妥当性を「３点セット」として説明することが多かった。これは，アメリカ心理学会ほかが作成したテスト・スタンダードで採用されたことから，強い影響力をもった枠組みであるが，近年では，構成概念妥当性の観点から統合的にとらえる立場が有力になっている（村山，2012）[1]。基準関連妥当性も内容的妥当性も，心理尺度の構成概念としての適切性を検証する材料を提供するという点で，構成概念妥当性の一部と見なせる。基準関連妥当性は，構成概念妥当性の中で直接性の高い部分と言えるし，内容的妥当性は構成概念の外形的な部分についての確認作業だと言える。

ここまでの説明でわかるように妥当性の概念は複雑なものであり，妥当性の検証は，単純に「３点セット」を並べることで完了するものではない。また，測定の結果，構成概念の予測とあわない結果が得られて，心理尺度や構成概念の見直しが必要になることもある。

３．信頼性と妥当性の関係

信頼性と妥当性の関係として，信頼性が高いけれども妥当性がないという状態はありうる。安定した結果が出るけれども，ねらった情報が得られていない状況である。たとえば，血液型性格診断というのは，特定の手引きによる限り同じ結果が得られるので，信頼性（再検査信頼性）は高い。ところが，そこで得られる結果があてにできるという十分な根拠は（少なくとも現時点では）なく，妥当性を欠く。一方，信頼性が低いのに妥当性が高いということは通常ない。そういう意味で，適当な信頼性をもつこ

[1] 村山（2012）では，基準関連妥当性，内容的妥当性，構成概念妥当性の「３点セット」として妥当性をとらえる見方を「妥当性の三位一体観」とし，それにかわる見方を「統合的な妥当性概念としての構成概念妥当性」と呼んでいる。

とは，妥当性の前提条件ないし必要条件の１つである[2]。また，広義の構成概念的妥当性という観点からは，信頼性は妥当性の一部を担うという言い方もできる。信頼性も妥当性も，尺度に関して存在するはずの関係が実際に認められることを示すものである。

なお，やっかいなことに，日常語としての信頼性は，測定学的概念としての信頼性とずれているので注意が必要である。テレビや雑誌で「この心理テストは信頼性がある・ない」などと表現したときは，むしろ測定学的な意味での妥当性について語っていることが多い。

[2]「適当な信頼性」と書いたのは，信頼性が高いことが妥当性の高い測定にとって単純に望ましいわけではないからである。類似性が非常に高い項目で尺度を作れば α 係数は高くなるが，測定したいものの全体像をカバーし損なうことで内容的妥当性が低下しかねない。逆に内容的妥当性を高めるバランスのとれた項目選択を行うことで α 係数が下がることがある。これは通信理論のアナロジーで「帯域幅と忠実度のジレンマ」と呼ばれる問題である（村山，2012; 繁桝・森・柳井，1999)）。

◆引用文献

村山　航（2012）．妥当性――概念の歴史的変遷と心理測定学的観点からの考察――　教育心理学年報，**51**，118-130.

日本テスト学会（編）（2007）．テスト・スタンダード――日本のテストの将来に向けて――　金子書房

繁桝算男・森　敏昭・柳井晴夫（編著）（1999）．Q & A で知る統計データ解析――DOs and DON'Ts――　サイエンス社

19章

SD法

イメージを言葉で測る

◇実習の前に◇

1．SD法とは

私たちは，人物の写真を見てもの静かで感じのよい人であるとか，音楽を聞いてこの曲は明るくて楽しい感じがするといったイメージを形成することができる。このように，私たちは絵画，音楽，商品，建物，企業，学校，人物などに対してさまざまなイメージをもつことができる[1]。このイメージを量的にとらえるために利用される方法に，アメリカの心理学者オズグッド（Osgood, C. E.）を中心に，1950年代以降，開発が進められたSD法（semantic differential method）がある。

SD法は，その名称に即して言えば，対象の意味（semantic）を細かく分けて（differential）測定する方法である。SD法と略さずに，セマンティック・ディファレンシャル法と言うこともあり，意味微分法と訳すこともある。ここでいう意味とは，おおよそ「印象としてのイメージ」のことである。「月は地球の衛星である」といった辞書的，定義的な意味ではなく，月に関して「美しい」「澄んだ」「寂しい」と感じるというような，対象に抱く情緒的意味（affective meaning），内包的意味（connotative meaning，暗示的意味とも），あるいは感性的意味のことである。

月の例でもわかるように，私たちが対象にもつイメージは，「美しい」「澄んだ」「寂しい」などの形容語を利用して表現することができる。ただし，個々の言葉を並べるだけでは質的な（定性的な）表現にとどまり，データ収集や分析における科学的な手続きになじみにくい。

SD法の場合，図19-1に示したように，「美しい－醜い」のような互いに反対語になる形容語をペアとし，その両極の間の位置を答えてもらう（たとえば，7段階の中から選ぶ）。この方法によって，多くの人がさまざまな対象に対してもつ印象を数値化（定量化）することができ，統計的な分析を適用することができる。

SD法で扱うことが可能な対象は，五感全般にわたる。画像，動画など視覚的なもの，音声や音楽など聴覚に関するもの，布などの手触りなど触角に関するもの，食品の味覚や嗅覚に関するものなどが扱える。また，言葉によって表現されるさまざまな事項（動植物の種のような一般名，人名，国名，ブランド名などの固有名，民主主義や資本主義のような抽象概念，など）や作品（商品コピーや文学的表現）も対象になる。SD法の手続きでは，実際にイメージ測定の対象とするものを「刺激」と呼んだり，「コンセプト（概念）」と呼んだりする。

初学者の実習でSD法を取り上げる場合にも，適用対象はさまざまに考えることができるが，説明の便宜上，以下では，具体例として，身近でイメージをもちやすいと思われる都道府県を取り上げる。たとえば，ギリシャ，中国，イギリス，ブラジル――夏季オリンピックの開催国を並べてみれば，それぞれの国家に，なにがしかのイメージがあるだろう。

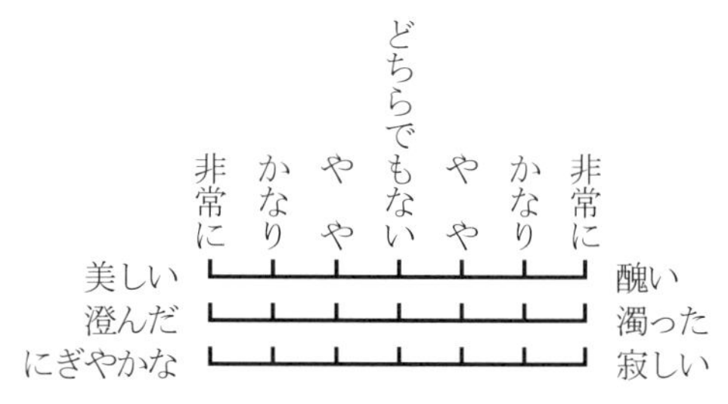

図19-1　SD法における回答形式の例

[1] 心理学の教科書や入門書では，イメージという用語は，認知心理学の分野で出てくることが多い。その場合，イメージとは，現実の刺激によらずに心のなかで生じる画像や音といった擬似的な知覚的経験のことで，頭の中で地図やメロディを思い浮かべるといったことである。特に心的イメージと言うこともあり，心像という訳語があてられる。本章におけるイメージは，「印象としてのイメージ」である。日常場面では，「イメージアップ」「イメージチェンジ」「イメージソング」「ブランドイメージ」「イメージ選挙」「イメージ戦略」など，この意味で使われていることが多い。

東京都は○○だ，愛知県は△△だ，大阪府は□□だ，というように，日本の都道府県についても同様である。こうした都道府県のイメージについて，具体的なデータに基づいて検討してみたい。

◇実　習◇

1．目　的

本実習では，都道府県を刺激としてSD法を実施し，都道府県のもつイメージの特徴について検討する。そして，SD法における実施手順や分析方法について理解を深める。

2．方　法

2.1　実施形態

質問紙を利用した調査を集団式で実施する。参加者（回答者，評定者）の数は多いほうが安定した結果が得られる（15名程度以上で実施することが望ましい）。全員が参加者として，都道府県と形容語が印刷された質問紙に回答する。調査者（実験者）の実施時の作業は教示を行う程度であり，指導者か実習生が行う。

2.2　刺激の選定

地域と熟知度を考慮して15都道府県を刺激（イメージ評価の対象）として選ぶ。具体的には，北海道，青森県，東京都，神奈川県，石川県，長野県，静岡県，愛知県，京都府，大阪府，奈良県，広島県，香川県，福岡県，沖縄県を用いる。

刺激とする都道府県は上記に限らない。参加者の多くが評定可能であることを念頭に，刺激を追加したり削除したりしてよい（たとえば，大学の所在県や近隣県を加えると興味を増すかもしれない）。

2.3　形容語の選定

SD法ではすでに述べたように，互いに意味が反対となるような形容語を選んで対にして用いる。本章の調査では，多義的であったり抽象的すぎたりする形容語を避け，都道府県のイメージを表現するのに自然であるような形容語を選ぶ。その際，「活動性」，「好感性」，「強健性」という３つの「認知的な枠組み（因子）」に属する形容語対を，各枠組みから３対ずつ，計９対用意する（SD法で利用する形容語や認知的枠組みについては，「解説」で詳しく述べる）。

具体的な形容語対は，以下の通りである。

- 活動性：「激しい－穏やかな」，「忙しい－のんびりした」，「騒がしい－静かな」
- 好感性：「かっこいい－かっこわるい」，「おしゃれな－おしゃれでない」，「魅力のある－魅力のない」
- 強健性：「たくましい－弱々しい」，「陽気な－陰気な」，「大ざっぱな－繊細な」

2.4　回答冊子の準備

以下のような構成の回答冊子（質問紙）を用意する（*標準的な形の回答冊子を作るためのファイルはサポートサイトから入手できる*）。

回答冊子の１枚目は教示を示したフェイスシートで，参加者番号（調査の前に番号を各個人に割り振っておく），性別，年齢を記入するようになっている。

２枚目以降がSD法の評定用紙で，図19-2に示すように，刺激である都道府県を上に呈示し，その下に形容語対を並べる。本章の実習では集計を簡便にできるように，認知的枠組みごとに３対ずつまとめ，意味の方向がそろうようにして９つの形容語対を配置している。回答形式は７段階の評定尺度法とする。都道府県の順序はランダムだが，全員が同じ順序とする。評定用紙は本番分15枚（刺激数と同じ）である[2]。

サポートサイトのファイルを用いるのであれば，A4判の用紙に２ページ分を印刷するようになっているので，印刷後，切断する。フェイスシートと評定用紙，あわせて16枚をホチキスで綴じる。

2.5　手続き

全員が参加者として評定用紙に回答する。評定用紙を配付した後，調査者（指導者か実習生）は回答冊子に記された教示を，正しい回答方法の例を参照しながら伝える。

教示で説明する評定手続きは，以下のようなものである。

①回答の際には，まず刺激である都道府県の名前を読み，その都道府県のイメージが，その下にある形容語対にどの程度当てはまるかを７段階のいずれかに○をつけることで回答する。

②各段階の間に○をつけたり，２か所以上に○をつけたりしない。

---

[2] 形容語対の配置（順序と左右）はランダムにし，刺激の順序は複数用意するのが本来である（「解説」の2.4を参照）。

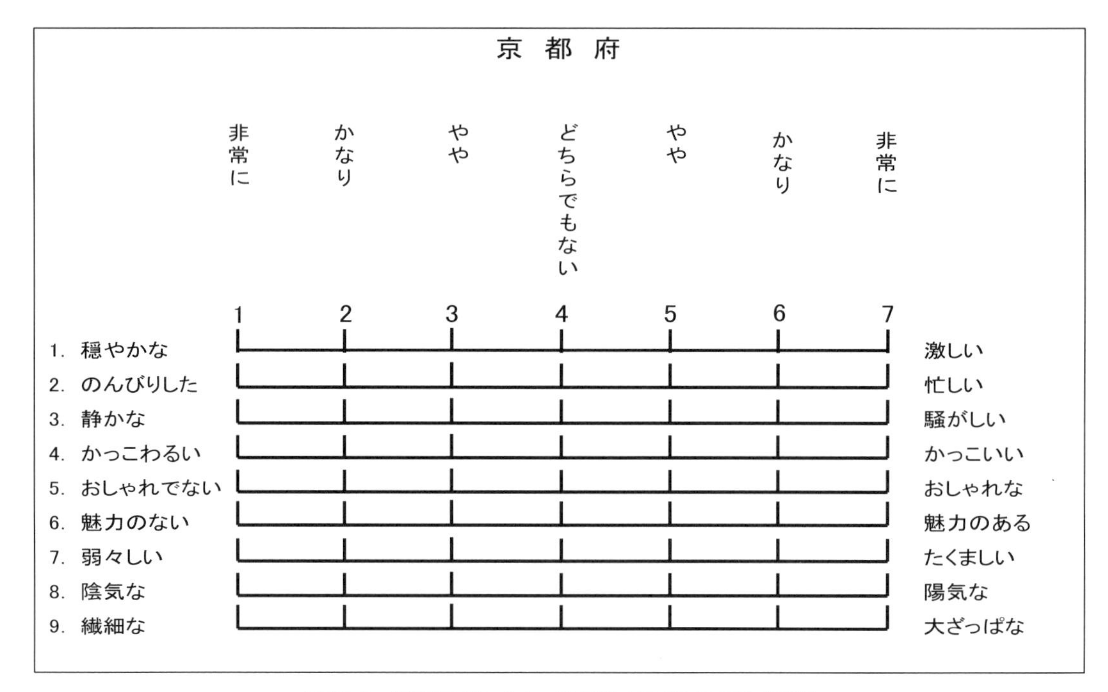
京都府

	非常に	かなり	やや	どちらでもない	やや	かなり	非常に	
	1	2	3	4	5	6	7	
1. 穏やかな								激しい
2. のんびりした								忙しい
3. 静かな								騒がしい
4. かっこわるい								かっこいい
5. おしゃれでない								おしゃれな
6. 魅力のない								魅力のある
7. 弱々しい								たくましい
8. 陰気な								陽気な
9. 繊細な								大ざっぱな

図19-2　都道府県のイメージを調べるSD法の評定用紙

表19-1　個人集計表

参加者番号(　　　　　　)

都道府県	回答順序	1.激しい－穏やかな	2.忙しい－のんびりした	3.騒がしい－静かな	活動性得点	4.かっこいい－かっこわるい	5.おしゃれな－おしゃれでない	6..魅力のある－魅力のない	好感性得点	7.たくましい－弱々しい	8.陽気な－陰気な	9.大ざっぱな－繊細な	強健性得点
1.北海道													
2.青森県													
3.東京都													
4.神奈川県													
5.石川県													
6.長野県													
7.静岡県													
8.愛知県													
9.京都府													
10.大阪府													
11.奈良県													
12.広島県													
13.香川県													
14.福岡県													
15.沖縄県													

③正しい答えや間違った答えはない。

④あまり深く考えずに直感的に回答する。

⑤回答の速さについては回答者自身のペースで進める。

⑥回答漏れがないようにする。

各都道府県について9対の形容語に関してすべて回答することが必要である。すべての都道府県について回答を行った後に，回答漏れがないかを改めてチェックする。

回答を終えた段階で気がついたことがあったら，記録しておく。

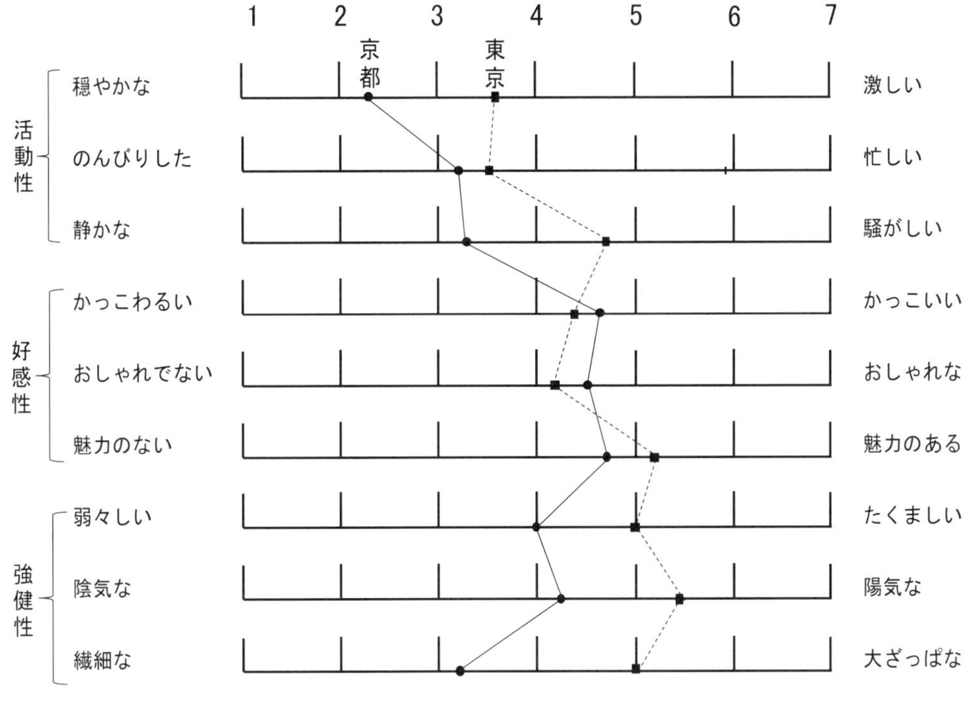

図19-3　形容語対を利用したプロフィール

3．結果の整理と分析

3.1　形容語対を利用したプロフィールの作成

都道府県ごとに9つの形容語対に対する反応を上方の1～7の数字で得点化し，表19-1のような個人集計表に記入する（*以下，個人および全体で集計するのに必要な集計表やプロフィールは，サポートサイトから入手できる*）。

この個人集計表をもとに参加者全員分をとりまとめる全体集計表を作成し，各都道府県の各形容語対について，得点の平均と標準偏差を求める。さらにこの平均に基づいて都道府県全体での平均と標準偏差を求める。都道府県全体の平均を基準として，各都道府県の得点の高低を見ることができる。

各都道府県の各形容語対の平均をもとに，図19-3に示すようなプロフィールを作成する。たとえば，東京都の「激しい－穏やかな」の形容語の平均が3.6なら，その値に対応する数直線の位置にマークを記す。同様に「忙しい－のんびりした」の形容語についても平均の値をマークする。すべての形容語についてマークができたら，東京都に関するマークを互いに線で結ぶ。他の都道府県についても同様の手続きでプロフィールを作成する。都道府県を区別するために，マークや線は都道府県ごとに変えるようにする。15都道府県すべてのプロフィールを1枚に書き入れると見にくくなるため，2枚か3枚に分けるとよい。このプロフィールを見ることによって，各都道府県のイメージに関する特徴が直感的に把握できるようになる。

3.2　認知的枠組みごとの集計

次に個人集計表（表19-1）の「活動性得点」「好感性得点」「強健性得点」の列に，各都道府県の認知的枠組みごとの得点を記入する。3つの得点はそれぞれ，形容語対の1から3まで，4から6まで，7から9までの数値を合計すればよい（合計は3～21の数となる）。

全体集計表に各参加者の3つの認知的枠組みの得点の集計結果を記入し，参加者全員の得点をもとに，各都道府県の活動性得点，好感性得点，強健性得点の平均と標準偏差を求める。そして都道府県全体の平均と標準偏差を求める。都道府県全体の平均を基準として，各都道府県の得点の高低を見ることができる。こうして求めた3つの認知的枠組みの平均も，プロフィールの形で表現すると，直感的な理解がしやすくなる。

3.3　統計的検定を含む分析

SD法の分析ではプロフィールの形でのデータ記述とそれに基づく直感的把握が中心になるが，統計的な検定も適用できる。たとえば，都道府県間のイメージの差を確かめるために，認知的枠組みの3つの得点それぞれについて，1要因（都道府県，参加者内要因）で分散分析を行うという方法が使える。分散分析で主効果が見られたら，多重比較（テューキー法でよいだろう）を行ってどの都道府県の間で得点差があるかを特定する。

4．考察のポイント

4.1　都道府県のイメージの特徴について

9形容語対のプロフィールと3つの認知的枠組みのプロフィール（または得点集計表）をもとに，それぞれの都道府県のイメージの特徴をまとめる。さらに都都道府県をいくつかのグループに分けることができないか考えてみるとよい。

また，評定における個人差についても検討できるとよい。集計結果の中では，形容語対と認知的枠組みにおける標準偏差が材料になる。自分自身の評定結果と全体の結果の違いも参考になるかもしれない。

4.2　SD法の手続きについて

実習で用いた形容語対9つと認知的枠組み3つは，都道府県のイメージを調べるのに適当なものだったろうか。不要なもの，不足しているもの，修正したほうがよいものはないだろうか。別の形容語対や認知的枠組みの提案も念頭に，考えてみよう。

また，形容語対のプロフィールによるイメージの検討と，認知的枠組みの得点を用いたイメージの検討のそれぞれについて，さらにSD法全般について，長所と短所を考えてみよう。

◇解　説◇

1．SD法における認知的枠組み

SD法における形容語対の数として，実習で設定した9というのは少ないほうであり，研究によっては20～40程度用いることもある。形容語対が多いと情報は増えるが，プロフィールが複雑となり，個々の刺激の特徴把握や刺激相互の比較を行うことが難しくなる。

ここで形容語対の間に内容の重複・類似性があることに注目する。本章執筆のために行った調査の例を挙げれば，「激しい－穏やかな」と「忙しい－のんびりした」の評定値の間には.66の相関があった。つまり，参加者は，形容語対それぞれに関して，全く独立に評定しているというよりも，共通して用いる「認知的な枠組み」をもとに評定していて，結果として形容語対間に相関関係が生じていると考えられる。

この形容語対間の相関関係を整理すれば，形容語対がいくつかの認知的な枠組みでまとまっていることを示すことができる。そのために用いられる統計技法が因子分析（SD法における因子分析については3.2で説明する）である。この手続きは，質問紙法のパーソナリティテストを開発する際に，多数の質問項目間の相関関係をもとに因子分析を行い，性格に関わる因子を見出すのと同様である（22章を参照）。

SD法において因子分析を利用した研究では，認知的枠組みに対応する因子として，オズグッドの研究をはじめとして，「評価性（価値，evaluation，Eと略記することがある）」，「活動性（activity，Aと略記することがある）」，「力量性（potency，Pと略記することがある）」の3つが比較的安定して見出されている。今回の実習でも，この3因子（「評価性」については「好感性」，「力量性」については「強健性」と表現している）に関する形容語対を選んでいる。

このような認知的枠組みである因子は，形容語対の数よりもかなり少ないため，情報が縮約され，刺激間の特徴の違いが扱いやすくなる。本章の実習の場合も，9つの形容語対から3つの認知的枠組みに縮約されるので，都道府県のイメージに関して3つの認知的枠組みでとらえることが可能となり，結果の記述や考察がしやすくなる。ただし当然ながら，形容語対の情報のすべてが認知的枠組みに吸収されるわけではないので，もともと用いた形容語に即した詳細な結果に関してプロフィールに基づく検討を行うことは必要である。

2．SD法の実施における注意点

2.1　形容語の選択

SD法ではどのような形容語を選ぶかが重要である。利用する形容語によって，目的とするイメージをうまく測定できたりできなかったりするからである。

形容語には，回答者に意味が確実に伝わるように，あいまいなものは避け，基本的に易しい言葉を選ぶ。意味的に類似しすぎる形容語は情報効率が悪く，回答者の負担を無駄に増やしかねないので用いない。

実際の作業としては，SD法を利用した研究はさまざまな領域で数多く行われているので，同様なまたは類似した刺激やイメージを扱った先行研究を参考にして形容語を選ぶとよい。形容語を選ぶ全般的な資料としては，SD法を利用した研究でよく使われる形容語対を調べた井上・小林（1985）の論文や，感性ワードを多数紹介している長町（1995）が参考になるだろう。先行研究が見つからない場合や独自に形容語を選びたい場合は，予備調査で20程度の刺激を参加者に呈示し，思い浮かんだ形容語を刺激ごとに５つ程度記述してもらい，出現頻度を参考にして形容語を選ぶ方法もある。

SD法では，他の質問紙法とは異なり，通常，双極性（両極性）の評定尺度を利用するため，互いに反対の意味を持つ形容語を対で用意する必要がある[3]。この作業は予想よりも困難な場合があるので，辞書などを利用して意味を確認しながら行う。ウェブ上にある類義語・反対語辞典も役立つ。たとえば検索エンジンで，形容語の候補と「反対語」をキーワードとして検索を行うと，しばしば有用な手がかりが得られる。

どの程度の数の形容語対を用意するかは調査の内容によって異なる。基本的には，イメージを評定する認知的な枠組みのそれぞれに10程度あると信頼性（測定の安定性）の面で理想的である。ただし，SD法の場合，多数の刺激に対して同一の形容語対のセットによる評定を行うことから，形容語対が多いと作業量が増えて，実験が実施しにくくなったり，いいかげんな回答が生じやすくなったりすることがある。そこで形容語対は全体として多すぎないように工夫するが，認知的枠組みごとに３～４程度以上あるのが望ましい。

2.2　刺激の選択

測定したい内容を適切に反映する刺激である必要がある。たとえば，実習で用いた15都道府県は，熟知度が高いものを選んでいるので，よく知られた都道府県の調査としては適当であるが，都道府県全般の調査としては不十分な点があると言える。都道府県全般について知りたければ，47都道府県全部について調べるなり，刺激選択をランダムにするなりの方法をとることになる。形容語と同様に刺激の数も基本的に多いほうが望ましいが，参加者の集中力が低下しない範囲で決める。

形容語の選択と刺激の選択は，お互いに関連している。刺激群のイメージをバランスよく引き出せるように多様な形容語を用意する必要があるし，そうした形容語群で個々の刺激が特徴づけられるように，多様な刺激をバランスよく用意する必要がある。

2.3　回答者の設定

同じ刺激と形容語であっても，回答者によってその受け止め方が異なることがありうる。たとえば，今回の実習のような設定で，よく知らない県であるために，はっきりとしたイメージがもてず，７段階の真ん中付近の回答が多くなるようなことがあるかもしれない。こうした熟知度に加えて，性別や年代のような回答者の基本的属性によっても，得られるイメージは変わってくる可能性がある。そこで，「誰にとってのイメージ」が知りたいのかを念頭に，回答者を設定する必要がある。

2.4　評定用紙の作成と評定作業の実施

評定尺度としては７段階尺度か５段階尺度が利用されることが多い。18章の態度尺度や22章のパーソナリティテストなど，他の質問紙法に比べて，７段階尺度が使われることが多いようである。「どちらでもない」など中性的な選択肢に偏る中心化傾向を避けるため６段階尺度や４段階尺度が利用されることもある。

形容語対は特定の認知的枠組みのものがまとまらないようにランダムに並べる。また左右の一方にポジティブな形容語やネガティブな形容語が偏らないように配置する。形容語対の配置と刺激の呈示順序は複数あることが望ましい。本章の実習では集計を容易にするために，形容語対を認知的枠組みごとにまとめ，右側にポジティブな形容語が来るようにし，刺激の呈示順序もひととおりとしたが，これは望ましい形態ではない。

評定作業は紙ではなくパソコンを使って実施することもできる。紙を使った方法は集団で実施できて簡便だが，パソコンを使うと，望ましい呈示手続きがとりやすくなる，データ処理がしやすくなる，写

[3] SD法という手法名のもとに，形容語を対にしない形式（双極性ではなく単極性の形式で）を用いることもある。

真，動画，音声など刺激自体の呈示法に関して可能性が広がる，といった利点がある。

2.5　SD 法の発展と限界

SD 法で扱うイメージ（情緒的意味や印象）を感じる心のはたらきについて，感性という用語で表現することがある。そこで，SD 法のような手続きを感性評価と呼んだり，そこで用いる形容語のことを感性語と呼んだりすることもある。SD 法によって，感性というとらえにくい対象を比較的簡便な手続きで量的に表現できるし，抽象的な概念から工業製品に至るまで，多様な感覚様式をカバーしつつ，さまざまな刺激を扱うことが可能である。一見測定することが困難だと考えられる広範な対象のイメージを測定可能にするSD 法は，心理学のみならず，工学や商品開発の分野でも幅広く利用されている。

このようにSD 法は魅力的な手法ではあるが，万能というわけではない。SD 法で明らかにされるイメージは，呈示した刺激と評定に利用した形容語に依存する。たとえば，都道府県を刺激とする場合，関東７都県だけの場合と，全国を対象とする場合とでは，「東京都」のイメージが変化するということもありうる。形容語についても異なる形容語対群を用いた場合，別の認知的枠組みが見出され，異なるイメージが測定されるかもしれない。SD 法においては，研究の目的と照らし合わせて，どのような刺激を対象とし，どのような形容語対群を利用するかが極めて重要だということになる。

またイメージの中には，そもそも形容語対ではカバーしにくい部分がありうるし，回答者の主観に依存する質問紙法であることから，回答に意識的・無意識的なゆがみが紛れ込むおそれもある。こうした問題点を理解した上で，SD 法以外の評価手続き（たとえば一対比較法）によるデータや行動指標（脳活動などの生理的指標を含む）などとあわせて利用する工夫も必要である。

3．SD 法における分析について

3.1　得点化

各評定項目（形容語対）に対する反応を得点化して表計算ソフトウェアなどを利用してデータを入力する。７段階尺度の場合は，図19-2にあるように各段階に１から７まで（０～６あるいは－３～３でもよい）の数字を割り当てる。評定によって得られたデータの値そのものは程度の大小を示すことから，厳密には順序尺度である（１と２の間，２と３の間で間隔が同じとは言えず，足し算・引き算もできない）。しかしながら，実際の研究においては，等間隔の目盛りがついた直線を各項目にそえるといった工夫によって，得点を間隔尺度としてみなして処理することが多い。間隔尺度とみなした方が，その後の統計的分析が容易になるからである。

3.2　因子分析

SD 法の分析では因子分析をしばしば用いる。「因子（factor）」とは，一般に「何らかの結果をもたらす原因」のことである。因子分析では，多くの変数の相関関係に基づいて，変数の背後にある因子を統計学的に見出そうとする。実習で用いた９つの形容語対による評価は，その背後にある，より一般的な心の仕組み（認知的枠組み）が原因となってもたらされたものと考えられる。因子分析は，この原因となるものを，結果（得られたデータ）から逆に推測するような手続きである。この因子という観点からたくさんある変数も少数のグループに分類できる。実習の例でも，９つの変数が３つの因子に分類されている。

以下の説明は，因子分析についての予備知識がないと理解が難しいと思われるが，SD 法における因子分析を用いた分析手続きについて概要を示す（さらに詳しく知るには，中村，2000を参照）。

SD 法のデータを因子分析する場合，データ構造が問題になる。SD 法のデータは図19-4の左のように３相構造をもっている。３相データのまま３相因子分析という手法を適用する選択肢もあるが，通常，SD 法における因子分析では形容語対の構造を明らかにすることが目的になる（刺激や参加者の構造は第一の目的ではない）ので，図19-4の右のような２相データにして分析を行うことが多い。

因子分析の結果の例を表19-2に示した。これは大学生59人が15都道府県を評定したデータに対して因子分析を行ったものである（重みなし最小２乗法でバリマックス回転後の結果）。因子分析では形容語と因子（認知的枠組み）との関連性が因子負荷量として表現される。因子負荷量は変数と因子の相関係数と考えてよいので[4]，その大きさをもとにして，ど

[4] 厳密に言うと，「因子負荷量＝相関係数」となるのは，直交回転を行う場合のことだが，斜交回転の場合も，数値の読み取りについては相関係数に準ずるものと考えてよい。因子負荷量は因子パターンとも呼ぶ。

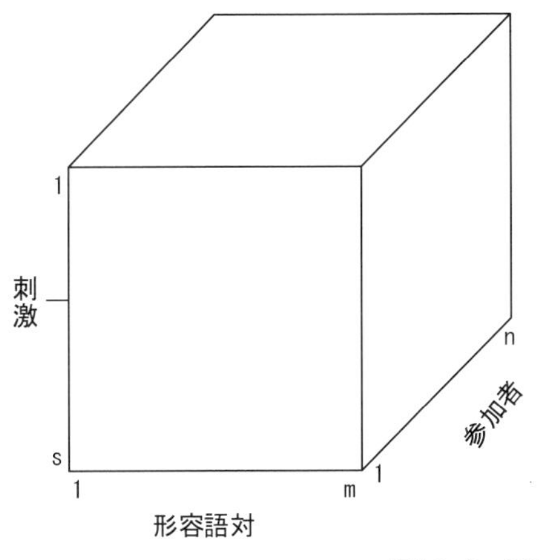

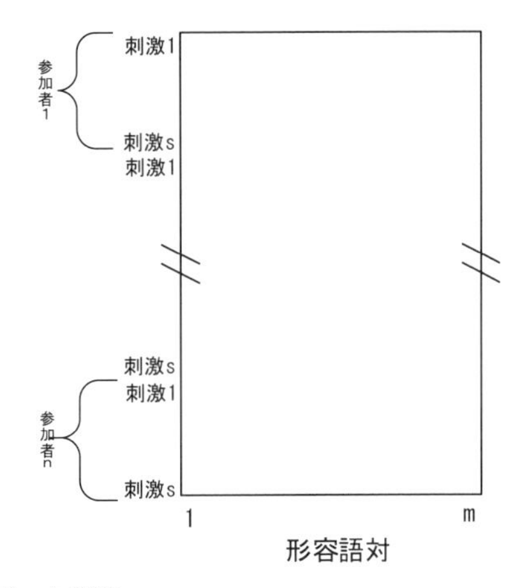

図19-4　SD 法のデータ構造

表19-2　SD 法における因子分析の結果（因子負荷量行列）

形容語対	因子1	因子2	因子3	共通性
(活動性)				
激しい－穏やかな	**.800**	.101	.196	.689
忙しい－のんびりした	**.794**	.156	.069	.660
騒がしい－静かな	**.734**	.185	.260	.640
(好感性)				
かっこいい－わるい	.094	**.759**	.043	.586
おしゃれな－おしゃれでない	.295	**.653**	−.017	.514
魅力のある－魅力のない	.069	**.648**	.245	.484
(強健性)				
たくましい－弱々しい	.198	.153	**.643**	.476
陽気な－陰気な	.029	.279	**.577**	.412
大ざっぱな－繊細な	.249	−.241	**.531**	.402
寄与	2.013	1.649	1.202	4.864
寄与率 (%)	22.4	18.3	13.4	54.0

の形容語対がどの因子と関連をもつのか調べ，因子の解釈を行う（ここで因子に名前をつける）。「評価性」，「活動性」，「力量性」という３つの認知的枠組みは，オズグッドが因子分析によって見出し，それ以来，繰り返し確認されている典型的な因子である。

因子分析後，刺激の特徴について検討するには，実習で行ったように，因子分析で分類された項目のグループ（各因子と関連性の強い項目）ごとに項目得点を合計し，さらに全員分を平均して，認知的枠組みを利用したプロフィールを描く。因子ごとに項目得点を単純に合計するこの方法は，22章で学ぶ質問紙法のパーソナリティテストで通常用いられる方法（尺度得点の算出法）と同じである。このほかに，因子得点と呼ばれるものも用いられる。計算手続き上，因子得点では，因子分析の対象とした全変数にそれぞれ重みをつけて合計する点が異なるが，得られる情報は，単純合計に基づくものとほぼ同様と考えてよい。

実習の実施・分析の手続きでは，予備調査に基づく因子分析の結果を用いて認知的枠組みを設定していた。実際に SD 法の調査を行う場合も，予備調査を行って想定するような因子が得られるかをあらかじめ調べてから，本調査を行うとよい。

4．より深く学ぶために：推薦図書

SD 法は心理学における基本技法の１つなので，心理学研究法を解説した書籍でしばしば取り上げられている。たとえば，大山（2005）や岡本（2006）がわかりやすい。SD 法以外の方法も含む印象測定に関する心理学的研究について知るには，神宮（1996）が具体的な事例が多く読みやすい。感性研究は工学分野でも盛んであり，心理学と深い関連をもつ感性工学という領域を形成している。この分野の書籍で，長町（1995）と飯田・柳島・山崎・羽根・渋谷（1995）は，豊富な具体例を挙げて説明している。また，長沢・神田（2010）では，技術的・数理的な側面について実用的な解説が得られる。SD 法の分析でよく用いられる因子分析に関しては，松尾・中村（2002）がわかりやすい。

5．補足（主に教員向けの解説）

5.1　授業構成の目安

評定作業に要する時間は9形容語対で15刺激であれば，正味で10分程度である。人数や集計法（手計算か表計算ソフトウェアを使うか，など）によって集計に要する時間は異なるが，説明とあわせて90分授業1～2コマで実施できる。時間を短縮するには，集計に表計算ソフトウェアを利用したり（*サポートサイトのファイルが使える*），刺激の数を削ったりする（たとえば，北海道，東京都，長野県，京都府，大阪府，広島県，沖縄県の7つの都道府県にする）といった選択がある。一方で，可能であれば，形容語対の配置や刺激呈示順序を望ましいものにする，形容語対を増やす，都道府県を増やすといった方法で，より本格的な調査にすることができる。

5.2　調査で取り上げる刺激について

本章の実習では，都道府県を例に説明したが，自校を含めた大学名を刺激にすると大学間のイメージの違いがわかり，参加者が興味をもちやすいかもしれない。言葉以外の単純な感覚刺激として，色紙を用いて色に対するイメージを測定するというのも実施しやすい。そのほか，画像（商品パッケージの写真，建造物の写真など），動画（プロモーションビデオなど），音声（音楽の一節など）などさまざまな刺激が考えられる。

実際の例として，4で挙げた文献のほかに，大山・瀧本・岩澤（1993；ウェブ上で読める）は，24の形容語対で6領域（音楽，音，色，形，象徴語，映像と音楽）の73刺激についてSD法を実施したという規模の大きな研究で，形容語対と刺激の準備や分析手続きについて参考になるかもしれない。

5.3　発展的な実習

本章の実習の延長としては，①評定者属性（性別，各都道府県についての知識や経験（「なじみがあるか」や「行ったことがあるか」）など）によるイメージの差を調べる，②形容語対の関係を調べる（形容語対間で相関係数を調べたり，因子分析を行ったりする），③刺激の分類を試みる（刺激間で相関係数を調べたり，クラスター分析を行ったりする），といったことが考えられる。

SD法についての理解をより深めるには，刺激と形容語対の選択を経験することが望ましい。ゼロからということでなくとも，刺激あるいは形容語対を学生の議論に基づいて追加して実習を行う，というのもオプションとして考えられる。

◆引用文献

飯田健夫・柳島孝幸・山崎起助・羽根　義・渋谷惇夫（1995）．感じる――ここちを科学する――　オーム社

井上正昭・小林利典（1985）．日本におけるSD法による研究分野とその形容詞対尺度構成の概観　教育心理学研究，**33**，253-260.

神宮英夫（1996）．印象測定の心理学　川島書店

松尾太加志・中村知靖（2002）．誰も教えてくれなかった因子分析　北大路書房

長町三生（1995）．感性工学のおはなし　日本規格協会

長沢伸也・神田太樹（編）（2010）．数理的感性工学の基礎――感性商品開発へのアプローチ――　海文堂出版

中村知靖（2000）．多変量解析を利用した心理測定法　行場次朗・箱田裕司（編著）　知性と感性の心理　福村出版　pp. 202-214.

岡本安晴（2006）．計量心理学――心の科学的表現をめざして――　培風館

大山　正（2005）．セマンティック・ディファレンシャル法（SD法）大山　正・岩脇三良・宮埜壽夫　心理学研究法――データ収集・分析から論文作成まで――　サイエンス社　pp.65-78.

大山　正・瀧本　誓・岩澤秀紀（1993）．セマンティック・ディファレンシャル法を用いた共感覚性の研究　行動計量学，**20**，55-64.

20章

パーソナルスペースの観察

現実場面での席取り行動を調べる

◇実習の前に◇

1．パーソナルスペースとは

がらがらの電車のなかで見ていると，７人あるいは８人掛けの長い座席であれば，乗客はまず端の席に座ることが多いことに気がつくだろう。両端の席が埋まった後に来た人は，その間に席を決めるわけだが，すでに座っている人のすぐ隣に座ることはあまりなく，１人分，あるいは２人分の席を空けて着席することがほとんどである。しかし，さらに後に来た人は誰かの隣や間に座るわけであるから，他人同士で隣り合って座ることに大きな問題があるわけではない。つまり，他人のすぐ隣に座ることは，ほかに選択の余地がある場合には，お互いになにか居心地が悪い，快適ではないということなのだろう。こうした，対人関係にかかわる空間の利用法とそれにかかわる感情に影響を与えている要素にパーソナルスペースがある。

人は自分の周りに他者のアクセスを制限するための空間，いわば縄張りのようなものとして，このパーソナルスペースをもっている。パーソナルスペースは，目に見えない境界に囲まれて人の周りに存在する空間であり，その人が移動するにつれてパーソナルスペースも移動するという特徴がある。こうした特徴から，パーソナルスペースは，ポータブル・テリトリーと呼ばれたり，「人の周りに存在する泡のような存在」とされたりする（Sommer, 1969）。その「泡」は前方に広く後方にやや狭いが，サイズは固定的なものではなく，他者との関係性に応じて適切になるよう無意識のうちに調整され，適切な距離が取れない場合には不快感が生じる。

2．観察法でパーソナルスペースを調べる

パーソナルスペースの性質について調べるには，どのような方法を用いればよいだろうか。心理現象や行動を理解するのに，自他を意識し観察するのは，私たちが日頃行っていることであり，冒頭に挙げた電車の中での座席の取り方を見てみるというのは，観察の素朴な例になっている。心理学においても，観察は基本的な研究技法である。本章では，この観察を用いて，パーソナルスペースを調べたみたい。

本書では実験法を用いた実習を多く収録している。しかし，実験は，通常，人工的な設定のもとに限定的な要因の影響を調べる形をとることから，自然な状況から隔たっていたり，事前に設定した要因しか扱えなかったりする。それに対して，観察では自然な状況でさまざまな要因を視野に入れながら研究を進めることができる。

本章の実習では，テーブル（机）を囲む座席の取り方を取り上げて，パーソナルスペースの特徴を観察法によって調べる。ふだん実習の授業で使っている部屋から「現場（フィールド）」に出て，実際の席取り行動を系統的に記録し，それを分析してみよう。

◇実　習◇[1]

1．目　的

パーソナルスペースに基づく空間行動として，公共空間における着席位置を観察する。特に，パーソナルスペースを確保しやすいテーブルの角の席と，パーソナルスペースを確保しにくい角ではない席とで利用率に差があるかどうか，また，こうした着席行動を規定する要因について検討する。あわせて，観察法の基礎について学び，この方法の特徴について考察する。

[1] フィールドにおける観察の実習では，実施場所の施設やその利用形態が多様であることから，具体的な方法を固定することは難しい。したがって，ここで紹介する実習方法はあくまでも一例であり，実際の実習に際しては，実施場所の実態に応じて方法の修正が必要になることもあるだろう。工夫の例については，「解説」の５，６も参考にしてほしい。

2．方　法

2.1　研究形態

本章の実習はいわゆる実験計画に基づく実験ではなく，現実のフィールドにおける観察研究である。観察研究は質的に行われることもあるが，本章の実習では観察された情報を数量的に扱う。特に席が角であるか否かと着席の有無との関連をクロス集計表の分析を中心に調べる。

2.2　実施形態

実習者全員が観察を行う（観察者となる）。観察作業は単独で行ってもよいが，記録の確実性・効率性の点から2～4人程度のグループで行うとよいだろう（記録量が多いときは特にそうである）。実習者の人数に特に制約はないが，観察場所が不自然にならない程度の少人数が望ましい。観察対象者は，観察場面の実際の利用者である。

2.3　観察対象場所の選択

構内の公共のスペースで，6人分以上の椅子が用意されている同型の長方形のテーブルが多数置かれている場所を選択する。テーブルがたくさん配置されていても，大きさや形が異なるテーブルがある場合には，その中の1つの型のテーブルに観察の対象を限定する（または，型を区分して記録するようにする）。このような同型の長方形のテーブルが多くある公共スペースとしては図書館，食堂，学生ホールなどが考えられる。観察活動を行うことに許可や届け出が必要な場合には，その手続きをあらかじめ行っておく。

2.4　記録用紙の作成

選択した観察場所にあるテーブルにあわせて着席位置を示した記録用紙を作成する。実際のテーブルの形を描き，その周りの椅子の位置に着席状況記録する欄を用意する。さらに，観察者，観察した日時，観察場所などの記入欄も設けて，図20-1のような記録用紙を必要な枚数用意する。あらかじめ記録用紙が準備できていると実習がスムーズに進められる。

2.5　手続き

観察と分析は単独ですべて行っても，2～4名程度のグループで行ってもよいが，短時間（10～20分程度）で，観察対象場所のすべてのテーブルの着席位置を記録するために，テーブルの数が多い場合にはグループを作り，テーブルを分担することが望ましい。

観察作業の具体的な要領は，以下のとおりである。

①観察者は十分な枚数の記録用紙と筆記用具，メジャー（これはグループに1つでよい）を持って観察対象場所に行く。移動しながら記録することができるように，記録用紙はクリップボード（上部に紙留めがついた板）などに留めておく。

②観察場所に着いたら，各テーブルを観察していく順番を決める。観察場所のテーブルの位置を記した地図をまず作成し，そこに順番を書いておくとよい。

③記録用紙に観察者名，日時，観察場所などを記入したのちに，各テーブルにおける着席位置を記録する。着席位置の記録は，着席状態にある椅子の記録欄にチェックしていくことで行う。

観察対象者の性別などの属性，また相席している場合に同伴者か他人同士かなどを，わかる範囲で記録しておく。特に性別に関しては，着席位置の記録の際に別の色（多色ボールペンを用意しておくと便利である）や記号（○と△など）を用いて記録しておくとよい。観察の際に気がついたことがあったら，余白に書き留めておく。

④観察を行っている際に，観察対象者に迷惑にならないように注意する。また，何をしているかを尋ねられた場合には，「授業の一環で着席位置の観察をしている。個人が特定されることは記録しない。」というようなことをていねいに告げ，理解を求める。それでも，やめてほしいという要望があった場合には，そのテーブルの観察は行わない。

⑤記録は各テーブルについて一度だけ行えばよく，観察を行っている間に，利用者が席から移動したり，新たに着席したりしても，修正は行わない。

⑥着席状況の記録が終わった後で，観察場所の状態について，基本的なことを記録しておく。主なものとして，テーブルや椅子のサイズと形状，部屋の平面図（テーブルの配置とテーブル間の距離，入り口・出口などを示す）がある。

⑦最後に，観察時に気がついたこと，考えたこと，感じたことなどを余白やノートに記録しておく。

3．結果の整理と分析

3.1　整理

すべてのテーブルについて，角の席と角ではない席ごとに，着席がある席とない席（空席）の度数（頻度）をもとめ，表20-1のような2×2のクロス

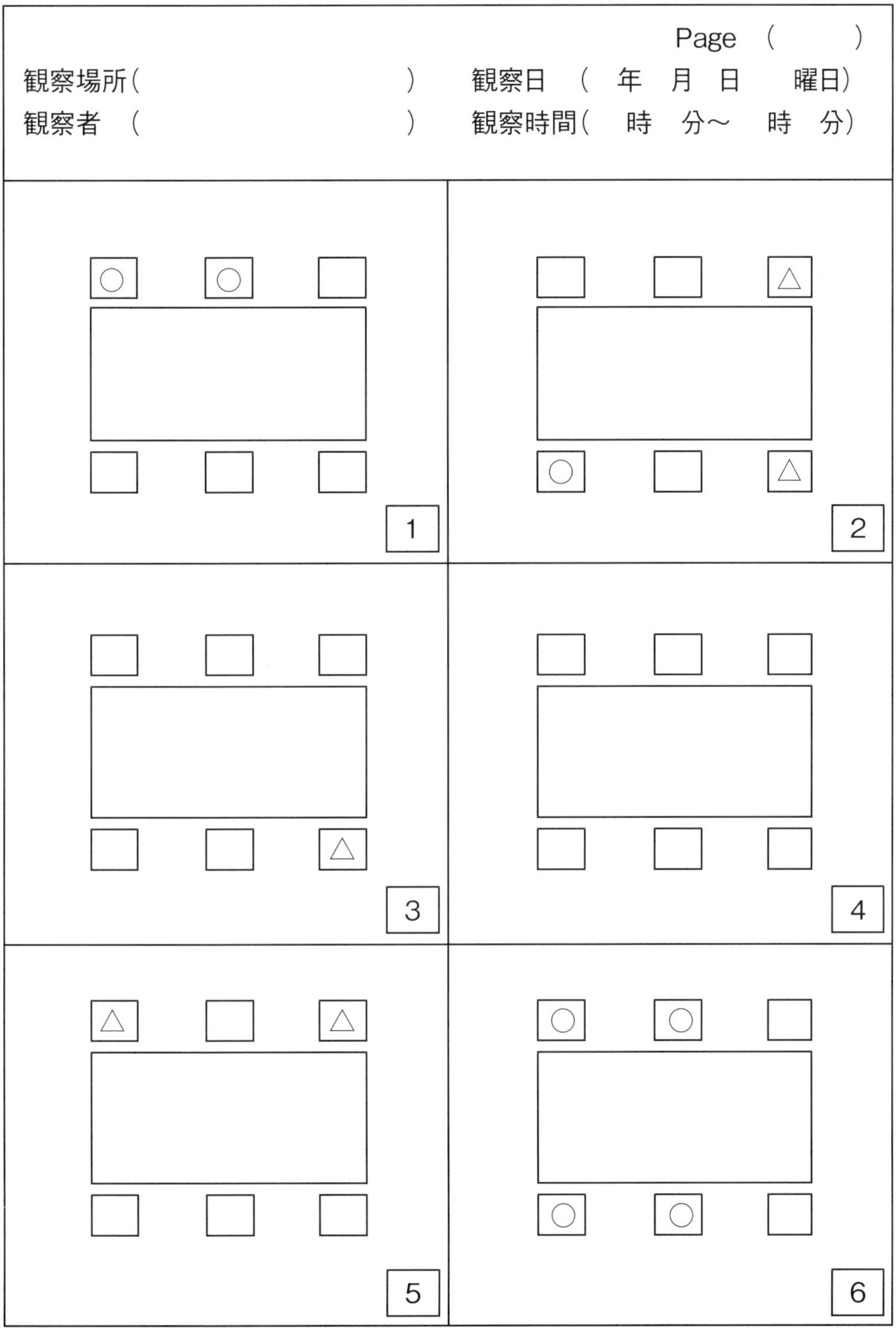

Page（　　）
観察場所（　　　　　　　　）　観察日（　年　月　日　曜日）
観察者　（　　　　　　　　）　観察時間（　時　分～　時　分）

○　○　□ □　□　□ 1	□　□　△ ○　□　△ 2
□　□　□ □　□　△ 3	□　□　□ □　□　□ 4
△　□　△ □　□　□ 5	○　○　□ ○　○　□ 6

図20-1　観察記録用紙の例

男性が着席している場所に△，女性が着席している場所には○を記入した例である。4番目のテーブルにはだれも座っていない。

表20-1　クロス集計表の例

	着席	空席	全体
角の席	27（67.5）	13（32.5）	40（100.0）
角以外の席	6（30.0）	14（70.0）	20（100.0）
全体	33（55.0）	27（45.0）	60（100.0）

（かっこ内は横方向での％）

集計表を作成する。

たとえば，6人掛けのテーブルが10ある場合では，各テーブルに角の席が4つ，角ではない席が2つあることになるため，合計で角の席が40，角ではない席が20あることになる。角の席の着席度数と空席度数をそれぞれ数える（合計は40になるはずである）。角でない席についても同様にして着席度数と空席度数を求め，これらを合わせてクロス集計表にまとめる。表20-1は角の40席には27人が座り，角ではない20席には6人が座っていた場合の例である。

3.2　統計的検定を含む分析

角の席と角ではない席とで着席の有無（着席か空席か）に差があるかどうかを判断するために，クロス集計表に対してカイ2乗検定を行う[2]。帰無仮説は「2種類の席の間で着席の有無に差がない」である。

4．考察のポイント

4.1　角の席と角でない席とでの利用率の差

パーソナルスペースを確保しやすい角の席と，パーソナルスペースを確保しにくい角ではない席において，利用率に差は見られただろうか。観察を行った場所の特徴や，観察を行った時間や混み具合などについて検討し，こうした差が生じやすい条件や差が生じにくい条件について考える。

差の有無に影響する条件としては，たとえば，必要とされるパーソナルスペースのサイズの特徴（図書館と食堂とではパーソナルスペースの大きさが違うかもしれない），椅子の配置間隔や形状，テーブルの大きさや配置間隔などが考えられる。観察のタイミングが結果に影響することもある。たとえば，混雑時には適切なパーソナルスペースを確保できないことがあるだろう。利用者の性別などの属性や，利用者相互の関係も影響する可能性がある。

4.2　観察法について

本章の実習では，観察法を用いてパーソナルスペースの特徴を調べた。この手続きの特徴（長所・短所）について，実習経験に基づいて考察する。実験法であればどのような手続きでどのような結果が得られるかを想定して，それと対比的に検討できるとよい。

◇解　説◇

1．パーソナルスペースに影響を与える要因

アメリカの文化人類学者であるエドワード・ホール（Hall E. T.）は，他者との人間関係に応じてパーソナルスペースを規定する対人距離が変化する現象を論じている（Hall, 1966　日高・佐藤訳　1970）。ホールは，相手との親しさによって変化する対人距離を短いほうから，①親密距離（0～0.46m），②私的距離（0.46～1.2m），③社交的距離（1.2～3.7m），④公共的距離（3.7m 以上）の4つのカテゴリーに分類している[3]。

この対人距離には個人差があり，性別や年齢によって変化する。特に幼児期から青年期においては，加齢に伴い，対人距離は広がり，同じ年齢では男性のほうが女性よりも広い対人距離を持つ傾向がある。性格の影響もあり，たとえば，外向的な人は比較的狭い対人距離をもつ。また，暴力的な囚人は，暴力的ではない囚人よりも対人距離が広いという報告もあるが，これは他者との人間関係に問題を起こしやすい場合，自身の安全のために他者と長い距離を保つからと解釈されている（Kinzel, 1970）。

対人距離には文化差があることも知られている。たとえば，ホールはアラブ人やラテンアメリカの人々は，アメリカやカナダの北米の人々よりも狭い対人距離をとる傾向があるとしている。また，同じヨーロッパの白人でも国ごとにパーソナルスペース

[2] フィッシャーの直接確率法による検定も利用できる（こちらのほうが厳密な確率が得られる）。期待度数が5以下のセル（集計表の度数を示したマスのこと）があるときは，通常のカイ2乗検定を行うことは望ましくないとされるので，フィッシャーの直接確率法またはイェーツの補正と呼ばれる手続きを適用するとよい。表20-1の例の場合には，カイ二乗検定（$\chi^2=7.58$, $df=1$, $p=.006$）でもフィッシャーの直接確率法（$p=.012$）でも統計的有意性が認められる。

[3] 4つの区分の名称は，英語では intimate distance, personal distance, social distance, public distance で，日本語訳としては密接距離，個体距離，社会距離，公衆距離などの表現も用いられる。長さはインチ，フィートで表現されていたものをメートル法に換算したものである。数字自体は，もともとそれほど厳密なものではない。

の使われ方には違いがあり，イギリス人が最も長い対人距離をとり，フランス人はそれより短く，オランダ人の対人距離が一番短い傾向があるとしている。

ただし，パーソナルスペースは常に存在するわけではない。パーソナルスペースは他者の存在を想定して発現する対人的な機能である。さらに，パーソナルスペースの大きさは固定したものではなく他者の特徴，属性，また他者との人間関係によって伸び縮みする可変的なものでもある。たとえば，パーソナルスペースは自身の性別と他者の性別に応じて変化するものであるし，他者の魅力に応じて変化する。想像できるように，他者の魅力が高いほどパーソナルスペースは狭くなる。逆に，恐怖を感じる相手に対するパーソナルスペースは拡大する。ある実験では，見知らぬ他者が暴力的な犯罪者であると聞かされた場合には，そうではない場合（非犯罪者と暴力的ではない犯罪者）よりも広いパーソナルスペースが使われたことを報告している（Skorjanc, 1991）。

2．パーソナルスペースの環境デザインへの応用

今回の実習の結果は，テーブルのサイズや形，配置，椅子の形状などが違えばなにがしか違ったものになっただろう。このようにパーソナルスペースは環境デザインと深く関係している。そして，そうした関係を活かし，パーソナルスペースの研究はコミュニケーションを調節するための環境デザインにも応用されている。

コミュニケーションを促す環境デザインは社会求心デザインと呼ばれ，コミュニケーションを抑止する環境デザインは社会遠心デザインと呼ばれる。社会求心デザインの例は，丸いテーブルを囲むように椅子が配置された場である。この配置の椅子に座った人々は自然とお互いに顔を見て，会話をするようになる。社会遠心デザインの例は，一点を囲むようにして同心円状に外向きに椅子が配置された場である。この配置の椅子に座る人はお互いの顔が見えにくく，お互いに意識することが少ない。入院病棟や高齢者施設などで，滞在者間のコミュニケーションを促したいときには，社会求心デザインを採用することが望ましく，図書館の閲覧室や空港，病院の待合室など限られた空間に複数の人を収めながら，静けさが求められる空間では社会遠心デザインが望ましい。

今回の実習の結果や，その他のパーソナルスペースの知見を生かし，コミュニケーションを促進するため，あるいは，狭い空間に多くの人を快適に座らせるためなど，異なる種類の目的のために，大学内のいろいろな場所にあるテーブルの形状や配置をどのように変更・修正したらいいかを考えてみるとよい。

3．観察法について

3.1　利点と制約

心理学では観察法の他に，実験法，検査法（テスト法），質問紙やインタビューを用いる調査法などのさまざまな研究法が用いられる。こうした研究法と比べた場合の観察法の利点と制約をまとめておこう。

利点としては，以下のようなものがある。第1に，現実の環境における，比較的制約の少ない状態での行動や活動を研究対象とすることができる。第2に，実験や質問紙調査では，あらかじめ仮定した要因の検討が中心になるが，観察では研究者の想像の範囲を超えた知見が得られることもあり，仮説そのものの発見や創出に役立つ。第3に，観察法は，実験的な教示を理解する，質問文を読む，インタビューに答えるなどの言語的な能力が対象者に必要でないために，言語能力が未熟な段階の子どもや動物を対象にすることもできる。

一方で，制約としては，第1に，今回の実験でもわかるように，観察を行うには手間と時間がかかる。特に，観察対象者や対象としている行動が観察している時間内に確実に見つかる保証はなく，数が少ない対象者や，まれな行動を観察することには膨大な時間を要することがある。また第2に，得られるデータが数量的なものではないことが多いため，データそのものや解釈に主観性が入りやすい。この主観性を減らすためには，今回の実験のように観察記録用紙などを用いて事前の設計に基づいてシステマティックなデータ収集を行うというアプローチが考えられる。だが，システマティックにしすぎると，想定範囲にない知見を得にくくなって観察法のもつ利点を失いかねない。

手続き（対象の設定やデータ記録法など）の厳密化や固定化の程度をうまく調整することで，観察法は仮説を生み出すための研究にも，仮説を検証するための研究にも用いることができる。こうした適用

可能性の広さは，観察法のもつ大きな有用性であり魅力であろう。

本章の実習の手続きでは，対象を大きな空間の同型のテーブルでの着席行動に限り，事前に客観性の高い記録法（着席の有無をチェックして頻度情報を得る）も用意していた。角の席と角でない席で比較するということで，仮説と分析の手続きも明確であった。このことから，基本的には仮説検証に重きをおいた研究だったと言える。その一方で，対象者の属性や相互関係について自由記述もまじえて記録し，観察のタイミングなども念頭に考察するという部分では，新たな仮説や解釈の発見も視野に入れている。

3.2　パーソナルスペース研究における観察と実験の相互補完性

パーソナルスペースを研究する方法としては，実験的な方法と観察的な方法が使われている。

対人距離を調べるための代表的な実験的方法として，停止距離法（stop distance method）がある。この方法で，実験参加者は十分に離れた距離から実験者の用意した人物に向かってゆっくりと歩いていき，それ以上近づくことにためらいや不快を感じる地点で止まるように求められる。逆に，実験者の用意した人物が参加者に近づいていき，戸惑いや不快を感じる地点で止めてもらうという方法も使われる。こうした実験的方法では，正確な距離が測定でき，参加者と相手の属性も明確に設定できる。しかし，こうした停止距離法の実験には，人工的な状況設定で行われるため，限られた要因以外がそぎ落とされている，本来無意識的なものであるパーソナルスペースが参加者に意識されているという問題がある。

一方，現実の場面でパーソナルスペースを観察する方法では，現実の環境で実際の人間関係に基づいて無意識的に生まれたパーソナルスペースを調べることができる。しかし，自然な状態にある二者間の距離を正確に推定することは難しく，長さの大まかな区分や質的なカテゴリー（手が届く距離，接触している，など）で記録することが多い。サイズがわかるものと一緒に映るように写真やビデオなどで撮影しておいたり，地面や床に印をつけておいたものを手がかりにしたりといった方法も用いられるが，手間と正確性に関して難しさがともなう。観察対象者の属性や人間関係を正確に推測することも難しい。

このように実験的な方法にも観察的な方法にも長所と短所がある。パーソナルスペースにおける知見の多くは，研究の意図をともなわないものも含めて，さまざまな場面でのさまざまな人々のコミュニケーションの観察から出発している。そして，そうした知見は，要因を統制した場面で実験を行うことにより，改めて，その適切性を検討することができる。パーソナルスペースの研究において，観察と実験はお互いの限界をおぎない合う関係にあり，どちらの研究法も重要である。実験と観察がもつ，こうした補完的な役割は心理学の他の領域・テーマにおいても同様である。

3.3　研究倫理に関する注意

すでに指摘していることだが，観察を行う際には，観察対象者・観察場面への迷惑やプライバシーの侵害が生じないように注意することがとても重要である。観察する場所や行動を決定する際にはそうした点を考慮することが必要であり，のぞき見的・隠し撮り的な手法をとってはならない。さらに，観察する場所や観察対象者の許可を得ることが必要な場合は，その手続きをきちんと踏むことが必要である。観察対象者からの質問には誠実に対応し，観察に対して許可が得られなかった場合には，観察を中止しなければならない。研究に際して倫理的配慮が必要なことは観察法に限らないが，観察法は日常環境で行われることが多いことから，倫理的な問題が顕在化しやすい。

4．実習における結果の分析方法について

実習での説明では，単純に全体を集計する形をとったが，データの分割や限定をすることで，より詳細な分析を加えることができる。

まず，テーブルに着席していた人数によってデータをいくつかの群に分割して，「角の席か否か×空席・着席」のクロス集計表を作成するという工夫ができる。たとえば，テーブルに１人が着席していた場合，２人が着席していた場合，３人以上が着席していた場合にデータを分割し分析を行う。分割で得られるそれぞれの群のテーブル数はあまり少なくならないようにする。この分析により，混み具合や席の選択の自由度がパーソナルスペースに与える影響を検討することができる。

観察したテーブル数が十分に多い場合には，２人が着席していた場合のデータだけを対象にして，２人がどのような配置で着席していたかを検討することができる。この場合，相対的な着席の位置関係に

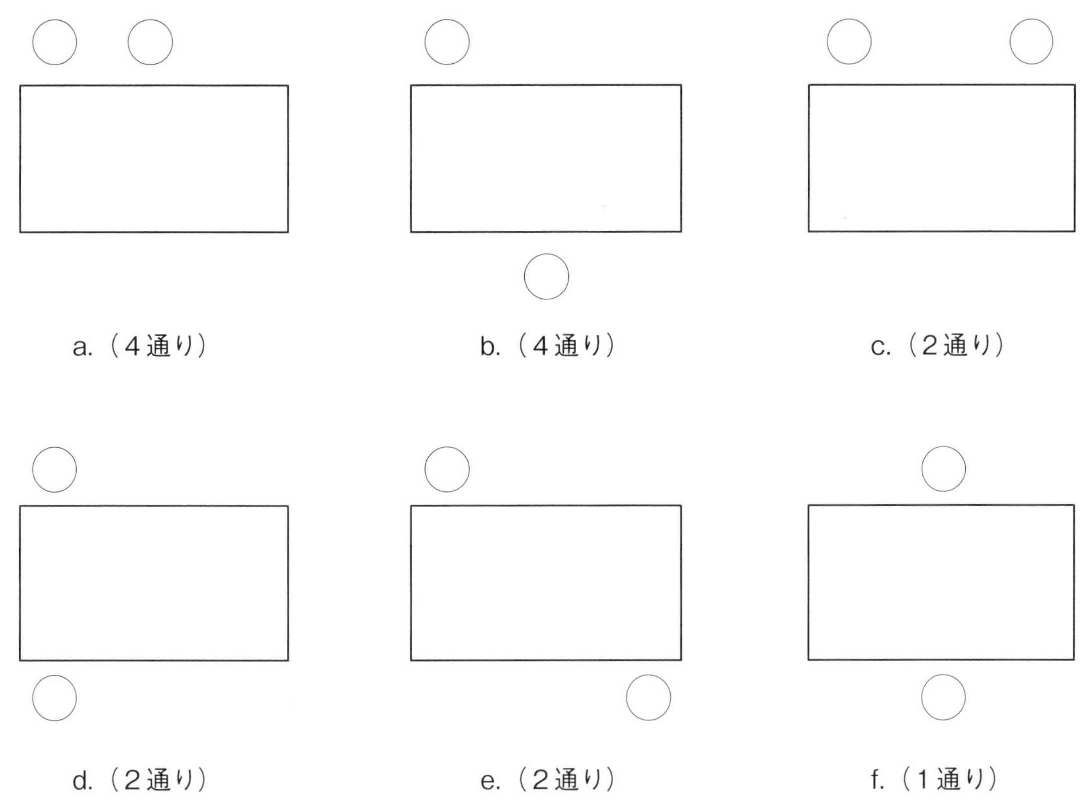

図20-2　6人掛けテーブルに2人が座る全パターン
かっこ内は上下左右を入れ替えたときに，そのパターンに一致する着席配置の数

ついて調べるのが適当だろう。たとえば，6人掛けのテーブルの場合には2人が着席をする席の組み合わせは15通り（$_6C_2$）あるが，前後や左右を入れ替えたときに一致する配置を同一のパターンとみなして，図20-2に示した6パターンの相対的な位置関係にまとめる。

この6パターンのそれぞれに該当する着席配置が何通りあるかに基づいて，各パターンが偶然選ばれる確率が計算できる。4通りあるパターンは4/15，2通りあるパターンは2/15，1通りしかないパターンは1/15となる。この確率を2人が着席していた場合のテーブルの総数にかけることにより，各パターンの期待度数が計算できる。そして，この期待度数と実際の度数を比較することができる（「6通りのパターン×期待度数・観察度数」のクロス集計表にまとめるとよい）。

期待度数よりも実際の度数が大きければ，選ばれやすい・利用されやすいパターンであり，期待度数よりも実際の度数が小さければ，選ばれにくい・利用されにくいパターンである。この着席パターン別の分析から，パーソナルスペースを規定する要因として，距離だけではなく，2者間の角度や介在物（今回でいえばテーブル）を取り上げて検討することができる。

5．より深く学ぶために：推薦文献

パーソナルスペースについては，まず渋谷（1990）が読みやすい。座席の取り方についても触れている。専門的な文献として，環境心理学の大家ギフォード の著書（Gifford, 2002　羽生・槇・村松監訳 2005）では，第5章をパーソナルスペースの先行研究と理論に関する詳しい解説にあてている。羽生（2008），高橋・長澤・西出（1997）には，パーソナルスペースの機能の現実場面における実例が豊富に紹介されている。1で挙げたホールの著書（Hall, 1966　日高・佐藤訳　1970）は，パーソナルスペースを含む空間行動を論じた古典である。

また，観察法については，中澤・大野木・南

(1997）に各種の方法と研究例が紹介されており，この方法に関して広く知るのに役に立つ。

6　補足（主に教員向けの解説）

6.1　授業構成の目安

本章の実習は連続した90分授業２コマで実施することを想定している。ただし，この時間内に観察記録用紙を作成することは難しいために，用紙はあらかじめ教員の側で準備しておくか，事前に実習生に指示して（宿題として作成させて）実習の時間に持参させる。２コマでデータを収集し分析と解釈に関する解説を行うためには，観察に費やせる時間は移動時間を含めて最大で１時間程度になる。効率的に実施するために，観察を行う場所を決定しておき，その場所を観察するための許可をとるなどの準備が，実習の前に教員側で必要になる。観察作業を授業時間外の課題にして，複数週に分けて実施するという設定も考えられる。

実習にあたって，教員は倫理的な注意事項について十分に注意を促すこと。特に学外での観察を行う場合には，対象や方法について倫理的な問題がないことを確認してほしい。

6.2　発展的な実習

授業時間外の課題として実施する場合には，街の中でのパーソナルスペースを観察し，そこでのパーソナルスペースの特徴に影響を与える要因を検討することもできる。

具体的な場面としては，電車で席が埋まっていく様子，ホームで電車を待つ列やATMに並ぶ人の列などが考えられる。これらの場におけるパーソナルスペースを観察し，個人間の距離や角度，周辺にあるモノとの関係などが，人間の側の要因と環境の側の要因によってどのように変化するかを検討する。人間側の要因としては性別，年齢，身なり，人間関係などが，環境側の要因としては混みあいの程度や人の動線，日当たりや屋根の有無などが考えられるだろう。パーソナルスペースと関連をもつ（ただし，基本的なパーソナルスペース以外の要因が複合的に関わる）空間行動ということでは，教室での席取りのあり方も身近な観察対象として考えられる。

実習にあたっては，検討しようとする要因に合わせ，定量的なデータを用いるのか，あるいは定性的・質的なデータを用いるのかを決定し，それらのデータを正確かつ効率的に収集するための方法を用意する。検討する要因によっては，複数回（複数の日，時間帯）の観察が必要になるかもしれない（その場合にはグループを作り分担すると効率的である）。

6.3　パーソナルスペース以外のテーマによる実習

観察による実習を行う場合，対象・方法ともに多様な設定が考えられる。パーソナルスペースはノンバーバル・コミュニケーションの一種であるが，ジェスチャーや表情，姿勢，服装など，ノンバーバル・コミュニケーションに関わるさまざまな行動は，観察法が力を発揮する研究対象である。言語を前提としないということで，動物の行動を観察するという選択もある（コラム７を参照)。録画された材料を用いて，発達や教育，臨床などに関わる現象を取り上げることも，実習でしばしば行われている。

◆引用文献

Gifford, R. (2002). *Environmental psychology: Principles and practice.* 3rd ed. Canada: Optimal Books.（ギフォード，R. 羽生和紀・槙　究・村松陸雄（監訳）(2005). 環境心理学――原理と実践――（上）北大路書房）

Hall, E. T. (1966). *The hidden dimensions.* NewYork: Doubleday.（ホール，E. 日高敏隆・佐藤信行（訳）(1970). かくれた次元　みすず書房）

羽生和紀（2008). 環境心理学――人間と環境の調和のために――　サイエンス社

Kinzel, A. S. (1970). Body buffer zone in violent prisoners. *American Journal of Psychiatry,* **127**, 59-64.

中澤　潤・大野木裕明・南　博文（編）(1997). 心理学マニュアル　観察法　北大路書房

渋谷昌三（1990). 人と人との快適距離――パーソナル・スペースとは何か――　日本放送出版協会

Skorjanc, A. D. (1991). Differences in interpersonal distance among nonoffenders as a function of perceived violence of offenders. *Perception and Motor Skills,* **73**, 659-662.

Sommer, R. (1969). *Personal space: The behavioral basis of design.* Englewood, NJ: Prentice-Hall.

高橋鷹志・長澤　泰・西出和彦（編）(1997). シリーズ〈人間と建築〉1　環境と空間　朝倉書店

コラム 7

動物の行動観察

1．動物の豊かな行動を観察しよう

コラム3「スニッフィー（ソフトウェアを用いた仮想動物）を用いた反応形成」で書かれているように，動物を用いた心理学実験は，ヒトの行動や心理を理解する上でも重要である。動物を研究するときには，動物を実験室で扱うこととは別に，動物が自然に生息する場所や動物園などに出かけて動物の行動を観察してみるのもよい。動物心理学や動物行動学では，古くから野生動物のフィールドワークなどで行動観察が行われており，重要な知見を提供している。行動観察は，実験室で統制された研究を行う前の予備的検討においても大きな役割を担っている。

ここでは，行動観察の実習として，動画から観察記録を得る方法を紹介したい[1]。行動観察は，実験室とは異なって環境の厳密な統制を行うことは難しいが，通常の実験では得られない重要なデータが得られることも多く，非常に大きな意義をもつ。行動観察によってどのように科学的データを取得するかについて学ぼう。

2．動画を用いた実習

2.1　目的と概要

観察材料として動画を用いて，動物の行動観察の技法の初歩を学ぶ。具体的な設定としては，特定の1個体を追跡する方法（フォーカルサンプリング法）で観察し，一定時間ごとの動物行動を記録していく方法（瞬間サンプリング法）で記録を行う。

2.2　実習の準備

機材として，以下のものを用意する。

①動画を再生する機材。動画の形式や実習環境にもよるが，パソコンを用いるのが便利だろう。スクリーンに映して教室全体で一斉に観察を行うこともできるが，実習生も再生機材の操作を行えるように，1人～数人に1台，再生装置があることが望ましい。

②観察した結果を記入するノート（記録用紙を含む。後述するように，実際の記録作業ではノートパソコンやタブレット，スマートフォンなどの電子機器も有用である）。

③計時装置（ストップウォッチや秒が表示されるデジタル時計，携帯電話など）。

2.3　予備的観察

動画は，1個体の行動を追跡したものである。最初に，対象となる個体の行動レパートリーを定義するために，どのような行動をとっているのかを観察する。歩きまわる，寝ころぶ，エサを食べる，他個体に攻撃を仕掛けるなど，さまざまな行動が観察できるだろう。対象とする動物がどういった行動をとるのかを観察し，ノートに書き留めておく。

対象の行動レパートリーがおおまかに記述できたら，それらの行動をより詳細に具体的に定義する必要がある。行動観察は，観察者の主観に結果が左右されてしまう危険性が実験的方法よりも高いので，各行動の定義は重要である。たとえば，「攻撃」と言った場合には，「他個体に対して叫び声をあげる」ことは攻撃とみなすか，身体接触を伴うものに限定するのかなどが問題となるだろうし，同じ身体接触であっても，どの程度の時間持続したものを攻撃とみなすのかなどが問題となりうる。

明確に行動が定義できたら，記録用のノート（記録用紙）に改めて行動レパートリーを書きこんだ表を作成する（表1）。あらかじめ定義した行動レパートリーを1行目に横方向に並べて記し，その下には縦方向にどの時刻にどの行動が見られたのかマークをつけることができるように空欄を作っておく。ストップウォッチや携帯電話などを用い，観察者が決めた時間間隔で音が鳴るように設定を行う（動画ではなく実際に動物の前で観察する場合には，あらかじめ一定間隔で音が鳴るような音声ファイルを作成してMP3プレーヤーなどに入れておくか，あるいは同様の機能のあるスマートフォン用のアプリケーションを準備しておき，イヤホンで聞くことがで

[1] *実習で用いる動画の例と関連資料がサポートサイトにある。* 動画の長さは，90分授業2コマであれば，30分程度が適当だろう。なお，本稿で紹介している方法自体は，観察対象がヒトであっても適用できる。

表1　記録用紙の例

	座る	食事	寝転がる	移動する
12:00	✔			
12:01	✔			
12:02	✔			
12:03			✔	
12:04			✔	
12:05				✔
12:06				✔
12:07		✔		
12:08		✔		
12:09		✔		

きるようにするのが望ましい）。

2.4　行動観察の開始

準備ができたら，音が鳴った瞬間の個体行動を行動レパートリーから探し出し，マークを記入する。これを一定時間継続し，対象の行動を記録していく。時間間隔は1分や5分などで設定するが，時間間隔が長すぎると，観察対象の行動の中に持続時間が極めて短く頻度の低いものについては記録から抜けてしまうことが多くなる。一方で，時間間隔が短いと記録が大変になるので，慣れていない観察者には困難が伴うかもしれない。適切な時間間隔を予備的に検討しておくとよい。また，記録の時間間隔を一定にするのではなく，平均して1分，あるいは平均して5分となるようにランダムに設定する方法もある。

先に述べたように，行動の観察においては，しばしば観察者の主観が問題となる。こうした問題を解消するためには，複数の観察者が同一の対象を観察し，観察者間で結果が一致しているかどうかを検討することで，より信頼できるデータが得られるだろう。観察者間の結果の一致の程度に関しては，カッパ係数（kappa coefficient）と呼ばれる統計的指標が用いられる。この値が1に近づくほど観察者間で結果が一致していることを意味し，特定の観察者の主観によって結果が左右されている可能性が低くなる[2]。

本稿では，簡便かつ安価に行動観察を行うという主旨から記録用紙にデータを記入する方法を紹介した。この方法は，動物の多様な行動を自由にメモできるという利点もあるが，実際のデータ取得のためには紙の記録は必ずしも最善ではない。ビデオで記録した映像を元にしてパソコンなどに作成したチェックリストへ記録するか，あるいはスマートフォンなどのアプリケーション[3]を使用するほうが適切なことが多い。

2.5　レポートについて

この実習は，他の章の多くとは異なり，明示的な仮説を検討するという形をとっていない。観察記録に基づいて，観察対象となった個体の行動特徴について言語化し，それについて，どのような説明ができるか，また，そこから何か仮説をたてられないか，などをまとめる。また，用いた手続きについても，実習の体験に基づいて考察を行うとよい。

3．発展的な実習

3.1　実際の場面での行動観察

動画を使った実習によって行動観察に慣れたら，ビデオカメラを通してではなく，実際に自分の目で動物の行動を観察してほしい。本格的な動物園でなくともよい（遊園地に付属する小さな動物園などでも十分だろう）。寺院や神社のハト，空き地に集う野良猫を観察することもできる。湖や池では，水鳥や魚などが観察できる。家で動物を飼っている人は，家でも観察できる。ただし，十分な観察時間がとりにくい動物や極端に活動水準の低い動物は，実習が目的であれば避けた方がよいかもしれない（道路に降り立ったスズメなどの鳥だと，すぐに飛び去ってしまうかもしれないし，甲羅干しをしているカメだとほとんど動いてくれないかもしれない）。実験室では見ることのできない動物の豊かな行動を観察することができるだろう[4]。

もし動物園で観察を行うのであれば，動物園という場所が公共の場所であることは，絶えず念頭に置かなければならない。まず，指導教員を通じて，行動観察を行う許可を取る必要がある。また，実際に観察を行う際にも他の来園者に対する配慮は必要である。広場や公園で行う場合にも，往来の人々に迷惑をかけないように配慮が必要である。逆に，往来のないさびしい場所などで自分を危険にさらさないようにすることも重要である。

[2] 取り得る値の範囲は，$-1 \leqq \kappa \leqq 1$で，0.8以上となることが目安とされる。単純な一致度を報告することもある（25章では，この方法による評定者間信頼性を紹介している）。

[3] 応用動物行動学会は，ISBOAppという行動観察用アプリケーションを公開しており，無料で使用可能である（http://www.jsaab.org/observation.html）。

[4] 外に出かけず，教室内で観察を実施するのであれば，ラットやマウスなどの小動物が実習向きである。

加えて，動物に対する配慮は極めて重要である。これは観察対象の動物に対する倫理的配慮，動物福祉への配慮にとどまらず，観察結果における妥当性に関する注意点でもある。多くの場合，観察者の存在は観察される側の行動に対して何らかの影響を与えてしまう。動物の自然な行動を観察するためには，観察者は十分な注意をはらわなければならない。

動画での実習では1個体を追跡し続けたが，自らが実際に動物園などで観察を実施するときは，複数個体が同時にいる場合もあるだろう。複数個体が確認できるときには，個体識別を行う必要がある。最初は難しいかもしれないが，個々の動物の特徴（顔立ち，毛の色，尻尾の形，傷や体毛がはげた場所など）を手掛かりにじっくり観察していると，徐々に区別が見えてくるだろう。

自分の目で観察する場合にも，デジタルビデオカメラと三脚を用意することが望ましい。ビデオ記録があれば，後からでも観察と分析が可能である。くりかえし眺めて，実験室では見られないようなアクティブな行動を目にすることで，その動物やその行動に関する重要な示唆が得られるかもしれない。

3.2　複雑な場面を観察する

行動観察によって得られるのは，観察した動物の行動レパートリーとその頻度の単なる記述だけではない。たとえば，複数個体が飼育されているニホンザルを対象に，「個体間の社会的親密さ」を行動観察によって検討するといった研究が可能である。この場合は，個体間の識別を行ったうえで，「どの個体がどの個体に近づいて行ったか」「どの個体がどの個体にどの程度毛づくろいをしたか」などのデータを観察によって取得し，分析することになる。例として藤本・竹下（2007）を参考にしてほしい。

身近なところでは，大学構内で人間にエサをもらいに来るネコを対象にして「どの時間帯にどのネコが現れるか」「まわりにいる人間の数とネコの出現率」などをデータとして取得して，ネコの縄張りや人間との関係を考察することもできるかもしれない。

4．より深く学ぶために：推薦図書

参考図書として，井上・中川・南（2013）による教科書は，方法の解説から具体例までが網羅されており，動物の観察研究を行う際には必携である。行動観察に基づいて，動物の興味深い行動様式を綴った書物は数多い。ノーベル章を受賞したオーストリアの動物行動学者ローレンツ（Lorenz, K.）の『ソロモンの指環』（Lorenz, 1949　日高訳　1963）は，今日なお輝き続ける古典的名著である。日本のものとしては小林朋道の著作をまず挙げておきたい（小林, 2014など）。

◆引用文献

藤本麻里子・竹下秀子（2007）．ニホンザル成体メス間グルーミングの行動連鎖分析――嵐山E群での観察から――　動物心理学研究, **57**, 61-71.

井上英治・中川尚史・南　正人（2013）．野生動物の行動観察法――実践日本の哺乳類学――　東京大学出版会

小林朋道（2014）．ヒト，動物に会う――コバヤシ教授の動物行動学――　新潮社（新潮新書）

Lorenz, K.（1949）. *Er redete mit dem Vieh, den Vögeln und den Fischen*（ローレンツ, K. 日高敏隆（訳）（1963）．ソロモンの指環――動物行動学入門――　早川書房（ハヤカワ文庫もあり）

21章

調査におけるインタビュー

語りの聞き方，まとめ方

◇実習の前に◇

1．素朴な問いとインタビュー

1.1　尋ねて知る

あなたが普段の生活の中で，誰かのこと，そう，たとえば好きになった人のことをもっとよく知りたいと思ったなら，どうするだろうか。その人（や周囲の人）に対してあれこれ尋ねるのではないだろうか。また，特定の事件や仕事に関心をもった場合にも，それについてよく知っている人（当事者や関係者）に尋ねるというのは，有力な方法の一つである。

研究法としてのインタビュー（面接）も，特定の人や事柄についてもっとよく知りたいという動機から出発しているといえる。インタビューにせよ面接にせよ，普段よく見聞きする言葉である（たとえば，就職面接やマスコミによる政治家へのインタビューなど）。それは特定の他者に話を聞き，そこから何かを理解しようとするアプローチが，研究の場に限らず広く現代社会で用いられているからにほかならない。

1.2　調査インタビューと質的研究

心理学におけるインタビューは，その人の行為や経験に加えて，感情や動機，価値観などを理解することを目的としている。インタビューは，大きく調査的なもの（調査インタビュー）と臨床的なもの（臨床面接）に区別できる（図21-1[1]）。本章では，前者の調査インタビューを取り上げる。特に実習では，調査インタビューのうち，あらかじめ，ある程度の方向づけをしつつ，その一方で，自由度を保つ方法（半構造化インタビュー）を採用する。

本書のほかの章の実習では，実験，テスト，質問紙，観察のいずれの方法をとるにせよ，量的な観点でのデータ収集と処理を中心としている。それに対し，本章ではインタビューの記録に基づいて質的な観点からの検討を加える。心理学は量的な研究を中心にこれまで展開してきたが，近年，質的研究と呼ばれるアプローチが盛んに試みられるようになっている。インタビューの実施と分析は，質的研究の中心的な技法の１つである。本章の実習は，質的研究の導入という意味合いももっている。

[1] 面接もインタビューも英語ではともにinterviewであるが，臨床分野では慣習的に面接という表現が多く用いられる。それに対して調査研究の分野では，聞き手と語り手の相互行為（インタラクション）を重視してインタビューという用語を用いる。

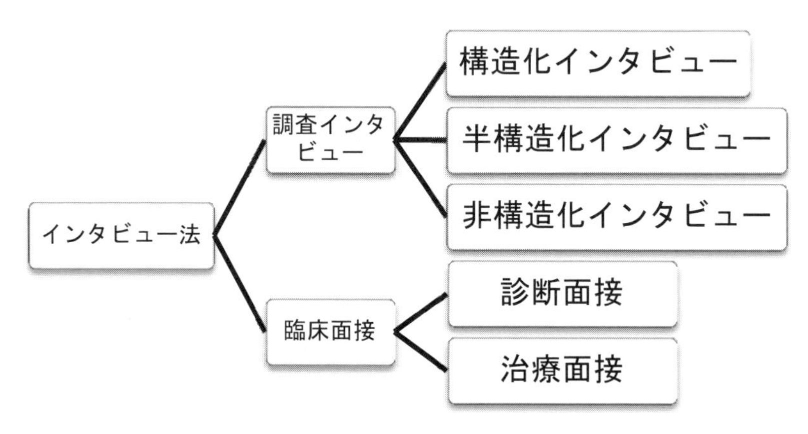

図21-1　心理学におけるインタビュー法（面接法）の分類

1.3 インタビューと仮説

インタビューでは何を尋ねたらよいのだろうか。聞きたいことが明確であれば，聞き方を工夫して，それを聞けばよい。就職面接であれば，面接担当者は，普通，志望動機や，自身の長所や短所について聞くだろう。研究でも，まず仮説があって，それに沿って詳細な質問をあらかじめ用意するのは，よくある進め方である。

その一方で，インタビューに先立って明確な仮説があるとは限らない。実際に誰かに話を聞くというプロセスの中で仮説が作られていくことも多い。その際，素朴な疑問や気づきは大切である。実は，素朴な問いは，日常生活のそこここにある。たとえば，心理学を勉強していると誰かに伝えた際に，「カウンセラーになりたいの？」と言われることへの違和感から，「心理学のイメージってどういうものなのかな？」と思ったりするのは，その一例である。こうした素朴な疑問の大半は，重要性を見出されることなく，いつの間にか忘れ去られてしまう。インタビューという活動は，姿をとどめにくい素朴な問いを引き出し，さらに仮説の生成へと導く仕組みとしても機能する[2]。

本章の実習ではインタビューという方法を体験し，こうした素朴な問いから仮説を生み出していくプロセスを学ぶ。

2．インタビューにおける聞き手の基本的な態度

実習に先立って，インタビューの聞き手が念頭に置くべき，基本的な態度について触れておきたい。インタビュー中に聞き手にまず求められるのは，相手が安心して話せる雰囲気を作ることであり，相手の語る世界に共感的に関わろうとする姿勢である。そのためにもインタビューのときには，できるだけ相手を見て，記録よりも話を聞くことに集中しなければならない。話の流れを大切にし，興味をもってあいづちを打つことで，話をきちんと聞いてもらっていると相手に伝わるようにすることが大切である。相手にも話してよかったと思ってもらえるようなインタビューになるよう意識して臨んでほしい。

[2] 本章の実習では，素朴な問いから仮説を生成してみることを意図している。ただし質的研究においては，たとえば，現象を記述すること自体を目的とするものなど，必ずしも仮説の生成を目指さない研究や，「仮説生成→検証」という図式から離れ，素朴な問いから理論やモデルの構築を目指す研究もある。

◇実　習◇

1．目　的

本実習では，質問リストを作成して，それに基づきインタビューを実施し，得られた語りから仮説を生成する。この作業をとおして，調査的なインタビューの実施と分析に関する基礎を理解する。

2．方　法

2.1 実施形態

３人で１つのグループを構成する。実習では，①聞き手，②記録係，③語り手の３つの役割があり，交代しながらすべての役割を経験する。聞き手と記録係は調査実施者，語り手は調査協力者である。うまく３人で１グループにならない場合は，そのグループにTAが加わるなどして対応する。実習でインタビューを行うので，他での言葉のやりとりが邪魔とならないよう，グループ間で適当な距離がとれるようにする。

図21-2に実習の進め方の例を示した。トランスクリプト（逐語録，語りの詳細を文字化したもの）の作成にかかる時間に個人差がある（30～80分程度）ことから，この文字化作業を宿題にして，２週に分けて実習を行うと２コマで余裕のある時間配分ができる。

2.2 器　材

各グループに，ICレコーダー[3]，ストップウォッチ（または秒まで計時できる時計）を用意する。そのほかに，作業用の紙（質問リストの用紙３枚，記録用紙６枚，報告用紙１枚，いずれもA4のレポート用紙かコピー用紙）を用いる。

[3] クリアな音声が録音できれば，他の機器でもよい。ビデオなどの録画用機器で代えることもできる。必要な台数は実施形態と機器の機能によっても変わるが，グループに１台は必要となる。また後述するトランスクリプト作成のためには，個々人が録音データにアクセスできるようにすることが必要である。なお最近のICレコーダーであれば，録音した音声ファイルをパソコンにコピーできたり，速度調整機能を備えていたりするものも多い。この実習に限らず，操作ミスなどで録音に失敗することもあるので，２台目を用意して録音のバックアップを作るようにすると安心である。

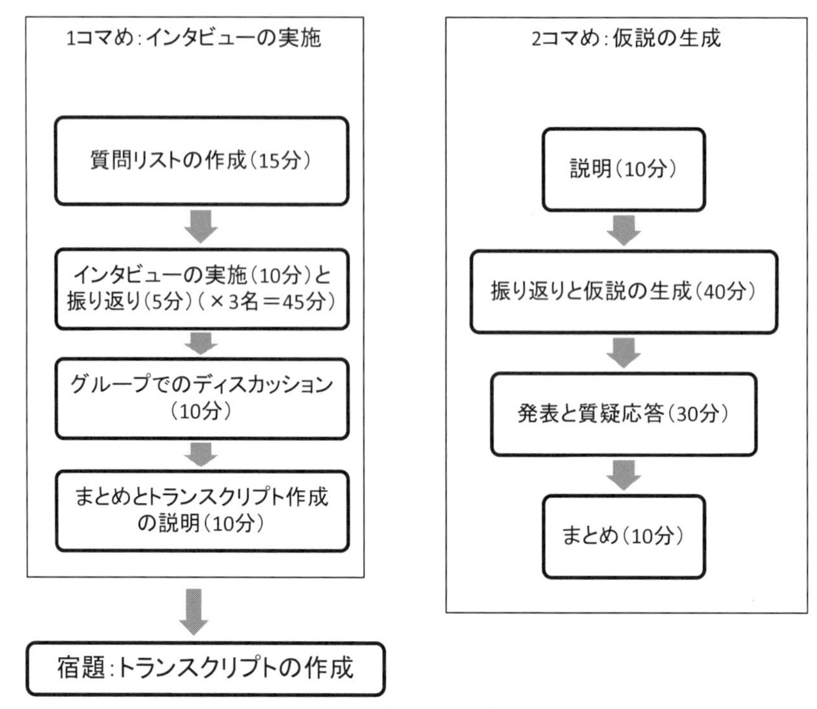

図21-2　実習の進め方の例

2.3　インタビューの準備：質問リストの作成

インタビューのテーマは自由に設定してよい[4]。ここでは例として「心理学に対するイメージ」をテーマに設定して準備段階のポイントを説明する。

⑴　応答場面を想像しながら質問を用意する

インタビューを用いた調査では，多くの場合，インタビューに先立ち具体的な質問項目や注意事項をまとめたリストを作成する。本実習でもグループで話し合って，質問リストを作成する。その際，どんな質問を投げかければ，どんな回答が返ってくるのかを想像しながら考えると，実際のインタビューで使いやすい質問が用意できる。

⑵　自由な話し合いで見方を広げる

質問リストを作る際には，1人ひとりの感じる違和感や素朴な疑問を大事にしながら，まずグループ内で「心理学に対するイメージ」を自由に話し合うとよい。そこからどんな具体的な質問ができるのかをグループで考えてみよう。質問リストの作成は，試行錯誤をともなうので，質問候補を付箋に書いて大きな紙に貼ってみたり，パソコンのファイル上で作業したりすると，効率的に進められる。

⑶　なるべく具体的な質問を用意する

質問として，たとえば，「心理学に対して，どんなイメージをもっていますか？」といった一般的で抽象的な質問が真っ先に浮かぶかもしれない。しかし，そうしたばくぜんとした質問よりも，できるだけ具体的な質問を投げかけて，より答えやすい状況を作ったほうがよいだろう。

たとえば，実験や統計の学習が必要と分かったときの驚きから，「入学前に，実験や統計の学習といったことを心理学に対してイメージしていましたか？」という質問を考えることもできるだろう。また高校時代の友人から「心を読まれそうで怖い」と言われたことへの違和感から，「心理学を学んでいない一般の人に，『心理学』を説明するとしたら，どんなことを話しますか？」という質問も考えられるかもしれない。あるいは東日本大震災後に「心のケアはいらない」と題する雑誌や新聞記事を見た感想から，「メディアなどで取り上げられる『心のケア』のイメージと，あなた自身が考える『心のケ

[4] テーマは学生が考えてもよいし，教員が指定してもよい。後者のほうが実習を進めやすいかもしれない。テーマ例としては，「就職活動についての不安」「学生生活とアルバイトの両立」「○○大学の課題」などが挙げられる。

○グループ　北海太郎・京都花子・川田洋輔

「心理学に対するイメージ」の質問リスト

□ 入学前と今では心理学のイメージは異なりますか？ もし異なるとしたら，どのように違いますか？
□ 入学前に，実験や統計の学習といったことを，心理学に対してイメージしていましたか？
□ 心理学を学んでいない一般の人に，「心理学」を説明するとしたら，どんなことを話しますか？
□ 心理学のどのようなところが面白いと感じていますか？
（補足質問）反対に，心理学のどのようなところが面白くないと感じていますか？
□ あなたにとって心理学を学ぶことの意義はなんでしょうか？

図21-3　質問リストの例

質問を終えたら，□にチェック（✓）する。補足質問は，基本質問への応答の中で自然と出てこなかった場合に使用する。質問項目の間をあけて，メモをとれるようにするとよい。

ア』は同じですか？」といった質問もあるかもしれない。

⑷　インタビューの目的を意識して質問を５つ程度に絞る

具体的な質問を考えていく最初の段階では，見方を広げて多くの候補を挙げることが重要だが，最終的な質問リストはあまり散漫になってもよくない。テーマの中でも具体的にどのような部分をとらえたいのか（インタビューの目的）をグループ内で検討した上で，質問を用意してほしい[5]。質問リストの項目が多すぎても時間内に実施できないため，最終的には５つ程度に絞るとよい。

⑸　質問リストを洗練させて，実施にそなえる

適当な質問がそろったら，尋ねる際の流れが自然になるように順序も考えてみて，もう一度じっくり眺めてみよう。全体として，何を聞きたいのかが明瞭になっているだろうか。テーマと関係しない質問や，答えにくい質問は入っていないだろうか。もし雑然とした質問が並んでいて質問項目の間に一貫性が見出せないのなら，検討し直す必要がある。

こうして質問の内容や構成を考えながら質問リストを洗練させていくことで，自分が何を明らかにしたいのか，またなぜそのように問うのかを確認することができる。このようにして全体として整備された質問リスト（インタビュー・ガイドとも呼ぶ）を作成する。

なお実際のインタビュー場面では，質問リストの順番どおりに全部の質問ができるとは限らない。しかし，予定どおりにいかないからこそ，必ず聞きたいポイントや留意点を確認しておくことが大切になる。それは相手の語りに集中しながらも，相手のペースや話しやすさを考えて臨機応変に対応し，自然な会話の中で必要な質問を投げかけることを可能にしてくれるからである。

グループで議論しながら質問を考えるが，最終的に採用する質問とその扱い方は，個人ごとに違っていてもよい。最後に改めて質問リストを確認して，インタビューの進め方についてある程度のイメージをもつようにする。

図21-3は，質問リストの例である。ここでは入学前と今のイメージの違いや，心理学を学んでいない周囲の人々のイメージに対する違和感をもとに質問リストが作成されている。

2.4　インタビューの実施

作成した質問リストを用いて，実際にインタビューを行う。１回のインタビューは10分とする。10分経過したら，質問リストで用意したものが全部終わらなくても，語り手の応答が一段落して切りのよいところで終了する。

まずグループのメンバーが役割（聞き手，記録係，語り手）を，どのような順序で担当するか決め，それに従ってインタビューを実施する。

[5] ここでは比較的緩やかなテーマに基づき質問リストを作成しているが，実際に研究を行う際には，より具体的な研究上の問い（リサーチ・クエスチョン）を設定した上で質問リストを準備する必要がある。

(1)　聞き手

質問リストを用いてインタビューを行う。実際の進行はリストの順番通りになるとは限らないし，追加の質問や別の表現への言い換えなどもでてくるだろう。聞き逃しを防ぐためには，質問リストにチェックをしたり，簡単なメモをとったりしておくことが大切である。同時に，相手の話に十分耳を傾けるために，質問リストにずっと目を落としたままにならないよう注意する。さらに，質問者ばかりが話すことのないように注意すること。自分の考えや思いを語ることよりも，相手の話をていねいに聞く姿勢が大切である。

基本的な注意事項として，以下の3つのポイントがある。

①語り手を尊重しながらていねいに聞く。

②適宜，追加質問をして話を引き出す。

③反復，言い換え，要約などのフィードバックをする。

上記のポイントに従ってうまくインタビューが実施できれば，10分の時間は充実したものになるだろう（時間が足りないようなことがあるかもしれない）。他方で，2，3分でリストにあった質問を終えてしまった場合，ポイントのどこかがうまくできていなかった可能性が高い。たとえば，「入学前と今では心理学のイメージは異なりますか？」という質問を投げかけた際，相手は「たぶん違うと思う」と答えたとする。その後，聞き手が「そうですか。では，次の質問は・・・」と応答したとすれば，上記のポイントを考慮できていないことになる。この質問で本当に聞きたいのは，「イメージが違うかどうか」ではなく，どう違うのかといった内容の詳細や，なぜ違うと思うのかといった本人の意味づけであろう。したがってここでは，たとえば，「どのように違うのか，話してもらえますか？」と話を引き出そうとし，さらには「どうしてそう思うのですか？」と理由を尋ねることができるだろう。実際には追加の質問を行っても，期待したほどの回答が返ってこない場合もあるが，質問と回答の一往復だけで終わらないように注意しなければならない。

(2)　記録係

インタビューの内容をICレコーダーで録音するとともに，インタビュー中のやりとりを逐語的に記録する（記録メモを作成する）。記録はできるだけ語られた言葉をそのまま書きとどめるよう努める。用紙は通常2枚あれば足りる。また，時間管理を担当し，インタビューの開始と終了を告げる。

(3)　語り手

聞き手からの質問に対し自由に答える。答えられない質問や，答えたくない質問を投げかけられた場合は，そのように相手に伝える（質問リスト作成時にこの問題はおおよそ回避されているはずであるが）。

2.5　インタビューの振り返りとディスカッション

(1)　振り返り

インタビューの直後，記録係の司会のもとに5分程度で振り返りを行う。その際，主に以下の3点について検討する。

①質問リストと実際に行った質問の違いとその理由

②インタビューの仕方で良かった点

③インタビューの仕方で改善できると思われる点

振り返りの内容については要点をメモする程度でよい。振り返りが終わったら，役割を交代してインタビューを実施し振り返りを行う。3人が3つの役割すべてを体験した時点で終了となる。

(2)　ディスカッション

聞くこと，記録をとること，答えることという実習での3つの役割について，その重要性や難しさなどについて，グループ内でディスカッションを行う。時間に余裕があれば，いくつかのグループから感想を述べてもらい，全体で共有するとよい。

2.6　トランスクリプトの作成

各自，記録係として記録メモを作ったインタビューの録音内容を，正確に文字に起こす。表21-1の記号例を参考に，聞き手の発言を含めて，ありのまますべてを文字化する。こうした逐語的な記録を一般にトランスクリプトと呼ぶ。トランスクリプトの作り方や精密さは，研究目的や方法論によって大きく異なる。本章の実習では語り口や声のトーンといった語り方の情報よりも，語られた内容に着目するため，内容がわかりやすいものを作成する。

この文字化の作業には，熟練者でも通常，録音時間の3，4倍以上の時間がかかる。初心者であれば10倍以上かかることもある。大変な作業だが，この作業を通じてデータそのものから謙虚に学ぶ姿勢を知ってもらいたい。ただし，本章の実習では，内容をインタビュー時にかなり記録しているし，短い時間のインタビューで記憶もある程度しっかりしてい

表21-1　トランスクリプトの作成に用いる記号の例

・聞き手　R　(researcher の頭文字)
・語り手　I　(interviewee の頭文字，複数名の場合は，氏名の頭文字などで対応する)
・音が途中で途切れる　あー　(長音符“ー”で示す)
・音の延長　うーん...　(延長の長さに応じてピリオドを挿入する)
・強調　＿＿　(該当部分にアンダーラインを引く)
・驚き　！　(センテンスの最後に感嘆符を付ける)
・疑問　？　(センテンスの最後に疑問符を付ける)
・発言の重なり　[　]　(該当部分を括弧でくくる)
・話し言葉　「　」　(該当部分を括弧でくくる)
・笑い　(笑)　(センテンスの後に（笑）を挿入する)
・沈黙　(2秒)　(該当部分に沈黙の秒数を挿入する)
・抑揚　(だんだんと小さく)　(言葉の抑揚などを描写する)
・聴き取り不能　＊　(聴き取りできない場合，アスタリスクを挿入する)
・確信が持てない　(？)　(文字変換に確信が持てない場合，(？）を挿入する)

るので，文字化の作業は10倍までの時間はかからずに終わるのが通例である。作業時間に個人差があるので，宿題にするとよい。

2.7　仮説の生成

記録メモとトランスクリプトを材料として，グループで議論する。

(1)　振り返り

トランスクリプトと比べることで，記録メモがどの程度インタビューの会話を忠実に記録していたかを確認する。記録メモには欠落や変形があるはずなので，それがどのようにして生じたのかを考える。また，トランスクリプト作成作業で感じたこと，気がついたことについても意見を交換する。正確に記録をとることの難しさやAV機器を活用することの利点が実感できるだろう。

(2)　仮説の生成

３名のトランスクリプトの内容をもとに，どのような仮説が立てられるかを議論し，生成された仮説を報告用の用紙にまとめる（図21-4）。各自の印象や根拠のない解釈ではなく，トランスクリプトに基づいて仮説を生成するように留意することが大切である。さらに生成した仮説の問題点，そして仮説を検討していく際に考慮すべき事項があれば，仮説と区別して書くようにするとよい。

すべてのグループが報告用紙を作成できたら，それぞれのグループに仮説を発表してもらい，質疑応答を行う。図21-4は「心理学に対するイメージ」に関する仮説報告用紙の例である。

3．考察のポイント

3.1　質問リストについて

質問リストの項目は適当なものだっただろうか。項目としたけれども不適当だったもの，項目としなかったけれども入れた方がよかったものがないか検討する。

3.2　インタビューの進行について（聞き手としての経験を中心にする）

インタビュー中に，適切に質問を投げかけ，相手に応答することができただろうか。2.4の３つのポイントを中心にまとめる。

実際のインタビュー場面での質問は，作成した質問リストとどの程度一致していただろうか。質問リストから外れた場合，なぜそうなったかを考える。質問リストと一致しているのが望ましいというわけでは必ずしもない（「解説」の1.1を参照）。

3.2　記録メモとトランスクリプトについて（記録係としての経験を中心とする）

実際に記録メモをとり，トランスクリプトを作成

1.　**仮説**

心理学を学んだことがない人は，心理学に対して「心のケア」というイメージを強くもつのに対して，実際に学んだことがある人は「心のケア」に限定されない，より広範なイメージをもつのではないか。

2.　**仮説に関わる語り**

・「テレビドラマなんかでカウンセラーが出てくるのを見て，心理学に対するあこがれをもちました。なので心理学っていうと，やっぱりそういう，心のケアっていうイメージをもっていました。困っている人を助けたいというか，悩んでいる人の心を軽くしてあげたいとか。けれども入学すると視覚の講義やサルの話が出てきてびっくりしました。」

・「私は入学前にきちんと調べて，実験や統計を学ばなければいけないとわかっていたので，まったく驚きませんでした。周りではやっぱり臨床心理士になりたいって子が多いんですけど，私は脳の研究をしたいんです。実験が大変ですけど，大学院に進みたいので一生懸命勉強しています。」

・「この間，高校の同窓会で友だちと『何しているの？』って話になったんです。それで私が心理学を勉強してるって言うと，『心を読み取られそうで怖ーい』とか，『じゃあカウンセラーになるの？』って言われたんです。私は将来小学校の教師になりたいと思っていて，子どもの発達に関心があるから心理学を学んでいるんですが，なんか，心理学のイメージってそうなのって。それまであまり意識しなかったんだけど，他の人に心理学ってどんな風に思われてるか気になるようになりました。」

・「雑誌とかで，『心のケアはいらない。』っていう言葉を見て，とてもショックでした。私はカウンセラーになりたいと思って心理学を学んでいて，東北に支援に行った先生のお話を，とても感動して聞いていたんです。だから，なんかショックで…。でもなんかわかるような気もするんです。『あなたの心をケアしますよ』っていうのはすごく失礼だし，違う気がするんです。」

3.　**仮説の問題点**

・「心のケア」に限定されない，より広範なイメージとはどのようなものかについて，整理が必要である。
・心理学に対するイメージは，専攻分野によっても異なるのではないか。
・「心のケア」と「心を読み取られそうで怖い」というイメージは別のものではないか。
・一般の人のイメージを「心のケア」に限定してもよいのか。他のイメージもあるのではないか。
・「心のケア」のイメージの内実がどのようなものかがわからない。たとえば，「心のケアはいらない」という言葉と，「心のケアの専門家」という言葉では，「心のケア」の意味づけが異なるのではないか。
・「心理学のどのようなところが面白いと感じていますか」という質問への応答はあまり仮説に盛り込まれていないように見えるが，それでよいか。

4.　**仮説を検討していく際に考慮すべき事項**

・先行研究を整理し，得られた仮説を再吟味することが必要である。
・この仮説を検討していくことに，どんな学問的，もしくは社会的意義があるのかを検討しておくことが必要である。
・一般の人とのイメージの違いを検討するためには，心理学を学んでいる学生だけでなく，学んでいない人への調査を行い，比較することが必要である。その際，インタビューという方法を採用するかも再度検討することが必要である。

図21-4　仮説報告用紙の例

してみて気がついたこと，また記録メモとトランスクリプトを比較してわかったことをまとめる。

3.4　仮説について

実習時に得られた仮説は適当なものだと言えるだろうか。トランスクリプトの内容に基づいているか，恣意的な根拠のない仮説になっていないか批判的に検討してみる。その上で，改善された仮説が提案できるとよい。

◇解　説◇

1．インタビュー法の種類と特徴

本章で扱っている調査インタビューは，構造化の程度や仮説の有無といった観点から分類することができる。

1.1　構造化の程度による分類

調査インタビューは構造化の程度から，構造化インタビュー，半構造化インタビュー，非構造化インタビューに区別できる（図21-1[6]）。

構造化インタビューは，あらかじめ設定された仮説や目的に基づいて一連の質問項目が調査票の形で準備されており，それに従ってインタビューが進められる。インタビューの所要時間もあらかじめ決まっており，全体として手続きが明確化されている。そのため回答への，聞き手による影響が少なく，データの客観性が高い。その一方で，インタビューの自由度が低く，得られるデータも表面的なものにとどまる。街頭アンケートのような形での意見収集や，質問紙に直接記入することが困難な対象者への調査などで用いられ，質問紙調査タイプのインタビューとも言える。

半構造化インタビューは，構造化インタビューよりも構造に自由度がある。そのためインタビューに先だって質問項目を盛り込んだガイドを準備するものの，追加の質問をしたり，疑問に思ったことをその場で尋ねたりすることができる。ガイドは備忘録程度のものとすることも多く，通常，質問の順番や尋ね方が異なってもよい。こうした特徴から，質的な調査では，もっとも多く用いられる。本章の実習で体験したのはこの半構造化インタビューである。

非構造化インタビューは，構造化インタビュー，半構造化インタビューとは異なり，質問内容や順序といった構造がほとんどない。聞き手は話の流れを事前のガイドによってコントロールするようなことはせず，語り手の主体性や自由度を最大限に尊重して得られる即興的な対話をデータとする。もちろん，語り手に主体的かつ自由に語ってもらう作業は，場当たり的なものではない。豊かな語りをていねいかつ詳細に記録するためにはかなりの熟練が必要となる。フィールドワーク（実地調査）などの初期において参与観察（研究対象となる集団に調査者自身が参加して観察を行う）と組み合わせて用いられることが多い。

1.2　仮説の有無による分類

調査インタビューはまた，仮説の有無によって仮説検証型と仮説生成型に区別できる。

前者の仮説検証型は，先行研究の知見や理論的観点から検証すべき仮説がすでにあり，それを検証するために必要なデータを，インタビューを通じて得ようとする。収集されるデータは仮説に関連するものに焦点がおかれ，量的な分析が中心となる。

後者の仮説生成型は，これまで十分な研究が行われていないなどの理由から，明確な仮説がない状態で探索的にデータを収集し，そこでのデータをもとに仮説を生成しようとする。多様なデータを収集し，主に質的な分析を行うことで，仮説をボトムアップに生成することを目指す。本章の実習で体験したのはこの仮説生成型のインタビューである。

構造化の程度との関連では，仮説検証型は構造化の程度が強い側（構造化インタビュー～半構造化インタビュー）に，仮説生成型は構造化の程度が弱い側（半構造化インタビュー～非構造化インタビュー）に対応づけられる。

1.3　インタビュー法の長所と短所

インタビュー法では，相手の語りをていねいに聞く。特に語り手自身が主体的に経験をどのように組織化し，関連づけ，意味づけているか，深く聞くことができる。これらは表面的になりやすい一般的な質問紙法に対して長所である。

他方，言葉によるコミュニケーションが前提となるので，得られる情報が語り手の自己省察力と言語による表現力に依存するところがある。そのため，言語表出が困難な乳幼児や言語障害を抱えた人には

[6] 構造化の程度による分類は臨床面接にも適用できる。診断面接では，構造化面接の形を採用することがある。一方，カウンセリングなどの治療面接では，半構造化面接あるいは非構造化面接の形をとることが多い。

あまり適さない。またインタビューの計画と実施において調査者の技量が大きく影響し，分析・解釈においても熟練が求められる。さらに一度に大勢の対象に対する調査を行う場合には，相当量の人手と労力を必要とするため，実験や質問紙調査と比較してコストがかかる。

インタビュー法で得られる情報は，質的に分析されることが多い。質問の観点や得られたデータの解釈に調査者の見方が入り込みやすい危険性もある。ただしインタビューを研究者（聞き手）と語り手の共同構築や相互行為の場ととらえる観点からは欠点とはいえない。

2．インタビューでの効果的な質問

インタビューでは，聞き方によって語り手の話す内容が変わってくる。そのためインタビューで発する質問の仕方のタイプについて理解することは重要である。インタビューでの質問として，たとえば，以下のようなタイプを挙げることができる（Kvale & Brinkmann, 2008）。

①導入の質問（～について話してくれませんか）
②フォローアップする質問（相槌を打ったり，重要な言葉を繰り返す）
③探りを入れる質問（それについて何かもう少し話してもらえませんか）
④特定化する質問（それであなたはどう思ったのですか）
⑤直接的な質問（～について賛成ですか，反対ですか）
⑥間接的な質問（～という意見がありますが，それについてどう思いますか）
⑦構造化する質問（ＡはＢとどのような関係にあるのでしょうか）
⑧解釈的な質問（つまり～ということでしょうか）
⑨沈黙

これらの中で，沈黙が質問であるというのは奇妙に感じるかもしれない。しかしコミュニケーションにおいて，沈黙もまた，なんらかのメッセージを伝えるのである。たとえば，相手が沈黙するとき，相手は質問の意味を吟味しているのかもしれないし，昔の記憶をたどっているのかもしれない。あるいはその質問に対する拒否を沈黙であらわしているのかもしれない。また，聞き手の沈黙は相手の沈黙に対して待つ，ということを意味する。聞き手は適切な沈黙によって，「待っている」ということや「理解しようとしていること」を伝えることができるのである。

またインタビューでの質問は，大きく拡散的なものと収束的なものに分けることもできる。上の９つのタイプでは，①導入の質問，③探りを入れる質問，⑥間接的な質問は拡散的である。一方，④特定化する質問，⑤直接的な質問，⑦構造化する質問，⑧解釈的な質問は収束的である。

拡散的・収束的と関連する区分として，回答に対する制約の強さから，オープン質問，WH 質問，クローズド質問に分けることもできる。回答に制約のないオープン質問に対して，WH 質問では，「いつ」「どこで」「誰が」「何を」「どのように」「どうした」「なぜ」などを指定して尋ね，クローズド質問では，「はい・いいえ」やいくつかの選択肢から選んでもらう制約をつける[7]。オープン質問は拡散的な質問であり，WH 質問，クローズド質問はこの順序で収束的な度合いの強い質問になる。

さて，読者が行う質問は，どのようなタイプ，区分のものが多いだろうか。今回の実習や日常生活を振り返って考えてみるとよい。そして，効果的な質問ができるよう，努力と工夫を重ねていってほしい。

3．より深く学ぶために：推薦図書

近年，質的研究が盛んになってきているのと合わせて，インタビューの方法論について日本語で読める文献が多数刊行されている。基礎を学ぶには，保坂・中澤・大野木（2000）や松浦・西口（2008）がコンパクトにまとめられており，初学者にお薦めである。インタビューのさまざまな方法論の詳細を知りたい場合は，やまだ（2007）などが参考になるだろう。さらにインタビューの概念をめぐる近年の動向をより深く学びたい場合には，川島（2013）や能智（2011）を参照してほしい。

「聞く」という方法は，心理学では臨床分野でも非常に重要であるし，心理学以外のさまざまな専門的活動や日常生活でも重要である。そうした広い観点から「聞く」営みについて学ぶには，たとえば，東山（2000），阿川（2012）のような書籍も参考になるだろう。

[7] 11章の「解説」の5.2では，司法場面での面接法との関連で，この区分を紹介している。

4．補足（主に教員向けの解説）

4.1 授業構成の目安

本章の実習内容は，インタビューの実施を中心とする実習（実践篇），仮説の生成を中心とする実習（分析篇）の２つのパートからなり，各パートに90分授業１コマずつをあてて全２コマで行うことを想定している。２週にわたる場合，トランスクリプト作成は宿題にすると余裕ができる。連続した２コマの場合，トランスクリプトの作成は授業時間内では終わらないことが多いだろうから，実習中の活動は作成がすんだ分で行い，終わらない分は宿題とする。インタビューや分析技法についてていねいに解説し学習を深めるには，３コマ以上の時間がほしい。

4.2 発展的な実習

発展的な実習としては，データ分析を充実させるとよい。トランスクリプトからボトムアップに仮説を生成するためには本来，より詳細な分析手続きが必要である。そのためKJ法やグラウンデッド・セオリー・アプローチなどの方法論を取り入れる工夫が考えられる。入門書としては，それぞれ川喜田（1967）と戈木（2008）などがよい。トランスクリプトの語りを数量的に分析すること，たとえば特定のカテゴリーを用いて分類し，その個数をカウントし，統計的検定を施すなどの方法もあるだろう。

また本章では半構造化インタビューのみを扱ったが，構造化インタビューや非構造化インタビューについての実習をあわせて行い，そこで得られる語りの差異について検討するのもよいだろう。

本章の実習は，インタビューについて，そのごく「さわり」を経験した程度である。長期的なプログラムも視野に入れて，実習を設計することを推奨したい。伊藤・能智・田中（2005）や，やまだ（2003）に半期をかけて行う授業の例が紹介されている。

◆引用文献

阿川佐和子（2012）．聞く力――心をひらく35のヒント――　文藝春秋（文春新書）
東山紘久（2000）．プロカウンセラーの聞く技術　創元社
保坂　亨・中澤　潤・大野木裕明（編著）（2000）．心理学マニュアル　面接法　北大路書房
伊藤哲司・能智正博・田中共子（編）（2005）．動きながら識る，関わりながら考える――心理学における質的研究の実践――　ナカニシヤ出版
川喜田二郎（1967）．発想法――創造性開発のために――　中央公論社（中公新書）
川島大輔（2012）．パーソナリティの測定――面接法と観察法――　鈴木公啓（編著）パーソナリティ心理学概論――性格理解への扉　ナカニシヤ出版　pp.191-201.
川島大輔（2013）．インタビューの概念　やまだようこ・麻生　武・サトウタツヤ・能智正博・秋田喜代美・矢守克也（編）質的心理学ハンドブック　新曜社　pp.294-306.
Kvale, S., & Brinkmann, S. (2008). *InterViews: Learning the craft of qualitative research interviewing.* 2nd ed. Thousand Oaks, CA: Sage.
松浦　均・西口利文（編）（2008）．心理学基礎演習３　観察法・調査的面接法の進め方　ナカニシヤ出版
能智正博（2011）．臨床心理学を学ぶ６　質的研究法　東京大学出版会
戈木クレイグヒル滋子（2008）．質的研究方法ゼミナール――グラウンデッド・セオリー・アプローチを学ぶ――　医学書院
やまだようこ（2003）．フィールドワークと質的心理学研究法の基礎演習――現場（フィールド）インタビューと語りから学ぶ「京都における伝統の継承と生成」――　京都大学大学院教育学研究科紀要，**49,** 22-45.
やまだようこ（編）（2007）．質的心理学の方法――語りをきく――　新曜社

22章

質問紙法のパーソナリティテスト

1つひとつの質問が目盛り

◇実習の前に◇

1．質問紙法のパーソナリティテスト

図22-1では，「私は」の先が空欄になっている。パーソナリティ（personality，性格）に関する内容で，これを埋めてみようとすれば，いろいろな語やフレーズが浮かぶだろう。たとえば，「社交的だ」とか「人付き合いを好む方である」といった具合である。多くの他者についても同様のことができる。こうした作業をしてみると，パーソナリティには言葉で表現できる特徴があり，個性や個人差が言葉で示されることがわかる。そして，心理学を学ばずとも，自他のパーソナリティについて「それなりに知っている」こともわかる。

ただし，パーソナリティについて「それなりに知っていて言葉にできる」といっても，それで重要な特徴を取り上げることができているか，特徴の程度についてうまく把握できているか，となると不確かになってくる。パーソナリティの重要な特徴について定量的にとらえたい―本章で取り上げる質問紙法（questionnaire method）のパーソナリティテスト（性格検査）では，言葉による多くの質問に答えてもらうことで，これを実現しようとする。

①私は＿＿＿＿＿＿＿＿＿＿

②私は＿＿＿＿＿＿＿＿＿＿

③私は＿＿＿＿＿＿＿＿＿＿

④私は＿＿＿＿＿＿＿＿＿＿

⑤私は＿＿＿＿＿＿＿＿＿＿

……

図22-1　自分のパーソナリティを言葉にしてみる

パーソナリティテストの形式的な区分としては，質問紙法，投影法，作業法があるが，本章で扱う質問紙法は，その区分の中でも基礎研究と応用場面で最も広く使われている[1]。典型的な手続きとしては，多数の質問項目について，対象者本人が，あてはまり具合（“○×”や“yes-no”，「あてはまる」「ややあてはまる」「どちらでもない」「あまりあてはまらない」「あてはまらない」の5段階，など）を答える。多数の質問に対する回答は集計されて，たとえば，「外向性x点」というように数値化される。

パーソナリティは，身長や体重とは違って，直接に測定することはできない構成概念（construct）である。質問紙法のパーソナリティテストは，この構成概念を測定するための「ものさし（尺度，scale)」を提供する。個々の質問に対する回答は，この尺度の目盛りとしてはたらくようになっていて，多くの質問への回答を合計することで尺度の得点が得られるのである。

なお本章では，いわゆる性格を意味する語として，基本的にパーソナリティを用いる。この用語の学術的な定義はさまざまだが，本章では深入りせずに，「個人の心のあり方を特徴づけるもの」で，日常概念としての性格とほぼ対応するものという程度の理解でよい。心理学用語としては，従来，“personality”に対して「人格」，“character”に対して「性格」という訳語を対応させてきたが，人格という語は，たとえば，「人格者」「人格高潔」といった表現に見られるように，日常語としては価値づけのニュアンスを含む。しかし，パーソナリティという概念は価値中立的であり，日本語の日常語としては，むしろ性格の方が近い。こうした錯綜した事情もあって，近年はパーソナリティという語を使うことが増

[1] 質問紙法以外の方法のうち，投影法は25章で扱う。図22-1は投影法の一種とみることができる。作業法としては，1桁の数字の足し算を30分実施し，その回答からパーソナリティを推測する内田クレペリン精神作業検査が知られている。この単純加算作業は，17章の実験で使われている。またパーソナリティの測定は，定型化されたテストを用いる以外に，面接や観察を通しても行われる。

えている[2]。

2．新性格検査とBFS

この章の実習では，実際に代表的な質問紙法のパーソナリティテストを経験してみる。まず回答者（受検者，被検査者）としてテストを受け，その後の集計・解釈作業において実施者（検査者）の役割を担う。そして，個人や集団の結果に基づきつつ，質問紙法のパーソナリティテストの基本的な成り立ち（背景となるパーソナリティ理論と質問紙の構成）について理解を深めることを目指す。

本章で具体的に取り上げるパーソナリティテストは，「新性格検査」（国生・柳井・柏木，1990; 柳井・柏木・国生，1987）と“BFS”（和田，1996）の２つで，章末に収録したものが利用できる[3]。いずれも健常者のパーソナリティ全般を対象とするテストであり，測定ツールの基本である信頼性と妥当性（「解説」の３を参照）の点で適切であり，また標準化が施されたプロフィールを参照することで結果の解釈がしやすい。集計作業を通して，テストの仕組みが理解しやすい構成になっているのも，実習向きである。実習で用いる質問紙法パーソナリティテストにはさまざまな選択肢がありうるが，この２つは，心理学の基礎を学ぶ実習で最初に用いるものとして手頃であろう。

なお，個々人のパーソナリティテストの結果はプライバシーに関わる情報なので，自分自身の結果を含めて，取り扱いには十分に注意してほしい。

◇実　習◇

1．目　的

まず質問紙法のパーソナリティテストに（受検者として自分自身について）回答し，次いで，別の設定（自分のパーソナリティを他者に評価してもらう，１週間後に再度，自分自身について回答する，「こうありたい自己」を思い浮かべて回答する，など）で同じテストを実施する。以上を集計し結果の解釈（個別のパーソナリティの把握）を行い，さらに必要に応じてさまざまな分析を加えて，パーソナリティの構造や質問紙法について検討する。

2．材　料

新性格検査，BFSのいずれも，章末に収録されている（資料22-1，資料22-2）。集計，結果表示のフォームも同様である（資料22-3～資料22-6）。１回分ですむ場合は，そのまま記入すればよい。テスト用紙が複数部必要になる場合は，コピーして用いる。

3．方　法

3.1　実施形態

パーソナリティテスト自体は任意の人数で（個人でもペアでも実習グループ全体でも）実施できるが，通常，グループ全体で同時に行うのが自然だろう。その場合，全員が回答者（受検者）となる一方で，集計・解釈作業を行うという点では実施者（検査者）でもある。教示は指導者か実習生が行う。人数の制約はないが，集団としての特徴や傾向についての分析も行うのであれば，数十人以上のデータがあるのが望ましい。

3.2　実習１：自己評定によって自分自身のパーソナリティを測定する

まず通常のテスト実施手続きに沿って，自分が回答者となる状況でテストを経験してみる。

２つのテストを実施する。場合によっては２つのテストのいずれか一方という判断もありうるが，回答所用時間は短い（それぞれ10分程度）ので，理解を深めるという観点から両方の実施を推奨する。実施の際，教示をきちんと確認すること。指導者かグループの代表者，あるいは，ペアであればその一方が，教示を口頭で読み上げ，説明する。落ち着いて「普段の自分」についてきちんと回答する，というのが基本である。

回答終了後，気がついたことがあったら記録しておく。

---

[2] パーソナリティという心理学概念は，「個人の心を特徴づけるもの」として，性格だけでなく知能などの心的能力を含めることがある。知能などの心的能力について，本書では23章，24章で扱っている。

[3] 本章で用いた，新性格検査とBFSは，それぞれの著作権者である柳井晴夫氏，和田さゆり氏に使用許諾を得た。また，新性格検査の尺度解説，プロフィールは，柳井氏から提供していただいたものに基づいている。BFSのプロフィールは，齋藤・中村・遠藤・横山（2001）のデータを改訂し算出し直した尺度値を中村知靖氏から提供していただいたものによっている。本章の内容は，以上の方々の多大な寄与によるものであることを記し，深く謝意を表します。

3.3　実習2：実習1と対応関係のある第2の測定をする

２つのテスト（なるべく両方のほうがよい）を用いて，実習１（「通常の自己」を本人が回答する）と対応関係のある別の回答を得る。具体的には，以下のようなものである。

①他者評定：自分のことをよく知っている他者（家族，知人など）が回答する（仲間評定，ピア評定とも呼ぶ）。

②再評定：自分自身が通常の手続きで２度目の回答をする（たとえば，１週間の間隔をおいて行う。再検査または再テストとも呼ぶ）。

③制約つきの自己評定：自分自身が「現在の通常状態の自己ではない自己」について回答する。具体的には，「こうありたい自己（理想自己）」という設定だと容易に実施できて考察もしやすいだろう。そのほかに，もっと限定して「就職活動で，自分をよく見せたいときに，どう答えるか」のようにしてもよいし，「中学校１年生のときの自己」のような現在以外の自己を設定してもよい。

①で他者に回答を求める際には，実習の趣旨をきちんと説明して了解をとり，教示を行ったうえで実施する。また，②や③で自分自身が２度目の回答をする場合は，実習１の集計の前（テストの結果や仕組みを知る前）に行う。

実習２を行って，気がついたことがあったら記録しておく。

4．結果の整理と分析

4.1　2つのテストの採点とプロフィール表示

以下の要領で，２つのテストそれぞれについて，尺度得点を求めプロフィールに表示する。

(1)　新性格検査

①それぞれの質問項目への回答を数値化して，章末の「集計フォーマット」（資料22-3）に記入する。

通常（斜線がかかっていない項目）は，回答の○に２，△に１，×に０を与える。斜線がかかっている項目は，逆転項目（質問の仕方の方向が逆になっている）で，○に０，△に１，×に２を与える。

②横方向に10項目の得点を合計すると，尺度得点（０～20）になる。

③尺度得点を，章末の「新性格検査プロフィール」（資料22-5）にプロットする（対応する数字を丸で囲んでそれを直線で結ぶ）と，回答者の13尺度上での相対的位置づけを知ることができる。実習２を行って複数のプロフィールが得られるときは，それらを１枚に描く（黒丸実線と白丸点線などで区別する）と，相互の関係が把握しやすい。

(2)　BFS：Big Five 尺度[4]

①それぞれの質問項目への回答を集計用の数値にして，章末の「集計フォーマット」（資料22-4）に記入する。通常（斜線がかかっていない項目）は，回答の数値をそのまま転写すればよい。斜線がかかっている項目は，逆転項目なので，“１→７”，“２→６”，“３→５”，“４→４”，“５→３”，“６→２”，“７→１”，と改めて記入する（“８－回答の数値”となる）。

②横方向に得点を合計すると，尺度得点（12～84）になる。

③尺度得点を，章末の「Big Five 尺度プロフィール」（資料22-6）にプロットする（対応する数字がなく，前後の数字の間になることがある）と，回答者の５尺度上での相対的位置づけを知ることができる。実習２を行って複数のプロフィールが得られるときは，それらを１枚に描く。

4.2　多数の回答者のデータの分析

統計的な分析を中心とする応用的な実習である。時間や人数，実習生の予備知識に応じて，適宜，行う。

(1)　集団の特徴を調べる

実習１の尺度得点について全体での平均と標準偏差を求める。結果の数値をただ出すだけでなく，得点のヒストグラムや箱ひげ図を描いて，どのような分布になっているかを調べるとよい。回答者属性（たとえば，性別）ごとにも同様の分析をする。

(1)’　統計的検定を含む分析

属性ごとに尺度得点の平均に差がないか検定を行う。属性が性別のような２値であれば，対応のない t 検定である。

(2)　尺度の関係を調べる

実習１で得られた尺度得点間の関係を検討するために，相関係数を求める。散布図も描いてみるとよいが，すべての尺度（２つのテストで18ある）の組み合わせだと数が多いので，少数の組み合わせについて調べるというのでよいだろう。尺度間の関連の強弱・有無について仮説を立てて，それを確かめる

[4]　ここまでBFSという略称を用いてきたのは，実施時にテスト名から予断をもつのを避けるためである。

形をとる，あるいは，ソフトウェアで散布図行列（散布図マトリックス）を描き，そこで全体を見た上で，一部の散布図について改めて描く，といった方法をとるとよい。

⑶　実習１と実習２とで結果の関係を調べる

実習１と実習２で，各尺度に２通りの得点が得られたことになるので，両者の関係を全体で調べる。尺度得点の相関係数を求め，必要に応じて散布図を描く。２通りの得点で平均と標準偏差を求める。

⑶’　統計的検定を含む分析

２つの得点の間に平均に差がないか検定を行う。⑴’とは違い，対応のある t 検定である。

5．考察のポイント

5.1　個人の結果について

実習１で得られた結果に基づき，自分のパーソナリティの特徴について文章にする（解釈する）。解釈にあたって，基本的な手がかりはプロフィールに示された各尺度の得点である（尺度の意味・内容については「解説」の２を参照）。平均からの隔たりの大きい尺度に注目しつつ，パーソナリティ全体を第三者的に（自分を他者と見て，また，他者にも通じるように）文章にまとめる。尺度得点の高低をもたらしているのは個々の質問項目への回答なので，それも参考にする。２種類のテストを行った場合，まず，それぞれ独立した結果として文章化した上で，２つの解釈をまとめる文章を加える。

さらに，測定されたパーソナリティの「当事者」「持ち主」として，得られた結果についてどう考えるかを記す。集計作業に先立って自分自身のパーソナリティについてなるべく細かく自由に記述してみて，それとテストの結果とを対照すると，自身の素朴な見方と，テストの枠組みとの関係が意識しやすい。

5.2　第２の測定について

実習２で得られた結果は，実習１の結果と似た部分と違う部分があるだろう。この類似と差異について，どのように理解すればよいか。4.2の⑶で全員の分析も行った場合は，２度の測定の関連についてより一般的な考察ができる。

5.3　尺度の関係について

２つのテストで18の尺度があるが，それらの相互関係はどのようなものか。尺度の内容（個々の項目を含む）を吟味し，自身の結果も参考にして考察する。4-2の⑵の分析を行った場合は，それが重要な材料になる。２つのテストの関係を中心にするとまとめやすい。パーソナリティの複雑性が大きくは５因子でとらえられるという説についても議論できるとよい。

5.4　質問紙法のパーソナリティテストについて

実習をふまえつつ，質問紙法のパーソナリティテストの特徴（長所と短所）について考える。

◇解　説◇

1．質問紙法のパーソナリティテスト

1.1　特性論と尺度の構成

パーソナリティの理解に科学的研究の枠組みを適用して公共性をもたせるためには，何らかの記述法，測定法が必要になる。各種のパーソナリティテストというのは，パーソナリティという構成概念に相互に了解可能な近似を与えるためのツールである。

質問紙法のパーソナリティテストの多くは特性論（trait theory）を前提としている。特性論というのは，個々のパーソナリティを少数の典型的なタイプ（外向型と内向型など）の観点からとらえる類型論（type theory）と対置されるもので，パーソナリティのさまざまな側面というのは，基本的にいくつかの性質（特性）の程度の問題として把握できるとする立場である。程度の問題ということであれば，それは数値化できるだろうし，直線的なものさし，つまり尺度にのせることができるだろう，ということになる。

尺度は通常，複数の項目のセットによって構成される。質問紙法のパーソナリティテストに回答したあとの感想として，同じような質問が何度も出てきたというのがよくあるが，これは，そのように設計されているのである。同じ尺度に属する複数の項目は，相互に類似性（相関）をもつから，個々の項目への回答を足し合せることができ，尺度の目盛りとして機能することができるのである。

図22-2に，新性格検査の１つ目の尺度である「社会的外向性」と，それに属する２つの項目とを例に，項目と尺度との関係を模式的に示した。「話し好きである」度合いと「人と広く付き合う」度合いとは，独自性をもちつつ関連性をもち，それぞれが「社会的外向性」の一部分を担っている。

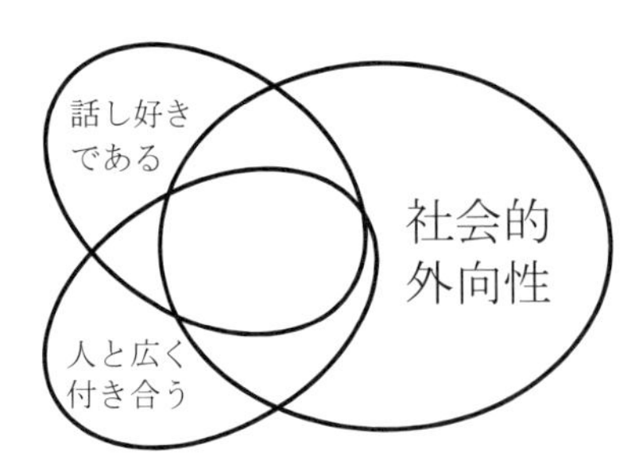

図22-2　質問項目と尺度との関係の模式図

同じ尺度内の項目間において類似性がある一方で，異なる尺度に属する項目間では類似性が低い（あるいはない）。複数の尺度を含むテストの場合，全体として見たとき，まとまるべき項目はまとまって特定の尺度を形作り，分かれるべき項目は分かれて別の尺度に属することになる。

新性格検査では「13尺度×10項目」，Big Five 尺度では「５尺度×12項目」という構成になっている。集計作業をしてわかるとおり，２つのテストはいずれも，一定の順番（スパイラルと呼ぶことがある）で尺度の項目が配置されている。一部，逆転項目があったのも，集計してわかるとおりで，これには測定内容を推測しにくくするとともに，次々と読み飛ばしていくような回答態度にブレーキをかける効果がある。回答の選択肢の数はさまざまで，２から７くらいまでが使われる（「２件法」や「７件法」と呼ぶ）。近年は5段階（５件法）を採用することが多いようである。実際に尺度を作るプロセスは，18章の質問紙作成法と基本的に同じである。

1.2　特徴と注意事項

質問紙法のパーソナリティテストは，実施手続きが簡便で，一度に多人数に実施することもできる。得られるデータは通常，数量的であり統計的な分析になじみやすい。その一方で，回答者側の適切な理解力（言語力と自己認識力）と，偽りなく回答する態度が前提となるため，実施が困難なケースや，回答内容に歪みが入る可能性がある。意識的・無意識的に自身をよく見せようとすることで「社会的望ましさ」が影響するし，本来の自分を隠したり偽悪的に答えたりすることもある。

なお，テストの教示にもあったように，通常，パーソナリティに良い悪いや正誤はない[5]。ただし，パーソナリティテストの結果の表現では，通常，言葉が使われ，そこには価値判断をはじめさまざまなニュアンスがつきまとうので，その解釈や意味づけには慎重さが求められる。たとえば，同じ結果でも，「平均」というか「平凡」というかで，印象は変わってくる。あるいは，「神経質」「細かい」「細やか」「繊細」「敏感」など，類似した表現はたくさんあるが，それぞれに独特のニュアンスがある。

2．実習で用いたテストについて

2.1　新性格検査

パーソナリティ全般に関する質問紙法テストとして日本でポピュラーなものに，YG 性格検査（矢田部ギルフォード性格検査）がある。新性格検査は，この YG 性格検査の問題点を改善することを目標として，計量心理学的方法を駆使して構成されたものである。

YG 性格検査は，120項目12尺度から成る。このテストは，実施・集計が容易で，プロフィールと類型判断（「Ａ型＝平凡型」のような類型化を行う）とによる結果表示も直感的にわかりやすいものだが，最初の発行が1951年，改訂版の発行が1965年であり，その後の計量心理学的スタンダードおよびパーソナリティ理論に照らして，不十分と見られる点がある。たとえば，1.1で説明したように，項目は属する尺度の内部でまとまっていて，他の尺度とは関連が弱い（ない）はずなのに，YG 性格検査は必ずしもそうなっていない。

新性格検査の具体的な作成手続きを図22-3に示した。この図を見るだけでも，１つのパーソナリティテストを作成するのに，専門的知識と多大な手間が必要なことがわかるだろう。まず，21の仮説的尺度と300の項目を用意するところから始めて，試行錯誤をまじえつつ，徐々に洗練の度を高めていっている。計量心理学的手続きの中心的な部分としては，全項目に対して因子分析を行い，項目全体が分類されて，独立性のある尺度群になることを導き，各尺度に対する主成分分析を行い尺度内部がひとまとまりになっていることを確認する，という流れになっている。こうした作業の結果として，新性格検査は，YG 性格検査と類似する部分もあるが，全体としてパーソナリティの多面性をより適切にカバーするも

[5] ある性格について，状況との組み合わせの中で，良い，悪いといった価値評価を生じることはありうる。また広義のパーソナリティの一部としての能力部分を測定する場合，通常，成績の高低がある。

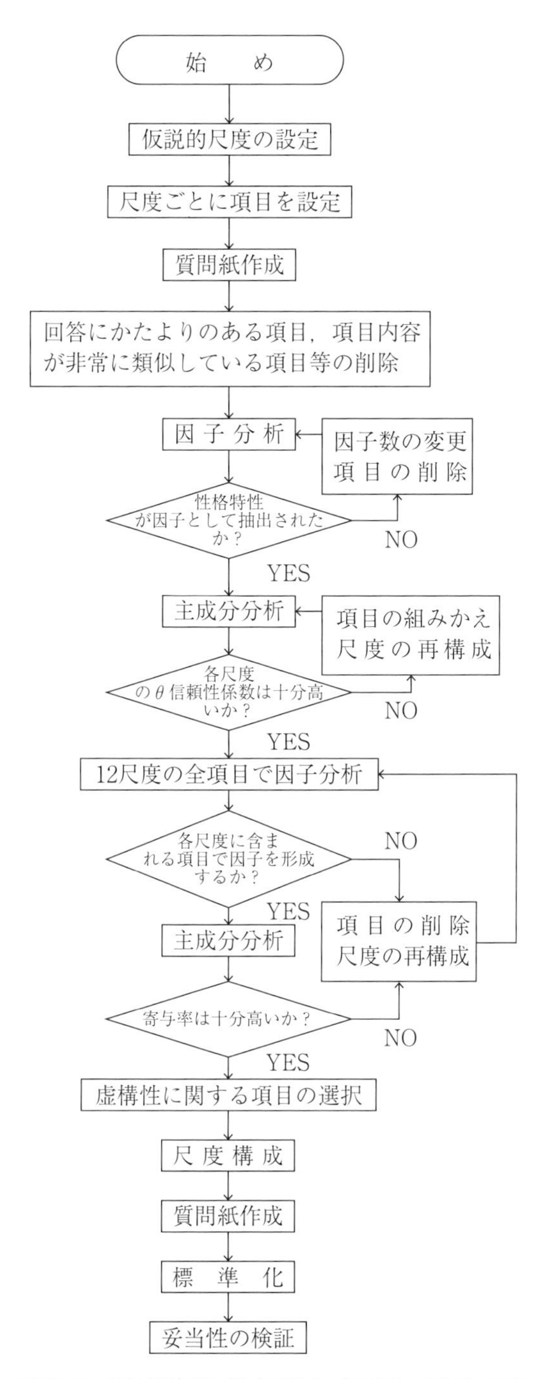

図22-3　新性格検査の構成手続き（国生他，1990より）

のとなり，信頼性と妥当性にすぐれたテストとなっている。

新性格検査の各尺度の意味を表22-1に示す。この表の7番目に挙げられている虚構性尺度は，テストの内容としては最後に（13番目の尺度として）追加されたもので，回答態度についての情報を提供し，得られた結果を評価・解釈する際の有効な手がかりになる。虚構性というのは，簡単に言えば「ウソ，偽り」のことで，悪い印象をもつかもしれないが，「自分をよく見せよう」という態度は，プラスにもはたらきうる性質であり，低ければよいといった単純なものではない。ただし，虚構性が高い場合には，自己申告による結果全体が社会的に望ましい方向にゆがんでいる可能性が高いので，結果の解釈に一層の慎重さが必要となる。

2.2　Big Five 尺度

パーソナリティの多面性をカバーするのに，新性格検査およびそれに先行する YG 性格検査では，12の尺度でおおよそ大丈夫と想定しているわけだが，これでよいのだろうか。もっと多い，あるいはもっと少ない，ということはないだろうか。このようなパーソナリティの基本次元の数と構造の問題に関して，長年にわたる論争を経て，1990年代以降，世界的におおむね標準的な見解となっているのが，5因子モデル，あるいはビッグファイブモデルと呼ばれるものである。

5因子の内容と命名の詳細は研究者によって幾分異なるが，実習で用いた Big Five 尺度での名称では，「外向性（extraversion）」，「情緒不安定性（neuroticism）」，「開放性（openness）」，「誠実性（conscientiousness）」，「調和性（agreeableness）」である（5因子の英語名はそれぞれ頭文字をとって略記することも多く，それを組み合わせて，“OCEAN”と呼ぶこともある）。これらの因子の中では「開放性」がわかりにくいかもしれない。これは「経験への開放性（openness to experience）」とも言われ，知性や創造性，頭のよさに関係するような側面である。概念上，知能との関連があり，性格の日常的イメージからは，ややずれる部分を含む。

これら5つの因子の存在は，言語も文化も異なるさまざまな国々，文化圏で繰り返し確認されている。こうした普遍的な結果が得られることは，パーソナリティの基本因子に遺伝的な基礎があることをうかがわせる。

5因子モデルに沿ったパーソナリティテストは日本でもいくつも作成されている。そうした中で Big Five 尺度は早い時期のもので，語彙的アプローチと呼ばれる方法で構成されている点が特徴的である。

表22-1　新性格検査の13尺度の意味

尺　度	意　　味
1 社会的外向性	社交的で広く人と付き合う。話し好きで陽気であり，人に頼りにされる人気者である。
2 活動性	何事も積極的にきびきびと行ない，いつもやる気にあふれている。リーダー格でてきぱきと仕事をこなす。じっとしているより体を動かしているのが好きである。
3 共感性	困っている人を見ると同情し，手を差し伸べる世話好きである。自分のことよりも相手のことを気遣い，相手の気持になって考える。
4 進取性	創造的で発明願望が強く，新しいことにチャレンジしようとする。平凡であることに飽き足らず，既成のものを打ち破る新しさにあこがれる。
5 持久性	ねばり強くこつこつやる。何事も最後までやりぬき，途中で投げ出したりはしない。困難なことや辛いことがあると，それに耐え，乗り越えようとする。
6 規律性	身のまわりを整理整頓し，生活を規則正しくするようにいつも心掛けている。何かをする時には計画を立て，物事を順序よく行なう。几帳面である。
7 虚構性	自分を偽り，社会的に望ましい方向に回答する傾向で，回答を信頼してよいか否かの判断の目安となる。
8 自己顕示性	目立ちたがりやで，ちやほやされることを好む。脚光をあびるのが好きで，すぐに自慢話をする。他人に自分を認めてもらいたいと欲している。
9 攻撃性	短気でやたらと相手を責め，批判する。好き嫌いがはっきりしていて，自分を傷つけられると黙っていないで言い返す。
10 非協調性	世の中を疎み，他人を信用せず，自分のカラに閉じこもる。利己的で他人と協力して何かをするのは苦手である。
11 劣等感	自信を持てず，いつも誰か他の人に依存している。自分の考えや意見を主張できず，自分ひとりでは決定を下すことができない。
12 神経質	細かいことが気になり，失敗をいつまでもくよくよ考える。他人の言動や物事について難しく考える傾向があり，心配事のために夜眠れなくなることがある。
13 抑うつ性	憂うつな気分になることが多く，すぐにふさぎ込んでしまう。訳もないのに不安になったり，自分がみじめに思えたりするなど，情緒的に不安定である。空想にふけり，考え込むくせがある。

すなわち他の多くのテストでは文を項目としているのに対して，Big Five 尺度では語（特性語，パーソナリティ形容語）を項目としており，直感的に回答しやすく実施が簡便である[6]。

実際の尺度作成では，まず英語で作られた300語から成るパーソナリティ表現語のチェックリストを翻訳し，加除をほどこして，198項目から成る原型をこしらえている。そののち，大学生583人に実施し，因子分析を中心とする分析を繰り返して，各尺度12項目ずつで全60項目という整った版にまとめている。なお，この実習での Big Five 尺度は７件法で答える形式だが，尺度作成時に，５件法でも同様の因子構造が得られることが確かめられている。また最近，短縮版（30項目からなる）が報告されている（並川・谷・脇田・熊谷・中根・野口，2012）。

具体的な内容については，まず各尺度に属する実際の項目を見るとよい。尺度ごとに，尋ね方の方向（逆転のない普通の項目か，逆転項目か）ごとに整理すると表22-2のようになる。項目の語の繰り返しにならないように短い説明を補うと，「外向性」は，外界への積極性が強く，人づきあいを好む度合いを示す。「情緒不安定性」は，感情が不安定で，ネガ

[6] ５因子モデルによるパーソナリティテストとしては，本章で取り上げた Big Five 尺度のほかに，市販されているものに次のものがある。いずれもカーボン紙で複写して集計できるので，実習でも使いやすい。
・５因子性格検査（FFPQ，冊子は北大路書房から入手可）
・主要５因子性格検査（冊子は学芸図書から入手可）
・日本版 NEO-PI-R（冊子は東京心理から入手可）

表22-2　Big Five 尺度の因子（尺度）と項目

因子	方向	項　目
外向性	＋	話し好き，陽気な，外向的，社交的，活動的な，積極的な
	－	無口な，暗い，無愛想な，人嫌い，意思表示しない，地味な
情緒不安定性	＋	悩みがち，不安になりやすい，心配性，気苦労の多い，弱気になる，傷つきやすい，動揺しやすい，神経質な，悲観的な，緊張しやすい，憂鬱な
	－	くよくよしない
開放性	＋	独創的な，多才の，進歩的，洞察力のある，想像力に富んだ，美的感覚の鋭い，頭の回転の速い，臨機応変な，興味の広い，好奇心が強い，独立した，呑み込みの速い，計画性のある
誠実性	＋	勤勉な，几帳面な
	－	いい加減な，ルーズな，怠惰な，成り行きまかせ，不精な，無頓着な，軽率な，無節操，飽きっぽい
調和性	＋	温和な，寛大な，親切な，良心的な，協力的な，素直な
	－	短気，怒りっぽい，とげがある，かんしゃくもち，自己中心的，反抗的

注：“＋”は逆転のない普通の項目，“－”は逆転項目

ティブになりがちな傾向である。「開放性」は，知的な独自性，優越性を通した状況への適応力である。「誠実性」はまじめできちんとしている性質のこと。「調和性」は協調性があって優しい程度を表す。

なお，５因子モデルと新性格検査やYG性格検査との関係が調べられており，新性格検査は５因子それぞれに対応する尺度をもつ（和田, 1996）のに対し，YG性格検査の尺度内容は５因子の一部にとどまる（夏野, 1998）ことが指摘されている。

3．質問紙法のパーソナリティテストにおける信頼性，妥当性，標準化

パーソナリティに限らず，測定一般において重要な概念に信頼性と妥当性がある（信頼性と妥当性の全般的な説明については，コラム６を参照）。信頼性は，測定によって得られた値が，どの程度，安定しているかを示すものであり，妥当性は，測定によって得たい情報が，どの程度，得られているかを示すものである。

信頼性を調べる主な方法に２つある。１つはテストを二度実施して同じような値が出るかを調べるものである。この測定時点を隔てても安定した結果が得られるという意味での信頼性は，再検査信頼性と呼ばれるもので，二度の尺度得点の相関係数が信頼性係数になる[7]。もう１つは，尺度の内的整合性（内部一貫性）を調べるもので，一度の実施で信頼性が推定できる。尺度に属する項目相互が適当に高い相関関係をもつ場合に，類似した情報をそれぞれの項目が分けもっているので，合計して得られる尺度得点は安定しているとみなせる。この考え方による信頼性の指標として広く用いられているのがα係数である。２種類の信頼性の指標は，いずれも０から１までの値をとり，１に近いほど信頼性が高いことを示す。パーソナリティテストの場合，.8から.9程度となることが目安とされている[8]。

妥当性の検証については，まず外的基準との関連

[7] 実習２の選択肢にあった再評定の手続きは，再検査を行う形になっている。

[8] 実習で用いた２つのテストの信頼性・妥当性については，原論文に基づいて山本（2001）で簡潔にまとめられている。なお，新性格検査の内的整合性についてはθ係数が示されているが，これはα係数と類似したものである（$\alpha < \theta$の関係がある）。

を確かめるという方法がある（基準関連妥当性）。外向性尺度であれば，実際に外向性といえるものを測っている必要がある。そこで，外向性の得点の高低が，外向性を反映する行動の多少と対応するならば，それは妥当性の根拠となる。自己評定と他者評定が一致するというのも同様である。また，すでにさまざまな尺度があるので，それらと整合的な関係をもつというのも妥当性の材料となる（構成概念妥当性）。たとえば，新性格検査の社会的外向性尺度は，Big Five 尺度の外向性尺度と高い相関をもつことが期待されるし，それ以外の尺度とはあまり相関をもたないことが期待され，実際にそうなっている[9]。質問項目の相関構造について，似ているべきものは似ていて，似ていないはずのものは似ていないことが確認できるという意味で，項目全体による因子分析で想定した因子が見出せるというのも，妥当性を示す材料となる（これも構成概念妥当性の1つだが，特に因子妥当性と呼ぶ）。2で述べたとおり，2つのテストのいずれでも，作成過程でこれを確認している。

パーソナリティテストが一般の使用に耐えるものとなるには，信頼性と妥当性の検証に加えて，標準化が必要である。たとえば，「外向性が x 点」というのであれば，その数字の高低の相対的位置づけを示す仕組みが不可欠である。そこで，しかるべき対象（規準集団）を設定してデータを収集し，集団の分布情報に基づいて個々人の結果が評価できる枠組みを整備することになる。本章の2つのテストでも，標準化を行った結果として，新性格検査はパーセンタイル（百分位数：百分割したときの順位）の表示によって，Big Five 尺度は偏差値によって，個人の得点の相対的な位置を知ることができる[10]。

質問紙法のパーソナリティテストは効率的な測定ツールである。この効率性は，実施者側のコストのみならず，測定を受ける側の負担という観点からも大切である。多くの人に一斉に実施できて，短時間で有用な情報が得られるのはすばらしいことである。この効率性が，信頼性や妥当性の検証，標準化といった基礎的な研究によって支えられていることをしっかりと理解してほしい。一方で，質問紙法を使えばそれだけで十分というものではないということも，改めて心に刻んでほしい。

[9] 2種類のテストの関係をデータに基づいて考察したり，実習2のオプションで他者評定と自己評定との関係を吟味したりするのは，妥当性についての検討に関わる。

[10] 2つのプロフィールは，散らばりの表現の仕方が違う（新性格検査では平均からの隔たりが大きくなると1点の刻みが粗くなるが，Big Five 尺度では目盛りの間隔は平均からの隔たりによらずに同一である）ので，相対的に同じ程度の位置でも印象が変わって見えることがある。また本章の2つのテストにおける標準化は，時期と対象が同一ではないので，規準集団の性質に差異がある可能性もある。

4．より深く学ぶために：推薦図書

パーソナリティの理論と測定については，まずは手持ちの教科書や参考書を読んでみてほしい。自学向きの本として，小塩（2010）を挙げる。本章で取り上げた2つのテストについて詳しく知るには，原論文（新性格検査であれば，国生他（1990），柳井他（1987），Big Five 尺度であれば和田（1996））をまず参照するとよい。Big Five 尺度については，辻（1998）を読むと，さらに多面的な情報が得られる。具体的なパーソナリティテスト，心理尺度について解説した書籍は多数あるが，本章で用いた2つのテストを含むものとして，山本（2001）がある。

5．補足（主に教員向けの解説）

5.1　授業構成の目安

実習1のみで，解説をコンパクトにすれば，90分授業1コマでも実施可能である。ただし，質問紙法のパーソナリティテストは基本的で重要度の高い学習事項なので，2コマ以上をあてるのがよいだろう。

本書で解説した2つのテストは，別途費用がかからず実習をさまざまに展開する上でも好適だが，それ以外のテストを使うという選択もある。ほかのテストを使う場合も複数のテストを組み合わせるとよい。たとえば，新性格検査と YG 性格検査をセットで実施することで，ポピュラーな YG 性格検査について批判的観点をまじえて体験的に学ぶことができるだろうし，Big Five 尺度と市販の5因子パーソナリティテストをセットで実施することで，5因子モデルと項目の実際について理解を深めることができる。

なお，本章の内容は，測定の形式という点では，18章の質問紙法，19章の SD 法と共通するところがあるので，これら2章と関連づけつつ実習授業を設計するのもよいだろう。一方，パーソナリティテストという観点からは25章の投影法と関係をもつので，両者をからめて実習を行うのもよい。

5.2 関連する小実習

授業に際して，テレビや雑誌などで紹介されるいわゆる「心理ゲーム」や「心理占い」の多くに見られる非科学性の問題を取り上げると，実習への興味を深めるのに役立つ。これに関わる小実習として，血液型性格診断を含むような実演（今井，2009，ウェブ上で読める），パーソナリティテストは当たるかについての実演（村上・村上，1999；Russo, 2010 安田訳 2010）がある。

5.3 発展的な実習

時間や目標に応じて，次のような観点から実習内容を拡充することができる。

⑴ 質問項目を考えてみる

いくつかの尺度（1つでもよい）について，項目の候補を自分で考えてみる。新たな項目についてグループでディスカッションをするのもよい。あらかじめいくつかの項目を追加した状態で，実習1以下を実施するというやり方もある。

⑵ 行動指標など他の測定値との関係を調べる

「質問項目への回答は本当か」を，実際の行動に即して検討してみる。たとえば，新性格検査の項目1は「話し好きである」だが，それに対する回答が，具体的な行動の観察によって裏付けられるかどうか調べてみる。取り上げる項目数は少なくてよい。行動観察は，他者によるものとする選択肢もありうるが，たとえば1週間程度，自分で自分の行動を意識して記録を残すという方法でよいだろう。この実習は，妥当性の検証の素朴な形になっている。

他のデータとの関連を調べるということでは，他の実習で得られた結果との関係を調べるという応用的な実習がある。他の尺度やテストの結果（19章で作成した尺度や25章の投影法など）と関連づけるほかに，実験の成績との関係を調べるような分析も考えられる。

⑶ 尺度の内的整合性とテストの因子構造を調べる

項目得点と尺度得点の関係（相関），項目同士の得点の関係を調べてみる。項目得点はそれが属する尺度の得点と相関があり，属しない尺度とは相関がない（弱い）と予想される。また同じ尺度内の項目相互では相関があると予想される。1つか2つの尺度を取り上げて調べる程度でよい。これは信頼性のうち内的整合性に関わる基礎的な分析だが，定型的な手続きとしては，各尺度のα係数の算出や主成分分析によって調べることができる。以上の分析は，第18章における質問紙作成時の手続きと類似したものである。

数百人のデータが必要となるが，それぞれ（またはいずれか1つ）のテストで項目を変数とする因子分析を行って，因子構造を確かめてみるというのは，テストの構成についての本格的な検証（因子妥当性の検討）になる。また2つのテストの全尺度の得点を変数として因子分析を行うと，2つのテストの全体的な構造と関連性をとらえることができる。

◆引用文献

今井久登（2009）．心理学に対するイメージと実像――「血液型と性格」の問題を例にして――　書斎の窓，No. 585（2009年6月号），45-49．有斐閣（http://yuhikaku-nibu.txt-nifty.com/blog/files/syosainoma-do090603.pdf）

国生理枝子・柳井晴夫・柏木繁男（1990）．新性格検査における併存的妥当性の検証――プロマックス回転法による新性格検査の作成について（Ⅱ）――　心理学研究，**61**, 31-39.

村上宣寛・村上千恵子（1999）．性格は五次元だった――性格心理学入門――　培風館

並川　努・谷　伊織・脇田貴文・熊谷龍一・中根　愛・野口裕之（2012）．Big Five 尺度短縮版の開発と信頼性と妥当性の検討　心理学研究，**83**, 91-99.

夏野良司（1998）．FFPQ と YG 性格検査との関係　辻　平治郎（編）5因子性格検査の理論と実際――こころをはかる5つのものさし――　北大路書房　pp.156-162.

小塩真司（2010）．はじめて学ぶパーソナリティ心理学――個性をめぐる冒険――　ミネルヴァ書房

Russo, N. F. (2008). Personality tests. In L. T. Benjamin Jr., (Ed.) *Favorite activities for the teaching of psychology*. Washington, DC, American Psychological Association. pp.203-207.（安田　傑（訳）（2010）．パーソナリティ検査　ベンジャミン，Jr., L.T.（編）中澤　潤・日本心理学会心理学教育研究会（監訳）心理学教育のための傑作工夫集――講義をおもしろくする67のアクティビティ――　北大路書房 pp.221-225.）

齋藤崇子・中村知靖・遠藤利彦・横山まどか（2001）．性格特性用語を用いたBig Five 尺度の標準化　九州

大学心理学研究 , **2**, 135-144.
辻　平治郎（編）(1998)．５因子性格検査の理論と実際――こころをはかる５つのものさし――　北大路書房
和田さゆり (1996)．性格特性語を用いたBig Five尺度の作成　心理学研究 , **67**, 61-67.
山本眞理子（編）(2001)．心理測定尺度集Ⅰ　人間の内面を探る〈自己・個人内過程〉　サイエンス社
柳井晴夫・柏木繁男・国生理枝子 (1987)．プロマックス回転法による新性格検査の作成について（Ⅰ）　心理学研究 , **58**, 158-165.

資料22-1　新性格検査質問票

番号[　　　　　　]　[満　　歳]　[男・女]　実施年月日[20　　年　　月　　日]

備考（実施条件など）[　　　　　　　　　　　　　　　　　　　]

＜やり方＞

(1) 以下に全部で130の質問項目があります。それらひとつひとつを読んで，その内容が自分自身にあてはまるかどうかを判断してください。

(2) 回答は以下の要領で，質問番号の前にある回答欄 [　] に記入してください。

内容が自分自身に

“あてはまる” ならば・・・・・・・・・・・・ ○

“あてはまらない” ならば・・・・・・・・ ×

（“どちらともいえない” ならば・・ △）

(3) 回答は，できるだけ ○ か × で，どうしても判断できないときに限り，△ で答えてください。あまり考えすぎると決められなくなりますから，大体の感じで素早く，自分のありのままを正直に答えてください。どの質問にも「正しい答え」や「まちがった答え」はありません。

[　] 1. 話し好きである。
[　] 2. 人からリーダーとして認められたい。
[　] 3. 相手の気持ちになって考えるようにしている。
[　] 4. 平凡に暮らすより何か変わったことがしたい。
[　] 5. すぐに飽きてしまうほうだ。
[　] 6. 旅行の計画は細かく立てる。
[　] 7. どんな人にも軽蔑（けいべつ）の気持ちを持ったことがない。
[　] 8. 注目の的になりたい。
[　] 9. 好き嫌いが激しい。
[　] 10. なるべく人に会わないでいたいと思う。

[　] 11. 多くの点で人にひけめを感じる。
[　] 12. 心配性（しんぱいしょう）である。
[　] 13. じっと静かにしているのが好きだ。
[　] 14. 人と広く付き合うほうだ。
[　] 15. 友だちよりもてきぱきと仕事ができる。
[　] 16. 物事に敏感（びんかん）である。
[　] 17. 古いものを改造するのが好きだ。
[　] 18. やりかけたことは最善をつくす。
[　] 19. 机の上や仕事場はいつも整頓（せいとん）してある。
[　] 20. 人から非難されても全然気にならない。

[　] 21. 人前で自分の経験を話すのが好きだ。
[　] 22. 人にとやかく言われると，必ず言い返す。
[　] 23. たいていの人は同情を得るため，自分の不幸をおおげさに話す。
[　] 24. 私には人に自慢できることがある。
[　] 25. ちょっとしたことが気になる。

[　] 26. 憂うつになることが多い。
[　] 27. 無口である。
[　] 28. 頭脳労働より体を動かすことが好きだ。
[　] 29. 困っている人をみると，すぐに助けてあげたくなる。
[　] 30. いろいろなものを発明してみたい。

[　] 31. こつこつやるほうだ。
[　] 32. 物事は順序よく行なう。
[　] 33. 約束の時間に遅れたことはない。
[　] 34. 服装は他の人と違うように工夫している。
[　] 35. 他人には寛大（かんだい）なほうだ。
[　] 36. 自分さえよければいいと思う。
[　] 37. 意見ははっきりと述べるほうだ。
[　] 38. 物事を難しく考えるほうだ。
[　] 39. 自分勝手に思い込むことが多い。
[　] 40. 自分はわりと人気者だ。

[　] 41. 何事にも積極的に取り組む。
[　] 42. 他人の苦しみがよくわかる。
[　] 43. どんなことでも試してみたい。
[　] 44. 面倒（めんどう）な作業でも投げ出さずにやれる。
[　] 45. 生活を規則正しくするよういつも心がけている。
[　] 46. 他人に自分をよく見せたい。
[　] 47. 劇をするとしたら主役になりたい。
[　] 48. 馬鹿にされたら，その仕返しをしたいと思う。
[　] 49. 親友でも本当に信用することはできない。
[　] 50. 自信を持っている。

[ ] 51. 神経質である。
[ ] 52. 会話の最中にふと考え込むくせがある。
[ ] 53. 生き生きとしていると人に言われる。
[ ] 54. 動作はきびきびしている。
[ ] 55. 頼まれ事は断り切れない。
[ ] 56. 他人の思いもつかないようなことをすることに喜びを感じる。
[ ] 57. やりかけた仕事は一生懸命最後までやる。
[ ] 58. きちんとした文章を書く。
[ ] 59. 知っている人の中でどうしても好きになれない人がいる。
[ ] 60. 何かにつけて人より目立ちたい。

[ ] 61. すぐ興奮してしまう。
[ ] 62. 友人は陰で私の悪口を言っていると思う。
[ ] 63. 困難にあうと，うろたえてしまう。
[ ] 64. 他人の言動をいちいち考える傾向がある。
[ ] 65. 理由もなく自分がみじめに思えてくることがある。
[ ] 66. 陽気である。
[ ] 67. 他人の行動をてきぱきと指図できる。
[ ] 68. 人のために自分が犠牲になるのはいやだ。
[ ] 69. これまでにないかわった映画を作成してみたい。
[ ] 70. 将来のためならどんな辛さにも耐えられる。

[ ] 71. 文字は丁寧に書くほうだ。
[ ] 72. どんな時でも嘘をついたことがない。
[ ] 73. コンクールで入賞したい。
[ ] 74. 意見が合わないと，相手を批判したくなる。
[ ] 75. 親切な人でも心の中ではいやいややっていると思う。
[ ] 76. グループで何か決める時は，誰か他の人の意見に従う。
[ ] 77. あまり物事にはこだわらないほうだ。
[ ] 78. すぐに元気がなくなる。
[ ] 79. 初対面の人には自分の方から話しかける。
[ ] 80. いつもやる気がある。

[ ] 81. 他人の世話をするのが好きだ。
[ ] 82. ふつうの人にできないような問題を解いてみたい。
[ ] 83. 決めたことは何が何でもやりぬく。
[ ] 84. 手紙はきちんと整理する。
[ ] 85. 無礼な人には無愛想に接してしまう。
[ ] 86. 有名人と近づきになりたい。
[ ] 87. 失礼なことをされると黙っていない。
[ ] 88. 嫌いな人と一緒に仕事をすることはできない。
[ ] 89. 何かを決める時自分ひとりではなかなか決められない。
[ ] 90. 心配事があって夜眠れないことがある。

[ ] 91. わけもなく不安になることがある。
[ ] 92. よく人から相談を持ちかけられる。
[ ] 93. 思い立ったらすぐに実行する。
[ ] 94. 人のことより自分のことについて考えるのが好きだ。
[ ] 95. 新しいことには，すぐに飛びつく。
[ ] 96. 長時間でも同じ仕事を続けられる。
[ ] 97. 何かをする時は必ず計画を立てる。
[ ] 98. どんなに辛いことがあってもいやになったことはない。
[ ] 99. 人が自分を認めてくれないと不満だ。
[ ]100. 短気である。

[ ]101. 人と協力して何かをするのは苦手だ。
[ ]102. 自分はつまらない人間だ。
[ ]103. いやなことはすぐに忘れるほうだ。
[ ]104. 体がだるく感じることがある。
[ ]105. 話題には事欠かないほうだ。
[ ]106. 何かと先頭に立って働くほうだ。
[ ]107. 人のためにつくすのが好きだ。
[ ]108. いつも何か刺激的なことを求めるほうだ。
[ ]109. ねばり強くあきらめないほうだ。
[ ]110. 書棚の本はいつも決まった位置におかれている。

[ ]111. 人の悪口を言いたくなることがある。
[ ]112. 自分のことが話題にされるのは好きだ。
[ ]113. 人に八つ当たりすることがよくある。
[ ]114. 人は皆，利欲のために働いていると思う。
[ ]115. 自分の考えは何かまちがっている気がする。
[ ]116. 気疲れしやすい。
[ ]117. すぐにふさぎ込んでしまう。
[ ]118. 誰とでも気さくに話せる。
[ ]119. じっとすわっているのは苦手である。
[ ]120. 気の毒な人をみると，すぐに同情するほうだ。

[ ]121. 新しいアイデアを考えるのが好きだ。
[ ]122. 困難な問題であれば，ますます挑戦の意欲がわく。
[ ]123. 食事は決まった時間にとる。
[ ]124. いやな相手が成功すると，素直に喜べない。
[ ]125. ちやほやされるのが好きだ。
[ ]126. 自分に都合が悪くなると，相手を責めたくなる。
[ ]127. 世の中の人は人のことなどかまわないと思う。
[ ]128. 人の言いなりになってしまうことがある。
[ ]129. 失敗するといつまでもくよくよ考える。
[ ]130. 空想にふけることが多い。

資料22-2　BFS 質問票

番号［　　　　　　］［満　　歳］［男・女］　実施年月日［20　　年　　月　　日］

備考（実施条件など）［　　　　　　　　　　　　　　　　　　　］

(1) この質問紙では，普段のあなたの性格についてお尋ねします。この質問紙で大切なことは，普段のあなたの状態を思いうかべて，率直に答えることです。自分をよく見せようとする必要はありません。自分に最も当てはまると思うところの数字を選んで回答してください。

(2) 正しい答えや，良い答えなどは特にありませんので，あまり考えこまず，感じたままにお答えください。

(3) 以下の 1.～60. に書かれたことは，日頃のあなたにどの程度当てはまりますか。
1（まったく当てはまらない）～7（非常に当てはまる）の中から選び，数字を○で囲んでお答えください。

	まったく当てはまらない	ほとんど当てはまらない	あまり当てはまらない	どちらとも言えない	やや当てはまる	かなり当てはまる	非常に当てはまる
1. 話し好き	1	2	3	4	5	6	7
2. 悩みがち	1	2	3	4	5	6	7
3. 独創的な	1	2	3	4	5	6	7
4. いい加減(かげん)な	1	2	3	4	5	6	7
5. 温和な	1	2	3	4	5	6	7
6. 無口な	1	2	3	4	5	6	7
7. 不安になりやすい	1	2	3	4	5	6	7
8. 多才の	1	2	3	4	5	6	7
9. ルーズな	1	2	3	4	5	6	7
10. 短気	1	2	3	4	5	6	7
11. 陽気な	1	2	3	4	5	6	7
12. 心配性	1	2	3	4	5	6	7
13. 進歩的	1	2	3	4	5	6	7
14. 怠惰(たいだ)な	1	2	3	4	5	6	7
15. 怒りっぽい	1	2	3	4	5	6	7
16. 外向的	1	2	3	4	5	6	7
17. 気苦労の多い	1	2	3	4	5	6	7
18. 洞察力(どうさつりょく)のある	1	2	3	4	5	6	7
19. 成り行きまかせ	1	2	3	4	5	6	7
20. 寛大な	1	2	3	4	5	6	7
21. 暗い	1	2	3	4	5	6	7
22. 弱気になる	1	2	3	4	5	6	7
23. 想像力に富んだ	1	2	3	4	5	6	7
24. 不精(ぶしょう)な	1	2	3	4	5	6	7
25. 親切な	1	2	3	4	5	6	7
26. 無愛想(ぶあいそう)な	1	2	3	4	5	6	7
27. 傷つきやすい	1	2	3	4	5	6	7
28. 美的感覚の鋭い	1	2	3	4	5	6	7
29. 計画性のある	1	2	3	4	5	6	7
30. 良心的な	1	2	3	4	5	6	7

	まったく当てはまらない	ほとんど当てはまらない	あまり当てはまらない	どちらとも言えない	やや当てはまる	かなり当てはまる	非常に当てはまる
31. 社交的	1	2	3	4	5	6	7
32. 動揺しやすい	1	2	3	4	5	6	7
33. 頭の回転の速い	1	2	3	4	5	6	7
34. 無頓着(むとんちゃく)な	1	2	3	4	5	6	7
35. 協力的な	1	2	3	4	5	6	7
36. 人嫌い	1	2	3	4	5	6	7
37. 神経質な	1	2	3	4	5	6	7
38. 臨機応変な	1	2	3	4	5	6	7
39. 軽率な	1	2	3	4	5	6	7
40. とげがある	1	2	3	4	5	6	7
41. 活動的な	1	2	3	4	5	6	7
42. くよくよしない	1	2	3	4	5	6	7
43. 興味の広い	1	2	3	4	5	6	7
44. 勤勉な	1	2	3	4	5	6	7
45. かんしゃくもち	1	2	3	4	5	6	7
46. 意思表示しない	1	2	3	4	5	6	7
47. 悲観的な	1	2	3	4	5	6	7
48. 好奇心が強い	1	2	3	4	5	6	7
49. 無節操(むせっそう)	1	2	3	4	5	6	7
50. 自己中心的	1	2	3	4	5	6	7
51. 積極的な	1	2	3	4	5	6	7
52. 緊張しやすい	1	2	3	4	5	6	7
53. 独立した	1	2	3	4	5	6	7
54. 几帳面(きちょうめん)な	1	2	3	4	5	6	7
55. 素直な	1	2	3	4	5	6	7
56. 地味な	1	2	3	4	5	6	7
57. 憂鬱(ゆううつ)な	1	2	3	4	5	6	7
58. 呑み込みの速い	1	2	3	4	5	6	7
59. 飽きっぽい	1	2	3	4	5	6	7
60. 反抗的	1	2	3	4	5	6	7

資料22-3　新性格検査　集計フォーマット

																				尺度番号	尺度得点
1		14		27		40		53		66		79		92		105		118		1	
2		15		28		41		54		67		80		93		106		119		2	
3		16		29		42		55		68		81		94		107		120		3	
4		17		30		43		56		69		82		95		108		121		4	
5		18		31		44		57		70		83		96		109		122		5	
6		19		32		45		58		71		84		97		110		123		6	
7		20		33		46		59		72		85		98		111		124		7	
8		21		34		47		60		73		86		99		112		125		8	
9		22		35		48		61		74		87		100		113		126		9	
10		23		36		49		62		75		88		101		114		127		10	
11		24		37		50		63		76		89		102		115		128		11	
12		25		38		51		64		77		90		103		116		129		12	
13		26		39		52		65		78		91		104		117		130		13	

各項目の数値を記入して，横方向に数値を合計すると尺度得点になる。斜線のない番号は，○を2，△を1，×を0とする。(斜線のある番号（逆転項目）は，○を0，△を1，×を2とする。

資料22-4　Big Five 尺度　集計フォーマット

																								尺度番号	尺度得点
1		6		11		16		21		26		31		36		41		46		51		56		1	
2		7		12		17		22		27		32		37		42		47		52		57		2	
3		8		13		18		23		28		33		38		43		48		53		58		3	
4		9		14		19		24		29		34		39		44		49		54		59		4	
5		10		15		20		25		30		35		40		45		50		55		60		5	

各項目の数値を記入（斜線のある番号は逆転項目）して，横方向に数値を合計すると尺度得点になる。

資料22-5　新性格検査プロフィール

新性格検査プロフィール　　（男性用）

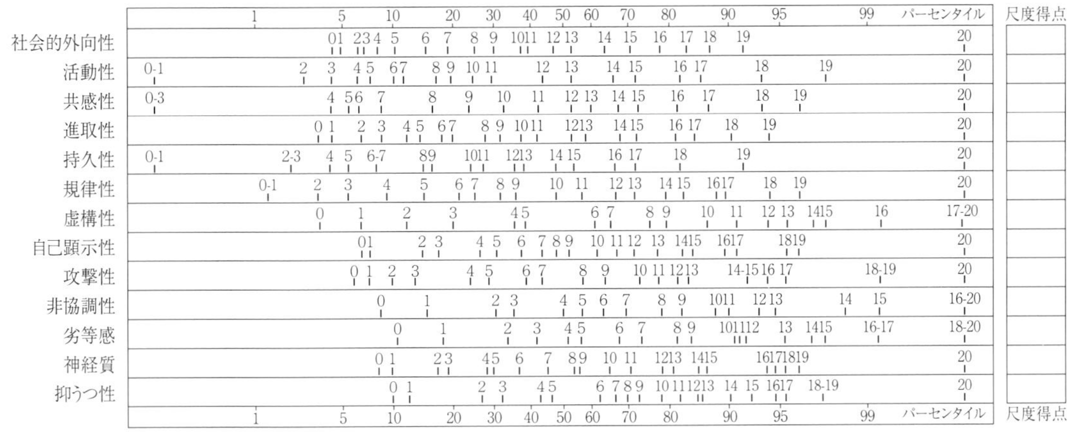

	1　5　10　20　30　40　50　60　70　80　90　95　99　パーセンタイル	尺度得点
社会的外向性	0 1　2 3 4　5　6　7　8　9　10 11　12 13　14　15　16　17　18　19　20	
活動性	0-1　2　3　4 5　6 7　8 9　10 11　12　13　14 15　16 17　18　19　20	
共感性	0-3　4　5 6　7　8　9　10　11　12 13　14 15　16　17　18　19　20	
進取性	0 1　2　3　4 5　6 7　8 9　10 11　12 13　14 15　16 17　18　19　20	
持久性	0-1　2-3　4　5　6-7　8 9　10 11　12 13　14 15　16 17　18　19　20	
規律性	0-1　2　3　4　5　6 7　8 9　10　11　12 13　14 15　16 17　18　19　20	
虚構性	0　1　2　3　4 5　6 7　8 9　10　11　12 13　14 15　16　17-20	
自己顕示性	0 1　2 3　4　5　6　7 8 9　10 11 12　13　14 15　16 17　18 19　20	
攻撃性	0 1　2　3　4　5　6 7　8　9　10 11 12 13　14-15 16 17　18-19　20	
非協調性	0　1　2　3　4　5　6　7　8　9　10 11　12 13　14　15　16-20	
劣等感	0　1　2　3　4 5　6　7　8　9　10 11 12　13　14 15　16-17　18-20	
神経質	0 1　2 3　4 5　6　7　8 9　10　11　12 13　14 15　16 17 18 19　20	
抑うつ性	0 1　2　3　4 5　6　7 8 9　10 11 12 13　14　15　16 17　18-19　20	
	1　5　10　20　30　40　50　60　70　80　90　95　99　パーセンタイル	尺度得点

新性格検査プロフィール　　（女性用）

	1　5　10　20　30　40　50　60　70　80　90　95　99　パーセンタイル	尺度得点
社会的外向性	0　1　2　3　4　5　6　7 8　9　10 11　12　13　14 15　16 17　18　19　20	
活動性	0-1　2　3　4　5 6　7　8　9　10 11　12　13　14　15　16　17　18　19-20	
共感性	0-1　2-3　4　5 6　7　8 9　10 11　12　13 14　15　16　17　18　19　20	
進取性	0-1　2 3　4　5　6 7　8 9　10　11　12 13　14 15　16 17　18　19　20	
持久性	0-1　2 3　4 5　6　7　8　9　10 11　12 13　14 15　16 17　18 19　20	
規律性	0-1　2　3　4　5　6 7　8 9　10 11　12 13　14 15　16　17　18　19　20	
虚構性	0　1　2　3　4　5　6　7　8　9　10-11　12　13　14-20	
自己顕示性	0　1　2 3　4　5　6　7　8 9　10　11　12 13　14 15　16-17　18-19　20	
攻撃性	0 1　2 3　4 5　6　7　8 9　10 11　12　13　14　15 16 17　18-19　20	
非協調性	0　1　2　3　4 5　6　7 8　9　10　11　12 13　14-15　16-20	
劣等感	0 1　2　3　4　5　6　7　8　9 10　11　12 13　14　15　16　17-20	
神経質	0　1　2 3　4　5　6　7　8　9　10-11 12 13 14 15 16　17　18　19　20	
抑うつ性	0　1　2 3　4 5　6 7　8　9　10 11 12 13　14　15　16　17-19　20	
	1　5　10　20　30　40　50　60　70　80　90　95　99　パーセンタイル	尺度得点

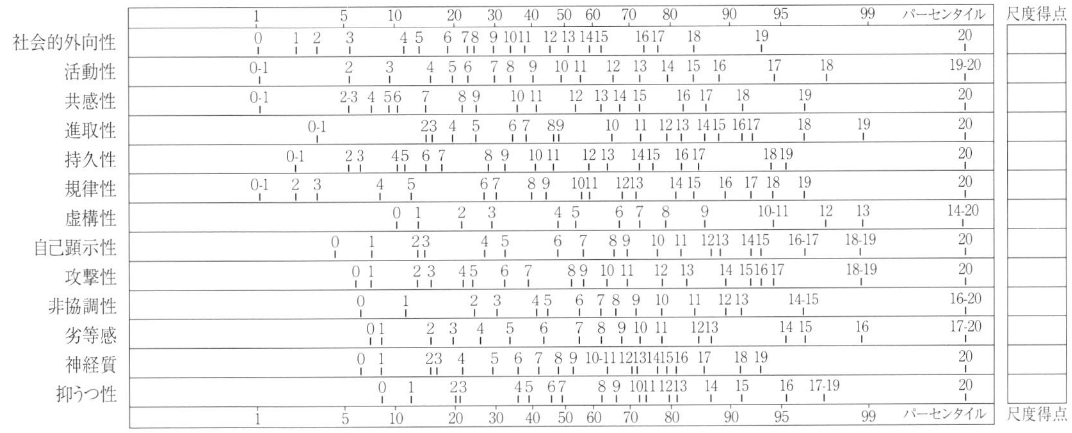

資料22-6　Big Five 尺度プロフィール（偏差値による表示）

		← 低														平均的												高 →			
		20	22	24	26	28	30	32	34	36	38	40	42	44	46	48	50	52	54	56	58	60	62	64	66	68	70	72	74	76	78	80
男性	1 外向性			14	17	19	22	25	28	31	34	37	40	43	46	49	52	55	58	61	64	66	69	72	75	78	81	84				
	2 情緒不安定性	13	16	19	22	24	27	30	33	35	38	41	44	47	49	52	55	58	60	63	66	69	72	74	77	80	83					
	3 開放性	18	21	23	25	28	30	32	35	37	39	42	44	47	49	51	54	56	58	61	63	65	68	70	73	75	77	80	82	84		
	4 誠実性		13	16	18	20	23	25	27	30	32	34	37	39	41	44	46	48	51	53	55	58	60	62	65	67	69	72	74	76	79	81
	5 調和性	19	22	24	26	28	31	33	35	38	40	42	44	47	49	51	54	56	58	60	63	65	67	70	72	74	76	79	81	83		
女性	1 外向性	19	21	24	26	29	31	34	36	39	41	44	46	49	51	54	56	59	61	64	66	69	71	74	77	79	82	84				
	2 情緒不安定性	19	21	24	26	29	31	34	36	39	41	44	46	49	51	54	56	59	61	64	66	69	71	74	76	79	81	84				
	3 開放性	17	19	22	24	26	28	30	32	34	37	39	41	43	45	47	50	52	54	56	58	60	62	65	67	69	71	73	75	77	80	82
	4 誠実性	14	16	18	21	23	25	27	30	32	34	37	39	41	43	46	48	50	52	55	57	59	62	64	66	68	71	73	75	77	80	82
	5 調和性	22	24	26	28	30	32	34	37	39	41	43	45	47	49	51	53	55	57	59	62	64	66	68	70	72	74	76	78	80	82	84

23章

知能検査

「頭のよさ」を測る

◇実習の前に◇

1．知能検査について

知能検査（知能テスト，intelligence test）は，知能を測定することを目的とする心理検査（心理テスト）である。知能について明確に定義することは難しいが，くだけた言い方をすれば，おおよそ「頭のよさ」のことである。心理学者は，知能検査という測定道具の開発と並行する形で，知能に関する研究を進めてきた。知能検査は，そこから得られる代表的な指標がIQ（知能指数，intelligence quotient）であることから，やや俗な言い方ではあるが，IQテストと呼ばれることもある。

知能検査にはさまざまなものがある。単に知能検査と言ったとき，複数の下位検査の組み合わせで構成された総合的なものを指すことが多い（たとえば，図23-1に示したウェクスラー式知能検査の１つであるWISC-Ⅳ知能検査）が，１種類の課題のみで知的水準を推定するものもある（たとえば，レーヴン色彩マトリックス検査）。実施形態によって個人式知能検査と集団式知能検査とがあり，ウェクスラー式知能検査のように同じ系統の検査でも対象の年齢によって何種類か用意されているものもある。乳幼児や児童の発達状況を調べる発達検査も知能検査の一種であると言えるし，成人を対象として臨床的に知的レベル（認知機能）の低下を検出しようとするものもある。知的能力を多面的にあるいは分割的に評価するという点で，神経心理学的テスト（主に脳機能の障害を評価するために用いられる；24章参照）と重なる部分もある。

本章では，初学者のための知能検査実習ということで，学生が検査者（テスター）と受検者（被検査者，テスティー）の両方を体験することをねらって，成人向けの個人式知能検査を取り上げる。具体的に

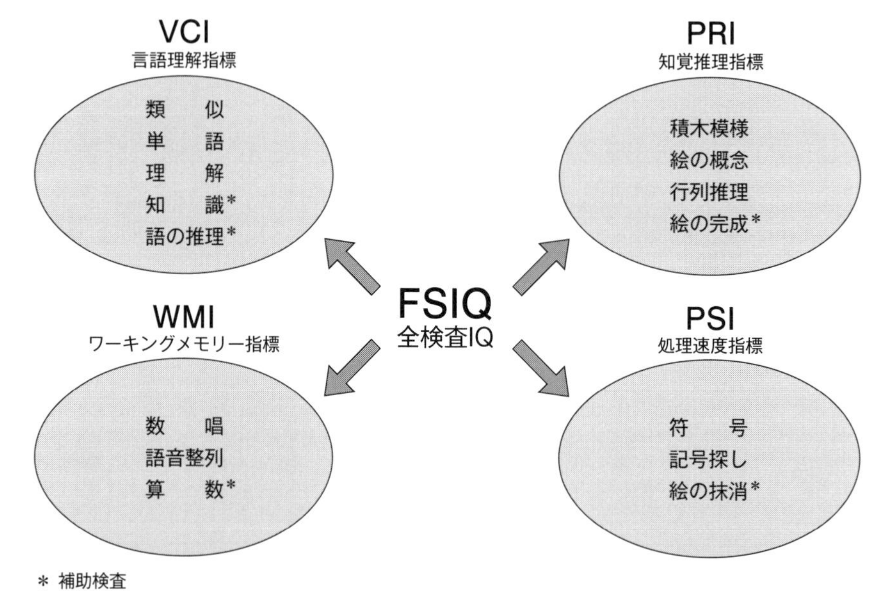

図23-1　ウェクスラー式知能検査（WISC-Ⅳ）の構成（Wechsler, D. 2010. p.4，図1.1より許可を得て転載）

は，代表的な個人式知能検査の１つであり，比較的，実施しやすいと思われる「田中ビネー知能検査Ｖ（ファイブ）」を材料として説明する（他の選択肢については，「解説」の5.2を参照）。

2．実習にあたっての心構え

心理検査を受ける立場におかれたとき，独特の抵抗感（受けたくないな，嫌だな，など）を覚えることがあるが，個人式の知能検査の場合には，ほかの心理検査よりもそれが強いことがありうる。そのようなことも意識しつつ，誠実で受容的な態度で取り組む必要がある

2.1　検査者として注意すべきこと

検査者は検査の仕組みや実施方法について熟知していることが，実際の検査では必須である。この実習においては，検査用具に初めて触れる者がほとんどだろうから，熟知を求めるのは難しいが，検査のやり方については，事前に学習して知っておく必要がある。

知能検査にはマニュアル（田中ビネー知能検査Ｖの場合，田中教育研究所 , 2003a, 2003b, 2003c）が用意されているので，手続きはそれに厳密に従う必要がある。検査者と受検者が知り合いであるような実習場面では「なれあい」が生じかねないが，それは排除しなければならない。長時間の検査（田中ビネー知能検査Ｖは１時間半程度かかる場合もある）の間，受検者に向き合う「姿勢」はきちんとしたものでなければならない。座り方や身ぶり，話しぶりにも気をつけなければならない。マニュアルの教示を勝手に言い換えたり，理解しやすいように勝手に言葉を付け加えたりといったことはしてはならないことは言うまでもない。

2.2　受検者になってみること

この実習では，受検者として，自分の知能が課題を通して測定されることを実体験する。受検者となってみると，検査者の行動の細かい点が気になることがある。検査者が，脚を組んでいたり，ふんぞりかえって座っていたりすると，真摯に検査をしているようには感じられないだろう。検査者の声が小さかったり，早口であったりすると，聞き取れずに困ってしまうこともあるだろう。

こういったさまざまな体験によって，検査者の行動が，たとえ些細なことであっても，受検者には気になって検査に集中できないことがあると理解できるはずである。そして，実際の臨床現場でも，検査者の行動の１つひとつが受検者に影響を与えうることが想像できるだろう。こうした点を実感することが受検者としての実習で求められている。

個人式の知能検査を受ける機会は，心理学を専門に学んでいても，あまりない。比較的長時間を要する検査を受検者として経験することで，心理検査を受ける側の心理的な負担を経験することは貴重な体験となるはずである。

◇実　習◇

1．目　的

個人式知能検査である田中ビネー知能検査Ｖを用いて知能の測定を行う。その際，検査者と受検者の両方を経験し，知能検査に関する理解を深める。

2．方　法

2.1　実施形態

ペアを作り，検査者と受検者とを交代して実施する。検査者と受検者の役割を体験し，それに基づく考察を行うことが実習の中心なので，全体の人数は任意である。

2.2　材　料

田中ビネー知能検査Ｖを成人向けに行うのに必要な材料一式（『実施マニュアル』の p.13を参照）。成人の場合には以下の６点のアイテムが必要である。

① 検査用具（成人向けでは，「カード１」「カード６」「用具６」「用具７」「用具18」を用いる）
② マニュアル一式（『理論マニュアル』『実施マニュアル』『採点マニュアル』）
③ 記録用紙
④ 所定用紙（A5判用紙を数枚）
⑤ ストップウォッチ（音の出ないもの）
⑥ 筆記用具（検査者の記録用のほかに，受検者用にＢ程度の柔らかい芯で消しゴムのついていない鉛筆数本）

2.3　検査場面の準備

『実施マニュアル』の pp.7-11に，検査場面に関する注意点として，検査時刻・時期，検査場所，検査用具や机の準備，座る位置，ラポート（検査者と受検者の親和的な関係）について注意すべき点が説明されているので，それぞれの内容について十分に

配慮する。

検査時刻・時期としては，受検者の体調や気分がよい時刻で，イベントの前後ではないことが望ましい（実習で配慮するのは難しいかもしれないが，これは子どもを対象とするときに特に留意すべき点である）。

実施場所は，静かで落ち着けて，採光や照明，換気や室内温度・湿度が適切であることが必要である。記録用紙の「アセスメントシート」（検査結果をまとめて記す部分）には，「検査場所のコンディション」として，「室内温度」「防音」「第三者の出入り」などを記録しておくようになっている。これらの状態が検査結果に影響する可能性があるからである。

場所としては，本来であれば，ペアごとに個人式検査に適した個室で実施することが望ましい。それができない場合でも，ペア同士が近すぎて検査に影響するのを避ける工夫をする（パーティションなどで仕切る，なるべく距離をとる，など）。

実施に先立って，『実施マニュアル』の pp.338-342にある「検査用具一覧」を見て，用具がそろっていることを確認し，スムーズに検査が行えるように配置する。用具は，個々の検査ごとに必要な用具のみを受検者の前に呈示する（検査用具全部を机の上に置いたりはしない）ので，検査用具を置く場所として，検査者側に補助テーブル（椅子でもよい）を用意する。

座る位置は，テーブルをはさんで向かい合う対面が基本であり，本実習でもこの形態でよいだろう（臨床場面では，斜めに向かい合う形や横に並ぶ形を選ぶ場合もある）。

2.4　記録の仕方

記録については，『採点マニュアル』（pp.11-19）を参照する。「ありのまま」に記録するのが基本である。記録内容は，課題自体への反応と行動観察とで２つの区分がある（記録の実際については『採点マニュアル』pp.58-67を参照）。

課題の正誤の記録に，「＋－」などの記号を用い，「○×」は使わない。「○×」を使うと，受検者がそれに気をとられることがあるためである（検査者は受検者から記録をのぞかれたりしないようなポジションをとることも大切である）。

「できた（＋）」，「できなかった（－）」の記録だけでも採点はできるが，検査に関わる情報として，受検者の反応は原則としてすべて記録するように心がける。受検者が言葉にした答えは逐語的に記録する。さらに，受検者が言語化したものだけでなく，検査場面は観察場面でもあることを念頭において，検査中の受験者の行動をしっかりと観察し記録する。その際，表情やジェスチャーといった細かな変化も見落としてはならない。行動については，検査終了後，「アセスメントシート」に適切に記入できるように特に留意する。具体的には，「検査の導入と経過」「問題に対して」で，受検者の行動について該当するものをチェックし，必要に応じてコメントを書き込めるようにする。また，「問題への取り組み」では，８つの視点（「意欲（興味）」「反応速度」「集中力」「粘り強さ」「言語の明瞭さ」「言語の表現力」「手先の器用さ」「作業速度」）について５段階評定（平均を３として良好であれば大きい数値とする）ができるようにする。そのほかに気づいた点は，「備考」欄に記述することになる。

2.5　検査の実施

成人（14歳０か月以上）に対しては，成人対象の課題「A01［成人］抽象語」（『実施マニュアル』p.288）から始め，『実施マニュアル』に従って検査を行う。原則として成人級の A01～A17を全問，順番に実施する（『実施マニュアル』p.17）。テストを開始する際には，時刻を記録しておく。

検査用具は，当該検査項目に必要なもののみをそのつど机の上に出し，終わったらすぐに机の上から取り去る。

検査者は，受検者の行動を観察しつつ，受検者との関係を良好に保つ必要があるので，用具の出し入れや回答の記録を行うだけではいけない。検査者は，教示を読み上げる際にも，受検者に目を向けるようにするなどの配慮が必要である。

成人対象のすべての問題について，それぞれで使用する用具や教示，さらに注意事項を表23-1にまとめた。

2.6　検査終了後

終了時刻を記録する。検査の終了後に，受検者に検査に関する感想（内省）を聞いて記録する。検査者としての内省も記録しておく。

3．結果の整理

3.1　検査問題の採点

各検査問題の採点については，『採点マニュアル』第２章の該当部分（pp.251-333）を必ず参照する。

表23-1　田中ビネー知能検査Ⅴ（成人用検査項目）のまとめ

問題番号	マニュアル該当箇所，用具など	教示	注意事項
A01 [成人] 抽象語	実施マニュアル pp.288-292 カード1のp.18	「これから，ここに書いていることばを順番に言いますから，その意味を言ってください。」	①カードの該当部分を「指さす」ことを忘れやすい。『実施マニュアル』で「同様にして」順次実施することを求めているので，それぞれ「指さす」ことが必要である。 ②カードは受検者の読みやすさを考えて，受検者の正面に置くこと。検査者は，（自分が見やすいように）自分の近くに，受検者からは傾いた状態で置いてしまわないように注意する。 ③正誤だけではなく，回答の内容を記録する。
A02 [成人] 関係推理 （順番）	実施マニュアル pp.293-294 カード6のp.1 ストップウォッチ	「これから，ここに書いている問題をわたしが読みますから，よく聞いていて，後で答えを言ってください。紙や鉛筆を使わずに，頭の中だけで考えてください。」	①問題を読むスピードが速くなりやすいので注意すること。『実施マニュアル』には「問題文を読むときは普通の語調で明瞭に発音する」（p.293）とある。近くでほかのペアも実施している場合は，検査者は声を小さめにし，スピードを少し落として読むとよい。 ②カードが受検者から見て傾いていることがあるので，受検者の正面に置くように注意する。 ③制限時間（3分）があることを忘れない。
A03 [成人] 積木の 立体構成	実施マニュアル pp.295-297 カード6のpp.2-8 直方体の積木 （用具7）12個 台紙（用具18） 桃色2枚 ストップウォッチ	「この図は，縦，横の比が2対1の直方体の積木を重ねたものです。（実際に直方体の積木を取り出して示しながら）つまり，ここを1とすると，ここは2倍の長さになっている，このような積木です。」 「それではこの積木を使って，これと同じ形になるように組み合わせてください。この上で積んでください。」	①小問を始める際に，積木は机の上にバラバラに置くこと。このことを忘れて，積木を箱から出したまま並べて置いたりしてはいけない。 ②1つの小問が終わって，次の小問に移る際にも，積木は机の上にバラバラに置くこと。前の小問で組み合わせた積木をそのままにして置いてはいけない。
A04 [成人] 関係推理 （時間）	実施マニュアル pp.298-299 カード1のp.19	「これから，カードに書いている文章をわたしが読みますから，よく聞いていて，後で質問に答えてください。カードは読み終えたら隠しますから，よく覚えておいてください。」	①これまでの課題では「カード呈示→教示」の順番であったが，ここでは逆に，「教示→カード呈示」の順番であることに注意する。「教示→カード呈示」に続けて，検査者はカードに書かれていることを音読する。 ②カードは受検者の正面に傾かないように置く。 ③検査者がカードの文章を読むのは一度限りである。（実習で近くでほかのペアも実施している場合，検査者は声を小さめにし，スピードを少し落として読むとよい。）
A05 [成人] 関係推理 （ネットワーク）	実施マニュアル pp.300-301 カード1のp.20 ストップウォッチ	「これから，ここに書いてある問題をわたしが読みますから，よく聞いていて，後で答えを言ってください。紙や鉛筆を使わずに，頭の中だけで考えてください。制限時間は5分です。」	①検査者はカードの文章を音読する際，問題文に書かれている点にしたがって，正確に指さしを行なう。
A06 [成人] 概念の 共通点	実施マニュアル pp.302-303 カード1のp.21	「これから，ここに書いている2つのことばを順番に言いますから，その共通点を言ってください。」	①カードの該当部分を「指さす」ことを忘れやすい。小問ごとに該当部分を正確に指さして問いを発する。
A07 [成人] 関係推理 （種目）	実施マニュアル pp.304-305 カード1のp.22 A5判用紙1枚 鉛筆1本 ストップウォッチ	「これから，ここに書いてある問題をわたしが読みますから，よく聞いていて，後で答えを言ってください。」 「紙と鉛筆を使って考えてもいいですよ。制限時間は5分です。」	①「カード呈示→教示→カードの問題文を音読→紙と鉛筆を渡す→教示追加」の順序である。紙と鉛筆を最初から与えてはいけない。 ②制限時間（5分）があることを忘れず，終わったら，紙と鉛筆を回収する。
A08 [成人] 文の構成	実施マニュアル pp.306-307 カード6のpp.9-12	「これから，ここに書いてある3つの単語を読みますから，その3つの単語を全部使って，1つの短い文を作ってください。単語の順番を換えることはかまいません。ただし，同じ単語を二度使うことはできません。	①受検者に紙や鉛筆は与えない。 ②正誤だけではなく，回答の内容を記録する。
A09 [成人] 数量の 推理 （工夫）	実施マニュアル pp.308-309	「これから，わたしが言う問題をよく聞いていて，後で答えを言ってください。紙や鉛筆を使わずに，頭の中だけで考えてください。」	①教示を行ってから，『実施マニュアル』のp.308に記載された問題文を読み上げる。問題文の①を読み，受検者の回答が得られたのち，問題文の②を実施する。 ②問題文は二度まで読んでよい。その際，問題文は全体を読む。（実習で近くでほかのペアも実施している場合，検査者は声を小さめにし，スピードを少し落として読むとよい。）
A10 [成人] ことわざ の解釈	実施マニュアル pp.310-313 カード1のp.23	「ここには，格言・ことわざが書かれています。これからわたしが順番に読みますから，そのことわざは，一般的にどのようなことを言い表しているか，その意味を言ってください。」	①カードの該当部分を「指さす」ことを忘れやすい。小問ごとに該当部分を正確に指さして問いを発する。

（次頁へ続く）

A11 ［成人］ 語の記憶	実施マニュアル pp.314-315 カード1の p.24 A5判用紙1枚 鉛筆1本 ストップウォッチ	「これから，カタカナ2字が組み合わされてできた語がいくつか書いてあるカードを見せます。3分たったらカードを隠しますから，その間に，カタカナ2字の語を順番にこだわらず自由に覚えてください。後で覚えている語を紙に書いてもらいます。」	①まず受検者の前に用紙と鉛筆を置く。置き方は『実施マニュアル』の p.314 に示されているので，それに従う。 ②用紙と鉛筆を置いた後で教示を与え，カード1の p.24 を受検者の前の用紙の上に置く。カードは，3分間置いておき，その後取り去る。そして教示を追加する。 ③制限時間（2分）があることを忘れず，終わったら，紙と鉛筆を回収する。
A12 ［成人］ 数量の 推理 （木の伸び）	実施マニュアル pp.316-317 カード6の p.13 ストップウォッチ	「これから，わたしがここに書いてある問題を読みます。後で答えと，どうしてその答えが出たか，考え方の両方を言ってください。紙や鉛筆は使わずに，頭の中だけで考えてください。」	①受検者に紙や鉛筆は与えない。 ②教示を与え，カードの文章を読み上げる。読み終えてから，教示を追加する。カードはそのまま机の上に置いておく。
A13 ［成人］ マトリックス	実施マニュアル pp.318-320 カード1の pp.25-31 ストップウォッチ	「上段の2つの図形をよく見て，その関係性を推理してみてください。さて，下段の左枠に図形がこのような位置に（指差しながら）置かれたなら，ここ（下段の右枠を指さして）にはどのような図形を置いたらいいでしょうか。上段の図形の関係性を考えながら，下のa～e（指差しながら）の中から一番ぴったり合うものを1つ選んでください。」	①（例）のカードを受検者の正面の見えやすい位置に置き，これを示しながら，教示を与える。
A14 ［成人］ 場面の 記憶	実施マニュアル pp.321-324 カード1の p.32 場面の記憶カード （用具6）14枚 ストップウォッチ	「これから，ある文章が書いてあるカードを見せます。それをわたしが読みますから，よく聞いていてください。後でいろいろ質問します。読み終えたらカードを30秒間見せて，そのあと隠しますから，できるだけ内容を正確に覚えるようにしてください。」	①開始する前に，「場面の記憶カード」14枚が，裏に書かれたアルファベット順に重ねてあることを確認しておく。 ②まず教示を与える。教示後にカード1を示し，検査者がカード1の文章を音読する。読み終えてから30秒間呈示を続け，カード1を取り去る。 ③その後に「場面の14枚のカード」を『実施マニュアル』の p.322 に示されたとおりに並べる。そして教示の①を与える。受検者が14枚のカードを並べ換えたら，それを記録し，14枚のカードを取り去ってから，教示の②，③を与える。
A15 ［成人］ 概念の 区別	実施マニュアル pp.325-327 カード6の pp.14-18	「これから見せる2つのことばはどういう点が違うか，その区別を言ってください。」	①教示をまず与え，カード6の pp.14-18 の中の①のカードを受検者に示し，問う。その後，②～⑤のカードを実施する。
A16 ［成人］ 数の順唱	実施マニュアル pp.328-329	「これから数をいくつか言います。あなたは最後までよく聞いていて，その数字をわたしが言ったとおりに言ってください。問題は1回しか言いませんから，よく覚えてください。」	①教示を与え，数字列を読み上げ，受検者に復唱させる。「③の5桁のA列」から始めることに注意する。
A17 ［成人］ 数の逆唱	実施マニュアル pp.330-331	「これから数をいくつか言います。あなたは最後までよく聞いていて，わたしが言ったのとは反対の順に言ってください。問題は1回しか言いませんから，よく覚えてください。」	①教示を与え，数字列を読み上げ，受検者に「逆唱」を求める。「②の4桁のA列」から始めることに注意する。 ②教示における「反対」の意味が理解されにくい場合には，「さかさま」「逆に」などと言い換えてもよい。

判断がつかないときは，指導者に相談すること。

3.2 アセスメントシートの作成

「生活年齢：14歳０か月以上」用の「アセスメントシート」に結果をまとめる。『採点マニュアル』の pp.58-59の具体例を見ながら作業するとよい。主なステップは以下のとおりである。

①生活年齢は『採点マニュアル』の pp.29-30を参照して求めて，記入する。

②検査の開始時刻，終了時刻，所要時間を所定欄に記録する。

③アセスメントシートの右側に下位検査ごとに得点を転記する（『採点マニュアル』pp.37-39を参照）。

④下位検査ごとの得点を「評価点」に換算する。『採点マニュアル』巻末の「換算表２」の中で，受検者の生活年齢に対応するページを参照して評価点を求めて記入する。評価点は，「下位検査別プロフィール」に図示する。

⑤評価点は，「結晶性」，「流動性」，「記憶」，「論理推理」の４つの区分ごとに合計し，「合計得点」の欄に記録する。４つの合計値を合計した値を「全評価点合計」の欄に記録する。

⑥評価点を DIQ（deviation intelligence quotient，偏差知能指数）に換算する。「領域別 DIQ」については『採点マニュアル』巻末の「換算表３」を，「総合 DIQ」については「換算表４」を利用して求める。得られた数値を「DIQ 欄」に記録するとともに，「領域別プロフィール」に図示する。

⑦アセスメントシートの左側にある「行動観察の記録」を整理する。具体的な行動観察，あるいは気づいたことに関しては，右下の「備考」の欄に記載する。必要に応じて，「行動観察の記録」の関連するところにも書き込むとよい。

４．考察のポイント

4.1 知能検査の結果について

レポートには記録用紙一式を添える。特にアセスメントシートがしっかりと作成できていることが，レポート作成の基礎になる。記録用紙の内容をもとに，改めて検査結果のさまざまな要素を見直し，全体としての解釈を試みて文章化する。この文章化にあたっては，評価点と DIQ に基づく知能の特徴と，行動観察もふまえた課題対応の特徴とについて，第三者に伝わるようにまとめる。

なお，本実習では，検査者は未熟であり，受検者は検査について知っていて，実習場面は独特である（同じ場所で同時に複数の検査が進行することは通常ないし，面識のある者が役割を交代しながら行うという設定自体，特異である）。こうした状況が検査結果に影響する可能性があるし，理想的な検査状況で実施した場合にも誤差は生じやすくなる。このようなことも念頭に置いた上で，数値を絶対視することなく解釈を行う。記録用紙のほかに，受検者と検査者の感想や内省も役に立つかもしれない。

(1) 全体，領域，下位検査の得点について

解釈の中心部分は，DIQ に関するものである。DIQ は100が平均的水準であり上下に分布する（「解説」の2.1参照）。まず「総合 DIQ」の数値に基づいて，検査全体として，どの程度の水準にあるかをまとめる。

次いで，「結晶性」，「流動性」，「記憶」，「論理推理」の４領域に対する「領域別 DIQ」について，「領域別プロフィール」に即して検討する。さらに，「下位検査別プロフィール」を参照して13の下位検査ごとの成績を比較する（評価点の10を境にして高低が捉えやすいように工夫されている）。こうした４領域における領域別 DIQ と13下位検査における評価点とが示す高低に基づいて，受検者の知能の特徴についてまとめる。

(2) 行動観察について

行動観察―集中していた，飽きてきている，反応がすばやい，ゆっくりだが慎重だ，など―は，知能に関する結果と関連づけられるかもしれない。逐語記録に残されたミスの記録からは，どのようなミスをしやすいかを読み取ることができる。こうした事項について言及しながら，受検者の知能の特徴を文章化する。

4.2 知能検査について

この実習の検査者，受検者としての経験を踏まえて，田中ビネー知能検査Ⅴの長所と短所を考察する。可能であれば，他の知能検査についても理解した上で知能検査全般に関しても議論できるとよい。具体的な論点の１つとして，知能に関して，田中ビネー知能検査Ⅴ（やほかの知能検査）では，どのような内容が測定できていて，どのような内容が測定できてないのか，というものがある。

◇解　説◇

1．知能と知能検査

1.1　知能をどうとらえるか

知能の定義は研究者によってさまざまだが，多くの研究者が同意する公約数的な定義を，知能研究における代表的な学術誌である“*Intelligence*”に掲載された論説[1]から紹介しよう。

「知能とはごく一般的な心的能力であり，推論する，プランをたてる，問題を解決する，抽象的に思考する，複雑なアイディアを理解する，すばやく学習する，経験から学習する，などの能力を含む。単に書物上の知識や，狭義の学力や，テストでの得点力があるということではない。むしろ，環境理解の広く深い能力――物事を「把握」し，「了解」し，すべきことを「具体化」できること――を表している。」(Gottfredson, 1997, p.13)

これを見ると，知能として，思考力と学習力を中心とする一般的，基礎的で適応に役立つ知的能力を想定する見方が有力であることがわかる。思考や学習以外に，記憶，知識，創造性などを挙げることも多いし，狭義の知性にとどまらず，感情的知性や社会的知性のような観点を強調する立場もある。感情的知性については，EQという表現が日本でも一般向けの書籍などで使われているので，目にしたことのある人もいることだろう（EQはIQの類比から，emotionalの頭文字をとって作られたものだが，学術的に定着した用語とは言えない）。いずれにしても，知能の公約数的な部分については，ある程度の合意があるものの，知能の全体をどのようにとらえるかに関する議論は収束していない。

1.2　知能検査の構成

知能の研究にさまざまな方法がある中で，中心的位置をしめてきたのは，知能検査を用いた測定を中心とする心理計測的，計量心理学的なアプローチである。そこでは，知能検査を構成するさまざまな課題の相互関係や，知能指標の発達的変化，知能検査の結果とそれ以外の指標（学業成績や社会的成功など）との関連，知能における集団差，知能への遺伝や環境の影響などが研究されてきた。

個人式の知能検査における代表的な種類として，ビネー式知能検査とウェクスラー式知能検査がある。

ビネー式知能検査は，フランスの心理学者ビネー（Binet, A.）が医師シモン（Simon, T.）の協力を得て1905年に作成した最初の本格的な知能検査の発想を受け継ぐもので，知的能力をひとまとまりのものととらえ，その全体的水準を評価することを主にねらっている。これは，ビネーの検査が，フランス政府の依頼によって，子どもが公的教育を受けられる水準にあるかどうかの判断基準を提供する目的で開発されたことと関係している。

ビネー式知能検査には，代表的なものとして，アメリカの心理学者ターマン（Terman, L.）が所属大学の名を冠して1916年に発表したスタンフォード・ビネー知能検査がある。日本では，田中寛一による田中ビネー知能検査のほかに，鈴木治太郎による鈴木ビネー知能検査（1925年に公表され，2006年に久しぶりに改訂版が出ている）が知られている。

一方，アメリカの心理学者ウェクスラー（Wechsler, D.）が開発したウェクスラー式知能検査では，複数の機能領域の組み合わせとして知的能力を把握するようになっている。その背景には，彼がニューヨークのベルヴュー病院で心理臨床に携わっていたという事情がある。1939年に公表された最初の検査では，10歳から60歳を対象として言語性知能指数と動作性知能指数を算出し，さらに全体的知能指数を示す構成になっていた。

その後，対象年齢別に幼児用（WPPSI（ウィプシィ）: Wechsler Preschool and Primary Scale of Intelligence），児童用（WISC（ウィスク）: Wechsler Intelligence Scale for Children），成人用（WAIS（ウェイス）: Wechsler Adult Intelligence Scale）へと拡張再編されている。最新の版では，長年用いてきた言語性と動作性という区分は実証的根拠に欠けるとして，新たな知能構造の枠組みを採用している（図23-1にWISC-Ⅳの例を示した。日本では未刊であるが，WPPSIとWAISも第4版が出ている）。

人間の知能に関する大きな論点として，知能の内容はいくつなのかという問題があり，1つの因子を想定する立場と，大きく分かれる複数の因子を想定する立場とがある。これに関して，ビネー式知能検査は前者寄りであり，ウェクスラー式知能検査は後者寄りである。ただし，ビネー式知能検査でも複数

---

[1] これは1994年に52人の研究者が署名して，「ウォール・ストリート・ジャーナル（*Wall Street Journal*）」に発表した声明を拡充したものである。

因子の考え方を導入するようになっているし，ウェクスラー式知能検査でも全体を総合する指標を示す構成になっていることから，今日の知能検査の実態は，２つの立場の折衷的なところにある。これは，知的機能の全般的基礎となる一般的な因子（一般知能と呼んだり，generalの頭文字をとってg因子と呼んだりする）と，それだけでは説明しきれない因子区分のいずれもがあるとする見方が，近年，有力であることと対応している。

1.3　知能検査の効用と限界

知能検査は，知能に関する基礎研究のほかに，教育，産業，医療などの応用・臨床場面でも広く用いられている。知能検査から得られる情報は，学業成績について予測力があるし，学習障害や発達障害を診断する材料を提供してくれる。また，知能検査の成績は，多くの仕事で業務能力と関連するので，選抜や職場配置の資料となる。知能検査は，高齢者や脳損傷患者の認知機能を評価するのにも役立っている。

ただし，本来の知能という観点からするならば，知能検査がとらえているものは一部にとどまる。また，数年程度の比較的短い間に，知能水準がかなり大きく変動する例も少なくなく，知能が安定した個人特性であるという想定も見直しが求められている。知能検査で得られる成績が，組織的な知能研究が始まって以来，約１世紀にわたり，ほぼ一貫して上がり続けている（報告者の名前にちなんで，フリン効果（Flynn effect）と呼ばれている）というのも，知能測定の難しさを示している。

2．知能検査における知能水準の表現

2.1　知能指数について

(1)　精神年齢と比率知能指数

ビネーの知能検査では，発達にともなって能力が全般的に高まっていく状況を測定することをねらっており，精神年齢（MA: mental age）の概念を採用している。

古典的な知能指数（IQ）は，ドイツの心理学者シュテルン（Stern, W.）が考案したもので，1916年に最初の版が公表されたスタンフォード・ビネー知能検査以降，広く用いられるようになった。この知能指数では，精神年齢を生活年齢（CA: chronological age）との比較で表現する。精神年齢が生活年齢よりも大きければ，知的にすぐれている（発達が進んでいる）ことになるし，逆に精神年齢が生活年齢よりも小さければ，知的に劣っている（発達が遅れている）ことになる。この知能指数は，比率知能指数，比例知能指数（ratio IQ）とも呼ばれる。

比率知能指数の定義式は以下のとおりである。

$$\text{比率知能指数} = \frac{\text{精神年齢}}{\text{生活年齢}} \times 100$$

この式で重要なのは精神年齢を生活年齢で割る（比率にする）部分である。ただし，それだけでは小数になって読み取りにくいので，最後に100をかけている（小数点以下は通常，四捨五入）。これで平均的水準を100とする整数になる。この定義式からわかるように，比率知能指数は，精神年齢に比例し，生活年齢に反比例する。

比率知能指数の概念は，生活年齢とともに精神年齢が伸びるペースが一定（直線的）であることを前提としている。この定義だと，２歳での「IQ＝150」は，「精神年齢＝３歳」で１歳分だけ早熟ということになるが，20歳での「IQ＝150」は，「精神年齢＝30歳」で10歳分の早熟となる。生活年齢が大きくなると，同じIQにおける生活年齢と精神年齢の「差」が大きくなる。しかし，知能検査で調べるような能力のかなりの部分は，次第に伸びが鈍り，成人になる前後で頭打ちになる。「精神年齢＝30歳」の20歳を知的にきわめて優秀と評価するのは一般には無理があるから，成人に比率知能指数を定義式どおりに適用するのは適当とは言えない。

(2)　偏差知能指数

成人を対象としたときに，比率知能指数に問題があることをふまえ，ウェクスラー式知能検査では，分析診断型の構成に加えて，知能指数の算出に別の方法を採用している。

ウェクスラー式知能検査における偏差知能指数（DIQ）の定義式は以下のとおりである。

$$\text{偏差知能指数} = \frac{\text{個人の得点} - \text{同じ年齢集団の平均}}{\text{同じ年齢集団の標準偏差}} \times 15 + 100$$

この式で重要なのは，「×15＋100」の前の部分である。ここで求められる数値は，一般に「標準得点（ｚ得点）」と呼ばれるもので，「平均＝０」，「標準偏差＝１」になる。それに15をかけて100を加える

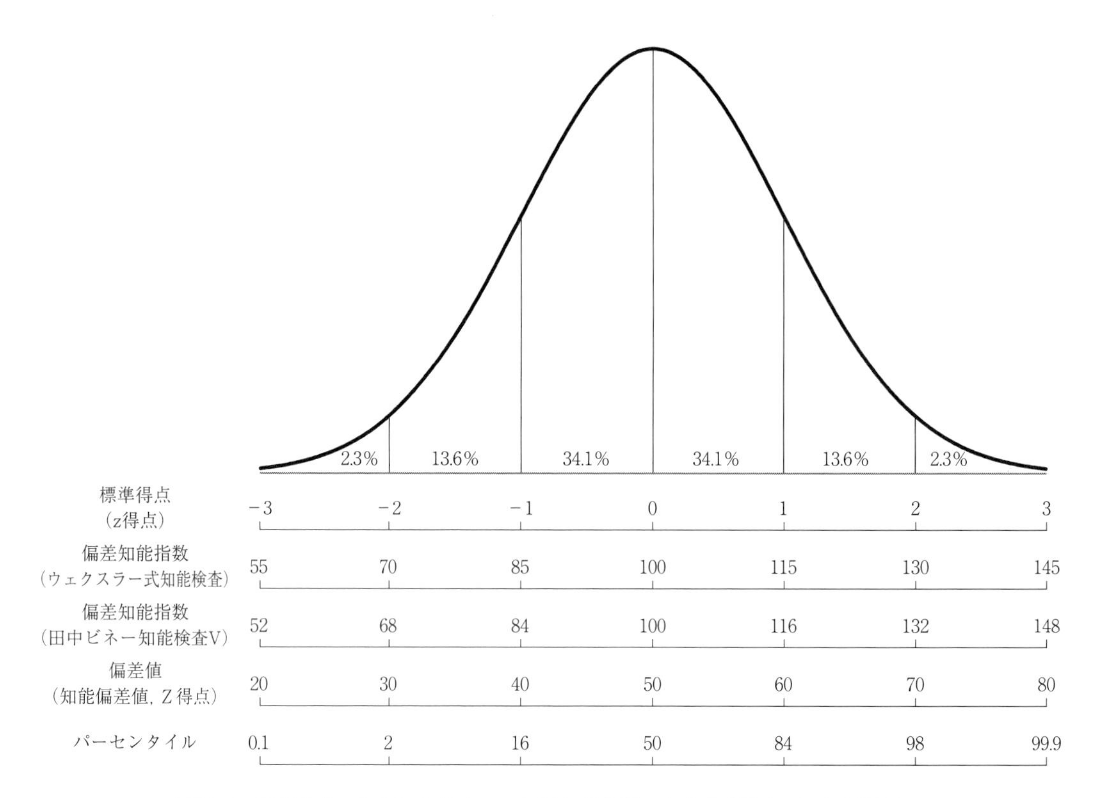

図23-2　正規分布を仮定した場合の，偏差知能指数，知能偏差値などの相対的位置

ことにより，偏差知能指数は，「平均＝100」，「標準偏差＝15」となる（小数点以下は通常，四捨五入）。これで，比率知能指数と同様に，平均的水準を100とする整数になる。

この「×15＋100」の部分を「×10＋50」（平均＝50，標準偏差＝10）にすると，偏差値（Z得点とも呼ぶ）になる。こちらの式で得られる値を，「知能偏差値」として検査結果の表現に用いるものもある（たとえば，4.2で紹介する「新田中B式知能検査」）。

スタンフォード・ビネー知能検査も1960年から偏差知能指数での表示に移行したが，「標準偏差＝16」とした（「×15＋100」の部分が「×16＋100」になる）ので，ウェクスラー式検査などの「標準偏差＝15」の検査とは数値の意味が少し違う（散らばりが少し大きくなり，100から隔たった値が少し出やすい）。実習で用いた田中ビネー知能検査Vの成人分でも，このスタンフォード・ビネー知能検査の1960年版と同じ定義を採用している。ややこしいことに，スタンフォード・ビネー知能検査は，2003年の第5版で，ウェクスラー式検査と同じ「標準偏差＝15」に変更している。

偏差知能指数も知能偏差値も年齢集団に基づいて標準化した得点であり，正規分布を仮定すると，図23-2のような分布になる。±1標準偏差の範囲に約3分の2が，±2標準偏差の範囲に約95%が入る。こうした分布を用いることで，得られた知能指数や偏差値の相対的な位置づけを推定することができる。たとえば，田中ビネー知能検査Vで「DIQ ＝116」であった場合，当該年齢集団の中で，上からだいたい6分の1の位置で，100人中16番くらい，ということになる。

2.2　知能検査の信頼性，妥当性，標準化

一般に測定においては，信頼性（得られる結果が安定していること）と妥当性（得たい情報が得られていること）が大切である。本格的な知能検査においては，これらの確認が行われている。

知能は安定性のある個人特性であると考えられているので，ある時点と半年後で比べれば同様な結果が出ると想定される。こうした信頼性（再検査信頼性）について，たとえば，実習で用いた田中ビネー

知能検査Ⅴでは，半年の間隔をおいて119人の幼児に二度実施したところ，精神年齢で.889，知能指数で.735の相関を得ている（『理論マニュアル』p.86）。

妥当性の評価は，測定しようとする知能の定義と関連する。全体的な知能に基づく精神年齢を想定して，それが発達にともなって伸びていくと考えるのであれば，当該年齢にふさわしい課題（やさしすぎず，難しすぎない）が用意されていて，その課題の成績が生活年齢とともに向上する必要がある。また，複数の領域から成る分析的な知能を仮定するのであれば，領域間では独立性があり（領域間では相関が弱い），それぞれの領域内ではまとまりがある（領域内の下位検査間では相関が強い）ことが要件となる。妥当性の認められた他の検査との関連を調べることもよく行われる。田中ビネー知能検査Ⅴでも，こうした観点から妥当性の確認作業が行われた（『理論マニュアル』，pp.83-86）。知能検査で得られた結果が実際の行動や成果（学業成績や教員による評価など）と関係するというのも妥当性を示す材料となる。

知能検査は診断的な目的で使われることが多いので，標準化によって評価基準がしっかり提供されていることが重要である。そのためには，母集団を代表するバランスのとれた構成で適当なサイズのサンプル（本来であればランダム・サンプリングの手続きによるもの）を対象としてデータを収集する必要がある。田中ビネー知能検査Ⅴの場合，予備調査と本調査とであわせて1,750人を対象として，性別にほとんど偏りのない集団で，年齢別に必要なデータを得たとしている（『理論マニュアル』pp.66-71）。知能検査においては，フリン効果に見られるような発達加速現象があるので，同じ検査問題であっても，評価基準の見直しを定期的に行う必要がある。

3．田中ビネー知能検査について

田中ビネー知能検査は，田中寛一によってスタンフォード・ビネー知能検査をもとに開発され，1947年に最初の版が公表されている。その後，1954年，1970年，1987年と改訂を重ねて，2003年に田中ビネー知能検査Ⅴが発表されている。この５番目の版では，大きな変更がいくつかあり，それが実習内容にも反映している。

第１に，14歳以上では，従来の比率知能指数ではなく，偏差知能指数（DIQ）を算出することにしている。これはスタンフォード・ビネー知能検査で1960年に行われた変更と同じで，知能指数の標準偏差は16だが，ウェクスラー式知能検査とスタンフォード・ビネー知能検査第５版の15とは違っている。一方，２～13歳については，従来の比率知能指数と精神年齢を算出するようになっている。知能評価の大枠について，田中ビネー知能検査Ⅴでは，「子ども＝比率知能指数と精神年齢」「大人＝偏差知能指数」という組み合わせを採用していることになる（ただし，子どもでも偏差知能指数を求められるように，月齢ごとの平均と標準偏差が提供されている）。

第２に，成人の知能においては，分析的な測定を取り入れるようになっている。「領域別DIQ」を算出する仕組みが，それを如実に示している。これもスタンフォード・ビネー知能検査第４版以降と同じ方向であり，ウェクスラー式知能検査のような発想を取り入れたことになる。一方，２～13歳については，全体としての発達水準を見るということで従来の枠組みを維持していることになる。「子ども＝概観的検査」「成人＝分析診断型検査」という折衷型の設計と言える。

第３に，「アセスメントシート」を導入することで，検査結果を総覧できるような工夫を取り入れている。実習での整理作業は，この改訂を利用したものになっている。

そのほかに，検査用具を一新し，また，１歳級以下の発達をとらえる指標の導入などの改訂を加えつつ，1984年版を踏襲して，新たに標準化を行っている。

4．より深く学ぶために：推薦図書

田中ビネー知能検査Ⅴを中心として，知能検査についての理解を深めるためには，まず『理論マニュアル』をていねいに読むとよい。多様な知能検査について概要を知るには，さまざまな心理テストを紹介した書籍（たとえば，上里，2001; 松原，2002）が役立つ。

知能というテーマに関する多様なアプローチを知るには，「サイエンティフィック・アメリカン」の特集号（サイエンティフィック・アメリカン，1999）がお薦めである。知能研究の近年の動向を学ぶには，「〈１冊でわかる〉シリーズ」の『知能』（Deary, 2001　繁桝訳　2004）や『IQってホントは何なんだ？　知能をめぐる神話と真実』（村上，

2007）が有用である。文化や教育の役割を強調した著書に『頭のでき―決めるのは遺伝か，環境か』（Nisbett, 2009　水谷訳　2010）があり，先に挙げた書籍と併読すると知能に関する見方が広がる。

5．補足（主に教員向けの解説）

5.1　授業構成の目安

検査の所要時間について『実施マニュアル』では「約1時間から1時間半」（pp.20-21）としているが，実習で大学生を受検者として田中ビネー知能検査Ⅴを実施する場合，1時間半から2時間程度の時間を要することが多いようである。それ以上かかることもあるので，余裕をみて，1人につき3時間程度，ペアで6時間程度を確保することが望ましい（終了時刻が気になって検査者や受検者が集中できないと，検査結果が歪むおそれがある）。週に90分授業2コマであれば，検査実習で2週分をあてることになる。

2人分を2週に分ける場合，1人めの結果については，アセスメントシートの行動観察の部分のみ検査直後にまとめて，採点とアセスメントシートの完成は，2人分の検査が全部終了してから行うとよい。検査直後（遅くともその日のうち）にアセスメントシートを作るのが本来なので，結果の整理を2週に分けるのは好ましくないが，2週目に採点作業をペアで一緒に行うことができ，最初に検査者になった学生の学習効果（実施・採点によって正解をかなり知ってしまう）をある程度軽減することができる。

事前学習として，マニュアルの必要部分（『実施マニュアル』の第1章と第2章のA）と，本章の「実習の前に」「実習」について，「おおよそ」理解する機会を（授業なり自習なりで）設ける。「おおよそ」と書いたのは，検査について知っていることは必要だが，事前に十分に理解するのは現実には難しいし，「知りすぎる」と受検者体験が薄いものになりかねないからである。事前学習の程度にかかわらず，検査を開始する前には，改めて検査実施に関する注意点を確認するとともに，用具の操作に慣れる時間をとるようにする。

本章では，ペアが交代で検査全体を行うという形をとったが，別の実施方法として，17の検査を4領域に配慮して8検査と7検査の2つに分けて半分ずつを交代で行うという手続きが考えられる。17の検査の一部を省略して（*例をサポートサイトに示した*），交代で行うという手続きも考えうる。これらは変則的な実施形態で，本来の検査とは異なるものであるが，検査者と受検者の両方を経験し，検査の概要を理解し，さらに結果のまとめや解釈を独自のデータに基づいて行うことができる。

また，本章では，検査者が整理・解釈を行う形式で説明したが，検査終了後に記録用紙を交換して，受検者が整理・解釈を行うという実施法もありうる（その方が，抵抗感の低減や倫理的側面への配慮といった点から実施しやすいかもしれない）。

集団式検査を追加で実施すれば実習としてさらに充実する。下位検査間の相関（『理論マニュアル』の表2-10）や得点の発達的変化（『理論マニュアル』の表2-7）を吟味する課題を加えるのもよい。

なお，近年難しくなっているが，実習生以外を対象に知能検査を行うことができれば，それは得がたい学習経験になる。その場合，相手に同意を得る手続きをきちんととるようにする。

5.2　検査の選択について

⑴　個人式検査

実習で用いる検査は，田中ビネー知能検査Ⅴのほかにさまざまな選択がありうる。個人式検査であれば，ウェクスラー式の知能検査（日本文化科学社から出版されており，成人版はWAIS-Ⅲ）が有力である。「ロールプレイ」と割り切って，発達検査や，知能検査でも子ども向けのものを用いるというのも一案である（田中ビネー知能検査Ⅴでも，たとえば，「12歳という想定で回答する」といった実施の仕方が考えられる）。

⑵　集団式検査

集団式検査であれば，短い実習時間で知能検査について体験的に学べる。全員一斉に実施できるので，隣のペアが気になったり受検前に学習効果が生じたりといった問題もない。また自己採点できるので，検査を受けることへの抵抗感も小さいだろう。ただし，検査者と受検者の関係がもたらす独特の状況は経験できない（集団式検査をペアで個別に実施することもできなくはないが，それによるメリットはあまりない）。

本章では，検査の忠実な実施と整理に力点を置いたが，集団式の検査を用いて，多人数データの分析を中心に実習を行うような選択肢もある。集団式知能検査を多くの人数（たとえば，30人程度以上）で行い，下位検査間の関係を調べたり，項目分析を試みたり（18章を参照），他の課題（神経心理学的検査や反応時間など）との関係を調べたり，などが考えられる。

以下に，集団式知能検査で実施しやすいものを２つ紹介する。標準化が現時点の成人（または大学生）に十分に対応しているかは不確かなので，個人の全体的得点の母集団での位置づけを知るというよりは，集団での散らばり具合を知る，個人の中で課題間の差異を検討するという程度で考えたほうがよい。

①　新田中Ｂ式知能検査（3B）

「田中Ｂ式知能検査」は，田中ビネー知能検査と同じく田中寛一が開発したものである。歴史的には個人式の田中ビネー知能検査よりも早く，1936年に発表されている。「Ｂ式」とは非言語性の検査ということで，言語性の検査である「Ａ式」と対置される。この検査の後続版である「新田中Ｂ式知能検査」は，金子書房から対象年齢別に５種類提供されている。その中で最も対象年齢が高い「3B」は，７課題からなり，基本的に「中学３年生以上高校生まで」を想定しているが，22～23歳までの成人に使用可能としている。この検査は，ほぼ10年ごとに再標準化が行われていて，最新のものは2003年の版である。所要時間は40分程度で，採点とあわせて90分授業１コマで実施できる。

②　新訂京大 NX15-（第２版）

「京大 NX_知能検査」は対象年齢によって５種類あり，その中で「NX15-」は対象年齢が最も高く15歳以上（高校生，一般成人用）である。言語性と非言語性の両方から12の課題を用意していて，結果は全体の評価に加えて，課題ごとの偏差値をプロフィールで表示するようになっている。第２版が大成出版牧野書房から1984年に出版されている。所要時間は45分程度で，採点とあわせて90分授業１コマで実施できる。

◆引用文献

上里一郎（監修）（2001）．心理アセスメントハンドブック　第２版　西村書店

Deary, I.（2001）. *Intelligence：A very short introduction.* Oxford: Oxford University Press.（ディアリ , I.　繁桝算男（訳）（2004）．知能　岩波書店）

Gottfredson, L. S.（1997）. Mainstream science on intelligence: An editorial with 52 signatories, history and bibliography. *Intelligence*, **24**, 13-23.

松原達哉（編著）（2002）．心理テスト法入門――基礎知識と技法習得のために――　第４版　日本文化科学社

村上宣寛（2007）．IQってホントは何なんだ？――知能をめぐる神話と真実――　日経 BP 社

Nisbett , R. E.（2009）. *Intelligence and how to get it：Why schools and cultures count.* New York：W.W. Norton & Co.（ニスベット , R. E.　水谷　淳（訳）（2010）．頭のでき――決めるのは遺伝か，環境か――　ダイヤモンド社）

サイエンティフィック・アメリカン（編）（1999）．別冊日経サイエンス128　知能のミステリー　日経サイエンス社

田中教育研究所（編）（2003a）．田中ビネー知能検査Ｖ　実施マニュアル　田研出版

田中教育研究所（編）（2003b）．田中ビネー知能検査Ｖ　理論マニュアル　田研出版

田中教育研究所（編）（2003c）．田中ビネー知能検査Ｖ　採点マニュアル　田研出版

ウェクスラー，D. 日本版 WISC- Ⅳ刊行委員会（訳編）（2010）．日本版 WISC- Ⅳ知能検査実施・採点マニュアル　日本文化科学社

24章

神経心理学的テスト

行動から脳機能を測定する

◇実習の前に◇

1．脳の不具合がもたらす心と行動の不具合

神経内科医であるオリバー・サックス（Sacks, O）は『妻と帽子を間違えた男』という本を書いた（Sacks, 1985　高見・金沢訳　1992）。このタイトルはとても奇妙である。自分の妻を帽子と間違えたりするだろうか。サックスの本に従えば，答えは「イエス」である。サックスは自分が診察した患者たちを，ていねいに描いた（もちろん特定の患者のそのままの姿ではない。プライバシー保護のため，何人かの患者の観察に基づいてまとめ，架空の人物を作り上げた）。この本には24人の患者たちが紹介されている。タイトルになったエピソードに登場する男性は，大脳右半球の側頭葉（脳の側面から下面にかけての領域）に損傷があった。そのため，この男性は人間の顔が分からなくなる相貌失認（顔貌失認とも言う）という症状を呈した。

脳の一部分の損傷により，あるいは脳のシステムの不全により，特定の心的機能に障害が生じる。上で紹介した顔の認識だけでなく，知覚，記憶，言語，思考などさまざまな種類の障害が生じうる。こうした脳の不具合と心的機能の不具合との関係が神経心理学の検討対象である。神経心理学は，医学や神経科学と深く関わり，診断，治療，リハビリテーションのような臨床場面で実践的な役割の一側面を担っていると同時に，脳神経系と心の関係の解明を目指す基礎科学として重要である。

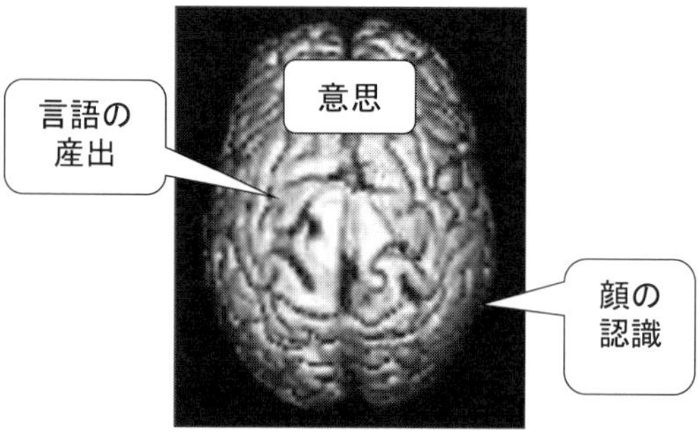

図24-1　脳の機能局在の例

図24-1は大脳を上側から見たものである。大脳右半球の側頭葉には，顔の認識に関わる部位があり，そこを損傷すると先に述べたように相貌失認が生じることがある。ほかにも，前頭葉での言語産出や意思，頭頂葉での空間認識など，脳の部位には役割分担があり，これを機能局在と言う。もちろん脳は一部のみで動作しているわけではなく，脳の各部位がそれぞれの特化した機能を担いつつ，それらが有機的に組み合わさることによってさまざまな心の働きを実現している。

2．神経心理学的テストについて

神経心理学的テスト（検査）では，事故による外傷や脳血管系の病気，あるいは老化などによって生じた脳の障害による機能障害を調べる。主に専用のテスト用紙や器具を用いて，脳の損傷などによって生じた知覚，記憶，言語，思考などの機能障害を数値化し，定量的・客観的に評価する。一方，このように脳と関連づけつつ心的機能を細分化して評価する手法は，健常者の状態（個人差や個人の中での変化）をとらえるためにも用いることができる。

この章では，数多い神経心理学的テストの中から，大学生を対象に実施して考察の材料が得られるようなものを４つ実施する。具体的には，まず大脳半球の左右機能差に関わるものとして，線分二等分テストと利き手テストを行う。さらに，主に前頭前野機能に関わるテストの例として，言語機能などの評価に用いられる言語流暢性テストと，実行機能などの評価に用いられるストループテストを取り上げる[1]。

[1] テストについてはこれら以外の選択肢もある（「解説」参照）。ストループテストは色覚の問題で実施困難なケースがあるので，テスト用紙の色彩を変更する（12章参照），ウィスコンシンカード分類テストにかえるなどの工夫が考えられる。

2.1 線分二等分テストと利き手テスト

線分二等分テストは半側空間無視の代表的なテストである。水平な線分を見てその真ん中（中点）に筆記具で印を付けてもらうだけの単純なものである。半側空間無視とは，大脳片側半球の損傷により，損傷の反対側の空間について認識に困難を示す症状である。このような症状を示す患者が，線分二等分テストを受けると線分のかなり端を中点と回答する。これは彼らが水平線分の半分を無視してしまうからである。一方，健常者が線分二等分テストを行うと，多くの場合，ほんの少しだけ左寄りを中点と回答することが知られている。これを疑似無視と呼ぶ。疑似無視は，大脳右半球が空間の認識に強く関わっているために生じる。

大脳左右半球の機能差は，利き手によって異なる場合がある。たとえば，言語機能は，右利きの大多数で左半球が優位である（言語中枢が左半球にある）が，左利きでは，50〜70％が右利きと同じく左半球優位で，残りの30〜50％で右半球優位ないし優位半球が定まらない。このような利き手との関連が視空間の情報処理にも見られる可能性がある。実際，疑似無視の強さも利き手によって変化する。そこで，個人の利き手を調べるために利き手テストを行う。利き手テストには何種類かあるが，本章の実習では，ニコルズ（Nicholls, M. E. R.）らが開発したフランダース利き手テスト[2]（Nicholls, Thomas, Loetscher, & Grimshaw, 2013）の日本語版（大久保・鈴木・Nicholls, 2014）を用いる。

2.2 言語流暢性テストとストループテスト

大脳左半球（大多数で言語中枢がある側）の一部に損傷をうけると，単語の産出が困難になったり，遅くなったりすることがある。このような言語機能と脳の関係を調べるテストの１つに言語流暢性テストがある。

言語流暢性テストで用いる課題には，大きく分けて２種類ある。１つは文字流暢性課題である。これは，「“F”で始まる語」というように最初の文字を指定して単語を産出する課題である。もう１つは，カテゴリー流暢性課題である。これは「動物」や「スポーツ」など，特定のカテゴリーについて単語を産出する課題である。本章の実習では文字流暢性課題を取り上げる。

ストループテストは，認知心理学で研究されているストループ効果（12章参照）を用いたテストである。文字の示す色（意味としての色）とその文字自体の色（印刷された色）とが異なる文字を呈示され，後者の印字色を答えるのはなかなか難しい。たとえば，青で印字された「黄」という文字を見て，「あお」と回答しようとすると，回答が遅くなったり間違えることが多くなったりする。この困難は言語の情報処理が自動化しており，抑制したり統制したりすることが難しいからである。ストループテストでは，このような自動化された反応を抑制あるいは統制する能力を測定する。

◇実　習◇

1．目　的

４種類の神経心理学的テスト（線分二等分テスト，フランダース利き手テスト，文字流暢性テスト，ストループテスト）を受検者（被検査者，テスティー）および検査者（テスター）として体験し，得られた結果に基づいて，脳機能の特徴について考察を行う。

2．材　料

*４つのテストのファイルがサポートサイトにあるので，それを印刷してテスト用紙として用いる。*それぞれのテスト用紙の詳細は3.2，3.3で示す。時間管理とストループテストでの応答時間測定のために，ストップウォッチなど（秒まで測れればよい）が必要である。

3．方　法

3.1 実施形態

４つのテストのうち，線分二等分テスト，フランダース利き手テスト，文字流暢性テストの３つは，集団式で実施するとよい[3]。その場合，教示は指導者が行う。ストループテストについては，実習生がペ

[2] テスト名の“FLANDERS”は，開発者が所属するオーストラリアの大学名（Flinders University）を“handedness（利き手）”と類似するよう１文字置き換えたものである。

[3] ３つのテストのうちで，実習時に集団で行うことが特に必要なのは文字流暢性テストである。文字流暢性テストは同じ刺激を用いる能力テストなので，検査者を経験した後で受検者となるのは不適当である（学習効果，順序効果が生じる）。線分二等分テストとフランダース利き手テストについては，（ペアを組んで）個別式で実施することもできる。

アとなって，検査者（実験者）と受検者（実験参加者）を交代で担当する（３人組でもよい）。人数に関して，制約は特にないが，多人数の結果について検討できるとよいので，なるべく多い方がよい（10人程度以上が望ましく，50人程度以上であればさらによい）。

3.2　実習１：線分二等分テストと利き手テスト

⑴　線分二等分テスト

検査者は，A4の用紙（横置き）に１本，水平方向に印刷された線分について，そのちょうど真ん中に筆記具で印をつけるよう受検者に求める。受検者は利き手を用いて回答する。線分の長さは，５cm，15cm，20cm，22cm，24cmの５種類（太さは１mm）で，それぞれ３回ずつ，合計で15試行をランダムな順序で呈示する。線分の位置は用紙の上でランダムな位置に印刷されている（厳密に言うと，１つの長さの３つの刺激が，用紙の横方向と縦方向の位置で偏らないように配慮したうえでランダムな配置にしている）。表紙をつけた冊子を作成し，各受検者に配布して実施するとよい[4]。

⑵　フランダース利き手テスト

フランダース利き手テストでは，「文字を書くとき，ペンをどちらの手で持ちますか？」など，日常の片手動作に関する10項目の質問について，「⑴左，⑵どちらも，⑶右」の３つの選択肢から選び回答する。１枚の質問紙を印刷し，各受検者に配布して実施する。

3.3　実習２：文字流暢性テストとストループテスト

実習２の２つのテストは，実習１のテストと異なり，回答スピードが重要になるので，落ち着いた状態で実施できるよう配慮する。たとえば，それぞれのテストを始める前に30秒程度，目を閉じて落ち着いた気持ちになるようにうながすとよい。

⑴　文字流暢性テスト

検査者（実習では指導者）は，回答冊子（A4サイズで表紙と回答用紙３枚を印刷して綴じたもの）を配り，指定された文字で始まる単語を，正しく，かつ，できるだけたくさん報告するよう受検者に求める[5]。具体的には，「あ」，「か」，「し」の文字で始まる普通名詞を，制限時間60秒で答えてもらう（伊藤・八田・伊藤・木暮・渡辺，2004）。固有名詞や数詞の報告は避け，また，接尾辞などの一部だけ異なった単語を繰り返し報告することも避けるよう指示する。実際の教示例は以下の通りである。

「今から，あいうえお50音の１文字を言います。そのあと，その文字から始まる普通の名詞をできるだけたくさん，回答用紙に書いてください。たとえば，もし，わたしが「い」と言ったら，あなたは「いす」，「いぬ」など思いついたものを書いていってください。固有名詞，たとえば，「岩手県」や「石田さん」などの地名や人の名前は，避けてください。「イチ，ニ，サン」の「イチ」のような数字もいけません。「いぬ」，「いぬたち」のように一部だけ変化させた言葉もいけません。単語を書くのに，漢字ではなくひらがなやカタカナを使ってもかまいません。書き間違えたら，線で消して書き直すようにしてください。繰り返しますが，書く言葉は普通名詞であることが大切です。何か質問はありますか（受検者が理解できているか確認する）。それでは私が文字を言いますから始めてください。最初の文字は「あ」です。はいどうぞ。」

教示終了（「はいどうぞ」の直後）と同時に計時を始め，60秒たったら，「回答やめ」と告げて，試行を終わりとする。

以下，同様に「か」，「し」について行う。試行の間には，30秒程度の時間をおく。

⑵　ストループテスト

ストループテストは，実習生同士で，検査者と受検者を交代して行う。ペアごとに影響しあわないように，別室で行うなり，距離をとってついたてで隔てるなりする。

実際のストループテストにはいくつか種類があるが，本実習では「琉大式」（富永，2008）を用いる。図版には，「ドット図版」，「文字図版」，「ストループ図版」の３種類がある。それぞれに，48の文字あるいはドット（丸）が印刷されている。ドット図版には，赤，青，黄，緑のいずれかの色のドットが，文字図版には，「赤」，「青」，「黄」，「緑」の漢字が黒色で，ストループ図版には，「赤」，「青」，「黄」，

---

[4] 冊子とする場合，できれば回答中に次の試行の線分が見えないように，①刺激用紙の間に白紙をはさんでおく，②刺激用紙の下に下敷きを１枚ずつはさんでもらうようにする，③透けないように刺激用紙の裏面に網目などを印刷する，④厚手の用紙を使う，などの工夫をするとよい。ペアで実施するのであれば，検査者が１枚ずつ受検者に手渡して，回答後，回収するという形をとるのもよい。

[5] 本章の実習では筆記式としたが，臨床場面では通常，個別式で口頭で回答してもらう形で行う。

「緑」の文字が，漢字の意味と異なる色で印刷されている。A4判のテスト図版３枚と採点表（*正答一覧，サポートサイトにある*）を印刷して，検査者は手元に置く。

テストでは，それぞれの図版について，指示に従って読み上げることが受検者に求められる。できるだけ速く正確に読み上げなくてはならない。課題は，ドット図版，文字図版，ストループ図版の順に行う。課題の間には，30秒程度の時間をおく。具体的な教示例は，以下の通りである。

① ドット図版：「ドットの色をできるだけ速く正しく言ってください。ここからはじめて，左から右に進めてください。はいどうぞ。」

② 文字図版：「今度は，文字をできるだけ速く正しく読み上げてください。はいどうぞ。」

③ ストループ図版：「次に，印刷されている文字の色をできるだけ速く正しく読み上げてください。文字ではなく，印刷されている色の名前を読み上げてください。はいどうぞ。」

検査者は，図版を受検者に渡して教示を行い，ストップウォッチなどを用いて開始の指示（「はいどうぞ」の直後）から読み終わりまでの時間をそれぞれの図版について計測する（秒単位[6]）。同時に，採点表を見ながら回答の正誤をチェックする。間違ったものは，静かに採点表の当該位置に“—”をつけるとよい。検査者は，そのふるまいから正誤が伝わって受検者が焦ったりすることのないように，落ち着いた態度を保つ。言い直して正しい応答があった場合は誤答としない。

４．結果の整理と分析

4.1 ４つのテストの採点

⑴ 線分二等分テスト

15本の線分それぞれについて，回答と中点から左右方向へのズレを定規によって計測する。この左右方向へのズレをバイアスと呼ぶ。計測には，１mm刻みの30cm定規を使えばよい。５cm，15cm，20cm，22cm，24cmの水平線分の中点は，それぞれ2.5cm，7.5cm，10cm，11cm，12cmである。回答が中点から左にズレている場合には，バイアスの値にマイナスの符号を，右にズレている場合にはプラスの符号を与える。左右方向へのバイアスは0.1mmの精度で記述する。１mmより小さな単位は，検査者の視認によって判断する。たとえば，５cmの水平線分について，受検者の回答が30cmの定規で左端から2.3cmと2.4cmの刻みのちょうど真ん中にあれば，左から2.35cmの位置を回答したと判断する。それと，５cmの中点である2.5cmとの差を求める。この場合は－1.5mmとなる。バイアスの値（mm）を15線分すべてについて計測し，平均と標準偏差を算出する。

⑵ フランダース利き手テスト

各項目について，「左」に－１，「どちらも」に０，「右」に＋１を与え，合計点（利き手得点）を求める。利き手得点は－10から＋10の範囲で変化する。得点が，－５以下を左利き，－４～＋４を両利き，＋５以上を右利きとする。

⑶ 文字流暢性テスト

３試行の単語数を合計する。（単語は思い出していて）漢字を間違ったというようなものは正答とする。単語でないもの，固有名詞，単語の一部変化，反復については誤答とする。これらの誤答があった場合，別に記録して詳細に検討するとよい。

⑷ ストループテスト

各参加者について，３つの図版それぞれの反応時間（読み上げ開始から終了までの時間）を用いてストループ干渉効果を算出する。ストループ干渉効果（単位は秒）の算出には，次の式を用いる[7]。

$$\text{ストループ干渉効果} = \text{ストループ図版反応時間} - \frac{\text{ドット図版反応時間} + \text{文字図版反応時間}}{2}$$

干渉効果に加えて，誤答数も図版ごとに集計する。

4.2 多数の受検者のデータの分析

まず全員分の結果を表24-1のような一覧表にまとめる。これをもとに，以降の分析を行う。

[6] ICレコーダーなどで録音しておくと，計時と正誤記録の正確さを高めることができる（12章参照）。ストップウォッチを使った場合，通常，0.01秒単位で結果が得られる。実質的に0.01秒水準での精度のある測定ではないが，数値はそのまま利用してもよい。

[7] 単純にストループ図版反応時間と文字図版反応時間の差を干渉効果とする場合もある。また，差ではなく比をとることもある（たとえば，ストループ図版反応時間÷ドット図版反応時間）。実習での分析として，複数の指標の関係を調べてみるのもよい。

表24-1　4つのテストの結果を記入する表

<table>
<tr><th colspan="2" rowspan="3">参加者番号</th><th rowspan="3">性別
(男=1，女=2)</th><th colspan="2">線分二等分テスト</th><th colspan="2">フランダース利き手テスト</th><th colspan="4">文字流暢性テスト</th><th colspan="4">ストループテスト</th></tr>
<tr><th colspan="2">左右バイアス値(mm)</th><th rowspan="2">利き手得点</th><th rowspan="2">利き手区分</th><th colspan="4">産出単語数</th><th rowspan="2">干渉効果</th><th colspan="3">誤答数</th></tr>
<tr><th>平均</th><th>標準偏差</th><th>「あ」</th><th>「か」</th><th>「し」</th><th>3試行合計</th><th>ドット図版</th><th>文字図版</th><th>ストループ図版</th></tr>
<tr><td colspan="2">1</td><td></td><td></td><td></td><td></td><td></td><td></td><td></td><td></td><td></td><td></td><td></td><td></td><td></td></tr>
<tr><td colspan="2">2</td><td></td><td></td><td></td><td></td><td></td><td></td><td></td><td></td><td></td><td></td><td></td><td></td><td></td></tr>
<tr><td colspan="2">⋮</td><td></td><td></td><td></td><td></td><td></td><td></td><td></td><td></td><td></td><td></td><td></td><td></td><td></td></tr>
<tr><td colspan="2"></td><td></td><td></td><td></td><td></td><td></td><td></td><td></td><td></td><td></td><td></td><td></td><td></td><td></td></tr>
<tr><td rowspan="2">全体</td><td>平均</td><td>(男=　人)</td><td></td><td></td><td></td><td rowspan="2">(右利き=　人)
(両利き=　人)
(左利き=　人)</td><td></td><td></td><td></td><td></td><td></td><td></td><td></td><td></td></tr>
<tr><td>標準偏差</td><td>(女=　人)</td><td></td><td></td><td></td><td></td><td></td><td></td><td></td><td></td><td></td><td></td><td></td></tr>
</table>

(1)　利き手の区分と得点

全員の利き手区分（右利き，両利き，左利き）の頻度を表にまとめる（度数分布表を作る）。さらに，利き手得点の分布をヒストグラムに描いてみる。

(2)　線分二等分テストのバイアス

全員の結果をもとに線分二等分テストにおいて，バイアス（中点からのズレ）の有無と方向性（左右）を検討する。左右方向へのバイアスがない状態とは，中点からの差は全くない，つまり０のときである。全員のバイアスの平均と標準偏差を求め，ヒストグラムを描いてみる。平均がマイナスに偏っていれば左バイアス，プラスに偏っていれば右バイアスがあることになる。

大脳半球機能の左右差は利き手によって影響を受ける可能性があるので，受検者の利き手を考慮した分析をする。人数が50人程度までであれば，左利き，または非右利き（左利き＋両手利き）は除いた分析を試すというのが現実的だろう。それよりも人数が多い場合は，右利き群と別に，左利き群や非右利き群を設定して群ごとに分析することができるかもしれない。

利き手得点を横軸，バイアス値を縦軸とする散布図を描くと，利き手とバイアス値の関係を直接的に観察することができる。

(2)’　線分二等分テストのバイアス値に関する統計的検定を含む分析

バイアスの有無と方向性（左右）については，定数０とバイアス値の平均を比較する t 検定（両側検定）で調べることができる。帰無仮説は，「バイアス値の平均＝０」である。０と有意な差があり，バイアス値の平均が負の値であれば，有意な左バイアスがある。一方，０との有意差があり，平均が正の値であれば，有意な右バイアスがある。

右利き群と左利き群のように２群が設定できた場合は，２群間でのバイアス値の差について t 検定（両側検定）で調べることもできる。帰無仮説は「右利き群のバイアス値の平均＝左利き群のバイアス値の平均」である。

(3)　文字流暢性テストとストループテスト

文字流暢性テストの単語数と，ストループテストの干渉効果，誤答数について，参加者全員のデータで平均と標準偏差を求める。さらにヒストグラムを作成し，そのヒストグラムに自分自身の得点を重ねてプロットする。

２つのテスト結果の関連を調べるため，文字流暢性テストの単語数を横軸，ストループテストの干渉効果を縦軸とする散布図を作成する。相関係数も求められるとよい。

(4)　その他の分析

４つのテストの結果に関して男女差を調べてみる，上記以外の組み合わせでテスト結果の関係を調べてみる（「解説」の5.2を参照），などの分析を試みるとよい。

5．考察のポイント

自分自身の結果に言及しつつ，実習生全体の結果に関する考察を中心にまとめる。

5.1　利き手について

利き手の分布にはどのような特徴が見られるだろうか。また，「完全な右利き」や「完全な左利き」ばかりでなく，利き手の程度がさまざまであるということについて，どのように説明することができるだろうか。

5.2　空間の認識における左右バイアスについて

線分二等分テストで左右のバイアスは見られただろうか。バイアスが見られた（あるいは見られなかった）ならば，それを生み出す脳のメカニズムはどのようなものだと考えられるだろうか。また，バイアスは利き手や性（男女）によって異なることが多い。こうした属性差を生み出す要因は何だろうか。

表24-2　文字流暢性テストの単語数[a]と，ストループテストの干渉効果[b]における，パーセンタイル値と評価点

単語数	干渉効果	パーセンタイル値	評価点
58 －		99.9	19
55 － 57		99.6	18
52 － 54	1 － 2	99	17
49 － 51	3 － 4	98	16
46 － 48	5 － 6	95	15
44 － 45	7 － 9	91	14
41 － 43	10 － 11	84	13
38 － 40	12 － 13	75	12
35 － 37	14 － 16	63	11
33 － 34	17 － 18	50	10
30 － 32	19 － 20	37	9
27 － 29	21 － 22	25	8
24 － 26	23 － 35	16	7
22 － 23	26 － 27	9	6
19 － 21	28 － 29	5	5
16 － 18	30 － 32	2	4
13 － 15	33 － 34	1	3
10 － 12	35 － 36	0.4	2
－ 9	37 －	0.1	1

注：a 伊藤・八田（2006）による30歳未満のデータ（49人）に基づく，b 富永（2008）の25～34歳のデータ（14人）による

5.3　文字流暢性テストとストループテストについて

(1)　標準との比較

結果を見る際の標準として，表24-2に文字流暢性テストの単語数とストループテストの干渉効果について，実習生と近い年齢群におけるパーセンタイル値（百分位数）と評価点を示した[8]。これらの値を標準として，実習で得られた結果（自分自身と全体）と比較してみよう。

(2)　２つの課題の測定内容とその相互関連

この２つの課題は，それぞれ脳のどの領域の機能を測定すると考えられるだろうか。それぞれの課題は，その領域の機能だけを選択的に測定できるだろうか。この２つの課題にはどのような関係があるだろうか。２つの課題の成績に正や負の相関が得られた場合，その背後にあるメカニズムとはどのようなものだろうか。

[8] 評価点はウェクスラー式の知能検査と同様の手続きで設定されている。平均が10で，１標準偏差が３点分に相当する。１から19までの評価点で「平均±３標準偏差」がカバーされることになる。なお文字流暢性テストは，手続きが同一でないことによる成績の差異が生じる可能性がある（伊藤・八田（2006）は口頭による回答で，実習は筆記式）。

◇解　説◇

1．心理，行動，脳

現代の心理学者なら，心の座が脳であることに，程度の差こそあれ同意するであろう。19世紀以降，脳損傷患者の検討から神経心理学が発展した。さらに近年になり，脳活動の画像化（イメージング）技術が爆発的に進歩し健常者の脳活動を非侵襲的な（傷つけない）方法で検討できるようになった。こうした研究のおかげで，われわれの行動や心理と，脳を中心とする神経系との間に直接的な関係があることが明らかになり，その関係の詳細について，日進月歩でさまざまな知見が蓄積されている。

1.1　大脳左右半球の機能差

人間の脳と行動の関係を理解する上で，アメリカの神経生理学者スペリー（Sperry, R. W.）による一連の大脳半球の機能分化に関する研究は記念碑的な業績である。スペリーによる大脳半球の機能分化に関する研究が特に注目を浴びるようになったのは，分離脳患者の研究を通してである。分離脳患者とは，重いてんかんの治療として，左右の大脳半球をつなぐ脳梁を切断する手術を受けた患者である。スペリーは，この手術を受けた患者を研究することで，大脳の右半球と左半球には異なる機能が局在することを明らかにした。

脳の右半球と左半球は異なる感覚情報を受け取っている。これはあらゆる感覚器官にあてはまる。ここでは視覚に焦点を当てよう。図24-2に示したように，注視点をはさんで視野の左側の情報は大脳右半球に，視野の右側の情報は大脳左半球に投射される（大脳半球の左右と交差するのは視野の左右であって，左目・右目ではないことに注意）。タキストスコープ（瞬間刺激呈示装置）やコンピュータを使い，目が動く前に画像を一瞬（たとえば，0.1秒）だけ呈示する，あるいは，特殊なコンタクトレンズを用いて一方の視野を見えないようにすると，片側の半球にのみ，情報を伝えることができる。健常者では，片側半球にのみ投射された情報でも，脳梁を介して，もう一方の半球に伝達される。しかし，分離脳患者では，左右の半球をつなぐ脳梁が切断されているた

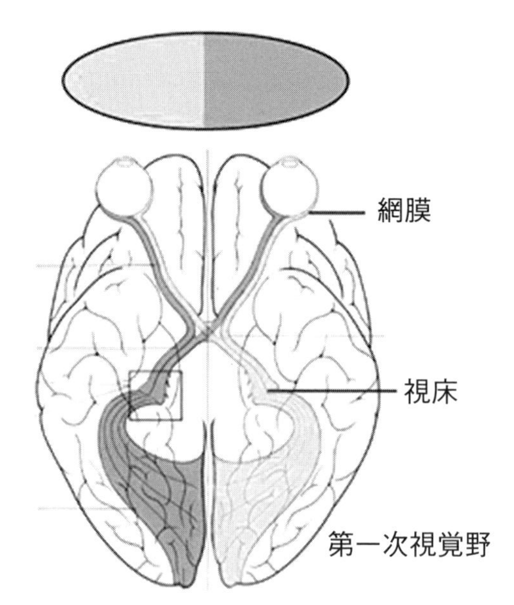

図24-2　左右視野からもたらされる視覚情報の大脳左右半球への投射

注視点をはさんで，視野の左側の情報は大脳右半球に，視野の右側の情報は大脳左半球に投射される。左目と右目でないことに注意してほしい。

め，一方の半球に投射された情報は，もう一方の半球に伝わらない。分離脳患者のこのような解剖学的特性を用いて，大脳半球の機能特化についてさまざまな検討がなされた。

スペリーらによる言語（その中でも特に発話）の左半球局在を調べた症例研究は興味深い。この研究では，分離脳患者に対し，左視野に具体物の単語（たとえば，スプーン）を呈示した。患者に，それがなにかを口頭で答えるように求めても回答できなかった。左視野は，右半球に情報を投射しており，分離脳患者では，発話機能が局在する「話す半球」である左半球に脳梁を介した情報伝達ができない。そのために口頭で回答できなかったと説明できる。ただし，この患者は，呈示された単語が意味する具体物（たとえば，スプーン）を，右半球がその運動を支配する左手でなら正しくつかむことができた。この結果は，患者が課題を理解できなかったのではなく，「話す半球」に情報を伝達できなかったことを示唆する。

分離脳患者が対象となった研究で報告された劇的な大脳左右半球の機能差は，健常者でも観察されている。視覚については，上でも紹介したタキストスコープやコンピュータを使った瞬間呈示による半視野呈示法が代表的な方法である。また，脳波やfMRI（機能的磁気共鳴断層撮影）などの脳画像を用いた大脳左右半球の機能差の検討も多く行われ，分離脳研究や半視野呈示法で得られた知見と整合的な結果が得られている。

1.2　前頭葉の機能

大脳左右半球の機能差は，脳の機能が局在する，すなわち，脳の一部分が何らかの特定機能をもつことを示したことで重要である。たとえば，発話に関する機能は，大多数の人で主に脳の左半球にある。このような脳の機能局在は，左右だけに特化したものではない。当然，前後，上下という違いからも検討できる。

解剖学的に見たとき，脳の中で前頭葉，特に前頭前皮質（前頭葉の中で運動野・運動前野より前方の部分）がヒトにとって特徴的な部位であるとされている。ヒトでは脳で前頭前皮質が占める割合が他の種より圧倒的に大きい（ヒトでは大脳の30%を占めるのに対して，チンパンジーでは17%，ネコやイヌでは数%である）。この部分は言語，注意，感情など，さまざまな心的機能に関わっている。これらの個々の機能に関わると同時に，行動の全体的な調整を司る部位でもある。情報の一時的な保持と実行を担うワーキングメモリーの主要な場所であるとも考えられている。

本章の実習でとりあげた言語流暢性テストとストループテストは，どちらも前頭前皮質を強く賦活（活性化）することが確認されている（たとえば，Ravnkilde, Videbech, Rosenberg, Gjedde, & Gade, 2002）。どちらの課題でも，強い心的努力が必要であり，かつ，複数の情報処理を統合する必要があるためである。もちろん言語流暢性テストでは左半球の前頭葉にあるブローカ領域（運動性言語中枢）の活動が観察されている。

2．神経心理学的テストについて

2.1　臨床場面での適用

これまでいくつか紹介したように，脳の損傷により，知覚，記憶，言語，思考などの精神機能の障害が生じることがある。頭部に外傷がある場合や腫瘍，血管障害など，脳に損傷がある場合には，神経心理学的テストを用いて精神機能の状況を測定することが多い。

ただし，神経心理学的テストを用いるのは，脳の損傷が明らかなケースばかりではない。脳損傷の有無自体，必ずしも自明ではないことが多い。たとえば，痙攣や頭痛，行動の異常などは，脳の損傷によって生じることがあるが，それ以外の原因で生じることもある。これらの症状があったとき，神経心理学的テストによって，何らかの精神機能の障害が生じていないか確認することは重要である。また，近年の高齢化社会では，認知症などにおいて，認知機能の低下や人格の変化などの評価が必要なことも多い。

脳の損傷それ自体は，MRI やCT スキャンなどで，その位置や大きさをかなり正確に確認することが可能である。しかし，脳には大きさや形状，機能局在のあり方に個人差があり，損傷部位だけではどのような機能障害が生じるか正確にはわからない。たとえば，言語中枢は多くの場合，左側にあるが，右側にあるケースもある。機能を測定するためには，体系化され標準化された神経心理学的テストのテストバッテリー（複数のテストの組み合わせ）を使って，行動から評価するしかない。

基本的なテストバッテリーには，全般的機能を測る知能検査に加え，視覚や聴覚などの受容機能を測るテストや，話す，書く，構成するなどの出力機能を測るテストも必要である。また，ものを覚え思い出す機能を調べる記憶テスト，注意力や実行機能を評価するテストも組み合わされる。本章の実習で取り上げたテストも，しばしばテストバッテリーに組み込まれる。

テストバッテリーに組み入れることの多い，よく知られたテストを箇条書きの形で挙げておく。

- ウェクスラー成人知能検査（WAIS-III）：知能検査として代表的なものである（23章参照）。
- レイの複雑図形テスト：視覚記憶を調べる（図形の模写と再生を行う）。
- ウェクスラー記憶検査（WMS-R）：言語と図形について記憶能力を調べる。
- トレイルメイキングテスト：空間的な注意力を調べる（ランダムに散らばった数字を，大きい順に線で結ぶ）。
- ウィスコンシンカード分類テスト：実行機能を調べる（カードの分類法を推測し，分類法の変更に対応する）。

2.2 神経心理学的テストの信頼性，妥当性，標準化

一般に測定においては，信頼性（得られる結果が安定していること）と妥当性（得たい情報が得られていること）が大切である（信頼性と妥当性の全般的な説明については，コラム5を参照）。神経心理学的テストには，質問紙の項目で評定を行うものもあれば，行動指標を測定するものもあり，内容構成が多様である。本章の実習で取り上げたものでは，フランダース利き手テストは質問紙形式であり，残りの3つのテストは行動指標を測定するものである。こうした内容構成のタイプによって，信頼性や妥当性の評価手続きは，変わってくるところがある。

多くの質問項目から成る質問紙を使用した尺度（18章，22章を参照）であれば，信頼性と妥当性の評価も一般的な質問紙の場合と同様の手続きで行うことができる。利き手テストは，時を隔てて測っても同様の結果が出る（再検査信頼性が高い）。また，利き手に関する質問項目は相互の相関が高く，テスト（尺度）全体の内的整合性が高い（1つひとつの項目が目盛りとして安定した情報をもたらしてくれる）。妥当性は，実際の行動場面との関連を調べたり，複数の利き手テストの関連を調べたりすることで確認される（利き手テストの信頼性・妥当性については，読みやすいものとして，まず八田（2008）を参照するとよい）。

一方，行動指標を測定するタイプの神経心理学的テストでは，信頼性や妥当性の評価が質問紙の場合と少々異なる。まず，練習効果があるため，再検査信頼性の評価が難しいことがある。また，多くの項目から成っているのではないテストも多く，その場合，内的整合性の評価もできない[9]。ただし，臨床事例の報告に加えて実験心理学や脳研究における膨大な研究成果を援用できる。課題成績と脳損傷部位や病名診断との対応が確認されている，脳損傷患者や健常者での実験で整合的に理解できる結果が得られている，といった根拠によってテストで得られる情報の妥当性は確かめられる。

なお，行動指標を測定するタイプの神経心理学的

[9] 行動指標を測定するテストでも，信頼性に関する検証が行われている例は少なくない。たとえば，文字流暢性テストについては，伊藤・八田（2006）が，α係数で.818（3試行あり成績の相関が高いことからα係数が大きくなる），再検査信頼性係数（間隔は約1年）で.770を報告している。

テストには，医学や行動神経学に起原をもつ質的なテストが数多くある。これらのテストでは，テストの得点や得点パターンから評価するだけでなく，回答内容から質的な判断を行うことも必要になる。この場合，判断者によって判断結果に差異を生じうるが（評定者間信頼性の問題），それを最小限にとどめて，有用な情報が入手できるよう，実施・判断手続きの明確化が進められている。

近年，質問紙の尺度によるテストも行動指標を測定するテストも，大きなサンプルサイズ（たとえば数百から千以上）でデータを収集し，その分布に基づいて標準化を行い，評価基準を提供するようになってきている。その意味において，神経心理学的テストは大規模なデータに支えられた実証的な裏づけをもつテストである。

3．実習で用いたテストについて

3.1　線分二等分テスト

線分二等分テストは，半側空間無視の診断に用いる代表的なテストの1つである。もともとは脳損傷による視野の欠損を調べるテスト法として考案され100年以上使用されてきたもので，1970年代以降，半側空間無視のテストとして広く使われるようになった。

半側空間無視では，多くの場合，右半球の損傷により，患者の左半分の空間認識やそれにともなう行動が困難になる。特に右半球の下頭頂小葉，側頭頭頂接合部における損傷が原因となることが多い。大脳右半球は左側の視野や身体の運動を司り，大脳左半球ではそれとちょうど逆となる。そのため右半球の損傷が，その反対側空間の無視につながると考えられる[10]。

半側空間無視の患者は，食事の際，自分の左側におかれている皿に気づかず，手をつけずに食事を終えてしまったり，着衣のとき左袖に手を通せなかったり，顔の左側にだけ化粧をし忘れたりする。また，運動や歩行の際，左側の障害物に気づかず，自分の身体をよくぶつけてしまう。このような症状があるため，線分二等分テストをうけると，半側空間無視の患者は真の中点の遥かに右側を中点と回答する。

一方，健常者が線分二等分テストを行うと，多くの場合，ほんの少しだけ左寄りを中点と回答することが知られている。この回答は，典型的な半側空間無視の患者とは逆に（わずかではあるが）右側を無視してしまうことを示し，疑似無視と呼ばれる。疑似無視は，線分二等分テストのような空間の認識において，空間の情報処理に優れた右半球が強く活動することによって生じる。この活動によって，右半球が司る左視野に注意が多く配分されるため（右視野は相対的にやや無視された状態になる），中点がわずかに左にずれることとなる（Jewell & McCourt, 2000）。

線分二等分テストの具体的な手続きには，いくつかの種類がある（石合，2012）。①線分1本の1試行のみのもの，②1枚の用紙に同じ長さの3本の線分を呈示するもの，③1枚の用紙に1本ずつ，複数回呈示するもの（線分の長さも複数設定することが多い），などである。本章の実習でも用いた3番目の手続きは，測定の精度を高めるために有用であり，バイアスが小さい健常者を対象とする基礎的な実験では，特に適当である。

3.2　フランダース利き手テスト

質問紙法を用いた利き手テストには，多くの種類があり，ほとんどのものは，「文字を書く」など日常的な動作を左手と右手のどちらで行うか複数の項目で問い，回答を総合することで，利き手を判別する（質問紙法以外のものも含めて，利き手の判定については，まず八田（2008）を読むとよい）。

世界的にもっともよく使われている利き手テストは，エジンバラ大学教授であったオルドフィールド（Oldfield, R.）が1971年に発表したエジンバラ利き手テストである。このテストは，1,128人という大きなサンプルをもとに，簡易ながらも統計的な分析を行い，尺度としての信頼性を確認した最初の利き手テストである。

ただし，エジンバラ利き手テストはイギリスの学生を対象とした調査で作成されたもので，文化的な背景の異なる日本人の利き手測定には必ずしも最適とは言えない。また，回答方法が複雑である，再検査信頼性が低い，両手を使う項目があるなど，利き手テストとして問題があるとの批判がある。実習で用いたフランダース利き手テストでは，これらの問題点が解消されており，日本人を対象とした妥当性と信頼性の検討も行われた。このテストは，オリジ

---

[10] 半側空間無視の生じるメカニズムについて，より詳しく知るには，熊田（2012），石合（2012）を参照してほしい。これらの文献には，半側空間無視を調べるための線分二等分テスト以外のテストも紹介されている。

ナル版は3,324人，そして日本語版は431人の回答に基づいて，尺度の因子構造やα係数が確認され，ていねいな統計的分析に裏付けられている。また，複数回のテストの結果，高い再検査信頼性を有することも確認されている。

3.3　言語流暢性テスト

言語産出の障害は，前頭葉，特に左前頭葉のブローカ領域とその周辺の損傷により生じることが多い。言語流暢性テストは，この言語産出の障害を調べるテスト群の1つであり，また前頭葉機能を見る多くのテストの1つでもある。高度に情報化が進んでいる現代社会にあって，言語の障害は生活に大きな困難をもたらすので，言語機能を評価するテストの重要性は高い。

文字流暢性課題とカテゴリー流暢性課題から成る言語流暢性テストは，失語症をはじめとする言語障害のテストとして開発されたが，最近では認知症などをチェックするテストの一部としても用いられている。言語流暢性テストの成績には，年齢，教育年数や知能が影響するので，実際の臨床場面ではこれらの要因も参照する。年齢，教育年数，性別，地域別（都市部と郡部）という回答者属性を考慮したデータを伊藤他（2004）が報告している。

臨床場面では，言語流暢性課題がかなり難しいことがある。そうした場合，各試行の測定が終了するごとに，「すばらしいですね」，「よいですね」など，肯定的な評価を与えることが大切である。また，60秒の制限時間が終わらないうちに，患者が報告をやめてしまったり，あるいは明らかに言葉が止まってしまったりした場合には，もっと多くの単語を思い出すように励ますことが必要である。15秒以上の沈黙がある場合には，文字（またはカテゴリー）と指示を繰り返したほうがよい。

3.4　ストループテスト

ストループテストでは，課題の要求にあわせ，自動化された反応を抑制することが求められる。このような自動的な反応の抑制には前頭葉が関わっていると考えられており，ストループテストは行動の抑制に焦点をあてて実行機能を測定するものである。このテストは認知機能の低下に敏感なテストである。ただし，認知機能水準の評価に用いる際は，年齢が上がると，一般にストループ干渉効果が大きくなることに留意しなくてはならない。実習で用いた「琉大版」については，富永（2008）で年齢群別のデータ（25～75歳までを10年ずつ5年齢群）が参照できる[11]。

ストループテストは患者や年配の人々には負担が大きい。言語流暢性テストと同様に，各図版についての測定が終わったあと，「すばらしいですね」，「よいですね」など，肯定的な評価を与えることが大切である。また，このテストは言語能力が前提となるので，言語能力に障害がある場合には使用できない。

4．より深く学ぶために：推薦図書

この章の冒頭で紹介した『妻と帽子を間違えた男』に代表されるオリバー・サックスの一連の著作は脳と行動の関係を興味深く，かつ魅力的に描いている。脳の左右差については，このテーマの代表的な研究者であるマクナマス（McManus, 2003　大貫訳　2006）の詳しい解説が新書で読める。神経心理学全般に関する知識を得るためには，ボーモントの著書（Beaumont, 2008　安田訳　2009）がていねいでよい。永江（1999），八田（2003）も参考になるだろう。

神経心理学の臨床に関して知るには，石合（2012）を手に取るとよい。テストや治療などの神経心理学の応用的・実際的側面とともに，脳の障害を理解するための基礎知識が要領よくまとめられている。一般向けの読みやすい本としては，橋本（2006）がある。神経心理学的テストの詳細を知るには，専門的な参考書になるが，レザックのもの（Lezak, 1995　鹿島監修　2005；邦訳は第3版によるもので，原書は2012年に第5版が出版されている）と，スプリーンとストラウスのもの（Spreen, & Strauss, 1998　秋元監修　2005）が有用である。前者は理論的な側面や研究の背景に詳しく，後者は具体的な手続きの解説が充実している。

5．補足（主に教員向けの解説）

5.1　授業構成の目安

本章で取り上げた4種類のテストは，いずれも数分から十数分で終わる。それぞれの個人データの整理も短時間ですむ。ただし，人数にもよるが，実習

[11] ストループテストには多くの種類がある。九州大学の箱田裕司研究室では，集団式のテストを開発している（渡辺・箱田・松本，2013；現在，トーヨーフィジカルから「新ストループ検査Ⅱ」が市販されている）。

生全員分のデータを集計するのに手間と時間がかかる。全員分のデータ集計にネットワークを利用するなどの工夫をすると効率化がはかれる。

実施法としては，４種類全部を実施し，その後に整理・集計する方法と，内容に基づき２つに分けて（大脳半球の左右差を調べる線分二等分テストとフランダース利き手テスト，前頭葉機能を調べる文字流暢性テストとストループテスト）実施する方法が考えられる。説明を簡略にすませて効率的に実習を行えば90分授業１コマでも実施できるが，90分授業２コマで実施するのが適当だろう。

線分二等分テストでは，５種類の長さの線分を３回ずつ呈示する形を紹介したが，線分の長さと呈示回数は，変更できる。長さの種類を減らすのであれば，短いものを減らすとよいだろう（短い線分ではバイアスが小さい）。また，回数を増やして，測定精度を上げるという選択もある。その場合，線分の長さや左右位置の要因を加えて分析してみるのもよい。

5.2　発展的な実習

学習目標や学習時間によって，次に示す事項を取り上げてもよい。学習内容を拡充することで，神経心理学的テストや神経心理学に対する理解が，さらに深くなることが期待される。

⑴　系統の異なるテスト結果の関係を検討する

この実習では，大脳半球の機能差を調べるテストと前頭葉機能を調べるテストという，大きく分けて２系統のテストを２つずつ行い，それぞれの系統内の２つのテストの間で関連を調べた。これを拡張して，系統の違うテスト間（たとえば，線分二等分テストとストループテスト）で関係を検討する。機能の局在論に基づき単純に予測するなら，系統の違うテスト間での相関は高くないかもしれない。しかし，必ずしもそのような結果が得られるとは限らない。異なる系統のテストの間の関連性を検討することで，脳というシステム全体の相互作用について，考察を深められるかもしれない。

⑵　知能検査との関連を検討する

知能検査の実習の結果との関連を調べる。2.1で述べたように，ウェクスラー式成人知能検査（WAIS-III）は，神経心理学的テストの基本バッテリーにも組み入れられるテストであるし，23章で取り上げた田中ビネー知能検査Ｖも全体成績と領域・下位検査のプロフィールとで結果を表現することで，ウェクスラー式知能検査に近い構成になっている。知能検査のプロフィールと今回のテスト結果を比較し，両者の関係を検討してみるとよい。

⑶　他の神経心理学的テストを実施する

本章の実習で取り上げた以外の神経心理学的テストを実施する。2.1でも触れたウィスコンシンカード分類テストやレイの複雑図形テストなどが候補になる。この２つを含め，臨床でも使われるテストということであれば，まず石合（2012）をながめるとよい。多様な課題（日本では普及していないものも含む）とその詳細について知るには，網羅的なレファランス（Lezak, 1995　鹿島監修　2005; Spreen & Strauss, 1998　秋元監修　2005）が役に立つだろう。

◆引用文献

Beaumont, J. G.（2008）. *Introduction to neuropsychology.* 2nd ed. New York: Guilford Press.（ボーモント，J. 安田一郎（訳）（2009）．神経心理学入門　増補新版　青土社）

橋本圭司（2006）．高次脳機能障害――どのように対応するか――　PHP 研究所（PHP 新書）

八田武志（2003）．脳の働きと行動の仕組み　医歯薬出版

八田武志（2008）．左対右――きき手大研究――　化学同人

石合純夫（2012）．高次脳機能障害学　第２版　医歯薬出版

伊藤恵美・八田武志（2006）．言語流暢性課題の信頼性と妥当性の検討　神経心理学，**22**, 146-152.

伊藤恵美・八田武志・伊藤保弘・木暮照正・渡辺はま（2004）．健常成人の言語流暢性検査の結果について――生成語数と年齢・教育歴・性別の影響――　神経心理学研究，**20**, 254-263.

Jewell, G., & McCourt, M.E.（2000）. Pseudoneglect: a review and meta-analysis of performance factors in line bisection tasks. *Neuropsychologia* **38**, 93-110.

熊田孝恒（2012）．マジックにだまされるのはなぜか――「注意」の認知心理学――　化学同人

Lezak, M.（1995）. *Neuropsychological assessment.* 3rd ed. New York: Oxford University Press.（鹿島晴雄（監修）（2005）．レザック神経心理学的検査集成　創造出版）

McManus, C.（2003）. *Right hand, left hand: The origins of asymmetry in brains, bodies, atoms and cul-*

tures. Cambridge, MA: Harvard University Press.（マクマナス , C. 大貫昌子（訳）(2006). 非対称の起源　講談社（ブルーバックス））
永江誠司（1999). 脳と認知の心理学　ブレーン出版
Nicholls, M. E. R., Thomas, N. A., Loetscher, T., & Grimshaw, G. (2013). The Flinders Handedness survey (FLANDERS)：A brief measure of skilled hand preference. *Cortex*, **49**, 2914-2926.
大久保街亜・鈴木　玄・Nicholls, M. E. R. (2014). 日本語版 FLANDERS 利き手テスト――信頼性と妥当性の検討――　心理学研究, **85**, 474-481.
Ravnkilde, B., Videbech, P., Rosenberg, R., Gjedde, A., & Gade, A. (2002). Putative tests of frontal lobe function: A PET-study of brain activation during Stroop's test and verbal fluency. *Journal of Clinical and Experimental Neuropsychology*, **24**, 534-547.
Sacks, O. (1985). *The man who mistook his wife for a hat, and other clinical tales.* New York: Summit Books.（サックス , O. 高見幸郎・金沢泰子（訳）(1992). 妻と帽子を間違えた男　早川書房）(邦訳には文庫版がある）
Spreen, O., & Strauss, E. (1998). *A compendium of neuropsychological tests: Administration, norms, and commentary.* New York: Oxford University Press.（スプリーン , O. & ストラウス , E. 秋元波留夫（監修）(2005). 神経心理学検査法　創造出版）
富永大介（2008). ストループ・テストの標準化（琉大版）の試み　琉球大学教育学部紀要 , **72**, 27-32.
渡辺めぐみ・箱田裕司・松本亜紀（2013). 新ストループ検査は注意機能の臨床評価ツールとなりうるか？　九州大学心理学研究 , **14**, 1-8.

25章

投影法のパーソナリティテスト――バウムテストとP-Fスタディ

あいまいさが映し出す心

◇実習の前に◇

1．投影法のパーソナリティテストとは

「あなたは人と話すのが好きですか」と質問されたとしよう。これに「はい」または「いいえ」と答えたとき，自分のパーソナリティ（性格）が相手にどう判断されるかは，ある程度，想像がつくだろう。質問紙法のパーソナリティテスト（性格検査，22章参照）で，パーソナリティに関わることがらを本人に直接聞く場合，そのねらいや結果が想像できてしまい，「ありのまま」の回答が得にくいことがある。特に意識せずとも，自分をよく見せようとしたり，自分を隠そうとしたりするかもしれない。また回答で得られる情報は，本人が知っているつもりでいる表面的なパーソナリティが中心になる。

質問紙法のテストがもつこうした問題への1つの対応として，投影法（projective technique，投映法という漢字表記も用いられる）のパーソナリティテストが利用できる。投影法では，何を測定しているかわかりにくいため回答での歪みが生じにくく，パーソナリティの無意識的な部分を見ることができる。

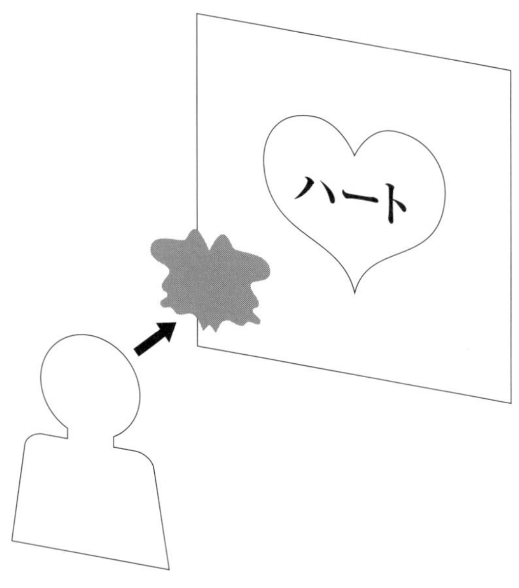

図25-1　投影法のイメージ

投影法では，受検者（被検査者）にあいまいでいろいろな意味に受け取ることができる刺激を呈示したり，受検者を漠然とした課題を行う場面においたりして，受検者に自由な反応を求める。この自由度の高い状況での反応をとおして，受検者の欲求，不安，防衛といったパーソナリティの特徴にアプローチしようとする。特に臨床場面でのアセスメント（評価，査定）で広く用いられている。

投影法における投影とは，漠然とした事態に直面したときに，自分の欲求，態度，感情などが映し出される過程を指す。あいまいな状況に対して，どのように反応するかによって受検者の内的世界があらわれると考えるのである。「投影」に対応する英語の“projection”は，語源的には「前に投げる」というような意味で，“projector（プロジェクター）”もその派生語である。プロジェクターのイメージを借りて言えば，あいまいな様子のものに，心（このありようは人により状況によりさまざま）が見てとったものをスクリーンに示し，それを手がかりとして心のありようについて推測しようとする技法である（図25-1）。

代表的な投影法としては，ロールシャッハ法（Rorschach technique），文章完成法（Sentence Completion Test：SCT），主題統覚検査（Thematic Apperception Test：TAT），P-F スタディ（Picture-Frustration Study），各種の描画法などが挙げられる。描画法（投影描画法と呼ぶこともある）には多くの種類があり，バウムテスト（Baumtest），HTP 診断法（House-Tree-Person technique：HTP），風景構成法（Landscape Montage Technique：LMT）などが広く用いられている。

本章では，投影法の中から，代表的な描画法であるバウムテストと，呈示されたイラストに対して言

語で回答するP-Fスタディを取り上げて実習を行う。実習では，まず受検者として投影法のテストを受け，次いで結果を整理して解釈することで検査者の役割を担う。実習をとおして，体験的に投影法の仕組みを学ぶとともに，投影法の使用には検査者の熟達が必要であることを理解する。なお，結果の整理・解釈は，両テストとも自身の（受検者としての）描画や回答に対して行うこととする。これは学生同士で他者の心の深層についてむやみに想像することを慎む（安易に「深い解釈」を行わない）ようにするための便宜である。

2．バウムテストとP-Fスタディ

2.1 バウムテスト

バウムテスト（樹木画テスト：ドイツ語でBaumtest，英語でBaum test，Tree testなどと呼ぶ）は，20世紀の半ばにスイスの心理学者コッホ（Koch, K.）によって体系化されたもので，受検者の描いた樹木画からそのパーソナリティをとらえようとするものである。創案者は，同じくスイスの職業コンサルタントであるユッカー（Jucker, E.）とされ，職業適性検査として出発したものであるが，ユッカーの指導を受けたコッホが，汎用性の高い技法として体系化した。1949年に標準的なテキストが刊行されてから，ドイツ語圏，英語圏を中心に普及が進んだ。

日本でも1960年代から研究が開始され，正常児，非行少年，犯罪者，精神発達遅滞児などを主な対象として研究と臨床的利用が進められた。今日，利用領域は大きく広がり，臨床心理アセスメントにおけるテストバッテリー（テストの組み合わせ）の重要な部分に位置づけられ，臨床現場で用いられる心理テストの中でも，最も使用頻度の高いテストとなっている。

2.2 P-Fスタディ

P-Fスタディは，アメリカの心理学者ローゼンツァイク（Rosenzweig, S.）が欲求不満（フラストレーション）に関する自身の理論に基づき1945年に作成したもので，その後，世界各国で使用されるようになった。P-Fスタディという名称は「ローゼンツァイク絵画－欲求不満研究」を略したものである。日本でも1950年代から研究，臨床において利用が進められており，今日，相談機関や医療機関などの臨床現場で広く用いられているテストの1つである。

図25-2　P-Fスタディの図版例（「青年用」の説明用図版）

P-Fスタディは，日常的に誰もが経験するような欲求不満場面が描かれた24枚の絵から構成されている[1]。図25-2の例のように絵はシンプルな線画で，描かれた人物に表情はない。これは表情をはじめとする絵の詳細によって反応が限定されることを避けるためである。絵の中では，左側に描かれている人が，右側に描かれている人に話しかけていて，何らかの不満を引き起こしている。受検者に求められるのは，右側の人がどう答えるかを想像して，空白のところに書くことである。自分がどう答えるかではなく，右側の人がどう答えるかを問う形をとることで，自由度の高い反応を得ることをねらっている。

対象年齢によって，成人用（15歳以上），青年用（中学生～大学２年生），児童用（小学生～中学生）の３種類がある。大学生を対象とする基礎実習の授業であれば，成人用か青年用を使うことになるが，どちらかと言えば，青年用のほうがよい。日本では，

[1] P-Fスタディにおけるあいまいな刺激状況は，絵画刺激と言語刺激とで構成されている。絵画刺激はTATの影響を受け，言語刺激は言語連想法の影響を受けている。

成人用は1956年の発行以来，改訂されていないのに対して，青年用は1987年に出版されたものであり，絵に時代経過による違和感が比較的少ない。また，P-F スタディが子どもに用いられることが多いという点からも，中学生・高校生にも適用できる青年用を経験しておくのが実際的であろう[2]。

◇実　習◇

1．目　的

バウムテストとP-F スタディを受検者，検査者の双方で経験し，投影法によってパーソナリティのアセスメントを行う。さらに，2つのテストの関係について検討し，投影法の特徴について理解を深める。

2．方　法

2.1　実施形態

2つのテストは個別式でも集団式でも実施できるが，最初の実習としては，集団式で全員同時に実施して，まず受検者を経験するのがよいだろう。教示は指導者か実習生の代表が行う。集団式でも，整理・解釈作業に関して実習生全員が検査者の役割を果たす。個別式で行う場合は，ペアを作り，検査者と受検者を交代して実施する。全体の人数の制約は特にない。実施順序としては，バウムテストを行ってからP-F スタディを行い，その後で両テストの結果を整理するのが自然だろう。なお，実習では集団式での実施が普通であろうが，以下では，個別式の手続きを押さえながら説明する（臨床でのテスト場面では通常，個別式で実施する）。

2.2　実習1：バウムテストの実施

(1)　用　具

受検者1人に対してA4版の画用紙1枚（白ケント紙やコピー用紙でもよい），4Bの鉛筆2，3本，消しゴム，ストップウォッチ（時計でもよい）を用意する。

(2)　手続き

個別式で行う場合，検査者は机をはさんで，受検者と向かい合って座る。

検査者は，「今からあなたに絵を描いてもらいます。絵の上手下手を見るのではありませんから，気楽な気持ちで描いてください。しかし，いいかげんに描かないで，できるだけていねいに描いてください。写生ではなく，自分の思ったように描いてください。それでは，実のなる木を1本描いてください。」と教示する。

「どんな木を描くのですか？」「1本だけですか？」など，さまざまな質問をする者がいるが，こうした質問には「あなたが思ったように描いてください」とだけ答え，質問を記録しておく。また，用紙を横に置き直して描く受検者もいるが，受検者の自由にさせる。検査者は描画中の受検者に声をかけたり絵を批評したりすることはせず，受検者の描画行動を共感的に見守る態度で対座しているようにする。

教示終了後に描き始めるまでの時間（実習では秒単位で記録しておくとよいが，臨床場面でバウムテストを行う場合はそこまで厳密な測定は通常必要ない―計時について以下同様）と，描画の開始から終了までの時間を記録しておく。また，受検者の描き方（描いていく順序や消しゴムの使い方など）も記録しておくとよい。

受検者が描画を終えたら，「この木は何の木でしょうか？」「この木についてどう思いますか？」と尋ね（PDI：post drawing interview，描画後質問），その答えを用紙の裏面に書いてもらう。そして描いた日付と氏名を書いてもらって終了とする。

実習の一環として，検査者，受検者それぞれの立場で気づいたことを記録しておく。

集団式の場合，描画プロセスについて個別式のように記録することはできない。描き終わった時間を記録し，描いたプロセスについて，なるべく細かく記録しておく。

2.3　実習2：P-Fスタディの実施

(1)　用　具

P-F スタディのテスト用紙（青年用または成人用），P-F スタディ記録票，鉛筆，手引書（『P-F スタディ解説』（林，2007）），ストップウォッチ（時計でもよい）を用意する。

(2)　手続き

個別式で行う場合は2人1組でバウムテストと同様の配置で行う。

検査者はテスト用紙の表紙に書いてある例を見せ，

[2] 青年用は成人用の修正版であり，両者の内容は類似している。成人用・青年用と児童用とはかなり異なる。24場面の概要は秦（2010）の付録にある説明がわかりやすい。

「この絵を見てください。この絵は右側の人が遊びに来たことでテストができなかったと言われているところです。右側の人はどんなふうに答えるでしょうか。空白のところに一番はじめに思いついた言葉を書いてください。答えはいろいろあるかもしれませんが，一番はじめに思いついた言葉を書いてください。」と教示する（この教示は青年用のもので，教示自体，表紙に書かれているが，それをただ読み上げるのではなく，話し言葉として説明するようにする）。

例に対する回答を書き終えたら，「ページをめくると1から24までこのような絵があります。今やったように，空白のところに順番に答えを書き込んでいってください。時間は決めてありませんが，順番に一番はじめに思いついた答えをさっさと書いていってください。答えを書き直したいときは，消しゴムで消さずに鉛筆で線を引いて消してください。」と教示する。

24場面のすべてに対する回答がすんだら終了である。回答所要時間を記録しておく。1場面ごとの所要時間や回答態度についても記録しておくと，考察する際の材料になるかもしれない。

実習の一環として，検査者，受検者それぞれの立場で気づいたことを記録しておく。

集団式の場合，回答プロセスについて個別式のように記録することはできない。回答所要時間を記録し，回答プロセスを思い出して，なるべく細かく記録しておく。

3．結果の整理[3]

3.1 バウムテスト

(1) 評価方法

バウムテストの整理・解釈法は十分に統一されてはいないが，ここでは高橋・高橋（1986）で説明されている手続きに主に依拠して説明する。

まず，木全体の印象をつかむことを目的に，「全体的評価（印象評定)」を行う。①「豊かさ」（豊かなエネルギーを適切に統制して力強く繊細に描いている，エネルギーが乏しく無気力に描いている，エネルギーの統制を失って粗雑に描いている，など)，②「自然さ，調和」（調和が取れていて自然な印象を受ける，図式的な絵である，バランスを失い歪んでいて不恰好であったりして奇妙な印象を受ける，など）について，感じたことを文章化する。

次に，「形式分析」として，①用紙上の位置，②筆圧，③描線の性質（震え，破線，連続線など）に関して，特徴を記述する。

3番目に，「内容分析」として，樹木を構成する主要アイテムである樹冠，幹，根などについて特徴をみていく。内容分析の項目としては，ほかに「うろ（穴になっているところ)」があるか，実や葉を描いているか，地平線の有無，膨らみやくびれはあるか，などの観点がある。

以上のほかにも，気づいた点があれば，文章の形で表現する。

高橋・高橋（1986）以外の資料としては，整理項目をコンパクトにまとめた，一谷・津田（1982）[4]の「バウム・テスト整理表」が役立つ。

3.2 P-Fスタディ

(1) 24場面への反応の評点（スコアリング）

欲求不満に対する反応を，ローゼンツァイクはアグレッションという用語でとらえる。アグレッションは，心理学用語として攻撃性という意味もあるが，ここでは主張性という程度の中立的な意味である。P-Fスタディの結果の整理では，まず24場面への反応（アグレッション）を表25-1にある11種類のいずれかに分類する作業を行う。

表25-1には，アグレッションの分類のために，「アグレッションの方向」と「アグレッションの型」という2つの観点が設定されている。アグレッションの方向は，他責（Extraggression：E-A)，自責（Intraggression：I-A)，無責（Imaggression：M-A）の3つである。アグレッションの型は，障害優位型（Obstacle Dominance：O-D)，自我防衛型（Ego-Defense：E-D)，要求固執型（Need-Persistence：N-P）の3つである。これらの3つの方向と3つの型を組み合わせて9種類の区分ができる。そこに2種類の特別な区分（E̲とI̲）を加えて11種類の評点因子（アグレッションの区分）となる。こ

---

3 結果の整理や解釈について，本書の説明では不十分である。本文で挙げた文献のほかにも，たとえば，上里（2001)，松原（2002）のような心理テスト法のガイドブックに収録されている解説を参照するとよい。

4 この文献は，http://ir.kyokyo-u.ac.jp/dspace/bitstream/123456789/3337/1/S007v61p1-22_ichitani_.pdf にある。また日本文化科学社から販売されている「バウム・テスト用紙セット」では，整理表，所見票，画用紙，整理表手引，評定シートがセットになっている。

表25-1　P-Fスタディにおける11種類の評点因子（林，2007に基づいて作成）

アグレッションの型／アグレッションの方向		障害優位型(O-D) (Obstacle-Dominance)	自我防衛型(E-D) (Ego-Defense)(Etho-Defense)	要求固執型(N-P) (Need-Persistence)
他責的(Extraggression)	E-A	E'（他責逡巡反応）(Extrapeditive) 不満や不快であること，失望したことを表明したり，欲求不満を起こさせた障害を強調したりする反応。	E（他罰反応）(Extrapunitive) 相手の人物や物に直接非難や攻撃が向けられたり，拒否，反抗などの強い自己主張がみられたりする反応。 E̲　自分に責任がないと否認する反応。	e（他責固執反応） (Extrapersitive) 他の人が何か行動してくれるように要求したり弁償を要求したりする反応。
自責的(Intraggression)	I-A	I'（自責逡巡反応）(Intropeditive) 欲求不満の存在を否定するかのような反応であり，失望や不満を外に表さない。障害の存在が有益であることを強調することや驚きや当惑を示す反応も含む。	I（自罰反応）(Extrapunitive) 自分を責めたり非難したり，率直に謝罪する反応。 I̲　自分の罰は認めるが，言いわけをして失敗を認めない反応。	i（自責固執反応）(Intropersitive) 欲求不満を解消するために自ら行動し解決を図ったり，賠償を申し出たりする反応。
無責的(Imaggression)	M-A	M'（無責逡巡反応）(Impeditive) 障害の指摘は弱く，障害の存在を否定するような反応がみられることもある。	M（無罰反応）(Impunitive) 避けられなかった状況に理解を示し，相手の人物を許したり，許容を表明したりする反応。	m（無責固執反応）(Impersistive) 時間が解決するとか，忍耐や習慣に従うことで欲求不満が解決されるだろうと表明する反応。

の11因子のいずれかに，各場面の反応内容をあてはめて記号化（特定のアルファベットを与える）していく作業がP-Fスタディにおける評点（スコアリング）である。

各場面における反応に対してあてはまる評点因子は通常1つで，1つの記号が与えられる。反応に複数の内容が含まれる場合などで，1つの場面への反応が2つの評点因子にあてはまるときは，2つの記号を組み合わせる（3つ以上の評点ができる場合は，その中から主要な2つを選べばよい）。

アグレッションの方向（表25-1で横方向の3つの行）によって，用いるアルファベットが異なる（他責的ならイー，自責的ならアイ，無責的ならエム）。

また，アグレッションの型（表25-1で縦方向の3つの列）によって，用いる文字の種類（大文字・小文字，ダッシュの有無，下線の有無）が以下のように異なる。

①O-D欄（障害優位型）に属する反応であれば，E'，I'，M'（いずれも大文字でダッシュがつく）。

②E-D欄（自我防衛型）に属する反応であれば，E，E̲，I，I̲，M（いずれも大文字で，下線がつくものが2つある）。E̲，I̲は，超自我反応（責任を認めなかったり，言いわけをしたりする反応）と呼ばれ，それぞれE，Iの特殊な部分（変型因子）である。

③N-P欄（要求固執型）に属する反応であれば，e，i，m（いずれも小文字である）。

記号化できたら，“O-D/E-D/N-P”の書式にあてはめ（これによりアグレッションの型がわかりやすくなる），反応が書き込まれた吹き出しのすぐ上に書く。

評点の具体例を以下にいくつか示す。

①1つの場面であてはまる評点因子が1つのみの場合：E'//，/E/，//e

②1つの場面であてはまる評点因子が2つある場合：E'//e，M'/I/，I'：M'//，/E：M/，//e：i

（1つの欄に入る（アグレッションの型が同じ）記号が複数あるときは記号の間にコロンを入れる）

手引書に各場面の評点例，注意事項が書かれているので，それらを参考に24場面を評点する。評点の際の基本原則は，言葉の背景の気持ちや動機はとりあげないということである。言葉の裏を深読みすることなく，明確に表出された言葉の意味に沿って分類する。いずれの評点因子にもあてはまられない場合（無回答の場合を含む）は，「スコア不能（U: unscorable)」とする。

(2)　記録票への記入

24場面すべての記号化がすんだら，「P-Fスタディ記録票」に記入していく（手引書のpp.136-142を参照）。

①「(a)場面別評点記入欄」に各場面の評点を記入する。マス目の中では左側に寄せて記入するとよい（マス目の右側には，次のGCR%算出の手続きで使う記号が印字されている）。スコア不能の場面があったら，マス目に斜線を記入しておく。

②「(a)場面別評点記入欄」を利用して，GCR%を算出する。EとE̲，IとI̲は区別しないことに注意する。印字されている記号と反応が一致したら＋

を，一致していなければ－を「(a)場面別評定記入欄」の左欄外に記入する。反応が２つあり，片方だけ一致している場合は1/2と記入する。また印字されている記号が２つある場合はどちらか一方が一致していれば＋となる。手引書の計算式を参考にGCR％を算出する。

③「(b)プロフィール欄」に評点因子別に集計した数値を記入する。ここでもＥと$\underline{E}$，Ｉと$\underline{I}$は区別せず，９因子で集計する。縦・横の「合計」を足し合わせて総反応数（スコア不能の場面がなければ24）となることを確かめる。

④「(c)超自我因子欄」に記入する。「Ｅ－$\underline{E}$」，「Ｉ－$\underline{I}$」でのＥ，Ｉは，それぞれ$\underline{E}$，$\underline{I}$　を含むことに注意する（プロフィール欄に記した数字を使えばよい）。

⑤「(d)反応転移分析欄」に記入する。手引書の「第１の必要条件（全場面で４回以上出現）」については反応が出現した場面の回数（１場面で２つの記号があっても0.5にしない），「第２の必要条件（前半と後半の一方が他方の２分の１以下）」については反応を計算した点数（１場面で２つの記号があるときは0.5にする：プロフィール欄の数字がそのまま使える）を用いることに注意する。

4．考察のポイント

考察は受検者としての結果をもとにまとめるが，ペアやグループで両テストの結果や感想について話し合うと，深い考察につながるだろう。

4.1　バウムテストの結果を解釈する

「全体的評価（印象評定）」「形式分析」「内容分析」を総合して，描かれた樹木から推定できるパーソナリティの特徴を文章にまとめる。その際，「この木は，何を感じ，何を訴えようとしているのか，外界（他者）をどのように見ているのか，自分自身をどのように見ているのか」を第三者にも伝わるように客観的に把握することを念頭におく。

4.2　P-Fスタディの結果を解釈する

記録票で算出したさまざまな項目の結果を標準（テスト作成時の平均や標準偏差に関する情報）と比較して，受検者（自分）のパーソナリティの特徴を文章にまとめる。その際，個々の項目に関する解釈をていねいに行い，その上で，全体としてどのような特徴がみられるかを検討することが重要である。

記録票のGCR％を求める部分，プロフィール欄，超自我因子欄に，青年用であれば大学・高校・中学別に男女別の平均（太字）と標準偏差が印刷されている（成人用では男女別のみ）。個人について得られた値をこの平均と比較し，１標準偏差以内であれば平均的，１標準偏差以上の隔たりがある場合は，個人で特徴的な部分を示している可能性がある。標準については，手引書にも同様の情報が掲載されている。

以下，主な項目について説明する。

(1)　GCR（Group Conformity Rating）

GCRは集団一致度，集団順応度と言われるもので，日常生活でよく生じる欲求不満場面において，常識的・一般的な適応の仕方をどの程度行っているかの指標である。標準より著しく低いGCR％を示す人は，常識的反応をあまり行わない人と言え，標準より著しく高いGCR％を示す人は，常識的反応を日常的に行う人だと言えるだろう。

必須ではないが，GCR評点の場面で生じるずれ（常識的な反応からのずれ）を１場面ずつ検討し，どのような方向にずれるのかを考察するのもよい。

(2)　プロフィール欄

プロフィール欄のそれぞれの値を標準と比較する。受検者のアグレッションがどの方向に向く傾向があり，どのような型が多いのかを調べる。たとえば，アグレッションの方向においてE-A％が標準よりも高ければ（低ければ），E-A％を構成するE'，E，eのうち，どれがそれを上げている（下げている）のかといった具合にみていく。同様に，アグレッションの型において，O-D％が高ければ，E'，I'，M'のどれがその要因となっているのかをみていく。このように指標の相互関係を調べていくと，結果の全体的特徴がつかみやすくなる。

(3)　超自我因子欄

この欄の指標は，超自我反応である$\underline{E}$，$\underline{I}$を中心として算出される。得られた値を標準と比較することで，超自我阻害状況（「解説」の2.2を参照）に特異的な個人の特徴や，それに関連した自己主張性や社会性の発達程度を検討することができる。

(4)　反応転移分析欄

反応転移とは「反応変化の様子（trend）」のことである。この欄の指標によりテストに対する受検者の態度の前半・後半での変化をみることができる。一定の心構えで反応しているならば，テストの前半と後半で反応内容に差は生じないが，テストの途中で態度に変化が生じた場合，反応の質が変化すると考えられる。9つの評点因子，3つのアグレッションの方向，3つのアグレッションの型について，変化の有無と程度が示されるので，それに基づいて受検者の態度について検討する。

4.3　2つのテストの結果を総合する

バウムテストとP-Fスタディの結果を比較対照して，受検者の全体的パーソナリティについて文章にまとめる。その際，バウムテストは内面（対自）的な側面を主に反映し，P-Fスタディは社会（対他）的な側面を主に反映するという枠組みを念頭に置くとよい。

たとえば，バウムテストでは角ばったラインで尖った枝が描かれていたのに対して，P-Fスタディにおいて M-A%が高く無責的な傾向が強い結果を示したという場合，その人は，内面的，潜在的には攻撃性が高いが，対社会的にはアグレッションをないかのように抑圧・否認しているとみることができ，その組み合わせがその人の全体特徴を示すものとなる。

4.4　投影法のパーソナリティテストについて

実習をふまえつつ，2つのテストの特徴（長所と短所），さらに投影法のパーソナリティテスト全般の特徴について考える。質問紙法との対比もできるとよい。

◇解　説◇

1．投影法について

1.1　投影法の全般的特徴

投影法では，あいまいな刺激に対する反応を通して間接的に受検者の心理的特徴にアプローチする方法をとるので，受検者が意識的・直接的に回答を操作しうる質問紙法に比べて，テストに対する意識的防衛が生じる可能性が少ない。また，反応の自由度が高い投影法では，多様な個人差があらわれやすく，その個人のパーソナリティの潜在的で無意識的な側面を明らかにするには効果的であると言われている。しかし，投影法では，反応が多様であるために客観的な評価がしばしば難しく，結果の適切な解釈には検査者の高度の熟達を必要とする。

投影法では結果の解釈が検査者によってかなり変動しうる。しかし，臨床心理学的な面接で主観は関与せざるをえない要因であり，投影法は，検査者自身のあり方，検査者・受検者の関係性を含む状況を「認識する装置」として役立ちうる。熟練した検査者であれば，投影法の手続きをとおして受け取る情報量は豊かになり，結果の解釈はより深いものになる。投影法において主観的理解が必要とされることは，実証的な近代科学の枠組みになじみにくいが，人間のパーソナリティ全体を知ろうとするための1つの方法として有用なものであろう。

1.2　投影法における信頼性と妥当性

投影法は，信頼性（得られる結果が安定していること）や妥当性（得たい情報が正しく得られていること）が低いと批判されることがある（信頼性と妥当性に関する全般的説明はコラム5を参照。また実習で用いた2つのテストの信頼性・妥当性に関する情報は，まず上里（2001）を参照するとよい）。

投影法の信頼性に関して，評定者間信頼性の問題をまず考える必要がある。投影法では，あいまいな刺激を手がかりに自由度の高い回答を求めるので，生の回答を整理・集計していくプロセスで評価の仕方にずれが生じることがある。このずれは手続きの明確化と熟達とでかなり低減しうる。ただし，その先の解釈に関わる部分では，主観の関与が強まるので，結果に十分な一致が見られるとは言いにくい。

こうした評価手続き上の揺れの問題があるので，心理測定における信頼性の中心部分である，回答自体の安定度（たとえば，期間をあけて2回検査して，同様の結果が得られる：再検査信頼性）の評価も容易ではない。複数回実施してある程度，同様の結果が得られるという報告もあるものの，質問紙法のような水準ではない。もう1つの信頼性である内的整合性（尺度を作る多数の項目が類似した傾向を示すこと）についても同様に十分とは言えない。P-Fスタディでは内的整合性が検討されているが，バウムテストのように項目得点の総合として尺度得点を求めるという発想がなじみにくいものも多い。

ただし，再検査信頼性や内的整合性が低かったり扱えなかったりするのは，定型化された質問紙法のパーソナリティテストと異なり，回答自由度が高く，等質的な項目によらないユニークな課題に主に基づき，一回性の強い臨床場面で多く使われているという投影法の技法的特徴を反映するためである。

心理テストの妥当性は，テストがもたらす解釈や判断の適切性に基づいて検討できる。たとえば，

P-Fスタディで得られたアグレッションに関わる評価が適当かどうかは，受検者の実際の行動やほかの心理テストでの結果との関連で評価されることになり，そうした観点から妥当性が主張されている。バウムテストも他のテストや事例の観察で得られる情報と整合的な関係があるとする報告が多くみられる。ただし，こうした他の情報との関連性は総じて十分に明確なものではなく，ある反応が特定のパーソナリティや心理状態を反映しているという根拠は弱い，客観的で効率性の高い情報が得られていないといった批判がある。

投影法の妥当性については，この手法が臨床場面で広く用いられているという点も考慮すべき点となる。その際，客観的な「測定のためのテスト」にとどまらず，「意思決定のためのテスト」「関係の形成・維持のためのテスト」といった観点も有用だろう。テストを通して得られる直感的な印象を含めて，それが臨床的介入にプラスにはたらくのであれば，それはテスト手続きを妥当なものとみなす根拠になりうる。現時点では，そうした根拠が客観的に十分に示せているとは言いにくいので，今後のさらなる研究が期待される。

1.3　構造化の程度を念頭においたテストの区分と，テストバッテリーの構成

臨床の現場では，投影法のテストは，パーソナリティの診断や，心理療法導入にあたってのアセスメントなどを目的として行われるが，1つのテストのみで適切な評価・判断を行うのは不可能であり，通常，複数のテストを組み合わせて（テストバッテリーを組んで）用いる。

テストバッテリーを組む際，「構造化された（構造的な）－構造化されていない（非構造的な）」という枠組みを念頭に置くことが有用である。パーソナリティテストは，テストで何を調べるのかが明確であり，課題も教示も明確であるような構造化されたテストと，そのような構造化がされていない（あるいは構造化がゆるい）テストとに大別することができる。この枠組みにおいて，質問紙法のテストは前者に，投影法は後者に属することになる。質問紙法と投影法の両方を用いることにより，それぞれの長所を活かして短所を補い，また結果のあらわれ方を総合することで，その人のパーソナリティの全体的な特徴を見ることが可能になる。

投影法の中でも構造化の程度は多様である。描画法は課題状況が漠然としていて，回答構成の自由度が高く，構造化の程度は非常に低い。一方，P-Fスタディは，他の投影法に比べて回答の自由度は低く，テスト場面はかなり構造化されている（このことから，P-Fスタディは「半投影法」と呼ばれることもある）。このほかの投影法では，ロールシャッハ法とTATは，図版や実施手続きが明示されていて，P-Fスタディほどではないが，描画法より構造化されている。インクのしみを用いるロールシャッハ法は，人物画を中心とする図版に対して脈略のあるストーリー作りを求めるTATよりも，刺激があいまいで受検者の反応の自由度が高いという点で，より非構造的である。

以上で挙げたテストを，改めて並べてみると，「質問紙法— P-Fスタディ— TAT —ロールシャッハ法—描画法」という順に，構造化の程度が低くなっている。こうした特徴を意識すると，バランスのとれたテストバッテリーを組みやすくなる。今回の実習でも，構造化の度合いが相互に異なる2種の投影法のテストとして，バウムテストとP-Fスタディを選んで組み合わせたことになる。

2．実習で用いたテストについて

2.1　バウムテスト

(1)　描画法とバウムテスト

描画法にはさまざまな種類があるので，テストの目的に合わせてどれを行うかを選択しなければならない。バウムテストにおける樹木を描くという設定は，課題として受検者に抵抗感が少なく，時間もあまりかからず，実施しやすい。描かれた樹木は，受検者の基本的な自己像（セルフイメージ）を反映することが多いと考えられている。比較的短い期間に繰り返し実施して受検者の変化を知る手がかりとして使うといったことも可能である。

バウムテスト以外の描画法として，社会との関係性や態度も見たいのであればHTP，自己と社会の関係をどれほど相対的にとらえ，自己を取り巻く内外の状況をどのように構成しているかを見たいのであればLMT，受検者の認知する家族イメージや家族関係をとらえたいのであれば動的家族画（Kinetic Family Drawings: KFD）などが有用である。

(2)　実施手続きと解釈

テストの実施手続きは統一されていないので，学術的な報告では手続きを明示する必要がある。実習

では，教示で「実のなる木」を描くことを求めたが，単に「木」を描くことを求める場合もある[5]。

バウムテストの解釈手続きも一様ではないが，実習で示した「全体的評価（印象評定）」「形式分析」「内容分析」」の３つの分析を行い，それをふまえて「総合解釈」を行うという手続きは代表的なもので，バウムテスト以外の描画法にも適用できるものである。

通常，絵に見られる個々の特徴は１つのパーソナリティ特徴に直接に対応するものではなく，解釈可能性は複数あり，そのどれが適当であるかは，絵の全体的な様相から決まる。総合解釈においては問題点だけを取り上げるのでなく，受検者の健康的な側面や長所を見出し，バランスよく解釈することができるとよい。バウムテストはよく使われているが，記号化・数量化などで確定した手続きがないだけに，解釈には熟練を要する。

2.2　P-F スタディ

(1)　欲求不満場面への反応

一般に，欲求不満場面における欲求不満の解消のしかたに関する反応傾向は人によってさまざまである。不満を解決しようとして積極的，建設的に行動したりしなかったりする。解決の道筋でも，自分で動くことがある一方で，誰かに解決してもらうことがある。不満の原因認識も多様で，自分のせいにしたり他者のせいにしたりする。そして，その反応も全体を通して一定の傾向があったり，場面によって変化していくということがあったりする。

P-F スタディでは24の欲求不満場面を次々に呈示することで，個人の反応傾向の一定した部分や変化を詳しくみることができる。P-F スタディで受検者は，右側に描かれている不満を引き起こしている人と自分自身を意識的・無意識的に同一視するものと想定されており，受検者自身の内面が回答に反映するとされている。

(2)　自我阻害場面と超自我阻害場面

24の場面は，自我阻害場面と超自我阻害場面の２種類に分けられる。自我阻害場面というのは，欲求不満の原因が自分にはなく，他者や非人為的な障害により，自我が阻害されている（被害者的立場にある自分が不満を感じる）場面である。超自我阻害場面というのは，欲求不満の原因が自分にあり，他者から非難，叱責を受け，超自我（良心）が阻害されている（加害者的立場にある自分が不満を感じる）場面である。自我阻害場面では自分のほかからくるトラブルによって不満が生じ，超自我阻害場面では自分の非をとがめられて不満が生じている。

この２種類の場面区分はテスト設計の基本部分であり，整理・解釈にも深く関わる。超自我反応の E，I は，基本的に超自我阻害場面であらわれる。自分の非をとがめられたとき，責任を否認したり(E)，言いわけしたり(I)する反応である。この反応は超自我因子の５つの指標に関連している。

基本指標である GCR について，実習では全体で求めるもののみ説明したが，自我阻害場面と超自我阻害場面とに分けて比較することが有用である（記録票で超自我阻害場面は場面番号に下線が引かれている）。一致度が低い場合には，２種類の阻害場面の間で見られる差異の特徴について他の指標を参照しながら検討する。

(3)　解釈について

解釈にあたっては，記録票にまとめた集計結果を標準と比較する作業が基本になるが，個々の指標だけでなく，全体としてどのような特徴があるかを考える必要がある。ある種の反応の多さは別の反応の少なさとしばしばセットになっていることや，前半と後半とでの時系列的な反応傾向の変化（反応転移分析欄が参考になる）などを意識して，個人における反応パターンを総合的に解釈する必要がある。そのためには，指標の背後にあるアグレッションをとらえる枠組みと，それに基づくテストの設計に関して理解を深めなければならない。

本章では，記録票に基づく形式的な分析・解釈の基礎を説明したにとどまるが，実際の利用にあたっては，書かれた表現自体や取り組み方の様子，筆跡なども含めて，さらに詳細な情報収集と解釈がなされる。

(4)　P-F スタディの現状について

P-F スタディは臨床の現場でよく用いられている。特に絵の吹き出しに書き込むという手法であることから，子どもが興味をもちやすい。比較的短時間

[5] コッホ（Koch, 1957　岸本・中島・宮崎訳　2010）では，「果物の木を描いてください」と求めるとしており，「実のなる木」より限定的である。なお，単に木を描くことを求めるテストを「樹木画テスト」と呼んで区別することがある。「実習」の3.1で挙げた高橋・高橋（1986）の『樹木画テスト』では，投影法としての自由度を確保すること，ヨーロッパと日本とでは果樹のイメージに差異があることから，「木を１本描いてください」という教示を採用している。

（20～30分程度）で実施でき，投影法であるものの，反応を量的に表現できて解釈や比較が行いやすいという特徴もある。

現行の日本版P-Fスタディの青年用は1987年の改訂版，児童用は2006年の改訂版である。成人用は1950年代の標準化から半世紀以上がたっており，用いられている絵も時代と合わなくなっているので，改訂されると現場での有用性が増すと考えられる。

3．より深く学ぶために：推薦図書

臨床心理学に関する教科書や参考書には投影法に関する解説があることが多いので，手近なものを見てみよう。上里（2001）や松原（2002）のような，さまざまなパーソナリティテストを紹介した書籍を参照すると，投影法に多様なテストがあることと，投影法以外に多様なテストがあることがわかるだろう。上記の２冊では，実習で取り上げた２つのテストについても要領よく解説されている。投影法の近年の研究動向について多面的に知るには，小川（2008），津川（2012）が役に立つ。実習で用いたテストの実際的で詳しい解説ということでは，バウムテストであれば高橋・高橋（1986），P-Fスタディであれば秦（2010）が有用である。

２つのテストについてさらに深く学ぶには，「原典」にふれることを薦めたい。バウムテストについては，近年，待望されていたコッホの原著第３版の邦訳が出版された（Koch, 1957　岸本・中島・宮崎訳　2010）。P-Fスタディについては，ローゼンツァイクの著書が2006年に翻訳されている（Rosenzweig, 1978　秦訳　2006）。心理テストとしての必要条件とされる信頼性・妥当性の担保に関する諸研究についても言及されている。なお，これら２冊の著書はいずれも刊行から時が経っているので，今日的スタンダードも意識しながら読む必要がある。

4．補足（主に教員向けの解説）

4.1　授業構成の目安

テスト自体の所要時間は大学生が実習で受検する場合，バウムテストで20分程度，P-Fスタディで30分程度を見込めばよいだろう。本章の内容は，実習をバウムテストのみとして簡単な解説を行うのであれば，90分授業１コマでも可能である。P-Fスタディを実施する場合は，整理手続きの理解と実行に時間を要するので，さらに２コマ必要である。両方実施して解説や議論をしっかりやるのであれば，４コマをあてるのが望ましい。

集団式での実施を第一の選択肢としたのは，個別式で他者の反応をひととおり見たあとで受検するというのは，はじめてのテスト経験としては不自然だからである。集団式の方が時間や場所が設定しやすいという利点もある。余裕があれば，集団式を経験したあと，改めて個別式での実施経験を組み込めるとよい。個別式だと，臨床場面での利用形態に即した形で検査者・受検者間の独特の関係を含めて経験できる。

質問紙法のパーソナリティテストの実習と関連させて授業を構成すると，投影法の特徴とパーソナリティ測定の考え方全般について，より深く理解できるだろう。

4.2　テストの選択について

本章で取り上げた２つに追加して（あるいは代えて）別のテストを実施することも考えられる。たとえば，描画法の中から現場で使用頻度の高いHTP診断法を実施するのもよい。HTP診断法を加えて３つのテストを実施するほかに，バウムテストとHTP診断法の組み合わせで２コマの実習とする選択もある。HTP診断法にはいくつかの種類があるが，家と人と木を（３枚の用紙に別々に描くのではなく）１枚に全部描く統合型HTP（三上，1995）を選ぶと，描画における個別アイテムにあらわれる個性に加えて，複数アイテムを統合した全体にあらわれる個性を体験的に学習する機会が得られる。その他に比較的簡便に実施できる投影法のテストとして，文章完成法（SCT）を追加するというのも考えられる。

4.3　関連する小実習

本章の実習では，実際のテストに即して学ぶという形をとったが，投影という現象に焦点を当てて投影法の根拠について考えるような小実験を行うことができる。木下（1990）では，ピントの合っている度合いが異なる４枚の写真（ピンぼけが著しいものから順に呈示する）とインク・ブロット図版とを呈示して何に見えるかを問うという実験を構成している。

また『心理学教育のための傑作工夫集』では，文章完成法を取り上げて，文の書き出し部分と投影の関連性（投影の引き出しやすさは書き出しの表現によって異なる）を考える活動と，既に得られている

2事例に関する解釈を検討する活動とを紹介している（Fernald & Fernald, 2008　榎本訳　2010）。

4.4　発展的な実習

⑴　整理・解釈の練習と評定者間信頼性の検討

バウムテストの描画やP-Fスタディの回答のサンプルを用意して，それらについて整理・解釈の練習を行う。グループでの議論や指導者による解説もあるとよい。技法についての理解が深まり，自身の結果についての解釈も改善されるだろう。

P-Fスタディの回答サンプルについては，実習者間で評定者間信頼性（一致率）を求めてみるとよい。一致率の算出にあたっては完全一致のみ認める方法と半分一致も認める方法とがあるが，後者でよいだろう。専門家による正解との一致率も求められるものを使うとよい（たとえば，秦（2010）に健常な大学生の事例がある）。一致率は.80程度が目標となる。

⑵　同じテストの複数回実施

適当な日数をおいて（たとえば，1週間後）再実施すると，再検査信頼性の観点をまじえて考察することができる。バウムテストでは，1枚目に続いて2枚目を描いてみるという手続きもある。実際の臨床場面でも，防衛的過ぎる絵が描かれた場合2枚めを描いてもらうことがある。P-Fスタディでは，青年版と成人版の両方を経験するという選択肢もある。

◆引用文献

上里一郎（監修）（2001）．心理アセスメントハンドブック　第2版　西村書店

Fernald, P., & Fernald, L.（2008）. The sentence completion test: Assessing personality. In L. T. Benjamin, Jr.（Ed.）, *Favorite activities for the teaching of psychology*. Washington, DC：American Psychological Association. pp. 196-200.（榎本淳子（訳）（2010）．文章完成テスト（SCT）――パーソナリティの査定――　ベンジャミン，Jr., L. T.（編）　中澤　潤・日本心理学会心理学教育研究会（監訳）　心理学教育のための傑作工夫集――講義をおもしろくする67のアクティビティ――　北大路書房　pp.213-218.）

秦　一士（2010）．P-Fスタディアセスメント要領　北大路書房

林　勝造（著者代表）（2007）．P-Fスタディ解説　2006年版　三京房

一谷　彊・津田浩一（1982）．「バウム・テスト整理表」の作成とその具体的利用　京都教育大学紀要，**61**，1-22.

木下冨雄（編集代表）（1990）．教材心理学　第4版　ナカニシヤ出版

Koch, K.（1957）. *Der Baumtest：Der Baumzeichenversuch als psychodiagnosticsches* Hilfsmittel 3. Auflage. Bern: Hans Huber.（コッホ，K.　岸本寛史・中島ナオミ・宮崎忠男（訳）（2010）．バウムテスト第3版　心理的見立ての補助手段としてのバウム画研究　誠信書房）

松原達哉（編著）（2002）．心理テスト法入門――基礎知識と技法習得のために――第4版　日本文化科学社

三上直子（1995）．S-HTP法　統合型HTP法による臨床的・発達的アプローチ　誠信書房

小川俊樹（編）（2008）．現代のエスプリ別冊　投影法の現在　至文堂

Rosenzweig,S.（1978）. *Aggressive behavior and the Rosenzweig picture-frustration（P-F）Study*. New York: Praeger.（ローゼンツァイク，S.　秦　一士（訳）（2006）．攻撃行動とP-Fスタディ　北大路書房）

高橋雅春・高橋依子（1986）．樹木画テスト　文教書院（2010年に北大路書房から再刊されている）

津川律子（編）（2012）．投映法研究の基礎講座　遠見書房

認定心理士について

ここでは，『資格申請の手引き　2014年度改訂版』（以下，『手引き』）の内容を中心に，認定心理士という資格の概略について説明する[1]。

１．認定心理士の位置づけと資格取得状況

認定心理士とは，「公益社団法人日本心理学会」が認定する心理学の基礎資格であり，大学で心理学に関する最小限の標準的な基礎知識と基礎技術を修得していることを認定するものである。この制度は，さまざまなコースで心理学を学ぶ者が，心理学専攻者としてのアイデンティティが持てるように，また心理学に関する専門的資質を向上させられるように，との趣旨で設けられた。この資格を取得することで，「心理学」という語が使われていない学部学科を卒業した場合でも，心理学の専門家として必要な，最小限の標準的な学力と技能を修得していることが示せる。

認定心理士の創設年度である1990年度の資格取得者は82人であったが，その後増加し，近年は，年間，3,000人程度で推移していて，累計の資格取得者は，2013年度末の時点で43,045人にのぼる（図１）。申請者のうちで資格が認定されるのは，だいたい95％前後である（何度か審査をやり直した例を含む）。しかるべきカリキュラムが提供されている大学で，資格の要件を念頭に計画的に授業を履修した場合，資格が取得できる見込みはかなり高いと言える。

２．認定心理士申請の種類

認定心理士資格の申請には，３種類あり，それぞれ提出書類が異なる（日本心理学会のサイトを参照）。

Ａ　認定申請（大学卒業後の申請）

四年制大学を卒業した後で，資格取得希望者が原則として個人の資格で申し込むもの。以下に示す基礎条

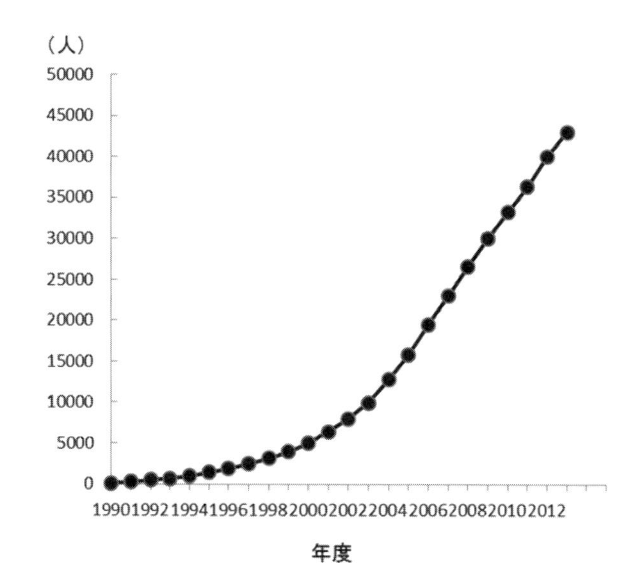

図１　認定心理士資格取得者の累計

[1] ここでの説明は，2015年３月時点での状況によるものであり，省略した点（準備すべき書類や申請手続きの詳細など）も多い。最新の情報，より詳しい情報については，認定心理士資格に関する日本心理学会のサイトを参照してほしい（https://www.psych.or.jp/qualification/index.html）。『手引き』も，こちらで入手できる。

件を満たすことが必要である。

① 四年制大学を卒業し学士の学位を取得，もしくは大学院修士課程を修了し修士の学位を取得していること

② 16歳以降通算２年以上日本に滞在した経験を有していること

③ 認定心理士認定資格細則が指定する心理学関係の所定の単位を修得していること（心理学の専門性を審査するための実質的な部分であり，３で説明する）

B　仮認定申請（大学卒業見込み者による在学中の申請）

在学中に「仮認定」を受けて条件付きの「仮認定証」を受領し，卒業したら卒業証明書を提出して正規の認定を受けるもの。「仮認定」の申請時点で，資格認定に必要な単位が取得済みで，卒業見込証明書が提出できることが必要である。Aの認定申請同様，卒業時点で３つの基礎条件を満たすことが要求される。この仮認定申請は，在学している大学を通して一括で行うことも多い。一括申請を行っている場合は，大学から案内や指示があることが多い（わからなければ，大学の事務なり教員なりに確認してほしい）。

C　日本心理学会会員の優遇措置

申請時現在まで日本心理学会に５年以上連続して正会員として在籍し，本務校において心理学関連科目を担当する大学等（四年制大学，短期大学，高等専門学校，専門学校）の教員は，所定の手続きによってこれらの事項を認定委員会へ届けることによって，資格審査を受け，資格認定を受けることができる。

3．認定対象となる科目の分類と，必要な認定単位数について（単位認定基準）

単位認定の仕組みについて知りたいとき，次ページの表１を見ると，全体のイメージがつかみやすい。ただし表で示しているのは，申請科目の「例」であることに注意してほしい。審査は，科目名ではなく，「申請科目の内容」によって行なわれる。内容によっては，科目名が挙がっていても認定されない場合があるし，例に挙がっていなくても認定されることがある。この一覧表は，認定心理士を視野に入れた履修計画を立てたり，資格申請をしたりする際の判断材料となるとともに，心理学の広がりを知り，自分自身の学習内容について意識する手がかりにもなるだろう。

3.1　科目内容の３区分と９領域

認定対象の科目は，３つの大きな区分と，その下位分類である９領域に分けられる。

① ３区分：認定対象となる科目は，「基礎科目」，「選択科目」，「その他」の大きく３つに分けられる。

② ９領域：さらに，「基礎科目」は３つ，「選択科目」は５つの領域に下位分類される（「その他」は，全体で１つ）。

3.2　基本主題と副次主題の区別

各領域の科目は，その領域での重要度によって「基本主題」と「副次主題」の２つに分けられ，そのどちらであるかによって，認定単位数が異なる。

① 基本主題：各領域で認定心理士に求められる最も重要で必修的な知識または技術の科目。取得単位数がそのまま認定単位数になる。

② 副次主題：基本主題としては認められないが，当該領域に含まれる科目。取得単位数の半数（２で割った数）が認定単位数となる。

3.3　必要な認定単位数

① 基礎科目（a，b，c 領域）

・a 領域：４単位以上（領域全体で，心理学の基礎分野を満たすこと）

・b，c 領域：８単位以上かつ，最低４単位分は c 領域の単位（c 領域の科目では，実験的方法で知覚や認知，社会など基本的な内容の課題を４つ以上含む計６課題以上を行うことが必要。また各課題について，標準的レポート（目的，方法，結果，考察を含むもの）を作成していることが必要）

② 選択科目（d，e，f，g，h 領域）

・５領域のうち，３領域以上で，それぞれが少なくとも４単位以上（必ず基本主題を含むこと），かつ，

表1　申請科目例の一覧（『手引き』による）

	領　域	該当科目例		該当しない 科目例	単　位
		基本主題	副次主題		
基礎科目	**a：心理学概論** 心理学を構成する主な領域に関し，均衡のとれた基礎知識を備えるための科目	心理学概論 教育心理学概論 基礎心理学 一般心理学 行動科学概論 行動科学	心理学史 社会心理学概論 学習心理学概論 人格心理学概論 発達心理学概論 臨床心理学概論	特定の基礎領域の特殊講義 特定の心理学学説中心の講義 特定の専門的な講義 心理学でない社会学系，政治学系，哲学系，医学系の人間論や行動科学	**4単位以上** 領域全体で心理学の基礎分野を満たすこと （知覚・認知・学習・記憶・言語・思考・人格・動機づけ・感情・発達・社会行動など）
基礎科目	**b：心理学研究法** 心理学における実証的研究方法の基礎知識を備えるための科目	心理学研究法 教育心理学研究法 心理学実験法 実験計画法 心理測定法 心理検査法 （人格診断法を含む） 心理統計学 計量心理学 情報処理演習 （心理学実験・調査データ処理に関する講義・実習）	心理学との関連の薄い一般統計学 心理学実験を目的とした情報処理技法 教育評価法 社会調査法 （心理学的内容のもの）	コンピュータ利用のための一般情報処理教育 プログラミング言語実習 社会調査法 （心理学的内容ではないもの） 社会学的研究法	**8単位以上** 最低4単位分は「c：心理学実験・実習」の単位 （実験的方法で知覚や認知，社会など基本的な内容の課題を4つ以上含む計6課題以上。各課題について標準的レポート※1を作成していること） ※1　各課題について目的，方法，結果，考察を含むものであること
基礎科目	**c：心理学実験実習** 心理学における実験的研究の基礎を修得するための，心理学基礎実験，実習の科目	心理学基礎実験 心理学実験 心理学実験実習 心理学実験演習 行動科学基礎実験 人間行動学実験実習 教育心理学実験実習 社会心理学実験実習 心理尺度構成法実習 心理検査法実習	臨床心理学実習 心理学実験を対象としたコンピュータ実習 社会調査法実習 （心理学的内容のもの） フィールドワーク実習 （心理学的内容のもの）	実験実習を伴わない講義 実験研究の文献購読演習 講義中にデモンストレーション的実験を行った程度の講義 心理学実験とは関係がない一般的なコンピュータ実習，情報処理法，プログラミング実習や演習 教職関係などの教育実習 病院施設などの現場見学	
基礎科目	**基礎科目小計**				**合計12単位以上**

	領　域	該当科目例		該当しない科目例	単　位
		基本主題	副次主題		
選択科目	d：知覚心理学・学習心理学	知覚心理学 感覚心理学 認知心理学 学習心理学 思考心理学 情報処理心理学 数理心理学 言語心理学 感情心理学 行動分析学 認知科学（心理学的立場による）	色彩心理学 人間工学	心理学概論 教育心理学概論	**5領域のうち** **3領域以上で，それぞれが少なくとも4単位以上。** **必ず基本主題を含むこと**
選択科目	e：生理心理学・比較心理学	生理心理学 比較心理学 動物心理学 比較行動学 精神生理学 神経心理学	神経生理学 行動薬理学 動物生態学 行動生理学	一般生理学 動物学	
選択科目	f：教育心理学・発達心理学	教育心理学 発達心理学 児童心理学 青年心理学 生涯発達心理学 教育測定 教科学習心理学 教授心理学 学校心理学 発達臨床心理学 教育評価 こども学（心理学的立場による） 進化心理学（心理学的立場による）	教育工学 学業不振児の心理 教師の心理 親子関係の心理	教育学的講義 社会福祉論的講義 心理学者によらない児童学 心理学者によらない老人学 一般心理学 心理学概論	
選択科目	g：臨床心理学・人格心理学	臨床心理学 人格心理学 性格心理学 健康心理学 福祉心理学 異常心理学 精神分析学 自我心理学 心理療法 行動療法 カウンセリング 面接技法 児童臨床心理学 障害者心理学 行動障害論 適応障害論 適応の心理 臨床心理学実習 心理検査実習 犯罪心理学 非行心理学 矯正心理学 教育相談	精神医学 行動医学 心身医学 精神保健学	精神病学 薬理学 医学・薬学的講義	
選択科目	h：社会心理学・産業心理学	社会心理学 実験社会心理学 集団心理学 グループ・ダイナミックス 心理学的人間関係論 対人関係論 対人行動論 対人認知論 コミュニケーションの心理学 マスメディアの心理学 家族心理学 コミュニティ心理学 環境心理学 産業心理学 組織心理学 労働心理学 消費者の心理 職業心理学 文化心理学 広告心理学 交通心理学 ビジネス心理学 化粧心理学 被服心理学 社会心理学調査実習	社会学的な社会心理学 心理学的な労働科学	社会学的視点の環境論，職業論，労働科学，マスコミュニケーション論	
選択科目	**選択科目小計**				**5領域計** **16単位以上**
その他	i：心理学関連科目，卒業論文・卒業研究	複数の領域に関わる心理学関連科目 卒業論文 卒業研究			**卒論は最大4単位**
	総　計				**総計36単位以上**

注 「副次主題」では，取得単位数の半数（2で割った数）が認定単位数となる。

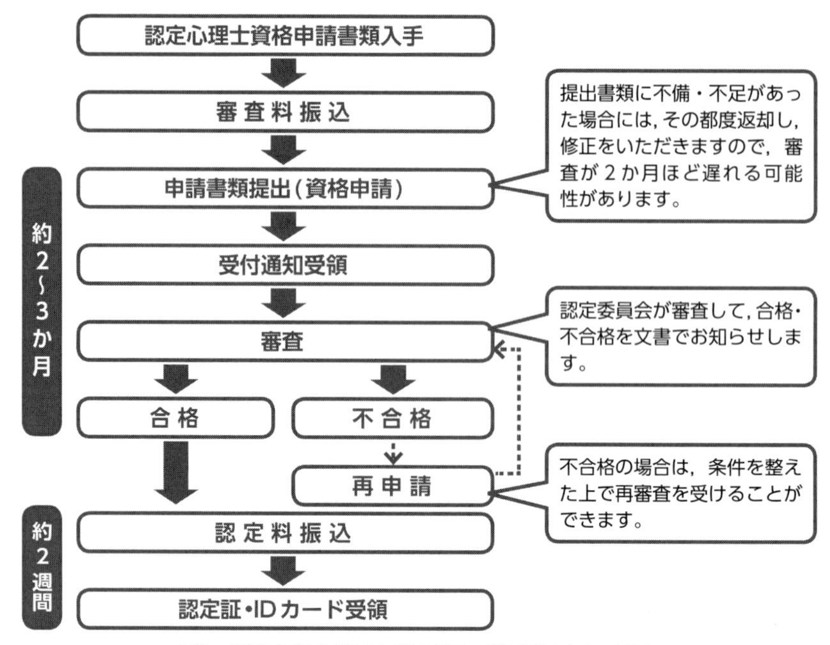

図2　認定心理士資格申請の流れ（『手引き』による）

5領域の合計で16単位以上

③　その他の科目（ｉ領域）。

・必ずしも単位は必要ではない。卒業論文・卒業研究は4単位まで申請可能

④　総単位で必要な認定単位数

・36単位以上

4．認定心理士資格申請の流れ

申請は1年を通して，いつでもできる。認定委員会は通常，2か月に1度開かれていて，委員会の日程や全体的な審査状況もホームページで公開されている。申請は個人が認定委員会に直接に書類を提出（郵送）する方法のほかに，大学を通して一括で行う場合がある（2の「仮認定申請」を参照）。書類の準備がどの程度大変であるかは，ケースバイケースであるが，自身の心理学学習の歩みを振り返ってまとめるつもりで取り組むとよい。

図2に示したように，書類を提出してから，審査結果が通知されるまで，通常，2～3か月かかる（書類提出のタイミングと委員会のスケジュールが影響する）。書類の記載事項に不備があったり，内容が不明確であったりすると，再提出を求められることがあり，その場合，さらに数か月かかることがある。

5．2014年度改訂版における新基準と「基礎科目ｃ領域　心理学実験・実習」

認定心理士の基準は，2014年4月1日付で改訂されている（2014年度改訂版：以下「新基準」と呼び，それ以前のものを「旧基準」と呼ぶ）[2]。基準の大筋は資格の創設以来，一貫しているが，細部において変更がある。新基準では，科目区分の扱い方と具体的な科目名に一部変更が加えられている。この変更は，さまざまなコースにおける多様な授業実態に対応できるように見直しを加えたものであり，旧基準よりも柔軟で実

[2] 2019年3月31日までに，申請書類が日本心理学会事務局に到着したものに限り，旧基準での審査が可能である（詳細は学会のサイトで公開されている認定心理士関係諸規則を参照）。

質的なものになっている。

この教科書と関連の深い「基礎科目ｃ領域　心理学実験・実習」では，以下のような変更を行っている。

①　ｃ領域の内容の見直しを行い，科目名の例と必要単位数を変更した

ｃ領域の必要単位数を４単位以上にした（旧基準では３単位以上）。単位数の増加は，認定できる内容と単位数が増加したことによっている。旧基準では，いわゆる臨床系や調査系，フィールド系の実習が認定されにくい傾向があったが，それを見直した。具体的には，旧基準では，心理テストや尺度構成を中心とする実習は副次主題であった（単位数が半分にカウントされる）が，基本主題に扱うようにした（単位数がそのままカウントされる）。旧基準では，認定対象外だった社会調査法やフィールドワークを中心とする実習も，副次主題として認定対象に含めるようにした。

②　ｂ領域（心理学研究法）とｃ領域をセットで考えるようにした

ｂ領域（心理学研究法）の必要単位数をなくし，「ｂ，ｃ領域の合計が８単位以上」あればよいこととした。これは，「心理学実験・実習」が，本来的に「心理学研究法」の学習という側面をもつことに対応したものである。

旧基準では，心理検査法のような科目がｂ領域では基本主題，ｃ領域では副次主題になるという不整合があったが，この不整合は，ｂ領域とｃ領域をセットで扱う新基準では解消している（心理検査法は，ｃ領域で基本主題に認められ，それをｂ，ｃ領域の合計で必要な８単位のうちに充当することができる）。

ｂ領域とｃ領域をセットで考えるというのは，多様な授業形態に対応するというねらいもある。たとえば，講義と実習を組み合わせたような科目の場合，従来は扱いが難しかったが，新基準では，１つの科目での単位をｂ領域とｃ領域とに分割して申請することを明示的に認めている。

③　ミニマムの基準について具体的に示し，それを満たすことを示す書類の提出を求めるようにした

ｃ領域（心理学実験・実習）で必要な最低４単位分では，「実験的方法で知覚，認知，社会など基本的な内容の課題を４つ以上含む計６課題以上」を行い，各課題について「標準的レポート」を作成していることを求めている。「標準的レポート」とは，各課題について「目的，方法，結果，考察を含むもの」である。

このような基準が満たされているかどうかを判断するには，従来の書類（「様式３　心理学関係科目修得単位表」とシラバス）では不十分なことも多い。そこで，申請時には，「様式４　基礎科目ｃ領域　実験・実習リスト」の提出を求めるようにした（表３）。この書類を完全な形で作ることは，実際には難しいことがある（卒業後，何年も経っている，など）ので，記入については，「可能な限り」としている。

表3 「様式4　基礎科目c領域　実験・実習リスト」に記入したものの例（『手引き』による）

様式4 基礎科目c領域
実験・実習課題リスト
※可能な限り空欄を埋めて下さい

①科目名
②担当者
③実験実習の内容項目
④授業時間(分)

⑤レポートについて
a:目的，方法，結果，考察を含む標準的レポートを授業外に作成して提出
b:目的，方法，結果，考察を含む標準的レポートを授業中に作成して提出
c:上記以外のレポート(感想文等)を提出
d:レポートなし
e:その他(③の空欄に具体的に記述する)

⑥実験・実習におけるあなたの役割
A:実験者と参加者(協力者)の両方になった
B:実験者だけになった
C:参加者(協力者)だけになった
D:実験者にも参加者(協力者)にもならなかった

①科目名	②担当者	③実験・実習の内容項目	④ 授業時間	⑤ レポート	⑥ 役割
(例) 社会心理学実習	日心太郎講師	・情報の伝達と変容 ・パーソナルスペース ・ ・ ・	90分 180分 ・ ・ ・	b a ・ ・ ・	B C ・ ・ ・
心理学実験	栗山 実准教授	・ミュラーリヤー錯視 ・質問紙の作成(SD法)と実施 ・鏡映描写 ・要求水準 ・短期記憶検索	180分 150分 120分 120分 90分	b a a a a	A B A C B
心理検査法実習	坂田 実沙子教授	・Y-G性格検査 ・知能検査 ・発達検査 ・神経心理学的検査	90分 120分 120分 90分	b a a c	B A B D
臨床心理学実習	中川 弘子准教授	・心理面接のロールプレイ ・箱庭療法 ・投影法	120分 120分 90分	c a a	A B C

シラバスの例

初学者向けの心理学実験・実習の典型的な例として，週２コマ（１コマ90分）の授業を半期行うケースを示す。認定心理士の「基礎科目ｃ領域　心理学実験・実習」の領域で必要な認定単位数は，４単位以上なので，内容が適切に構成されていれば，基準を満たすことができる。

20XX 年度	科目名	担当教員	学期	年次	単位
○○学部 ○○学科	心理学基礎 実験・実習	○○○○，○○○○ ○○，○○○○	前期	２，３年	4

【主題および到達目標】

実験を中心として心理学における実証的な研究法の基礎を修得する。そのために，心理学の基礎的な実験・実習を経験するとともに，得られたデータを分析・考察してレポートに毎回まとめる作業を通じて，実験的技法・実証的手法の体系的で具体的な知識を確実に身につける。

【授業概要】

心理学の基礎的な実験・実習の題目として代表的なものを取り上げる。知覚，認知，社会などの領域を中心に，実験，観察，調査，心理テストなどの方法について，実験者および実験参加者として体験する。さらに得られたデータを分析・考察してレポートにまとめる。実習は，機器と分析作業の関係で，○名程度のグループに分かれて行なう。

【授業計画】

［注：典型的には10題目程度を設定して実施する。認定心理士の「基礎科目ｃ領域　心理学実験・実習」におけるミニマムの設定は，「実験的方法で知覚や認知，社会など基本的な内容の課題を４つ以上含む計６課題以上」であるが，それよりも多いことが望ましい。事前知識をもたない状態で実習を行なう必要がある場合は，抽象的・一般的な表現を用いるなどの工夫をする。］

第１回　ガイダンス（授業の進め方，レポートの書き方など）
第２回　題目１
第３回　題目２
……
第14回　発表会
第15回　まとめ

【成績評価方法】

平常点40%，レポート60%で総合的に評価を行う。原則として全課題において実験者または実験参加者としての役割を担い，指定期限内に各課題のレポートを提出することが単位取得の前提条件となる。

各課題で作成するレポートは，目的，方法，結果，考察を含み，科学論文の要件を満たすものであることが求められる。教員の指示に従って，適切な文書を作成すること。

レポートにおいて，他の文章の丸写し，コピペ，剽窃（他者の文章を自分のものとして無断で引用・発表すること）は不正行為である。このような行為があった場合，単位を認定しないことがあるので注意してほしい。

【教科書】

日本心理学会　認定心理士資格認定委員会（編）(2015)．認定心理士資格準拠　実験・実習で学ぶ心理学の基礎　金子書房

【参考書】

日心太郎・日心花子（XXXX）．心理データ解析120％　日心書店

【関連科目】

データの分析に統計的な手法を用いるため，「心理統計法」をあわせて履修することが望ましい（この科目は「認定心理士」資格の「基礎科目 b 領域　心理学研究法」に該当する）。

また，「心理学概論」（この科目は「認定心理士」資格の「基礎科目 a 領域　心理学概論」に該当する），「心理学研究法」（この科目は「認定心理士」資格の「基礎科目 b 領域　心理学研究法」に該当する）を履修し，心理学に関する一般的な知識体系の中で，実験・実習による具体的な学習事項がどのように位置づけられるかを意識するとよい。

【授業外における学習方法】

課題ごとにレポートを作成し期限内に提出することが求められる（「成績評価方法」を参照）。

【その他】

レポートを作成するには，授業に出席し十分に参加することが必要なので，欠席，遅刻，早退は原則として認めない。

本科目は，「認定心理士」資格では，「基礎科目 c 領域　心理学実験・実習」に区分される。卒業論文・卒業研究に直接つながる位置づけの科目ではない。

あとがき

認定心理士対応の教科書を作ろうという企画は長らく待たれていました。というのも認定委員会での資格審査において，問題になることが多いのが，実験・実習の科目で，どのような実験・実習が資格審査において求められているかを示すための参考となる書籍が求められていたからです。

実験・実習でどのような課題が必要か，認定の手引きに具体的に明示しているわけではありません。それは，実験・実習を行う大学ごとにどのような課題を課すかについては自由であり，それを制限するものではないからです。そのため，各大学で実施している課題が，手引きに示された基本にあたるかどうかの判断を，認定委員会が行うことになります。そこには，基本にあたる課題についてある程度の共通認識はありますが，判断の難しさを伴います。実際に判断に迷う応用的な課題もあり，認定委員会が基本と考える実験課題を教科書として示しておけばよい，ということになったわけです。実験・実習をテーマとした類書はすでに数多く刊行されている中で，日本心理学会が教科書を刊行する意味は，そこにあります。認定心理士対応ということでした。

個人的なことですが，私の認定委員会との関わりについて振り返ってみると，最初に認定委員となったのが2001年でした。その後，2007年から2011年までは常務理事の認定担当，2013年には同担当に再任されました。この間に認定基準の見直しや，申請手引きの改訂が行われました。委員会での認定手続きをいかに安定したものにするかを考え，改善を重ねてきました。そうした中での教科書作成でした。長い間の念願であったわけです。望みが果たされることになり，とても嬉しく思います。

認定委員会で認定に問題を感じるような教科は他にもあります。できれば，そのような教科の教科書も，同様に出版していく必要があるでしょう。認定基準の教科書が標準的なものとして刊行されれば，認定心理士の認定作業がより容易になるでしょう。そうした活動も進めていく必要があると思います。認定心理士の活動を支え，より広めていくことに，本書が大きく貢献することを願っております。

前認定担当の山田寛氏は，本書の刊行を目にすることなく，先ごろご逝去されました。この教科書の刊行に大きく貢献していただきましたことに深く感謝いたします。さらには，認定委員会の教科書作成小委員会の委員長をはじめ，委員の方々（久野雅樹委員長，横山詔一副委員長，戸澤純子，羽入和紀，平田乃美，宮下敏恵，望月聡各委員）の全体的な大きな貢献にも深く感謝しております。教科書を良いものにしようと，著者との間で多くのやり取りを，粘り強く，さまざまな工夫を重ねてこられました。通常の書籍とは違う，分かりやすい教科書を，という強い要求もあり，著者への細かな要求も重ねられました。それにもかかわらず，忍耐強く対応してくださった著者の方々，その他多くの方々の貢献がなければ本書の刊行はできませんでした。深く感謝申し上げます。

最後に，本書の出版に惜しみない努力を重ねてこられた，日本心理学会事務局認定担当の坂田須美子氏，亀岡昌平氏，ならびに出版にご尽力くださった金子書房の井上誠氏に深く感謝申し上げます。

2015年５月

公益社団法人日本心理学会
認定担当常務理事　横田正夫

執筆者一覧

●**執筆者**（執筆順，執筆時の所属）

高島　翠（たかしま・みどり）	いわき明星大学	1章
藤井　輝男（ふじい・てるお）	敬愛大学	1章
椎名　健（しいな・けん）	筑波大学	1章
戸澤　純子（とざわ・じゅんこ）	川村学園女子大学	2章
下野　孝一（しもの・こういち）	東京海洋大学	3章
相田　紗織（あいだ・さおり）	東京海洋大学	3章
吉村　浩一（よしむら・こういち）	法政大学	4章
森田　ひろみ（もりた・ひろみ）	筑波大学	5章
横山　詔一（よこやま・しょういち）	国立国語研究所	6章
久野　雅樹（ひさの・まさき）	電気通信大学	6章，8章，14章，22章，23章
宮岡　徹（みやおか・てつ）	静岡理工科大学	7章
青山　征彦（あおやま・まさひこ）	駿河台大学	8章
高橋　雅治（たかはし・まさはる）	旭川医科大学	9章
鍋田　智広（なべた・ともひろ）	東亜大学	10章
楠見　孝（くすみ・たかし）	京都大学	10章
仲　真紀子（なか・まきこ）	北海道大学	11章
眞嶋　良全（まじま・よしまさ）	北星学園大学	11章
薬師神　玲子（やくしじん・れいこ）	青山学院大学	12章
森田　愛子（もりた・あいこ）	広島大学	13章
中條　和光（ちゅうじょう・かずみつ）	広島大学	13章
松尾　香弥子（まつお・かやこ）	浜松医科大学	14章
山口　陽弘（やまぐち・あきひろ）	群馬大学	15章
野村　亮太（のむら・りょうた）	東京大学	16章
高比良　美詠子（たかひら・みえこ）	中部大学	17章
平田　乃美（ひらた・そのみ）	白鷗大学	18章
中村　知靖（なかむら・ともやす）	九州大学	19章
羽生　和紀（はにゅう・かずのり）	日本大学	20章
川島　大輔（かわしま・だいすけ）	中京大学	21章
やまだ　ようこ（やまだ・ようこ）	立命館大学	21章
横田　正夫（よこた・まさお）	日本大学	23章
田中　寛二（たなか・かんじ）	琉球大学	23章
大久保　街亜（おおくぼ・まちあ）	専修大学	24章
宮下　敏恵（みやした・としえ）	上越教育大学	25章
篠竹　利和（しのたけ・としかず）	日本大学	25章
認定教科書作成小委員会		コラム1，2，5，6
関口　勝夫（せきぐち・かつお）	専修大学	コラム3
澤　幸祐（さわ・こうすけ）	専修大学	コラム3，7
牛谷　智一（うしたに・ともかず）	千葉大学	コラム3，7
河原　哲雄（かわはら・てつお）	埼玉工業大学	コラム4

（所属は執筆時）

編　者

公益社団法人 日本心理学会 認定心理士資格認定委員会

認定心理士資格準拠 実験・実習で学ぶ心理学の基礎 サポートサイト URL：https://www.psych.or.jp/textbook/

認定心理士資格準拠　実験・実習で学ぶ心理学の基礎

2015年８月31日　初版第１刷発行　　　検印省略
2025年２月20日　初版第14刷発行

編　者　公益社団法人 日本心理学会 認定心理士資格認定委員会

発行者　金子紀子

発行所　株式会社 金子書房
〒112-0012　東京都文京区大塚３-３-７
TEL　03-3941-0111（代）
FAX　03-3941-0163
振替　00180-９-103376
URL：https://www.kanekoshobo.co.jp

印刷　藤原印刷株式会社　　製本　有限会社井上製本所

ISBN978-４-7608-3031-２　C3011